Werner Ullmann | Peter Heim

Profit mit Rohstoffen

Wie jeder am Rohstoffboom teilhaben kann

Werner Ullmann | Peter Heim

Profit mit Rohstoffen

Wie jeder am Rohstoffboom teilhaben kann

Bibliografische Information der Deutschen Bibliothek:
Die Deutsche Bibliothek verzeichnet diese Publikation in der Deutschen Nationalbibliografie; detaillierte bibliografische Daten sind im Internet über http://dnb.ddb.de abrufbar.

Gesamtbearbeitung: UnderConstruction, München
Umschlaggestaltung: Judith Wittmann
Lektorat: Dr. Renate Oettinger
Druck: Grafik + Druck, München

1. Auflage 2006

Frundsbergstraße 23
80634 München
Tel. 089 651285-0
Fax 089 652096
info@finanzbuchverlag.de

Den Autor erreichen Sie unter:
ullmann-heim@finanzbuchverlag.de
ISBN 3-89879-121-1

Inhalt

Buch II 125

Buch III 315

Widmung

Unseren Eltern

Danksagung der Autoren

Dieses Buch wäre ohne die Unterstützung zahlreicher Personen nicht zustande gekommen. Aus diesem Grund möchten wir allen, die in irgendeiner Weise zum Gelingen beigetragen haben, unseren Dank aussprechen.

Besonderer Dank bei der Arbeit an diesem Buch gilt Thomas Eckhardt, der für die Abbildungen in diesem Buch verantwortlich zeichnet und eine unschätzbare Hilfe bei der einheitlichen und professionellen Gestaltung aller Grafiken war. Wir danken auch der Lektorin Frau Dr. Renate Oettinger für ihre ausgezeichnete Arbeit und dem Herausgeber dieses Buches, Herrn Christian Jund, der die Idee zu diesem Buch hatte.

Danksagung von Werner Ullmann

Mein Dank gilt in erster Linie meinen Eltern für ihre permanente Unterstützung und den guten Rat, den sie mir immer gaben. Ich danke auch meinen Geschwistern Evi, Silvie und Wolfi, meiner Freundin Andrea sowie meinen Freunden und Verwandten für die Wegbegleitung bis hierher und – so der Herr Jesus Christus will – noch lange darüber hinaus. Ein Dankeschön geht auch an Peter Heim für seine erstklassige Unterstützung beim Schreiben dieses Buches sowie die darüber hinausgehende Zusammenarbeit.

Danksagung von Peter Heim

Meinen Eltern Rolf und Klara Heim, die mich in all den Jahren unterstützt und mir Rückhalt gegeben haben, möchte ich herzlich danken. Besonders verpflichtet bin ich meinem Vater für eifriges Korrekturlesen und konstruktive Verbesserungsvorschläge – und dafür, dass er immer für mich da ist und an mich glaubt. Ramona Weiß, die mich seit sieben Jahren auf meinem Lebensweg begleitet, danke ich für ihre Geduld und ihr Verständnis, für viele kleine und große Hilfeleistungen und besonders dafür, dass sie immer für mich da ist. Werner Ullmann, der es mir ermöglicht hat, mit ihm dieses Buch zu schreiben, und der mir nicht nur ein sehr geschätzter Kollege, sondern auch ein guter Freund geworden ist, gilt ein Dankeschön, ebenso meinen Freunden, Verwandten und Studienkollegen für ihre Unterstützung über all die Jahre.

Einleitung

Ihre letzten Höchststände hatten Rohstoffe und damit auch die Edelmetalle inklusive Gold um das Jahr 1980 markiert. Dann sank mit den rückläufigen Preisen dieser »handfesten« Anlagekategorie das Interesse der Investoren an Rohstoffen allgemein. Die Begründung dafür ist recht einfach: Bei rückläufigen Preisen für Edel- und Basismetalle, aber auch für so genannte Soft-Commodities wie Getreide, Zucker, Kaffee oder Orangensaft, bewegt sich das Gewinnmomentum in diesen Segmenten für Investments in Rohstoffe und in deren Produzenten in ein negatives Terrain.

Seit dem Jahr 2000 jedoch verzeichnete der inflationsbereinigte Rohstoffindex CRB nach einem Tiefpunkt, der zuletzt im Jahr 1932 zu beobachten war, eine signifikante Trendwende. Der historischen Erfahrung nach ist davon auszugehen, dass der noch junge Trend ansteigender Rohstoffpreise mindestens zehn, möglicherweise sogar 25 Jahre andauern wird. Dabei ist davon auszugehen, dass aufgrund der tendenziell sich Jahr für Jahr – wenn auch moderat – erschöpfenden Vorräte im Verhältnis zur wiederum tendenziell steigenden Nachfrage das besagte Tief wohl kaum jemals mehr erreicht werden dürfte.

Die Preisentwicklung bei Rohstoffen ist auf breiter Basis von einem einheitlichen Trend gekennzeichnet. Zwar werden sich nicht alle Rohstoffpreise parallel entwickeln, doch die Tendenz der wichtigsten

Rohstoffe wird die gleiche sein. Einer der wichtigsten Rohstoffinidizes weltweit ist der CRB (Commodity Research Bureau). In diesem wird, jeweils gleichgewichtet, die Preisentwicklung der unterschiedlichsten Rohstoffe in US-Dollar dargestellt: von Gold, Silber, Kupfer, Platin, Erdöl, Erdgas, bleifreiem Treibstoff, Mais, Weizen, Sojabohnen, Baumwolle, Kaffee, Kakao, Zucker, Orangensaft, Weidevieh und Schweinehälften. Obwohl diese 17 verschiedenen Rohstoffe bei weitem nicht das gesamte Rohstoffuniversum darstellen, kann an ihnen die Tendenz des Gesamtmarktes eindeutig abgelesen werden.

Rohstoffinvestments sind heutzutage alles andere als en vogue. Eine ganze Generation von Investoren und Spekulanten sind eher – und noch immer – mit Vokabeln wie Neuer Markt, Wachstumsunternehmen, High Tech oder Burn Rate vertraut als mit Reserven oder Ressourcen, Exploration, Schürfrechten, Kaffeeplantagen und Platinminen. Aber gerade der Umstand, dass eine gesamte Anlagekategorie aus dem Investmenthorizont und dem Wortschatz verschwunden ist, stellt einen gesunden und tragfähigen Boden für eine stabile und nachhaltige Aufwärtsbewegung dar. Das noch vor wenigen Jahren vielgepriesene »Neue Zeitalter« in der Ökonomie des 21. Jahrhunderts ist zwar bereits zu Ende gegangen. Dennoch stehen wir vor einem Paradigmenwechsel – nicht hin zu Technologie- und Wachstumswerten, sondern zur Wiederentdeckung der Rohstoffe als Anlageklasse.

Diese Entwicklung wird gravierende Konsequenzen für den gesamten Kapitalmarkt haben. Deshalb stellt sich gerade für den Privatanleger die Frage, wie daraus Profit gezogen werden kann. Auf diese Frage will das vorliegende Buch eine Antwort geben.

In Teil I wird dargelegt, welche historischen Erkenntnisse für Rohstoffe sprechen und warum es nicht nur sinnvoll, sondern aus Risikogesichtspunkten dringend ratsam erscheint, in »Hard Assets«, also physische Vermögensgegenstände, zu investieren beziehungsweise das Portfolio zu diversifizieren. In Teil II untersuchen wir die Schlüsselfaktoren für die kommende beziehungsweise bereits angebrochene Rohstoff-Hausse. Zudem skizzieren wir das derzeitige Ungleichgewicht zwischen Angebot und Nachfrage an den jeweiligen Rohstoffmärkten.

In Teil III gehen wir der Frage nach, auf welche Weise und mit welchen konkreten Anlageformen der private, aber auch der institutionelle Anleger am sinnvollsten von den weiter zu erwartenden Preisanstiegen bei Rohstoffen profitieren kann und welche grundlegenden Kriterien dabei nicht außer Acht gelassen werden sollten. Gerade weil es sich bei Rohstoffanlagen um eine stark vernachlässigte Investitionsform handelt und gute Produkte in diesem Sektor häufig Mangelware sind, ist die Auswahl besonders schwierig. Im Bereich Rohstoffe muss immer beachtet werden, dass es sich dabei um einen Markt handelt, der über eine durchaus volatile Struktur verfügt; die Schwankungsbreite der Kurse ist meist größer als in anderen Anlageformen. Aber gerade diese Eigenschaft erlaubt es, positive Effekte auf die Rendite und das Gesamtrisiko eines Portfolios zu erzielen, indem dem Depot verschiedene Rohstoffanlagen beigemischt werden.

Rohstoffmärkte haben ihren eigenen Reiz. Besonders der Explorationssektor bietet sehr große Renditechancen – allerdings mit erheblichen Risiken. Der Explorationssektor ist die Ausgangsbasis für die Edelmetall- und Industriemetallindustrie: Hier werden die Erzkörper erst entdeckt und meist auch gleich zur Förderung vorbereitet. Auch diesen sehr interessanten Markt möchten wir transparent machen.

Auf breiter Basis wollen wir den Rohstoffsektor mit seinen vielen Facetten beleuchten, Ihnen einen Überblick verschaffen und aus Anlegersicht die interessantesten Produkte und Vorgehensweisen bei der Auswahl geeigneter Rohstoffinvestments aufzeigen. Wir wünschen Ihnen spannende Unterhaltung – und möglichst viele neue Erkenntnisse!

Werner Ullmann und Peter Heim

Buch I

Welche historischen Erkenntnisse für Rohstoffe sprechen

Langfristige Zyklen und Rohstoffe

Erinnern Sie sich noch daran, als die amerikanische Technologiebörse Nasdaq zu Beginn des Millenniums bei 5.000 Punkten und ihr deutsches Pendant, der NEMAX 50 (»Neuer Markt«), bei über 9.500 Punkten notierte? Zu diesem Zeitpunkt begriffen die wenigsten Akteure auf den Finanzmärkten, dass die Party bald vorbei sein würde. Gegen Ende der letzten Dekade glaubten nämlich einige Politiker und Journalisten, aber auch so mancher Wirtschaftswissenschaftler, dass Wirtschaftzyklen, insbesondere der amerikanische Zyklus, der Vergangenheit angehören und sich die US-Wirtschaft auf einem ewigen Kurs der Expansion befinden würde. Argumentiert wurde mit einer Revolution im Bereich der »New Economy« beziehungsweise des TMT (Technologie, Medien, Telekommunikation)-Sektors, der die Wirtschaft auf einen prosperierenden Pfad kontinuierlichen Wachstums schicken würde. Gleichzeitig befanden sich nach Meinung vieler Auguren die Zentralbanken der Welt unter Führung der amerikanischen Federal Reserve Bank (Fed) in einer Position, in der sie dieses Wachstum mit einer nicht inflationären Politik begleiten – besser gesagt: leiten – konnten.

Die Marktteilnehmer lernten jedoch auf schmerzhafte Art und Weise, dass man Zyklen nicht ausschalten kann und die Bäume – beziehungsweise die Aktienkurse – nicht in den Himmel wachsen. Der Nasdaq notiert heute bei etwa 2.000 Punkten. Das ist ein Verlust von 60 Prozent innerhalb von vier Jahren – wobei sich der Index zwischenzeitlich auch schon ein Viertel unter dem Gipfelpunkt befand. Ganz zu schweigen vom NEMAX 50, der ungeachtet seiner jüngsten Erholung von seinem Hoch aus mehr als 90 Prozent an Wert verloren hat.

Heute wissen wir wieder, dass Konjunkturzyklen, Wirtschaftsabschwünge und auch Bärenmärkte existieren. Jedoch ist Folgendes erstaunlich: Obwohl die Baissen, wie die Deflation in Japan zu Beginn der 90er-Jahre oder die Asien-Krise Ende der 90er-Jahre, noch gar nicht so weit zurückliegen, ist der Großteil der Anleger der Meinung, dass solche Krisen auf den westlichen Finanzmärkten nicht möglich seien. Dagegen vertritt die überwiegende Mehrheit dieser »Experten« die Auffassung, dass nach den Tiefs in den Jahren 2002/2003 die Aktienmärkte weiterhin günstig bewertet und für die nächsten Jahre die beste Form der Kapitalanlage sei. Sollte es, so ihre Meinung, dennoch zu Unterbrechungen auf dem durch gemäßigte Inflation gekennzeichneten Aufwärtstrend kommen, dann werden diese moderat ausfallen und von kurzer Dauer sein.

Unsere Meinung ist konträr zu diesem Konsens: Wir vertreten die Ansicht, dass sich die westlichen Aktienmärkte, aber auch die Anleihen- und die Immobilienmärkte, in oder kurz vor einer strukturellen Baisse befinden. Ferner sind wir überzeugt, dass die konventionelle Anlagepolitik, sprich die Buy-and-Hold-Strategie, in einem breit diversifizierten Portfolio aus diesen Anlageklassen künftig enttäuschen wird.

Wenn Sie allerdings die fünf Prozent der Aktien finden, die gegen den Trend steigen, oder opportunistisch handeln können – das heißt; wenn Sie ein guter Trader sind –, dann werden Sie auch in diesem Umfeld Geld verdienen können. Denn innerhalb des übergeordneten Bärenmarktes wird es Rallys geben, die Wertsteigerungen von 20 bis 50 Prozent und mehr mit sich bringen werden.

Auch ist es möglich, dass innerhalb dieser Märkte einzelne Titel oder Branchen über bestimmte Zeiträume gut performen werden, wie es beispielsweise bei den deutschen Nebenwerten in den zurückliegenden beiden Jahren der Fall war. So erreichte der MDAX 2004 ein neues Allzeithoch, wohingegen der DAX immer noch etwa 50 Prozent unter den im Jahr 2000 verzeichneten Höchstständen notiert.

Doch uns geht es um die langfristigen Trends bei den Anlageklassen Aktien, Anleihen, Währungen, Immobilien und Rohstoffen. Wir möchten Ihnen in den beiden nächsten Kapiteln nicht nur zeigen, welche historischen Erkenntnisse für Rohstoffe sprechen, sondern wir wollen auch darlegen, dass die Annahme, Investments in den anderen Anlageklassen würden in den nächsten Jahren sehr erfolgreich performen, falsch ist.

Gibt es langfristige Zyklen?

In den heutigen, durch eine Mischung aus keynsianischem und monetaristischem Gedankengut geprägten Wirtschaftswissenschaften gibt es für die Existenz langfristiger Zyklen kaum eine Daseinsberechtigung. Kurz- und mittelfristige Zyklen werden von den Wirtschaftswissenschaftlern gerade noch anerkannt, doch die Existenz langfristiger Zyklen wird oftmals bestritten oder ins Reich der Phantasie verbannt.

Diese verwundert kaum, denn was ist nach einer über zwei Dekaden dauernden wirtschaftlichen Expansion abwegiger als Zyklen? Das war übrigens schon während der letzten wirtschaftlichen Blütephase in den 20er-Jahren des vergangenen Jahrhunderts so: In den durch Wohlstand gekennzeichneten »Roaring Twenties« interessierten Zyklen genauso wenig wie heute. Doch Sie wissen, was auf die Goldenen 20er folgte? Richtig, der Börsen-Crash und die Weltwirtschaftskrise.

Erst während der anschließenden Depression in den 30ern wurden Wirtschaftszyklen wieder ein Thema. Wenn Wirtschaft und Finanzmärkte nicht geradlinig nach oben laufen, sondern Schwankungen unterworfen sind, wie in den 40er- und 50er-Jahren des 19. Jahrhunderts oder während der Periode von 1966 bis 1982, dann werden Zyklustheorien wieder interessant. Für Anhänger dieser Wellentheorien und für die Wirtschaftswissenschaftler der Österreichischen Schule der Nationalökonomie gibt es hingegen keinen Zweifel an der Existenz von Wirtschaftszyklen und den damit verbundenen Perioden wirtschaftlicher Auf- und Abschwünge.

Die Theorie der Zyklen ist deshalb von so herausragender Bedeutung, weil sie ein hilfreiches Instrument für die Prognose wirtschaftlicher und gesellschaftlicher Entwicklungen, aber auch für das Erkennen von Spekulationsphasen darstellt. Daher wollen wir zunächst einen Blick zurück in die Historie werfen und versuchen, anhand bestimmter, in der Vergangenheit aufgetretener Merkmale oder Muster herauszufinden, an welchem Punkt welchen Zyklus' wir uns derzeit befinden, um auf dieser Grundlage eine Prognose für die künftige Entwicklung abzugeben. Es ist dabei jedoch zu berücksichtigen, dass der langfristige Zyklus höchst komplex ist und keine exakte Periodizität aufweist. Mit anderen Worten: Die Geschichte wiederholt sich zwar nicht, aber sie reimt sich.

Im Jahr 1947 veröffentlichten Edward R. Dewey und Edwin F. Dakin ihr Buch »Cycles – The Science of Prediction«, in dem sie einen 54-Jahres-Index für amerikanische Großhandelspreise von 1790 bis 1945 zeigen und eine Prognose über die künftige Entwicklung abgeben.

54-Jahres-Zyklus Teil I
US-Großhandelspreise von 1780 bis 1947 Abb. 1

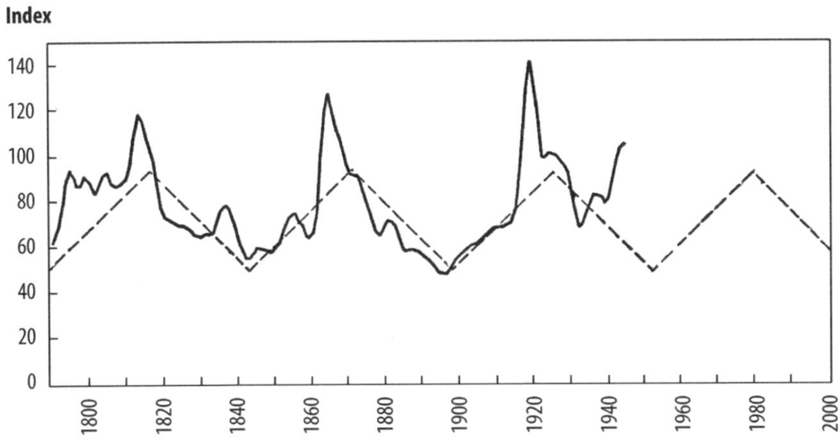

Quelle: Edward R. Dewey und Edwin F. Dakin, Cycles - The Science of Prediction

Dewey und Dakin bezeichnen diesen Zyklus als »Rhythmus« und beschreiben ihn in ihrem Werk wie folgt:

> *»It is a rhythm that is shown statistically, and most clearly, in wholesale price swings. Interestingly enough, there has been in modern times no pronounced long-time trend in commodity prices – contrary to general belief. The United States, for instance, is old enough as now organized to have experienced three of these 54-year rhythms; during each one, average commodity prices began at a low level, moved (with interruptions) up to a peak, and moved down again (with interruptions) to approximately the level they had sprung from.«*

Edward R. Dewey und Edwin F. Dakin, Cycles – The Science of Prediction, 1947

Abbildung 1 zeigt die durchschnittlichen Preise von 1790 bis 1945 und den idealen 54-Jahres-Zyklus in gestrichelten Linien. Auch Abbildung 2 zeigt die durchschnittlichen Großhandelspreise, allerdings wurden hier die Preisbewegungen, die zu Kriegszeiten verzeichnet wurden, weggelassen. Wie zu erkennen ist, fanden alle kriegerischen Auseinandersetzungen (dies sind die Lücken in der Abbildung) im Umfeld einer ansteigenden Welle statt. Auf diesen Umstand werden wir an späterer Stelle näher eingehen.

54-Jahres-Zyklus Teil II

US-Großhandelspreise von 1780 bis 1947 exklusive Kriegseffekte Abb. 2

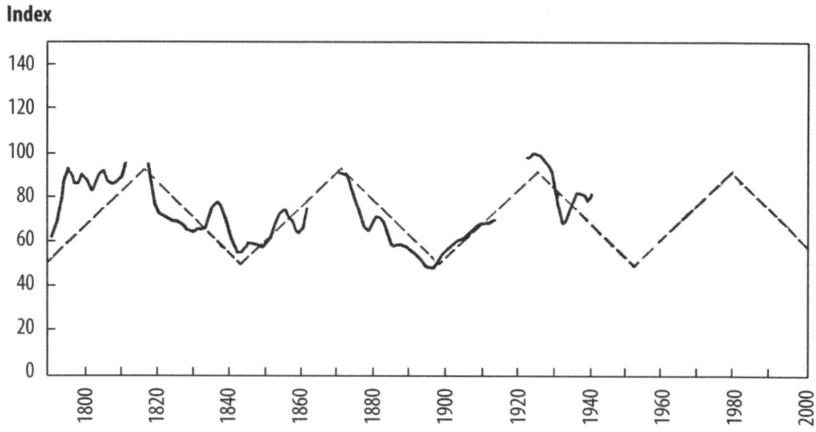

Quelle: Edward R. Dewey und Edwin F. Dakin, Cycles - The Science of Prediction

Der von Dewey und Dakin dokumentierte 54-Jahres-Zyklus ist im Übrigen nicht nur bei den Großhandelspreisen zu beobachten. In der siebenbändigen Studie »A History of Agriculture and Prices in England« von J.E.T. Rogers lässt sich ein Zyklus der Weizenpreise bis ins 13. Jahrhundert erkennen, der eine durchschnittliche Länge aufweist, die ebenfalls rund 54 Jahre beträgt.

Interessant an diesem Zyklus ist der ausgeprägte Gleichlauf mit den Bewegungen der Rohstoffpreise (siehe Tabelle 1). Der dritte Hochpunkt der Großhandelspreise wurde im Jahr 1920 verzeichnet. Im selben Jahr erreichten auch die Rohstoffpreise ihren Hochpunkt. Das nächste Hoch wurde von Dewey und Dakin für das Jahr 1979 prognostiziert – und nur ein Jahr später erreichten die Rohstoffe tatsächlich ihren Gipfel. Das nächste Tief wird für das Jahr 2006 erwartet und darauf folgend ein neues Hoch im Jahr 2033. Unter Berücksichtigung der hohen Korrelation zwischen den Großhandelspreisen und den Rohstoffpreisen würde dies auf lange Sicht auch ein sehr positives Szenario für die Entwicklung der Rohstoffpreise bedeuten.

Eine langfristige Prognose

Hoch- und Tiefpunkte der Rohstoffpreise und der 54-Jahres-Zyklen der Großhandelspreise

Tab. 1

Jahr des prognostizierten Hochpunktes	Jahr des tatsächlichen Hochpunktes	Jahr des tatsächlichen Hochpunktes (exklusive Krieg)	Jahr des Rohstoff-Hochpunktes
1817	1817	1817	1814
1871	1868	1871	1873
1925	1920	1925	1920
1979			1980
2033			

Jahr des prognostizierten Tiefpunktes	Jahr des tatsächlichen Tiefpunktes	Jahr des tatsächlichen Tiefpunktes (exklusive Krieg)	Jahr des Rohstoff-Tiefpunktes
1790	1790	1790	1790
1844	1842	1842	1849
1898	1896	1896	1896
1952			1932
2006			1999 / 2001

Quelle: Edward R. Dewey und Edwin F. Dakin, Cycles – The Science of Prediction; eigene Darstellung

Die Theorie der langen Wellen

Auch der russische Wissenschaftler Nikolai D. Kondratieff untersuchte in der 20er-Jahren des 20. Jahrhunderts langfristige Zyklen, unter anderem in den Bereichen Zinsen, Rohstoffpreise, Produktion, Kohleverbrauch, Löhne und Goldproduktion. Dabei kam er zu folgender Erkenntnis:

> *»Thus the objections to the regular, cyclical character of the long waves in economic conditions strike me unconvincing, Taking this into account, and also considering the positive arguments developed above, I arrive at the following conclusion:*

On the basis of the avialable data, it may be assumed that the existence of long cycles in economic conditions is very probable.

> *At the same time, of what has been set forth above, it seems to me that I am entitled to say that if the long cycles exist, they consitutte a very important substantial fact of economic dynamics – a fact reflected in all major areas of socioeconomic life…«*

Nikolai Kondratieff, The Long Wave Cycle, 1925 (Richardson & Snyder, 1984)

Die Trendbewegungen, die Kondratieff untersuchte, wiesen jedoch im Gegensatz zum 54-Jahres-Zyklus keine exakte Periodizität auf. Bei der Auswertung der statistischen Daten beobachtete er, dass sich die Wirtschaft in langfristigen, 48 bis 60 Jahren dauernden Zyklen entwickelt. Die wichtigsten Ergebnisse wurden 1925 in seiner Abhandlung mit dem Titel »Long Economic Cycles« veröffentlicht.

Bei der Untersuchung der Löhne (siehe Abbildung 3) entdeckte Kondratieff einen steigenden Trend von 1790 bis zu den Hochpunkten zwischen 1805 und 1817 (die tatsächliche Spitze wurde wahrscheinlich zwischen 1812 und 1817 erreicht). Danach fielen die Löhne bis in die späten 1840er- und frühen 1850er-Jahre, womit das Ende des ersten Lohnzyklus erreicht war. Von den frühen 1850ern bis zum Zeitraum zwischen

1873 und 1876 wurden erneut steigende Löhne verzeichnet. Von diesem Hochpunkt gingen die Lohnwachstumsraten bis zum Zeitraum zwischen 1888 und 1895 zurück. Damit war der zweite Lohnzyklus abgeschlossen. Anschließend folgte wieder eine Phase steigender Löhne, die zwischen 1920 und 1921 endete.

Der Lohnzyklus

Die Entwicklung der Löhne von 1790 bis 1915 Abb. 3

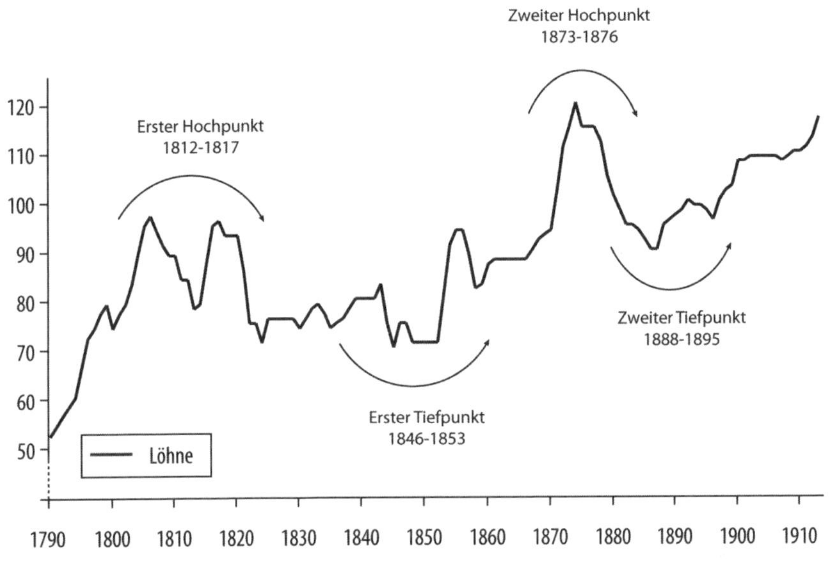

Quelle: Nikolai Kondratieff, The Long Wave Cycle; eigene Darstellung

Zusätzlich zu den Löhnen beobachtete Kondratieff auch die Bewegungen französischer Zinssätze und englischer Anleihen. Von 1792 bis 1813 fielen die englischen Anleihen von 90,04 auf 58,81 Pfund, da in diesem Zeitraum die Zinsen stark anstiegen. Bis 1844 wurden fallende Zinsen verzeichnet, und damit war die erste Welle des Zinszyklus beendet. Der zweite Zinszyklus folgte mit dem Beginn steigender Zinsen von Mitte der 1840er bis in die frühen 1870er. Danach fielen die Zinsen wieder bis 1897 und beendeten damit die zweite Welle des Zinszyklus. Die dritte Welle begann mit steigenden Zinsen; sie erreichten im Jahre 1921 den Hochpunkt.

Die langfristigen Zyklen zeigten sich nach Meinung von Kondratieff auch in der Preisentwicklung der Rohstoffe, da die Zinsbewegungen mit entsprechenden Bewegungen der Rohstoffpreise zusammenfielen. In dem von Kondratieff untersuchten Zeitraum lässt sich auch eine hohe Korrelation mit den langfristigen amerikanischen Zinssätzen feststellen; darauf werden wir noch näher eingehen.

Kondratieff baute seine Untersuchungen um weitere Analysen wie zum Beispiel die Produktion von Blei und Roheisen aus und versuchte mit einem Spielraum von fünf bis sieben Jahren, die Wendepunkte in der Entwicklung der langfristigen Zyklen zu bestimmen. Diese können Tabelle 2 entnommen werden:

Kondratieff-Zyklen

Die ersten drei Kondratieff-Zyklen

Tab. 2

1. Kondratieff-Zyklus	2. Kondratieff-Zyklus	3. Kondratieff-Zyklus
Steigende Welle von 1787-92 bis 1810-17	Steigende Welle von 1844-51 bis 1870-75	Steigende Welle von 1890-96 bis 1914-20
Fallende Welle von 1810-17 bis 1844-51	Fallende Welle von 1870-75 bis 1890-96	Wahrscheinlicher Beginn der fallenden Welle 1914-20

Quelle: Nikolai Kondratieff, The Long Wave Cycle; eigene Darstellung

Auf Basis seiner Analysen erarbeitete Kondratieff vier empirische Muster, die jeden langfristigen Zyklus kennzeichnen:

I. Vor einer ansteigenden Welle eines langfristigen Zyklus sind tief greifende Veränderungen in den wirtschaftlichen und gesellschaftlichen Lebensbedingungen zu beobachten. Erkennbar werden diese für gewöhnlich in signifikanten Veränderungen in der Technik, Veränderungen im Geldumlauf und

in der Integration neuer Länder in die weltweiten wirtschaftlichen Beziehungen.

II. In Zeiten ansteigender Wellen sind soziale Umbrüche und radikale Veränderungen wie Kriege und Revolutionen wesentlich häufiger zu beobachten als in Zeiten fallender Wellen.

III. Die fallenden Wellen eines langfristigen Zyklus werden von sinkenden Rohstoffpreisen und langen Depressionen in der Landwirtschaft begleitet. In fallenden Wellen ist bei den landwirtschaftlichen Preisen in Relation zu den Industriepreisen ein stärkerer Verfall zu beobachten.

IV. In ansteigenden Wellen eines langfristigen Zyklus lassen sich dazwischen liegende Zyklen ausmachen, die durch lange Aufschwünge und kurze Krisen und Depressionen gekennzeichnet sind. Fallende Wellen hingegen sind durch kurze Aufschwünge und lange Krisen und Depressionen gekennzeichnet.

Gründe für langfristige Wellen

Kondratieff wollte in erster Linie die empirische Existenz der langfristigen Wellen nachweisen. Der österreichische Ökonom Joseph A. Schumpeter integrierte die Hypothese von Kondratieff in sein Modell der kapitalistischen Wirtschaft und nannte die langen Wellen zu Ehren ihres Entdeckers »Kodratieff-Wellen«. Schumpeter unterscheidet bei seiner vereinheitlichten Theorie die vier Phasen Wohlstand, Rezession, Depression und Erholung.

Aufsteigende Kondratieff-Wellen entstehen nach Schumpeter durch technologische Innovationen. Das System unterliegt einem Anpassungsprozess, in dem die bisher bedeutenden Industrien durch bedeutende Innovationen verdrängt werden. In diesem Zusammenhang bezeichnete er die Kreditschöpfung als das monetäre Ergänzungsstück einer Innovation.

Sie ist, so Schumpeter, für die Wirtschaft von unmittelbarer Bedeutung. Die Innovationen führen zusammen mit der Kreditschöpfung zu einem Boom. Dieser mündet schließlich in eine Depression, weil einerseits der Ausstoß an Konsumgütern zu Überkapazitäten führt und andererseits die Wirtschaft gezwungen wird, sich an das neue Kostenniveau und neue Produktionsmethoden anzupassen.

Die neuen Unternehmen stehen in einem starken Wettbewerb zu den »alten« Unternehmen. Sie machen alte Produktionsmethoden überflüssig und bereinigen den Markt, da der Ausleseprozess dafür sorgt, dass die schwachen Unternehmen aus dem Markt ausscheiden. Die Depression dauert so lange an, bis der Anpassungsprozess zwischen »Neu« und »Alt« beendet ist und sich die Wirtschaft wieder in einem Gleichgewichtszustand befindet. Der Abschwung setzt sich nach Schumpeter bis unterhalb dieses Gleichgewichtszustandes fort und bringt die Wirtschaft erst wieder zu einem neuen Gleichgewichtspunkt, wenn die Schuldenstruktur eine gesunde Basis erreicht hat. Die Länge eines Zyklus wird deshalb auf Basis von Sinuskurven von einem Gleichgewichtspunkt zum nächsten und nicht an den Hoch- oder Tiefpunkten gemessen (siehe Abbildung 4).

Schumpeters Wellen

Schumpeters lange, mittlere und kurze Zyklen Abb. 4

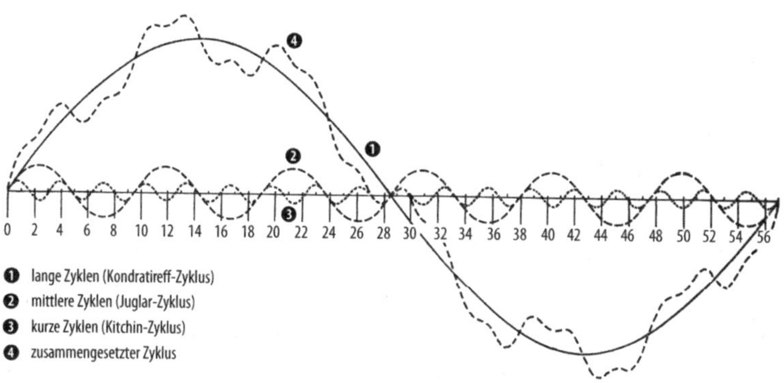

Quelle: Joseph Schumpeter, Business Cycles

Schumpeter erkannte, dass der wirtschaftliche Entwicklungsprozess nicht, wie ursprünglich angenommen, nur durch eine Welle, sondern durch sehr viele Wellenbewegungen gekennzeichnet ist. Deshalb erweiterte er sein theoretisches Modell und unterteilte die Kondratieff-Welle in mittlere Wellen, die so genannten Juglar-Zyklen mit einer Länge von sieben bis zwölf Jahren, die in der Gesellschaft als »gute« oder »schlechte« Zeiten wahrgenommen werden, und in kurze Wellen, die so genannten Kitchin-Zyklen, mit einer Länge von etwa 40 Monaten.

Schumpeter datierte die erste langfristige Welle, wie auch Kondratieff, auf den Zeitraum 1787 bis 1842. Ausgelöst wurde sie durch die industrielle Revolution, die eine Reihe neuer Erfindungen, wie den Bau von Kanälen, Brücken und Straßen, mit sich brachte. Der zweite Kondratieff-Zyklus wurde nach Meinung Schumpeters durch Innovationen wie Dampfmaschinen, Eisenbahnbau und Stahlherstellung ausgelöst und dauerte von 1843 bis 1897. Der dritte Kondratieff-Zyklus begann 1898; er brachte Errungenschaften wie die Elektrizität, die Chemie und den Verbrennungsmotor mit sich. Schumpeter nannte in seinem 1939 veröffentlichten Werk »Business Cycles« kein Enddatum des dritten Kondratieff-Zyklus.

Geben die Rohstoffpreise Aufschluss darüber, in welcher Phase des langfristigen Zyklus wir uns derzeit befinden?

Kondratieff untersuchte wie bereits erwähnt die Bewegungen der Rohstoffpreise über eine längere Zeitperiode und entdeckte folgende Zyklen. Die ansteigende Welle des ersten Rohstoffzyklus umfasste einen 25-jährigen Zeitraum, der von 1789 bis 1814 dauerte (siehe Abbildung 5). Die fallende Welle begann 1814 und endete im Jahr 1849 (35 Jahre). Insgesamt umfasste der erste Rohstoffzyklus also 60 Jahre.

Die Rohstoffzyklen

Die Entwicklung der Rohstoffpreise von 1780 bis 1920 Abb. 5

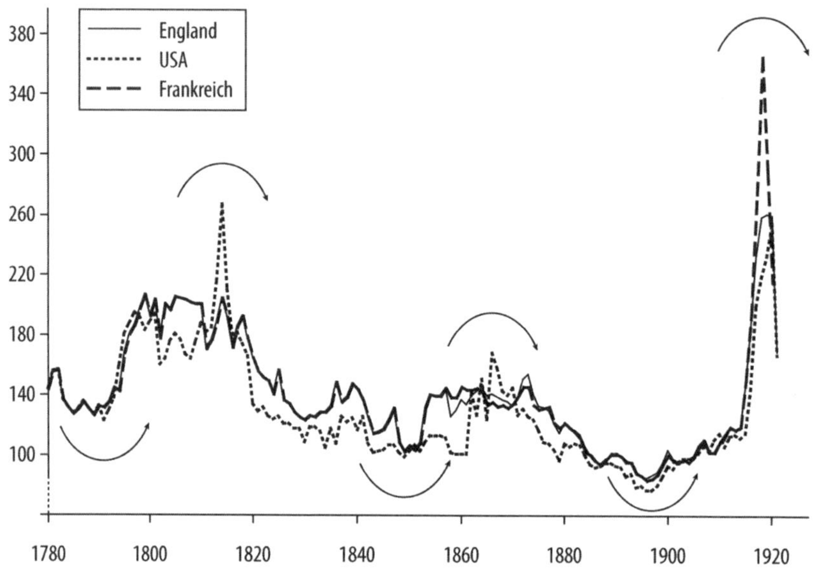

Quelle: Nikolai Kondratieff, The Long Wave Cycle; eigene Darstellung

Der zweite Zyklus der Rohstoffe begann mit der steigenden Welle im Jahr 1849 und endete 1873; die Welle dauerte also 24 Jahre. Die fallende Welle des zweiten Zyklus begann nach Kondratieff im Jahr 1873 und endete 1896 (Dauer: 23 Jahre). Der zweite Zyklus umfasste also einen Zeitraum von 47 Jahren.

Die steigende Welle des dritten Rohstoffzyklus verlief von 1896 bis 1920 (Dauer: 24 Jahre) und dauert damit genauso lange wie die ansteigende Welle des zweiten Zyklus. Nach Kondratieff begann die fallende Welle des dritten Zyklus im Jahr 1920.

Kondratieff stellte in seinen Analysen fest, dass es einen Gleichklang zwischen der Entwicklung der Rohstoffpreise und den langfristigen

Zinssätzen gibt. Abbildung 6 verdeutlicht diesen Gleichlauf von 1780 bis 2003. Wie zu erkennen ist, dürfte die fallende Welle des dritten Kondratieff-Zyklus, mit der fallende Rohstoffpreise bis Anfang der dreißiger und fallende Zinssätze bis Mitte der 40er-Jahre einhergingen, wahrscheinlich zwischen 1940 und 1950 beendet gewesen sein. Dies würde den Erkenntnissen von Kondratieff und Schumpeter entsprechen, wonach langfristige Wellen einen Zeitraum von 48 bis 60 Jahren umfassen (die dritte Welle begann zwischen 1890 und 1896).

Allerdings ist der Gleichklang zwischen den Zinsen und den Rohstoffpreisen nach dem Jahr 1920 nicht mehr so eindeutig wie in den von Kondratieff untersuchten 140 Jahren zuvor. Denn bis zum Hochpunkt der Rohstoffpreise im Jahre 1980 gab es zwischenzeitlich zwei Bullenmärkte bei den Rohstoffen, von 1932 bis 1951 und von 1967 bis 1980, die von fallenden Rohstoffpreise von 1950 bis 1966 unterbrochen wurden. Die Zinsen hingegen erreichten, wie oben erwähnt, ihren Tiefpunkt erst in den 40er-Jahren mit weniger als zwei Prozent und verzeichneten somit nur einen Anstieg bis zum Jahre 1980 auf ein Rekordniveau von über 15 Prozent im Jahre 1981.

Die Spitze der ansteigenden vierten Welle wurde wohl Anfang der 80er-Jahre erreicht, als Rohstoffe wie Gold bei 850 US-Dollar und Silber bei 50 US-Dollar und die langfristigen Zinsen bei etwa 15 Prozent ihre Hochpunkte erreichten. Seit diesem Zeitpunkt wurde bei den Rohstoffen eine fallende Welle verzeichnet, die höchstwahrscheinlich zwischen 1999 und 2001 beendet wurde, da die meisten Rohstoffe in diesem Zeitraum ihren Boden erreichten. Gleichzeitig sieht es so aus, dass die Zinsen zwischen 2003 und 2006 ihren Tiefpunkt erreichen dürften.

Es kann also festgehalten werden, dass Rohstoffe in den vergangenen zwei Jahrhunderten von starken Zyklen geprägt waren; Rohstoff-Haussen erstreckten sich über Zeiträume von 15 bis 25 Jahren. Da die Zinsen und insbesondere die Rohstoffpreise ein recht klares Bild von der Lage der langfristigen Kondratieff-Welle abgeben, ist es wahrscheinlich,

Gleichlauf zwischen Rohstoffen und Zinsen

Die Entwicklung der Rohstoffpreise und der langfristigen Zinssätze von 1780 bis 2003

Abb. 6

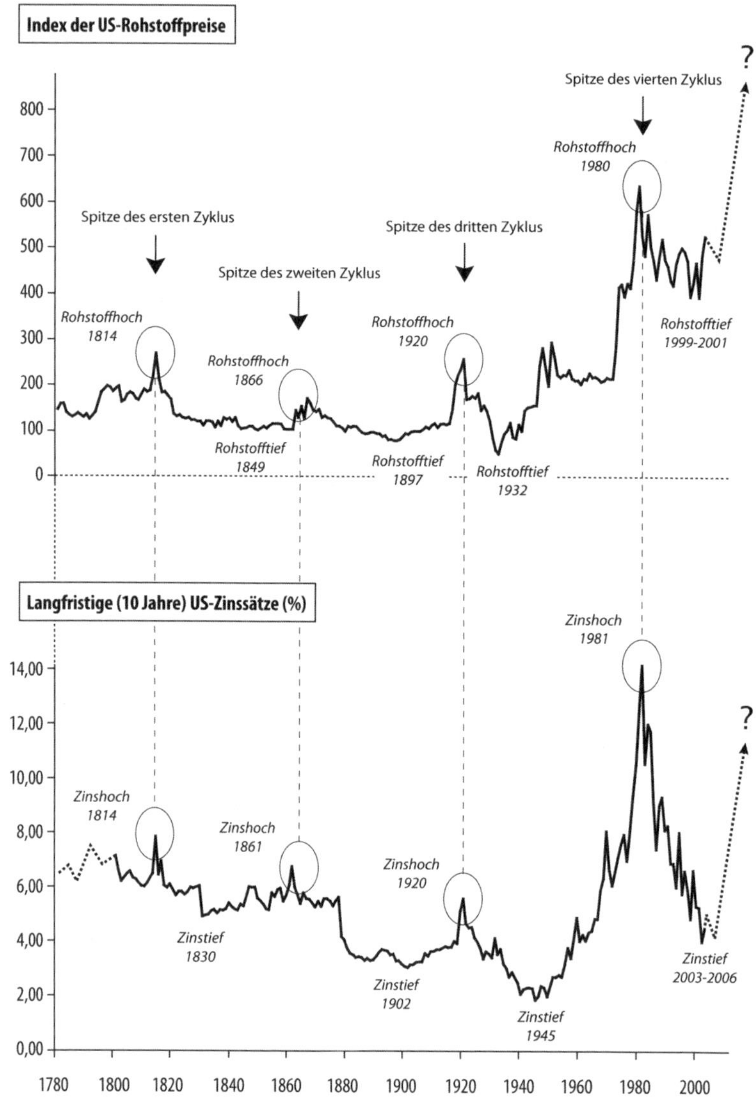

Quelle: Peter Heim

dass die fünfte Welle im Ansteigen begriffen ist. Betrachtet man die Rohstoffe allerdings isoliert, dann ist zu erkennen, dass die Rohstoffzyklen nach dem Hochpunkt von 1920 mit einer durchschnittlichen Länge von 17 Jahren kürzer waren als die Zyklen in den von Kondratieff untersuchten 130 Jahren zuvor (durchschnittliche Zykluslänge etwa 25 Jahre).

Warum die letzten Zyklen von kürzerer Dauer waren, können wir nicht genau sagen. Was wir aber mit Sicherheit sagen können, ist, dass die Preisbewegungen bei den Rohstoffen nicht durch Magie entstehen, sondern weil Angebot und Nachfrage aus dem Gleichgewicht geraten.

Die Ursachen der Rohstoffzyklen

Allen Rohstoff-Haussen ist gemeinsam, dass das Angebot an Rohstoffen in den Jahren zuvor zurückgegangen war, während die Nachfrage stieg oder zumindest gleich blieb. Letztendlich sind für Bullen- oder Bärenmärkte bei den Rohstoffen also Angebot und Nachfrage die entscheidenden Faktoren. Wenn die Aktienmärkte unter Führung einer »New Economy« exponentiell in die Höhe schossen, dann waren Investitionen in Rohstoffe wenig sexy. Die »Old Economy« wurde ignoriert, weil sich größere Gewinnmöglichkeiten bei Radio- und Film-Aktien (in den 20er-Jahren) oder in der Luftfahrt- oder Fast-Food-Branche (in den 60er-Jahren) boten. Doch die täglichen Dinge des Lebens wie Nahrungsmittel oder Benzin werden weiterhin benötigt und an einem bestimmten Punkt die Nachfrage nach Rohstoffen stützen, unabhängig davon, wie schlecht die wirtschaftlichen Bedingungen sind.

Es ist wichtig zu wissen, dass dabei die weltwirtschaftliche Verfassung nicht der entscheidende Faktor für einen Bullenmarkt bei den Rohstoffen darstellt. Selbst in einem Umfeld sinkender Nachfrage können Rohstoffpreise steigen, nämlich dann, wenn das Angebot stärker sinkt als die Nachfrage. Die beiden letzten Bullenmärkte bei den Rohstoffen begannen in wirtschaftlich schlechten Zeiten. Rohstoffe starteten inmitten der deflationären Depression im Jahre 1932 ihre Hausse, genauso wie sie in den stagflationären 70er-Jahren haussierten. Ausgelöst durch ein Ungleichgewicht zwischen Angebot und Nachfrage, schossen die Preise für Öl von weniger als zwei US-Dollar pro Barrel in den 60er-Jahren auf über 40 US-Dollar zu Beginn der 80er-Jahre. Gold sprang von unter 34 US-Dollar Anfang 1970 auf 850 US-Dollar.

In den vergangenen 20 Jahren wurde viel Geld in Aktien, Anleihen und Immobilien investiert, aber wenig Geld floss in Produktionskapazitäten von Rohstoffen. Der Grund hierfür ist, dass sich die Preise für Rohstoffe 20 bis 25 Jahre in einem Bärenmarkt befanden. Der Zuckerpreis erreichte den Höhepunkt 1974 bei über 65 Cent, fiel 1983 auf unter drei Cent und steht aktuell immer noch unter zehn Cent. Gold stieg von unter 40 US-Dollar auf über 850 US-Dollar und verzeichnete anschließend zwei Dekaden lang fallende Preise.

Doch warum fielen die Preise? Der Rohstoff-Boom in den 70er-Jahren und die damit verbundenen hohen Preise lockten zusätzliches Geld an, das zu Angebotsausweitungen führte. Unternehmen begannen damit, neue Minen in Betrieb zu nehmen, Öl zu pumpen oder neue Plantagen zu eröffnen. Doch anhaltend fallende Rohstoffpreise geben wenig Anlass, die Produktionskapazitäten zu erweitern. Dies war in vergangenen Bärenmärkten der Fall, und so ist es auch beim letzten Mal gewesen. In den vergangenen 15 Jahren wurden so gut wie keine Gelder investiert, um neue Kupferminen in Betrieb zu nehmen, Offshore-Bohrtürme zu errichten oder Zuckerplantagen anzulegen.

Der CRB-Index verzeichnete nach einer 20-jährigen zyklischen Baisse zwischen Oktober 1999 und Februar 2000 einen historischen Tiefpunkt und konnte seither um über 50 Prozent zulegen. Wie Abbildung 7 veranschaulicht, liegt der Preis der 17 meistgehandelten Rohstoffe real aber immer noch in der Nähe der Tiefstände der letzten 85 Jahre, und die Preise vieler Rohstoffe liegen deutlich unter den Produktionskosten.

Durch den anhaltenden Preisverfall gerieten viele Rohstoffproduzenten in den vergangenen Jahren in wirtschaftliche Bedrängnis, und schwache Produzenten wurden aus dem Markt gedrängt. In Mexiko und Australien

In der Nähe der historischen Tiefstpunkte
Inflationsbereinigter CRB-Index von 1921 bis 2004 Abb. 7

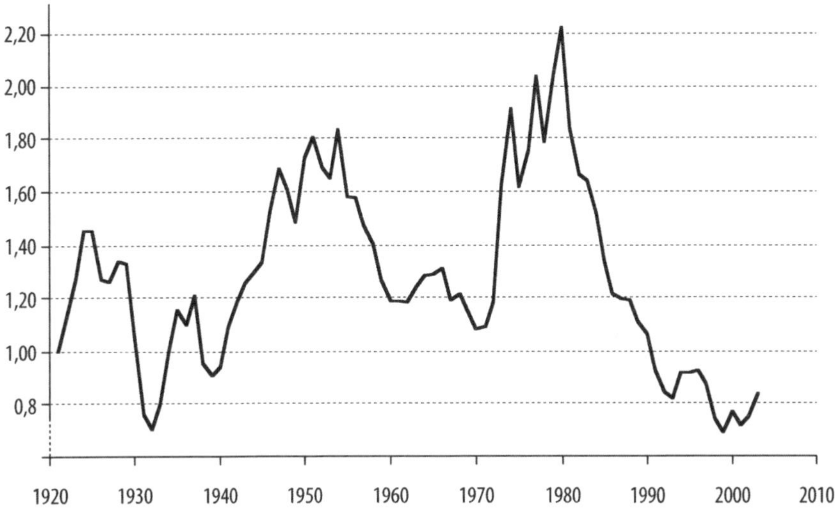

Quelle: Di Tomasso Group

wurden durch die niedrigen Preise in den vergangenen Jahren dutzendweise Zuckerplantagen geschlossen. Die Reaktion der verbliebenen Produzenten war vorhersehbar. Die Unternehmen wurden entschlackt und restrukturiert, Kosten wurden gesenkt. Minen wurden geschlossen, Budgets für Explorationen gekürzt, der Anbau bestimmter Rohstoffe substituiert, und es wurden, wie schon erwähnt, Produktionskapazitäten nicht erweitert. In einer freien Marktwirtschaft jedoch kann die Produktion nicht unbegrenzt aufrechterhalten werden, ohne dass Gewinne erwirtschaftet werden. Ab einem gewissen Punkt müssen die Preise steigen, weil die Nachfrage das reduzierte Angebot wieder übertrifft.

Die Nachfrage nach Rohstoffen ist weltweit gestiegen, und insbesondere Asien wurde zu einem großer Käufer von Rohstoffen. China entwickelte sich zu einem der weltweit größten Importeure von Rohstoffen. Die Preise für viele Rohstoffe verharrten deshalb so lange Zeit auf relativ niedrigem Niveau, weil Vorräte aufgelöst wurden. Insbesondere die überschüssigen Lagerbestände, die während des Kalten Krieges angehäuft wurden, wurden stark reduziert. Mitte der 1980er lag beispielsweise die weltweite Bevorratung von Lebensmitteln bei 35 Prozent des jährlichen Nahrungsmittelverbrauchs. Dieses Verhältnis liegt jetzt bei nur noch zehn bis 20 Prozent und spricht somit für künftig steigende Rohstoffpreise.

Die Krisen in Asien und Russland führten 1997 und 1998 zum Ausverkauf der Rohstoffvorräte dieser Länder – und das war der Schlussstrich unter eine zwei Jahrzehnte lange Rohstoff-Baisse. Aufgrund der geringen Investitionen in den vergangenen Jahren und des Missverhältnisses zwischen Angebot und Nachfrage wird sich die Angebotsknappheit bei den Rohstoffen in den nächsten Jahren nicht beheben lassen. Ganz im Gegensatz zu den zwölf bis 18 Monaten, in denen die Märkte weltweit mit neuen Speicherchips für elektronische Endgeräte überschwemmt werden können, ist für eine Angebotsausweitung viel mehr Zeit erforderlich. Denn von der Suche bis zur Entdeckung von Rohstoffvorkommen über die Erschließung bis hin zum Aufbau einer Produktionsanlage vergehen sowohl im Energie- als auch im Minenbereich mindestens fünf bis sieben Jahre – dieser lange Zeitraum ist ein Hauptgrund, weshalb Bullen- und Bärenmärkte bei den Rohstoffen einen Zeitraum von 15 bis 25 Jahren umfassen.

Kürzere Zyklen bei einzelnen Rohstoffen

Diese lang anhaltenden Preisbewegungen beziehen sich allerdings auf einen Index für mehrere Rohstoffe. Die Preisbewegungen einzelner Rohstoffe innerhalb eines Bullen- oder Bärenmarktes sind in aller Regel von kürzerer Dauer. So erreichte der Preis von Zucker beispielsweise im Jahre 1977 einen Höchstpunkt bei über 65 Cent pro Pfund, verlor bis zum Tiefpunkt 1978 mehr als 90 Prozent an Wert und stieg bis 1980 wieder um etwa 700 Prozent an (siehe Abbildung 8).

Somit verzeichnete Zucker innerhalb des Rohstoff-Bullenmarktes, der von Ende der 60er- bis Anfang der 80er-Jahre dauerte, zwei starke zyk-

Kurze Zyklen

Zuckerpreis von 1964 bis 2004 Abb. 8

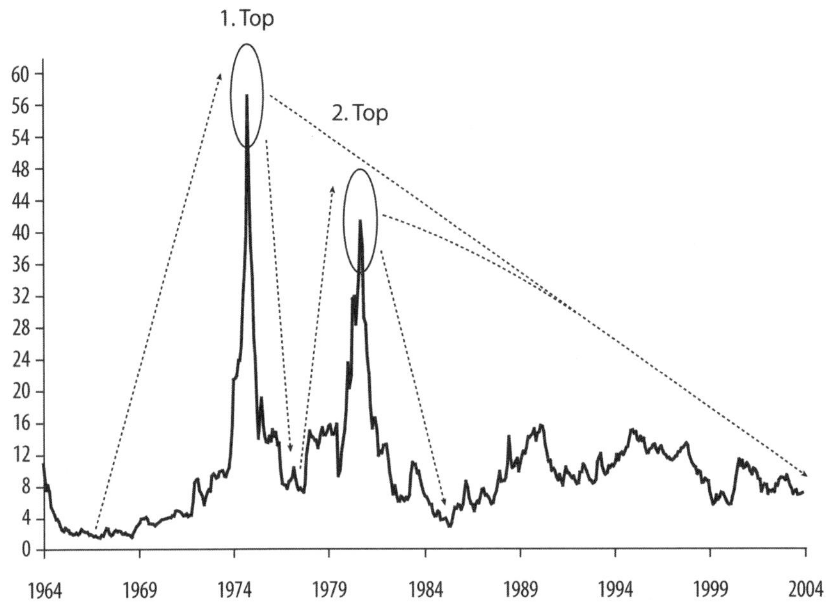

Quelle: Commodity Research Bureau; eigene Darstellung

lische Aufwärtsbewegungen zwischen vier und 65 Cent, bevor eine zyklische Abwärtsbewegung für die nächsten 20 Jahre einsetzte. Außerdem bewegen sich die verschiedenen Rohstoffe häufig vollkommen unabhängig voneinander, das heißt Preisbewegungen von Rohöl haben nichts mit den Preisbewegungen von Orangensaft gemein.

Bei einem Vergleich von Kaffee und Kupfer über die letzten 30 Jahre ist sogar eine zyklische Divergenz festzustellen (siehe Abbildung 9). Wie zu erkennen ist, verliefen die zyklischen Preisbewegungen sehr oft so konträr, dass markante Hochpunkte bei dem einen Rohstoff mit markanten Tiefpunkten bei dem anderen Rohstoff verbunden waren und umgekehrt. In den vergangenen 40 Jahren verzeichnete Kupfer insgesamt neun spekulative Hochpunkte, sieben davon wurden jeweils um den Jahreswechsel verzeichnet. Ein neues Hoch erreichte der Kupferpreis kürzlich bei über 170 Cent.

Wir glauben, dass die Kupferpreise ihr vorläufiges Hoch in der zweiten Hälfte des Jahres 2005 sehen werden und in den nächsten sechs bis zwölf Monaten Korrekturen von 25 bis 40 Prozent nicht ausgeschlossen werden sollten. Das bedeutet natürlich nicht, dass Kupfer innerhalb der nächsten Jahre bis 200 Cent laufen könnte – in einem angespannten Markt sind auch Preise von 250 oder 300 Cent möglich. Gegenwärtig scheinen uns jedoch Preise über 140 Cent als spekulativ, insbesondere weil das Wachstum der Kupferimporte Chinas im Jahr 2004 stark zurückgegangen sind, was entweder bedeutet, dass das Land zuvor große Bestände an Kupfer aufgebaut hat oder dass sich das Wachstum in China abschwächt.

Niemand scheint sich gegenwärtig noch über eine harte Landung Chinas Sorgen zu machen. Jedoch hat sich beispielsweise das Tempo der Autoverkäufe in China im Vergleich zum Vorjahr stark verlangsamt, und das Land wurde von einem Nettoimporteur an Stahl zu einem Nettoexporteur. Entgegen dem Konsens rechnen wir mit einer stärkeren Abschwächung des Wachstums in China, was sich somit besonders negativ auf die in die Höhe geschossenen Metallpreise auswirken sollte. Wir bereits erwähnt, sind die Zyklen einzelner Rohstoffe von kürzerer Dauer. Weil die Fundamentaldaten für Kaffee sehr positiv sind (siehe Teil II des Buches), würden wir unter Berücksichtigung der zyklischen Komponente gegenwärtig Kupfer verkaufen und Kaffee kaufen.

Im Allgemeinen sind wir der Auffassung, dass sich die Preise für landwirtschaftliche Rohstoffe wie Weizen, Mais, Sojabohnen, Kaffee, Zukker und Orangensaft in den nächsten beiden Jahren besser entwickeln werden als die Preise der Industriemetalle. Wie Abbildung 10 zeigt, sind die weichen Rohstoffe bisher vernachlässigt worden. Während der Energie-, Edelmetall und Industriemetallbereich alle im Zeitraum von 1999 bis 2001 steigende Preise verzeichnen konnten, verlor der Agrar-Subindex von Goldman Sachs rund 25 Prozent.

Sell Copper and Buy Coffee

Kupfer und Kaffee von 1974 bis 2004 Abb. 9

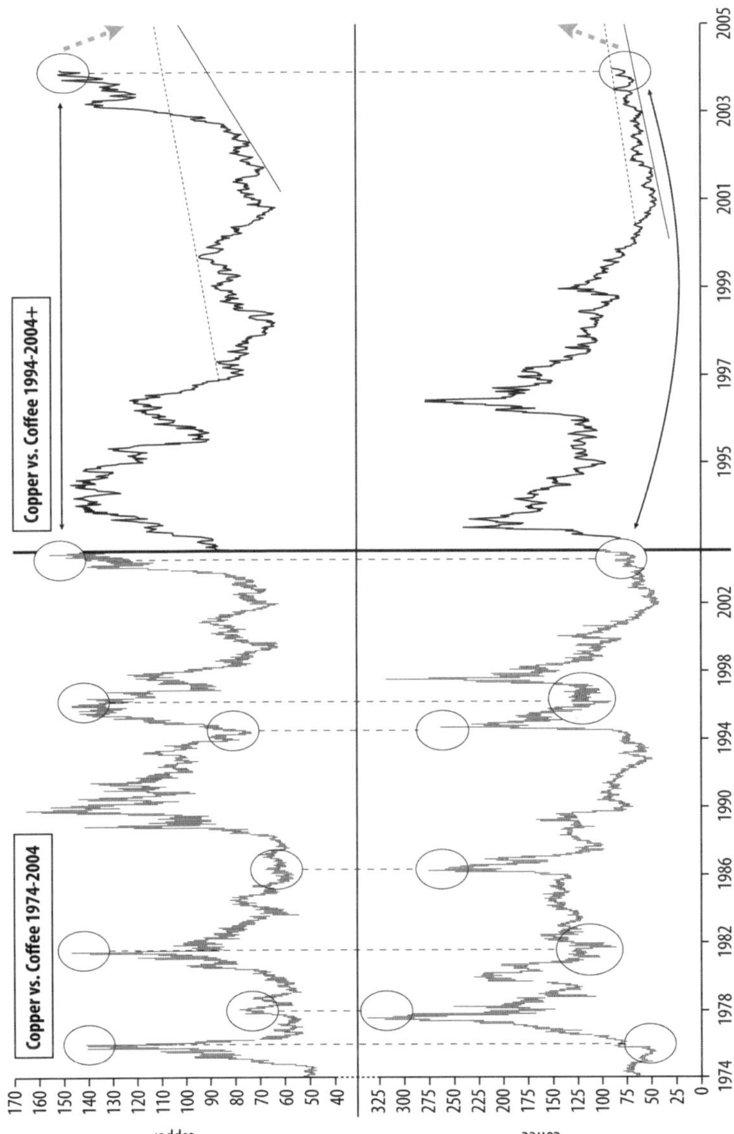

Quelle: Peter Heim

Nachholbedarf für Agrarrohstoffe
Energie-, Industrie-, Edelmetall- und Agrar-Subindex von Goldman Sachs von 1999 bis 2005

Abb. 10

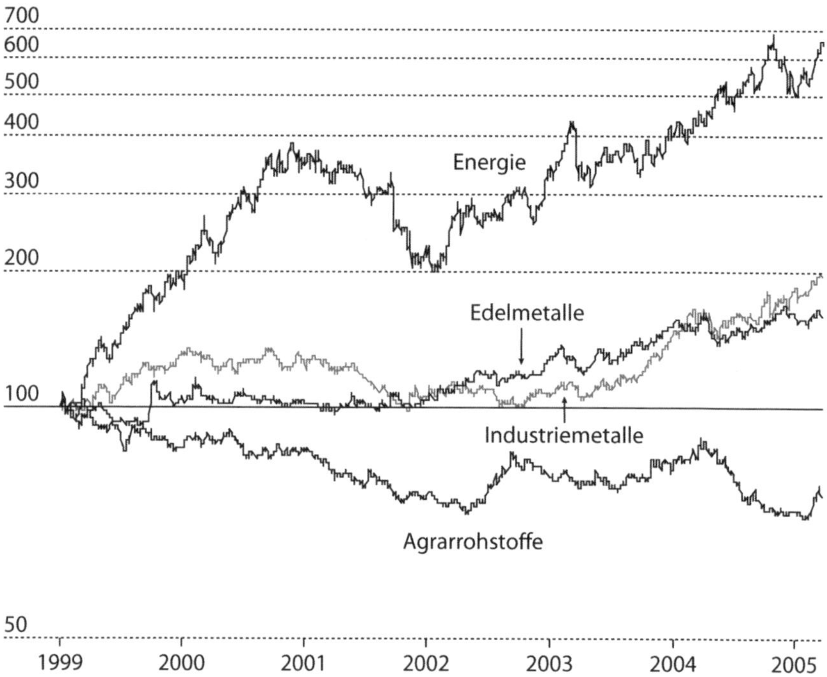

Quelle: Goldman Sachs International © 2005; eigene Darstellung

Bei den gegenwärtigen Preisen, zu denen die weichen Rohstoffe gehandelt werden, scheint uns der Einstiegszeitpunkt günstig. Warum wir so bullish für die weichen Rohstoffe sind, werden wir in Teil II des Buches erörtern. Wir möchten an dieser Stelle noch einmal verdeutlichen, dass wir auf Grund der vergangenen Preisbewegungen davon ausgehen, dass der Bullenmarkt bei den Rohstoffen noch weitere zehn bis 15 Jahre dauern wird und in Zukunft wohl alle Rohstoffe noch höhere Niveaus als die gegenwärtigen erreichen werden.

Jedoch verlaufen sowohl Bullen- als auch Bärenmärkte nicht geradlinig. Mit anderen Worten: Wir sehen in letzter Zeit vermehrt optimistische Stimmen in Bezug auf Rohstoffe und China. Allenthalben ist davon die Rede, dass China die Märkte der wichtigsten Grundstoffe Aluminium, Kupfer, Nickel und Zink leer kauft.

Jedoch möchten wir Anleger, die jetzt sofort auf den fahrenden Zug aufspringen und mit Blick auf China Wetten auf Rohstoffe eingehen, vor der vorübergehenden Volatilität und der Kurzlebigkeit von Haussen bei einzelnen Rohstoffen innerhalb eines übergeordneten Bullenmarktes warnen. Viele Rohstoffe verzeichneten seit dem Beginn des Bullenmarktes hohe Preisaufschläge und sind mehr als reif für eine Korrektur. Wie in jeder Hausse wird es auch bei den Rohstoffen Konsolidierungen und Rückschläge geben. Auch die Aktienmärkte verzeichneten in der Hausse-Periode von Anfang der 80er-Jahre bis zum Beginn des Millenniums immer wieder Rückschläge. Doch der kluge Investor erkannte, dass sich die Aktienmärkte in einem Bullenmarkt befanden, und nutzte Rückschläge als willkommene Gelegenheit, um Aktien nachzukaufen.

Genauso sollten Rückschläge bei den Rohstoffpreisen, die wir für 2005 oder 2006 erwarten, für Zukäufe beziehungsweise für den Einstieg genutzt werden, weil wir uns in einem langfristigen Bullenmarkt bei den Rohstoffen befinden. Insbesondere die Erkenntnisse von Kondratieff, wonach sowohl die steigende als auch die fallende Welle eine Dauer von etwa 22 bis 30 Jahren haben, sprechen für einen anhaltenden Bullenmarkt bis in das nächste Jahrzehnt. Wie bereits erwähnt, handelt es sich beim Kondratieff-Zyklus eher um einen Preiszyklus, den fallende oder steigende Rohstoffpreise und Zinsen charakterisieren. Dennoch möchten wir noch einmal auf die vier empirischen Beobachtungen Kondratieffs eingehen, die Aufschluss über die Lage der langen Welle geben und die Annahme, das wir uns am Beginn einer steigenden Welle befinden, untermauern.

Die empirischen Beobachtungen Kondratieffs

Wie gesagt, der Kondratieff-Zyklus ist komplex, und man kann ihm keine eindeutige Periodizität unterstellen. Die Frage, in welcher Phase der Kondratieff-Welle wir uns derzeit befinden und welche Innovationen Auslöser für den Anstieg des nächsten Kondratieff-Zyklus sein könnten, ist deshalb nicht so einfach zu beantworten. Einige Forscher wie Christopher Freeman vertreten die Auffassung, dass die fünfte Welle schon vor 20 Jahren angestiegen ist. Teilweise wird auch (wie zum Beispiel vom Economist) die These sich verkürzender Zyklen vertreten (siehe Abbildung 11):

Surfwellen

Modell sich verkürzender Wellen

Abb. 11

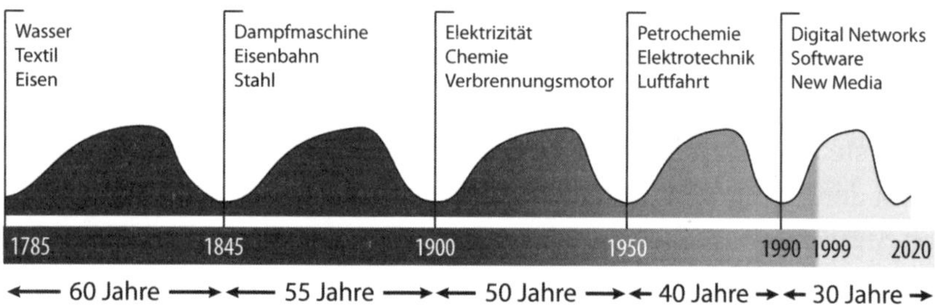

Quelle: The Economist

Bei der These des Economist findet aber offensichtlich eine im Zuge des High-Tech-Hypes Ende der 90er-Jahre zustande gekommene Verwechslung sich verkürzender Produktzyklen mit den langen Kondratieff-Wellen statt. Insbesondere müssten die Wellen bei konstantem Tempo in 50 Jahren negativ werden. Es spricht auch einiges gegen die Auffassung, dass die Kondratieff-Welle schon seit zwei Jahrzehnten wieder im Ansteigen begriffen ist.

Wie gezeigt wurde, bilden die Kapitalmarktzinsen und die Entwicklung der Rohstoffpreise zusammen die Phasen der Kondratieff-Zyklen recht zuverlässig ab. Nach einem starken Anstieg der Rohstoffpreise über die vergangenen zwei Jahre und dem Tiefpunkt bei den Zinsen, der wahrscheinlich zwischen 2003 und 2006 erreicht wird, lässt sich mit hoher Wahrscheinlichkeit konstatieren, dass die fünfte Welle des Kondratieff-Zyklus, der weitgehend einen Preiszyklus und keinen Konjunkturzyklus darstellt, im Ansteigen begriffen ist. Wir haben zuvor die vier empirischen Beobachtungen Kondratieffs erwähnt, die evident für die Lage des langfristigen Zyklus sind. Abbildung 12 zeigt eine Übersicht der Kondratieff-Welle von 1787 bis 2060 und die Charakteristik der jeweiligen Wellen.

Kondratieffs erste empirische Beobachtung war, dass vor und zu Beginn einer ansteigenden Welle tief greifende Veränderungen in den wirtschaftlichen und gesellschaftlichen Lebensbedingungen zu erkennen sind. Diese äußern sich unter anderem in Veränderungen und Innovationen in der Technik.

Die erste ansteigende Welle (1787 bis 1810/17) begann auf dem Hochpunkt der Industriellen Revolution; sie war durch neue Erfindungen wie den Straßen-, Kanal- und Brückenbau gekennzeichnet. Der zweiten ansteigenden Welle ging eine Reihe von technischen Erfindungen voraus, etwa bedeutende Verbesserungen bei der Dampf-Eisenbahn (1824), die Erfindung der Turbine (1824-1827), die Ernte-Maschine (1831), der erste Raddampfer (1836) und die Erfindung der Dampfpumpe (1840). Viele dieser Erfindungen fanden dann mit einer gewissen Zeitverzögerung Anwendung in der Industrie. Mit dem zweiten Kondratieff (ansteigende Welle von 1844/55 bis 1870/75) wird das Zeitalter der Eisenbahn, des Dampfes und des Stahls verbunden.

Der dritte Kondratieff (ansteigende Welle von 1891/96 bis 1914/20) wiederum brachte die Elektrizität, die Chemie und den Verbrennungsmotor mit sich. Die vierte steigende Welle dürfte wohl in den 40er- oder 50er-Jahren begonnen haben; sie war von Erfindungen wie der Elektrotechnik und der Luft- und Raumfahrt begleitet. So lagen zwar die eigentliche Erfindung des Flugzeuges, aber auch bedeutende Verbesserun-

Lange Wellen

Die Kondratieff-Zyklen von 1787 bis 2057

Abb. 12

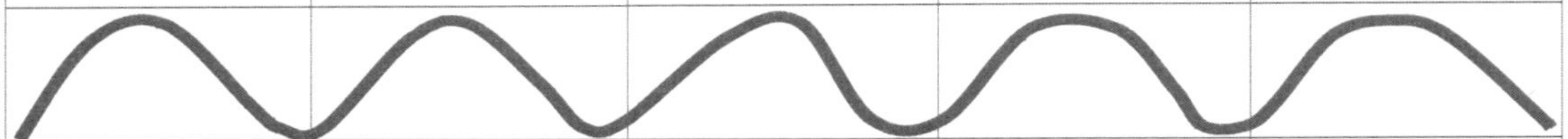

1. Kondratieff-Zyklus	**2. Kondratieff-Zyklus**	**3. Kondratieff-Zyklus**	**4. Kondratieff-Zyklus**	**5. Kondratieff-Zyklus**
Steigende Welle von 1787-92 bis 1810-17 Fallende Welle von 1810-17 bis 1844-51	Steigende Welle von 1844-51 bis 1870-75 Fallende Welle von 1870-75 bis 1890-96	Steigende Welle von 1890-96 bis 1914-20 Fallende Welle von 1914-20 bis 1940-50	Steigende Welle von 1940-50 bis 1975-81 Fallende Welle von 1975-81 bis 2003-2010	Steigende Welle von 2003-10 bis 2025-2030 Fallende Welle von 2025-30 bis 2053-57
I. Innovationen: - Kanäle - Brücken - Straßen - Einbindung Amerikas in den Welthandel	**I. Innovationen:** - Dampfmaschinen - Eisenbahn - Stahl	**I. Innovationen:** - Elektrizität - Chemie - Auto	**I. Innovationen:** - Elektronik - Container - Luftfahrt - Dienstleistungen	**I. Innovationen:** - Öffnung neuer Märkte (Asien, Osteuropa) - Technologie, Medien, Telekommunikation - Nanotechnologie, Biotechnologie
II. Kriege & Revolutionen in ansteigender Welle: Französische Revolution, 1. & 2. Koalitionskrieg, Russisch-Türkischer Krieg	**II. Kriege & Revolutionen in ansteigender Welle:** Krimkrieg, Amerikanischer Bürgerkrieg	**II. Kriege & Revolutionen in ansteigender Welle:** Russisch-Japanischer Krieg, Erster Weltkrieg	**II. Kriege & Revolutionen in ansteigender Welle:** Zweiter Weltkrieg, Koreakrieg, Vietnamkrieg	**II. Kriege & Revolutionen in ansteigender Welle:** Zunehmende Konflikte im Mittleren Osten, Kampf ums Öl
III. Depressionen in der Landwirtschaft in fallenden Wellen: Von 1816-1820 bis 1831-1835 fallende Agrarpreise	**III. Depressionen in der Landwirtschaft in fallenden Wellen:** Von 1869-77 bis 1887-95 fallende Agrarpreise	**III. Depressionen in der Landwirtschaft in fallenden Wellen:** Von 1920-23 bis 1932-33 fallende Agrarpreise	**III. Depressionen in der Landwirtschaft in fallenden Wellen:** Von 1974-80 bis 2001-05 fallende Agrarpreise	**III. Depressionen in der Landwirtschaft in fallenden Wellen:** Wahrscheinlich ab 2025-30 fallende Agrarpreise
IV. Crashs & harte Rezessionen in fallenden Wellen: Kanal- und Bankaktien 1837	**IV. Crashs & harte Rezessionen in fallenden Wellen:** Eisenbahnaktien 1873	**IV. Crashs & harte Rezessionen in fallenden Wellen:** Ende des goldenen Zeitalters 1929	**IV. Crashs & harte Rezessionen in fallenden Wellen:** Lateinamerika 1981, Japan 1990, Asien- & Russlandkrise 1997-1998, westliche Märkte nach 2000	**IV. Crashs & harte Rezessionen in fallenden Wellen:** Wahrscheinlich ab 2025-30 erste Crashs & harte Rezesionen

Quelle: Peter Heim

gen in der Navigation sowie die Leistungssteigerung der Flugzeugmotoren weiter zurück, doch Kondratieff betonte, wie wichtig es ist, bei technischen Erfindungen zwischen dem Zeitpunkt der Einführung und dem der Anwendung in der Praxis zu unterscheiden.

Viele Erfindungen haben ihren Ursprung in den 1760er-Jahren, überwiegend fanden diese allerdings erst in den 80er- und 90er-Jahren des 18. Jahrhunderts eine breite praktische Anwendung (also während der ersten ansteigenden Welle) und sorgten somit für die wirkliche Industrielle Revolution. Und wie bereits gezeigt, war dies auch während der zweiten steigenden Kondratieff-Welle der Fall. Die kommerzielle Nutzung des Luftverkehrs mit Strahlflugzeugen begann auch erst während der vierten ansteigenden Kodratieff-Welle Anfang der 50er-Jahre. Es folgten 1970 mit dem Jumbo-Jet die Einführung der Großraumflugzeuge und ab 1976 die Aufnahme des Überschallverkehrs.

Eine weitere wichtige Erfindung fand auch in den 50er-Jahren statt. 1956 stellte Malcom McLean das erste Containerschiff vor. McLean war Gründer der weltweit ersten Containerreederei Sea-Land, die 1999 von A.P. Moller-Maersk gekauft wurde und mit 250 Containerschiffen als Maersk-Sealand zu den weltweit führenden Containerreedereien gehört. Dies war eine der größten Erfindungen, ermöglichte sie doch den schnellen und effizienten Transport, weil der bis dahin kostspielige und zeitaufwändige Verladungsprozess vermieden wurde. Zum Be- oder Entladen von 10.000 Tonnen Stückgut benötigte damals ein konventionelles Frachtschiff acht bis zehn Tage. Mit einem Containerschiff und einfachen Umschlagsanlagen schaffte man diese Menge in zwei Tagen. Dadurch reduzierte sich der Personalbedarf für die Umladungen immens, und die Transportzeiten und Kosten verringerten sich durch die kürzeren Schiffsliegezeiten. Es ist schwer vorzustellbar, dass der Welthandel (etwa 95 Prozent des Welthandels erfolgen via Seecontainer) in den vergangen 50 Jahren ohne diese Innovation derart stark zugenommen hätte.

Mit dem fünften Kondratieff wird als Basisinnovation oft die Informationstechnologie in Verbindung gebracht. Das ist gut möglich, denn insbesondere seit Ende der 90er-Jahre findet zum Beispiel das Internet eine breite Anwendung. Auch der Bereich Life Science (Biotechnologie) und die damit verbundenen Anwendungsgebiete von der Landwirtschaft (genveränderte Lebensmittel) bis zum Bereich der Medizintechnik (Erkenntnisse aus der Entschlüsselung des Genoms) könnten eine der möglichen Basisinnovationen des fünften Kondratieff sein.

Wir glauben jedoch eher, dass der Eintritt neuer Länder in die Weltwirtschaft (möglicherweise auch in Kombination mit den oben genannten Innovationen) für den Aufschwung des nächsten Kondratieff verantwortlich sein sollte. Kondratieff betonte, dass die zweite ansteigende Welle von der Ausdehnung und dem Eintritt Amerikas in die Weltwirtschaft begleitet wurde. Die Industrielle Revolution begann zuerst in Großbritannien und erst später in anderen Ländern. Doch mit der aufstrebenden Volkswirtschaft Amerika wuchs ein leistungsfähiger Konkurrent heran, was letztlich dazu führte, dass sich durch die Industrialisierung das weltweite Wirtschaftszentrum im Laufe von etwa 100 Jahren in Richtung Amerika verlagerte. Das Geld floss dorthin, wo die »Produktionskosten in ihrem real-physischen Ausdruck« sanken, weil dort ein neuer »Fonds langfristiger Kapitalgüter« die Produktivität erhöhte und für Arbeit und neuen Wohlstand sorgte.

Wenn wir uns heute das wirtschaftliche Emporkommen Asiens, insbesondere Chinas, Bangladeshs und Vietnams im Produktionsbereich, aber auch Indiens im Dienstleistungsbereich und Pharmabereich anschauen, dann ist es sehr wahrscheinlich, dass diese Region dramatisch an Bedeutung gewinnen wird. Vermutlich wird China im 21. Jahrhundert die USA als weltweit wichtigste Wirtschaftsmacht ablösen. Nur mit dem Unterschied, dass dieser Prozess in China wohl keine 100 Jahre dauern wird.

Denn schaut man sich beispielsweise die Industrialisierungsprozesse von Japan und Südkorea an, zeigt sich, dass der Wandel weitaus schneller vonstatten ging. Beide Länder industrialisierten sich in einem Zeitraum von etwa 40 Jahren. Und wenn man sich den Wandel in China seit der 1978 begonnenen »Reform- und Öffnungspolitik« anschaut, seit der sich die Pro-Kopf-Einkommen alle zehn Jahre verdoppelt hat, dann spricht alles dafür, dass China in 20 Jahren die wichtigste Wirtschaftsnation der Welt werden wird. China wird dann wohl der wichtigste Handelspartner Asiens sein, und die Exportabhängigkeit dieser Region vom Westen wird deutlich zurückgehen. Umgekehrt werden Exporte in den Westen weiterhin Bestand haben, weil der Produktions- und der IT-Service-Sektor in Asien sehr wettbewerbsfähig sind.

Wenn man den Globalisierungsprozess über die vergangenen zehn bis 15 Jahre genauer betrachtet, dann muss man Folgendes feststellen: Nach der Öffnung zahlreicher neuer Länder und dem Zusammenbruch des Kommunismus hat die Einbindung dieser neuen Länder in das Weltwirtschaftssystem nicht nur den globalen westlichen Unternehmen einen neuen Absatzmarkt eröffnet. Vielmehr hat ein ungeheurer Wissens-, Technologie- und Kapitaltransfer, insbesondere in die asiatischen Emerging Markets, stattgefunden.

So ist China in der Lage, viele Produkte des Westens in gleicher Qualität um mindestens ein Drittel günstiger herzustellen, und das bei zunehmender Produktivität. Und nach Indien können viele Dienstleistungen ausgelagert werden. Selbst im pharmazeutischen Bereich gibt es mit Firmen wie Ranbaxy oder Dr. Reddy zunehmende Konkurrenz für westliche Unternehmen.

Somit bleibt die Integration dieser Länder mit mehr als drei Milliarden Menschen, die vor den 90er-Jahren nur in geringem Umfang am kapitalistischen Leben teilnahmen, letztlich nicht ohne Folgen für die westlichen Industrieländer. Die Einbindung sorgt vielmehr für ein anhaltendes Ungleichgewicht. Auf den Boom in den Emerging Markets von Mitte der 80er-Jahre bis etwa Mitte der 90er-Jahre folgten Krisenzeiten, die starke Währungsabwertungen und durch die deflationäre Wirkung dieser Krisen fallende Preise in den aufstrebenden Ländern mit sich brachten. Durch den Beitritt zum kapitalistischen System exportieren die Emerging Markets wiederum ihr niedriges Preisniveau in

Entwicklung der Großhandelspreise in Deutschland, Frankreich und Amerika von 1820 bis 1896 Abb. 13

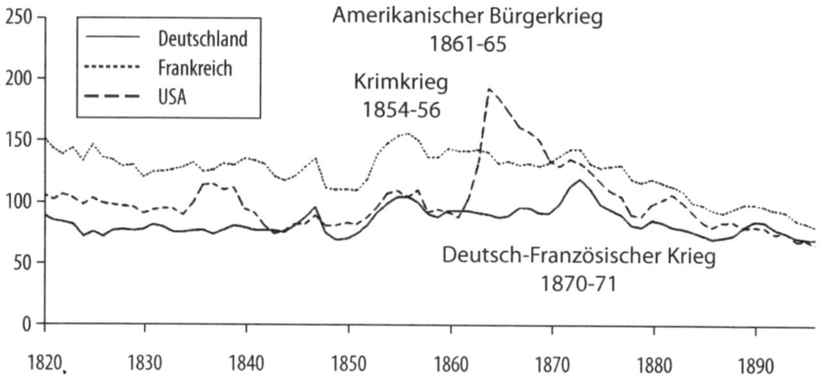

Quelle: David Hackett Fischer, The Great Wave

die westlichen Industrieländer, was in vielen Sektoren, wie

zum Beispiel in der IT-Branche, deflationäre Auswirkungen auf die Weltwirtschaft hat, vergleichbar mit dem Beitritt der USA in der zweiten Hälfte des 19. Jahrhunderts.

Wie Abbildung 13 zeigt, sorgten der Eintritt Amerikas in die Weltwirtschaft und die damit verbundene Öffnung von Prärien und Ackerland für ein zusätzliches Angebot an landwirtschaftlichen Produkten wie Getreide und damit zu einer deflationären Wirkung auf die Preise von Mitte der 1860er-Jahre bis etwa zum Beginn des 20. Jahrhunderts.

Die europäische Landwirtschaft, die zu diesem Zeitpunkt noch mehr Menschen als die verarbeitende Industrie beschäftigte, litt stark darunter, dass landwirtschaftliche Produkte in Amerika zu weitaus niedrigeren Kosten produziert werden konnten, den Weltmarkt erreichten und dort die Preise drückten. Die europäische Landwirtschaft hat sich davon nie wieder richtig erholt und musste daraufhin stark subventioniert werden.

Doch es gibt noch mehr Parallelen. Im 19. Jahrhundert war das Britische Reich nicht nur wirtschaftlich, sondern auch politisch und militärisch die Führungsmacht, während die USA den großen, aufstrebenden Emerging Market darstellen. Heute sind die Vereinigten Staaten von Amerika die Supermacht, während China der große, aufstrebende Gigant ist.

Im ersten Viertel des 20. Jahrhunderts war das Britische Reich bereits im Niedergang begriffen, es übernahm sich militärisch und musste für seine imperialen Abenteuer bezahlen, was sich in einer Abwertung der Währung und in anhaltenden Außenhandels- und Budgetdefiziten bemerkbar machte. Mit anderen Worten: Das Britische Reich war eine Schuldnernation, die über ihre Verhältnisse lebte und vom Rest der Welt finanziert wurde. Amerika hingegen erwirtschaftete Handelsüberschüsse und war ein Netto-Kreditgeber. Es ist wichtig zu wissen, dass der Zusammenbruch des britischen Reiches dadurch ausgelöst wurde, dass der Rest der Welt sein Kapital abzog. Im 20. Jahrhundert, nach dem Ende Britischen Reiches, verlor das britische Pfund rund 90 Prozent seines Wertes gegenüber harten Währungen wie Gold oder dem Schweizer Franken.

Kommt Ihnen das bekannt vor? Die Amerikaner erwirtschaften heute ein gewaltiges Leistungsbilanzdefizit, das sich inzwischen auf rund sechs Prozent beläuft und von Ausländern – hauptsächlich von den asiatischen Ländern – finanziert werden muss. Dazu kommt ein Haushaltsdefizit, das nicht zuletzt durch die militärische Aufrüstung und die Expedition in den Irak anschwoll.

Die amerikanischen Militärs haben den Globus in fünf strategische Kommandobereiche aufgeteilt: einen für Nord -und Südamerika, einen weiteren für Europa, einen dritten für das Mittelmeer und Afrika, einen vierten für Zentralasien und den mittleren Osten sowie Zentralasien und einen fünften, der den gesamten Bereich des Pazifiks, den Indischen Ozean sowie Ost- und Südasien umfasst. Jeder dieser fünf Kommandobereiche untersteht einem Vier-Sterne-General. Amerikanische Soldaten befinden sich in über 150 Staaten, in weiteren 63 Staaten gibt es amerikanische Basen und Truppen.

Das Ganze kostet Geld. Amerikas Verteidigungsetat ist so groß wie jener der nachfolgenden acht Länder zusammen. Mit anderen Worten: Amerika befindet sich heute in einer Situation des Niedergangs ähnlich wie das Reich damals und finanziert sein Imperium sowie die überhöhten Defizite beim Budget und in der Handelsbilanz mit ausländischem Geld. Wenn die ausländischen Anleger wie im Falle des britischen Reiches nicht mehr bereit sind, die amerikanischen Defizite zu finanzieren, und alle Investoren durch eine Tür die USA verlassen wollen, dann wird auch dies der Auslöser des Zusammenbruchs sein.

Aus dem historischen Blickwinkel heraus ist es interessant zu wissen, dass der Niedergang des britischen Reiches und der Aufstieg Amerikas keine Eintagsfliege darstellen. Die Geschichte zeigt, dass neue, aufstrebende Ökonomien immer wieder die etablierten Mächte verdrängten. Und wie im Falle des britischen Reiches und jetzt Amerikas ging die wirtschaftliche Führungsrolle mit politischer und militärischer Dominanz einher. Zu dem Zeitpunkt, zu dem die etablierten Weltmächte jedoch wirtschaftliche Probleme bekamen, verloren sie auch politischen Einfluss und die militärische Vormachtstellung. Solange sich Mächte wie Ägypten, Rom, Spanien oder Großbritannien im Aufstieg befanden und an Macht gewannen, wiesen alle diese Volkswirtschaften einen Trend zu niedrigeren Zinsen und fallenden Inflationsraten auf.

Mit dem Niedergang dieser Weltreiche waren dann aber kriegerische Auseinandersetzungen, steigende Inflationsraten und Zinsen sowie eine fallende Währung verbunden. Auch im Römischen Reich herrschte während der wirtschaftlichen Blütezeit zumindest über eine gewisse Zeit Frieden, und das Land verfügte bis zur Herrschaft von Augustus über eine stabile Währung und ein stabiles Preisniveau (es wurden nur reine Gold- und Silbermünzen verwendet). Verschwenderische Ausgaben der Nachfolger Augustus' brachten den damals herrschenden Kaiser Nero im Jahr 64 n. Chr. dazu, die Währung zum ersten Mal abzuwerten. Die Wirtschaft des römischen Reiches befand sich zu diesem Zeitpunkt in keiner guten Verfassung und war durch anhaltende Defizite im Handel und mit den eigenen Kolonien sowie durch schwindende Fiskalüberschüsse gekennzeichnet.

Doch mit dieser Abwertung war es nicht getan. Aufgrund des politisch immer schwächer werdenden Reiches fanden unter den nachfolgenden Kaisern ganz erhebliche Abwertungen statt mit der Folge, dass der römische Dinar bis zum Jahr 268 n. Chr. weniger als ein Tausendstel des Wertes hatte wie unter der Herrschaft von Kaiser Augustus.

Ein Grund für den wirtschaftlichen Niedergang in Italien – und auch hier zeigen sich wieder Parallelen zu den USA in Bezug auf die Verlagerung des Produktions- und Dienstleistungsgewerbes nach Asien – war das Wegbrechen des italienischen Exportmarktes für Wein als Folge der Verbreitung des Weinbaus in anderen Provinzen des römischen Reiches. Die wirtschaftlichen Krisen, unter denen Italien zu leiden hatte, wurden durch imperiale Ausdehnungen und die damit verbundenen Kriege samt deren Kosten noch verschärft.

Ähnlich wie den Römern erging es dem Spanischen Weltreich im 16. Jahrhundert, das sich von Westeuropa über Nord-, Mittel- und Südamerika sowie Teile Afrikas bis nach Asien erstreckte. Wieder gingen wirtschaftlicher und militärischer Niedergang Hand in Hand. Wieder wurden die Kriege zur Verteidigung des spanischen Reiches kostspielig, was dazu führte, dass Spanien den Zahlungen seiner Schulden, die man in Augsburg und Antwerpen, Genua und Lyon aufgenommen hatte, nicht nachkommen konnte und die Spanische Krone, also der Staat, zwischen 1550 und 1650 sechsmal bankrott ging.

Und auch im Falle der USA finden sich in der Vergangenheit Belege, dass die Regierungen von Ökonomien, die sich im Abstieg befinden, versuchen, die Wirtschaft mittels großzügigen Geldmengenwachstums und überhöhter Budgetdefizite anzukurbeln – was dann wie in der Vergangenheit zu Währungsabwertungen, steigender Inflation und steigenden Zinsen führt.

Um es noch einmal klar mit den Worten Sydney Homers zu sagen, weisen die Zinssätze von fallenden Weltreichen eine steigende Tendenz auf. Vor diesem Hintergrund scheint die Weltmacht USA ihren Zenit bereits überschritten zu haben, da die amerikanischen Zinssätze ihren Tiefpunkt in den 1940er-Jahren ereichten (siehe auch Abbildung 6).

Verschiedene Kennzahlen, die den Zustand der Wirtschaft beschreiben, zeichnen ein ähnliches Bild. So war die durchschnittliche jährliche Wachstumsrate des amerikanischen Bruttoinlandsprodukts (BIP) von 1942 bis 1966 um 1,3 Prozent höher als von 1975 bis 1999. Die Industrieproduktion stieg von 1942 bis 1966 jährlich um fast zwei Prozentpunkte mehr, und die Arbeitslosenquote lag im Monatsdurchschnitt um über 1,5 Prozent unter den Zahlen des Vergleichszeitraumes von 1975 bis 1999. Auch die Gesamtschulden im Vergleich zum Bruttoinlandsprodukt lagen im Jahre 1966 mit 148 Prozent des Bruttoinlandsprodukts erheblich niedriger als im Jahr 1999 (268 Prozent des BIP).

Und während die Vereinigten Staaten 1966 einen Außenhandelsüberschuss von 1,3 Milliarden US-Dollar erwirtschafteten und ein Nettogläubiger waren, gab es im Jahre 1999 keinen Außenhandelsüberschuss mehr, sondern ein Defizit von 96,2 Milliarden US-Dollar – und die USA verwandelten sich von einem Nettogläubiger zu einem Nettoschuldner mit mehr als zwei Billionen US-Dollar Schulden. Den wirtschaftlichen Höhepunkt dürften die USA demnach in den 50er-Jahren gesehen haben.

So verwundert es auch nicht, dass der Entschluss von Präsident Nixon im Jahre 1971, das Goldfenster zu schließen und den Dollar abzuwerten (siehe hierzu auch nächstes Kapitel), zu einem Zeitpunkt stattfanden, zu dem die USA wirtschaftlich ihren Höhepunkt bereits überschritten hatten und das Land ein hohes Außenhandels- und Leistungsbilanzdefizit verzeichnete. Auf diesen Schritt folgten in den nächsten zehn Jahren steigende Inflationsraten und Zinsen sowie eine starke Abwertung des Dollars.

Und wenn Sie sich die USA anschauen, müssen Sie feststellen, dass auch heute wieder, so wie in den 70er-Jahren, ein großes Leistungsbilanzdefizit vorhanden ist. Zugleich erwächst der inzwischen einzigen Weltmacht mit dem rasanten Aufstieg der chinesischen Wirtschaft ein ernst zu nehmender Konkurrent. Sollten die Vereinigten Staaten in dieser Situation versuchen, ihre Stellung mit Hilfe von Kriegszügen zu sichern, dürfte sich der Dollar – das zeigt die Geschichte – noch ganz wesentlich abschwächen, und die Inflationsraten sowie die Zinsen dürften stark steigen.

Folgt man Kondratieffs zweitem empirischen Muster, demzufolge in ansteigenden Wellen – die ja hauptsächlich durch steigende Preise, insbesondere durch steigende Rohstoffpreise, sowie einen Anstieg des Zinsniveaus charakterisiert sind – große Veränderungen in der Gesellschaft, wie Kriege und Revolutionen, öfter als in fallenden Wellen zu beobachten sind, dann ist es wenig wahrscheinlich, dass die fünfte Welle schon vor Jahrzehnten angestiegen ist. Denn die größeren kriegerischen Auseinandersetzungen wie der Zweite Weltkrieg, der Korea-Krieg oder der Vietnam-Krieg fanden alle in der ansteigenden Welle des vierten Kondratieffs (1940/50 bis 1980) statt (siehe Abbildung 14), wohingegen seit der fallenden Welle (ab 1980) Konflikte zu verzeichnen waren (zum Beispiel Irak-Krieg und Bürgerkrieg in Jugoslawien), deren weltwirtschaftlicher Einfluss weitaus geringer war.

Wie Kondratieff feststellte:

> *... the upward movement in business conditions, and the growth of productive forces, cause a sharpening of the struggle for new markets — in particular, raw materials markets. On the one hand this makes for an expansion of the orbit of the*

Neue große geopolitische Spannungen?

Rohstoffpreise, Kriege und Revolutionen von 1789 bis 2004 Abb. 14

Quelle: Peter Heim

world market and the involvement of new countries and regions in the trade network. On the other hand, it makes for an

aggravation of international political relations, an increase in the occasions for military conflicts, and military conflicts themselves. At the same time, the rapid growth of new productive forces, intensifying the activity of the classes and groups within that have an interest in that growth, creates the prerequisite for sharpening the struggle against socioeconomic relations that are obsolescent and hinder development. It creates the prerequisite for big internal upheavals.

Nikolai Kondratieff, The Long Wave Cycle, 1925 (Richardson & Snyder, 1984)

Es ist wichtig zu wissen, dass die Mehrzahl der Konflikte im Umfeld steigender Rohstoffpreise stattfand: die Französische Revolution (1789–1804), die mit dem Verlauf der Französischen Revolution verbundenen Interventionskriege der anderen europäischen Staaten (Erster

Koalitionskrieg von 1792/93 bis 1797, Zweiter Koalitionskrieg von 1798 bis 1802), der Krieg zwischen Russland und der Türkei (1806–1812), der Krim-Krieg (1853–1856), der Amerikanische Bürgerkrieg (1861–1865), der Russisch-Japanische Krieg (1904/05), die Russische Revolution 1905, der Erste Weltkrieg (1914–1918) und die Februar-Revolution in Russland 1917. Wie bereits erwähnt, ist auch bei Dewey und Dakin zu erkennen, dass Kriege im Umfeld steigender Rohstoffpreise zu verzeichnen sind (siehe Abbildung 2).

Der Historiker Arnold Toynbee glaubte an einen Krieg-und-Frieden-Zyklus als Folge eines »Generation Cycle in the transmission of a social heritage«. Er bemerkte, dass:

> *The survivors of a generation that has been of military age during a bout of war will be shy, for the rest of their lives, of bringing a repetition of this tragic experience either upon themselves or upon their children, and ... therefore the psychological resistance of any move towards the breaking of a peace ... is likely to be prohibitively strong until a new generation ... has had the time to grow up and to come into power. On the same showing, a bout of war, once precipitated, is likely to persist until the peace-bred generation that has been lightheartedly run into war has been replaced, in its turn, by a warworn generation.*

Arnold Toynbee, A Study of History, London 1954

Auch Quincy Wright, der als Vater der Kriegs-Zyklen-Theorien angesehen wird, weil er diese eher empirisch und weniger theoretisch untersuchte, merkte an, dass

> *»there appears to have been a tendency in the last three centuries for concentrations of warfare to occur in approximately fifty-year oscillations, each alternating period of concentration being more severe"*

Nach Wright können drei Faktoren einen Beitrag zu Kriegszyklen leisten, in einem globalen System, das zu Kriegen neigt: psychologische Faktoren, ökonomische Faktoren oder eine Kombination aus beiden:

> *»fluctuations in the intensity of war in the history of a state would tend to assume a definite periodicity if the international system exerted a persistent pressure toward war and if the economic and technological period necessary to recover from a severe war and to prepare for another were identical with the psychological and political period necessary to efface the anti-war sentiment after such a war and to restore national morale«.*

Quincy Wright, A Study of War, 1942

Weil wir seit 1999/2001 wieder steigende Rohstoffpreise sehen, und weil wir unterstellen, dass die Beobachtungen von Kondratieff, Toynbee und Wright Gültigkeit haben, können wir konstatieren, dass derzeit ein neuer »Kriegszyklus« beginnt. Denn es ist vorstellbar, dass der Beitritt in das kapitalistische System und die wirtschaftliche Expansion aufstrebender Länder – wohlgemerkt: zu Lasten der westlichen Industrieländer – wie China und Indien, bei denen die Ausbeutung der volkseigenen Rohstoffe an Grenzen stößt, künftig – also während der ansteigenden Welle des fünften Kondratieffs – zu militärischen Konflikten führen könnten.

Der Grund hierfür liegt darin, dass diese Länder auf den Import von Rohstoffen angewiesen sind. China hat im Jahr 2003 Japan als zweitgrößten Ölkonsumenten abgelöst und wird bis Ende dieses Jahrzehntes höchstwahrscheinlich zum größten Importeur sämtlicher Rohstoffen werden. Das wird dazu führen, dass China nicht nur die Rohstoffpreise beeinflussen, sondern das Emporkommen des Landes auch geopolitische Folgen haben wird.

Denn aus geopolitischer Sicht ergibt sich in Zentralasien eine interessante Konstellation: Im Osten befindet sich das aufstrebende China, im Norden liegen Russland und die abgespalteten Teile ihres früheren Gebietes sowie, daran angrenzend, der Mittlere Osten – und das potenzielle nächste Ziel der Neokonservativen im Weißen Haus, der Iran. Somit wird es früher oder später zu einem sowohl wirtschaftlichen als auch politischen Kollisionskurs zwischen den USA und China kommen.

Allein der chinesische Ölbedarf hat sich in den vergangenen 15 Jahren von 2,2 Millionen Barrel pro Tag auf inzwischen mehr als 6,4 Millionen Barrel fast verdreifacht. China ist seit 1995 Nettoimporteur von Öl, und die Nachfrage wird weiter steigen. Doch nicht nur in China, sondern auch in Indien und im restlichen Asien wird der Lebensstandard weiter zunehmen, was zu einem vermehrten Verbrauch von Energie, Metallen und Nahrungsmitteln führen wird. Somit wird der Wirtschaftsblock Asiens mit insgesamt mehr als 3,6 Milliarden Menschen an Bedeutung gewinnen, und China wird das wichtigste Exportziel der restlichen asiatischen Länder werden.

Um die Ressourcen – nicht nur Öl und Metalle, sondern vermehrt auch Nahrungsmittel – zu sichern, dürfte sich China in den kommenden Jahren zunehmend im Mittleren Osten und Zentralasien einmischen, was die geopolitischen Spannungen in dieser Region verstärken dürfte. Interessenkonflikte zwischen China und den USA, vielleicht auch Russland, sind somit programmiert. Denn es ist nicht anzunehmen, dass China vom guten Willen der USA abhängig sein will, die die Kontrolle über das Öl im Mittleren Osten erlangen wollen. Erst Oktober 2004 vereinbarte China mit dem Iran einen Rahmenvertrag über Öllieferungen und Investitionen in die Ölwirtschaft über rund 70 Milliarden US-Dollar.

In diesem Zusammenhang erinnert der stark zunehmende Öl-Durst Chinas ein wenig an den Hunger Japans nach amerikanischem Altstahl im Jahr 1941. Nach dem Angriff auf die Briten durch die Japaner beschlagnahmten die USA die Altstahlverschiffung, worauf die Japaner mit dem Angriff auf Pearl Harbor antworteten. China und Russland hingegen scheinen sich zumindest derzeit gut zu ergänzen: Die Russen liefern die Rohstoffe, die Chinesen die billigen Konsumgüter.

Überhaupt werden viele Branchen weltweit China viel stärker berücksichtigen müssen. So werden sich die westlichen Industrienationen wirtschaftlich mit Sicherheit von der Textilindustrie verabschieden müssen, da niemand mit dem niedrigen Lohnniveau Asiens konkurrieren kann. Auch entdecken die Chinesen zunehmend ihr Interesse an anderen rohstoffreichen Kontinenten wie Afrika oder Südamerika und werden hier wohl zunehmend auf Widerstand stoßen. Allein in Argentinien will China in den nächsten zehn Jahren 20 Milliarden Dollar investieren. Und wie bereits erwähnt, vereinbarte China mit dem Iran einen Rahmenvertrag über Öllieferungen und Investitionen in die Ölwirtschaft.

Auch in einem weiteren Land, Libyen, das nach den Diktion der Bush-Administration zur »Achse des Bösen« gehört – und das rund 90 Prozent seiner Einnahmen aus der Ölindustrie bezieht –, bündeln sich die Interessen verschiedener ausländischer Investoren.

Es ist außerdem anzunehmen, dass sich die islamische Welt, die sich mit 1,2 Milliarden Menschen von Marokko bis Malaysia erstreckt, vom hegemonialen Gehabe von Bush jr., der sich ausdrücklich zu Präventivkriegen bekennt, wenig begeistert sein dürfte. Vielmehr dürfte jeder weitere Versuch imperialer Ausbreitung über andere Völker und Regierungsformen bei der muslimischen Bevölkerung, die in der Regel sehr jung und arm ist, auf vermehrten Widerstand stoßen.

Da mehr als 70 Prozent der Öl- und 40 Prozent der Gasreserven in diesem wenig stabilen Teil der Welt lagern, sind allein schon aufgrund möglicher Versorgungsengpässe Ölpreise möglich, die weit über dem aktuellen Niveau liegen. Doch zu anhaltenden Tumulten könnte es nicht nur im Irak oder im Iran kommen: Auch in Saudi Arabien herrscht eine explosive Situation. In den vergangenen Jahren ist es vermehrt zu Überfällen und Anschlägen gekommen. Das Land ist politisch extrem instabil, und ein Umsturz sowie die Gefahr, dass die Situation in Saudi Arabien außer Kontrolle gerät, können nicht ausgeschlossen werden.

Der Nahost-Experte Peter Scholl-Latour hält eine solche Entwicklung durchaus für möglich, besonders dann, wenn möglicherweise schon heute das Militär und der saudische Geheimdienst unterwandert sind. Durch eine einerseits ständig wachsende herrschende Klasse (es gibt mehr als 8000 Prinzen) und wachsende Arbeitslosigkeit andererseits destabilisiert sich die Situation zunehmend.

Die Gefahr einer Destabilisierung in Saudi-Arabien ist besonders deshalb so groß, weil hauptsächlich Saudi-Arabien die Al-Qaida mit Kapital versorgt. Der Al-Qaida-Haushalt beträgt nach Angaben der CIA etwa 30 Millionen Dollar pro Jahr.

Aber nicht nur in Saudi-Arabien, sondern im Mittleren Osten ganz allgemein könnte eine Destabilisierung Saudi-Arabiens zu einem Flächenbrand in anderen Ölländern führen. Die Verschwendungssucht der Königsfamilie und die pro-westliche Politik verschaffen den Fundamentalisten Zulauf. Ein großes Problem ist nämlich die wachsende Armut im Königsreich. Denn die Ölgelder des einst reichsten Landes der Erde reichen nicht mehr für alle.

Es ist ein offenes Geheimnis, dass die Schere zwischen Arm und Reich immer größer wird. Zwischen 1992 und 2002 wuchs das Bruttoinlandsprodukt Saudi Arabiens nur um 1,6 Prozent pro Jahr. Immer mehr Saudis müssen bescheidener leben und billige Second-Hand-Kleidung tragen, weil das Geld für neue und damit teurere Kleidung fehlt. Saudi Arabien hat die höchste Geburtenrate der Welt: Die Bevölkerung hat sich seit 1980 von drei Millionen auf inzwischen über 21 Millionen Menschen mehr als versiebenfacht. Der Lebensstandard indes ist in den letzten Jahrzehnten durch das Bevölkerungswachstum und die real niedrigen Ölpreise bis heute auf annähernd ein Viertel des früheren Niveaus gesunken.

Die Hälfte der saudischen Bevölkerung ist unter 25 Jahre alt, und die Arbeitslosigkeit nimmt stark zu. So ist ein Drittel aller saudischen Männer ohne Arbeit, bei den Frauen beträgt die Rate – eine Folge der strengen Koranauslegung – 95 Prozent. Somit dürfte es auch in Saudi-Arabien nur eine Frage der Zeit sein, bis die Situation eskaliert und die Königsfamilie gestürzt wird. Insgesamt müssen wir uns also in den nächsten Jahren darauf gefasst machen, dass geopolitische Unruhen die Rohstoffpreise nach oben treiben werden.

Konflikte führten, wie wir gesehen haben, in der Vergangenheit zu steigenden Rohstoffpreisen. So klar ist, dass Kriege für nichts gut sind, so klar ist auch, dass Kriege die Rohstoffpreise nach oben treiben:

Für kriegerische Auseinandersetzungen benötigen die Soldaten Patronen- und Granathülsen, die aus Kupfer gemacht sind. Raketen, die gegen Panzer eingesetzt werden, sind mit Uran bestückt. Und auch für die Produktion von Panzern, Kampfflugzeugen und Hubschraubern werden verschiedene Metalle benötigt.

All diese Rohstoffe bewegen sich in der Nähe mehrjähriger Hochpunkte. Letztlich bedeutet eine steigende Nachfrage nach diesen Rohstoffen für Militärzwecke, dass auch die Preise steigen werden. Und zu der konstanten Nachfrage von Seiten der Militärs mit dem Zweck, das Kriegs-Equipment herzustellen, kommen, wie im Fall der Auseinandersetzungen im Irak, noch die Versorgungsengpässe hinzu. Kurzum sorgen Kriege tendenziell für steigende Rohstoffpreise und umgekehrt.

Allerdings bedeutet das Ende kriegerischer Auseinandersetzungen nicht automatisch das Ende des Rohstoff-Booms: Der Erste Weltkrieg dauerte bis 1918, der Bullenmarkt bei den Rohstoffen bis in die 20er-Jahre. Der Zweite Weltkrieg endete 1945, der Bullenmarkt bei den Rohstoffen hingegen erst 1950. Die USA zogen sich 1973 aus Vietnam zurück, doch der Bullenmarkt bei den Rohstoffen dauerte bis in die frühen 80er-Jahre.

Die dritte empirische Beobachtung Kondratieffs war, dass die fallenden Wellen durch lang anhaltenden Depressionen in der Landwirtschaft begleitet wurden und die Preise landwirtschaftlicher Produkte viel stärker fielen als die Industriepreise.

Wenn wir uns die wirtschaftlichen Gegebenheiten der USA im 19. Jahrhundert anschauen, dann lässt sich feststellen, dass die Ökonomien, die Kondratieff untersuchte, weitgehend auf landwirtschaftlicher Produktion basierten. Trotz des Industrialisierungsprozesses machte die Landwirtschaft zu Beginn des 20. Jahrhunderts 40 Prozent der amerikanischen Exporte aus und beschäftigte seinerseits doppelt so viele Menschen wie die verarbeitende Industrie. Während heute Rohöl der wichtigste Rohstoff ist, waren es damals Rohstoffe wie Weizen oder Baumwolle, die als Wertfaktor maßgeblich waren. Wenn also die Preise stiegen, profitierten die Bauern von steigenden Löhnen, und diese tätigten dann Investitionen in industriegefertigte Güter. Dies wiederum sorgte für steigende Gewinne und Einkommen in den Stadtgebieten. Umgekehrt hatten fallende Preise bei landwirtschaftlichen Produkten den gegenteiligen Effekt und führten zu einem Rückgang der Wirtschaftsleistung.

Eine ausschließliche Fokussierung auf die landwirtschaftlichen Preise als Erklärungsversuch für die wirtschaftliche Entwicklung des aufstrebenden Amerikas wäre jedoch zu kurz gegriffen. In einer freien Marktwirtschaft steigen und fallen Preise auf Grund von Angebot und Nachfrage. Wenn also das Angebot viel schneller anstieg als die Nachfrage, führte dies zu fallenden Rohstoffpreisen.

Die einzige Möglichkeit, die Einkommen zu erhöhen oder zumindest auf gleichem Niveau zu halten, war somit die Senkung der Produktionskosten. Dieser Umstand wiederum führte zu technologischen Innovationen und zu neuen Erfindungen, die die Effizienz der Fertigungsprozesse verbesserten oder neue Produktionsmöglichkeiten erschlossen.

So senkten Innovationen wie der Kanalbau sowie Erfindungen wie das Dampfschiff und die Eisenbahn die Transportkosten in der zweiten Hälfte des 19. Jahrhunderts um mehr als 85 Prozent. Der Rückgang der Transportkosten sorgte für eine weitere Ausdehnung des Angebots an Rohstoffen in den USA und führte dann zu günstigen Exporten nach Europa und weltweit zu fallenden Rohstoffpreisen.

Die Innovationen führten somit nicht nur zu Verbesserungen in der Produktivität und bei den Kostenstrukturen, sondern auch zur Erschließung neuer Märkte. Ähnlich wie heute steigende Ölpreise bei Ländern im Mittleren Osten wie Saudi Arabien zu einer Zunahme und fallende Preise zu einer Abnahme des Wohlstands führen, waren in den früheren landwirtschaftlich geprägten Ökonomien steigende oder fallende Preise bei Getreide sowie Baumwolle für diese Entwicklungen verantwortlich.

Nun, während damals die Landwirtschaft der wichtigste Beschäftigungssektor war, ist das heute in den westlichen Industrieländern, in denen die Landwirtschaft weniger als drei Prozent der Gesamtbeschäftigung und auch des Bruttoinlandsproduktes ausmacht (in Deutschland zum Beispiel 1,2 Prozent), nicht länger der Fall. Durch den sektoralen Strukturwandel in den westlichen Industrieländern von landwirtschaftlich geprägten Volkswirtschaften (Primärer Sektor) über Industriegesellschaften (Sekundärer Sektor) hin zur Dienstleistungsgesellschaft (Tertiärer Sektor) sind heute mehr als vier Fünftel der Menschen im Dienstleistungs- und Staatssektor beschäftigt. Der Anteil der Beschäftigten im tertiären Sektor an der Gesamtzahl der Beschäftigten stieg in den USA bis zum Jahre 2000 auf 74,1 Prozent, während der Anteil im sekundären Sektor nur noch 23,3 Prozent betrug (Vergleichszahlen für Deutschland: 64,2 Prozent beziehungsweise 33,1 Prozent).

Durch den Prozess der Globalisierung in den vergangenen Jahren befindet sich die Weltwirtschaft heute in einer ähnlichen Situation wie vor 150 Jahren: Die Globalisierung hat neue, leistungsfähige Wettbewerber hervorgebracht, und die Welt wird mit einem zusätzlichen Angebot an Gütern und Dienstleistungen konfrontiert, vergleichbar mit dem Angebot, mit dem Westeuropa von landwirtschaftlichen Produkten aus Amerika überschwemmt würde.

Im 19. Jahrhundert übten die Kombination von technischem Fortschritt und Innovationen (Eisenbahn, Kanäle) sowie die Öffnung neuer Gebiete durch das zusätzliche Angebot Druck auf die Preise landwirtschaftlicher Güter aus. Heute hat die Industrialisierung in Asien und Südamerika das Angebot vor allem im Produktionsbereich so stark erhöht (was wiederum durch neue Transportmethoden wie den Container und den Lufttransport und moderne Kommunikation wie PC und Internet, welche die Kommunikationskosten erheblich reduzierten, erreicht wurde), dass die Preise in vielen Branchen genauso fallen wie damals.

In der Tat haben wir es in China mit einem deflationären Boom zu tun: Während die Preise für Konsumgüter fallen, steigen die realen Einkommen und die Kaufkraft sehr schnell an. Diese Entwicklung zeigt Parallelen zur Entwicklung vor 130 Jahren, als die realen Einkommen im Emerging Market Amerika von 1870 bis 1896 rasant anstiegen, während Europa unter dem deflationären Schock, den dieser Beitritt ausübte, zu leiden hatte.

Ähnlich wie damals dürfte der Eintritt von China, Indien und auch Vietnam in die Weltwirtschaft ähnlich negative Auswirkungen haben und dafür sorgen, dass die realen Einkommen in Europa und den USA sinken und in China, Indien und Vietnam steigen werden, weil Industrieproduktion, Dienstleistungen und Investments vermehrt in diese Länder fließen und in die ganze asiatische Region transferiert werden.

Durch den weltweiten Handel exportieren die Emerging Markets Deflation nicht mehr nur von sich aus. Vielmehr haben große Unternehmen ihre Produktion in Billiglohnländer verlagert und sind durch die niedrigen Kosten in der Lage, Exportgüter herzustellen, die um mindestens 30 bis 40 Prozent billiger sind als im Westen.

Dieser Prozess hat einen lang anhaltenden Preisdruck zur Folge. Und durch die unbegrenzt günstig zur Verfügung stehenden Arbeitskräfte, die steigende Produktivität und die Nicht-Beachtung von Menschenrechten wird China seinen Vorsprung im verarbeitenden Gewerbe in Zukunft noch weiter ausbauen.

Und auch der Dienstleistungssektor bleibt, wie man im Falle Indiens in der Softwarebranche oder beim Outsourcing von ganzen Buchhaltungsabteilungen oder Call-Centern gesehen hat, davon nicht verschont. Wahrscheinlich könnte man das komplette deutsche Finanzministerium auslagern und würde dabei bei gleicher Qualität über 50 Prozent der Kosten einsparen.

Angesichts des Wandels zur Dienstleistungsgesellschaft ist also für die westlichen Industrieländer der Zusammenhang zwischen steigenden Rohstoffpreisen und den entsprechend positiven Auswirkungen auf die Volkswirtschaften nicht mehr gültig. Betrachtet man jedoch die Volkswirtschaften Asiens und Afrikas, in denen teilweise mehr als 50 Prozent der Bevölkerung in der Landwirtschaft beschäftigt sind, dann erscheint das Ganze in einem anderen Licht.

Und wenn man weitere Rohstoffe wie Öl und Gas, Kupfer, Gold, Silber oder Platin sowie die Länder Lateinamerikas – Brasilien, den größten Zuckerproduzenten, Chile, den größten Kupferexporteur, Peru, den größten Silberproduzenten, und Bolivien mit seinen riesigen Gasreserven – berücksichtigt, zeigt sich: Der Anteil der Bevölkerung, die in der Rohstoffindustrie beschäftigt ist, dürfte weit über der 50-Prozent-Marke liegen, und die Menschen in diesen Ländern sind – damals wie heute – einerseits von sinkenden Rohstoffpreisen negativ betroffen und profitieren andererseits von steigenden Rohstoffpreisen.

Diese Tatsache erfordert ein Umdenken bei den Investitionsentscheidungen. Wenn wir also von einem Anstieg der langfristigen Welle ausgehen, dann können wir konstatieren, dass nicht nur die Rohstoffpreise steigen werden. Vielmehr werden auch die Wirtschaft, die Aktienmärkte, die Währungen und die Immobilienmärkte rohstoffreicher Länder grundsätzlich besser performen als die in den Industrieländern.

Abbildung 15 zeigt die hohe Korrelation zwischen der Wertentwicklung des Rohstoffindex des Commodity Research Bureaus und der Wertentwicklung des MSCI Emerging Marktes Aktienindex. Wie zu erkennen ist, folgten steigenden Rohstoffpreisen auch steigende Aktienkurse und vice versa. Während zum Beispiel deutsche Aktien, gemessen an den Standardindizes, immer noch um gut 50 Prozent unter den Höchstständen vom Jahr 2000 liegen, haben Aktienindizes in rohstoffreichen Ländern neue Höchstkurse erreicht. Ein Anleger beispielsweise hat in weniger beachteten Aktienmärkten wie Australien oder Südafrika die Kursrückschläge der vergangenen Jahre nahezu unbeschadet überstanden und kann sich über überdurchschnittliche Wertzuwächse freuen. Wenn Sie also wie wir für die Zukunft von steigenden Rohstoffpreisen ausgehen, dann sollten Werte ressourcenreicher Länder künftig viel stärker in ihrem Aktienportfolio vertreten sein.

Profiteure der Rohstoff-Hausse

CRB Index und MSCI Emerging Markets Index von 1988 bis 2004 Abb. 15

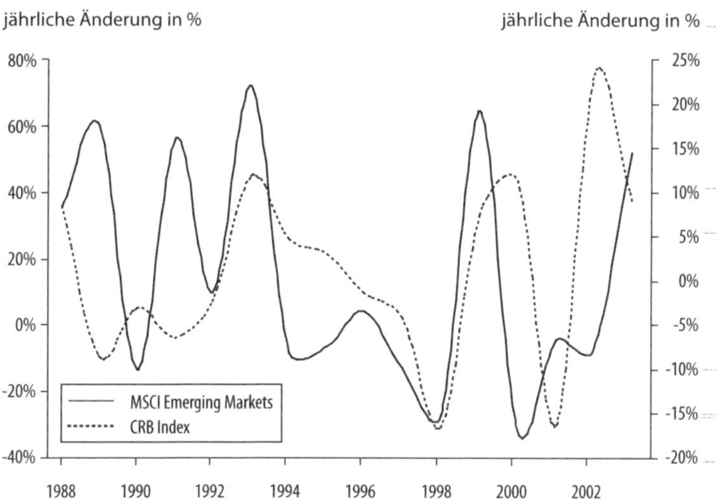

Quelle: CRB / MSCI; eigene Darstellung

Doch nicht nur die Aktienmärkte, auch die Währungen rohstoffreicher Länder werden sich in Zukunft besser entwickeln als der Euro oder der US-Dollar. Der kanadische Dollar erreichte während des Bullenmarktes in den 70er-Jahren die Marke von 1,06 US-Dollar. Im Zuge der darauf folgenden Baisse bei den Rohstoffen fiel auch der kanadische Dollar bis auf 0,62 US-Dollar Anfang 2002. Von diesem Tiefpunkt aus hat sich die kanadische gegenüber der US-Währung um mehr als 35Prozent verteuert. Im Zuge der Rohstoff-Hausse wird der kanadische Dollar in den nächsten Jahren mit Sicherheit die Marke von 1,06 US-Dollar wieder erreichen, wahrscheinlich sogar übertreffen.

Wenn Sie also in Nordamerika investieren wollen, dann sollten Sie das in Kanada tun. Die wirtschaftlichen Rahmenbedingungen sehen im Vergleich zu den USA viel besser aus – die Kanadier haben sowohl einen Handelsbilanz- als auch eine Haushaltsüberschuss, der für den Schuldenabbau verwendet wird.

Der positive Zusammenhang zwischen steigenden Rohstoffpreisen und positiver Wirtschaftentwicklung in Ländern, die reich an Rohstoffen sind und diese exportieren, besteht also nach wie vor. Allerdings gilt dieser Zusammenhang auch im umgekehrten Falle. Wenn also die Rohstoffmärkte nachgeben, dann wird das auch die Wirtschaft und die Währungen dieser Länder nicht unberührt lassen. Dazu können noch negative Effekte kommen, die zum Beispiel durch Zinsanhebungen in den Industrieländern verursacht werden (Kapital wird abgezogen und fließt in die Industrieländer), und gerade in den Schwellenländern, wie im ressourcenreichen Afrika, politische Instabilitäten, die sich negativ auswirken können.

Wie volatil Rohstoffwährungen in Schwellenländern sein können, wird besonders deutlich, wenn man sich die Entwicklung des südafrikanischen Rand in den vergangenen Jahren anschaut. Von 1998 bis Ende 2001 fiel der südafrikanische Rand von sechs auf 13,6 US-Dollar. Im Zuge der Hausse bei den Rohstoffen und den steigenden Zinsen konnte der Rand gegenüber dem US-Dollar von 2001 bis heute wieder an Wert gewinnen und steht heute mit 5,60 US-Dollar wieder auf dem gleichen Niveau wie im Jahre 1998.

Gegenwärtig würden wir zwar keine Investitionen in den Rand tätigen, vielmehr würden wir auf diesem Niveau den Rand verkaufen. Doch langfristig – und das ist wichtig – sollten sich sowohl die Währungen als auch die Wirtschaft rohstoffreicher Länder wie etwa Australien, Kanada Südafrika oder Malaysia besser entwickeln als die der Industrieländer. Während also fallende Wellen, wie Kondratieff feststellte, von lang anhaltenden Depressionen in der Landwirtschaft begleitet wurden, wird die steigende Welle für zunehmenden Wohlstand in rohstoffreichen Ländern sorgen.

Auch die vierte empirische Beobachtung Kondratieffs, wonach Krisen in fallenden Wellen länger und härter ausfallen als in steigenden Wellen, sprechen gegen einen Anstieg der fünften Welle in den 80er-Jahren. Denn bis auf die Rezession 1973/1974 waren in der ansteigenden Welle des vierten Kondratieff keine großen Rezessionen zu verzeichnen, während seit der fallenden Welle einige Krisen auftraten, die stark waren und lange dauerten – die Lateinamerika-Krise 1981–1989, die Deflation in Japan seit 1990, die Asien- und die Russland-Krise 1997/1998).

Interessant in diesem Zusammenhang, dass große Bullenmärkte bei den Aktienmärkten – der Boom bei den Bank- und Kanal-Aktien zwischen 1834 und 1837, der bei den Eisenbahn-Aktien zwischen 1863 und 1873, in den Goldenen 20ern von 1921 bis 1929 und in Japan von 1989 bis 2003 – sowie die darauf folgenden Crashs in einer fallenden Welle stattgefunden haben. Insofern stellt der Bullenmarkt in den westlichen Aktienmärkten von 1982 bis zum Jahr 2000 keine Ausnahme dar.

Während es also einen Gleichklang zwischen der Preisentwicklung bei den Rohstoffen und Zinsen gibt, ist dies bei den Rohstoffen und Aktienmärkten nicht der Fall. Wie in Abbildung 16 zu erkennen ist, liefen die Aktienmärkte gut, wenn die Rohstoffmärkte sich schlecht entwickelten, und umgekehrt. So gab es lange Perioden, in denen sich Aktien erfreulich entwickelten, wohingegen sich Rohstoffe, wie beispielsweise in der Periode von 1980 bis 2000, in einem großen Bärenmarkt befanden. Umgekehrt war die Entwicklung von Mitte der 60er-Jahre bis in die frühen 80er-Jahre, als Rohstoffe boomten und Aktien fielen.

Auch zu Beginn des letzten Jahrhunderts bis zum Jahr 1920 bewegten sich Aktien überhaupt nicht, während Rohstoffe einen Boom erfuhren. Seit 1870 lassen sich sieben solcher Perioden mit einer durchschnittlichen Länge von etwa 18 Jahren erkennen, in denen Rohstoffe und Aktienmärkte abwechselnd die Führerschaft übernahmen. Der letzte Führungswechsel hat zu Beginn des Millenniums stattgefunden, als die Aktienmärkte nach einer 18 Jahre dauernden Hausse ihren Bärenmarkt begannen – und die Rohstoffe ihren Bullenmarkt.

Doch warum gibt es eine solche Divergenz zwischen der Entwicklung der Rohstoffe und den Aktienmärkten? Nun, fallende Rohstoffpreise in Kombination mit fallenden Zinssätzen ermöglichen es den Unternehmen, ihre Gewinne zu steigern, weil die Input-Kosten zurückgehen. Hinzu kommen, zumindest zu Beginn, real niedrige Lohnzuwächse, was die Kapitalkosten sinken und die Gewinne der Unternehmen ansteigen lässt.

Und während steigende Rohstoffpreise Gift für die Wertentwicklung von Aktien und Anleihen sind, schaffen fallende Rohstoffpreise ein günstiges Umfeld für Aktien und Anleihen. So brachten Investitionen in den S&P-500 seit Anfang der 80er-Jahre im Umfeld fallender Rohstoffpreise eine jährliche Rendite von 14,5 Prozent und lang laufende Nullkuponanleihen sogar über 20 Prozent pro Jahr.

Doch die kommenden Jahre werden, wie erwähnt, eine Umstellung bei der Vermögensaufteilung erforderlich machen. Anleihen (besonders die lang laufenden) werden sich in den nächsten Jahren infolge der steigenden Zinsen katastrophal entwickeln, und auch die Aktienmärkte werden im besten Fall unter großen Schwankungen seitwärts laufen. Steigende Rohstoffpreise werden es den Untenehmen erschweren, die

Eine langristige Trendwende

Amerikanische Aktien im Verhähltniss zu den Rohstoffen von 1870 bis 2004

Abb. 16

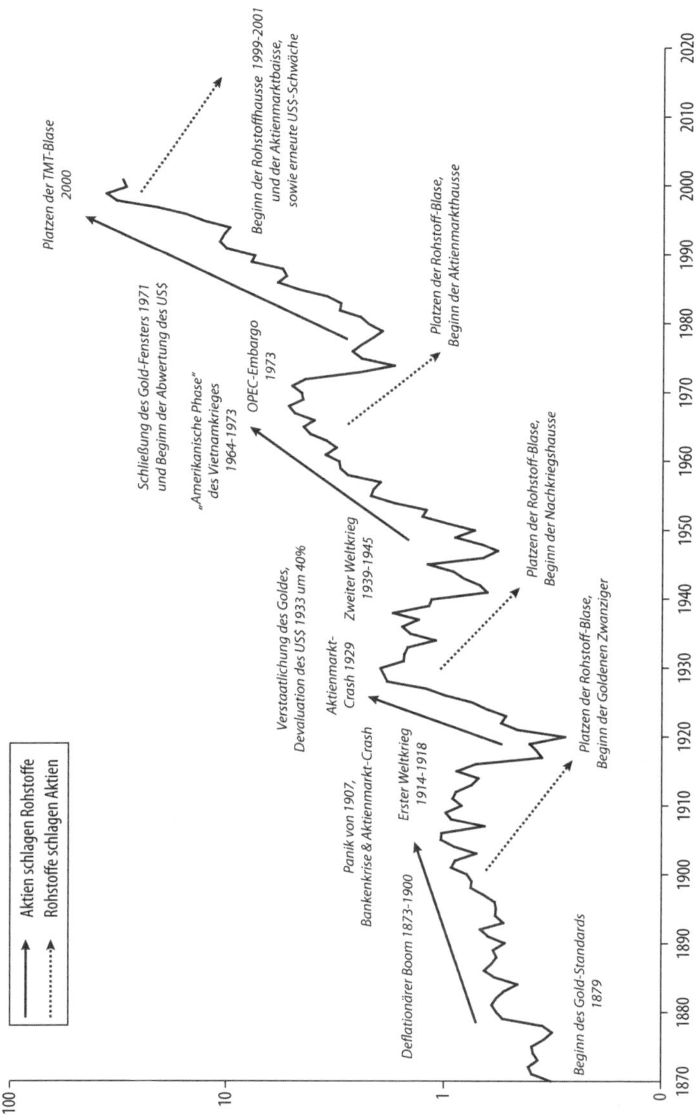

Quelle: Peter Heim

Kosten unter Kontrolle zu halten und die im Umfeld fallender Rohstoffe gesteigerten Gewinnmargen aufrechtzuerhalten.

Dies zeigt beispielsweise ein Vergleich der Wertentwicklung von Unternehmen, die auf der einen Seite Rohstoffe benötigen und auf der anderen Seite anhand von Unternehmen die Rohstoffe produzieren. Nahrungsmittelhersteller wie Nestlé und Kelloggs profitierten in den vergangenen zwei Dekaden von fallenden Preisen bei Nahrungsmitteln und konnten sowohl ihre Gewinne als auch die Margen ausweiten, was sich auch in einer entsprechenden Vervielfachung der Aktienkurse bemerkbar machte.

Aktien von Rohstoffproduzenten wie beispielsweise Newmont Mining hingegen litten unter dem anhaltenden Preisverfall, und die Kursverluste wiesen ähnliche Größenordnungen auf wie die der TMT-Werte nach dem Platzen der Blase im Jahr 2000. Doch seitdem die Rohstoffe wieder angestiegen sind, hat auch hier ein Trendwechsel stattgefunden – eine vergleichsweise enttäuschende Wertentwicklung bei Unternehmen, die Rohstoffe benötigen, und mehrjährige Höchstkurse bei den Rohstoffproduzenten.

Die Inflation bei den Rohstoffen beeinflusst also nicht nur die Erträge von Finanzanlagen wie Anleihen negativ, indem die Kaufkraft untergraben wird, sondern stellt auch eine Gefahr für Aktien da. Die Inflation erhöht die Rohstoff- und die Arbeitskosten und reduziert die Gewinnmargen. Aufgrund des stärker werdenden Wettbewerbs und der Tatsache, dass es derzeit zu viele Produzenten und zu wenig Nachfrage gibt, können die gestiegenen Kosten nicht oder nur teilweise an den Verbraucher weitergegeben werden, was die Gewinnmargen der Unternehmen sinken lässt.

Dieser Zusammenhang konnte in den meisten Quartalsberichten im dritten und vierten Vierteljahr 2004 festgestellt werden. Viele Unternehmen, etwa General Motors oder Kimberly-Clark, berichteten von gestiegenen Kosten, die sie nicht vollständig auf ihre Kunden und die

Verbraucher abwälzen konnten. Diese Entwicklung zeigt Parallelen mit den 70er-Jahren, als Öl- und Gas-Aktien sowie Minenwerte die Branche mit der besten Wertentwicklung waren (siehe auch das folgende Kapitel).

Zusammenfassend kann also festgehalten werden: Wir halten einen Anstieg der Kondratieff-Welle mit den positiven Folgen für die Entwicklung der Rohstoffpreise für sehr wahrscheinlich. Gegen einen solchen Anstieg spricht die weltweit hohe Verschuldung, insbesondere die in den USA. Denn nach Schumpeter kann die Wirtschaft erst dann wieder einen Gleichgewichtspunkt erreichen, wenn die Schuldenstruktur auf einem gesunden Niveau angelangt ist. Bei einer Gesamtverschuldung in den USA, die mit über 300 Prozent im Verhältnis zum Bruttoinlandsprodukt größer ist als während des Börsen-Crashs 1929, kann davon wohl nicht die Rede sein.

Diese Auffassung vertritt auch der Wissenschaftler Ian Gordon, demzufolge gerade erst die Frühphase der vierten fallenden Welle begonnen hat, in der die Wirtschaft (durch eine lange Depressionsphase) von den Schulden bereinigt werden muss. Im Grunde genommen gibt es aus dem derzeitigen Schulden-Dilemma nur zwei Auswege. Der eine wäre eine neue (von der amerikanischen Notenbank bereits eingeleitete) Inflationswelle (zu Lasten der Währung), die die Schuldner bevorzugen (starke Entwertung der nominellen Schulden durch hohe Inflationsraten) und die Gläubiger benachteiligen würde.

Die zweite Möglichkeit zur Beendigung der gegenwärtigen Überverschuldung wäre eine länger anhaltende Phase verschuldungsbedingter Unternehmenszusammenbrüche und Pleiten. Dies wäre insofern äußerst schmerzhaft, als jedem ausgegebenen Kredit ein entsprechendes – in einem solchen Szenario verlorenes – Vermögen gegenübersteht. Welches Szenario wahrscheinlicher ist und wie sich die Rohstoffe in der Vergangenheit in solchen Extremszenarien entwickelt haben, wird Gegenstand der nächsten Kapitel sein.

Rohstoffe – ein langfristiger Trend?

Im Kapitel »Langfristige Zyklen und Rohstoffe« wurden die langfristigen Zyklen und die Trendbewegungen einzelner Anlageklassen behandelt. Die Analyse langfristiger Trends und des künftigen Rohstofftrends wäre ohne die Behandlung von Investment-Manien nicht vollständig, denn in der Vergangenheit waren solche Trendbewegungen sehr oft mit Investment-Manien und deren Ende mit entsprechenden Crashs verbunden – ganz gleich, ob es sich dabei um Aktien, Anleihen, Immobilien oder Rohstoffe handelte. Um es schon einmal vorwegzunehmen: Manien stellen eine einmalige Verkaufssituation dar. Gleichzeitig ergeben sich im Umfeld einer Manie in einer bestimmten Anlageklasse Opportunitäten in einer anderen Anlageklasse. Bevor wir die Eigenheiten von Manien näher diskutieren, wollen wir im Folgenden zunächst kurz auf drei Extremszenarien des vergangenen Jahrhunderts und die Entwicklung der einzelnen Anlageklassen in solchen Szenarien eingehen.

Die Weimarer Hyperinflation (1919 ff.)

Eine etwas andere Art der Deflation fand in Deutschland zwischen 1919 und 1923 statt. Die krisen- und kriegsbedingten Staatsdefizite wurden über die Notenpresse finanziert, was in Deutschland zu einer Hyperinflation führte. Das dafür erforderliche Banknotenpapier wurde von 30 Papierfabriken produziert. Allerdings reichten diese für die Bedürfnisse der Reichsbank nicht mehr aus, weshalb im Herbst 1923 bis zu 133 Fremdfirmen mit 1.783 Druckmaschinen Tag und Nacht für die Reichsbank Geld druckten. Die exzessive Geldpolitik machte sich nicht nur in einem Preisanstieg für Waren und Dienstleistungen, sondern auch in einem starken Anstieg des Deutschen Aktienpreisindex in heimischer Währung bemerkbar. Vom Januar 1918 stieg der Index für Deutsche Aktien unter hoher Volatilität von 126 Papiermark (1913 = 100) auf 531.300.000 Papiermark im September 1923 und 23.680.000 Millionen Papiermark im November 1923 (siehe Tabelle 1).

Allerdings fiel der Deutsche Aktienpreisindex, bereinigt um den Wechselkurs des Dollars, vom Januar 1918 von 101,55 (1913 =100) auf 2,72 im Oktober 1922, bevor bis November 1923 eine Erholung bis auf

39,36 einsetzte. Im Inland herrschte also Hyperinflation, die für enorme Preissteigerungen sorgte, allerdings kollabierte die Papiermark gegenüber ausländischen Währungen, wie dem Dollar (siehe Abbildung 1) und Gold, sodass die Deflation über den Devisenmarkt in Erscheinung trat. Der Dollar notierte Ende November des Jahres 1921 bei 276 Papiermark (die Mark hatte seit 1918 schon 90 Prozent ihres Wertes verloren) und stieg bis August 1922 über 1.900 Mark und bis auf 8.337 Mark im Dezember 1922. Bis Mitte August 1923 beschleunigte sich die Bewegung, und der Dollar stieg auf 5 Mio. Mark an. In der ersten Phase der Inflation stiegen, wie es immer bei Währungsabwertungen der Fall ist, die Zinsen. Allerdings war der Anstieg der Zinsen für eine lange Zeit merklich geringer als die Währungsabwertung. Danach reagierte der Zinssatz aber sensibler auf den Einfluss der Währungsabwertung, was in der Endphase der Inflation zu extrem hohen Zinssätzen führte. Anfang November 1923 stiegen die Zinssätze für Tagesgeld um 30 Prozent pro Tag.

Jedes Mal, wenn die Zinsen stark stiegen, wurde zusätzliches Geld gedruckt, um real negative Zinssätze zu erzeugen und eine Liquiditätskrise zu vermeiden, was dann gleich zu höheren Inflationsraten, einem weiteren Kurssturz des Wechselkurses und einem erneuten Anstieg der Zinssätze führte. Durch die fortschreitende Inflation verschlechterten sich die Lage der Gesamtwirtschaft und die Versorgungssituation der Bevölkerung. Während der Index der Nominallöhne von 1 im Jahr 1913 auf 9,9 im Dezember 1920 und 862 Milliarden im Dezember 1923 stieg, fiel der Index der Reallöhne von 100 im Jahr 1913 auf 47,6 im Juli 1923. Die sinkenden Reallöhne hatten einen stark negativen Einfluss auf den Lebensstandard. Der Fleischkonsum, der vor dem Ersten Weltkrieg 52 kg pro Kopf per annum betrug, fiel bis 1923 auf 22 kg pro Jahr, und vom vierten Quartal 1921 bis zum vierten Quartal 1924 verringerte sich der Bierkonsum um fast 40 Prozent. Neben den Ersparnissen verloren auch Immobilien durch den Mangel an Kaufkraft ihren Wert und wurden bei Notveräußerungen geradezu verschleudert.

Die Weimarer Hyperinflation

Preisindex für deutsche Aktien in Papiermark und bereinigt um den Wechselkurs des Dollars

Tab. 1

	1918		1919		1920	
	in Papiermark	bereinigt um den Wechselkurs des $	in Papiermark	bereinigt um den Wechselkurs des $	in Papiermark	bereinigt um den Wechselkurs des $
Januar	126,00	101,55	97,00	49,68	166,00	10,73
Februar	131,00	104,32	98,00	45,57	300,00	8,47
März	132,00	106,48	97,00	39,20	196,00	9,82
April	133,00	109,32	96,00	31,99	184,00	12,93
Mai	138,00	112,75	91,00	29,74	160,00	14,45
Juni	137,00	107,36	96,00	28,77	167,00	17,93
Juli	137,00	99,34	100,00	27,85	187,00	19,92
August	143,00	98,53	99,00	22,08	204,00	17,98
September	135,00	86,03	112,00	19,56	220,00	15,94
Oktober	109,00	69,28	124,00	19,41	245,00	15,06
November	95,00	53,72	125,00	13,70	260,00	14,12
Dezember	88,00	44,63	127,00	11,40	274,00	15,79

	1921		1922		1923	
	in Papiermark	bereinigt um den Wechselkurs des $	in Papiermark	bereinigt um den Wechselkurs des $	in Papiermark	bereinigt um den Wechselkurs des $
Januar	278,00	18,00	743,00	16,27	21.400,00	5,24
Februar	260,00	17,82	841,00	16,98	45.200,00	6,79
März	265,00	17,84	986,00	15,57	33.600,00	6,66
April	275,00	18,17	1.018,00	14,69	50.200,00	8,61
Mai	277,00	18,71	873,00	12,63	95.100,00	8,38
Juni	299,00	18,12	823,00	10,89	352.000,00	13,44
Juli	337,00	18,45	897,00	7,63	1.349.400,00	16,03
August	389,00	19,36	1.156,00	4,28	12.474.300,00	11,33
September	492,00	19,69	1.262,00	3,61	531.300.000,00	22,65
Oktober	644,00	18,00	2.062,00	2,72	171.322,00*	28,47
November	936,00	14,94	5.070,00	2,96	23.680.000,00*	39,36
Dezember	731,00	15,99	8.981,00	4,97	26.890.000,00*	26,80

*Millionen

Quelle: Constantino Bresciani-Turroni, The Economics of Inflation; eigene Darstellung

Die Spekulanten und der Unternehmenssektor überstanden die Hyperinflation hingegen ganz gut. Viele Unternehmer spekulierten an der Börse in der Hoffnung, höhere Gewinne zu erzielen, als es allein mit ihrem Unternehmen möglich gewesen wäre. Doch auch die Öffentlichkeit glaubte, dass die Papiermark nicht länger die Funktion als Werterhaltungsinstrument erfüllen konnte, und so wurde der Besitz von Aktien nicht nur als ein Mittel für Mehrwert und Ersparnisse angesehen, sondern auch als kurzfristige Anlagemöglichkeit zum Schutz vor dem Wertverfall der Mark. Allerdings wurden nach dem »Schwarzen Donnerstag« am 1. Dezember 1921, an dem die Aktienpreise stark fielen (trotz der exzessiven Geldpolitik kam es zu Ausverkäufen am Aktienmarkt in den Jahren 1920, 1921 und 1922 von 20 Prozent und im Jahr 1923 von 30 Prozent), die Investoren immer vorsichtiger und schichteten Anfang 1922 immer mehr Geld in Fremdwährungen und Rohstoffe (siehe Abbildung 2). Während das Preisniveau in Deutschland von 1914 bis Anfang November 1922 nach Brescani-Turoni »nur« um das 89fache anstieg, verzeichneten Großhandelspreise einen Anstieg um das 945fache, der Kohlepreis einen Anstieg um das 1.250fache, Stabeisen um das 2000 fache und der Dollar um das 1.525fache.

Durch die Hyperinflation fand gleichzeitig eine »Immobilisierung« des Kapitals (vor allem in Rohstoffbranchen) statt, weil sich das günstige Verhältnis zwischen »Anlagekapital« und »Umlaufkapital« in Richtung des Ersteren bewegte. Die »Immobilisierung« wurde beispielsweise an der schnellen Expansion der Kohlenbergbau-Industrie und den unverkauften Beständen an Kohle und Koks sichtbar. Diese durch die Inflation verursachte Entwicklung führte aber letztlich bis zum Ende der Inflationsperiode zu Überinvestitionen nicht nur im Minensektor, sondern auch in der Eisen- und Stahlindustrie, und zog somit etliche Schließungen mit sich. So wurden in der Kali-Industrie allein 118 Minen geschlossen.

Der Verfall der Mark

Der Abwertungsprozess der Mark von August bis Dezember 1923 Abb. 1

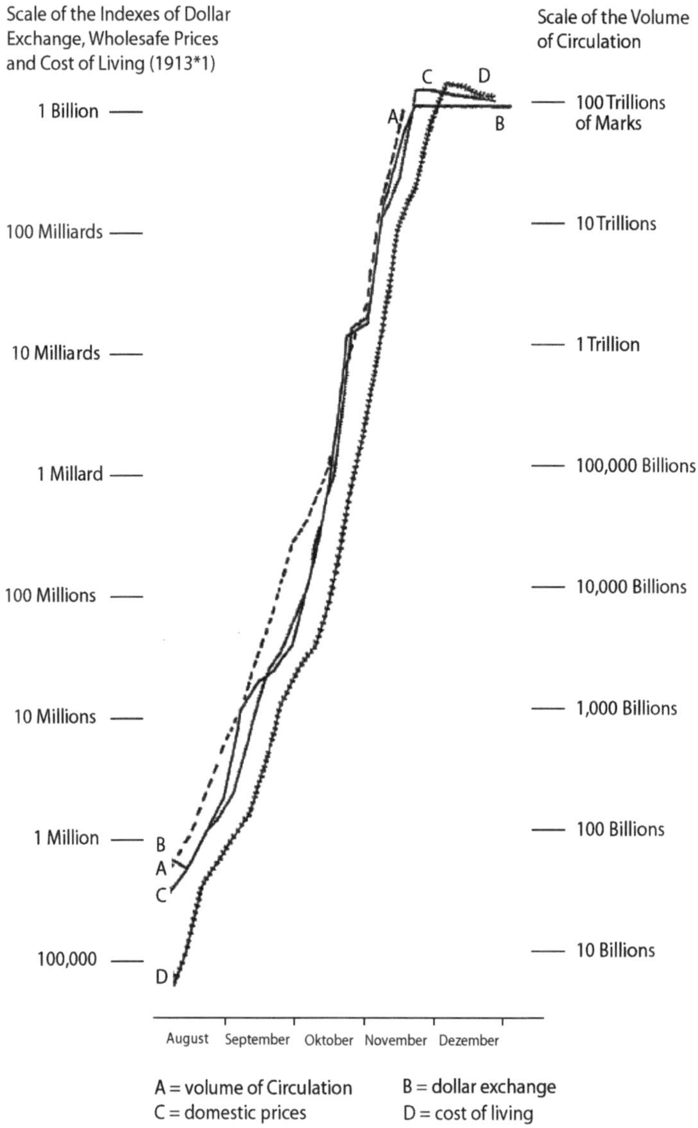

Quelle: Constantino Bresciani-Turroni, The Economics of Inflation

Papiermark: Verlust der Werterhaltungsfunktion

Umschichtung des Kapitals in harte Währungen und Rohstoffe Abb. 2

Quelle: Constantino Bresciani-Turroni, The Economics of Inflation; eigene Darstellung

Gold: Krisensichere Anlage
Der Goldpreis in Papiermark

Abb. 3

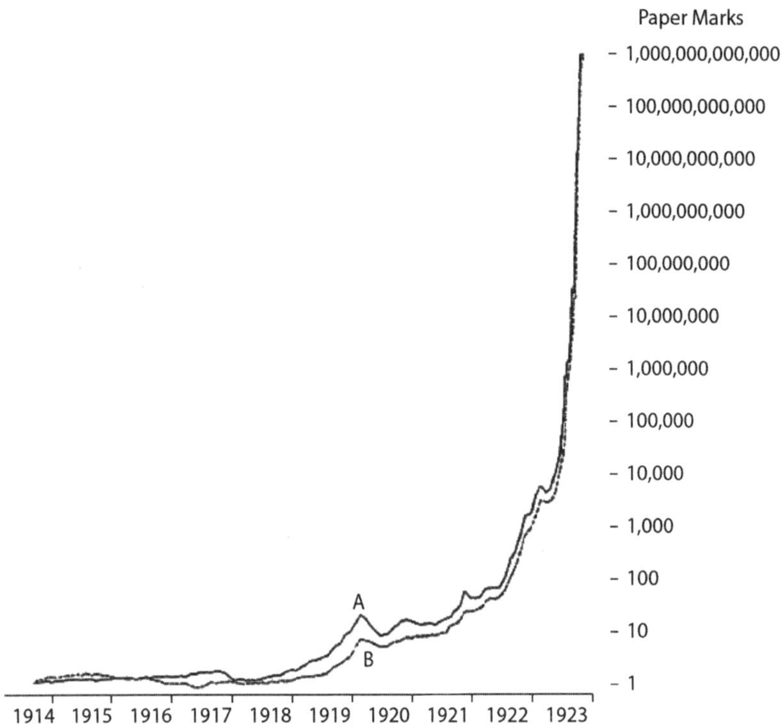

(A) Value of the gold mark in terms of paper marks
(B) Price parties (Ratio of German to American price-index)

Quelle: Constantino Bresciani-Turroni, The Economics of Inflation

Gold hingegen konnte während der Periode horrender Inflationsraten seinem Ruf als krisensicheres Anlagemedium gerecht werden. Das Verhältnis von Gold zu Papiermark zeigt den enormen Verfall der deutschen Währung (siehe Abbildung 3).

Mussten Ende 1918 zwei Papiermark für eine Goldmark bezahlt werden, waren es Ende 1922 schon mehr als 1.550 Papiermark, Ende September des Jahres 1923 etwa 56 Millionen Papiermark und zum Höhepunkt der

Gold: Inflationsschutz
Änderungsraten des Goldpreises und der Konsumgüterpreise von 1920 bis 1923 Tab.2

Jahr	Inflationsrate	Gold in Papiermark
1920	76%	53%
1921	66%	161%
1922	3.453%	3.656%
1923	22.220.195.495%	58.799.979.285%

Quelle: GFD; eigene Darstellung

Inflation Ende November 1923 eine Billion Papiermark. Dass Gold ein überlegenes Wertaufbewahrungsmittel darstellt, zeigt auch der Vergleich mit den Konsumgüterpreisen (siehe Tabelle 2). Der Goldpreis stieg in Papiermark fast dreimal schneller an als die Konsumgüterpreise.

Die weltweite Depression (1929 ff.)

Der dem Börsenboom von 1921 bis Sommer 1929 folgende Crash und die anschließende Abwärtsspirale in der Wirtschaft mündeten in eine schwere, weltweite Depression, verbunden mit Massenpleiten und Bankenruns (d. h. die Wirtschaftssubjekte beenden wegen eines kompletten Vertrauensverlustes ihre Bankbeziehungen und kehren zu einer reinen Bargeldwirtschaft zurück, wie in jüngster Zeit in Russland und Argentinien). Von 1930 bis 1933 fiel die Industrieproduktion um über 30 Prozent, und die Konsumentenausgaben für Gebrauchsgüter gingen über denselben Zeitraum um 75 Prozent zurück. Zu Beginn der Kontraktion versuchten viele Familien ihr Vermögen zu halten, aber als die Situation sich verschlechterte, wurde alles verkauft, was verkauft werden konnte, und zwar zu jedem Preis, der erzielbar war. Durch den massenhaften Schuldnerkonkurs verloren viele Gläubiger ihr Vermögen. Der amerikanische Verbraucherpreis-Index CPI sank zwischen 1929 und 1933 um 24 Prozent. Der Dow Jones erreichte erst Anfang Juli 1932, drei Jahre nach dem Crash, seinen Tiefpunkt bei 40,56 Punkten. Damit hatte der Aktienmarkt innerhalb von drei Jahren 90 Prozent seines Wertes verloren. Die Anleger erlitten einen Vermögensverlust von über 75 Milliarden Dollar. Die größten Verluste verzeichneten die Investmenttrusts, die mit Kredit arbeiteten. Der American Founders Investmenttrust kostete am 3. September 1929 noch 117 Dollar und verlor bis zum 8. Juli 1932 mit einem Kurs von 50 Cent nahezu seinen gesamten Wert. Die Immobilienpreise wurden ähnlich hart getroffen. Wohnhäuser und kommerziell genutzte Gebäude verloren bis zu 80 Prozent ihres Wertes. Im Allgemeinen wird angenommen, dass sich Anleihen in einer Deflationsphase, wie wir sie in den 90er-Jahren in Japan sahen, im Gegensatz zu den Aktien gut entwickeln sollten. Während der großen Depression war dies hingegen nicht der Fall. Auch die Anleihenkurse verloren an Wert. Der aus 40 Titeln bestehende Dow Jones 40 Bond Average verlor während der großen Depression 30 Prozent seines Wertes. Der Zusammenbruch war so stark, dass die Anleihenkurse unter das Kursniveau von 1920 gedrückt wurden. Mit anderen Worten stiegen die Zinsen während der Depression des 40 Titel umfassenden Index über das Niveau, das sie im Jahre 1920, am Höhepunkt der starken Inflationsperiode, erreicht hatten. Warum? Nun, eine Anleihe mit einem A-Rating gilt als sichere Anlage. Das heißt aber nicht, dass sie diese Bonität über die Zeit behält. Wenn sich die Bonität verschlechtert, dann drohen Kurskatastrophen. Und genau das war auch während der Großen Depression der Fall. Anleihen, die vor der Großen Depression ein relativ gutes Rating hatten, wurden herabgestuft, weil die Emittenten aufgrund der sich verschlechternden wirtschaftlichen Bedingungen in Bedrängnis kamen oder sogar bankrott gingen. Und auch die sichersten Anleihen, also die mit einem AAA-Rating, verloren vorübergehend an Wert. So stiegen selbst die Zinsen der zehnjährigen Staatsanleihen zwischen 1930 und 1932 von 3,19 Prozent auf 4,26 Prozent, weil Anleger in einem katastrophalen Umfeld alles verkauften, was eventuell Pleite gehen konnte. Das sind zwar in der Regel Anleihen mit niedrigerem Rating, aber wenn die Investoren ein höheres Risiko wahrnehmen und befürchten, das sich die Bonität verschlechtert oder gar der Konkurs des Emittenten droht, können auch die sichersten Anleihen, also auch Anleihen des Staates, zumindest vorübergehend an Wert verlieren. Hinzu kommt noch, dass bei sich verschlechternden wirtschaftlichen Bedingungen die Anleger Bargeld benötigen und somit auch Staatsanleihen veräußern.

In den Jahren 1929 bis 1932 wurden auch die Preise der Rohstoffe in Mitleidenschaft gezogen. Die Preise für Rohstoffe wie Weizen, Zucker, Mais und Kupfer verloren in dieser Periode zwischen 65 und 85 Prozent (siehe Abbildung 4).

Rohstoffe: Beginn des Bullenmarktes im Jahre 1932
Entwicklung einzelner Rohstoffe während der großen Depression Abb. 4

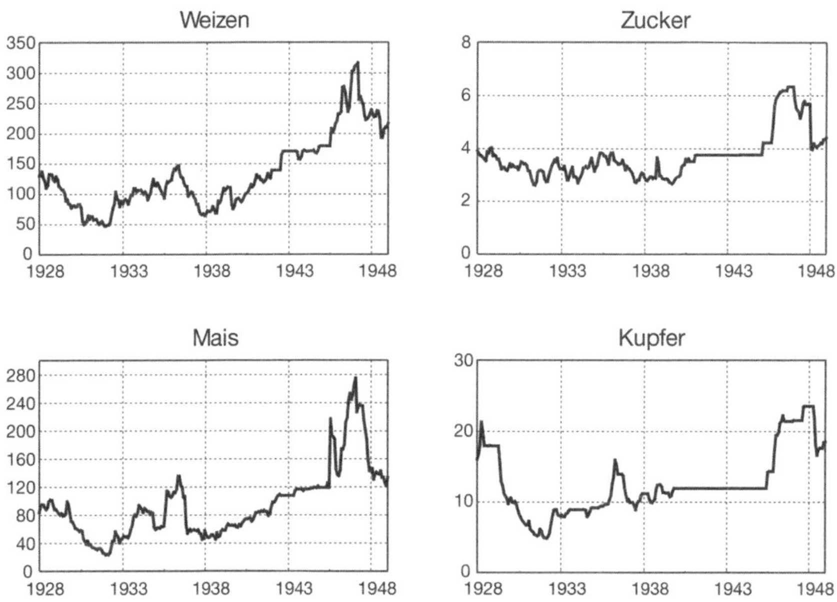

Quelle: Commodity Research Bureau; eigene Darstellung

Die Rohstoffe erreichten inmitten der deflationären Depression im Jahre 1932 ihren Tiefpunkt. Wie in Abbildung 4 zu sehen ist, konnten viele Rohstoffe wie Zucker und Mais innerhalb von vier Jahren wieder die Hochpunkte von 1929 erreichen. Von diesem Tiefpunkt startete der längste Bullenmarkt der Rohstoffe des letzten Jahrhunderts, der bis Anfang der 50er-Jahre dauerte.

Die Edelmetalle Gold und Silber entwickelten sich dagegen relativ gut. Der Silberpreis bewegte sich (wie auch die anderen Rohstoffe) seit 1919 in einem Bärenmarkt und erreichte den Boden im Februar 1931 bei US$ 0,2575 den Tiefpunkt (siehe Abbildung 5). Von diesem Tiefpunkt legte der Silberpreis bis 1935 fast 300 Prozent zu.

Silber: Relative Stärke während der weltweiten Depression
Entwicklung des Siberpreises von 1915 bis 1950 Abb. 5

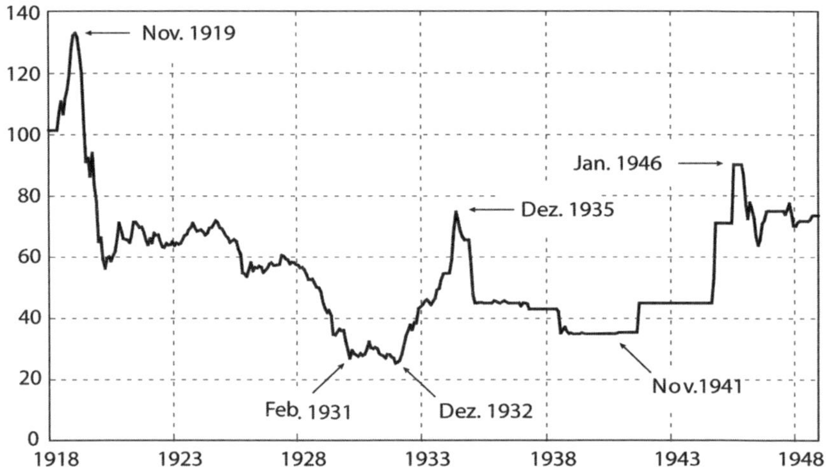

Quelle: Commodity Research Bureau; eigene Darstellung

Der Goldpreis war bis 1933 auf US$ 20,67 fixiert, und im Januar 1934 wurde der Dollar gegenüber dem Goldpreis auf US$ 35 abgewertet. Der damalige Präsident Roosevelt verbot 1933 den US-Bürgern den Besitz von Gold und verhängte eine zehnjährige Gefängnisstrafe gegen jeden, der nicht innerhalb von 25 Tagen sein Gold einer Niederlassung der

Gold-Aktien: Gewinner während der weltweiten Depression
Homestake Mining und Dow Jones Industrials Index
von 1921 bis 1940

Abb. 6

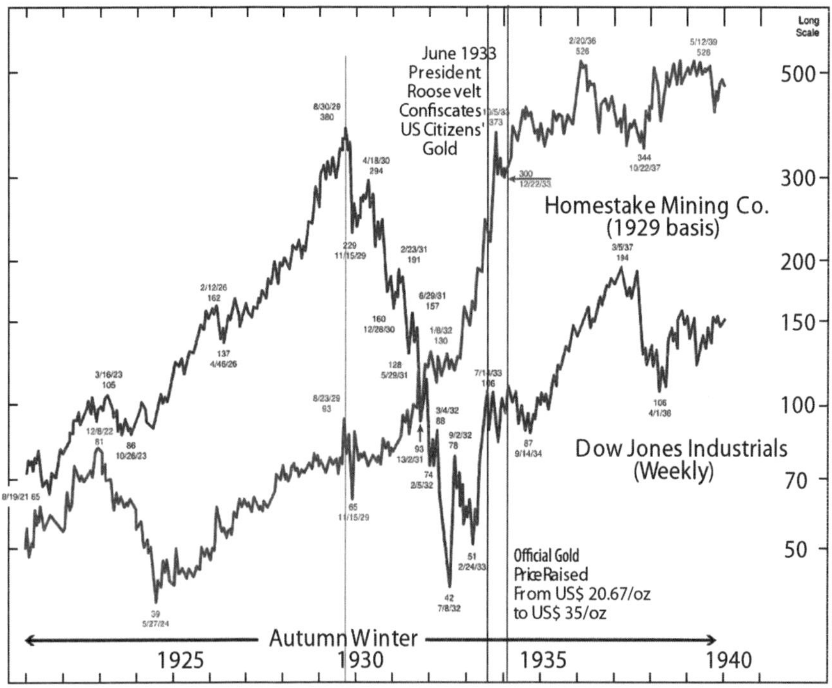

Quelle: The Long Wave Analyst

Federal Reserve Bank übergab. Während des Crashs 1929 waren auch Gold-Aktien rückläufig, allerdings nicht so stark wie die Industrie-Aktien.

Die Aktie von Homestake Mining verlor von ihrem Hoch Ende August 1929 bis zum Tiefpunkt Mitte November 30 Prozent, während der Dow Jones über diesen Zeitraum Verluste von 40 Prozent zu verzeichnen hatte (siehe Abbildung 6). Während der Dow Jones Index von diesem Zwischentief weitere 80 Prozent bis zum seinem Tiefpunkt Anfang August

1932 abgab, verdoppelte sich die Aktie von Homestake Mining über diese Periode. Vom Hochpunkt 1929 bis zum vorläufigen Hoch im Jahr 1933 legte Homestake Mining über 400 Prozent zu, während der Dow Jones über zwei Drittel seines Wertes einbüßte. Von 1929 bis 1935 zahlte die Mine 128 US-Dollar an Dividende. Allein die Dividende von 1935 erreichte 56,00 US-Dollar je Aktie. Domes Mines, eine andere Gold-Aktie, wies eine ähnlich gute Wertentwicklung auf. Die Aktie stieg von US$ 5 im Jahr 1929 auf US$ 34,88 im Jahr 1938. Diese Wertentwicklung der Gold-Aktien scheint bei einem fixierten Goldpreis verwunderlich. Die Erklärung für diese Outperformance der Gold-Aktien im Vergleich zum Goldpreis dürfte wohl darin begründet sein, dass die Investoren nach dem Verfall anderer Asset-Klassen Gold – das die höchste Zahlungsform der Welt darstellt – besitzen wollten, und die beste Möglichkeit, Gold zu besitzen, insbesondere nach der Fixierung auf US$ 35 pro Unze und dem damit verbundenen Goldverbot durch Roosevelt, war der Erwerb von Gold-Aktien.

Die weltweite Stagflation (1969 ff.)

Gegen Ende des Zweiten Weltkriegs wurde unter der neuen Führungsmacht USA das »Bretton-Woods-System« eingeführt. Es wurde ein System grundsätzlich fester, aber in Ausnahmesituationen anpassbarer Wechselkurse geschaffen, mit einer Deckung der Währungen durch Gold- und Devisenreserven der Zentralbanken. Als Reservewährung galten nur der US-Dollar und das englische Pfund. Es entstand ein Gold-Devisen-Standard. Die Vormachtstellung der USA, eine Reservewährung selbst zu erzeugen, ging so lange gut, wie diese eine disziplinierte Geldpolitik betrieben und die übrige Welt den Dollar als so gut wie Gold betrachtete. Doch als die USA im Zuge des Ausbaus teurer wohlfahrtsstaatlicher Programme und der Kosten des Vietnam-Krieges über ihre Verhältnisse lebten und beides über Gelddrucken (und nicht über politisch unpopuläre Steuererhöhungen) finanzierten, begann das Vertrauen in die Härte des Dollars zu schwinden. Frankreich forderte die USA auf, die französischen Dollar-Reserven nicht nur in Gold umzutauschen (zu US$ 35 je Feinunze), sondern auch nach Frankreich zu liefern. Am 15. August 1971 wurde das »Bretton-Woods-System«

durch die USA einseitig aufgekündigt. Der damalige Präsident Nixon hob die Konvertibilität des Dollars in Gold auf, um auf diese Weise über eine Abwertung des Dollars das Handelsdefizit zu beseitigen.

Zu Beginn der 70er-Jahre zogen Löhne und Preisinflation stark an, was zu erhöhten Energiepreisen führte und vice versa. Um den Wertverlust des US$ auszugleichen (der US$ brach zwischen 1969 und 1980 von vier Mark auf 1,75 Mark ein), erhöhten die Araber 1973 und 1979 den Ölpreis massiv, um den Anstieg des U.S. Consumer Price Index (CPI) zu kompensieren (der CPI belief sich im Jahr 1970 auf 5,5 Prozent und im Jahr 1980 auf 15 Prozent, wohingegen er in den meisten Jahren bis 1965 unter einem Prozent lag). Der Ölpreis, der Ende der 60er-Jahre noch unter US$ 2 lag, verteuerte sich bis 1980 auf US$ 50. Die 70er-Jahre waren die Periode der »Stagflation«, in der das stagnierende Wachstum der Wirtschaft durch eine zunehmende Inflation noch verschlimmert wurde. In dem Umfeld steigender Inflationsraten erlebte der amerikanische Anleihenmarkt seine schlimmste Periode. Allein zwischen 1977 und 1981 fielen die Preise langlaufender Anleihen um 50 Prozent. Die Stagflation der 70er-Jahre war auch für die Aktienmärkte kein günstiges Umfeld. So verzeichneten die Märkte nominal bis Anfang der 80er-Jahre eine Seitwärtsbewegung (siehe Abbildung 7). Real wurden jedoch die größten Verluste der Nachkriegsgeschichte verzeichnet. Bis Anfang der 80er-Jahre verlor der Dow Jones Industrials Index inflationsbereinigt mehr als zwei Drittel seines Wertes.

Die 70er-Jahre waren das beste Beispiel dafür, dass Rohstoffe unter jedem wirtschaftlichen Szenario steigen können – vorausgesetzt, es gibt überschüssiges Geld und Kreditschöpfung. Obwohl sich die Wirtschaft in einer Rezession befand, haussierten die Rohstoffe. Der CRB Index begann den dritten großen Bullenmarkt der Commodities des vergangenen Jahrhunderts. Die Kursgewinne einzelner Rohstoffe waren noch größer als die des CRB Index, insbesondere bei landwirtschaftlichen Produkten. Von den Tiefpunkten in den Jahren 1968/69 zu ihren Hochpunkten 1973/74 stiegen zum Beispiel Zucker um 1.300 Prozent, Weizen um 465 Prozent und Sojabohnenöl um 630 Prozent. Auch Metalle

Dow Jones: Bärenmarkt von 1966 bis 1982

Nominale und inflationsbereinigte Entwicklung des Dow Jones Industrials Index

Abb. 7

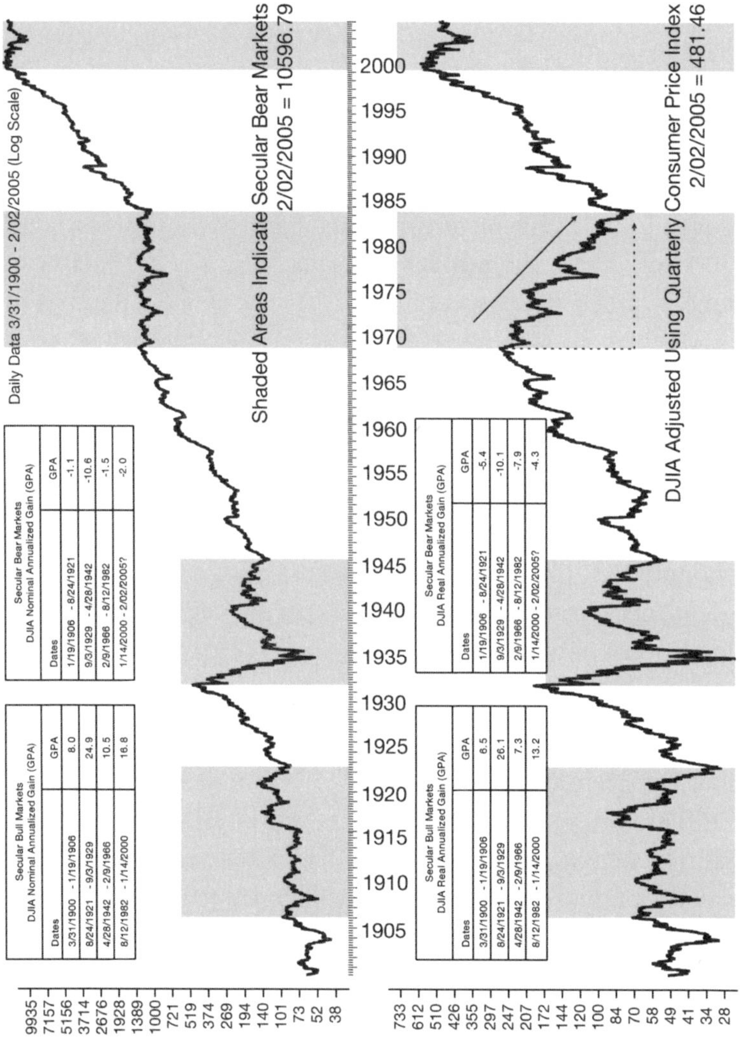

Dow Jones
Industrial Average vs. Secular Trends

Inflation-Adjusted Dow Jones
Industrial Average vs. Secular Trends

Quelle: Ned Davis Research

wie Kupfer und Platin konnten von 1970 bis 1980 Kursgewinne zwischen 300 und 1.000 Prozent verbuchen. Besonders gut entwickelten sich die Edelmetalle Gold und Silber, die um mehr als das 20fache zulegen konnten.

Als »inflationsresistent« erwiesen sich auch die Aktien des Energie- und Rohstoffsektors. Während der S&P-500-Aktienindex über die gesamten zehn Jahre hinweg ein (nominales) Plus von lediglich 17 Prozent verzeichnete, wurden »harte« Vermögenswerte von den Anlegern bevorzugt. Tabelle 3 zeigt die nominale Entwicklung der einzelnen S&P-500-Sektoren während der vier Jahrzehnte von 1959 bis 1999. Die 70er-Jahre wurden dabei so definiert, dass sie den Zeitraum von Dezember 1969 bis einschließlich Dezember 1979 abdecken. Die Sektor-Performance versteht sich als der Durchschnitt der zugrunde liegenden Branchenergebnisse, Dividenden ausgenommen. Während die 70er-Jahre für Aktienanleger im Allgemeinen keine besonders gute Dekade waren, erwiesen sich Engagements in solchen Sektoren als positiv, die von den Auswirkungen der höheren Ölpreise und Teuerungsrate profitieren konnten. Rohstoffwerte erwiesen sich somit als »Inflationshedges«, denn der Wert finanzieller Anlagewerte nimmt mit steigender Inflation für gewöhnlich ab.

Inflation oder Deflation?

Inflation, Deflation, Stagflation oder weiter ein Aufschwung mit gemäßigter Inflation? Das letztere ist zumindest die Mainstream-Meinung. Die meisten Marktteilnehmer und Wirtschaftswissenschaftler sehen keines der Extremszenarien als wahrscheinlich an. Vielmehr wird die allgemeine Auffassung vertreten, dass sich die Wirtschaft weiter in einem tragfähigen Aufwärtstrend befindet, der allerhöchstens durch gemäßigte Inflation begleitet wird. Daneben gibt es einige Analysten, deren Überlegungen zu ganz anderen Ergebnissen kommen. Der Elliot-Wave-Guru Robert Prechter beispielsweise sieht die USA auf eine deflationäre Depression zusteuern mit den entsprechenden Folgen für die Weltwirtschaft und die Aktienmärkte – der Dow Jones Index wird in diesem Szenario seiner Meinung nach unter 1.000 Punkte fallen. Als

Inflationsresistent: Energie- und Minenwerte

Wertentwicklung verschiedener Branchen im Vergleich Tab. 3

Indexänderungen nach Dekade (12/59-12/99)	%Veränderung			
	1960er	1970er	1980er	1990er
Energiewerte	107	295	135	67
Basismaterialien	13	78	243	82
Ungewichteter Durchschnitt	88	47	314	284
Versorge	30	43	137	60
Industriewerte	53	39	297	147
Einzelhändler	106	24	414	242
Finanzwerte	80	19	169	242
S&P 500	54	17	227	316
Großhändler	160	6	552	258
Gesundheitswesen	165	1	355	308
Informationstechnologie	368	-13	171	1140
Telekommunikation	..	..	..	218

Beste/schlechteste Branchen nach Dekade (12/59-12/99, in %)	1960er
Nicht alkohol. Getränke	407
Kosmetik	378
Computer (Hardware)	368
Öl und Gas („Bohrer“ & „Ausrüster“)	214
TV, Radio & Kabel	187
S&P 500	54
Einzelhandel	3
Papierindustrie	2
Chemie	-33
Aluminium	-38
Eisen & Strahl	-52
	1970er
Öl & Gas („Bohrer“ & „Ausrüster“)	615
Gold & Minenwerte	560
Ölunternehmen	198
Luftfahrt/Verteidung	157
Unterhaltung	145
S&P 500	17
Konsumfinanzierer	-32
Textilindustrie	-34
LKW & Teile	-38
Kosmetik	-42
Alkoholika	-59

Quelle: Sam Stovall, Standar&Poor`s, eigene Darstellung

historische Beispiele wird das Platzen von großen Spekulationsblasen in den USA 1930 oder in Japan 1990 genannt. In der Tat gibt es heute Parallelen zu der aktuellen Lage und den historischen Ereignissen. Auch waren die Auswirkungen von geplatzten Spekulationsblasen für den Aktienmarkt und das Preisniveau deflationär, auch wenn die Geldmengen im Falle Japans gar nicht gefallen sind. Auf der anderen Seite gibt es einige Querdenker, die angesichts der weltweiten Verschuldung und der inflationären Absichtserklärungen der Notenbanken auf ein inflationäres Szenario verweisen oder auf eine Stagflation wie in den 1970er-Jahren.

Wer hat Recht? Die immer bullishen Wall-Street-Gurus, die selbst nach dem Abschwung und den starken Kursverlusten von 2000 bis 2002 immer noch zuversichtlich waren und es auch für die nächsten Jahre sind – manche sehen den Dow Jones gar wieder bei 40.000 Punkten –? Oder haben die Bären Recht, nach deren Meinung wir magere Jahre sehen werden?

Die Nachrichten, die wir Ihnen liefern können, sind alles andere als gut. Unserer Ansicht nach werden die Aktienmärkte über Jahre hinaus keine eindeutigen Aufwärtstrends versprechen, und auch wirtschaftlich werden wir keine Wachstumsjahre sehen. Für die Beantwortung der Frage, ob wir auf eine Inflation oder Deflation zusteuern, möchten wir noch einmal auf den Verlauf von Spekulationsblasen zurückkommen. Grundsätzlich sind Spekulationsblasen deflationärer Natur. Notwendige, aber nicht hinreichende Bedingung für das Entstehen von Spekulationsblasen ist die übermäßige Versorgung der Märkte mit Liquidität, für gewöhnlich in Form von Kredit. In unserer Volkswirtschaft ist es hauptsächlich die Aufgabe der Zentralbanken, die Wirtschaft mit Geld und Kredit zu versorgen. In einem auf US-Dollar basierenden Finanzsystem nimmt die Geldpolitik der US-Notenbank unter Führung von Alan Greenspan eine bedeutende Rolle ein und ist der wichtigste Einflussfaktor für das Entstehen von Spekulationsblasen. Viele strukturelle Probleme, auf denen wir heute sitzen, haben ihren Ursprung in Fehlern, die in der Vergangenheit begangen worden sind, wie die unverantwortliche Notenbankpolitik und die Geldpolitik-Gläubigkeit des amerikanischen Notenbankpräsidenten Greenspan, worauf wir im Kapitel »Die großzügige Geldversorgung durch die Notenbanken« ausführlich eingehen.

Eine weitere Sünde, die begangen wurde, ist die Auflösung des Goldstandards im Jahre 1971. In diesem Zusammenhang möchten wir noch einmal auf die grundsätzlich deflationäre Wirkung von Spekulationsblasen zurückkommen. Beginnen die durch eine expansive Geldpolitik künstlich aufgeblähten Preise zu fallen, werden die auf Basis dieser Preise vergebenen Kredite notleidend, und eine Kreditklemme beginnt. In Zeiten eines Goldstandards, in denen die Währung nicht beliebig vermehrt werden kann, beginnt die Geldmenge zu schrumpfen, und Deflation macht sich breit. In unserer heutigen Volkswirtschaft gilt dies allerdings nicht. Seit dem Ende des Bretton-Woods-Weltwährungssystems im Jahre 1971 ist Geld nur noch eine Vertrauenssache. Geld ist seit der Entscheidung, das Goldfenster zu schließen, an nichts mehr gebunden – vielmehr kann es von Notenbankbeamten beliebig vermehrt werden.

Das Papiergeld-Experiment des John Law

Für eine Beantwortung der Frage, ob wir auf eine Inflation oder Deflation zusteuern, soll uns die Finanzmarktgeschichte helfen. Sie soll ein wenig Licht in die Funktionsweise der Finanzmärkte und die immer wiederkehrenden Muster und Zyklen und die dem Fortschrittsglauben hohnsprechenden spekulativen Exzesse bringen. Wir sind überzeugt, dass sich die weltweit entstandenen Blasen auch dieses Mal entlang bekannter Muster entwickeln, platzen und enorme Verluste und wirtschaftlichen Schaden mit sich bringen werden. Um Parallelen mit der aktuellen Entwicklung zu finden, müssen wir ein wenig weiter in die Vergangenheit blicken, genauer gesagt in das 18. Jahrhundert. Im Grunde genommen ist das, was sich heute ereignet, schon vor 300 Jahren passiert, als es John Law ermöglicht wurde, die »Banque Royale«, die erste staatliche Zentralbank, zu eröffnen und das umlaufende Münzgeld durch Papiergeld zu ersetzen.

Der Schotte John Law wurde 1671 geboren – seine geistige Geburt erfolgte ironischerweise exakt 300 Jahre später, als sich die Vereinigten Staaten 1971 vom Goldstandard verabschiedeten und sich vollkommen von der Edelmetalldeckung abkoppelten. Von Britannien wurde John Law 1694 in Exil geschickt, weil er in einem Duell um eine Frau einen Mann getötet hatte. Bei seinen Reisen durch das europäische Exil hinterließ er neben einer Schar wütender Ehemänner auch eine Reihe verärgerter Spieltischpartner. Denn Law verstand es wie kein Zweiter, die Gewinnchancen am Spieltisch zu kalkulieren. Doch damit nicht genug, beschäftigte ihn auch das in dieser Zeit noch unterentwickelte Geldwesen. »Wenn Blut nicht durch den Körper zirkuliert, siecht der Körper dahin; dasselbe geschieht, wenn das Geld nicht zirkuliert«, konstatierte er. Bei seinen Reisen durch Europa hatte ihn die Bank von Amsterdam, die nicht nur Geldeinlagen, sondern auch Grundbesitz als Einlage akzeptierte und in Form von Noten Darlehen vergab, die durch den Grundbesitz abgesichert waren, beeindruckt und inspiriert.

Fasziniert von seiner Idee, dass der Geldumlauf nicht edelmetallgedeckt sein müsse, bot sich ihm 1715 in Frankreich die Gelegenheit, den Herzog von Orleans, der gerade Regent von Frankreich geworden war, von den Vorteilen von Geld und Kredit zu überzeugen. Im Jahr 1716 erteilte der Regent Law die Erlaubnis, im hochverschuldeten französischen Staat die »Banque Royale« zu gründen. Die Bank emitierte Banknoten mit der Garantie, Goldmünzen eines festgelegten Gewichts zurückzunehmen. Die Goldbesitzer – überwiegend Adelige – gaben der Bank Gold und erhielten dafür Aktien der Bank Royale. Das Grundkapital der Bank bestand zu einem Viertel aus Münzen und zu drei Vierteln aus Regierungsrohlingen. Das Gold war die Vertrauensbasis für die Ausgabe der Banknoten (Livres). Diese wurden als Kredit an den Staat ausgegeben. Laws Papiergeld-Idee war ein Erfolg und bestand den Praxistest.

Von dem Erfolg des Papiergeldes gestützt, überzeugte Law im Jahr 1717 den Regenten seiner gegründeten Mississippi Company, deren Geschäftszweck es war, Goldvorkommen in der größten französischen

Kolonie, Louisiana, zu erschließen, ein Monopol für den gesamten Außenhandel zwischen Frankreich und Nordamerika zuzusichern. Zu diesem Zweck wurden Aktien ausgegeben, mit denen Geld eingesammelt werden sollte, mit dem man Expeditionen zu den Goldschätzen der Kolonie machen wollte. Doch niemand wusste, ob es in Louisiana Gold gibt. Und in Wirklichkeit war das ständig steigende Aktienkapital eine Konversion der Staatsschulden in Aktien der Mississippi Company. Die französische Wirtschaft profitierte anfangs enorm, und am Höhepunkt seiner Karriere war Law einer der meistbewunderten Männer in Europa. Das Volk prügelte sich um die Mississippi-Aktien, »stürzte sich auf die Aktien wie die Schweine«, wie es in zeitgenössischen Berichten heißt, und trieb den Aktienkurs von Januar 1719 bis zum Dezember desselben Jahres von 500 auf 10.000 Livres.

Doch letztlich scheiterte sein Projekt, weil sich zum einen kein Gold fand und die Aktionäre misstrauisch wurden und zum anderen die Banque Royale zu lange daran geglaubt hatte, dass sie jedes Problem durch das Drucken von Papiergeld beheben könnte mit der Folge, dass der Umlauf an Papiergeld drastisch stieg, die Wirtschaft überhitzte und es zu enormen Preissteigerungen kam. Die Preise für Brot, Milch und Fleisch stiegen um 600 Prozent und die für Bekleidung um 300 Prozent – Berichten zufolge gab es ein Geschäft, das innerhalb von drei Wochen Spitze und Leinen für 800.000 Livre abgesetzt hat – und das überwiegend an Kunden, die zuvor nie Spitze oder Leinen getragen hatten.

Auf dem Höhepunkt kam schließlich der Fall. Als Law realisierte, dass das Problem der Vertrauensverlust gegenüber dem Papiergeld und die Inflation waren, war es zu spät und der Schaden bereits da. Die Aktien der Mississippi Company fielen bis September 1721 wieder auf ihren Ausgabekurs zurück. Das kontinuierliche Liquiditätspumpen sorgte schließlich dafür, dass die Wirtschaft, der Aktienmarkt und die französische Währung zerstört wurden und das gesamte Finanzwesen zusammenbrach. Law selbst entkam über die Grenze und wurde in England aufgenommen. Doch der Spieler und zu seiner Zeit wohl der reichste Mann der Welt hatte nichts von seinem Reichtum auf die Seite geschafft und musste sein Geld wieder an den Spieltischen verdienen.

Wie bereits erwähnt, wurde im Jahre 1971 der Goldstandard verabschiedet. Der Dow Jones erreichte 1974 seinen Tiefpunkt und stieg bis zum Jahr 2000 um das Zwanzigfache an, weil vor allem seit den 1990er-Jahren jedes aufkommende wirtschaftliche Problem mit dem Drucken von zusätzlichem, billigem Geld gelöst wurde. Wie zu Zeiten Laws floss das Geld auch dieses Mal in Finanzanlagen.

Hohe Korrelation

S&P 500 und amerikanische Geldmenge M3 von 1990 bis 2000 Abb. 8

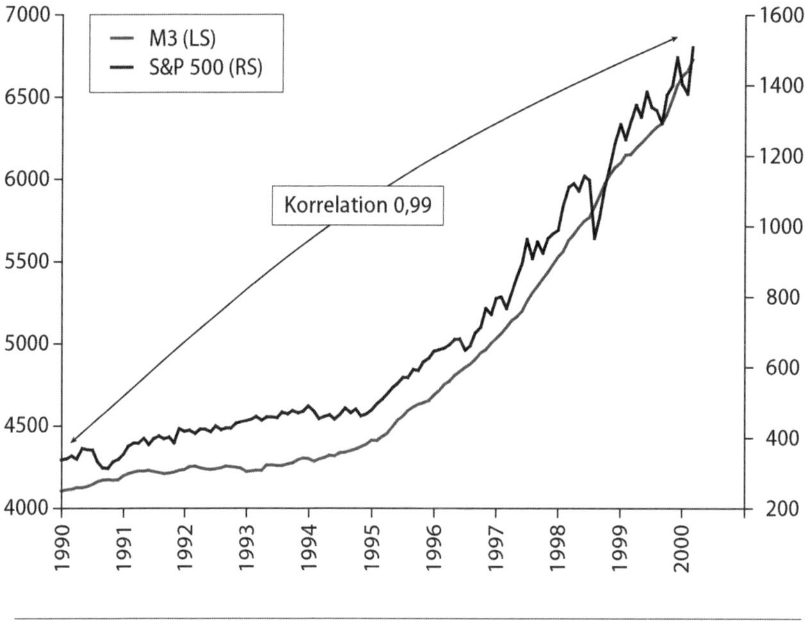

Quelle: Bloomberg; eigene Darstellung

Wie bei obiger Darstellung des S&P-500 und der Geldmenge M3 zu erkennen ist, gab es insbesondere in der Dekade von 1990 bis 2000 einen hohen Gleichklang – die Korrelation liegt bei 0,99. Solange Geld gedruckt wurde fand es den Weg in amerikanische Aktien. Wie bei einem Drogensüchtigen brauchte auch die kreditinduzierte Aktienmarktblase immer neue Geldspritzen, und sobald etwas den Zustrom unterbrach, kam es zu Korrekturen So kam dann auch im Jahr 2000 der Crash, und die Antwort der Zentralbank lautete in den Jahren von 2001 an, noch mehr Liquidität in die Märkte zu pumpen – genauso wie damals. So hat man den Dow Jones gestützt, der sich derzeit wieder über 10.500 Punkten bewegt.

Doch scheint sich in den letzten Jahren an den Börsen ein ganz bedeutender Paradigmenwechsel vollzogen zu haben. So hat der Goldpreis seinen seit 1980 verzeichneten Abwärtstrend überwunden, und die Rohstoffe erreichten, gemessen am Index des Commodity Research Bureau (CRB) in Chicago, der die Preisentwicklung der 17 meistgehandelten Rohstoffe misst, zwischen Oktober 1999 und Februar 2000 einen historischen Tiefstpunkt. Seither sind die Preise für Kupfer, Gold und Platin um mehr als 50 Prozent gestiegen, und ein chilenisches Rohstoffunternehmen mit dem Namen Antofagasta, das vielen bis vor kurzem noch unbekannt war, ist, gemessen an der Marktkapitalisierung, inzwischen unter die 200 größten der rund 2.700 an der Londoner Börse notierten Unternehmen aufgestiegen.

So wie zu Zeiten Laws werden wir in den nächsten Jahren an einem Punkt angelangen, an dem die Politik, die die Fed durchführt, nicht mehr funktionieren wird und der US-Dollar wie die französische Währung vor 300 Jahren sehr stark fallen wird. Möglich ist natürlich auch, dass der US-Dollar weniger gegenüber anderen Währungen, sondern – wie zu Zeiten John Laws – gegenüber Rohstoffen und realen Werten fallen wird. Als das französische Volk realisierte, dass durch die Geldschöpfung der »Banque Royale« die Banknoten an Wert verloren, schichteten sie ihr Kapital mit der Zeit in Immobilien und Rohstoffe um.

Dabei ist es nicht ungewöhnlich, dass die Immobilienpreise nach einem Crash im Aktienmarkt noch eine gewisse Zeit weiter steigen, weil einige Anleger erkennen, dass der Markt seinen Hochpunkt erreicht hat, und darauf in andere Spekulationsobjekte umschichten. Darüber hinaus realisieren die smarten Investoren, dass die Preise über ihr Ziel hinausgeschossen sind und mit den Fundamentaldaten nicht mehr viel zu tun haben. Deshalb diversifizieren sie ihre Gelder, verlassen also ganz oder teilweise den Aktienmarkt und schichten in Anlagen um, die entweder, absolut oder relativ gesehen, noch billig sind oder noch nicht an der Spekulation teilgenommen haben.

Wie sich in Abbildung 9 erkennen lässt, stiegen die Immobilienpreise in aller Regel noch eine gewisse Zeit an, bis auch hier der Crash folgte. Und so verhielt es sich auch beim letzten großen Verfall der Immobilienpreise in Japan: Obwohl der Aktienmarkt bereits Ende 1989 seinen Zenit überschritten hatte, stiegen die Immobilienpreise noch ein weiteres Jahr an und erreichten erst Ende 1990 ihren Höhepunkt. Insofern stellen die aktuellen Spekulationsblasen an den Immobilienmärkten in den USA und Europa nach dem Platzen der Aktienmarktblasen im Jahr 2000 keine Ausnahme dar. Doch neben der üblichen Verlagerung der Anlagegelder scheint noch etwas anderes geschehen zu sein: Die USA haben den Kreditschöpfungsprozess, der bisher vom Bankensektor übernommen wurde, nationalisiert. Die so genannten »Government-sponsored-Enterprises« (GSEs) sind die eigentlichen Motoren des Kreditbooms, ausgelöst durch die niedrig gehaltenen Zinsen der Fed. Die beiden großen GSEs, die Hypothekenfinanzierer Fannie Mae und Freddi Mac, die etwa die Hälfte des Hypothekenmarktes kontrollieren, können durch das Sponsoring der Regierung Geld zu einem fast risikolosen Zinssatz ausleihen. Im Gegensatz zu Banken, die primär als Geldverleiher fungieren, treten Fannie Mae und Freddie Mac als sekundäre Geldverleiher auf, d. h. um das Geld, was sie zum Ausleihen zu erhalten, legen diese Institute Anleihen auf. Die Zinsen, die GSEs für ihre Anleihen bezahlen, sind wegen der staatlichen Garantien jedoch niedriger als die üblichen Marktzinsen. Somit können diese Institute Hypotheken kaufen, die einer Rendite abwerfen, die um einige Basispunkte darüber liegt. Weil nach der Bubble an den Aktienmärkten die Effektivverzinsung der Staatsanleihen durch die starken Zinsschritte gesunken ist, konnten diese gewinnbringend ihre Bilanzen ausdehnen, weil sich die Differenz zwischen durch Hypothe-

Sinkenden Aktienkursen folgen meist sinkende Immobilienpreise
Amerikanische Aktienpreise und Perioden fallender Immobilienpreise von 1785 bis 2000 Abb. 9

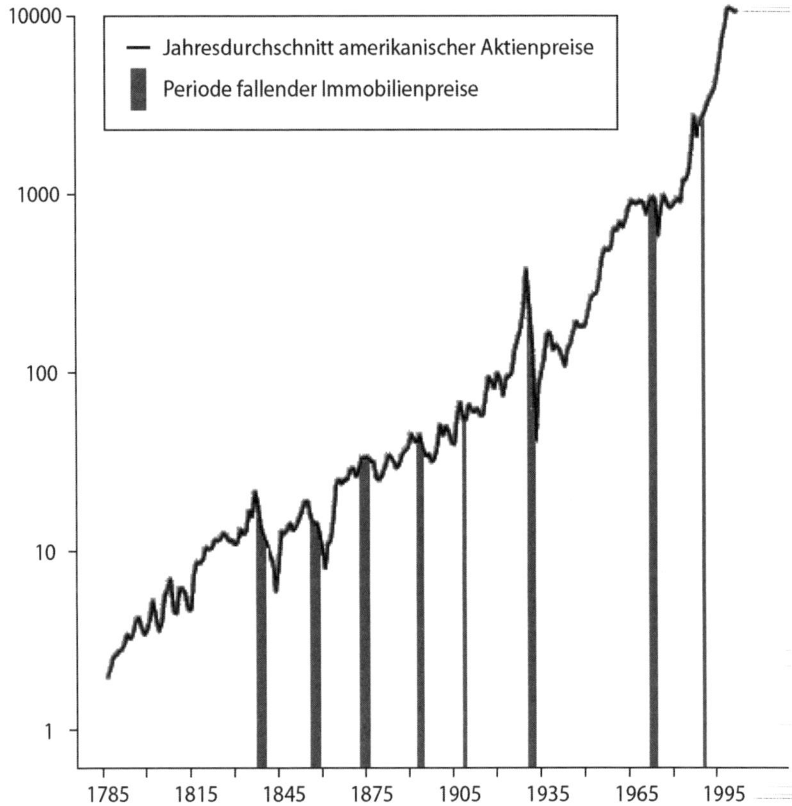

Quelle: Real Estate and Business Cycles, Fred E. Foldvary, Elliot Wave International

ken gedeckten Papieren und Staatsanleihen ausgeweitet hat. Denn während eine Bank eine Hypothek, die sie an die GSEs verkauft, nicht mehr in den Büchern hat, wird diese in die Bilanz von Unternehmen wie Fannie Mae und Freddie Mac aufgenommen. In den Bilanzen der GSEs ist das Vermögen die Hypothek, während die Verbindlichkeit in der emittierten Anleihe besteht. Solange die Rendite der Hypothek höher ist als der Zins der Anleihe, läuft das Geschäft. Und das Geschäft lief in den vergangenen Jahren. So beläuft sich die Bilanzsumme von Fannie Mae und Freddie Mac zusammen auf 30 Prozent des amerikanischen Bruttoinlandsproduktes – die Wachstumsraten und Dollar-Schöpfung waren in den vergangenen Jahren enorm. Doch wenn die Zinsen steigen, kommt es auf die Qualität und die Art der zugrunde liegenden Kredite an.

Und genau hierin liegt das Risiko. Aufgrund der von der Fed betriebenen Politik des billigen Geldes haben die Hypothekenbanken ihre Kreditvergaberegeln gelockert. Amerikanische Familien konnten dadurch bereits mit einer Anzahlung von einem bis fünf Prozent und einer Hypothek von 95 bis 99 Prozent des Kaufpreises eine Immobilie kaufen. Darüber hinaus finanziert sich ein Drittel der Amerikaner durch Hypotheken auf Basis variabler Zinsen. Diese Zinsen sind zwar in den ersten drei Jahren bedeutend niedriger als bei Hypotheken mit fester Zinsbindung, das Risiko steigender Zinsen ist hingegen enorm – und das nicht nur für den einzelnen Immobilienkäufer (70 Prozent der Bevölkerung sind Hausbesitzer), sondern für das ganze System, weil Versicherungen, Pensionskassen und Geldmarktfonds eine Vielzahl von GSE-Bonds und hypothekengesicherte Wertpapiere gekauft haben. Die Immobilienmärkte und die US-Wirtschaft hängen also in zunehmendem Maße davon ab, ob die Hausbesitzer ihren monatlichen Amortisationszahlungen für ihre Immobilien nachkommen können. Irgendwann aber werden auch die Immobilienpreise den Kräften von Angebot und Nachfrage folgen und mit Unterstützung steigender Zinsen für fallende Immobilienpreise sorgen.

Wie vor 300 Jahren werden die Anleger in den nächsten Jahren auch das Vertrauen in den US-Dollar und in amerikanische Vermögensanlagen verlieren – ganz einfach deshalb, weil die Zentralbank weiter zu viel Geld drucken wird. Doch wohin werden die Anleger ihre Liquidität verschieben? Es gibt fünf große Währungen: den US-Dollar, den Euro, den Yen, den Rinimbi und Gold. Vier sind Papierwährungen, deren Angebot nach dem Willen der Notenbanken gesteuert werden kann und die aufgrund der verfehlten Politik der Notenbanken an Kaufkraft verlieren werden.

Natürlich könnten die Notenbanken unter Führung der amerikanischen Fed einen restriktiveren Kurs einschlagen, die Zinsen deutlich anheben und sich damit quasi so verhalten, wie wenn die Währungen gedeckt wären, und eine deflationäre Entwicklung mit den damit verbundenen Rezessionen und Pleitewellen bei Verbrauchern, Unternehmern und Finanzinstituten erzwingen. Doch so wenig wir an Märchen glauben, sehen wir die Wahrscheinlichkeit eines solchen Kurswechsels. Wir werden Ihnen im Kapitel »Die großzügige Geldversorgung durch die Notenbanken« zeigen, dass die amerikanische Fed unter Führung von Greenspan in den vergangenen Jahren durch ihr Handeln und ihre Äußerungen klar gemacht hat, dass sie um jeden Preis ihre inflationäre Politik fortführen wird – und zwar um jeden Preis.

Diese inflationäre Politik scheint sich immer mehr in den Anlagepreisen bemerkbar zu machen. Wenn man auf das Geschehen der Internationalen Finanzmärkte blickt, dann lässt sich feststellen, dass die letzten beiden Jahre mit Ausnahme des US-Dollars für alle Anlageklassen überaus positive Jahre waren. Sowohl Aktien, Anleihen, Immobilien und Kunst als auch Rohstoffe sind 2003 und 2004 im Wert gestiegen. Klar ist jedoch, dass sich die Preise von Aktien, Rohstoffen und festverzinslichen Wertpapieren dauerhaft nicht in die gleiche Richtung bewegen können. Dies gilt allein schon deshalb, weil anziehende Notierungen für Rohstoffe und Sachwerte zu steigenden Inflationsraten führen und daher früher oder später einen negativen Einfluss auf den Kurs von festverzinslichen Papieren haben. Da Bäume und auch die verschiedenen Anlageformen nicht in den Himmel wachsen, ist die Frage zu stellen, welche der Anlageklassen auch in Zukunft Erfolg versprechen. Bei der Beantwortung ist zunächst einmal ein Blick in die Vergangenheit hilfreich.

Beginnen wir mit den Aktien. Die Aktienmärkte erreichten nach einem zwanzigjährigen Bullenmarkt im Jahr 2000 ihren Hochpunkt, den sie seit dort nicht mehr gesehen haben (bis auf wenige Ausnahmen wie zum Beispiel der rohstofflastige australische Aktienmarkt). Mit einer Investition vor 25 Jahren in den amerikanischen S&P-500 hätten sie pro Jahr eine Rendite von fast 14,5 Prozent erzielt. Wie sieht es mit Anleihen aus? Die Zinsen erreichten im Jahr 1981 ihren Höchststand. Seit dort verzeichneten die Anleihen eine Hausse, weil die Zinsen bis heute gefallen sind. Eine Investition in langlaufende Nullkuponanleihen hätte mit einer jährlichen Rendite von etwa 20 Prozent sogar die Aktienmärkte geschlagen. Und Immobilien? Nun, die haben sich in den letzten 25 Jahren in Europa und den USA teilweise mehr als verzwanzigfacht (mit Ausnahme Deutschlands und Japans). Wenn man also auf die vergangenen 25 Jahre zurückblickt, dann dürfte klar werden, dass die Kaufkraft des Geldes beträchtlich gesunken ist. Selbst ein gutes Bier ist heute fünfmal so teuer wie damals. Einzig Rohstoffe können Sie heute günstiger erwerben. Silber erreichte Anfang der 80er-Jahre seinen Hochpunkt bei 50 US-Dollar und Gold bei 850 US-Dollar. Heute kostet die Unze Silber etwa 7,20 US-Dollar und die Unze Gold 430 US-Dollar. Was in ihrem Leben ist heute 50 Prozent günstiger im Vergleich zum Jahr 1980? Nebenbei ist selbst nach dem Anstieg im Jahr 2004 ein Fass Öl immer noch billiger als ein Fass Bier.

In den vergangenen zwei Dekaden konnten wir also steigende Aktien sowie bis heute ansteigende Anleihen- und Immobilienpreise beobachten. Hausse-Markt ist hierfür die übliche Bezeichnung. Fallende Konsumentenpreise (die üblicherweise mit dem Consumer Price Index (CPI) definiert werden) werden hingegen als Deflation verstanden, während fallende Aktien-, Anleihen-, oder Immobilienmärkte als Baisse bezeichnet werden. Allerdings wird bei dieser Definition das Problem der Inflation nicht erfasst. Eine genauere Definition von Inflation ist, diese als Erhöhung der Geldmenge über dem realen Wirtschaftswachstum und Deflation als eine Erhöhung unter dem realen Wirtschaftswachstum zu bezeichnen. Worauf wir hinauswollen, ist, dass es in jedem ökonomischen System, besonders aber in Systemen, in denen es aufgrund expansiver Geldpolitik zu schnellen Ausweitungen von Geld und Kredit kommt, es in einigen Sektoren immer Inflation geben wird und in anderen Bereichen Deflation, ob in absoluter oder relativer Hinsicht.

Es ist wichtig zu verstehen, dass sich die Preissteigerungen langfristig niemals breit über alle Anlageklassen verteilen. In den 70er-Jahren stiegen die Rohstoff- und die Konsumentenpreise stark an. Während diese in den 80er- und 90er-Jahren wieder fielen, begannen in dieser Dekade die Aktien- und Immobilienpreise in Japan stark zu steigen. Nach einer Versiebenfachung des japanischen Nikkei-Index platzte Anfang der 90er die Aktien- wie auch die Immobilienpreisblase, und es folgten fallende Preise bis zum Jahr 2003. Mit Beginn der 90er-Jahre machte sich die Inflation bis zum Jahr 2000 hingegen in den amerikanischen und den europäischen Aktien sowie bis jetzt in den Immobilien und Anleihen und inzwischen auch in den Rohstoffen bemerkbar.

Solange die Zentralbanker den Wasserhahn aufdrehen und für Liquidität sorgen, wird es immer einige Anlageklassen geben, die zulegen werden, und andere, die an Attraktivität verlieren. In unserem geldpolitischen System wird es deshalb auch immer Anlagen geben, die sich zu bedeutenden Investmentthemen entwickeln, wie es amerikanische Aktien in den 1990er-Jahren, japanische Aktien in den 1980er-Jahren oder Rohstoffe in den 1970er-Jahren waren. Das Problem ist aber das frühzeitige Aufspüren der künftigen Investmentthemen – für die Masse der Investoren werden sie erst lange nach ihrem Auftreten sichtbar – üblicherweise zu einem Zeitpunkt wenn das Investmentthema der Masse bekannt ist und es jeder verstanden hat. Ist dies aber der Fall, können Sie sicher sein das schon ziemlich viel Geld in diese Anlageklasse geflossen ist und der Sektor teuer ist im Vergleich zu Sektoren, für die sich die so gut wie niemand interessierte und nicht von dem Strahl der Geldmenge profitieren.

Die Entstehung von spekulativen Märkten, Manien und Blasen

»Eine Hausse wird im Pessimismus geboren, wächst und gedeiht in der Skepsis und stirbt in der Euphorie« lautet eine Börsenweisheit. Bei einem Blick in die Vergangenheit wird deutlich, dass diese Börsenweisheit die Entstehung spekulativer Märkte ideal beschreibt. Um die Entstehung spekulativer Märkte zu verdeutlichen, wird im Folgenden die Charakteristik nicht spekulativer Märkte genauer betrachtet. Bei nicht spekulativen Märkten herrscht in aller Regel die konträre Situation vor. Solche Märkte sind gekennzeichnet durch großen Pessimismus, geringe Handelsvolumen, tiefe Bewertungen, eine niedrige Aktienmarktkapitalisierung im Vergleich zum Bruttoinlandsprodukt (BIP), eine geringe Anzahl an Neuemissionen, und eine Unterinvestition der Anleger. Zu den nicht spekulativen Märkten zählten zum Beispiel amerikanische Aktien Anfang der 40er-Jahre, Rohstoffe in den 60ern, sowie Aktien und Anleihen Anfang der 80er-Jahre. Gemeinsam ist nicht spekulativen Märkten, dass sie sich zu bedeutenden Investment-Trends entwickeln und für den Anleger somit am attraktivsten in ihrer Entstehung sind – wenn sie das beste Chance-Risiko-Verhältnis ausweisen – allerdings von den wenigsten Anlegern als solche erkannt werden. Als hervorragende Kaufgelegenheit erwiesen sich amerikanische Aktien gegen Ende des Zweiten Weltkriegs. Der Vergleich der Anleihen- und Aktienrenditen verdeutlicht, dass die Erwartungshaltung der Anleger gering war. So waren die Zinsen amerikanischer Staatsanleihen 1942 auf ein historisch tiefes Niveau von 2 Prozent gefallen, während die Dividendenrendite des S&P-500 mit 9 Prozent mehr als viermal so hoch war (zum Vergleich: Die aktuelle Dividendenrendite des S&P-500 liegt bei 1,7 Prozent). Das KGV belief sich auf gerade einmal 7,4 (aktuell über 20), und der S&P-500 notierte unter dem Buchwert (1942 KBV von 0,8 im Vergleich zu aktuell 3,2). Auch die Börsenkapitalisierung amerikanischer Aktien im Vergleich zum Bruttoinlandsprodukt belief sich auf gerade einmal 20 Prozent – ein historischer Tiefpunkt, insbesondere im Vergleich mit der aktuellen Bewertung von 120 Prozent (Hochpunkt bei 180 Prozent im März 2000). Mit anderen Worten: Die Wachstumserwartungen Anfang der 40er-Jahre waren niedrig oder nicht existierend und wurden später mit einer durchschnittlichen realen Wachstumsrate des Bruttoinlandsproduktes zwischen 1942 und 1966 von 4,5 Prozent stark übertroffen. Diese Entwicklung machte sich letztlich auch in einer Verzehnfachung des S&P-500-Index innerhalb dieses Zeitraumes bemerkbar.

Die Symptome nicht spekulativer Märkte – und vice versa spekulativer Märkte – sind in aller Regel die gleichen. Obwohl eigentlich zu jedem Zeitpunkt die Unsicherheit über die Zukunft gleich groß ist, ändert sich die Wahrnehmung der Anleger im Zeitablauf. In der Nähe von Tiefpunkten ist gewiss, dass die Unsicherheit der Investmentgemeinde über die bevorstehende Entwicklung, die Verzweiflung und der Pessimismus am größten sind. In solchen Situationen sind die Investoren der Meinung, dass sich die Märkte niemals erholen und noch weiter fallen werden. Die Anleger geben auf und wollen um jeden Preis aus dem Markt aussteigen. In der Nähe von Hochpunkten hingegen neigen Investoren dazu, sich über die zukünftige positive Entwicklung und die Gewinnmöglichkeiten sicher zu sein, was dann zu übermäßigem Selbstvertrauen, irrationalem Verhalten und exzessivem Optimismus führt. Ähnlich verlief die Situation Mitte der 60er-Jahre. Nach traditionellen Maßstäben war der Aktienmarkt mit einem KGV von 18 (seit 1881 liegt das durchschnittliche KGV für den amerikanischen Aktienmarkt bei 15 bis 16) und einem KBV von 2 zumindest nicht mehr unterbewertet. Doch das hielt die Anleger nicht davon ab, nach einem 20-jährigen Bullenmarkt weiter an Aktien zu glauben. Die Stimmung in der Öffentlichkeit war optimistisch, was sich, wie Abbildung 10 zeigt, auch am hohen Verhältnis des Aktienanteils am Gesamtvermögen widerspiegelte. Doch das Jahr 1966 war der Beginn eines Bärenmarktes, der bis Anfang der 80er-Jahre andauerte.

Wie Abbildung 10 veranschaulicht, handelte die Mehrheit der Anleger jedoch prozyklisch und hielt an ihren Aktieninvestments fest oder verkaufte erst am Ende des Bärenmarktes. Der Tiefpunkt des Aktienanteils am Gesamtvermögen wurde zu Beginn der 80er-Jahre bei zwölf Prozent erreicht – im Vergleich zu 35 Prozent im Jahre 1966. Damit lag die Mehrheit der Anleger auch hier falsch und verpasste in den 60ern die Chance, in den Rohstoffmarkt, einen weiteren zu diesem Zeitpunkt nicht spekulativen Markt, zu investieren. Erst Ende der 70er, Anfang der 80er, als der Rohstoff-Boom an seinem Ende angelangt war, nahm die Masse davon Kenntnis. Die Investoren wussten nicht mehr,

Indikator für die Stimmung in der Öffentlichkeit

Aktien als Prozentsatz der privaten Vermögenswerte von 1950 bis 2004

Abb. 10

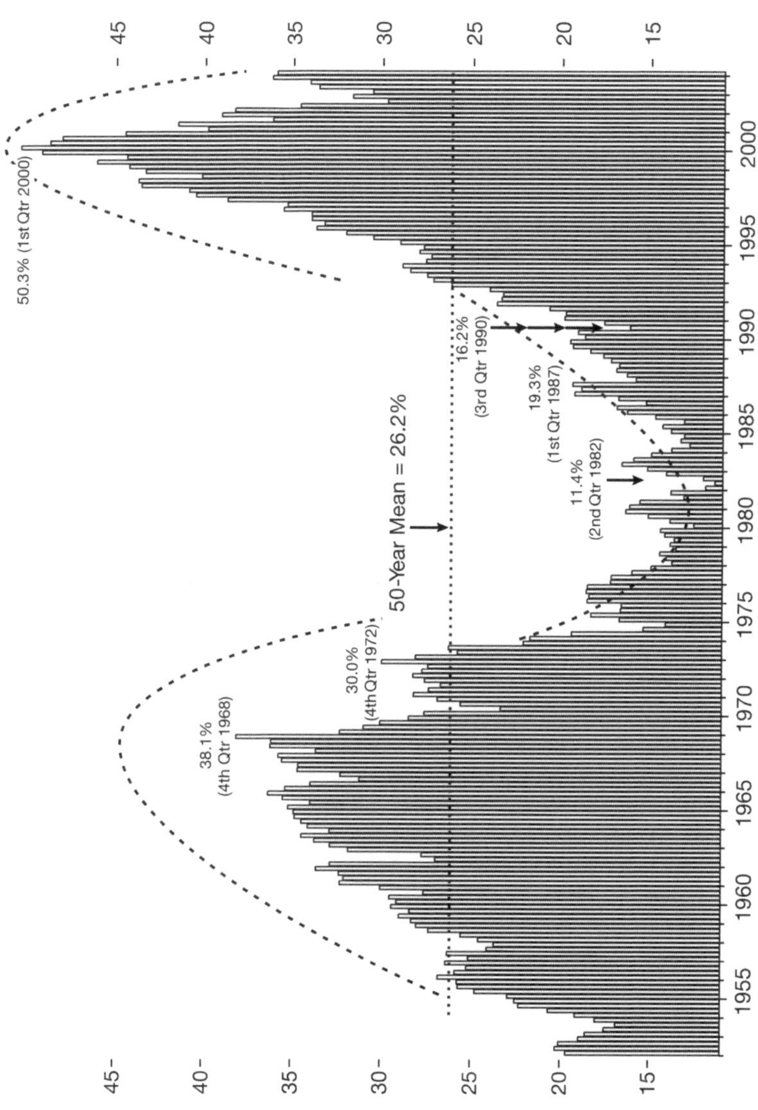

Quelle: Ned Davis Research

was sie mit ihrem (in Aktien investierten) Geld machen sollten, und trieben in sicherer Erwartung einer weiteren Welle der Inflationsbeschleunigung – der US-Verbraucherpreis-Index, CPI, der 1965 noch unter 1 Prozent lag, stieg im Jahre 1980 auf 15 Prozent an – die Rohstoffpreise in die Höhe. Doch während die Rohstoffpreise kollabierten und einen 20-jährigen Bärenmarkt begannen, entstand in dem von Unsicherheit und Angst geprägten Umfeld einer der längsten Bullenmärkte für Aktien und Anleihen.

Während also nicht spekulative Märkte den Beginn bzw. die Anfangsjahre einer Hausse darstellen – für die Masse der Anleger aber zu diesem Zeitpunkt spekulativ erscheinen –, treten spekulative Märkte – die für die Masse der Anleger aber nicht spekulativ erscheinen – und die damit verbundenen Exzesse und Manien am Ende von Bullenmärkten auf. Innerhalb eines Bullenmarktes können jedoch auch kleinere Manien auftreten. Sie liegen in aller Regel dann vor, wenn spekulative Blasen platzen, aber keine größeren wirtschaftlichen Schäden verursacht werden. Auf kleinere Manien folgen in der Regel scharfe Korrekturen, jedoch ohne den langfristigen Aufwärtstrend zu brechen. Beispielhaft hierfür sind die Korrektur 1974 beim Goldpreis oder die zwischenzeitlichen Korrekturen innerhalb des übergeordneten Bullenmarktes bei den Aktienmärkten zwischen 1982 und 2000.

Große Manien – wie auch langfristige Trends – sind hingegen seltene Erscheinungen, führen aber zu größeren wirtschaftlichen Problemen. Der Manie im Jahre 1929 folgte eine schwere Depression, das Platzen der Rohstoffblase Anfang der 80er-Jahre führte in ölproduzierenden Ländern wie im Mittleren Osten zu Depressionen, und die Exzesse an den Aktien- und Immobilienmärkten in Japan Ende der 90er-Jahre hatten eine lang anhaltende Deflation zur Folge. Obwohl auf die letzte große Blase an den Aktienmärkten, die im Jahre 2000 platzte, bis jetzt keine schwere Krise folgte, entspricht ihre Charakteristik dennoch den vorangegangenen großen Manien. Wie bei anderen großen Manien, wurde auch die letzte Hausse in ihrer Endphase von einem »Neue-Ära-Denken« und überschwänglichem Optimismus begleitet. Wie oft haben

Sie Ende der 90er-Jahre die Erwähnung des Begriffes »New Economy« gehört? Wahrscheinlich ziemlich oft, oder? Wurde der Begriff Anfang der 90er-Jahre in internationalen Publikationen weniger als 100 Mal erwähnt, war sein Gebrauch im Jahr 2000 mit über 4.200 Erwähnungen inflationär. Wie in allen großen Bullenmärkten nahm die Öffentlichkeit den der »New Economy« erst richtig wahr, als er am Ende angelangt war. Doch auch die Wirtschaftsexperten waren durch die Bank optimistisch, feierten die Ausweitung der »Dienstleistungsgesellschaft« und behaupteten, das Wirtschaftswachstum im »Informationszeitalter« sei noch »nie da gewesen« angesichts der Robustheit und des Ausmaßes. In einer Befragung des *Wall Street Journal* waren von 54 befragten Wirtschaftswissenschaftlern bis auf zwei alle für das Jahr 2000 bullish gestimmt. Ein Jahr später, als der Dow Jones, der S&P-500 und der Nasdaq acht Prozent, 15 Prozent bzw. 51 Prozent von ihren jeweiligen Hochs verloren hatten und die beginnende Rezession nur noch wenige Wochen entfernt war, war der Konsens, dass sich das Wachstum fortsetzen würde, noch breiter. Nur einer von 54 Befragten sagte für 2001 eine Rezession voraus, und im Jahre 2002, als der Dow Jones sich wieder über 10.000 Punkte erholt hatte, waren alle Befragten der Meinung, dass ein massiver wirtschaftlicher Aufschwung bevorstehe.

Bezeichnend für den spekulativen Aktienmarkt im Jahr 2000 waren auch die Empfehlungen der Brokerhäuser, Aktien mit einem Anteil von 70 Prozent stark überzugewichten. Bei einer Analyse der Gewichtungsempfehlungen der Brokerhäuser über die letzten 20 Jahre hat Merrill Lynch das pro-zyklische Verhalten der Investmentbranche analysiert. Kurz vor Börsentiefs wie in den Jahren 1994 und 1997 wird eine leichte Gewichtung von unter 50 Prozent, und kurz bevor der Markt fällt, wie vor dem Aktienmarktcrash 1987 oder im Jahre 2000, eine starke Gewichtung empfohlen. Das ist ein normales Verhalten, das selbst zur Bildung der Börsenhochs und -tiefs beiträgt. Allerdings sind derart breite Übereinstimmungen ein Kontra-Indikator, denn sie bedeuten, dass die Anleger sehr stark investiert sind und somit künftig nicht mehr als Käufer in Frage kommen. Dass Investmenttrends von der Mehrheit der Anleger erst in der finalen Phase der Euphorie erkannt werden, wird auch bei Betrachtung der Nettomittelzuflüsse in deutsche Aktienfonds zwischen 1997 und 2004 deutlich (siehe Abbildung 11).

Die Investoren begannen erst Ende 1999 wirklich damit, Geld in Aktienfonds anzuhäufen, als der DAX bereits bei über 7.000 Punkten stand. Zu diesem Zeitpunkt war eine Investition in das »Dienstleistungs- und Informationszeitalter« für jeden Anleger weltweit eine klare Sache. Welch eine enorme Bedeutung das Geschäft mit Aktien bzw. die Spekulation zu diesem Zeitpunkt eingenommen hatte, zeigt Abbildung 12, welche die Börsenumsätze aller US Aktienmärkte im Verhältnis zum amerikanischen BIP darstellt.

Manie!

US-Börsenumsätze in Prozent des BIP Abb. 12

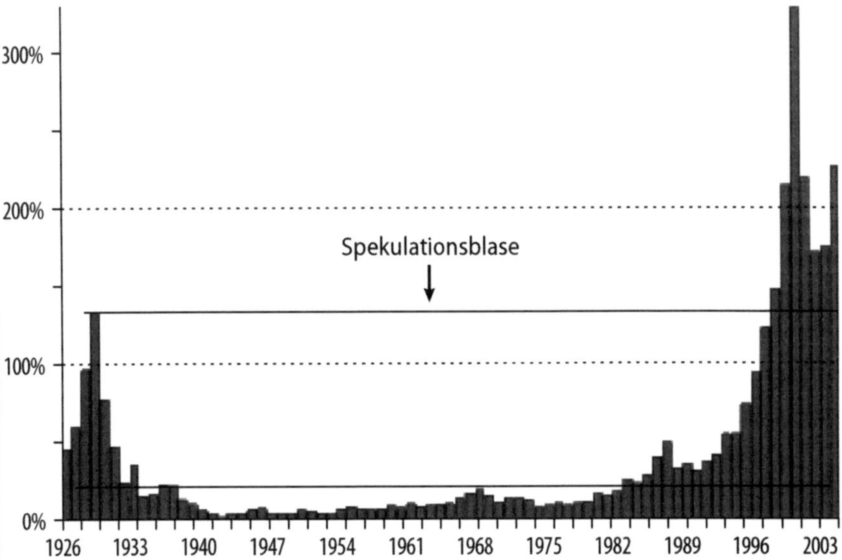

Quelle: Alan M. Newman, Longboat Global Advisors

Für jeden US-Dollar, der in den USA für den Kauf von Gütern ausgegeben wurde, wurden am Kulminationspunkt der Spekulationsblase

Hohe Nettomittelzuflüsse finden erst in der Endphase einer Hausse statt

Entwicklung des Mittelaufkommens von Aktienfonds in Deutschland (in Mio. Euro) und des DAX von 1999 bis 2004 Abb. 11

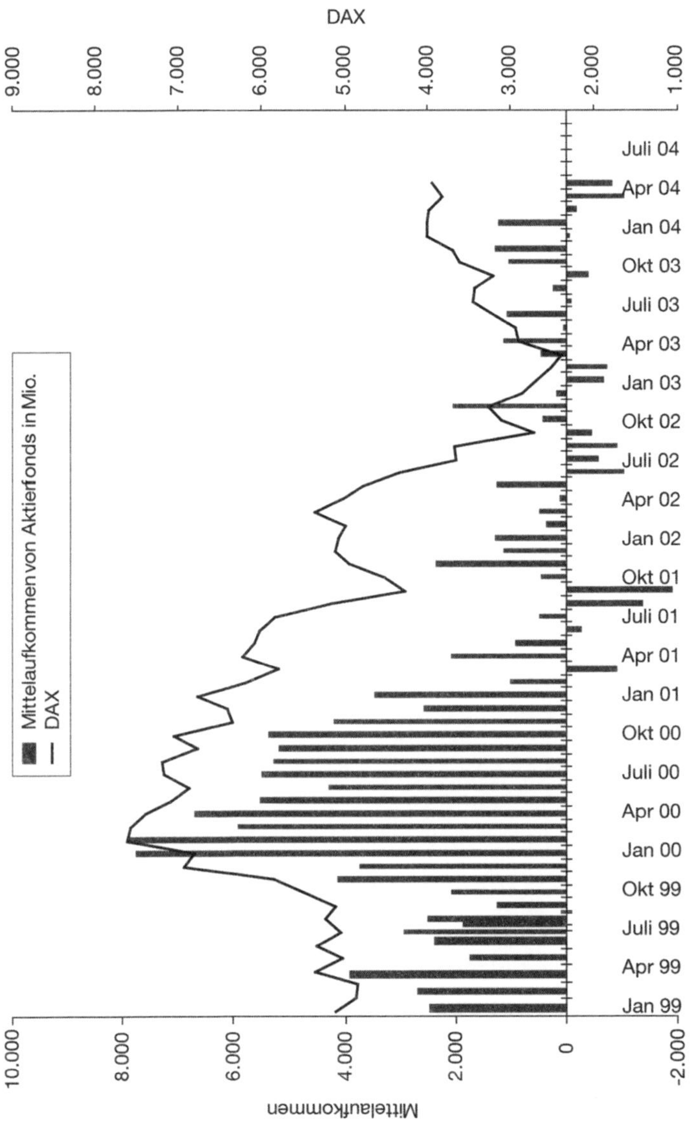

Quelle: Bloomberg, BVI; eigen Darstellung

mehr als drei US-Dollar in Aktien gehandelt (nicht einmal während der Spekulationsblase von 1929 wurden solche Rekordniveaus erreicht). Allerdings war es auch hier wieder der schlechteste Zeitpunkt für einen Einstieg, denn nicht nur die Kurse, sondern auch die Bewertungen hatten ihren Höchststand erreicht – der S&P-500 wurde zum fünffachen Buchwert gehandelt und erreichte im ersten Quartal 2000 ein KGV von 32, und bei der amerikanischen Technologiebörse Nasdaq wurde sogar ein KGV von 250 verzeichnet.

Der Favoritenwechsel der Anlageklasse

Wie gezeigt wurde, sind große Manien dadurch gekennzeichnet, dass die Bewertungen durch eine breite Beteiligung der Öffentlichkeit in zuvor nicht erreichte Höhen getrieben werden. Bei einem Blick auf die berühmtesten Börsen-Manien, die seit dem Jahre 1600 stattgefunden haben, ist zu erkennen, dass sehr oft ein derart schwerer Zusammenbruch folgte, dass die Bewertungen auf ein Niveau fielen, das niedriger war als vor dem Beginn der Manie (siehe Abbildung 13). Der Grund liegt offenbar darin, dass so viele Durchschnittsbürger ihr Vermögen der Manie anvertrauen, dass das Umkippen somit so viele Menschen in eine finanzielle Schieflage bringt und die Geldnot zu einer immensen Liquidierung von Investitionsmitteln führt.

Sollte sich die vor fünf Jahren beendete Manie an den Aktienmärkten wie die in Abbildung 13 gezeigten verhalten, dann dürfte noch weiteres Korrekturpotenzial vorhanden sein. In diesem Zusammenhang interessant ist auch die hohe Korrelation des S&P-500 von 1997 bis jetzt und die des Nikkei Index von 1985 bis jetzt (siehe Abbildung 14). Wie zu erkennen ist, gibt es sowohl von Beginn des Bullenmarktes bis zum Platzen der Blase als auch in der danach verzeichneten Baisse inklusive der Bärenmarkt-Rallys einen hohen Gleichklang. Während die Korrektur beim Nikkei-Index wohl im Jahre 2003 bei dem Tiefpunkt von 7.608 Punkten beendet worden ist, dürfte die des S&P-500 noch lange nicht ausgestanden sein.

Tiefer Fall

Berühmte Börsen-Manien seit dem 17. Jahrhundert Abb. 13

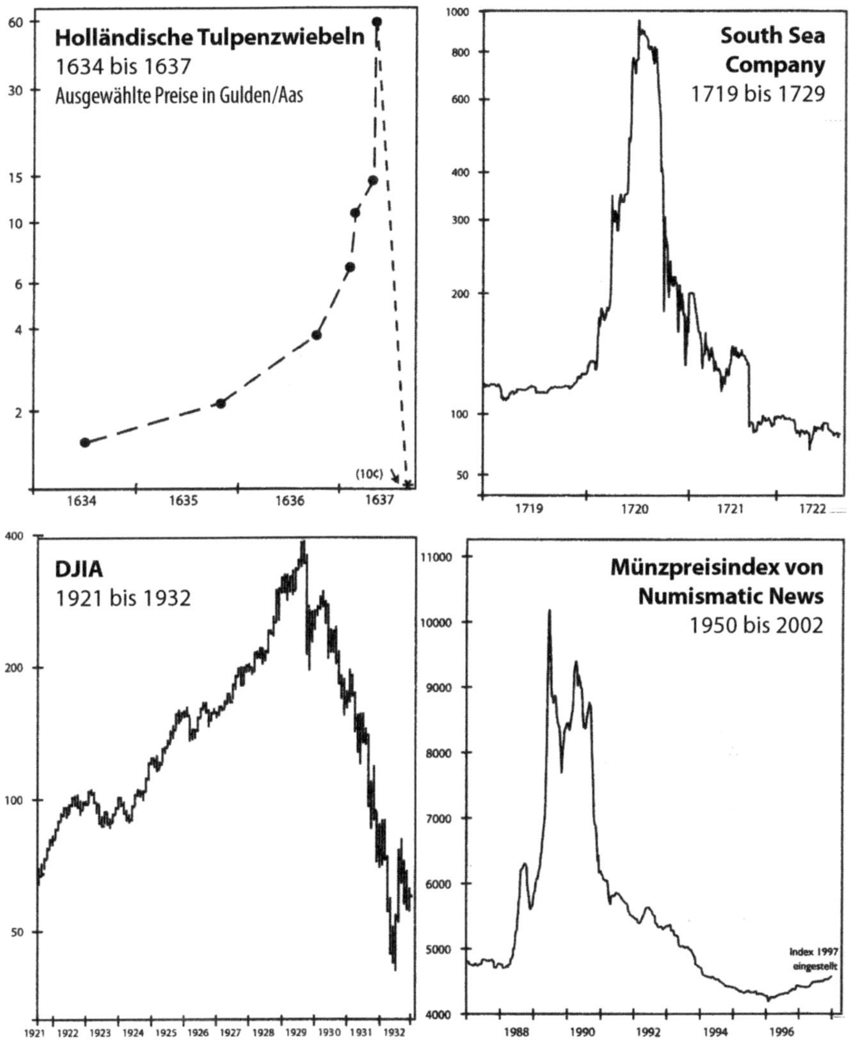

Quelle: Elliot Wave International

Im Zusammenhang mit spekulativen Märkten sind noch weitere interessante Charakteristiken festzustellen. Wenn ein Investment-Trend einmal überreizt wurde, die Kurse durch eine breite Öffentlichkeit in die Höhe getrieben worden sind und dieser in einem starken Rückschlag endete, dann verändert sich die Marktführerschaft immer, da die Investoren in einen neuen Sektor umschwenken. In den 20ern des letzten Jahrhunderts waren die Aktienmärkte der führende Sektor. Doch nach dem Crash im Jahre 1929 wurde die Marktführerschaft von Gold-Aktien übernommen. Von 1942 bis 1966 waren amerikanische Aktien die Marktführer. Nach der 20-jährigen Hausse wurden sie von Rohstoffen abgelöst, die bis 1980 einen Bullenmarkt erlebten. Die Aktienmärkte hingegen verloren inflationsbereinigt etwa 70 Prozent – und notierten damit wieder etwa 25 Prozent über dem Ausgangsniveau von 1942. Anfang der 80er-Jahre übernahmen die japanischen Aktienmärkte das Zepter, während die Rohstoffe einen fast 20-jährigen Bärenmarkt begannen. Doch auch die Hausse japanischer Aktien währte nicht ewig. Im Jahre 1989 erreichte der Nikkei-Index bei etwa 40.000 Punkten seinen Kulminationspunkt, der bis heute nicht wieder erreicht wurde. Die neue Marktführerschaft übernahmen Anfang der 90er für die nächsten zehn Jahre die amerikanischen Aktienmärkte unter Führung der Technologiebörse Nasdaq. Somit können folgende zwei Punkte konstatiert werden: Einerseits ist die Wahrscheinlichkeit umso größer, dass eine andauernde Verlagerung der Anlagegelder in eine andere Anlageklasse stattfindet, je größer eine Manie in einem Markt war, und andererseits ergeben sich immer dann neue Investitionsgelegenheiten und neue Trends, wenn die Investmentgemeinde auf ein Thema fokussiert ist und dieses Thema manische Züge annimmt. Der Grund liegt darin, dass in Märkten, denen eine derart hohe Aufmerksamkeit geschenkt wird, eine Überwertung stattfindet, während in Märkten, denen niemand Beachtung schenkt, eine Unterbewertung entsteht.

Da die letzte große Manie in den westlichen Aktienmärkten stattfand, ist es eher unwahrscheinlich, dass diese Anlageklasse die künftige Führerschaft übernehmen wird. Neben der Veränderung der Marktfüh-

Interessanter Gleichlauf nach dem Platzen der Aktienmarktblase

S&P 500 Index vs. zeitversetzter Nikkei 225 Index Abb. 14

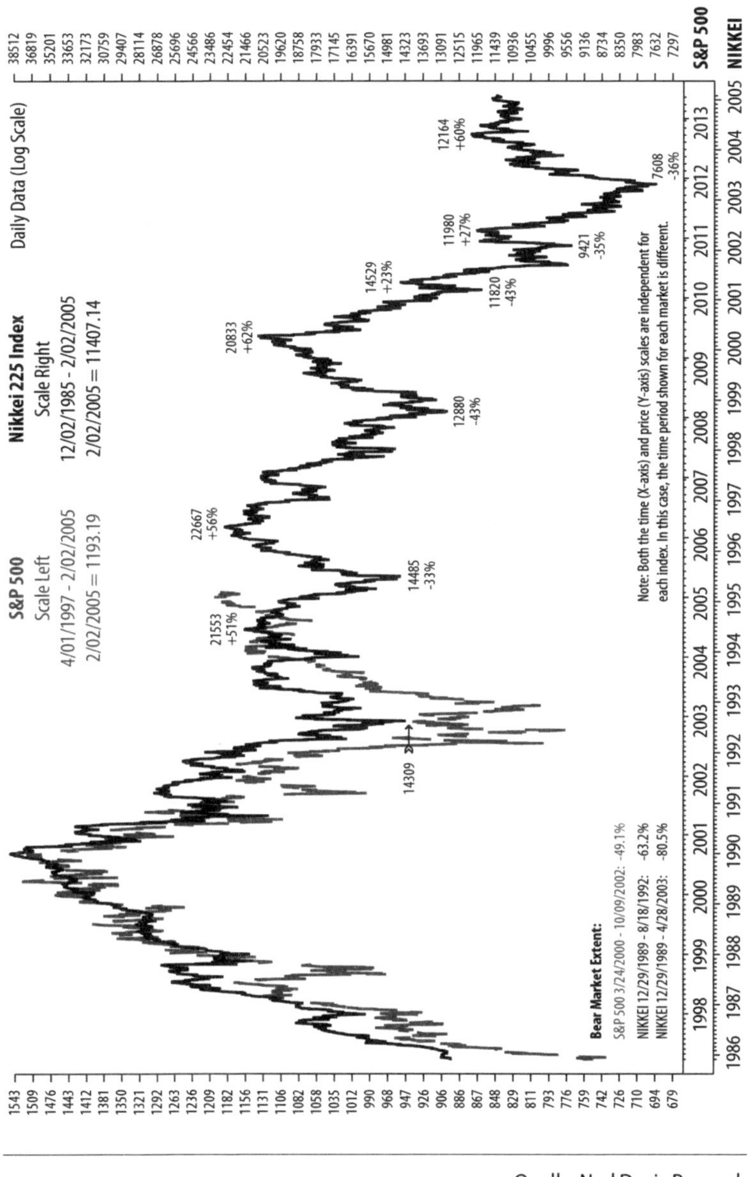

Quelle: Ned Davis Research

rerschaft sprechen hierfür nach wie vor die überhöhten Bewertungen. In der Geschichte gab es niemals eine Periode, in der die Bewertungen so hoch wie heute waren und die breiten Aktienmarktindizes Geldmarktfonds outperformten. Selbst fünf Jahre nach Beginn der Baisse und bei Entfernungen von den Höchstständen von über 30 Prozent ist der marktbreite S&P-500 mit einem KGV von 20, einem Kurs-Dividenden-Verhältnis von über 60 und einem Kurs-Buchwert-Verhältnis von 3,2 nach wie vor teuer (siehe Abbildung 15). An allen wichtigen Hoch- und Tiefpunkten seit 1932 ergaben sich folgende Werte:

	KGV	KDV	KBV
Hochpunkte:	20,9	43,4	2,6
Tiefpunkte:	7,5	14,1	0,9

S&P 500 weiterhin überbewertet

S&P 500 Index mit Bewertungskennzahlen an wichtigen Marktpunkten

Abb. 15

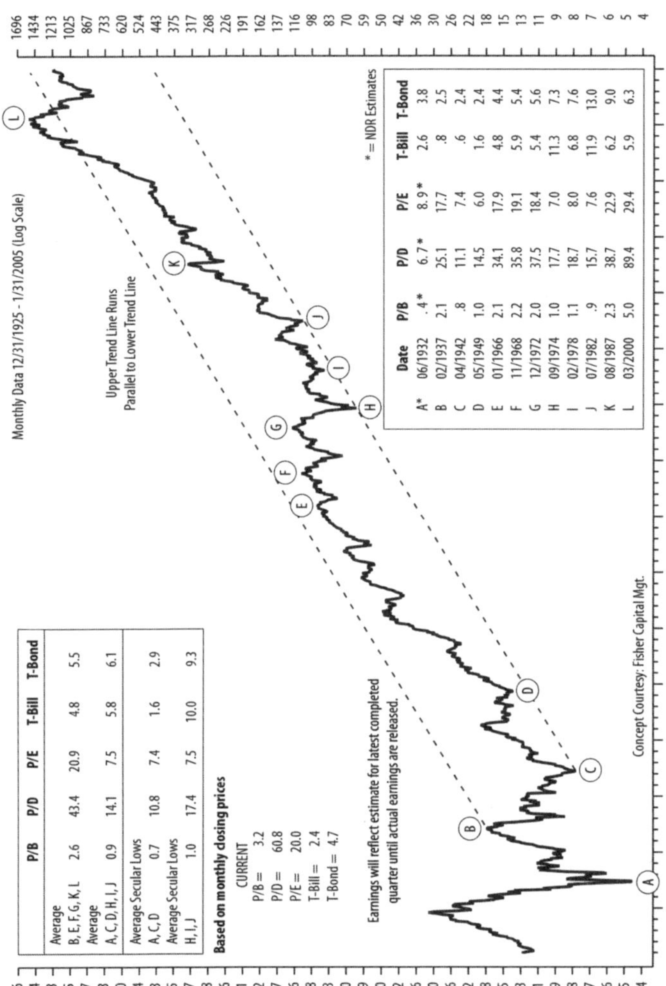

Quelle: Ned Davis Research

Bei dieser Betrachtung wird deutlich, dass der Bärenmarkt noch lange nicht beendet ist. Wie in früheren Fällen wird auch dieses Mal das Pendel von einer Überbewertung der Märkte (wie 1932, 1961, 1966, 1968, 1987 und 2000) zu einer Unterbewertung (wie 1932, 1942, 1974, 1978 und 1982) hinschwingen. Ob es sich dabei um eine Seitwärtsbewegung wie von Mitte der 1960er-Jahre bis Anfang der 1980er-Jahre handeln wird oder um eine starke Baisse wie in den 1930er-Jahren, bleibt dabei abzuwarten. Wenn die Notenbanken mit ihrer Reflationierung Erfolg haben werden, dann wird sich der Aktienmarkt in zehn bis 15 Jahren auf dem heutigen Niveau befinden. Wenn nicht, dann könnte der Aktienmarkt wie nach geplatzten Blasen in der Vergangenheit auf neue Tiefpunkte in Richtung des Buchwertes fallen und sich damit von den heutigen Niveaus ausgehend dritteln. Auf jeden Fall wird es wohl innerhalb der übergeordneten Baisse zu Bärenmarktrallys kommen, was selbst für die überwiegende Anzahl professioneller Anleger katastrophal sein wird, da die meisten von ihnen nur Geld verdienen, wenn die Börsen steigen. In Europa sind die Bewertungen zwar günstiger, aber auf Grund des vorhanden Demographieproblems, der Verflochtenheit der Finanzmärkte mit den USA und der fehlenden wirtschaftlichen Eigendynamik werden sich auch diese Märkte nicht von dieser Entwicklung entziehen können.

Auch die Anleihenmärkte dürften nicht die künftige Führung übernehmen, da die Zinsen inzwischen sehr niedrig sind und sich die Anleihenkurse bereits seit dem Jahre 1981 in einem Bullenmarkt befinden. Gegen die westlichen Immobilienmärkte spricht die Tatsache, dass sich auch diese schon seit Jahren in einem Bullenmarkt befinden, der in einigen Ländern bereits die Charakteristik einer Blase annimmt. Außerdem folgen sinkenden Aktienkursen wie bereits gezeigt in aller Regel sinkende Immobilienpreise. Wie in den letzten Jahren wird es vermutlich auch in Zukunft zu häufigen Richtungswechseln kommen, doch die langfristige Richtung wird in den westlichen Märkten steigende Zinsen, fallende Immobilienpreise und im besten Fall seitwärts laufende Aktienmärkte bringen. Im Grunde genommen bedeuten die Baissen bei diesen Anlageklassen nichts anderes, als dass die meisten Marktteilnehmer kein Geld verdienen werden. Für die Anleger wird die Erkenntnis, dass Kapital keine Rendite mehr bringt, schrecklich sein – und dies wird im

Laufe der Zeit zu einer Krise des Kapitalismus führen. Generell wieder positiver beurteilt werden können die Aussichten für diese Anlageklassen erst dann, wenn zum Beispiel die Aktien wie in den 70er-Jahren wieder zu Spottpreisen angeboten werden.

Letztendlich ist es auch denkbar, dass sich der S&P-500 nominal oder in US-Dollar ausgedrückt verdoppelt. Die Beispiele der Vergangenheit zeigen, dass in Zeiten unangemessen expansiver Geldpolitik Aktien sich exponentiell bewegten, aber real, gegenüber harten Währungen oder Gold, abwerteten. So steht der Dow Jones heute fast wieder bei 11.000 Punkten, in US-Dollar ausgedrückt. Hätten Sie im Jahr 2002 in den Dow Jones bei rund 10.000 Punkten investiert, würden Sie in US-Dollar gerechnet höher stehen. In Euro ausgedrückt, würde dies durch die Abwertung des US-Dollar hingegen einem Stand von 8.000 Punkten entsprechen. Auch wenn wir es nicht für wahrscheinlich halten, können wir letztlich auch eine hyperinflationäre Entwicklung wie zur Weimarer Zeit nicht ausschließen. Der renommierte Schweizer Professor Peter Bernholz hat den Zusammenhang zwischen wachsenden Geldmengen und steigenden Preisen empirisch untersucht und hat Folgendes festgestellt:

»Alle überlieferten Hyperinflationen haben im 20. Jahrhundert stattgefunden, also unter willkürlichen Papiergeldsystemen mit der Ausnahme der Hyperinflation während der Französischen Revolution, als das französische Währungssystem ebenfalls auf einem Papiergeldstandard basierte.«

»Das politische System tendiert dazu, Inflation zu favorisieren. Alle großen Inflationen wurden von Königen oder Regierungen verursacht.«

»Notwendige Bedingung zur Vermeidung von Inflation sind Währungssysteme, die den Herrschenden, Politikern und Regierungen die Hände binden.«

»Hyperinflationen sind immer verursacht durch Defizite des Staatshaushalts, die überwiegend durch Geldschöpfung finanziert werden.«

»Ein ständiger Fluss neuen Geldes in die Wirtschaft führt erst nach einer mehr oder weniger langen Zeit zu Inflation, wenn das alte Geld auch im Ausland verwendet wird.«

Peter Bernholz, Monetary Regimes and Inflation

Letztlich hängt die nominale Preisentwicklung aller Anlageklassen in großem Maße von der Menge des Geldes, das die amerikanische Notenbank drucken wird, ab. Wenn also die amerikanische und andere Notenbanken wie in den 29 von Bernholz genannten Episoden von Hyperinflationen einen extrem expansiven Kurs einschlagen, dann wird es schwer, irgendwelche Kursziele zu nennen. Der Dow Jones könnte dann nominal sehr schnell in Richtung 25.000 Punkte marschieren – Gold würde in diesem Falle aber mit Sicherheit mehr an Wert gewinnen und dann möglicherweise bei 3.000 Punkten stehen.

Somit verbleiben noch die Rohstoffe für die Marktführerschaft. Aber auch Emerging Markets, die rohstoffreich sind und somit von steigenden Rohstoffpreisen profitieren, könnten sich zu einem bedeutenden Investmentthema entwickeln. Hierzu zählen zum Beispiel Russland und der Mittlere Osten (Öl und Gas), Südafrika (Metalle), Vietnam (Kaffee) und Brasilien (Stahl, Kaffee, Zucker). Wie im letzten Kapitel gezeigt wurde, war in der Vergangenheit eine hohe Korrelation zwischen der Performance der Emerging Markets und der des CRB-Index festzustellen. Sollten die Rohstoffe die Marktführerschaft übernehmen, dürfte dies auch in Zukunft rohstoffreiche Emerging Markets, aber auch andere rohstoffreiche Länder wie Kanada oder Australien, begünstigen.

Der nicht spekulative Markt der Rohstoffe

Für die künftige Marktführerschaft der Commodities spricht neben den Schlüsselfaktoren, die in Buch II erörtert werden, und dem im Kapitel »Langfristige Zyklen und Rohstoffe« behandelten langfristigen Zyklen auch die Tatsache, dass Rohstoffe trotz des Anstiegs seit dem Jahre 1999 immer noch die Charakteristik eines nicht spekulativen Marktes aufweisen, was im Folgenden am Beispiel des Edelmetalls Gold verdeutlicht wird.

Wie in dem vorangegangenen Kapitel erwähnt, begannen Anfang der 80er-Jahre eine Hausse bei den Aktien- und Rentenmärkten und eine Baisse in den Rohstoffmärkten. Im Jahre 1980 bestand somit die Möglichkeit, mit einer Unze Gold, die 800 US-Dollar kostete, den kompletten amerikanischen Dow Jones Index zu kaufen, der sich zu diesem Zeitpunkt um die Marke von 800 bewegte, wohingegen heute etwa 28 Unzen benötigt werden, um den Dow Jones Index zu kaufen. Mit anderen Worten waren der Dow Jones Index und der Aktienmarkt allgemein Anfang der 80er-Jahre günstig und Gold und die anderen Rohstoffe teuer, während jetzt der Dow Jones Index teuer ist und Gold und Rohstoffe extrem günstig sind.

Dow/Gold-Ratio von 1885 bis 2004
Anzahl der Unzen Gold, die benötigt werden, um den Dow Jones kaufen zu können
Abb. 16

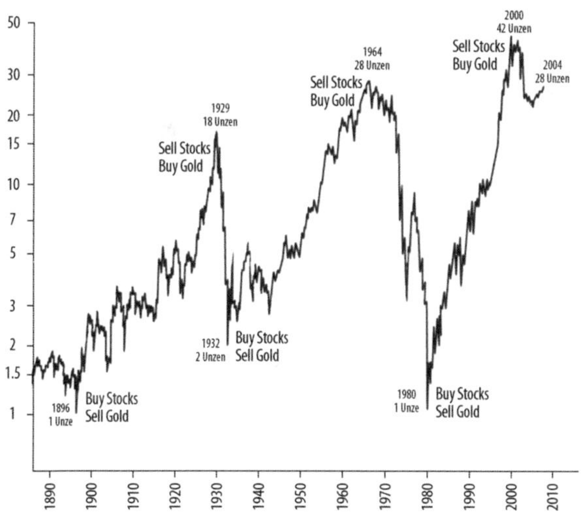

Quelle: Top Line Investment Graphics; eigene Darstellung

Wie Abbildung 16 zeigt, ist Gold damit derzeit im Vergleich zu den Aktienmärkten so günstig bewertet wie vor der letzten Hausse im Jahre 1966. Am Hochpunkt im Jahre 1929 waren 18 Unzen Gold notwendig, um den Dow Jones Index zu kaufen, während im Jahr 1944, als eine 20-jährige Hausse in den Aktienmärkten begann, hierfür nur drei Unzen nötig waren. Somit lässt sich feststellen, dass Gold und Rohstoffe nach dem 20-jährigen Bärenmarkt im Vergleich zu Wertpapieren stark unterbewertet sind. Es ist davon auszugehen, dass sich diese Bewertungsdiskrepanz in den nächsten Jahren wieder reduzieren wird und möglicherweise gegen Ende des künftigen Rohstoff-Bullenmarktes beim Verhältnis zwischen dem Dow Jones Index und dem Goldpreis wieder eine Ratio von 1:3 bis 1:1 erreicht wird.

Auch bei Betrachtung der Marktkapitalisierung wird deutlich, dass Gold im Vergleich zu anderen Asset-Klassen unterbewertet und die Anleger unterinvestiert sind. Der Marktwert einer jährlichen Goldproduktion belief sich im Jahre 2003 auf 40,3 Mrd. US-Dollar. Der weltweite Marktwert aller Goldminen-Aktien betrug Ende des Jahres 2003 92 Mrd. US-Dollar (siehe Abbildung 17).

Anleger sind kaum in Gold und Goldminen investiert

Marktkapitalisierung verschiedener Anlageklassen im Vergleich Abb. 17

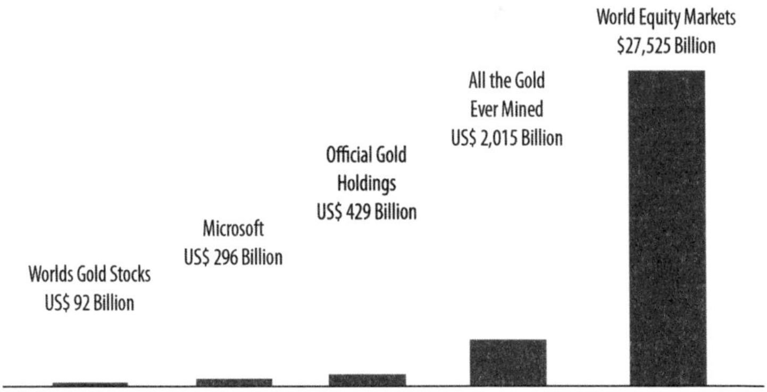

Quelle: The Long Wave Analyst

Im Vergleich mit der weltweiten Aktienmarktkapitalisierung, die sich auf 27.525 Mrd. US-Dollar beläuft, und dem weltweiten jährlichen Anleihenangebot im Wert von etwa 2.000 Mrd. US-Dollar wird offensichtlich, wie niedrig dieser Markt bewertet wird. Sollte nur 1 Prozent (entspricht 275 Mrd. US-Dollar bei einem jährlichen Angebot im Wert von 40,3 Mrd. US-Dollar) der in Aktien gehaltenen Anlagegelder in Gold- oder Goldminen-Aktien umgeschichtet werden, dürfte dies zu einem starken Anstieg der Preise führen.

Auch bei der Betrachtung des Energiesektors wird deutlich, dass die Masse der Anleger Rohstoffe weiter pessimistisch betrachtet. Während der Energiesektor Anfang der 80er-Jahre einen Anteil von 25 Prozent der gesamten Marktkapitalisierung einnahm, wurden dem Finanzsektor zu diesem Zeitpunkt aufgrund hoher Zinsen nur fünf Prozent zugesprochen (siehe Abbildung 18).

Harte Anlagen vs. Papieranlagen
Prozentualer Anteil der Energiebranche und des Finanzsektors an der gesamten Marktkapitalisierung von 1975 bis 2005 Abb. 18

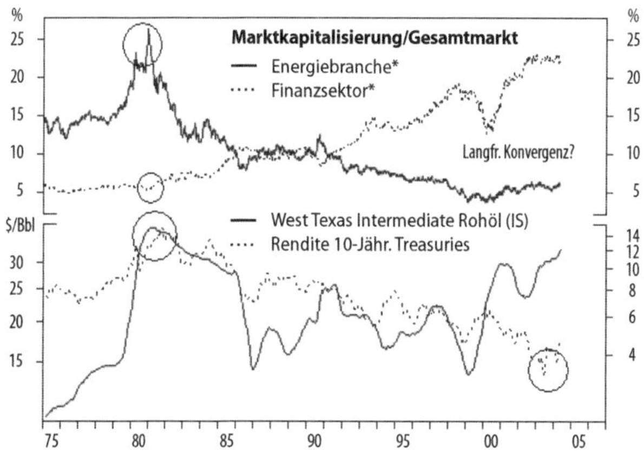

*Derived using Datastream Market Indexes
** Smoothed with a 12-Month moving average

Quelle: BCA Research

In den letzten 20 Jahren führten allerdings der Verfall der Zinssätze zu einem Boom im Finanzsektor und sinkende Ölpreise zu einer Unterbewertung des Energiesektors sowie zu einer Umkehrung der Gewichtung. Bei der Betrachtung der aktuellen Indexgewichtung des Finanzsektors von aktuell fast 25 Prozent (auch der Technologiesektor weist mit 18 Prozent eine ähnlich hohe Gewichtung auf) wird deutlich, in welchen Bereichen in den vergangenen Jahren die Exzesse stattgefunden haben. Die Gewinne der Finanzunternehmen machen heute die Hälfte der Gewinne des S&P-500 aus – die vergangenen 20 Jahre waren die Zeit des Papierzyklus.

Während des letzten Rohstoffzyklus von Mitte der 1960er- bis Anfang der 1980er-Jahre bewegte sich der Dow Jones in einer Trading-Range zwischen 575 und 1.000 Punkten. In dieser Periode gab es viele Bewegungen, in denen gute Trader ansehnliche Gewinne machen konnten. Hätten man jedoch einen Indexfonds gekauft, wäre die Rendite in 18 Jahren weniger als Null gewesen – nominal wohlgemerkt. Der Papierzyklus – Aktien und Anleihen waren tot, während Rohstoffe und Rohstoff-Aktien durch die Decke gingen. Der Ölpreis stieg von 2,90 auf 40 US-Dollar pro Barrel, Gold von 35 auf 850 US-Dollar.

Anfang der 80er-Jahre endete der Rohstoffzyklus, und der Papierzyklus begann. Die Exzesse fanden im Rohstoffbereich statt, wie die Sektorengewichtung des S&P-500 in Tabelle 4 über die letzten 25 Jahre zeigt. Zu dieser Zeit machten die Basismaterial- und Energiewerte 40 Prozent des S&P-500 aus.

Öl- und Ölserviceunternehmen machten außerdem sieben der Top-10-Unternehmen, bezogen auf die Marktkapitalisierung, aus (siehe Tabelle 5). Mit anderen Worten waren Rohstoffe und Rohstoff-Aktien teuer, während die »Papierwerte« günstig waren – das KGV belief sich 1982 auf sieben, und die Aktien außerhalb des Rohstoffsektors notierten unter Buchwert. Broker handelten mit Öl- und Gasunternehmen. *Business Week* berichtete auf der Titelseite vom »Tod der Aktien«, und die Öffentlichkeit hatte nur noch 14 Prozent ihre liquiden Anlagen in Aktien investiert – 1982 begann der Papierzyklus.

Rohstoffinvestments unterrepräsentiert, Teil 1

S&P 500 Sektorgewichtungen über die vergangenen Dekaden Tab. 4

Sektor	1980	1990	2000	2004
Basic Materials	14,19	9,13	3,53	4,24
Energy	24,80	13,79	6,05	7,04
Consumer Noncyclicals	7,47	12,96	6,02	8,20
Consumer Cyclicals	7,97	8,36	6,02	8,52
Consumer Services	4,62	5,61	4,69	5,14
Industrials	5,58	6,03	3,19	3,18
Utilities	4,40	5,60	2,30	2,68
Transportation	2,26	1,60	0,54	1,58
Health Care	5,36	10,08	11,24	13,03
Technology	12,58	8,78	30,14	17,07
Telecommunications	5,02	8,93	5,92	3,47
Commercial Services	0,56	1,11	2,41	3,24
Financial Services	5,19	8,01	17,95	22,62

Quelle: Barra; eigene Darstellung

Von 1982 bis 2000 verzehnfachte sich der Dow Jones. Das KGV stieg von 7 auf 44, und die Öffentlichkeit hielt 57 Prozent ihres liquiden Vermögens in Aktien. Broker handelten Technologie-Aktien, die keine Gewinne machten, und Finanzwerte, die teuer waren. Ihr Sektoranteil am gesamten S&P-500 belief sich zusammen auf 50 Prozent. Das Time Magazin titelte: »Das Komitee, das die Welt sichert: Greenspan, Summers und Ruben«. Der Bullenmarkt der »Papierwerte« endete im Jahr 2000. Aktien sind weiterhin teuer und die Anleger überinvestiert – der Anteil am liquiden Vermögen liegt immer noch über 35 Prozent.

Der Nasdaq 100 Index weist immer noch ein KGV auf, das über 30 liegt. Der Index liegt zwar 75 Prozent unter den im Jahr 2000 verzeichneten Hochpunkten, ist aber in den Portfolios der Anleger weiterhin stark vertreten. Die Gewichtung des Technologiesektors im S&P-500 liegt weiterhin bei fast 20 Prozent. Die Technologiewerte werden weiter leiden, weil die Welt immer noch technologieverliebt ist. Das lässt

Rohstoffinvestments unterrepräsentiert, Teil 2

Die zehn größten Aktien des S&P 500 (Indexgewichtung) über die vergangenen Dekaden

Tab. 5

1970		1980		1990		2000	
IBM	4,3%	IBM	3,0%	Microsoft	3,9%	GE	5,0%
AT&T	3,8%	Exxon	2,9%	GE	3,3%	Microsoft	2,8%
Exxon	3,8%	GE	2,3%	Intel	2,4%	Exxon/Mobile	2,6%
Std Oil IN	2,5%	Philip Morris	2,2%	IBM	2,1%	Pfister	2,5%
Schlumberger	2,4%	Royal Dutch	1,9%	Wal-Markt	1,9%	Citigroup	2,2%
Shell Oil	1,9%	Bristol-Myers	1,6%	Cisco	1,9%	Wal-Markt	2,0%
Mobil	1,9%	Merck	1,6%	Lucent	1,8%	Intel	1,8%
Std Oil CA	1,8%	Wal-Markt	1,6%	Exxon	1,8%	AIG	1,7%
Arco	1,6%	AT&T	1,5%	Citigroup	1,5%	Merck	1,7%
GE	1,5%	Coca Cola	1,4%	AT&T	1,4%	AOL	1,7%

Quelle: Bloomberg, Wall Street Journal; eigene Darstellung

sich gut daran erkennen, wie Geld an der Börse in den USA veranlagt wird. In aller Regel geschieht dies über Fonds. Fidelity Investments ist der größte Fondsverwalter in den USA und kann damit für die gesamte Branche als repräsentativ bezeichnet werden. Rund 40 Prozent des Geldes, das in Branchenfonds der Investmentgesellschaft Fidelity verwaltet wird, ist im Technologiebereich investiert (siehe Abbildung 19). Die Aktien im Nasdaq 100 haben sich gedrittelt – nicht aber der Aktienanteil, was zeigt, dass der TMT-Sektor (wie auch die Finanzbranche) weiterhin populär ist, sowohl bei den privaten als auch bei den institutionellen Investoren, und dass die Exzesse und die Baisse damit noch lange nicht beendet sind.

Von Anfang der 1980er-Jahre bis 2000 war der Rohstoffzyklus tot. Öl fiel von 40 auf 26 US-Dollar pro Barrel, Gold von 850 auf 280 US-Dollar. Von 1980 bis 1990 halbierte sich der Anteil der Basismaterial- und Energie-Aktien. In der Dekade von 1990 bis 2000 halbierte sich dieser Anteil noch einmal. Nur 3 Prozent der Anlagegelder der Bran-

Technologiewerte sind noch immer beliebt

Relative Wertentwicklung des S&P 500 Technology zum S&P 500 Index und Technologieanteil der Fidelity Branchenfonds Abb. 19

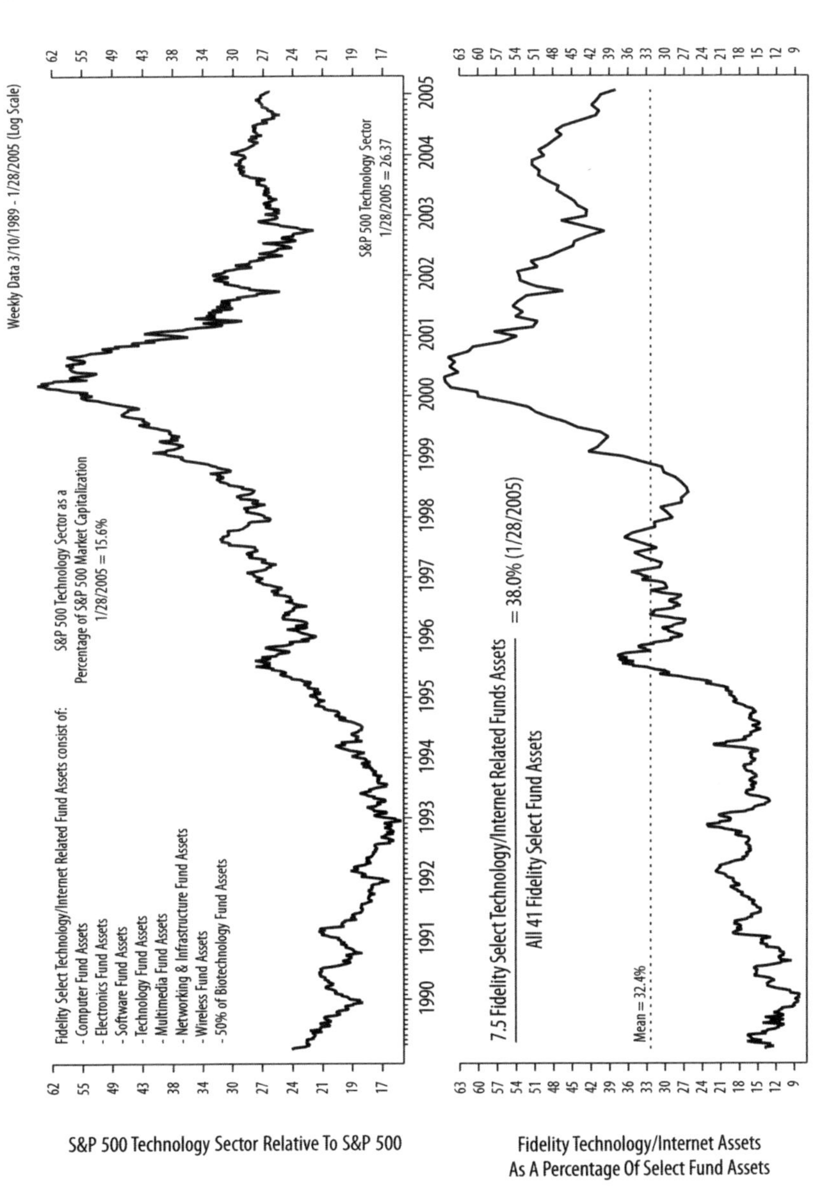

Quelle: Ned Davis Research

chenfonds von Fidelity sind in Edelmetallwerten investiert (siehe Abbildung 20).

Während es 30.000 Investmentfonds gibt, existieren nur ein halbes Dutzend Fonds, die direkt in Rohstoffe investieren. Das Volumen dieser Fonds, die in erster Linie über Terminkontrakte und strukturierte Anleihen in Rohstoffe investieren, beträgt weniger als 10 Milliarden Dollar – das ist nicht einmal die Hälfte dessen, was allein im Templeton Growth Fund angelegt ist. Niemand investierte in den letzten Jahren in Rohstoffe. Das wird sich ändern. Marktbeobachter gehen davon aus, dass etwa 150 Institutionen so genannte passive Investments gemacht haben, die den Goldman Sachs Commodity Index abbilden – im Jahr 2000 waren es 50. Goldman Sachs schätzt, dass Gelder in Höhe von mehr als 25 Mrd. US-Dollar im Goldman Sachs Commodity Index angelegt sind, verglichen mit 8 Mrd. US-Dollar vor vier Jahren. 8 bis 10 Mrd. US-Dollar werden im Dow Jones-AIG Commodity Index gehalten – vor einigen Jahren waren es noch 200 Mio. US-Dollar. Vor Beginn des Millenniums hatten die zwei größten europäischen Pensionsfonds, der Stichting Pensionsfonds ABP und der PGGM Fund, die zusammen über 250 Mrd. US-Dollar verwalten, nichts in Rohstoffe investiert. Inzwischen haben beide Pensionsfonds 2,5 bis 5 Prozent des Fondsvermögens in Rohstoffinvestments angelegt. Die ersten Investoren beginnen so langsam Rohstoffe als eigene Asset-Klasse zu akzeptieren. Doch verglichen mit den Summen, die in den anderen Anlageklassen gehalten werden, ist der Rohstoffsektor nach wie vor sehr stark unterrepräsentiert. In einigen Jahren wird es mit Sicherheit mehrere hundert oder tausend Investmentfonds geben, die direkt in Rohstoffe investieren, und damit wird der Zeitpunkt kommen, an dem es ratsam ist, den Rohstoffmarkt zu verlassen und wieder in den Aktien- oder Bondmarkt zu investieren.

Bis dahin aber sollten Sie in Rohstoffe oder Rohstoff-Aktien anlegen, weil der Markt weiterhin günstig und nicht spekulativ ist. Kluge Investmententscheidungen werden von wenigen Investoren getroffen. Diese sind risikoärmer als die allgemein akzeptierten, weil ihr Preis nicht de-

Unpopuläre Edelmetallunternehmen

XAU Gold Index und Anteil der Edelmetallanlagen an den Fidelity Branchenfonds

Abb. 20

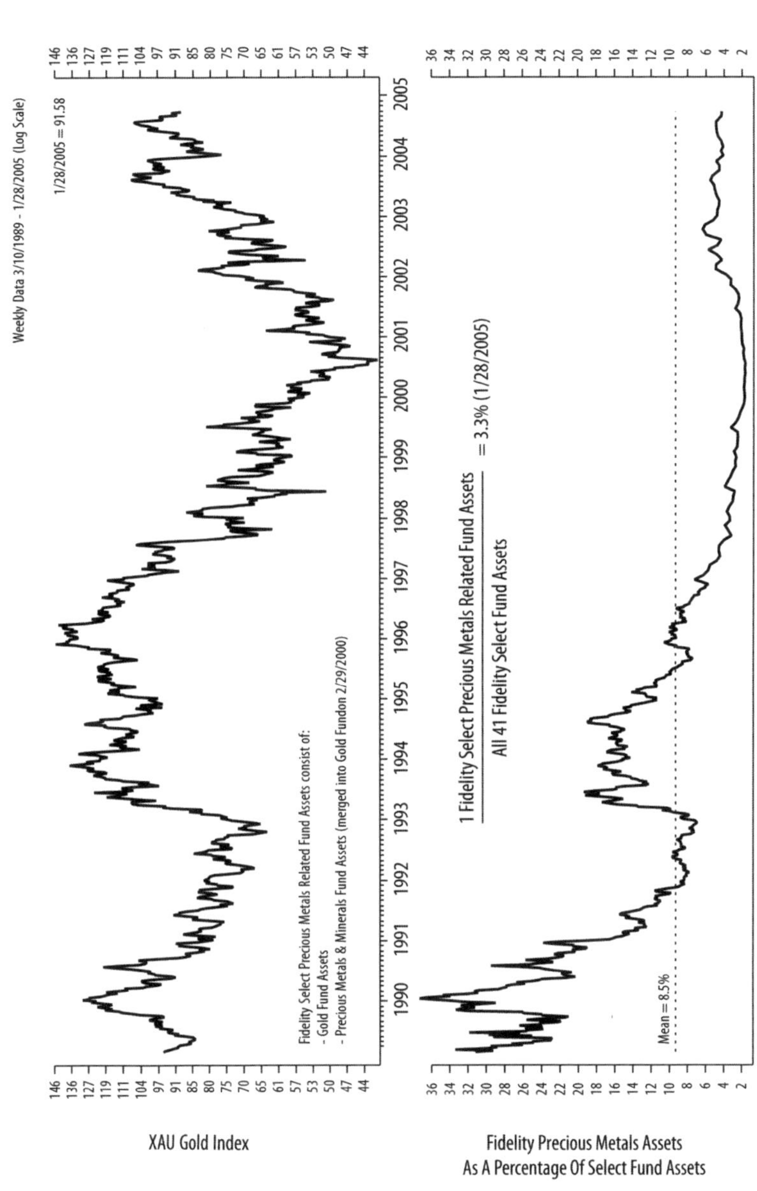

Quelle: Ned Davis Research

ren Popularität beinhaltet. Wenn in der Vergangenheit bestimmte Anlageklassen populär und allgemein akzeptiert waren – ihr Preis also Popularität beinhaltete und damit nicht mehr unterbewertet war –, waren die Erträge, die erzielt wurden, kaum besser als der Durchschnitt. Die Geschichte des Kapitalismus lehrt uns, dass Zyklen die Norm sind – ewig dauernde Trends hingegen nicht. Der Aktienmarkt wird nicht für immer und ohne Unterbrechungen nach oben laufen, genauso wenig wie er für immer Richtung Süden marschieren wird. Zyklen entstehen aufgrund temporärer Ungleichgewichte zwischen Angebot und Nachfrage.

Und weil diese Ungleichgewichte im Rohstoffmarkt existieren und dieser Markt nach wie vor die Symptome eines nicht spekulativen Marktes aufweist, gehen wir davon aus, dass diese Rohstoff-Hausse weitere zehn bis 15 Jahre dauern wird. Aber auch dieser Bullenmarkt wird nicht ewig anhalten. In einigen Jahren wird es wieder einen Trendwechsel geben und der Zeitpunkt für Aktien außerhalb des Rohstoffsektors oder für Anleihen kommen. Dieser Wendepunkt wird spätestens dann erreicht sein, wenn die BILD-Zeitung berichtet, dass Sie Rohstoffe kaufen sollen, die Warenterminbörse in Hannover versucht, die Deutsche Börse zu übernehmen, CNBC, Bloomberg und n.tv Fernsehübertragungen von Kaffeeplantagen in Brasilien oder von Goldminen in Südafrika starten und sich die Milchmädchen für Rohstoffe interessieren.

Buch II

Warum man Rohstoffe kaufen sollte – die Schlüsselfaktoren der Rohstoff-Hausse

Die großzügige Geldversorgung durch die Notenbanken

Die volkswirtschaftlichen Ungleichgewichte dürften für die Finanzmärkte und den US-Dollar noch für mehrere Jahre einen enormen Belastungsfaktor darstellen. Seit Jahren werden auftretende wirtschaftliche Probleme primär über eine großzügige Geldversorgung beziehungsweise über eine Senkung der Zinssätze bekämpft. Diese Politik ist in Japan und besonders ausgeprägt in den USA festzustellen.

Zwar wurden die jeweils akuten Probleme kurzfristig gelöst beziehungsweise überdeckt, jedoch wurden damit auch die nächsten aufgebaut. Seit Anfang der neunziger beziehungsweise Ende der 80er-Jahre wachsen sowohl die US-Zentralbankgeldmenge als auch die japanische Zentralbankgeldmenge schneller als das nominale Bruttosozialprodukt. Diese Aufblähung der Geldmengenaggregate äußerte sich aber letztlich in immer häufiger auftretenden Asset-Bubbles – was, wie wir vorher gesehen haben, nichts anderes ist als Inflation. Das Problem von Asset-Bubbles besteht darin, dass sie von der einen Asset-Klasse auf die nächste überspringen, von den Aktien zu den Immobilien hin zu den Anleihen. Dies war in Japan der Fall, und ein ähnliches Muster entwickelte sich in den Vereinigten Staaten und ist inzwischen auch auf den internationalen Finanzmärkten zu beobachten.

Diese seit vielen Jahren betriebene einseitige und sehr kurzsichtige Wirtschaftspolitik nahm ihren Anfang mit der Amtsübernahme der US-Zentralbank Fed durch Alan Greenspan im August 1987 und dem Aktien-Crash im Oktober 1987, an dem der amerikanische Aktienmarkt um mehr als 20 Prozent einbrach. Zwar war der Crash auf mehrere Ursachen zurückzuführen, doch Greenspan und seine Kollegen hatten einen erklecklichen Anteil an dem, in Prozentpunkten gemessen, zweitgrößten Tagesverlust in der Geschichte der amerikanischen Börse. Denn die amerikanischen Handelsbilanzzahlen für August fielen deutlich schlechter aus als vom Markt erwartet. Zwei Tage zuvor hatte jedoch Greenspan noch verkündet, dass die Handelsbilanzzahlen Zeichen einer nachhaltigen strukturellen Verbesserung seien.

Als Nachfolger von Paul Volcker erklärte Greenspan nach dem »Schwarzen Montag« im Jahr 1987, er werde so viel Geld bereitstellen, dass die Banken darin ertrinken könnten. Die Federal Reserve Bank flutete das Bankensystem mit etwa sechs Milliarden Dollar und sorgte durch diese Maßnahme dafür, dass sich die Märkte stabilisierten. Die Aktienmärkte erholten sich, und in Japan bildete sich eine Aktien- und Immobilienpreisblase. Anfang der 90er-Jahre platzten diese beiden Blasen dann. Als zur gleichen Zeit auch der amerikanische Sparkassensektor unter Druck kam (Savings & Loans-Krise), reagierte die Fed mit der überreichlichen Versorgung des Systems mit Liquidität und trug damit zur Emerging-Market-Bubble bei, die wiederum zur Mexiko-Krise im Jahre 1995 führte.

Die Rettung des mexikanischen Finanzsystems bestand aus der Vergabe des bis dahin größten, jemals vom Internationalen Währungsfonds (IWF) gewährten Kredits in Höhe von fast 18 Milliarden US-Dollar und in einer erneuten expansiven Geldpolitik der US-Notenbank. Der Internationale Währungsfonds hat mit dem Ende des internationalen Systems fester Wechselkurse seine Hauptaufgabe, die Überwachung des Internationalen Währungssystems (Überwachung der stabilen Wechselkurse), verloren. Vielmehr haben die Rettungsaktionen des IWF in den vergangenen Jahren dazu beigetragen, die sich häufenden Krisen zu überwinden.

In der Regel sind aber nicht die betroffenen Unternehmen und Banken in den Schuldnerstaaten, sondern die westlichen Finanzinstitute gerettet worden, die dann meistens ihre rückständigen Zinsen und Dividenden und ihr Kapital zurückbekamen. In den letzten Jahren wurde der durch Washingtons Interessen beeinflusste IWF (auch der IWF residiert in Washington) durch seine Interventionsmaßnahmen gewissermaßen zu einem »Lender of Last Resort«. Damit wurde in Verbindung mit der expansiven Geldpolitik der amerikanischen Notenbank eine Moral-Hazard-Situation geschaffen, also die Möglichkeit für Regierungen und Finanzinstitute, höhere Risiken einzugehen, weil eine Versicherung besteht. In den folgenden Jahren tauchten zwei Begriffe auf, die diesen Paradigmenwechsel an den Märkten beschreiben: »Too Big to Fail« (zu groß oder wichtig, um Pleite gehen zu dürfen) und »Greenspan-Put« (von Greenspan kostenlos zur Verfügung gestellte Absicherung vor Verlusten).

Die Politik des »billigen Geldes« sorgte für ein Überschwappen der zusätzlichen Liquidität in die asiatischen Länder und, damit verbunden, auch für eine weltweite Aktienmarkt-Rally. Doch schon 1997 entstand die Asien-Krise. Wiederum kam es zu massiven Interventionen seitens des aus Steuergeldern finanzierten IWF und der US-Notenbank, die mit einer expansiven Geldpolitik reagierte. Die wirtschaftliche Verflechtung mit den Ländern Südostasiens und die starken Kreditengagements der US-Banken drohten, wie schon im Falle Mexikos, negative Wirkungen auf die Wirtschaft der USA zu entfalten.

Auch dieses Mal wurde die Krise durch Interventionen der Zentralbank gelöst und nicht durch den Markt, und bereits 1998 folgte mit der Zahlungsunfähigkeit Russlands die nächste Krise. Im Herbst 1998 erfolgte die Rettung vor dem Schlimmsten, als es erneut Greenspan war, der –

mit Geldspritzen bewaffnet – einschritt. Denn da hatte sich der Hedge Fonds LTCM (Long Term Capital Management) mit Derivaten verzettelt, und es zeigte sich in diesem Falle, dass auch weise Menschen Fehler machen und selbst Nobelpreisträger unter den Ökonomen nicht von Pleiten verschont werden. Denn die beiden Nobelpreisträger für Wirtschaftswissenschaften Myron Scholes und Robert Merton fuhren mit einer extrem riskanten Strategie den LTCM-Hedge-Fonds gegen die Wand.

Der Kollaps des Fonds hätte einen negativen Effekt auf viele Firmen an der Wall Street gehabt, bestanden doch Kredite in Höhe von 115 Milliarden US-Dollar, die auf alle bekannten Investmentbanken verteilt waren. Also wandten sich diese um Hilfe heischend an Greenspan. Und der ließ sich nicht lumpen: Anstatt die Verantwortlichen die Konsequenzen ihrer Fehler tragen und LTCM & Co. bankrott gehen zu lassen, pumpte der Notenbank-Chef Geld in das System und holte seine Freunde von der Wall Street aus dem Schlamassel heraus.

Offensichtlich gibt es einen Zusammenhang zwischen Gelddrucken und zunehmender Bewunderung bei der Bevölkerung. Anders lassen sich die Handlungen Greenspans und die teilweise hysterische Bewunderung für diesen Mann nicht erklären. Gerade als die damaligen Entwicklungstrends im Jahre 1998 bei den US-Wachstums- und Inflationsraten eher eine restriktive Politik nahe legten (das US-Wirtschaftswachstum lag bei über sieben Prozent), verhielt sich Greenspan wie James Bond, der wieder einmal die Welt retten wollte: Die Fed unter Führung von Greenspan führte wegen der Möglichkeit einer Krise und des starken Kursrückgangs am amerikanischen Aktienmarkt drei Leitzinssenkungen durch – bei einem solchen Wirtschaftswachstum ist das in etwa so, wie wenn man Öl ins Feuer gießt.

Da die erste Zinssenkung außerhalb des regelmäßigen Sitzungsturnus vorgenommen wurde, erwarb sich Alan Greenspan den Ruf des Retters, der es auch in Zukunft nicht zulassen würde, dass die Kapitalmärkte drastisch unter ihr gegenwärtiges Niveau fallen werden. Doch auf dem

Höhepunkt seiner Popularität war er nicht mehr nur Retter – nein, die britische Financial Times nannte ihn Anfang 2000 »King of the Economy«, er bekam eine Biografie von Bob Woodward mit dem Titel »Maestro«, und im Jahr 2002 adelte die Queen Greenspan wegen dessen »außergewöhnlicher Verdienste um die globale wirtschaftliche Stabilität«. Der Titel «Biggest Bubblemaker Ever« wäre wohl treffender gewesen.

Übrigens endeten die damals von den Banken neu geschöpften liquiden Mittel schließlich in den Branchen Technologie und Telecom und finanzierten somit die Blase an den Aktienmärkten, die im Jahr 2000 platzte. Wie wir in den vergangenen Kapiteln gesehen haben, hat der Einsatz der Druckpresse nie für breiten gesellschaftlichen Wohlstand gesorgt. Vielmehr endeten Phasen übermäßiger Geldversorgung letztlich immer in Krisen, in Inflation und schließlich im wirtschaftlichen Niedergang. Warum sollte es diesmal anders sein?

Eine gesunde wirtschaftliche Expansion beginnt zuerst mit Investitionen in die Produktion. Steigende Unternehmenserträge bringen dann vermehrte Investitionen mit sich. Die Investitionen sorgen für einen Multiplikatoreffekt, woraus zusätzliche Arbeitsplätze, steigende Einkommen und daraus ein höherer Verbrauch resultieren. Dies ist der Prozess einer langen wirtschaftlichen Expansion. Es ist wichtig, dass letztlich nur Investitionen in die Produktion Wohlstand schaffen können. Und Konsum kann nur erfolgen, wenn zuvor produziert wurde.

Die Amerikaner lösen ihre Wirtschaftsprobleme jedoch seit Jahren anders: Wenn ein Problem auftaucht, »lösen« sie dieses mit Hilfe der Geldpolitik. Das heißt, sie drücken die Zinsen oder ermuntern den Konsumenten mit fiskalischen Maßnahmen, weiterhin Geld auszugeben. Der Wagen wird quasi vor das Pferd gesetzt, indem man den Verbrauch stimuliert, ohne dass die Quellen der Unternehmenserträge gestärkt würden.

In Bezug auf die wirtschaftliche Expansion in den Vereinigten Staaten, sollte der Blick nicht auf deren Quantität, sondern auf deren Qualität gerichtet werden. Die Asset-Inflation hat in den vergangenen Jahren die Finanzgewinne nach oben getrieben. Inzwischen fallen fast 50 Prozent aller Unternehmensgewinne im Finanzsektor an – in den 50er-Jahren lag diese Quote noch bei 20 Prozent.

Das heißt: Viele Unternehmen verdienen ihr Geld immer weniger mit Autos, Computern, Kühlschränken, Waschmaschinen oder Rohstoffen, sondern mit Papierwerten: Aktien, Anleihen oder allen möglichen Derivaten. Die Real- und die Finanzwirtschaft klafften in den letzten Jahren immer mehr auseinander. Langfristig lassen sich Wachstum und Wohlstand jedoch nur über die Realwirtschaft erreichen. Industrieunternehmen wie General Electric oder Ford sind heute eine Bank mit angehängter Garage.

In den vergangenen 20 Jahren ist das Kreditvolumen weit über die nationalen Sparraten gestiegen. Es ist zu viel Geld im Markt. Durch den Boom an den Finanzmärkten hat sich das Gewinnstreben der Investoren von der Realwirtschaft zur Finanzwirtschaft verlagert, das Marktgleichgewicht zerstört und die Sicht auf effiziente Investitionen verdeckt. Spiegelte eine Aktie vor Jahren noch den Unternehmenswert wider, ist sie heute zu einem Wert an sich geworden: Während des wirtschaftlichen Aufschwungs in den 1950er- und 1960er-Jahren stiegen durch die hohen Investitionen die Unternehmenswerte viel stärker als die Aktienkurse, und die Bewertung an der Börse folgte dem Unternehmenswert – heute spiegeln die Börsenkurse die Erwartungen in die Zukunft wider.

Die Verlagerung von Investitionen um Konsum zeigt sich auch in den Gewinnen des Einzelhandels. Anfang der 80er-Jahre verdiente das verarbeitende Gewerbe in den USA fünfmal mehr als der Einzelhandelssektor. Inzwischen verdient der amerikanische Einzelhandel fast genauso viel wie das verarbeitende Gewerbe.

Aber der Einzelhandel schafft langfristig weder gesundes Wirtschaftswachstum noch Wohlstand – das schaffen nur Investitionen in die Produktion. Länder sind noch nie durch Konsum reich geworden. Abbildung 1 zeigt die gewichtete Industrieproduktion, mit einem Anteil von 70 Prozent der G-7-Staaten und 30 Prozent der Emerging Markets. In den letzten Jahren kam das amerikanische Wirtschaftswachstum überwiegend aus dem Konsum. Wie zu erkennen ist, sorgten die Ankurbelungsmaßnahmen in den USA (Rekordzinssenkungen) dafür, dass in den letzten Jahren das Schwungrad der Weltwirtschaft angetrieben wurde, und auch dafür, dass die solcherart angetriebene Weltwirtschaft unter Dampf blieb.

Den Wagen vor das Pferd gespannt

Globale Industrieproduktion und amerikanische Leitzinsen Abb. 1

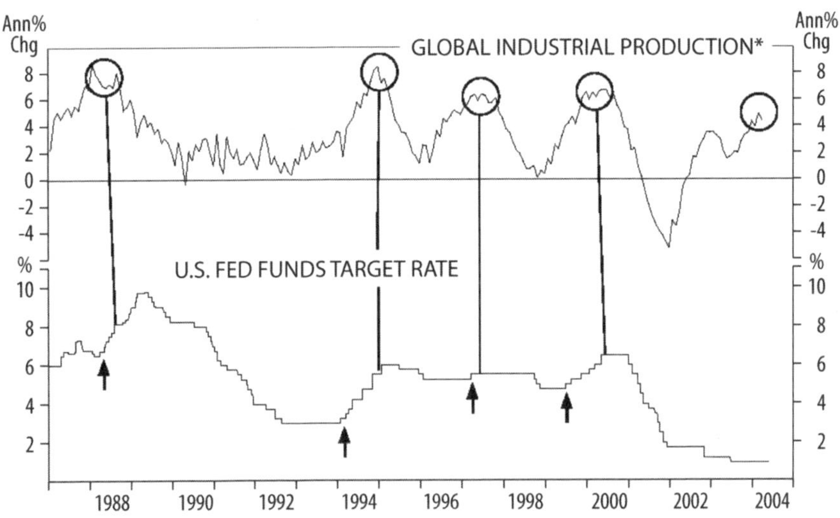

Quelle: BCA Research

Das Ganze führt jedoch dazu, dass der amerikanische Verbraucher, der bisher immer das Rettungsboot der Weltwirtschaft war, nun selbst in einer finanziell prekären Lage ist. Künstlich niedrig gehaltene oder negative Zinsen führen dazu, dass sich die Verbraucher von sicheren Anlageklassen weg- zu risikoreicheren Anlageformen hinbewegen. Je länger die Zinsen tief bleiben, desto mehr Menschen schichten Geld in eine Anlageklasse um, die zusehends an Wert gewinnt. Mit der Zeit können dadurch Blasen entstehen. Die Öffentlichkeit kauft die Anlageklasse jedoch erst kurz vor dem Hochpunkt und verliert auf diese Weise Unmengen von Geld. Durch das Platzen der Aktienmarktblase im Jahr 2000 wurden in der Spitze mehr als 12.000 Milliarden Dollar an Vermögenswerten vernichtet.

Das ist jedoch nur die eine Seite der Medaille. Denn die andere Folge dieser Politik ist ein immer größerer Berg von Krediten relativ zur Gesamtwirtschaft. Anstatt den Verbraucher sparen zu lassen, wie er das normalerweise in jeder Krise tut, hat die amerikanische Notenbank die Zinsen gesenkt und damit wiederum Geld an der Quelle geschöpft, um eine Rezessionen zu verhindern. Anstatt Reserven anzulegen und seine Schulden zurückzuzahlen, gab der amerikanische Konsument mitten in der Rezession somit weiterhin fröhlich Geld aus. Er kaufte mehr Autos, größere Häuser und jedes nur vorstellbare Konsumgut von der Digitalkamera über den Camcorder und den DVD-Player bis hin zum Plasmafernseher – und das hauptsächlich auf Kredit.

Mittlerweile weisen die USA die schwächsten Bilanzen seit den 20er-Jahren auf. Die Summe aller Kredite der öffentlichen Hand, des Unternehmungssektors sowie der privaten Haushalte ist mit mehr als 30 Billionen US-Dollar jetzt dreimal so groß wie das Bruttoinlandprodukt (BIP) und damit größer als während der Großen Depression in den 30er-Jahren.

Selbst Anfang der 80er-Jahre waren es weniger als 150 Prozent des BIP. Seit dem Jahr 2000 sind die staatlichen und privaten Schulden in den USA um 6.500 auf über 30.000 Milliarden US-Dollar gestiegen. Das Bruttoinlandsprodukt wuchs dagegen in der gleichen Zeit nur um rund 1.300 Milliarden US-Dollar. Mit anderen Worten: Während von Beginn der 50er-Jahre bis Ende der 70er-Jahre Steigerungen der nominalen US-

Wirtschaftsleistung noch mit einem Anstieg der Gesamtverschuldung sämtlicher Sektoren (Haushalte, Unternehmen, Staat) um das 1,6- bis 1,8fache verbunden waren, sind jetzt für einen Dollar Wachstum fünf Dollar an neuen Krediten notwendig (siehe Abbildung 2).

Kein Wachstum ohne Schulden
Amerikanisches Bruttoinlandsprodukt und Gesamtverschuldung Abb. 2

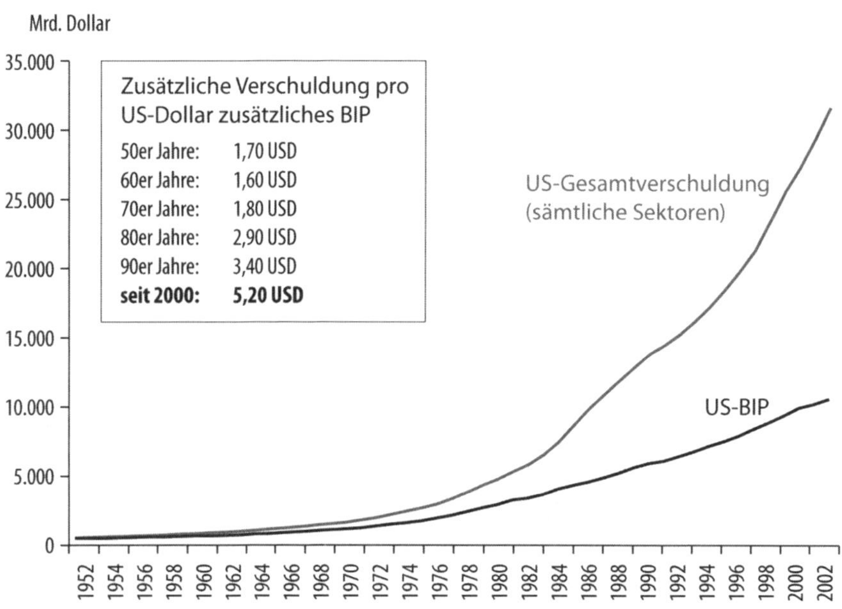

Quelle: Bloomberg, Bureau of Economic Analysis; eigene Darstellung

Während des – durch die Fed aufgeputschten – amerikanischen Wirtschafts-Booms verhalf besonders das rasante Wachstum des Internets vor allem den US-Technologieunternehmen zu einem »Wettbewerbsvorsprung«, der ausländisches Kapital anlockte (Ausländer halten heute für etwa 9.000 Milliarden Dollar Vermögensgegenstände in den USA). Die im internationalen Vergleich vorübergehend hohe und dazu noch statistisch geschönte Produktivität sowie die Aussicht auf Kursgewinne sorgten dafür, dass Amerika als das Mekka für die

Kapitalanleger galt. Das Kapital strömte aus allen Kontinenten in die Staaten.

Jedoch sind die Prognosen hinsichtlich der Produktivität seit Jahren zu optimistisch, was an der so genannten »hedonischen Preisentwicklung« liegt: Die amerikanischen Unternehmen messen ihren Produktivitätszuwachs an den Größen der Vergangenheit. Diese Änderungen bei der statistischen Ermittlung begannen im Jahr 1995, als die Boskin-Kommission vorschlug, bei der Berechnung der Inflationsrate Qualitätsverbesserungen stärker zu berücksichtigen, weil die bisher veröffentlichten Zahlen die Lebenshaltungskosten nicht angemessen berücksichtigen würden. Mit der hedonischen Methode hingegen soll erreicht werden, dass Qualitätsverbesserungen in die Berechnung der Inflationsrate und des Wirtschaftswachstums einfließen. Also wurde berichtet, dass die Preissteigerungen viel niedriger seien als bisher ermittelt, denn die Qualitätssteigerungen werden nach der hedonischen Methode in der Statistik automatisch als Preissenkungen gewertet.

Nehmen wir also zum Beispiel an, die Prozessorgeschwindigkeit von Computern lag im Jahr 2003 bei 2,5 GHz und hat im Jahr 2004 auf 3,0 GHz zugenommen. Nach der herkömmlichen Berechnungsmethode würde sich nichts ändern. Bei der hedonischen Methode jedoch fallen die Preise unter Berücksichtigung der Qualitätsverbesserungen um 20 Prozent. Dies würde bei einem Anteil von zehn Prozent am Warenkorb bedeuten, dass sich dieser dann um 2,0 Prozent reduziert.

Doch damit nicht genug,: Bei der Ermittlung der Produktivität findet das Ganze in umgekehrter Form statt. Wenn die PCs im Jahresverlauf bei unveränderten Preisen um 20 Prozent schneller geworden sind, dann wird bei der Ermittlung des Wertes aller verkauften Computer nicht von den realen Preisen ausgegangen werden, sondern von hedonischen Dollars, da jede statistische Berechnung, die das Sozialprodukt erhöht, mit der gleichen Menge an Dollars in die Produktivität einfließt. Somit wird der Wert entsprechend der Qualitätsverbesserung um 20 Prozent nach oben berichtigt.

Die alte Weisheit »Traue keiner Statistik, die du nicht selbst gefälscht hast« scheint sich zu bestätigen. Hier werden Phantom-Dollars ohne jede wirtschaftliche Wirkung erzeugt. Denn obwohl es im Prinzip zu keiner Veränderung kam, würde das Bureau of Labor Statistics (BLS) in diesem Falle beim Inflationsindex einen Preisrückgang bei PCs von 20 Prozent veröffentlichen und bei der Herstellung von Computern einen Produktivitätswert bekannt geben, der um 20 Prozent über den tatsächlichen Zahlen liegt.

Der von uns sehr geschätzte Kurt Richebächer, Herausgeber von „The Richebächer Letter", hat für den Zeitraum von 1997 bis 2000 die nominalen und die realen Ausgaben für Computer in beiden Sozialproduktrechnungen verglichen. Während die tatsächlichen Computerverkäufe von 1997 bis 2000 um gut 34 Milliarden US-Dollar zulegten, stiegen sie nach hedonischer Bereinigung um mehr als den sechsfachen Betrag auf 214 Milliarden US-Dollar an. Das heißt, in der Realrechnung wurden aus einem für einen Computer ausgegebenen Dollar mehr als sechs Dollar.

Neben der hedonischen Schönung wies Richebächer auf einen weiteren Trick der US-Statistiker hin: Während man in aller Welt die Softwareeinkäufe der Unternehmen als Vorleistungen verbucht, machen die Statistiker in den USA daraus Investitionen in die Erweiterung des Kapitalstocks. Anders als Vorleistungen werden Investitionen als Beitrag zum Bruttoinlandsprodukt gezählt, was dann wiederum Wirtschaftswachstum und Produktivität anschwellen lässt. Hinzu kamen noch – ebenfalls hedonisch aufgeblähte – 226 Milliarden Dollar an Softwareausgaben. Auf beide statistische Tricks zusammen (es gibt noch andere) entfällt demnach bereits ein Drittel des gesamten behaupteten Wirtschaftswachstums in den USA.

Von diesem »hohen« Wirtschaftswachstum wurde nicht nur ausländisches Kapital angelockt. Angesichts fünf aufeinander folgender Jahre mit Kursgewinnen beim S&P-500 in Höhe von 25 Prozent haben die amerikanischen Haushalte beschlossen, dass der amerikanische Aktienmarkt eine nie versiegende Quelle zusätzlicher Vermögensmehrung sei (siehe Abbildung 3).

Nie versiegende Quelle zusätzlicher Vermögensmehrung?

Niedrigere Sparrate des amerikanischen Verbrauchers als Folge der Wertsteigerungen der Aktienmärkte

Abb. 3

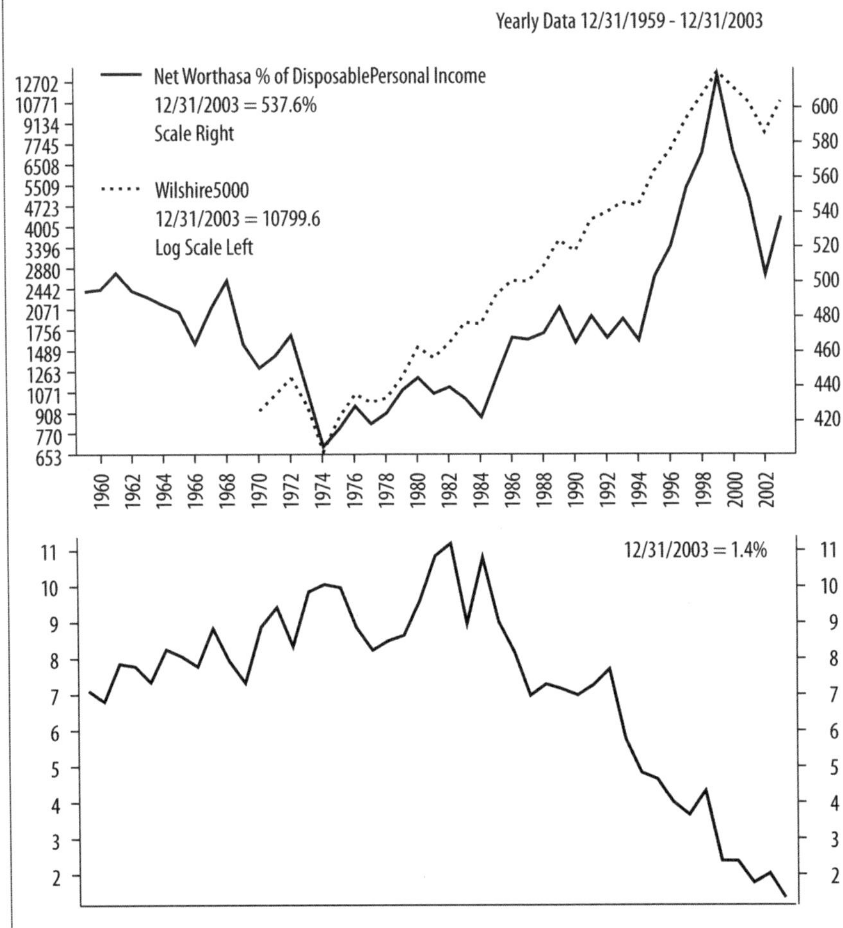

Personal Saving as a % of Disposable Personal Income (Personal Saving Rate)

Quelle: Ned Davis Research

Das Ergebnis war, dass das Wachstum der Konsumausgaben, die inzwischen mehr als 70 Prozent der Wirtschaft ausmachen, weit über das Wachstum des frei verfügbaren Einkommens in die Höhe schoss, während die Sparrate von 6,6 Prozent Ende 1994 auf 0,3 Prozent Ende 2001 fiel. Als die Aktienmarktblase 2000 platzte, schufen die Konsumenten mit tatkräftiger Unterstützung der Fed – in Gestalt von Rekord-Zinssenkungen – einen neuen Strom des Vermögenseffektes, indem sie in den Immobiliensektor investierten. Dank der Wertsteigerung bei Immobilien – ein weiteres Zeichen für Inflation – und einer neuen, von der Fed geschaffenen Asset Bubble hat der Verbraucher die Börsenverluste der letzten Jahre teilweise kompensiert und damit sein Ausgabeverhalten nur geringfügig verändert.

In der Tat hat der amerikanische Verbraucher die höheren Immobilienpreise benutzt, um seine Hypothek zu erhöhen – in den USA sind die Hypothekendarlehen seit dem Jahr 2000 von 72 auf 82 Prozent des verfügbaren Einkommens gestiegen, während in den 70er-Jahren die Schuldenlast noch unter 40 Prozent lag. Und mit diesem Kredit hielt er seinen Lebensunterhalt weiterhin auf einem überhöhten Niveau. Damit hat er die Konjunktur kurzfristig gestützt.

Allerdings sind die Immobilienpreise inzwischen sehr hoch, und es mehren sich die Anzeichen einer Blasenbildung. Im New Yorker Stadtteil Manhattan kletterten die Wohnungspreise binnen eines Jahres um mehr als 20 Prozent. Im Januar 2005 schossen die Preise für Häuser im Gebiet um San Franciso Bay gegenüber dem Vorjahr um 20 Prozent nach oben. Der Preis für ein durchschnittliches Einfamilienhaus in San Francisco stieg von 580.000 auf 713.000 US-Dollar – ein Anstieg um 23 Prozent. Im Gebiet von Washington kletterten die Preise um 24 Prozent und in Nevada um 36 Prozent. In Florida gingen sie um 19,6 Prozent nach oben – im dritten Quartal des vergangenen Jahres.

Doch nicht nur in den USA, auch in Ländern wie Australien, Großbritannien, Irland und Spanien sind die Preise seit Anfang der 90er-Jahre real um mehr als 50 Prozent gestiegen (siehe Abbildung 4). Viele Leute kaufen weiter fleißig Immobilien, weil sie mit ewig steigenden Preisen rechnen – so wie die Anleger, die in den 90er-Jahren Aktien kauften, weil sie nur steigende Kurse kannten. Besonders ausgeprägt ist die Blase in Großbritannien, wo die Preise zwischen 1995 und 2003 um 146 Prozent gestiegen sind. Anzeichen für die Überhitzung zeigt auch die Bruttorendite, die Differenz zwischen Miete und Hypothekenraten, die sich sehr stark verringert hat.

Ebenfalls stark angestiegen sind die Immobilienpreise in Irland (plus 193 Prozent), Spanien (plus 122 Prozent) und in den Niederlanden (plus 110 Prozent). Die einzigen Ausnahmen in den Industrieländern sind Japan und Deutschland, in denen die Immobilienpreise seit Mitte der 90er-Jahre stagnierten oder wie im Falle Japans sogar rückläufig waren.

Hohe Wertzuwächse

Durchschnittliche jährliche Entwicklung der Aktien -und Häuserpreise von 1992 bis 2002 in Prozent Abb. 4

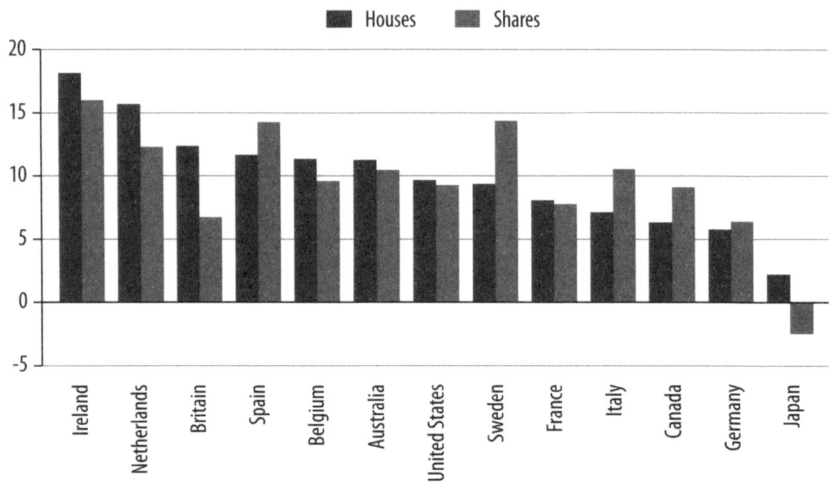

Quelle: The Economist

Wichtig ist in diesem Zusammenhang, dass Immobilien die weltweite größte Asset-Klasse sind. Die Anleger haben mehr Geld in Immobilien investiert als in Aktien oder Anleihen. In den großen Industriestaaten sind, abgesehen von Deutschland, mehr als die Hälfte aller Haushalte Hausbesitzer. In den USA hält der typische Haushalt mit einem Durchschnittseinkommen sechsmal so viel Vermögen in Immobilien wie in Aktien.

Während also steigende Häuserpreise helfen, die Verbraucherausgaben zu steigern, können fallende Häuserpreise volkswirtschaftliche Risiken bergen. Ein Studie der drei amerikanischen Ökonomen Karl Case, John Quigley und Robert Shiller in 14 Ländern hat ergeben, dass in den meisten Volkswirtschaften eine Veränderung der Immobilienpreise mindestens einen zweimal so großen Effekt auf die Konsumentenausgaben hat wie eine Veränderung der Aktienpreise.

Sollten also die Immobilienpreise fallen, so würde der amerikanische Verbraucher entsprechend zurückhaltender werden, und die Sparrate würde wohl wieder in die historische Bandbreite von sieben bis elf Prozent zurückkehren. Ein Anstieg der Sparrate um einen Prozentpunkt bedeutet einen Konsumeinbruch von etwa 70 bis 80 Milliarden US-Dollar pro Jahr.

Diese Tatsache ist auch der amerikanischen Notenbank bekannt. Um einen Anstieg der Sparrate zu verhindern, wurden die Zinsen trotz eines nominellen Wirtschaftswachstums von sechs Prozent nur moderat angehoben. Denn steigende Zinsen sind nicht nur Gift für Aktien (siehe Abbildung 5), auch der Häusermarkt reagiert sehr sensibel auf Zinssteigerungen (siehe Abbildung 6).

Die britische Bevölkerung bekommt bereits zu spüren, was steigende Zinsen bei gleichzeitig hoher Schuldenlast bedeuten. Seit November 2003 hat die Bank of England die Leitzinsen von 3,5 auf 4,75 Prozent angehoben. Zum einen hat sich eine Spekulationsblase im Immobilien

markt gebildet: Mit dem Sechseinhalbfachen des Jahreseinkommens eines Durchschnittverdieners liegen die Häuserpreise inzwischen über

Steigende Zinsen sind Gift für Aktien

Auswirkungen von Zinssteigerungen auf den Aktienmarkt Abb. 5

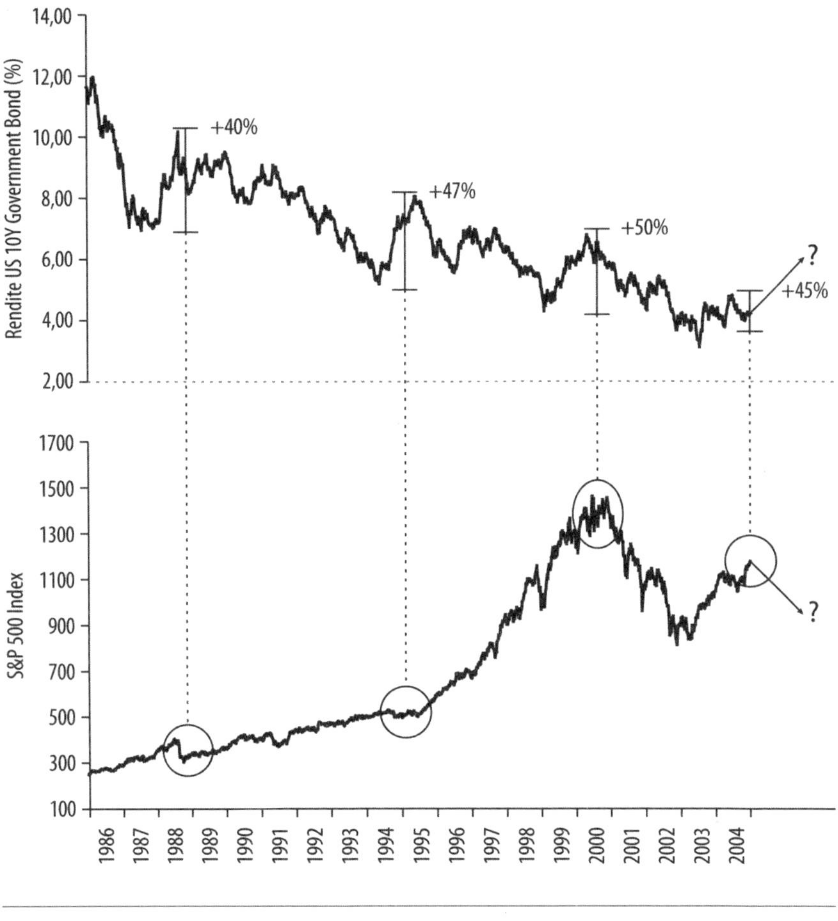

Quelle: Bloomberg; eigene Darstellung

dem Multiplikator von gut vier, der in den 80er-Jahren als normal galt. Zum anderen erlebt das Land einen gigantischen Kredit-Boom. Die Verschuldung der Haushalte hat inzwischen die Eine-Billion-Pfund-

Marke überschritten – ein Rekord. Doch inzwischen zeigt sich die Kehr-

Neuverkäufe Einfamilienhäuser in den USA und Rendite amerikanischer Staatsanleihen von 1980 bis 2004 Abb. 6

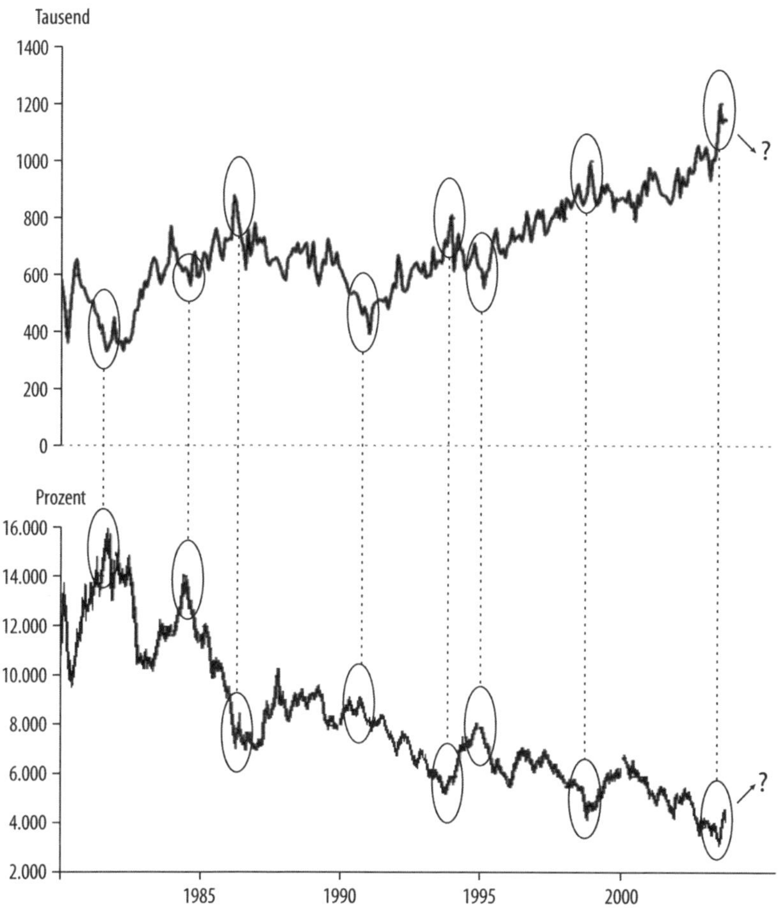

Quelle: Peter Heim

seite: Allein im ersten Quartal 2004 stieg die Zahl der Privatkonkurse um 29 Prozent und damit auf den zweithöchsten Wert seit 40 Jahren.

Die Liquiditätsschöpfung der amerikanischen Notenbank ist auch historisch ohne Vergleich. In der Vergangenheit pendelten die Zinsen um das nominelle Wirtschaftswachstum. Somit müssten bei dem derzeitigen nominellen Wirtschaftswachstum von sechs Prozent die Zinsen eher bei vier bis fünf Prozent liegen. Auch der Spread zwischen den Drei-Monats-Zinsen (T-Bill Rate) und den Zinsen für 30-jährige Anleihen (T-Bond Yield) sind im Jahr 2004 an einem 60-Jahres-Tief angelangt (siehe Abbildung 7).

Kurze minus lange Zinsen

Großer Spread zwischen kurzfristigen und langfristigen Zinsen Abb. 7

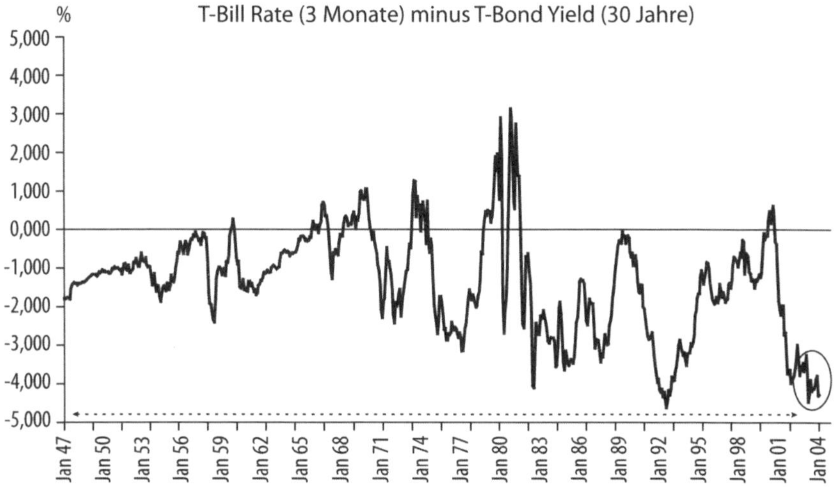

Quelle: Peter Heim

Somit wird deutlich, dass beim gegenwärtigen Konjunkturverlauf die Zinsen künstlich viel zu niedrig gehalten werden, was sich eines Tages in einer Konsumentenpreisinflation bemerkbar machen sollte. Zwar hat die Notenbank die Zinsen von einem auf 2,5 erhöht, während der Konsumentenpreisindex (CPI) von zwei auf 3,5 Prozent gestiegen ist. Das bedeutet nicht anderes, als dass die realen Zinsen selbst bei Betrachtungsweise der Inflation durch die Brille der Notenbankbeamten am Konsumentenpreisindex (CPI) – Leitzins abzüglich CPI – weiterhin negativ sind.

Ein Problem ist aber, dass sich jeder auf die so genannte Kerninflation fokussiert, die sich im letzten Jahr auf etwa zwei Prozent belief. Diese Sichtweise greift jedoch zu kurz. Der Grund, warum die Kerninflation so langsam anstieg, ist folgender: Der Index der Kerninflation ist so gestaltet, dass die Waren und Dienstleistungen, die tatsächlichen Einfluss auf den täglichen Bedarf haben und im Preis angestiegen sind, wie beispielsweise Energie- und Lebensmittelkosten, einfach herausgelassen werden.

Bedenklicherweise unterstützen viele Ökonomie-Koryphäen und auch die Mainstream-Presse die Fed und die Regierung in diesem ihren Bestreben. Der überwiegende Teil der Presse druckt einfach, was ihr erzählt wird, ohne die Fakten zu überprüfen. Wenn die Fed behauptet, dass nur die Kerninflation von Bedeutung sei, dann würde ein etwas genauerer Blick auf die jährliche Veränderungsrate der Preise beim Bureau of Labor Statistics genügen: Von November 2003 bis November 2004 nahmen die Konsumentenpreise um 3,5 Prozent und die Kerninflation (also exklusive Nahrungsmittel und Energie) um zwei Prozent zu. Die Preise für Benzin stiegen im gleichen Zeitraum um 47,5 Prozent, die Rohstoffpreise um 25,9 Prozent, die Preise für Lebensmittel im Supermarkt um 6,1 Prozent und die für Fertigwaren um 5,1 Prozent.

Mit anderen Worten: Allein diese jährlichen Preisveränderungen zeigen, dass viel mehr Inflation in den Konsumentenpreisen vorhanden sein müsste, als über den CPI oder die Kerninflation ausgewiesen wird. Betrachtet man die Preissteigerungen einzelner Waren und Dienstleistungen, lässt sich an einer Vielzahl von Beispielen belegen, dass die Inflation nicht tot, sondern bei den täglichen Dingen des Lebens sehr wohl vorhanden ist.

Die Preise von Kaffee, Zucker und Orangensaft haben auf Jahressicht um mehr als 60 Prozent zugelegt. In den USA sind die Käsepreise von März 2003 von 1,08 US-Dollar auf ein neues Rekordhoch von 2,02 US-Dollar pro Pfund im März 2004 gestiegen (ein Anstieg von 87 Prozent). Auch die Milchpreise haben 2004 neue Höchststände erreicht: 100

Pfund Milch kosteten 18,10 US-Dollar im Vergleich zu Preisen von elf US-Dollar im April 2003, das ist ein Anstieg von 64,5 Prozent. In New York wurden im Mai 2004 die Taxipreise um 25 Prozent angehoben, und die jährlichen Steigerungsraten für die landesweiten Ausbildungskosten, die Kosten des Gesundheitswesens, die Krankenversicherung, Medikamentenkosten und die Steuern für Immobilien in den USA liegen in fast allen Fällen im zweistelligen Bereich.

Die Washington Post berichtete im September 2004, dass bei den Beschäftigten landesweit die Kosten für die Krankenversicherung seit 2000 um 36 Prozent gestiegen sind. Gleichzeitig ging im Zeitraum von 2001 bis 2004 der Anteil der Angestellten, die Krankenversicherungsschutz von ihrem Arbeitgeber erhalten, von 65 auf 61 Prozent zurück. Das bedeutet, dass weitere fünf Millionen Menschen keine Unterstützung bei der Krankenversicherung bekommen.

Für 2005 erwartet Mercer Human Resource Consulting, einer Umfrage bei 900 Unternehmen zufolge, einen Anstieg der Gesundheitskosten pro Beschäftigtem von 9,6 Prozent. Die Zahl der Amerikaner, die keine Krankenversicherung haben, stieg auf ein Rekordhoch von 45 Millionen Menschen oder 15,6 Prozent der Bevölkerung. Eine Analyse der Lewin Group über amerikanische Familien schätzt, dass über die vergangene Zweijahresperiode die Anzahl der Menschen, die für mindestens einen Monat ohne Versicherung waren, viel höher ist und weiter zunimmt. Von 2003 bis 2004 waren 85 Millionen Amerikaner für eine bestimmte Zeit unversichert – ein Anstieg von 12,7 Millionen gegenüber den Schätzungen von 1999 bis 2000.

Auch Bill King, Autor des »Bill King Report«, hat den Konsumentenpreisindex analysiert und herausgefunden, dass dieser die Preissteigerungen sehr unzutreffend widerspiegelt. Er bezieht sich unter anderem auf eine Studie der Henry J. Kaiser Foundation, die besagt, dass die Krankenkassenprämien innerhalb der letzten drei Jahre um 42 Prozent gestiegen sind. Hewitt Associates rechnet für 2004 mit einem weiteren Anstieg von 15 Prozent. Doch das Bureau of Labor Statistics hat für

2003 gerade einmal einen Anstieg von 3,6 Prozent errechnet. King glaubt, dass auf diese Weise die Inflation schöngerechnet und in diesem Zuge das Bruttoinlandsprodukt zu hoch ausgewiesen wird.

Aufgrund der schon zuvor erwähnten hedonischen Berechungsmethode wird nicht nur die Produktivität zu hoch, sondern auch die Inflation zu niedrig ausgewiesen – der CPI wird um »Qualitätsverbesserungen« bereinigt. Der »King Report« berichtete im Juni 2004, das Bureau of Labor Statistics habe mitgeteilt, dass die Preise von Gebrauchtwagen um 10,9 Prozent gefallen seien. Mannheim-Auto-Auktionen hingegen berichtete von einem Anstieg von fünf Prozent und machte sich auf ihrer Website über die Gebrauchtwagenpreise und die Methode des BLS lustig. Mannheim verwendet tatsächliche Abschlüsse (etwa fünf Millionen pro Jahr) und bereinigt die Preise nicht um hedonische oder saisonale Faktoren. Die Gebrauchtwagenpreise haben einen Anteil am CPI von 2,007 Prozent. Die fehlerhafte, hedonisch bereinigten Gebrauchtwagenpreise senkten den CPI beziehungsweise die Kerninflation um 0,31 Prozentpunkte von Mannheims tatsächlichem Preis. Ungefähr 60 Prozent der Posten im CPI sind hedonisch bereinigt – das erklärt auch, wie es dem BLS gelingt, die Gebrauchsgüter um 3,1 Prozent nach unten zu drücken.

Angesichts dieser Zahlen kann man sich gut vorstellen, wie viel tatsächliche Inflation hedonisch und saisonal »wegbereinigt« wird.

Die interessante Falschinformation des CPI ist die Annahme, dass jeder in den USA sein eigenes Haus mietet. 29,5 Prozent des CPI Index beziehen sich auf die direkten Hauskosten: 6,1 Prozent auf Menschen, die zur Miete wohnen, und 23,4 Prozent des CPI auf die Gesamtkosten, die mit dem Hausbesitz verbunden sind. Der CPI nimmt hingegen an, dass die Hausbesitzer mieten und nicht im Eigentum wohnen.

Mit anderen Worten: Die Statistiken der USA haben rund ein Drittel Gewichtung für Mieten – in einem Land, in dem die Menschen zu rund 70 Prozent im eigenen Haus wohnen und wo auch sonst die Mieten im

Durchschnitt weniger als ein Drittel vom Einkommen ausmachen, ist das eine unrealistisch hohe Größenordnung.

Allerdings steigen die Mieten im Gegensatz zu den Hauspreisen schon seit längerer Zeit kaum, sodass hier automatisch eine starke Bremse in der Inflationsrate besteht. Das BLS hat der fiktiven Miete, die man fürs eigene Haus bezahlt, einen Anstieg von 2,4 Prozent beigemessen. Mortgage Bankers Association hingegen ermittelte einen Anstieg von 7,71 Prozent. Würden wir also konservative 5,31 Prozent annehmen, dann würde der Anstieg allein einen Anstieg bei der Kerninflationsrate von 1,24 Prozent bedeuten (5,31 Prozent mal 23,4 Prozent). Addiert man noch die 0,31 Prozent der Gebrauchtwagen hinzu, so kommt man auf 1,55 Prozent mehr Kerninflation.

Das BLS berechnete einen Anstieg der Kosten im Gesundheitswesen von 4,6 Prozent. Die »Kaiser Family Foundation« geht hingegen von zweistelligen Zuwächsen aus. Anstatt der Scheinrate von 4,6 Prozent nehmen wir konservativ sieben Prozen an, was bei einer Gewichtung der Gesundheitskosten von 6,1 Prozent einen Anstieg der Kerninflation von 0,43 Prozent bedeuten würde.

Allein mit diesen drei Positionen liegen wir um 1,97 Prozent über den gefälschten Zahlen des Bureau of Labor Statistics für den CPI und die Kerninflation. Wir könnten noch lange so weitermachen, aber wir hören hier auf, denn die Methoden, die hier ergriffen werden, um die Inflationsrate nach unten zu drücken, dürften klar geworden sein. Die Zahlen, die das Bureau of Labor Statistics für das Wirtschaftswachstum und die Inflation ausweist, sind schlichtweg geschönt. Die Regierung nimmt einfach an, dass die Amerikaner ihre Computer verbrennen, um ihre Häuser zu heizen, weil diese billiger geworden sind. Wenn ein amerikanischer Bürger in den letzten Jahren also keine Energie verbraucht hat, nichts gegessen hat, kein Haus gekauft hat, keinen Arzt besucht hat, keine Versicherung bezahlt hat und keines seiner Kinder auf das College geschickt hat, dann – und nur dann – stimmt sein Inflationsindex mit dem von der Regierung ausgewiesenen überein.

Zu den hedonischen Anpassungen kommt noch ein weiterer Aspekt hinzu: Die Warenkörbe, mit denen die Inflation gemessen wird, sind je nach Land höchst unterschiedlich sind. Lebensmittel werden beispielsweise in den USA mit 14 Prozent, in Japan dagegen mit 32 Prozent gewichtet, Energiekosten in den USA mit nur sieben Prozent, in Japan dagegen mit 33 Prozen. Mit anderen Worten: Ähnlich wie bei Aktienindizes können verschiedene – beziehungsweise manipulierte – Warenkörbe zu völlig anderen Inflationswerten führen. Wir gehen davon aus, dass die tatsächliche Inflationsrate eher im Bereich von fünf bis sechs Prozent liegen dürfte. Bei einem Leitzins von 3,5 Prozent bedeutet das nicht anderes als eine extreme Versorgung des gesamten Systems mit überreichlich Liquidität.

Das geldpolitische Dilemma, in dem sich die amerikanische Notenbank befindet, dürfte sie aufgrund der volkswirtschaftlichen Folgen, die starke Zinssteigerungen in einer stark verschuldeten Volkswirtschaft mit sich bringen würden, weiterhin mit der gleichen Politik bekämpfen, die die Probleme ja gerade verursacht hat: mit einer großzügigen Geldversorgung. Hierfür sprechen auch die – mit anderen Fed-Offiziellen abgestimmten – Andeutungen des Fed-Governor Ben Bernanke im November 2002, dass man mithilfe der Druckerpresse so viele Dollars in Umlauf bringen könne, bis der Dollar gegenüber den Waren und Dienstleistungen abgewertet habe:

»But he U.S government has a technology, calles a printing press (or today, ist electronic equivalent), that allows it to produce as many U.S. dollars as it wishes at essentially no cost.«

Ben S. Bernanke – Deflation: making Sure it doesn't happen here, 21. November 2002

Da eine Deflation in den USA aufgrund der enormen Schuldenlast sofort zum Bankrott des gesamten Systems führen würde, dürfte die Fed die Wirtschaft weiter mit »billigem Geld« reflationieren. Die Fed kann eine Deflation zwar nicht verhindern. Allerdings ist es, wie bereits dargelegt, aufgrund der expansiven Geldpolitik unwahrscheinlich, dass in den USA eine Deflation wie in den 30ern auftreten wird, in der die Preise um 25 Prozent fielen.

Wahrscheinlicher ist eine Deflation über den Devisenmarkt, die sich in einem fallenden Dollar bemerkbar macht. Von 2002 bis 2004 hat der Dollar gegenüber dem Euro über 50 Prozent verloren und gegenüber dem japanischen Yen mehr als 20 Prozent. Ein fallender Dollar allein treibt schon die Preise der Rohstoffe nach oben, weil diese weltweit in Dollar notieren und somit in einer immer billiger werdenden Leitwährung gehandelt werden.

Der Goldpreis in US-Dollar stieg in dieser Periode um 57 Prozent, aber nur um vier Prozen in Euro. Somit wurde ein großer Teil der bisherigen Preisbewegung bei einigen Rohstoffen durch den fallenden Dollar verursacht – bis jetzt. Zwar gehen wir davon aus, dass die Rohstoffpreise am stärksten in US-Dollar steigen werden, sich aber in Zukunft gegenüber allen Währungen verteuern werden.

Warum? Nun zum einen, weil wir uns in einem langfristigen Bullenmarkt für Rohstoffe befinden, dieser letztlich durch ein Ungleichgewicht zwischen Angebot und Nachfrage verursacht wird und die Preisbewegungen des Dollars in einem Bullenmarkt nur einen sekundären Effekt haben. So legte der Ölpreis um 107 Prozent in USD zu, das sind zehn Prozent weniger als in Euro. Wenn die Nachfrage stärker steigt als das Angebot, dann macht sich dies in steigenden Preisen für Weizen, Zucker, Kaffee oder Öl bemerkbar – in allen Währungen. Zum anderen sehen wir keine andere gesunde Währung, in welche die Dollar-Verkäufer langfristig flüchten könnten.

Bisher führte die künstliche Stimulierung des Verbrauchers in Gestalt des Gebrauchs der Druckpresse zu einer Vermögenspreisinflation im Immobilienmarkt und gab den Verbrauchern die Möglichkeit, Konsumgüter auf Kredit zu kaufen. Doch die Industrieproduktion und die Nettokapitalinvestitionen finden in China und in anderen asiatischen Exportländern statt, die mit ihren günstigen Exporten den US-Konsumenten versorgen und ihm erlauben, über seine Verhältnisse zu leben. Damit wird das wachsende Leistungsbilanzdefizit der Vereinigten Staaten durch die Leistungsbilanzüberschüsse von den asiatischen Ländern ausgeglichen, wobei eine kontinuierliche Reichtumsverschiebung nach Asien stattfindet.

So wird in China fast die Hälfte des Bruttoinlandsprodukts in Anlageinvestitionen gesteckt, was nach volkswirtschaftlicher Regel ein entsprechendes Wachstum auslöst. Für den Konsum bleibt nur ein Drittel dessen, was die Amerikaner prozentual am Bruttoinlandsprodukt ausgeben. Damit konsumieren die Amerikaner absolut und vor allen Dingen prozentual bezogen auf das BIP im internationalen Vergleich am meisten, und dies führt zu einem »Crowding-out«, also zu einem Verdrängen von wachstumsfördernden Investitionen. Außer Schulden und künstlichem, »hedonisch« aufgeblähtem, so genanntem realem Wachstum gibt es also in den USA kein mit China vergleichbares Wachstum.

Die Währungsreserven der asiatischen Länder haben durch ihre Leistungsbilanzüberschüsse stark zugenommen: Bis Ende März 2004 stiegen die Währungsreserven von Japan von 470 Milliarden im Jahr 2003 auf 827 Milliarden US-Dollar und in China von 292 Milliarden auf 409 Milliarden Dollar. Bis jetzt haben diese Länder diese Währungsreserven vorwiegend in Dollar und in US-Staatsanleihen investiert (siehe Abbildung 8).

Insgesamt finanzierten die asiatischen Zentralbanken mehr als zwei Drittel des amerikanischen Leistungsbilanzdefizits oder rund 85 Prozent des Haushaltsdefizits. Ausländer halten derzeit Vermögenswerte

von etwa 9.000 Milliarden US-Dollar in den USA, während die Vereinigten Staaten Vermögenswerte im Ausland im Gegenwert von rund 6.000 Milliarden Dollar besitzen.

Strukturelles Problem

Das US-Leistungsbilanzdefizit und seine Finanzierung (in Prozent des BIP) Abb. 8

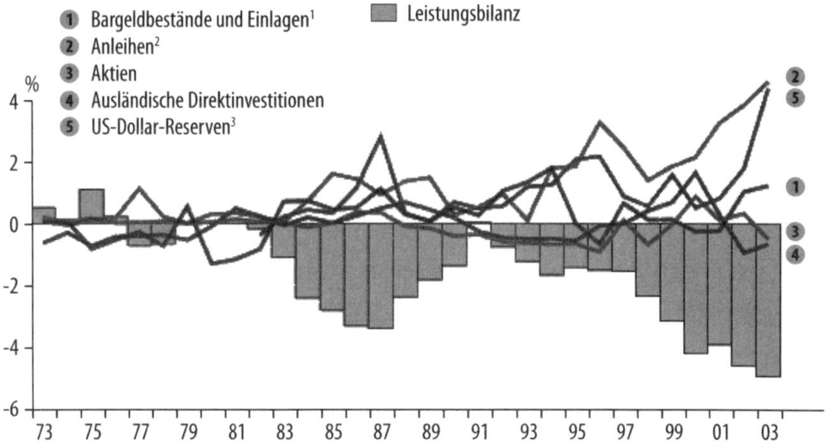

1) Ohne Interbankkredite. 2) Einschl. Zentralbankbestände. 3) Veränderung der US-Dollar-Aktiva von Zentralbanken

Quelle: BIZ, IWF, nationale Angaben

Mit anderen Worten: Die USA haben zurzeit eine negative Nettovermögenslage von rund 3.000 Milliarden Dollar. Das sind etwa 30 Prozent des US-Bruttosozialproduktes.

Weiterhin vergrößert sich diese negative Nettovermögenslage der USA jedes Jahr um das Leistungsbilanzdefizit, das inzwischen sechs Prozent des Bruttoinlandproduktes ausmacht. Das bedeutet, dass Ausländer täglich zwei Milliarden US-Dollar investieren müssen, um die Währung stabil zu halten. Wie lange ausländische Anleger und Notenbanken noch gewillt sein werden, dieses gewaltige und wachsende amerikanische Leistungsbilanzdefizit zu finanzieren, ist offen.

Allerdings wird sich der Dollar auf Grund dieser Kapitalverschiebung gegenüber ausländischen Währungen abschwächen. Strukturell schwache Währungen (wie die Papier-Mark in den 20ern oder der US-Dollar in den 70ern) haben in der Vergangenheit immer zu steigenden Inflationsraten und somit auch zu höheren Zinsen geführt. Und das wird auch passieren, wenn die Asiaten nicht mehr bereit sind, das Defizit zu finanzieren. Wenn die ausländischen Investoren die fundamentalen Probleme der amerikanischen Volkswirtschaft erkennen und das Vertrauen in sie verlieren, wird es zu einer weiteren Abschwächung des Dollars, zu steigenden Zinsen und zu steigenden Inflationsraten kommen.

Doch wo werden die Dollar-Verkäufer ihr Geld anlegen? In Euro, Yen oder in Schweizer Franken? Diese Währungen sind mit Sicherheit stärker als der Dollar, aber die Zentralbanken und Regierungen dieser Länder werden letztlich die gleiche Politik verfolgen wie die USA, da niemand im globalisierten Wettbewerb eine starke Währung gebrauchen kann. Denn der große globale Trend in den nächsten Jahren wird weiterhin die Konvergenz zwischen zwei verschiedenen Welten sein – auf der einen Seite die »Low Cost Producer« der wenig regulierten Länder Asiens und Lateinamerikas, angeführt von China, und auf der anderen Seite die überregulierten, teuren »High Cost Producer« wie die USA und Westeuropa.

Bei einer gesunden wirtschaftlichen Expansion steigen zuerst die Gewinne. Das führt zu Investitionen, die Investitionen bringen den großen Multiplikatoreffekt über erhöhte Beschäftigung, erhöhte Einkommen und dann erhöhten Verbrauch. Das ist die Sequenz, die für eine lang anhaltende Wirtschaftsexpansion ablaufen muss. Wenn die Erträge aber strukturell auf Jahre hinaus an der Quelle gedrückt werden, wird das ganze Wirtschaftssystem geschwächt.

Unterm Strich heißt das nichts anderes, als dass die Industrieländer wegen der zurückgehenden Margen Wohlstand verlieren und die Schwellenländer entsprechend zulegen. Je mehr Güter in den Billiglohnländern produziert werden, umso mehr Gewinne, Einkommen und Arbeitsplätze wird die westliche Welt verlieren. Mit anderen Worten: Die Konvergenz ist gut für die Emerging Markets und schlecht für uns. In den USA gab es trotz einer Konjunkturerholung kaum einen Zuwachs bei der

Beschäftigung. Genau diese Anzahl von Jobs wurde aber gleichzeitig in den Schwellenländern geschaffen.

Doch lehrt uns nicht die Volkswirtschaftslehre, dass sich Außenhandel für alle Länder lohnt? David Ricardo (1772–1823), der vor fast 200 Jahren zu dieser Erkenntnis gelangte, ist die Ikone schlechthin für amerikanische Ökonomen, die postulieren, dass freier Handel allen Beteiligten nützt, die Gewinne unmittelbar auch den Verlierern zugänglich gemacht werden.

Wie die Wirtschaftsgeschichte gezeigt hat, bleibt die Verteilung der Gewinne aber nicht gleich. So hat sich in den USA der Anteil an der weltweiten Wirtschaftsleistung in den zurückliegenden 50 Jahren in etwa halbiert. Wenn China oder Indien ihre Produktivität durch Innovationen oder die Nachahmung von Produkten und Dienstleitungen erhöhen – ein Gebiet, auf dem der Westen bisher einen komparativen Handelsvorteil hatte –, dann kann dies sehr wohl zu einem Rückgang der Pro-Kopf-Einkommen im Westen führen, genauso wie beim Outsourcing von Produktion und Dienstleitungen nach China, Indien oder Vietnam.

Und was diese Ökonomen ebenfalls nicht berücksichtigen, ist die Tatsache, dass sich die heutigen monetären Rahmenbedingungen völlig von denen vor 200 Jahren unterscheiden. Damals gab es einen Goldstandard, der signifikante Ungleichgewichte nicht erlaubte. Die am Welthandel teilnehmenden Nationen definierten ihre Währungen als eine bestimmte Menge an Gold. Dadurch wurden die Währungen einzelner Länder untereinander fixiert. Wenn also ein Land ein Handelsdefizit erzielte, dann floss den anderen Ländern Gold zu. Dieses abfließende Gold wiederum brachte eine rückläufige Geldmenge mit sich, da das Gold aus dem Bankensystem herausfloss und somit zu einem rückläufigen Kreditwachstum führte. Der Rückgang der Geldmenge löste einen wirtschaftlichen Abschwung aus, der zu sinkenden Preisen führte. Die fallenden Preise wiederum steigerten die internationale Wettbewerbsfähigkeit, wodurch die Exporte gesteigert wurden und die Importe zurückgingen.

Dieser Mechanismus sorgte dafür, dass das Handelsdefizit verschwand und vice versa Handelsüberschüsse bei den anderen Ländern zurückgingen. Hohe, lang anhaltende Ungleichgewichte wurden durch den Goldstandard verhindert. Denn es gab im Vergleich zu heute niemanden, der ein solches Defizit finanziert hätte. Kreditexzesse wie in den USA wären also unmöglich gewesen.

Außerdem gab es zu Zeiten Ricardos – ein weiterer wichtiger Unterschied – keine Konsumentenkredite. Auch waren einer übermäßigen Staatsverschuldung wegen der zinstreibenden Wirkung Grenzen gesetzt. Die Regierungen konnten also nicht wie heute beliebig Geld drucken. Und niemand hätte mehr mit einem Land Geschäfte gemacht, das keine entsprechenden Mengen mehr an Gold hatte.

Heute sehen wir hingegen auf der einen Seite die amerikanische Volkswirtschaft, die enorme Leistungsbilanzdefizite produziert, und auf der anderen Seite die asiatischen Länder, die gewaltige Leistungsbilanzüberschüsse erwirtschaften. Trotz dieser Überschüsse lassen die asiatischen Zentralbanken ihre Währung nicht aufwerten, sondern generieren stattdessen lieber Währungsreserven in US-Dollar. So war der chinesische Renminbi bis zur jüngsten Aufwertung um 2,1 Prozent im Juli diesen Jahres zehn Jahre lang mit einem festen Wechselkursverhältnis von 8,28 an den US-Dollar gebunden. Der US-Dollar hat in den vergangenen Jahren jedoch gegenüber dem Euro, dem Yen und anderen Währungen an Wert verloren. Da der chinesische Renminbi an den Dollar gebunden ist, werden mit einem fallenden Dollar nicht nur die amerikanischen, sondern auch die chinesischen Exporte nach Europa billiger. Ein weiterer Fall des Dollars sowie konkurrenzlos günstige Arbeitskräfte in Asien sind für europäische Unternehmen somit eine fatale Kombination.

Weil die Chinesen ihre Währung gegenüber dem Dollar weiterhin künstlich tief halten (trotz der jüngsten Aufwertung), ist es auch den anderen asiatischen Ländern nicht möglich, ihre eigenen Währungen gegenüber dem Dollar aufzuwerten. Sobald ihre Währungen gegenüber dem Dollar an Wert zunehmen würden, stiege zugleich der Wert gegenüber dem fest an den amerikanischen Dollar gebundenen chinesischen Renminbi. Somit würden sie an Konkurrenzfähigkeit gegenüber China auf den Exportmärkten verlieren.

Allgemein kann konstatiert werden, dass die asiatischen Volkswirtschaften langfristig der Wachstumsmotor sein werden, von dem rohstoffreiche Länder wie Australien oder Kanada profitieren, während sich die USA auf dem absteigenden Ast befinden. Europa dürfte irgendwo dazwischen liegen.

Der Dollar-Verfall wird sehr oft mit dem großen US-Budgetdefizit begründet. Allerdings liegen inzwischen mehr als die Hälfte der EU-Staaten über der Maastricht-Verschuldungsgrenze. Griechenland kam bekanntlich durch eine Lüge in die Niedrigzins-Euro-Zone mit einem Defizit, das mit sechs Prozent beim Doppelten der Obergrenze lag. Der Euro wurde falsch konstruiert. Die D-Mark, der Gulden und der Schilling wurden 20 Prozent überteuert in den Euro gerechnet.

Der Stabilitätspakt ist schon lang gestorben, und ob der Euro überleben wird, bleibt abzuwarten. Unsere Gemeinschaftswährung hat, wie alle fünf großen Währungen, ihre fundamentalen Probleme und ist alles andere gesund. Europa ist seit der Einführung des Euros eher zum Wachstumsproblem als zu einer Wachstumsförderungsgemeinschaft geworden. Zwar wird ein Drittel der deutschen Volkswirtschaft durch zunehmend wettbewerbsfähigere deutsche Exporte in die EU begünstigt. Die restlichen zwei Drittel, die Binnenwirtschaft, wird jedoch durch den höchsten Realzins in der EU gedämpft. Somit führen die Dämpfung von zwei Dritteln der Volkswirtschaft und die Stimulierung von einem Drittel zu einem unterdurchschnittlichen Wachstum.

Der höchste Realzins in der EU erklärt sich aus der Tatsache, dass Deutschland die niedrigste Inflationsrate hat. Hinzu kommt, dass die meisten Länder ihre Inflationsraten inzwischen nach amerikanischem Vorbild zunehmend manipulieren.

Gleiches gilt für die Errechnung der Staatsverschuldung: In Deutschland stieg laut Bundesrechnungshof die Staatsverschuldung im Jahr 2003 um 82 Milliarden Euro auf nunmehr 1.326 Milliarden Euro. Das entspricht 62 Prozent des Bruttoinlandsprodukts. 1970 betrug die öffentliche Verschuldung noch 18 Prozent des BIP. Unter Einrechnung der Anwartschaften in den Sozialversicherungen ist die öffentliche Hand mit 7,1 Billionen Euro verschuldet. Das sind pro Kopf der Bevölkerung Staatsschulden in Höhe von 100.000 Euro.

Wenn Ihnen eine Bank einen Kredit gewährt, müssen Sie ihn tilgen. Wie würde sich eine Bank verhalten, wenn ein Kunde ihr mitteilte, er könne den Kredit nicht zurückzahlen, weil er nur Verluste erwirtschaftet, und gleichzeitig verlangt, dass er den Kredit nie zurückzahlen muss, sondern dieser zum Ausgleich der Verluste jedes Jahr aufgestockt werden sollte?

Sie kennen die Antwort. Doch genau so verhält sich der Staat unter der Führung unserer Politiker. Eine solide Haushaltspolitik, also ein mittelfristig ausgeglichener Haushalt, war bis in die 1960er-Jahre auch in Deutschland selbstverständlich. Dies ist jedoch schon seit längerer Zeit nicht mehr der Fall. Vielmehr verschulden die Politiker unser Land Jahr für Jahr immer weiter. Zwar wird auch Deutschland hier ein wenig ideenreicher, wie man zum Beispiel am Verkauf der russischen Forderungen an private Investoren und somit der Veräußerung künftiger Einnahmen sieht. Andere Länder sind hier aber wesentlich kreativer, wie etwa Italien, wo man die Lottoeinnahmen der nächsten Jahre verkauft.

Auch in Portugal sollen die Staatshaushaltsdefizit-Zahlen schon seit Jahren geschönt sein. Die portugiesische Wirtschaft zeichnet sich durch rund 700.000 Beamte beziehungsweise 14 Prozent der arbeitenden Bevölkerung aus. So viele Beamte gibt es in keinem anderen EU-Staat, und entsprechend blühen Inflation und Neuverschuldung durch die überdurchschnittliche Beamtenbesoldung beziehungsweise die geringe volkswirtschaftliche Gesamtproduktivität. Entsprechend werden Arbeitsplätze aus Portugal bereits massiv in die neuen EU-Länder in Osteuropa sowie nach Rumänien und Bulgarien verlagert.

Nicht nur Portugal, sondern auch Spanien wird in der EU immer weniger wettbewerbsfähig. Dank des niedrigen negativen Realzinses blüht zwar die spanische Binnenwirtschaft, der Export lässt aber ähnlich wie in Italien immer mehr zu wünschen übrig. Zusammen mit einer kommenden Immobilienblase steht Spanien wahrscheinlich vor relativ schwierigen wirtschaftlichen Zeiten.

Auch hier zeigt sich, dass Europa ein Bremsklotz geworden ist. Nach den Anfangsjahren mit ihrem handelsfördernden Wegfall der Zölle hat vor allen Dingen die Euro-Einführung zu weniger Flexibilität geführt. Der schwache Export in Spanien, Italien und Portugal wird dazu führen, dass diese Länder in Zukunft auch weniger aus starken Exportländern, wie Deutschland, importieren können. Je größer die Wirtschaftsprobleme werden, desto mehr wird man in den Wirtschaftskreislauf eingreifen müssen und die eigentlichen marktwirtschaftlichen Vorteile aus dem Zusammenschluss Europas beschädigen.

Um es auf den Punkt zu bringen: Die Industrienationen sind gesättigt, und die demographische Entwicklung ist schlecht. Eingriffe der öffentlichen Hand werden künftig notgedrungen an der Tagesordnung stehen. Die Industrieländer werden deshalb künftig eigentlich nur noch über monetäre, fiskalische und währungspolitische Nachfragestimulanzen wachsen können. In der nächsten Dekade wird weltweit in einem Umfang reflationiert werden, gegen den die derzeitige Gelddruckerei der amerikanischen Notenbank wie ein Witz erscheinen wird. Denn die hohe Verschuldung in der Welt hat die Konjunktur äußerst zinsanfällig gemacht. Besonders die verschuldeten Verbraucher müssten sofort für ihre Konsum- und Immobilienkredite wesentlich höhere Teile ihres Einkommens aufwenden, was die alles entscheidende Konsumgüterkonjunktur stark drücken würde.

Hinzu kommt, dass auch die hoch verschuldeten Staaten sich heute überwiegend kurzfristig finanzieren. Italien hat zum Beispiel einerseits durch die Umschuldung von langlaufenden auf kurzlaufende Anleihen, andererseits aber auch durch die Einführung des Euros mehr als 50 Milliarden Euro pro Jahr an staatlichen Zinszahlungen gespart. Würden die kurzfristigen Zinsen nur von zwei auf drei Prozent steigen, so würden sich die Zinsen auf die Staatsschulden in vielen Ländern entsprechend um 50 Prozent erhöhen, was die ohnehin viel zu hohe Neuverschuldung explodieren ließe. Die Europäer sind in Sachen Budgetdefizit also nicht viel besser als die Amerikaner. Anders ist allerdings, dass die Europäer ihre Defizite im Wesentlichen selber finanzieren, während drei Viertel der US-Defizite von den Asiaten bezahlt werden.

Aufgrund der künftig weltweiten Stimulierungen ist es auch weniger wahrscheinlich, dass der Dollar gegenüber anderen Papierwährungen völlig einbrechen wird (auch wenn er sich langfristig noch abschwächen wird). Denn die anderen Notenbanken werden an einem gewissen Punkt intervenieren, um den Dollar zu stützen. Die anderen Notenbanken werden somit weltweit noch mehr ungedecktes Papiergeld in Umlauf bringen, und dadurch kann die Liquidität nur begrenzt in andere Währungen fließen. Die Konsequenz wird sein, dass Papierwährungen aufgrund der verfehlten Politik der Notenbanken an Kaufkraft verlieren werden und eine Renaissance der realen Werte stattfinden wird, deren Angebot nicht von den Zentralbanken erhöht werden kann.

Der Einfluss Asiens auf die Rohstoffmärkte

Folgt man dem MSCI World Index, stellen die Vereinigten Staaten mit einem Anteil von 56 Prozent die bedeutendste Volkswirtschaft dar. Asien inklusive Japan kommt mit einer Bevölkerung von 3,6 Milliarden Menschen auf 12,1 Prozent Anteil an der Weltwirtschaft, ohne Japan auf nur 3,4 Prozent. Das Bruttoinlandsprodukt (BIP) gibt ein ähnliches Bild. Die USA haben ein BIP von elf Billionen US-Dollar, während die aufstrebenden Volkswirtschaften China, Indien, Südkorea, Taiwan, Singapur und Hongkong zusammen gerade einmal auf ein BIP von 2,2 Billionen US-Dollar kommen. Somit ist das amerikanische Bruttoinlandsprodukt fast zehnmal so groß wie das chinesische und mehr als zwanzigmal so groß wie das indische BIP.

Betrachtet man jedoch die reinen Produktionsstatistiken, wird deutlich, dass Asien in vielen Wirtschaftssektoren bereits heute bedeutender ist als die USA und die Zahlen zum BIP nur ein ungenaues Bild der tatsächlichen Größe der asiatischen Volkswirtschaften geben. So gehört Indonesien zu den vier größten Herstellern von Kakao, Kaffee, Reis, Kupfer, Blech und Gummi. Indien ist unter den drei größten Erzeugern von Getreide, Weizen, Zucker, Tee, Reis und Baumwolle zu finden. Vietnam ist der weltweit zweitgrößte Produzent von Kaffee, Thailand der weltweit größte Produzent von Gummi. China führt global bei Obst, Gemüse, Reis, Baumwolle, Blech und Zink und liegt auf dem zweiten Rang bei Tee, Wolle, Weizen, Blei und Kohle. Außerdem ist das Land drittgrößter Aluminiumproduzent und steht auf den Plätzen vier bis sechs bei Kupfer, Zucker und Gummi.

Allein China ist bereits heute in vielen Wirtschaftssektoren wesentlich größer als die USA. China produziert mehr Stahl als die USA und Japan zusammen und ist dazu auch noch einer der größten Stahlimporteure. 2003 war es das erste Land der Industriegeschichte, das in einem Jahr mehr als 200 Millionen Tonnen Stahl herstellte. Das entspricht fast einem Viertel der Weltproduktion. Die Zementproduktion in China ist fünfmal größer als die in den USA. China ist der weltweit bedeutendste

Hersteller von Motorrädern. Jedes Jahr werden in China mehr Kühlschränke, Waschmaschinen, Fernseher, Radios und Handys gefertigt und im eigenen Land verkauft als in den USA. Viele dieser Konsumgüter werden nach Europa oder den USA exportiert: China ist seit mehreren Jahren der weltweit größte Exporteur von arbeitsintensiven Produkten wie Textilien, Kleidung, Schuhen, Uhren, Fahrrädern und Nähmaschinen. In den letzten Jahren avancierte das Land auch zum größten Exporteur elektronischer Produkte wie CD-Spieler, Computerbildschirme, Mobiltelefone, Klimaanlagen, Container, optische Bauteile, elektrische Werkzeuge und kleine elektrische Haushaltsgeräte und zum zweitgrößten Exporteur von Farbfernsehern und Motorrädern. Rechnet man dies alles ein, dann wird deutlich, dass die auf reinen Währungsdaten basierenden Statistiken, die das unterschiedliche Preisniveau in den verschieden Ländern außer Acht lassen, ein unzutreffendes, nämlich viel zu schwaches Bild von China und den anderen asiatischen Volkswirtschaften geben.

Die Größe Chinas und die überreichlich zur Verfügung stehenden Arbeitskräfte werden wie beim Eintritt der USA in die Weltwirtschaft dafür sorgen, dass der Boom teilweise deflationärer Natur sein wird. Angenommen, ein schicker Flachbildfernseher kostet heute 2.500 US-Dollar, dann können sich diesen Luxus vielleicht eine Million Chinesen leisten. Falls der Preis aber im Lauf der Zeit auf 500 US-Dollar fällt, dann können vielleicht 50 Millionen Chinesen ein solches Gerät kaufen. Mit anderen Worten erscheint China mit einem Bruttoinlandsprodukt von 1,2 Billionen US-Dollar im Vergleich zu den USA mit einem BIP von über elf Billionen US-Dollar nur auf den ersten Blick unbedeutend. Gemessen an materieller Produktion und Export und bereinigt um das Preisniveau, dürfte China schon jetzt etwa 50 bis 60 Prozent der Größe der amerikanischen Volkswirtschaft erreicht haben.

Diese Zahlen verdeutlichen auch, dass der Globalisierungsprozess in den vergangenen Jahren sehr leistungsfähige Wettbewerber geschaffen hat. Während in den USA die Verschuldung und der Konsum, der durch die Politik der Notenbanken künstlich ausgeweitet wurde, steigen und die Kapitalinvestitionen geringer werden, finden das Wachstum und die Produktion in China statt, und dorthin fließen auch immer mehr Kapitalinvestitionen – 2003 stiegen sie um mehr als 40 Prozent auf 50 Milliarden Euro. Das Land ist heute in der Lage, fast alle Produkte des Westens günstiger herzustellen, und dies nicht nur, weil die Arbeitskosten niedriger sind (in China liegen zum Beispiel die Kosten für einen Facharbeiter bei einem Euro je Stunde, während in Europa 25 Euro je Stunde bezahlt werden), sondern auch weil die Produktivität steigt. Nun sind in letzter Zeit die Rufe lauter geworden, dass China seine Währung, die im festen Wechselkursverhältnis von 8,28 an den US-Dollar gebunden ist, aufwerten solle. Weil der US-Dollar in den vergangenen Jahren gegenüber dem Euro, dem Yen und anderen Währungen an Wert verloren hat und der chinesische Renminbi an den Dollar gebunden ist, werden mit einem fallenden Dollar nicht nur die amerikanischen, sondern auch die chinesischen Exporte nach Europa billiger, wodurch Europa an Wettbewerbsfähigkeit verliert. Ende Juli hat dann auch die chinesische Zentralbank die lang erwartete Veränderung des Wechselkurssystems bekannt gegeben. Die chinesische Währung wurde um 2,1 Prozent auf 8,11 Yuan aufgewertet, zudem von einer US-Dollar-Bindung auf einen Währungskorb umgestellt und ein breiteres tägliches Schwankungsband von 0,3 Prozent um die am Vortag von der Zentralbank festgelegten Parität zugelassen. Dies dürfte erst der Anfang gewesen sein. In den nächsten Jahren wird es aller Voraussicht nach weitere Aufwertungsschritte der chinesischen Währung geben. Hierfür spricht allein schon die Tatsache, dass ein festes Wechselkursverhältnis noch nie in der Geschichte funktioniert hat. Doch wird uns im Westen eine Lockerung wirtschaftlich helfen? Wohl kaum. Selbst wenn sich die chinesische Währung verdoppeln sollte, wäre sie noch extrem konkurrenzfähig. Oder glauben Sie, dass ein chinesischer Arbeiter, der heute 100 bis 200 US-Dollar im Monat verdient und dann auf 200 bis 400 US-Dollar käme, ein Grund wäre, die Produktion nach Europa zu verlagern? Wir nicht.

Der Aufstieg der Industrie- und Schwellenländer China und Indien mit ihren zusammen über zwei Milliarden Menschen ist in der Geschichte einmalig und wird in den nächsten Jahren einen stetigen Abwärtsdruck auf die Produktpreise, Gewinnmargen und Unternehmenserträge in den Industrieländern ausüben. Während China mit seiner wettbewerbsfähigen verarbeitenden Industrie und Indien mit seinem kostengünstigen, aber hoch entwickelten Dienstleistungsbereich einen deflationären Einfluss auf viele Bereiche des Weltwirtschaftssystems hat, sorgen die Industrialisierung Chinas und der damit verbundene steigende Lebensstandard dafür, dass durch den enormen Rohstoffbedarf in diesem Sektor die Preise in die Höhe getrieben werden.

China: Unter Dampf
Wachstum von Bruttoinlandsprodukt und Industrieproduktion verschiedener Länder Tab. 1

12 Monate bis 30. Juni 2005	GDP	IP
China	9,5%	16,9%
Japan	0,6%	-2,2%
Deutschland	0,6%	3,0%
USA	3,3%	3,7%

Quelle: Bloomberg, eigene Darstellung

So ist China zwar in der Lage, sich mit Fahrzeugen oder elektronischen Produkten wie DVD-Playern überwiegend selbst zu versorgen. Rohstoffe sind jedoch nicht genügend vorhanden, um den eigenen Bedarf zu decken. Hauptverantwortlich für die gestiegenen Metallpreise sind somit weniger die westlichen Industrienationen als vielmehr das starke Wachstum Chinas (siehe Tabelle 1).

Insbesondere die hohe Industrieproduktion Chinas sorgt für eine enorme Nachfrage nach Metallen. Natürlich wird es auch beim Wachstum Chinas zu Rückschlägen kommen, doch über die nächsten Jahre dürfte ein durchschnittliches Trendwachstum von sieben Prozent pro Jahr erreicht werden können. In vergangenen Boomphasen aufstrebender Volkswirtschaften sind auch Länder wie Südkorea, Japan oder Taiwan über Jahre hinweg ähnlich kräftig gewachsen (siehe Abbildung 1).

China folgt dem Wachstumspfad Japans
Wachstum von China und Japan im Vergleich Abb. 1

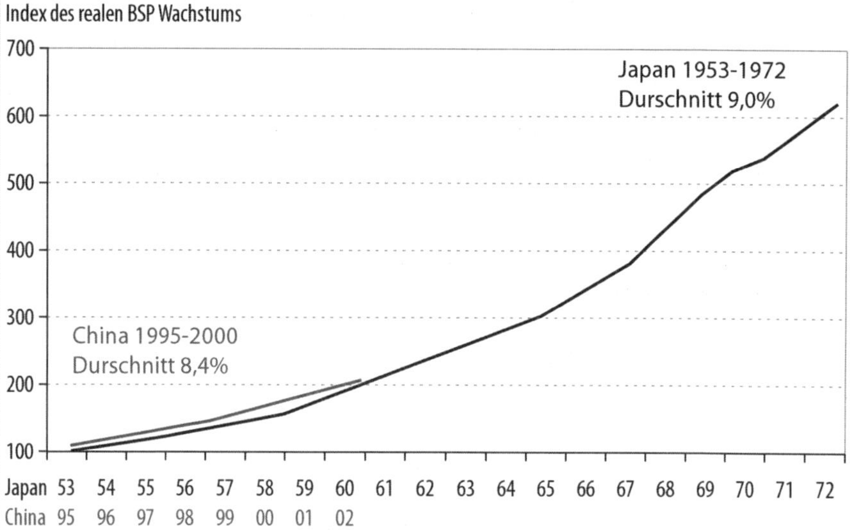

Quelle: Kingdon Management

Und auch China selbst hat es in den Jahren 1990 bis 1999 geschafft, mit einer jährlichen Rate von im Schnitt 10,4 Prozent zu expandieren. Selbst wenn sich die Industrieproduktion auf zehn bis zwölf Prozent (eine kontinuierliche Industrieproduktion von 20 Prozent wie im Jahr 2003 ist langfristig unmöglich) und das BIP-Wachstum auf sieben Prozent abschwächen sollten, wird dies weiter für eine steigende Nachfrage nach Rohstoffen sorgen. Denn die ganze Produktion ist darauf angewiesen. Seit 1993 ist China bei Energie kein Selbstversorger mehr, sondern importiert steigende Mengen Öl. Im Jahr 2003 importierte China zwei Millionen Barrel Erdöl pro Tag – ein Anstieg um mehr als ein Drittel im Vergleich zum Vorjahr. Nach Angaben der Internationalen Energieagentur könnte China schon um die Jahrzehntenwende vier Millionen Barrel importieren. Dies gilt auch für viele andere Rohstoffe wie Eisenerz oder Kupfer. So ist China inzwischen der weltweit zweitgrößte Verbraucher von Energie sowie der größte Verbraucher von Kupfer, Eisenerz, Stahl und Sojabohnen.

Und diese Abhängigkeit Chinas von Eisenerz und anderen Rohstoffen wird weiter zunehmen. So steigerte die für chinesische Verhältnisse mittelgroße Provinz Hebei (bei Peking), in der 65 Millionen Menschen leben, ihre Stahlproduktion mit Hilfe von heimischer Kohle bis zur Jahrtausendwende langsam auf jährlich 20 Millionen Tonnen. Dann explodierte der Ausstoß 2003 auf 50 Millionen Tonnen. Von dem nötigen Eisenerz wurde bereits mehr als die Hälfte aus Australien und Brasilien importiert (siehe Tabelle 2), und eine Wende ist nicht in Sicht. Tatsächlich werden schon heute 60 Prozent des chinesischen Stahlverbrauchs von der Bau- und Autoindustrie eingenommen. In den nächsten zehn bis 15 Jahren dürften Schätzungen zufolge mehr als 200 Millionen Chinesen vom Land in die Städte umsiedeln, wo sie erst eine Wohnung brauchen und später ein Auto wollen.

Chinesische Eisenerzimporte nach Herkunft (in Millionen Tonnen)

Übersicht über die Eisenerzimporte Chinas Tab. 2

Land	Januar - März 2004	Januar - März 2003	Veränderung
Australien	18,12	13,46	34,6%
Indien	13,44	8,32	61,6%
Brasilien	10,41	8,02	29,7%
Südafrika	2,98	2,90	2,9%
Peru	0,80	0,30	162,8%
Kanada	1,04	0,24	325,9%
Venezuela	0,70	0,07	876,1%
Chile	0,53	0,34	54,1%
andere	2,73	0,55	392,4%
Summe	**50,75**	**34,20**	**48,4%**

Quelle: Macquarie Research

Auf Dauer wird China mit einer zunehmend wohlhabenden Gesellschaft von 1,3 Milliarden Menschen der weltweit größte Konsument von Wa-

China: Niedriges Niveau

Stahlverbrauch und BIP pro Kopf verschiedener Länder im Vergleich Abb. 2

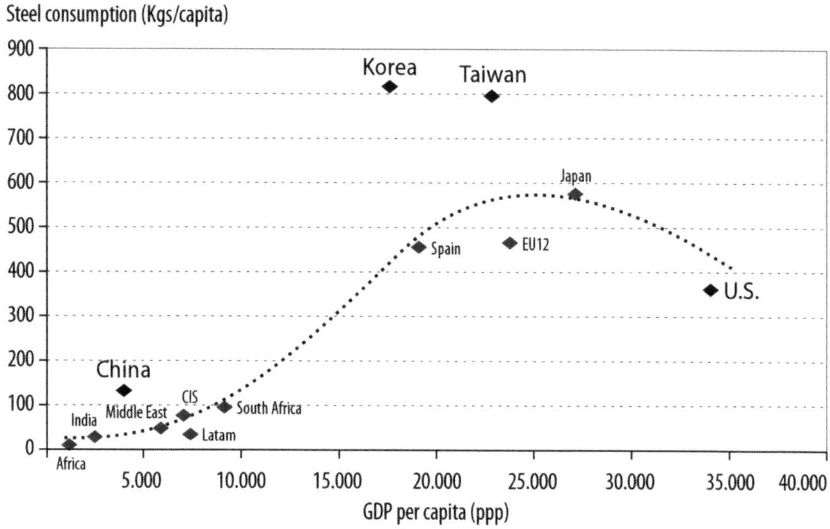

Quelle: IISI, The Economist, CSFB estimates

ren und Dienstleistungen sein. Nur eine Frage der Zeit ist es, bis riesige Märkte für nahezu jedes Produkt entstehen. Der Ressourcenbedarf wird deshalb wesentlich ansteigen, und die chinesische Nachfrage nach Gold, Kupfer und Nickel wird die Rohstoffpreise in die Höhe klettern lassen. Denn obwohl China bereits heute zu den größten Konsumenten von Stahl zählt, ist der Verbrauch im Vergleich zu anderen Ländern weiterhin sehr niedrig (siehe Abbildung 2).

Der Pro-Kopf-Verbrauch von Stahl ist in Ländern wie Taiwan oder Südkorea vier- bis fünfmal höher als der chinesische. Sollte China in Zukunft das Niveau des koreanischen Pro-Kopf-Stahlverbrauchs erreichen, würde das bedeuten, dass die Nachfrage 25 Jahre lang um fünf Prozent pro Jahr steigen würde. Auch die chinesische Goldnachfrage könnte in den nächsten Jahren stark ansteigen. Derzeit beträgt der Pro-Kopf-Verbrauch der chinesischen Bevölkerung gerade einmal 0,2

Gramm pro Jahr. Selbst die indische Bevölkerung, die ein sehr viel niedrigeres Pro-Kopf-Einkommen besitzt, verbraucht schon ein Gramm. Die Vereinigten Arabischen Emirate haben sogar einen Verbrauch von 30 Gramm pro Kopf. Würden die Chinesen pro Kopf also nur gleich viel Gold wie die Inder kaufen, würde die jährliche Nachfrage von 200 Tonnen auf über 1.000 Tonnen ansteigen. Da China nur 180 Tonnen selbst produziert und diese Produktion gerade mit zirka 13 Prozent pro Jahr wächst, würde solch ein Anstieg der Goldnachfrage sämtliche Verkäufe der Zentralbanken kompensieren können.

Aber das chinesische Wirtschaftswachstum wird sich nicht nur in einer steigenden Nachfrage nach Metallen bemerkbar machen. Auch der Pro-Kopf-Verbrauch von Nahrungsmitteln wird sich wesentlich erhöhen. Zwar ist es unwahrscheinlich, dass China in den nächsten Jahren Niveaus wie die westlichen Industrieländer erreichen wird, aber wie Tabelle 3 zeigt, ist der Pro-Kopf Verbrauch von Fleisch, Geflügel, Fisch, Früchten, Milch und Gemüse selbst im Vergleich zu Taiwan und Hongkong auf sehr niedrigem Niveau.

Geringer Pro-Kopf-Verbrauch Chinas
Nahrungsmittelverbrauch von China, Taiwan und Hongkong
Tab. 3

	China	Taiwan	Hong Kong
Fleisch	15	81	91
Geflügel	2	*	29
Fisch	4	59	57
Reis	154	85	60
Früchte	12	92	92
Flüssige Milch	6	39	52
Gemüse	19	70	78
Fruchtsäfte	0	19	3

Pro-Kopf-Verbrauch der wichtigsten Nahrungsmittel in Kg pro Person
* in Fleisch mit eingerechnet

Quelle: Consumer Asia, 1999

Der steigende Lebensstandard in China wird dafür sorgen, dass sich der Pro-Kopf-Verbrauch Chinas in Richtung der wohlhabenden asiatischen Länder wie Taiwan und Hongkong bewegen wird. Diese Entwicklung ist auch bei Kaffee abzusehen. Der chinesische Kaffeekonsum nimmt um mehr als 20 Prozent pro Jahr zu. Dennoch liegt der Pro-Kopf-Verbrauch in China mit einer Bevölkerung von 1,3 Milliarden Menschen bei nur 200 Gramm pro Jahr, in den USA mit seinen 286 Millionen Menschen dagegen bei vier Kilogramm. Es ist zwar unwahrscheinlich, dass in China ein Niveau wie in den USA erreicht wird, aber sollte der Pro-Kopf-Verbrauch nur annähernd an den in Japan heranreichen, wird China gewaltigen Einfluss auf die Kaffeepreise haben. Im nächsten Kapitel, in dem wir auf das Ungleichgewicht zwischen Angebot und Nachfrage bei den einzelnen Rohstoffen eingehen, werden China und das restliche Asien als starker Nachfragefaktor immer wieder auftauchen.

Sollte der Lebensstandard in China weiterhin ansteigen, wird dieses Land riesige Auswirkungen auf die Rohstoffmärkte der Welt haben und dafür sorgen, dass die Rohstoffpreise stark steigen werden. Somit ist für einen Anleger der beste Weg, um an Chinas Wachstum und dem des restlichen Asien zu partizipieren, das zu kaufen, was China nicht in ausreichendem Maß besitzt und somit selbst importieren muss – einen Korb von verschiedenen Rohstoffen.

Das Ungleichgewicht zwischen Angebot und Nachfrage

Edelmetalle

Gold

Die Geschichte des Goldes ist beinahe so alt wie die der Menschheit und, verbunden damit, die Faszination der Menschen für das gelbe Metall. Seit jeher besaß das Gold aufgrund seiner geringen Verfügbarkeit, der oft schwierigen und kostspieligen Förderung sowie auch einfach der Farbe und Glanzes – kurz seiner erhabenen Schönheit – wegen die Funktion des Geldes (Recheneinheit, Tauschmittel und Wertaufbewahrung) und stand für Macht und Wohlstand. Bereits im Alten Testament der Bibel im ersten Buch Mose (vgl. 1. Mose, 2,11) wird Gold erwähnt, das nahe dem Garten Eden gefunden wurde. Vom Stammvater Abraham besagt die Schrift, er sei sehr reich an Vieh, Silber und Gold (1. Mose 13,2) gewesen. König Salomo (965–926 v. Chr.), der Sohn des Königs David, erhielt allein in einem Jahr 666 (in der Bibel auch negativ belegt als die Zahl des Antichristen) Zentner Gold (1 Zentner entsprach 3.600 hebräischen Lot und damit knapp 59 Kilo; vgl. 1. Könige 10,14). Seit Menschengedenken spielt dieses Metall eine besondere Rolle.

Nicht nur Volkskunde, Mythologie und Psychologie lehren, dass Gold über die Zeiten hinweg von den Menschen gleichgesetzt wurde mit dem Höchsten, Erhabensten und Reinsten. Andererseits wurden, um Gold zu erwerben, Verbrechen begannen. Die dunkelsten Seiten des Menschen traten dadurch zutage, wie etwa im Massenmord der Konquistadoren am Volk der Inka im 16. Jahrhundert. Gold war nicht nur als monetäres Instrument und Investitionsgut geschätzt, besonders hinsichtlich seiner Wertstabilität in politisch, sozial und wirtschaftlich unsicheren Zeiten, sondern auch in Form von Schmuck und als dekoratives Element. Private und institutionelle Investoren können sich damit gleichermaßen gegen Kurseinbrüche schützen.

Alles Gold im Verhältnis zum Eiffelturm
Alles jemals geförderte Gold passt in einen Würfel mit einer Seitenlänge von 20 Metern Abb. 1

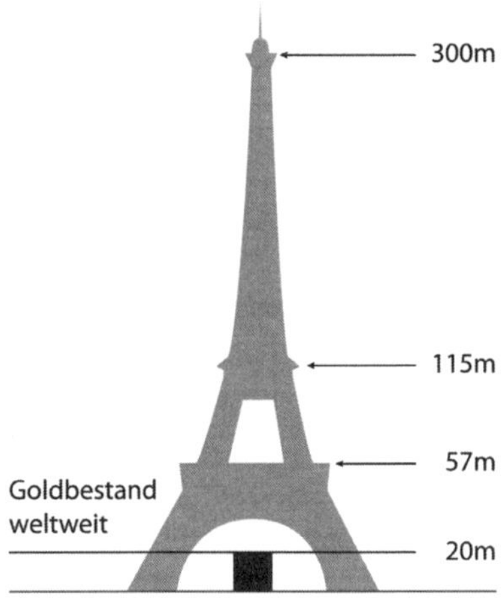

Quelle: Private Asset Management

Obwohl die Investmentnachfrage nach Gold einen bedeutenden Faktor darstellt, wird der größte Teil des Goldangebots von der Schmuckindustrie aufgenommen. Zudem findet Gold weiteren industriellen Einsatz aufgrund seiner Leitfähigkeit sowie in der Zahnmedizin. Gold wird in über 76 Ländern abgebaut. Nach wie vor ist Südafrika der bedeutendste Goldproduzent, gefolgt von den USA, Australien und Kanada.

Goldbergbau wird seit rund 6.000 Jahren betrieben. Die seither geförderte Menge ist allerdings überschaubar. Sämtliches verarbeitete Gold der Welt ergäbe, würde man es aufeinander schichten, einen Quader von einer Seitenlänge von lediglich jeweils 20 Metern (vgl. Private Wealth Management – Deutsche Bank: Gold – ein glänzendes Comeback, Sonderedition 2 – Private Asset Management 02/04).

Diese Illustration verdeutlicht, wie selten und damit werthaltig Gold tatsächlich ist. Die ältesten Zeugnisse des Goldbergbaus stammen aus der ägyptischen Hochkultur. Goldschmuck aus der neolithischen Naga-ed-Der-Kultur (die zurückreicht bis in das Jahr 3800 v. Chr.) untermauert die Vermutung, dass bereits zu dieser Zeit Gold mit mythologischen Vorstellungen in Verbindung gebracht wurde. Schnell bekam Gold aber auch die Bedeutung von Geld, dessen Funktion einstmals Tierköpfe – das lateinische »pecunia« für Geld ist nahe verwandt mit »pecus« = Vieh), Muscheln, Hundezähne oder Reis innehatten. Die steigende Verfügbarkeit des Goldes machte das Edelmetall aber schnell zu einem würdigen Ersatz. Goldbarren mit einem Gewicht von 14 Gramm besaß bereits der Pharao Menes-Narmer, der 3197 bis 3135 v. Chr. lebte. Einer der ersten, die Gold in Form von Münzen prägen ließen, war der sagenumwobene König Croesus, der im 6. Jahrhundert v. Chr. lebte. Davor waren Münzen im Umlauf, die lediglich aus Elektron, einer natürlichen Gold-Silber-Legierung, bestanden und im Auftrag der kleinasiatischen Lydier-Könige geschlagen wurden.

Über die Zeiten hinweg fungierte Gold dann immer in der einen oder anderen Form als Geld. Während des Niedergangs bedeutender Kulturen nahmen der Gold- und auch der Silbergehalt der Münzen kontinuierlich ab, was meist mit einer zunehmenden Zerrüttung der Staatsfinanzen und damit Inflation einherging. Auch heute noch bestehen erhebliche Teile der Geldreserven bedeutender Notenbanken aus Goldbarren, wobei allerdings gerade die westeuropäischen Nationen über das unlängst verlängerte Washington Agreement ihre Notenbank-Goldverkäufe regeln und auch begrenzen. Bis Anfang 1975 war Notenbank-Gold praktisch eingefroren, erst dann begannen diese Banken, Teile ihres Goldes am Markt zu verkaufen, obwohl während der 30 Jahre nach dem Ende des Zweiten Weltkrieges weltweit über 1.400 wirkliche oder kaschierte Währungsabwertungen die Wertschätzung des Goldes als dauerhafte Währung eigentlich hätten stärken sollen.

Die heutige Welt-Reservewährung, der nicht mehr mit Gold hinterlegte US-Dollar, war meist eng mit dem Gold verbunden. 1792 entschied der Kongress der Vereinigten Staaten, ausgegebenes Papiergeld durch Gold und Silber zu hinterlegen, wodurch Gold auch eine formal legitimierte Rolle als Währung erhielt. Die US-Bürger konnten ihr Papiergeld bei der Zentralbank gegen Gold oder Silber eintauschen. Präsident Richard Nixon allerdings hob 1971 den Goldstandard auf, was zum Zusammenbruch des Bretton-Woods-Abkommens führte. Die Ursache lag im bis dahin höchsten Defizit der US-Zahlungsbilanz bei festen Wechselkursen. Seitdem bewegen sich der Preise von Gold sowie die Wechselkurse, zumindest theoretisch, unabhängig voneinander, wobei auch zuletzt wieder sehr deutlich wurde, dass Anleger bei einem schwachen US-Dollar vermehrt Vermögenswerte im sicheren Hafen Gold unterbringen. Die Weltgoldbestände werden auf 1,92 Milliarden Unzen geschätzt, was bei einem Durchschnittspreis von 364,07 US-Dollar im Jahr 2003 einem Gesamtwert von 700,5 Milliarden US-Dollar entspricht.

Nach dem Doppeltief des Goldpreises in den Jahren 1999 und 2001 bei jeweils rund 250 US-Dollar erholte sich der Preis für eine Unze Gold auf mittlerweile über 400 US-Dollar. Mit dem Überwinden der wichtigen technischen und psychologischen Widerstandsmarke von 400 US-Dollar je Unze dürften in den kommenden Monaten 500 US-Dollar erreicht werden. Gold befindet sich eindeutig im Aufwärtstrend. Dies wird etwa an den Durchschnittspreisen der letzten Jahre deutlich. Während im Jahresdurchschnitt 2001 der Goldpreis bei 271, 67 US-Dollar lag, erhöhte sich dieser Wert 2002 um 14,5 Prozent auf 310,94 US-Dollar. 2003 lag das Preisniveau im Durchschnitt mit bereits 364,07 US-Dollar um 17,1 Prozent über dem Vergleichswert des Vorjahres. Ein Ende dieser Entwicklung ist derzeit nicht zu erkennen.

Bei der Betrachtung des Goldpreises muss aber immer beachtet werden, dass der abgebildete Kursverlauf in aller Regel den Wert für eine Unze Gold gemessen in US-Dollar wiedergibt. Die Preisbewegung des Goldes in anderen Währungen, etwa in Euro, dem Yen, Schweizer Franken oder südafrikanischen Rand, kann deutlich von der Goldpreisentwicklung in US-Dollar abweichen. Am deutlichsten wird dies etwa für einen Investor, der sein physisches Goldinvestment in Rand getätigt hat (GPM Gold Survey 2004) und im Zeitraum von Januar 2002 bis zum heutigen Tag Verluste zu verzeichnen hatte, während Gold in US-Dollar deutlich im Wert stieg und in Euro moderat zulegen konnte. Wir wollen uns hier zumeist auf die Entwicklung des jeweiligen Metalls in US-Dollar beschränken, da dieser noch die Funktion der Welt-Reservewährung besitzt, in der alle wichtigen Rohstoffe einschließlich Erdöl an den Warenterminmärkten abgerechnet werden.

Der erwähnte Goldpreisanstieg ging interessanterweise mit einer deutlichen Zunahme der Investment-Nachfrage nach Gold einher. Diese betrug 2001, als der Goldpreis seinen zweiten Tiefpunkt markierte, lediglich 10,1 Millionen Unzen. Zwei Jahre später stieg die Investorennachfrage nach Gold auf 33,9 Millionen Unzen und betrug damit mehr als das Dreifache der Menge von 2001. Insgesamt umfasste der Goldmarkt 2003 ein Volumen von 110,6 Millionen Unzen. Angebot und Nachfrage bewegen sich dabei immer im Gleichgewicht. Auf der einen Seite besteht das Goldangebot zu knapp 60 Prozent aus der jährlichen Minenproduktion, zu 26,6 Prozent aus Altbeständen, vornehmlich gereinigtem Gold aus wieder auf den Markt gelangten goldhaltigen Produkten oder gebrauchtem Schmuck, und zu 15,4 Prozent kommt es aus den Volkswirtschaften Russlands und Chinas. Die jährliche Goldbilanz besteht zu einem gewissen Teil aus Schätz- und Erfahrungswerten und wird über Ausgleichspositionen ins Gleichgewicht versetzt. Dennoch erscheinen die Zahlen, die den Berechnungen der CPM Group aus New York, Gold Survey 2004, entnommen sind, gut genug, um dem Betrachter einen Überblick über die Struktur und die Tendenzen des Goldmarktes zu geben.

Goldmarkt über drei Dekaden

Entwicklung der Goldangebotsstruktur von 1973 bis 2004 Abb. 3

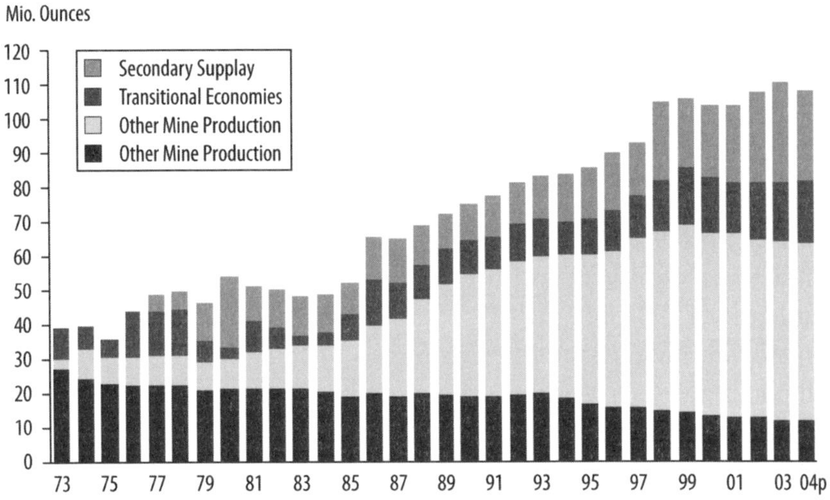

Quelle: CPM Group, New York, Gold Survey 2004

Wie der Abbildung zu entnehmen ist, wuchs das Volumen des Marktes seit 1973 von knapp 40 Millionen Unzen bis 1998 auf 104,7 Millionen. Unzen. Seitdem aber stagniert das jährliche Volumen nahezu, das in 2004 auf etwa 108 Millionen Unzen geschätzt wird, besonders deswegen, da sich die Minenproduktion seit dem Jahr 2000 rückläufig entwickelt. Die Minenproduktion ist in der gesamten Bilanz der Angebots- und Nachfragekomponenten der einzig wirklich transparente Posten. Die Goldminengesellschaften veröffentlichen in der Regel sehr zuverlässig ihren Output und informieren die Öffentlichkeit ebenso über ihre jeweiligen weiteren Produktions- und Expansionsstrategie. Hervorzuheben in diesem Zusammenhang ist die Tatsache, dass das goldreichste Land der Welt, Südafrika, seinen Minen-Output nach einem Produktions-Peak 1970, als rund 32 Millionen Unzen produziert wurden, nahezu kontinuierlich auf zuletzt lediglich rund zwölf Millionen Unzen absenkte. Zwangsläufig, wenn man bedenkt, dass etwa seit 1977 die durchschnittlichen Arbeitskosten je geförderte Unze Gold von rund 100 Rand auf zuletzt rund 200 Rand explodierten (entspricht einem Anstieg von rund 85 US-Dollar auf etwa 335 US-Dollar) und sich gleichzeitig der Goldgehalt je verarbeiteter Tonne Gestein im gleichen Zeitraum von 0,3 Unzen auf 0,15 Unzen halbierte. So war und ist es nach wie vor unvermeidlich, unrentable Minen trotz der Macht der dortigen Gewerkschaften zu schließen.

Das Angebot, das durch Minenproduktion 2003 auf den Markt kam, lag bei 64,1 Millionen Unzen und damit unter dem Rekordwert von 1999, der sich auf 68,7 Millionen Unzen belaufen hatte. Im Vergleich dazu wurden etwa 1981 lediglich 31,2 Millionen Unzen gefördert. 2004 wird den Hochrechnungen zufolge der Minen-Output um einen halben Prozentpunkt auf 63,8 Millionen Unzen sinken. Außer in Südafrika fiel 2004 auch die Goldproduktion in Kanada und den USA, während neben Australien auch Staaten wie Tansania, Ghana, Indonesien und Peru mehr Gold gefördert wurde. Der steigende Goldpreis der vergangenen Jahre veranlasste die Goldminenbetreiber, ihre in den Jahren zuvor erheblich reduzierten Explorationsbudgets wieder auszuweiten. Schätzungen von Branchenverbänden zufolge wurden bereits 2003 die Ausgaben für Exploration um mindestens 25 Prozent erhöht. So dürfte 2005 die Minenproduktion wieder moderat ansteigen. Von 2004 bis 2008 kommen allein von großen neuen Minen mit einer jährlichen Gesamtkapazität von knapp zwölf Millionen Unzen in Produktion, daneben mehrere hunderttausend Unzen aus kleineren Minen. Der Großteil davon allerdings ersetzt lediglich auslaufende Minen. Darunter befinden sich Minenprojekte, die nun wieder die Wirtschaftlichkeitsgrenze überschreiten konnten, nachdem der Unzenpreis zwischenzeitlich unter die kritische Marke von 320 Dollar gefallen war. Generell erfährt die Goldminen-, aber auch die gesamte Rohstoffindustrie durch das feste Preisniveau eine Wiederbelebung.

Die zweite wichtige Säule des Goldangebots ist das aus Altgold gewonnene Gold, oft auch als »scrap« oder »secondary supply« bezeichnet. Es ist für gut 26 Prozent des gesamten Goldangebots verantwortlich Allerdings handelt es sich hierbei um einen Bereich, der nur schwer zu beziffern und lediglich als Schätzgröße anzusehen ist. Es gab zuletzt eine erhebliche Menge an Goldschmuck, der in die Märkte des Mittleren Ostens und Südasiens hineinverkauft wurde, teilweise dabei aber auch gegen neuen Goldschmuck eingetauscht wird. Traditionell wird über die Goldgewinnung aus verarbeitetem Gold nicht genau informiert. Während allein in Indien, wo Gold das traditionelle Hochzeitsgeschenk, aber auch Wertaufbewahrungsmittel darstellt, 2002 lediglich schätzungsweise 5,1 Millionen Unzen Gold aus Altgold raffiniert wurden, stieg diese Zahl in nur einem Jahr auf über 16 Millionen Unzen. Weltweit erhöhte sich das Goldangebot aus Altgold in 2003 um mindestens 13 Prozent auf 29,4 Millionen Unzen, nachdem bereits ein Jahr zuvor das Goldangebot aus Altgold um über 18 Prozent auf 26 Millionen Unzen angestiegen war. Neben Indien wurden etwa auch in der Türkei und verschiedenen Ländern des Mittleren Ostens erhebliche Mengen an Altgold aufbereitet. 2004 dagegen ist von einem Rückgang dieses Teils des gesamten Goldangebots auszugehen. Im vergangenen Jahre haben Verkaufswillige im Zuge steigender Goldpreise bereits große Mengen Altgold verkauft, sodass bei festen Goldpreisen nicht mehr allzu viel auf den Markt kommen dürfte.

Weiteres Goldangebot kommt aus Russland, China, Vietnam, Nordkorea, Usbekistan und Kasachstan, Armenien und Aserbaidschan, Kirgistan, Georgien, Tadschikistan und Kuba. Die Menge an Gold aus diesen Länder belief sich Schätzungen zufolge 2003 auf 17 Millionen Unzen. 2004 sollte sich die Menge auf 18 Millionen Unzen erhöhen. Bei den 17 Millionen Unzen für 2003 handelt es sich allerdings um Nettoexporte, deren Schätzungen mit großer Vorsicht genossen werden sollten. Es handelt sich dabei oft einerseits um Goldimporte in Form von Konzentraten, die durch Raffinierung in pures Gold verarbeitet werden müssen, sowie um recyceltes Gold aus Altgold, das in unterschiedliche Märkte wie die Schweiz, Indien, Hongkong, die Türkei, Dubai und Saudi-Arabien anschließend exportiert wird.

Goldnachfrage:

Gold wird einerseits von der Schmuckindustrie und für industrielle Anwendungen nachgefragt, andererseits natürlich auch als Anlagemedium, wobei diese Kategorie auch als Saldo aus Notenbankverkäufen und Investmentnachfrage verstanden werden kann. Die Entwicklung der Nachfragekomponenten ist in Abbildung 4 zu erkennen.

Wachstum des Goldmarktes durch Goldschmucknachfrage der Entwicklungsländer
Entwicklung der Goldnachfragestruktur von 1977 bis 2004 Abb. 4

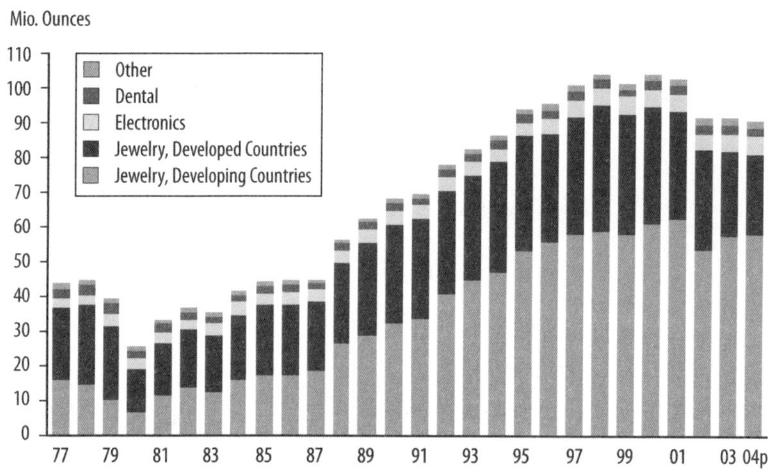

Quelle: CPM Group, New York, Gold Survey 2004

Die Nachfrage seitens der Schmuckindustrie stellt den gewichtigsten Einzelfaktor im physischen Goldmarkt dar. In 2003 wurden insgesamt 82,4 Millionen Unzen Gold zum Zweck der Verarbeitung zu Schmuck oder sonstigen dekorativen Elementen erworben, was 74,5 Prozent des gesamten Goldangebots entspricht. Allerdings schwächt sich diese Marktkomponente tendenziell ab und liegt deutlich unter dem Wert von 1998, als 95,6 Millionen Unzen Gold in der Juwelierindustrie abgesetzt werden konnten. Die Nachfrage aus den Entwicklungsländern verläuft nach wie sehr konstant (2003 mit 57,9 Millionen Unzen über dem Niveau von 53,9 Millionen Unzen ein Jahr zuvor), wohingegen sie in den Industrieländern nach wie vor abnimmt und mit 24,5 Millionen Unzen im Jahr 2003 erheblich unter dem Höchstwert von 1997 von 36,5 Millionen Unzen lag. Allerdings zeigt sich in diesem Segment alles andere als eine einheitliche Entwicklung. Während in einigen Ländern die Goldschmucknachfrage stark nachließ, stieg diese vor allem in anderen Märkten wie Indien, verschiedenen südasiatischen Ländern, der Türkei und dem Mittleren Osten erheblich an, da dort Goldschmuck gleichzeitig als Investment angesehen wird. Beispielsweise sanken im italienischen Juweliermarkt 2003 die Goldnachfrage um 22 Prozent und die Goldimporte sogar um 33 Prozent. Aber auch in den USA, Japan, Thailand, Deutschland, Frankreich und anderen bedeutenden Konsumnationen war ein nachlassendes Interesse an verarbeitetem Gold zu erkennen. In Indien dagegen konnten dagegen 2003 33,7 Prozent mehr Goldschmuck als im Jahr zuvor abgesetzt werden. Das meiste davon wurde zwar als Goldschmuck deklariert, tatsächlich kann dieser Anstieg aber auch als eine starke Zunahme der Investmentnachfrage gewertet werden.

Die leichten wirtschaftlichen Verbesserungen in den USA, Japan und einigen anderen Ländern haben bereits zu einer Stabilisierung der Schmuckindustrie in diesen Regionen geführt. Zudem zeigt der Markt für Goldschmuck Anzeichen für eine Anpassung an das höhere Preisniveau, sodass davon ausgegangen werden kann, dass die negativen Preiseffekte von 2003 im Jahr 2004 weniger ausgeprägt ausgefallen sind. Die Preissensibilität der Verbraucher hinsichtlich steigender Goldpreise bleibt jedoch grundsätzlich bestehen.

Dass das Edelmetall Gold zumindest zu einem gewissen Teil in der Industrie Einsatz findet, beweist die Nachfrage von 9,3 Millionen Unzen Gold im Jahr 2003. Bei den 9,3 Millionen Unzen handelt es sich allerdings lediglich um 8,4 Prozent des Gesamtmarktes. Die Nachfrage seitens der Industrie verliert aber langsam an Bedeutung. Seit dieser Zeit wuchs der industrielle Goldmarkt um knapp 15 Prozent. Innerhalb dieses Segmentes stellt die Elektronikindustrie mit die die

USA verfügen über die höchsten Goldreserven aller Staaten
Goldbestände internationaler Notenbanken im Vergleich Abb. 5

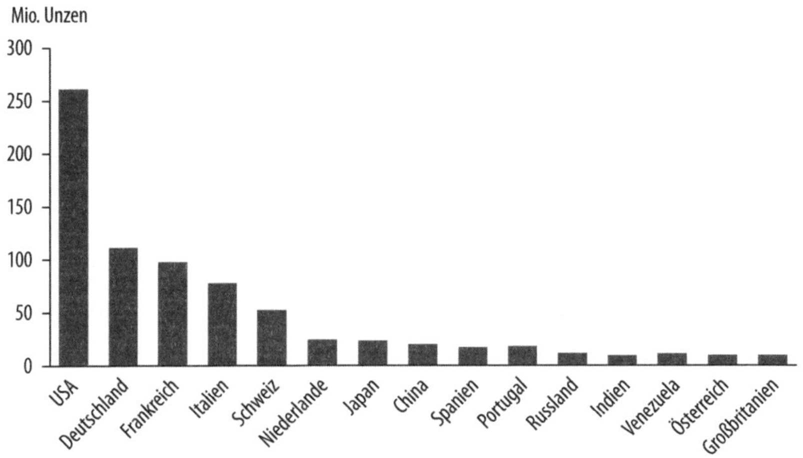

Quelle: CPM Group, New York, Gold Survey 2004; eigene Darstellung

Elektronikindustrie mit einem Anteil von über 50 Prozent beziehungsweise 4,7 Millionen Unzen im Jahr 2003 den gewichtigsten Einflussfaktor dar. Allerdings bewegt sich die Abnahme aus der Elektronikbranche bereits seit Jahren auf einem sehr konstanten Niveau. Weitere gut 27 Prozent oder 2,5 Millionen Unzen wurden 2003 in der Zahn- und Medizinindustrie verarbeitet, ein Bereich, der sich über die Jahre hinweg ebenfalls auf einem konstanten Nachfrageniveau bewegt. Für weitere diverse Industrieanwendungen wurden 2,1 Millionen Unzen Gold nachgefragt, wobei für diese Anwendungsfelder ein wenn auch geringes Wachstum zu beobachten ist.

Nach den offiziellen Notenbankbeständen besitzt die US-Notenbank Fed 261,6 Millionen Unzen Gold. Damit verfügen die USA über rund 29 Prozent aller von Notenbanken dieser Welt gehaltenen Goldreserven von zuletzt 917,23 Millionen Unzen Gold. Die Deutsche Bundesbank folgt, aber mit großem Abstand, mit 110,6 Millionen Unzen Gold. Auch

Frankreich, Italien und die Schweiz verfügen über nennenswerte Goldbestände.

Notenbankverkäufe befinden sich nach wie vor auf hohem Niveau. Es kann davon ausgegangen werden, dass 2003 15,1 Mio. Unzen oder 470 Tonnen Gold von Notenbankseite in den Markt gegeben worden sind. Das stellt gegenüber dem Vorjahr einen Anstieg um 38,6 Prozent dar. Per saldo wollen die Notenbanken nach wie vor ihre Goldbestände schnell reduzieren. Abbildung 6 zeigt die kumulierten Goldtransaktionen der internationalen Notenbanken seit 1960. Während von 1960 bis 1965 die Goldbestände per saldo deutlich anwuchsen, erfolgte nach einer Zeit relativ konstanter Bestände ab 1989 ein sich beschleunigender Abbau der offiziellen Goldbestände. In den vergangenen Jahren seit 1960 trennten sich Notenbanken von insgesamt 167,3 Millionen Unzen Gold, was gut dem Eineinhalbfachen eines Jahresangebotes entspricht. Die offiziell verbliebenen Goldbestände entsprechen noch gut achtmal dem jährlichen Goldangebot.

Bei den Verkäufern handelt es sich um nur wenige europäischer Notenbanken, deren teils relativ hohen Notenbank-Goldbestände aus Zeiten früherer hoher Exportüberschüsse und der Währungs-Golddeckung stammen. Am 8. März 2004 gaben zwölf europäische Zentralbanken bekannt, das 1999 abgeschlossene und als »Washington Agreement« bekannt gewordene Abkommen zu verlängern, in dem sie sich zu einem kontrollierten Verkauf ihrer Goldbestände verpflichtet hatten. Während das Abkommen von 1999 über einen Zeitraum von fünf Jahren (jeweils vom September 2000 bis 2004) jährliche Abgabemengen von maximal 400 Tonnen Gold oder 16,1 Millionen Unzen vorsah, erhöhten die teilnehmenden Zentralbanken die jährliche Verkaufsmenge auf maximal 500 Tonnen Gold pro Jahr über ebenfalls fünf Jahre. Die Bank von England ist allerdings ab September 2004 nicht mehr Teil der Vereinbarung. Dies dürfte kaum verwundern, verkaufte sie doch einen Großteil ihrer Goldbestände nahe der Tiefstkurse der vergangenen Jahre und hält derzeit noch lediglich 10,1 Millionen Unzen nach 23 Millionen Unzen im Jahr 1998.

Dynamik der Notenbank-Goldverkäufe seit Beginn der 90er Jahre ist ungebrochen

Goldtransaktionen der Notenbanken kumuliert von 1960 bis 2003 Abb. 6

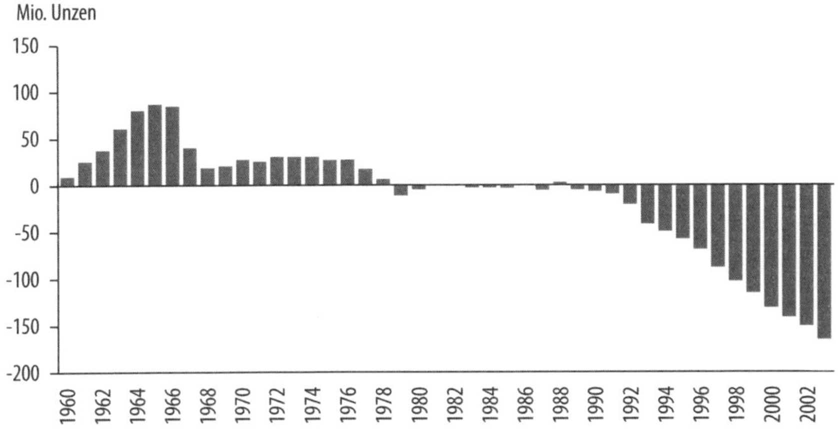

In gewisser Hinsicht benötigt der Goldmarkt die Abgaben der Notenbanken. Sollte dieser nicht unwesentliche Teil des Goldangebotes zurückgehen, hätte dies erhebliche Auswirkungen auf den Preis von Gold, da sich der Goldmarkt ohne die Abgaben aus offiziellen Beständen tief in einem Angebotsdefizit befinden würde. Mit Bekanntgabe der neuen Verkaufsvereinbarung beziehungsweise der Verlängerung des »Washington Agreement« kamen allerdings bei Marktteilnehmern Befürchtungen auf, die angekündigten maximalen Verkaufsmengen könnten nur teilweise realisiert werden und der Goldmarkt dadurch aus dem Gleichgewicht geraten. So besteht Unsicherheit darüber, ob etwa die Bundesbank ihre Verkaufsabsichten auch wahr machen würde, sollte sie die Erlöse nicht einbehalten dürfen, sondern an das Finanzministerium weiterleiten müssen. Andererseits erscheint es immer wahrscheinlicher, dass die asiatischen Notenbanken, die zwischenzeitlich mehr als die Hälfte der weltweiten monetären Reserven besitzen, besonders China, aber auch Japan, zukünftig Teile ihrer Exportüberschüsse nicht mehr in abwertungsgefährdete US-Dollar, sondern etwa in Euro oder sogar in das kaufkraftbeständige Gold zu investieren.

Wie erwähnt, stieg die Nachfrage nach Gold zu Investmentzwecken seit 2002 erheblich an, sodass der Saldo aus Investmentkäufen und Notenbankverkäufen, also die tatsächliche physische Goldnachfrage, mit 18,8 Millionen Unzen 2003 einen Wert erreichte, der nahe an die 20,1 Millionen Unzen aus dem Jahr 1987 heranreichte.

In den vergangenen Jahren ist China zu einem der aktivsten Teilnehmer an den internationalen Rohstoffmärkten avanciert. Auch am Goldmarkt ist das Reich der Mitte seit Jahrzehnten etwa über die Peoples Bank of China aktiv, allerdings lediglich über wenige Ministerien und staatliche Banken, nachdem 2002 der Goldmarkt in Shanghai zuerst für industrielle Marktteilnehmer eröffnet wurde (wo übrigens auch etwa der Handel vom Platin erfolgt) und ein Jahr zuvor Privatpersonen der Besitz von Gold wieder erlaubt wurde. Der Goldumsatz an der Shanghai Gold Exchange stieg in den ersten zehn Monaten des Jahres 2004 deutlich um 39,5 Prozent auf 257,72 Tonnen in den ersten zehn Monaten an.

Gold spielt in China traditionsgemäß eine große Rolle, nicht nur aufgrund der inländischen Goldproduktion, die 2003 bei rund fünf Millionen Unzen gelegen haben dürfte. Die Goldbestände der chinesischen Notenbank, die lange Zeit bei 12,8 Millionen Unzen lagen, beliefen sich jüngsten Angaben zufolge bereits auf 19,3 Millionen Unzen. Dies ist zwar noch immer keine besonders große Menge gerade im Verhältnis zur Höhe der Devisenreserven, die Mitte 2004 bei 470,6 Milliarden US-Dollar gegenüber lediglich 286,4 Milliarden US-Dollar Ende 2002 lagen. Der Anstieg der Goldreserven zeigt jedoch, dass China in Gold durchaus eine Alternative zum US-Dollar sieht und unserer Ansicht nach insgeheim bereits dabei ist, Gold zu akkumulieren, ohne dies preistreibend den Märkten kundzutun.

Von weltweiten Währungsreserven im Gegenwert von fast 3.500 Milliarden Dollar im Jahr 2003 sind knapp 2.500 Milliarden US-Dollar Gegenwert in Fremdwährungen und überwiegend in US-Dollar angelegt. Die sieben größten Besitzer von Währungsreserven sind asiatisch. Die Notenbankreserven von Japan, China, Taiwan, Südkorea, Hongkong,

Singapur und Indien schwollen von 2002 auf Ende 2004 um 26,5 Prozent auf rund 1600 Milliarden US-Dollar an. Lediglich noch rund zwölf Prozent der weltweiten Währungsreserven lagen in Form von Gold in den Tresoren der Notenbanken, 1980 waren es noch über 60 Prozent. Selbst wenn man den Kursverlust des Goldes von 1980 bis heute von rund 50 Prozent in Betracht zieht, wurde Gold als »store of value« seitdem zugunsten des US-Dollars sträflich vernachlässigt. Zum heutigen Zeitpunkt gibt es von dieser Seite keine klare Aussage der asiatischen Zentralbanken, Teile der Dollar-Bestände in Gold zu tauschen. Diese dürften erst einmal abwarten, wie die Weltreserve-Währung US-Dollar sich weiter entwickelt und welche Währung das Erbe des US-Dollars antreten wird.

Die fast sprunghaft steigenden Dollar-Reserven aufgrund der positiven Handelsbilanzen asiatischer Länder und vor allem Chinas machen Gold als Alternative zunehmend attraktiv. Steigender Wohlstand ist zumeist auch mit steigendem Goldbesitz verbunden. Aber auch der dramatische Wertverlust des US-Dollars zwingt die asiatischen Notenbanken mit ihren gewaltigen US-Dollarreserven regelrecht, aus Absicherungsgesichtspunkten vermehrt in physisches Gold zu investieren, um den Wertverlust der US-Währung mit steigenden Goldnotierungen zumindest teilweise aufzufangen. Auch wenn die Bedeutung von Gold im internationalen Finanzsystem immer wieder besonders von westlicher Notenbankseite heruntergeredet wird, bleibt es Fakt, dass Gold noch immer eine wesentliche Rolle im Währungssystem spielt und gegenüber vielen der heute wichtigen Papierwährungen zukünftig als nicht manipulierbare und beliebig vermehrbare »Währung« wieder erheblichen Einfuß gewinnen dürfte.

Der US-amerikanische Goldanalyst Paul van Eeden kalkulierte bereits Ende 2002 den fairen Wert je Unze Gold bei rund 700 US-Dollar. Bei seiner Bewertung ging er davon aus, dass der Preis für eine Unze Gold, die in der Welt-Reservewährung US-Dollar bewertet wird, eine Funktion aus der Wachstumsrate der US-Geldmenge und dem Zuwachs der Goldmenge durch die Minenförderung darstellt. Da die US-Geldmenge seit vielen Jahren deutlich stärker anwächst als die Menge an Gold und damit die Inflation des US-Dollars die Goldinflation infolge der jährlichen Produktionsmengen übersteigt, muss, sofern die US-Geldmenge nicht drastisch einbricht, der Goldpreis im Zeitablauf permanent ansteigen. In der Vergangenheit schwankte der Goldpreis zum Teil heftig immer wieder um seinen theoretischen Wert, und es erscheint durchaus realistisch, dass er in den kommenden Jahren seinen fairen Wert von mittlerweile über 700 US-Dollar wieder erreicht. Bei einer möglichen Währungskrise aufgrund der sich immer deutlicher abzeichnenden Verschuldungsfalle der USA, aber auch anderer westlicher Industrienationen, könnte er sogar deutlich über dieses Niveau ansteigen.

Immer wieder gehen Marktbeobachter davon aus, dass der Goldmarkt manipuliert und der Goldmarkt künstlich niedrig gehalten werden. Als Initiatoren dieser Manipulation, wie sie auch der renommierte Goldmarktexperte Ferdinand Lips in seinem Buch »Die Goldverschwörung« glaubhaft darstellt, werden in erster Linie Notenbanken sowie Regierungsorganisationen ausgemacht, die zum Schutz des bestehenden Papiergeldsystems trotz zunehmender Verschuldungsexzesse das als Krisenbarometer fungierende Gold preislich kontrollieren wollen. Einen definitiven Beleg für kontrollierende Eingriffe gibt es nicht. Daneben ist zu bemerken, dass trotz der deutlich steigenden Goldpreise die Produzenten fortfahren, bereits im Voraus verkaufte Goldproduktion zurückzukaufen beziehungsweise ihre Hedge-Bücher weiter zu reduzieren.

Der physische Handel mit Gold nimmt dagegen weiter ab. Gegenüber 1997, dem ersten vollen Jahr, für das die London Bullion Market Association Zahlenmaterial veröffentlicht, reduzierte sich der Umsatz von physischem Gold von 9,3 Milliarden Unzen auf nur noch 3,9 Milliarden Unzen im Jahr 2003. Im Gegensatz zum erhöhten Interesse von Investoren an realem Gold sowie steigenden Goldpreisen haben die Edelmetallhandelbanken nach wie vor wenig Interesse an diesem Geschäft. Anders ist die Lage an den Futures- und Optionsmärkten. Das addierte Handelsvolumen der großen Futures-Börsen, der New Yorker Comex, der Tokyo Commodity Exchance und des Chicago Board of Trade, sprang 2003 um 41,4 Prozent auf 2,5 Milliarden Unzen Gold, nachdem bereits 2002 ähnliche Steigerungsraten angefallen waren.

An dieser Stelle ein kurzer Blick auf den Kursverlauf des Goldpreises in US-Dollar unter Berücksichtigung der Währungsentwicklung des US-Dollars zum Euro beziehungsweise der D-Mark. Der langfristige Abwärtstrend des US-Dollars hält an. Er dürfte in den kommenden Jahren weiter zur Schwäche tendieren, bei einem gleichzeitig zu erwartenden Anstieg des Goldpreises.

Gold ist noch immer als sehr günstig zu bezeichnen und sollte in keinem gut diversifizierten Depot fehlen. Ein weiter schwacher US-Dollar, hohe Geldmengenwachstumsraten, fehlende Anlagealternativen und ein ansteigendes Sicherheitsbedürfnis auch in finanzieller Hinsicht werden den Goldpreis weiter beflügeln und auch außerhalb des US-Dollar-Raumes für Goldpreissteigerungen sorgen. Dabei sollte der physische Goldanteil hoch gehalten werden.

Kurz ein paar Sätze zum Timing und vor allem auch zur Bestimmung von kurz- bis mittelfristigen Trendverläufen von Goldanlagen, vor allem wenn es sich um Anlagen in Form von Aktien oder Fonds handelt. Dazu sollte man sich regelmäßig die Situation der bedeutenden Marktteilnehmer des Goldmarktes vor Augen führen. Die US-Regierungsbehörde CFTC (Commodity Futures Trading Commission) veröffentlicht jeden Freitagabend um 21.30 Uhr MESZ auf ihrer Homepage http://cftc.gov relativ zeitnah die Positionierung der einzelnen Händlergruppen verschiedenster Finanzbereiche wie US-Aktienindizes, US-Anleihen, Währungen, Metalle und Energie. Für deutsche Investoren arbeitet Wellenreiter-Invest diese Daten auf, die dann auf der Homepage http://wellenreiter-invest.de anschaulich dargestellt werden. An dieser Stelle soll nur die bedeutendste Gruppe der Marktteilnehmer betrachtet werden, die Commercials (vgl. dazu Smartinvestor Ausgabe Dezember 2004 S. 12 bis 19, Alexander Hirsekorn: Den Insidern über

Abschwächender US-Dollar weiterhin ausschlaggebend für weitere Goldpreisanstiege
Goldpreis und USD / EUR - Kurs von 1971 bis 2004 Abb. 7

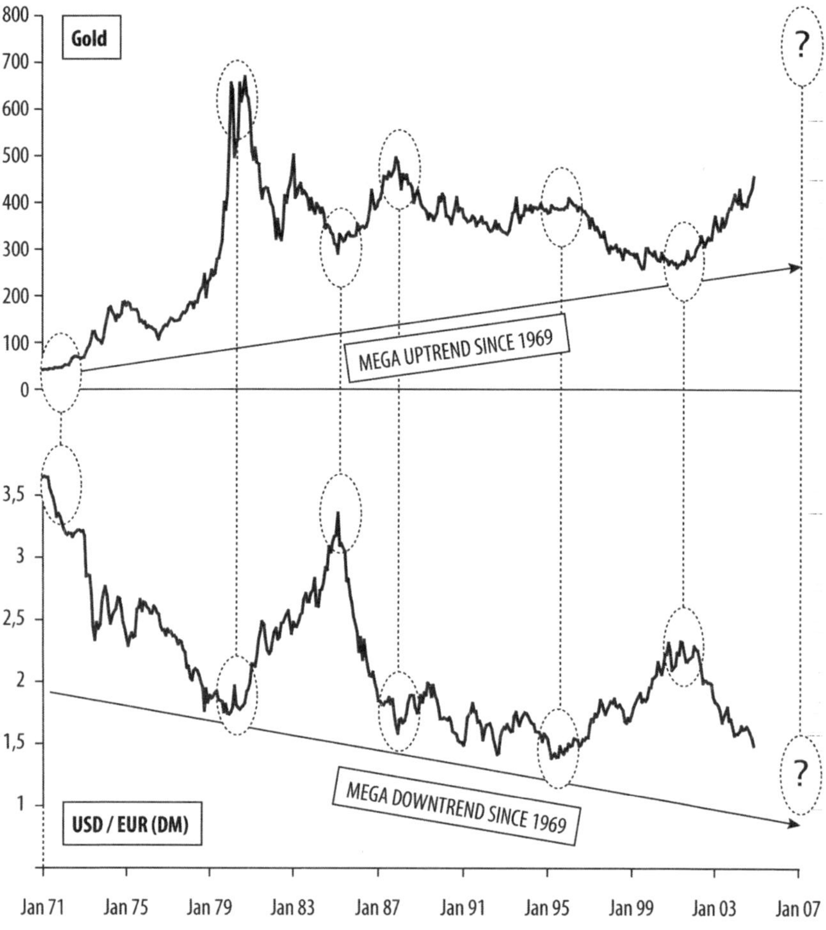

Quelle: Peter Heim

die Schultern geschaut). Commercials sind professionelle Händler, die Absicherungsgeschäfte via Futures-Kontrakte tätigen. Diese gehen etwa Short-Positionen (mit denen man in der Regel auf fallende Kurse setzt) ein, um das eigene Portfolio abzusichern. Nachweislich sind die

Commitment of Traders Report
Hohe negative Korrelation des Goldpreises zur Positionierung der Commercials – Situation Ende Februar deutet auf eine bereinigte Marktsituation hin Abb. 8

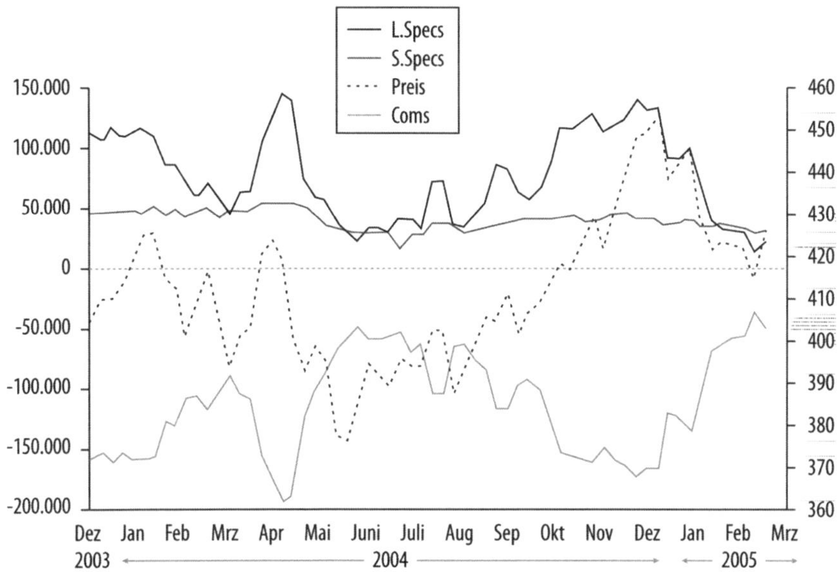

Quelle: wellenreiter-invest.de

Commercials am Markt die erfolgreichste Gruppe, wie anhand mehrerer Studien belegt werden konnte. Je höher nun die Short-Positionen der Commercials etwa bei Gold sind, umso größer ist aus entgegengesetzter Sicht die Gefahr, dass der Trend drehen wird. Aus Abbildung 8 ist deutlich abzulesen, dass sich der Goldpreis und die Höhe der Short-Positionen der Commercials gewöhnlich deutlich gegenläufig entwikkeln. Je höher der Goldpreis steigt, umso mehr besteht die Notwendigkeit zur Absicherung der eigenen Positionen.

Mitte Februar hat sich das Bild für Gold aus dieser Sicht wieder deutlich verbessert. Mit einer Short-Position von rund 50.000 Kontrakten wurde das Niveau vom Mai 2004 erreicht, als der Goldpreis ein zwischenzeitliches Tief bei rund 375 US-Dollar markierte, während die Positionierung der kommerziellen Händler im April und Dezember 2004 einen jeweiligen Höchststand anzeigte.

Silber

Wie Gold besitzt das Silber eine lange Historie. Forscher gehen davon aus, dass bereits im fünften Jahrtausend v. Chr. Silber verarbeitet wurde, da es teils an der Erdoberfläche, teils nur knapp darunter in sehr geringen Tiefen gefunden werden konnte. Im dritten Jahrtausend v. Chr. war Silber in der Hochkultur Mesopotamiens begehrter als Gold und zur Zeit Hammurabis (im frühen 16. Jahrhundert vor Christus) bereits als Münzmetall in Gebrauch. Bereits in frühen Zeiten wurde Silber besonders in Spanien abgebaut und in großen Mengen nach Ägypten transportiert. Der biblische Stammvater Abraham fand im Lande Kanaan Silber als Geld und Tauschmittel vor. Und zu Zeiten Hannibals baute die Weltmacht Rom ebenfalls in Spanien Silber ab; es wird berichtet, dass etwa in Cartagena 40.000 Sklaven bis zu 200 Kilo Silber pro Tag zu Tage förderten. Es wurde von den Assyrern, den Goten und Griechen, Römern, Ägyptern und Germanen verwendet und galt lange Zeit als wertvoller als Gold. Im alten Rom war Silber neben Gold offizielles Zahlungsmittel, und während des 11. und 12. Jahrhunderts spielten Silbermünzen in Europa eine entscheidende Rolle im monetären System.

In der Verfassung der Vereinigten Staaten von Amerika etwa wurde 1789 festgelegt, dass lediglich Gold- und Silbermünzen als Zahlungsmittel zur Tilgung von Schulden herzustellen sind (vgl. Ferdinand Lips, S. 51, die Goldverschwörung). Man kann sogar sagen, dass das Währungssystem der USA bis 1834 faktisch auf einem Silbestandard beruhte (Richard Salsmann, Gold and Liberty (AIER: Economic Education Bulletin, Great Barrington, Massachusetts, 1995, S. 9), der anschließend mit Ausnahme der Greenback-Ära von 1862 bis 1879 bis ins Jahr 1914 vom Goldstandart abgelöst wurde. Die englische Währungseinheit Pfund Sterling basierte ebenfalls auf Silber. Auch in Mexiko (wo heute noch teilweise in geringem Umfang Silbermünzen im Umlauf sind) und China existierten zeitweise silberunterlegte Währungssysteme.

Zu über 70 Prozent fällt Silber als Nebenprodukt der Basismetallproduktion an. Silber wird aus Silbererzen gewonnen, die meist zusammen mit Blei-, Zink-, Gold- und Kupfererzen vorkommen, wobei das Silberangebot teilweise als Funktion aus der Menge der Produktion von Kupfer, Blei, Zink und Gold verstanden werden kann. Lediglich etwa 25 Prozent des Minenangebots stammen aus primären Silberminen. Im Verhältnis zu Gold oder Platin kommt Silber in der Erdkruste rund 20-mal häufiger vor.

Neben der traditionellen Geldfunktion des Edelmetalls findet Silber heute überwiegend in industriellen Anwendungen Verwendung. Silber ist das Metall mit der höchsten Leitfähigkeit für Elektrizität und Wärme, wodurch sich etwa Anwendungen im Bereich der Batterieherstellung ergeben, die durch den Einsatz von Silberlegierungen höhere Spannungen und Lebensdauern erreichen, aber auch im Bereich der Solarenergie Anwendungen eröffnet. Die Forschungsarbeiten der Gillette-Firmentochter Duracell auf dem Gebiet der Silber-Zink-Batterien, die sich durch hohe Spannungskonstanz und Kapazität auszeichnen, verweisen auf ein mögliches neues Einsatzgebiet. Silber lässt sich leicht verarbeiten (ein Gramm Silber kann zu einem zwei Kilometer langen Faden ausgezogen werden) und reagiert nur mit wenigen chemischen Substanzen. Die hohe optische Reflexionsfähigkeit (eine glatte Silber-Oberfläche reflektiert 95 Prozent des einfallenden Lichtes) macht das Metall in der Fotoindustrie trotz der digitalen Technologie zu einem unverzichtbaren Element. Die entkeimende Wirkung von Silber macht es in der Wasseraufbereitung, der Lebensmitteltechnik sowie in der Medizin zunehmend interessant. Silber an sich ist relativ weich und wird deshalb oft als Legierung mit Kupfer verwendet. Die vor allem in der Schmuckindustrie verwendete Bezeichnung »Sterling Silber« meint eine Legierung aus einem Silberanteil von mindestens 92,5 Prozent (beziehungsweise 925) und Kupfer. Kupfer wird benutzt, da es die Farbe des Silbers nicht beeinträchtigt. Silber wird an der COMEX der New York Mercantile Exchange, dem Chicago Board of Trade, der London Metal Exchange, dem London Bullion Market sowie der Tokyo Commodity Exchange gehandelt.

Der Silbermarkt befindet sich seit nunmehr 14 Jahren in einem Defizit. Nachdem seit 1979 mehr Silber auf den Weltmarkt gelangte, als nachgefragt wurde, wendete sich 1990 das Blatt, und mit der steigenden Nachfrage konnte die Ausweitung der Minenproduktion sowie das ebenfalls anwachsende Recycling-Silber nicht Schritt halten. Bei einem Gesamt-Silberangebot von 727,4 Millionen Unzen Silber ein 2003 (wobei ebenfalls die als verlässlich anzusehenden Aufzeichnungen und Schätzungen des CPM Group's Silver Survey 2004 als Basis herangezogen wurden) wurden 760,9 Millionen Unzen Silber nachgefragt, was ein Netto-Defizit am Silbermarkt von 33, 5 Millionen Unzen bedeutet. Während der Silbermarkt tendenziell wächst – das gesamte Silberangebot lag 1979 bei 516,6 Millionen Unzen Silber –, reduzierte sich das Defizit deutlich von seinem Niveau von 1997, als 202,8 Millionen Unzen mehr nachgefragt als angeboten wurden. Es ist jedoch bemerkenswert, dass sich das kumulierte Defizit von 1990 bis 2003 auf knapp 1,6 Milliarden Unzen Silber beläuft.

2003 stieg das weltweite Silberangebot nur unwesentlich um ein halbes Prozent auf 727,4 Millionen Unzen, wobei sich hinter dieser Zahl größere Bewegungen hinter den Angebotskomponenten verbergen. Die Minenproduktion, der bedeutendste Faktor der Angebotsseite des Silbermarktes, ging 2003 um 3,2 Prozent (15,6 Millionen Unzen) auf 480,3 Millionen Unzen zurück, das Angebot an Alt-Silber stieg dagegen deutlicher um 19,3 Millionen Unzen an. Während davon auszugehen ist, dass sich die Minenproduktion 2004 aufgrund der Anreize durch steigende Silberpreise für Silberproduzenten wieder etwa auf dem Niveau von 2002 (495,9 Millionen Unzen) stabilisieren dürfte, spiegelt die geringere Silber-Produktion 2003 den gefallenen Ausstoß der Kupfer-, Zink-, Blei- und Goldminen aufgrund der vorangegangenen schwachen Rohstoffpreise wider, die eine reduzierte Minentätigkeit bei Basismetallen und damit auch einen geringeren Ausstoß am Nebenprodukt Silber zur Folge hatten. Die bedeutendsten Silber-Produzentenländer sind Peru (88,7 Millionen Unzen Silberproduktion 2003), Mexiko (81,4 Millionen Unzen) und Australien (67,5 Millionen Unzen, fällt hier lediglich als Nebenprodukt der Basismetallindustrie an), danach folgen die USA (38,8 Millionen Unzen) und Kanada (37,3 Millionen Unzen). Daneben wird in weiteren 50 Ländern Silber produziert, zusammen knapp 167 Millionen Unzen im Jahr 2003.

Das jährlich auf den Markt gelangende Sekundär-Silber beziehungsweise wieder zu reinem Silber verarbeitete Altsilber aus etwa von Privatpersonen veräußertem Silberschmuck oder Silbermünzen ist nach der jährlich neu geförderten Menge Silber der zweite wesentliche Angebotsfaktor. 2003 (die Zahlen für das Jahr 2004 sind derzeit noch nicht verfügbar, wie auch bei Gold) belief sich die Menge an Sekundärsilber auf 217,1 Millonen Unzen, was gegenüber dem Vorjahr einen erheblichen Anstieg von 9,8 Prozent bedeutet. Aufgrund des bisherigen Datenmaterials kann zudem davon ausgegangen werden, dass auch 2004 die Menge an Sekundärsilber abermals um knapp 5 Prozent auf dann 227,4 Millionen Unzen anwachsen wird. Ebenso wie die festen Goldpreise ursächlich für steigende Mengen Altgold sind, sorgte 2003 der deutlich festere Silberpreis für ein stark wachsendes Altgold-Angebot durch den Verkauf silberhaltiger Gegenstände. 2003 etwa verdreifachte sich das Alt-Silber aus Indien von 4,8 Millionen Unzen auf 16,1 Millionen Unzen. Daneben dürften 2003 weitere 30 Millionen Unzen Silber auf den Markt gelangt sein, die sich etwa je zur Hälfte auf den Verkauf von Notenbankbeständen – wobei nur wenige dieser Banken noch Restbestände an Silber haben dürften – und Netto-Exporte aus Transformationsökonomien und Silber-Produzentenländern wie Russland oder China, für die kaum aussagefähiges Datenmaterial besteht, zusammensetzen. Die häufige Befürchtung, China werde viel Silber verkaufen, erscheint allerdings unbegründet. Zwar gibt es über die Höhe der bestehenden Silberbestände der chinesischen Regierung einige Verwirrung. Meldungen zufolge veräußerte China 2003 aber lediglich 15 Millionen Unzen Silber am Weltmarkt. Insgesamt dürfte in Ländern wie China und Russland die inländische Nachfrage wachsen und entsprechend der Verkauf auf dem internationalen Markt zurückgehen. Früher gelangten aus den Schatzkammern der US-Regierung jährlich ansehnliche Mengen Silber auf den Markt, in Form von US-Silver-Eagle-Münzen. Allerdings erschöpfte sich dieser Vorrat bereits 2002, und das US-Münzwesen ist seitdem auf Käufe am Silber-Weltmarkt angewiesen, um das Angebot an Silver-Eagle-Münzen aufrechterhalten zu können.

Dem Angebot von 727,4 Millionen Unzen Silber 2003 stand eine Nachfrageseite von 760,9 Millionen Unzen gegenüber, sodass sich das Defizit auf 33,5 Millionen Unzen belief. Schätzungen zufolge dürfte die seit 1997 stetig zurückgegangene Mehrnachfrage 2004 wieder moderat auf rund 45 Millionen Unzen steigen. Die geschätzte Silbernachfrage reduzierte sich 2003 um etwa 3 Prozent, nachdem sie noch im Jahr 2000 bei 852,3 Millionen Unzen und damit um rund 12 Prozent über dem Niveau von 2003 gelegen hatte. Am deutlichsten fiel in den vergangenen Jahren die Nachfrage nach Silber für Schmuck. Aufgrund des deutlichen Preisanstieges von Silber in Rupien kam es in Indien 2003 zu einem Nachfragerückgang um 31,9 Millionen Unzen oder 23,1 Prozent gegenüber dem Vorjahr. Weltweit dürfte der Silberverbrauch in der Juwelierindustrie 2003 bei 260,5 Millionen Unzen gelegen haben, nach 270,9 Millionen Unzen im Vorjahr und 293,5 Millionen Unzen 1998, als die Nachfrage nach Silber zu Schmuck- und Dekorationszwecken einen Höhepunkt erreichte.

Ebenfalls rückläufig entwickelt sich seit 1998 die Verwendung von Silber in der Film- und Fotoindustrie, wobei der Verbrauch allerdings nur sehr moderat fällt und 2003 mit knapp 250 Millionen Unzen um 6,7 Prozent unter dem Rekordwert von 267,2 Millionen Unzen aus dem Jahr 1999 lag. Die erheblichen Beeinträchtigungen des internationalen Tourismus durch den Irakkrieg, Terrordrohungen sowie die SARS-Epidemie wirkten sich 2003 negativ auf die Fotoindustrie aus. Der allgemein angenommene Rückgang des Silberverbrauchs der traditionellen Fotografie in Folge des Siegeszugs der digitalen Fototechnik dürfte aber insgesamt weniger dramatisch auf den Silbermarkt durchschlagen. Experten schätzen, dass nahezu 90 Prozent des Foto-Silbers über effiziente Recyclingsysteme wieder auf den Markt gelangen. Überhaupt scheint der rückläufige Trend in dieser Branche 2004 zum Stillstand gekommen zu sein. Die traditionelle Fotografie ist keineswegs tot. Weltweit ist davon auszugehen, dass die Nachfrage nach traditionellen Filmen und silberbeschichtetem Papier weiter wächst, vor allem weil deren Verwendung in Entwicklungsländern sprunghaft ansteigt.

Auch als elektronisches Leitmittel sowie in Batterien ging der Verbrauch 2003 geringfügig um 1,6 Prozent auf 104,3 Millionen Unzen zurück. 2004 dürfte ein deutlicher Nachfrageanstieg auf knapp 110 Millionen Unzen eingetreten sein.

Die weiteren und hier vor allem die neuartigen silberhaltigen Anwendungen können allerdings nur vage geschätzt werden, zu ungenau ist das Datenmaterial hierüber, zumal die Produzenten sich bedeckt halten. In Hochleistungs-Leitungen dürfte der Silberverbrauch kräftig zugenommen haben. Mit weiteren Zuwächsen ist auch über 2004 hinaus zu rechnen, da die früher aufgetretenen Probleme in dieser Technologie behoben werden konnten. Zukunftsträchtig ist zudem der Einsatz von Silber für antibakterielle Anwendungen. Zwar werden hier lediglich geringe Mengen an Silber benötigt, die prozentualen Zuwachsraten dürften aber hoch sein. Die in der Öffentlichkeit oftmals diskutierte Verwendung von Silber im Holzschutz-Bereich hält sich sehr in Grenzen. Die bislang gebräuchlichen CCA-Verbindungen (englisch: chromated copper arsenate) dürften eher durch andere Chemikalien ersetzt werden. Insgesamt schrumpfte das Defizit des Silbermarktes 2003 gegenüber dem Vorjahresmangelvon 61 Millionen Unzen deutlich, die Angebotslücke von 33,5 Millionen Unzen dürfte sich jedoch 2004 wieder ausgeweitet haben. In der Industrie entstehen ständig neue Anwendungsbereiche für Silber entstehen, die aber meist lediglich auslaufende frühere Anwendungen ablösen.

Das anhaltende Defizit muss allerdings von irgendeiner Seite her ausgefüllt werden. Neben den öffentlich bekannt gegebenen Käufen von zehn Millionen Unzen Silber für Münzprägung müssen 2003 aus unbekannten Quellen 52,1 Millionen Unzen auf den Silbermarkt gelangt sein, was insgesamt Nettoverkäufe von 43,5 Millionen Unzen bedeutet. Da

Silbermarkt weiterhin durch Defizite gekennzeichnet
Jährlicher Überschuß und Defizit am Silbermarkt von 1960 bis 2004

Abb. 9

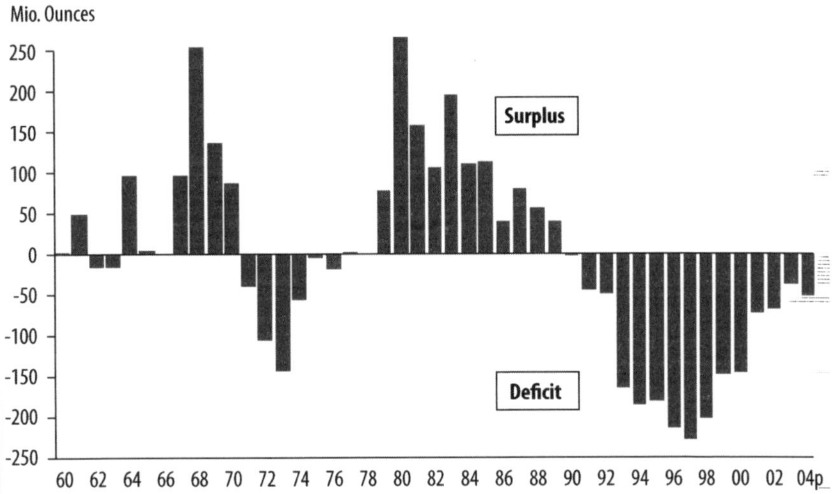

Quelle: CPM Group, New York, Gold Survey 2004

diese Zahl deutlich unter den Werten der Vorjahre liegt, muss man davon ausgehen, dass Silber 2003 wieder vermehrt in das Blickfeld der Investoren gelangte und die Enthortung von 81 Millionen Unzen im Vergleich zu den Vorjahren – zum Beispiel 221,6 Millionen Unzen 1997 – deutlich niedriger ausfiel. Das Defizit des Silbermarktes 2004 dürfte aber mit rund 50 Millionen Unzen wieder deutlich höher ausgefallen sein als 2003.

Der Anstieg des Silberpreises spiegelt auch das wiedererwachte Interesse der Silberinvestoren wider, da Anleger zunehmend nach Diversifikationsmöglichkeiten zu Aktien und Anleihen suchen. Der Silberpreis hängt nicht nur von der physischen Angebots- und Nachfragesituation ab. Einfluss auf den Silberpreis haben natürlich auch die Handelaktivitäten institutioneller und privater Investoren an vor allem in London ansässigen internationalen Edelmetall-Handelsbanken. Der dortige Handel mit physischem Silber, aber auch mit Futures und Optionen wirkt sich stark auf das Preisgeschehen aus. Dass Investoren wieder verstärkt in Silber investieren, kann man am besten am Handelsvolumen ablesen, das sowohl für physisches Silber als auch für Futures und Optionen nach einem Tiefstand 2002 wieder gewachsen ist. 2004 wurden mit rund 34 Milliarden Unzen Silber im Interbanken-Handel 43,2 Prozent mehr umgesetzt als 2003, bei Silber-Futures und -Optionen waren es sogar 44,1 Prozent (entspricht gut 35 Milliarden Unzen). 2002 lag das Volumen bei physischem Silber und Derivaten noch bei lediglich rund 20 Milliarden Unzen Silber. 2004 dürften somit insgesamt knapp 69 Milliarden Unzen Silber gehandelt worden sein, ein Wert, der seit 1999 nicht mehr erreicht worden war. Mit einem Verhältnis des Handelsvolumens zum jährlichen Angebot von 93,5:1 schnellte diese Kennzahl ebenso deutlich nach oben (gegenüber etwa 58:1 im Jahr 2001).

Die hohen Volumina lassen erkennen, dass an diesen Märkten die Preise für Silber gemacht werden. Sinkende Notenbank- beziehungsweise Regierungsbestände an Silber (derzeit international noch geschätzte rund 120 Millionen Unzen nach einem kontinuierlichen Rückgang von 325 Millionen Unzen Silber zu Beginn der 80er-Jahre) sowie in gleicher Höhe registrierte Lagerbestände (auf relativ konstantem Niveau seit dem Jahr 2000) an der Metallbörse Comex sind verschwindend geringe Mengen, sollte die Investitionsnachfrage nach Silber weiter ansteigen. Für den Fall, dass die in Derivate-Form gehandelten astronomischen Silbermengen auch nur teilweise zur Einlösung kommen sollten beziehungsweise Anleger aus Gründen der Sicherheit ihre Silberanteile nicht mehr als Optionen, Futures oder Zertifikate halten, sondern das Silber nach Hause nehmen möchten, könnte der Silberpreis weiter kräftig steigen. Da die Perspektiven für Gold weiterhin als ausgezeichnet zu bezeichnen sind und die Kurse von Gold und Silber zumeist Hand in Hand gehen, sind die Preisaussichten für Silber mindestens so gut wie für Gold.

Platin

Der Begriff Platin wurde aus dem spanischen Wort für (schlechtes) »Silberchen«, »platina«, abgeleitet. Grund war die silberglänzende, hellgraue Farbe des Edelmetalls. Platin ist der Hauptvertreter der Platinmetalle Rhodium, Palladium, Ruhenium, Osmium und Iridium. Platin ist gegen die meisten Säuren, Basen und Salze äußerst beständig und durch Sauerstoff unangreifbar. Als feines Pulver aktiviert es sowohl Sauerstoff als auch Wasserstoff und eignet sich deswegen auch als Bestandteil von Katalysatoren. Die Geschichte des Metalls ist deutlich jünger als die von Gold oder Silber. Es wurde erst im 16. Jahrhundert in Südamerika gefunden und zu Beginn des 19. Jahrhunderts als chemisches Element eingestuft. Der mittlere geochemische Durchschnitt der zugänglichen Erdkruste liegt bei einem Platingehalt von 0,005 Gramm pro Tonne und damit genauso hoch wie der Goldgehalt. Platin gehört damit zu den am seltensten vorkommenden Metallen, besitzt einen hohen Siedepunkt, ist leicht verformbar und verfügt über eine sehr gute elektrische Leitfähigkeit. Als Legierung mit dem Metall Iridium erweist sich Platin von großer Härte und geringer Wärmeausdehnung. Deswegen etwa ist die Grundlage des Ur-Meters sowie des Ur-Kilogramms in Paris eine Platin-Iridium-Legierung.

Für eine Unze Platin mit einem Reinheitsgehalt von 95 Prozent (handelsüblicher Standard) müssen zehn Tonnen Erz gefördert werden. Gut 40 Prozent der Platinproduktion finden Einsatz in der Schmuckindustrie. Etwa 41 Prozent des Platinangebots werden von den Herstellern von Katalysatoren für Kraftfahrzeuge nachgefragt. Katalysatoren verwandeln giftige Kraftfahrzeug-Emissionen in weniger gefährliche Gase. In den 70er-Jahren wurden Abgasbeschränkungen zuerst in den USA eingeführt und später von anderen Ländern übernommen. Heute sind mehr als 90 Prozent aller Neufahrzeuge mit einem Katalysator ausgestattet, sodass hier das zukünftige Wachstum im Wesentlichen auf schärferen Abgasgesetzten beruht. Zudem verwendet man Platin dort, wo seine Korrosionsbeständigkeit benötigt wird, wie etwa in der Medizin, der Elektrotechnik und der Petrochemie.

Aufgrund der sehr ähnlichen Eigenschaften von Platin und Palladium ist bei einer Platinknappheit beziehungsweise einem hohen Platinpreis von einer zumindest geringen Substitution von Platin durch Palladium auszugehen. Allerdings konnte sich Palladium bis heute nicht in der Schmuckindustrie durchsetzen. Gebräuchlich in der Juwelierindustrie ist das »Juwelierplatin«, eine Legierung aus 96 Prozent Platin und vier Prozent Kupfer. Auch in Form von Münzen fand Platin wenn auch nur geringen Einsatz, und zwar als weiße Dukaten, russische Münzen aus sibirischem Platin. Von 1828 bis 1830 wurden 14.250 Kilo Platin als Münzen im Gegenwert von 3,6 und zwölf Rubeln geprägt. Da der Preis für Platin allerdings stark schwankte und viele Platinmünzen außer Landes gebracht wurden, verfügte die Regierung deren Einziehung. Platin wird an der New York Mercantile Exchange, an der Tokyo Commodity Exchange sowie am London Bullion Market gehandelt.

Gemessen an der Zahl der produzierten und abgesetzten Unzen Platin erscheint der Platinmarkt mit einem Volumen von 6,2 Millionen Unzen im Jahr 2003 relativ unbedeutend. Zieht man allerdings den Preis je Unze von derzeit rund 850 US-Dollar heran, bewegt sich das Marktvolumen bei jährlich rund 5,3 Milliarden US-Dollar, was nur unwesentlich unter dem Volumen des Silbermarktes liegt. Tendenziell wächst auch der Platinmarkt Jahr für Jahr, was man an den steigenden Angebots- und Nachfragemengen ablesen kann. 2003 wurden 6,2 Millionen Unzen Platin abgesetzt, die ausschließlich aus der Minenproduktion stammen, ein Jahr später stieg die Produktion auf 6,43 Millionen Unzen. Bei den hier zugrunde liegenden Zahlen der Edelmetallagentur Johnson Matthey's Precious Metals Marketing wird das recycelte Platin aus den Katalysatoren gleich mit der Nachfrage der Automobilunternehmen dafür verrechnet. Auch der Markt für Platin befindet sich in einem Nachfrageüberhang, der bereits 1999 begonnen hat, als das Defizit auf 14,7 Prozent des jährlichen Gesamtmarkts oder 720.000 Unzen anstieg. Mit einem Nachfrageüberhang von 220.000 Unzen Platin sowie von 40.000 Unzen Platin im Jahr 2004 wurde die angespannte Situation auf dem Platinmarkt zwar etwas beruhigt, bezogen auf den Preis notiert das Edelmetall aber noch immer nahe einem Mehrjahreshoch.

Unangefochten und mit deutlichem Abstand größter Platinproduzent ist Südafrika, wo etwa die dominanten Platingruppenmetall-Produzenten Anglo American Platinum und Impala Platinum beheimatet sind. Die südafrikanische Platinproduktion erreichte 2004 mit 4,98 Millionen Unzen (nach 4,63 Millionen Unzen im Vorjahr) und knapp 77,5 Prozent des Gesamtangebots einen neuen Rekordwert und entspannte damit den Markt. Die zweitgrößte Kraft im Platinmarkt ist Russland, dessen Förderung 2004 allerdings von 1,05 Millionen Unzen im Jahr davor auf 0,85 Millionen Unzen fiel. In den USA wurden 2004 0,36 Millionen Unzen Platin produziert, die Förderung der restlichen Länder belief sich auf 0,24 Millionen Unzen.

Die Platinnachfrage wird im Wesentlichen durch die Kfz-Industrie dominiert, die 2004 3,43 Millionen Unzen Platin nach 3,2 Millionen Unzen im Vorjahr für die Herstellung von Katalysatoren kaufte. 0,7 Millionen Unzen davon wurden allerdings durch recyceltes Platin aus Katalysatoren gedeckt. Netto ist die Kfz-Nachfrage damit für rund 42,5 Prozent der weltweiten jährlichen Platinproduktion verantwortlich. Die steigende Nachfrage aus dieser Branche dürfte sich auch in den kommenden Jahren fortsetzen und wird durch immer schärfere Umweltauflagen getragen.

Die zweite wichtige Komponente stellt die Schmuckindustrie dar, die 2004 34 Prozent der Gesamtnachfrage ausmachte. Hier unterliegt der Bedarf jedoch größeren Schwankungen. Noch im Jahr 2000 wurde sogar die Hälfte allen geförderten Platins zu Schmuck verarbeitet. In China, dem bedeutendsten Platinschmuck-Markt, wurden 2003 zum ersten Mal in der Geschichte mit 1,2 Millionen Unzen Platin 19 Prozent weniger als im Vorjahr verarbeitet und damit ein Rückgang der Nachfrage verzeichnet. Dies war im Wesentlichen auf den Ausbruch der SARS-Epidemie zurückzuführen. Nach der Krise stieg Händlerangaben zufolge die Nachfrage nach Platinschmuck wieder sprunghaft an. Trotz des erheblich gestiegenen Preisniveaus von Platin sowie bestehender Substitutionsmöglichkeiten wie etwa Weißgold erwies sich die Schmucknachfrage auch in den westlichen Volkswirtschaften als erstaunlich stabil. Ein stabilisierender Faktor war hier die steigende Beliebtheit von Platin als Ausgangsprodukt etwa für Eheringe.

Die restliche Industrienachfrage, die vorwiegend aus den Bereichen Chemie, Elektronik und Glasherstellung stammt, zeigt eine Größenordnung von nicht einmal 0,1 Millionen Unzen Platin pro Jahr und eine seitwärts gerichteten Tendenz. Auch der Verbrauch in der Petroleumindustrie sowie in sonstigen Anwendungen mit zusammen knapp 0,7 Millionen Unzen bringt keine maßgebliche Nachfrage mit sich und bewegt sich per saldo seit drei Jahren seitwärts.

Die Zukunft des Platins könnte aber eng mit der weiteren Entwicklung und Verwendung der Brennstoffzelle zusammenhängen. Platin spielt hier technologisch eine wichtige Rolle. Sollte in den kommenden Jahren der lang erwartete Siegeszug der Brennstoffzelle als Energielieferant doch noch eintreten, hätte dies erhebliche Auswirkungen auf die Platinnachfrage. Auf diesem Feld bestehen keine Substitutionsmöglichkeiten mit Palladium oder anderen Platingruppenmetallen. Wenn sich einmal Berichte über einen vermehrten Einsatz der Brennstoffzelle mittel- und langfristig mehren, sollten Anleger den Platinpreis beobachten und rechtzeitig Platinpositionen in der einen oder anderen Form aufbauen. Allerdings dürfte der Platinpreis dann volatiler sein. Immer häufiger verkaufen Platinminenbetreiber erhebliche Teile ihrer Platinproduktion direkt an die Abnehmerindustrien. Schätzungen zufolge werden nur noch rund zehn Prozent des jährlich verarbeiteten Platins über die Börse gehandelt. Je enger allerdings ein Markt ist oder wie im Falle von Platin wird, umso größer ist die Gefahr, dass es zu hohen Kursausschlägen kommen kann.

Palladium

Palladium, benannt nach dem 1802 entdeckten Planetoiden Pallas, gehört zur Gruppe der Platinmetalle. Das am wenigsten edle der Platingruppenmetalle besitzt ebenfalls einen hellen silberähnlichen Glanz, übertrifft sogar Silber an Reflexionsfähigkeit und Luftbeständigkeit und kann als kolloides Palladium in wässriger Suspension bis zum

3.000fachen des Eigenvolumens an Wasserstoff in fester Lösung aufnehmen. Diese Eigenschaft prädestiniert Palladium als exzellenten Katalysator für Reaktionen der Wasserstoffanlagerungen. Palladium kommt selten vor, und wenn, dann oft zusammen mit anderen Platinmetallen in Platinerzen oder Nickel- und Kupfererzen. Palladium wird für elektronische Schwachstromkontakte und, legiert mit Edelmetallen, als Katalysator verschiedener Anwendungen eingesetzt. Auch in der Dental- und Schmuckindustrie (Weißgold mit 20 Prozent Palladiumanteil), für säurefeste Auskleidungen, Spinndüsen und Hochtemperaturlote findet das Edelmetall Verwendung. Palladium wird an der New York Mercantile Exchange (Abteilung COMEX) und am London Bullion Market gehandelt.

Der Palladiummarkt ist, gemessen am Angebot von 7,16 Millionen Unzen, etwas größer als der Markt für Platin. Bezogen auf den Wert des jährlichen Umsatzvolumens spielt der Palladiummarkt mit einem Preis je Unze von zuletzt rund 190 US-Dollar jedoch derzeit eher eine untergeordnete Rolle. Allerdings schwankte der Preis in den vergangenen Jahren erheblich. Dabei spielte einerseits die Substitutionsmöglichkeit von Palladium und Platin besonders bei Kfz-Katalysatoren, andererseits die Marktmacht des weltweit wichtigsten Platinproduzenten, der russischen Norilsk Nickel, eine Rolle. Deren Lieferengpässe ließen den Preis kräftig ansteigen. Danach sank der Unzenpreis jedoch vom Höchstkurs von rund 1.100 US-Dollar (2001) bis 2003 auf lediglich 145 US-Dollar. Bis zum Ende des Jahres 2004 stieg er wieder auf 197,50 Dollar. Getragen wurde diese Erholung von dem allgemeinen Aufschwung in der amerikanischen Konjunktur und den schwächeren Dollar.

Mit einem Anteil am weltweiten Palladiummarkt von 46,1 Prozent oder 3,3 Millionen Unzen Palladium ist Russland der wichtigste Lieferant. Seine Dominanz hat sich aber deutlich abgeschwächt. 1998 etwa produzierte Russland 5,8 Millionen Unzen oder rund 69 Prozent des Angebots. Als Russland 2002 nur noch 1,93 Millionen Unzen Palladium förderte, verknappte sich das Angebot beträchtlich, da die anderen Pro-

Autokatalysatoren sind die Nachfragetreiber
Nachfrage und Nachfrageentwicklung der Automobilindustrie nach Platin und Palladium in Mio. Unzen von 1995 bis 2005 Abb. 10

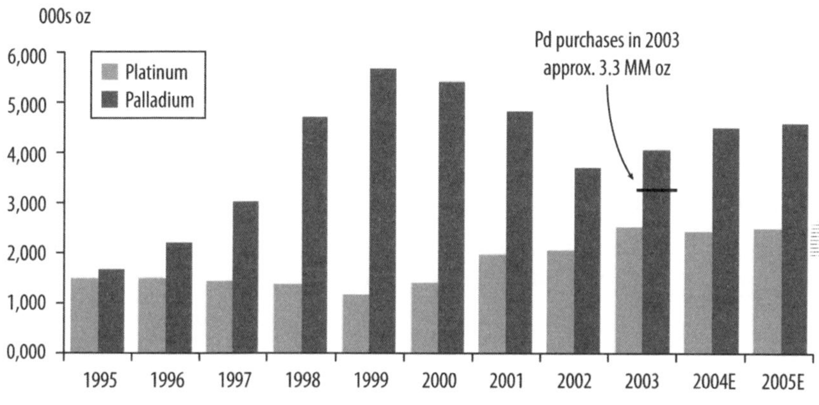

Quelle: Johnson Matthey and North American Palladium Analysis

duzentenländer, vor allem Südafrika, den Rückgang nicht ausgleichen konnten.

Der Welt-Palladiummarkt schrumpfte daher von 1998 bis 2002 von 8,4 Millionen auf 5,25 Millionen Unzen, was die Hauptabnehmer von Palladium, die Kfz-Industrie, ab 2003 dazu veranlasste, auf Platin zu wechseln, das durch verlässliche Produktionsmengen gekennzeichnet ist. Jedenfalls ist zu bemerken, dass 2003 die Automobilindustrie 3,2 Millionen Unzen Platin in Katalysatoren verarbeitete, während es im Jahr zuvor noch lediglich 2,6 Millionen Unzen waren. Konträr verlief die Entwicklung bei Palladium, von dem 2001 noch knapp 5,1 Millionen Unzen in Katalysatoren verwendet wurden, 2002 dagegen lediglich knapp 3,1 Millionen Unzen. 2004 lag die Menge aber wieder bei 3,65 Millionen Unzen. Bereinigt um das recycelte Palladium aus verwerteten Katalysatoren betrug die Nachfrage aus der Kfz-Industrie 2004 knapp 51 Prozent der Gesamtnachfrage von 6,14 Millionen Unzen. Die Angebotsverknappung sowie die damit verbundene Preisspitze 2001 führten dazu, dass sich im Jahr darauf der Markt von einem Defizit in einen

Angebotsüberhang bewegte und 2004 bei hohen 1,05 Millionen Unzen lag, was in einem Aufbau von Lagerbeständen resultierte.

Südafrika gewinnt als Palladiumlieferant beständig an Bedeutung. Die großen südafrikanischen Platinproduzenten fördern mit dem steigenden Produktionsvolumen an Platin auch den Ausstoß an Palladium. Während 1998 lediglich knapp 22 Prozent des weltweiten Palladiumangebots in Südafrika produziert wurde, stieg dieser Wert 2004 bereits auf 36 Prozent oder 2,57 Millionen Unzen. Ebenfalls steigendes Gewicht bekommt Nordamerika, wo 2004 mit gut einer Millionen Unzen mehr als 14 Prozent des Weltangebotes gefördert wurden. Alle übrigen Palladium produzierenden Länder kamen 2004 zusammen auf eine Produktion von lediglich 0,3 Millionen Unzen.

Auf der Nachfrageseite ist die Elektrikindustrie mit 0,92 Millionen Unzen zu erwähnen – 1995 waren es noch 2,6 Millionen Unzen. Eine ähnliche Entwicklung gibt es in der Dentalbranche, wo 2004 noch 0,84 Millionen Unzen nachgefragt wurden nach 1,3 Millionen Unzen 1995. Der Palladiumbedarf der Chemieindustrie spielt mit 0,28 Millionen Unzen 2004 eine untergeordnete Rolle mit lediglich leicht steigender Tendenz. Erwähnenswert ist der Nachfragesprung in der Schmuckindustrie, die mit 0,74 Millionen Unzen 2004 rund 490.000 Unzen mehr als in den Jahren davor verarbeitete. Die Nachfrage für sonstige Anwendungen verläuft derzeit steigend, insgesamt kamen 2004 allerdings nur 0,24 Millionen Unzen zusammen. Dass die Nachfrage nach Palladium seit 2003 wieder deutlich wächst, wird durch höhere Produktionsmengen ausgeglichen. Das Nachfragedefizit bleibt bestehen.

Diamanten

Gastbeitrag von Bernhard Schmidt

Per definitionem sind Diamanten zwar keine Edelmetalle, aufgrund ihres »edlen« und hochwertigen Charakters werden sie aber hier mitbehandelt.

Diamanten entwickeln sich aus Kohlenstoffverbindungen, die tief in der Erde existieren und über Milliarden von Jahren intensiver Hitze und Druck ausgesetzt wurden. Mit der Zeit baut sich ein Überdruck auf, der die Steinformationen mit den Diamanten in einer vulkanartigen Explosion an die Oberfläche befördert. Diese Explosion erzeugt einen umfangreichen Krater, der im Englischen »Pipe« (Röhre, Pfeife) genannt wird, in dem sich die meisten Diamanten ablagern (primäre Ablagerungen). Ein geringerer Teil der Diamanten wird durch Wasser beziehungsweise Erosion mit der Zeit weggeschwemmt und lagert sich zumeist in küstennahen Gebieten ab (Alluvial-Ablagerungen). Die ersten Diamanten wurden vor ungefähr 2,5 Milliarden Jahren und die jüngsten vor zirka 20 Millionen Jahren an die Erdoberfläche gebracht. Die größten Bestände befinden sich in Angola, Australien, Botswana, Kanada, Kongo, Namibia, Russland und Südafrika.

Durchschnittlich müssen 100 Tonnen Gestein bewegt werden, um lediglich zehn Karat (ein Karat entspricht 200 Milligramm beziehungsweise ein Gramm entspricht fünf Karat) Rohdiamanten zu erzeugen. Normalerweise treten im Veredelungsprozess 40 bis 60 Prozent Gewichtsverlust auf, wenn der Rohdiamant geschnitten wird. Zudem ist lediglich rund ein Viertel der Rohdiamanten für die Weiterverarbeitung zu einem Edelstein geeignet. Damit dürfte es verständlich werden, warum Diamanten bereits vor Jahrhunderten wegen ihrer Einzigartigkeit und Seltenheit geschätzt wurden. Vier Qualitätsmerkmale sind allgemein anerkannt: Größe in Karat, Grad der Einschlüsse im Stein, Farbe des Steins und Sauberkeit des Schliffs.

Bis zur frühen Neuzeit wurden nur in Indien Diamanten produziert. Die besten Exemplare blieben bei den Reichen und Mächtigen im Lande, nur einige kaum bearbeitete Restbestände kamen in das Abendland. Größere Mengen indischer Diamanten gelangten erst im 17. Jahrhundert nach Europa. Die Nachfrage nach den mit angeblich magischen Kräften gesegneten Edelsteinen übertraf das Angebot, was die Preise für die mittlerweile im geschliffenen Zustand angebotenen Diamanten in die Höhe trieb. Starke Preisschwankungen bei den Rohdiamanten traten 1730 auf, als große Vorkommen in Portugiesisch-Brasilen entdeckt wurden. Wegen knapper Schleifkapazitäten blieben die Preise für geschliffene Diamanten dagegen stabil. Im späten 19. Jahrhundert wurden dann weitere Ablagerungen in Südafrika entdeckt, was temporär einen Angebotsschock auslöste.

Um die großen Preisschwankungen zu moderieren, wurde De Beers von Cecil Rhodes gegründet. Über Jahrzehnte hinweg bestimmte dieses Unternehmen das weltweite Angebot und bediente die Nachfrage zum Schutz des Marktes. Während des 20. Jahrhunderts wurden weitere Funde in der Sowjetunion, Australien und zahlreichen afrikanischen Staaten gemacht. De Beers, das mittlerweile von Sir Ernest Oppenheimer gelenkt wurde, sah dadurch seine Position als Monopolist gefährdet und gründete als weltweites Vermarktungskartell die Central Selling Organization (CSO). Durch seinen großen Einfluss als mächtigster Anbieter und mit seinen angehäuften Diamantenreserven konnte das Unternehmen andere Produzenten disziplinieren. Abweichlern wurde beispielsweise über das Angebot der jeweiligen Diamantensorte der Markt ruiniert.

Seit 1980 hat sich die Produktion von Rohdiamanten deutlich gesteigert. Wurden damals rund 50 Millionen Karat weltweit produziert, waren es 2002 bereits 132 Millionen Karat mit einem Gesamtwert von 7,8 Milliarden Dollar. Im Jahr 2003 wurden weitere 9 Prozent Anstieg registriert (144 Millionen Karat) mit einem geschätzten Wert von 9,4 Milliarden Dollar. 2004 dürfte die weltweite Produktion über 150 Millionen Karat gelegen haben. Ungefähr 20 Prozent davon eignen sich als Edelsteine für die Schmuckindustrie, und 45 Prozent sind Edelsteine minderer Qualität, die heutzutage von der kostengünstigen indischen Edelsteinbranche geschliffen werden. Der Rest wird für industrielle Anwendungen verwendet. Mit einigen größeren Minenprojekten, die bis 2007 initiiert werden (zum Beispiel die Jericho Mine der kanadischen Gesellschaft Tahera, die 2006 die Produktion aufnehmen soll), dürfte die weltweite Produktion an Rohdiamanten über dem Niveau von 140 Millionen Karat pro Jahr bleiben oder sogar leicht ansteigen. Ab 2007 oder 2008 wird die große Mine Argyle mit deutlich nachlassender Produktion zu kämpfen haben, was auch durch neue Projekte von De Beers nicht ausgeglichen werden kann. Die weltweite Produktion wird ab diesem Zeitpunkt vermutlich sinken, da die Reserven sich zu erschöpfen beginnen.

Obwohl der Markt für Rohdiamanten (wie auch für die geschliffenen Steine) sehr intransparent ist, wird geschätzt, dass seit 1999 die weltweite Ausweitung der Produktion über dem Wachstum der Nachfrage lag. Mit diesem Angebotsüberhang wäre zu vermuten gewesen, dass die Preise unter Druck kommen, was aber nicht der Fall war, denn diese sind im Gegenteil sogar gestiegen. Für dieses Phänomen werden mehrere Gründe genannt. Seit 2000 befindet sich der Markt für Rohdiamanten im Umbruch, nachdem De Beers seinen kontrollierenden Einfluss zugunsten von marktwirtschaftlichen Kräften aufgegeben hat. Dadurch hat der Markt ein höheres Preisniveau gebildet, obwohl Angebot und Nachfrage das Gegenteil hätten erwarten lassen. Dazu kommt, dass die Industrie die künftig fallende Weltproduktion in den Preisen berücksichtigt.

Dieser marktwirtschaftliche Prozess steckt aber noch in den Kinderschuhen, da der Einfluss von De Beers (wenn auch sinkend) noch signifikant bleibt. Das Unternehmen produzierte 2003 weltweit schätzungsweise gut 30 Prozent der Rohdiamanten gemessen am Gewicht (rund 44 Millionen Karat) und über 40 Prozent gemessen am Wert (rund vier Milliarden Dollar). Seine Vermarktungsorganisation CSO kanalisiert immer noch knapp 50 Prozent der weltweiten Umsätze. Weitere große Anbieter von Rohdiamanten sind besonders die gewichtigen Rohstoffproduzenten wie BHP Billiton und Rio Tinto sowie einige wenige größere, auf die Diamantenproduktion spezialisierte Gesellschaften wie das kanadische Unternehmen Aber mit seiner Mine Diavik, die seit der Jahrhundertwende das einzige neue große Minenprojekt ist.

Der Markt für weiterverarbeitete, geschliffene Diamanten entwickelt sich seit der Aufgabe der Kontrolle durch De Beers unabhängiger von der Situation bei den Rohdiamanten. Da gegenwärtig eine Überkapazität an Gesellschaften existiert, welche die Rohdiamanten weiterverarbeiten (schleifen etc.), haben sich die Preise für geschliffene Diamanten unterproportional entwickelt. Kleinere Anbieter dürften aus dem Markt gedrängt werden, sodass sich künftig die Preise für geschliffene Diamanten wieder mehr in Anlehnung an die Rohdiamanten entwickeln. Je nach Größe, Qualität etc. fallen die Preise für geschliffene Steine sehr unterschiedlich aus. De Beers hat seine großen Lagerbestände aufgrund der robusten Nachfrage seit 1999 deutlich reduzieren können und verfolgt seit 2000 die neue Vermarktungsstrategie, sich die Weiterverarbeiter oder Händler exklusiv herauszusuchen. Der weltweite Wert der geschliffenen Diamanten im Einzelhandel belief sich im 2003 auf rund 15 Milliarden Dollar, womit beim Endverbraucher rund 57 Milliarden Dollar umgesetzt wurden.

Diamanten sind ein Luxusgut und deshalb abhängig von der wirtschaftlichen Entwicklung beziehungsweise dem Konsum. Beispielsweise erreichten die Diamantenschmuckverkäufe in den Hightech-Boomjahren 1999 und 2000 ein Hoch mit jährlichen Verkäufen für über 56 Milliarden Dollar (15 Prozent über dem Wert von 1998), um dann in den wirtschaftlich schwierigen Folgejahren um etwa 7 Prozent abzusinken. Der US-amerikanische Markt mit fast 50 Prozent Verkaufsvolumen des weltweiten Diamantenschmuckes im Jahr 2003 ist der mit Abstand bedeutendste. Danach folgt die Region Asien-Pazifik (inklusive Japan) mit rund 20 Prozent. Der asiatisch-arabische Raum liegt mit 12 Prozent noch vor Europa (11 Prozent).

Den Charakter als Krisenabsicherung für schlechte Zeiten haben Diamanten, obwohl sehr viel bleibender Wert in den Edelsteinen auf kleinstem Volumen gebunden ist, eher nicht. Das mag zum einen daran liegen, dass der Endverbraucher in der Regel die Diamanten zu Einzelhändlerpreisen erwirbt und normalerweise nur zu Großhandelspreisen wieder veräußern könnte, was einen deutlichen Wertverlust bedeuten würde. Zum anderen ist der Verkauf sehr erschwert, da es keine einheitliche fortlaufende Preisnotierung gibt. Weltweit werden Auktionen abgehalten, auf denen je nach Art des Diamanten (es existieren fast unzählige Klassifizierungen) verschiedene Preise festgelegt werden. Diese Auktionen sind für den Laien kein geeigneter Markt, um seine Diamanten wieder in Bargeld zu tauschen. Eher ratsam für die Diversifizierung eines Portfolios dürfte daher das Engagement in Diamantenminen-Aktien sein, da selbst in schwierigen wirtschaftlichen Zeiten der Wert der geförderten Diamanten beziehungsweise der Reserven langfristig steigen dürfte.

Auch auf der Nachfrageseite gibt es handfeste Gründe, die für künftig steigende Diamantenpreise sprechen. Demographisch betrachtet (besonders bezüglich des wichtigen US-Marktes), kommt die Altergruppe zwischen 35 und 64 Jahren (die »Baby Boomer») für über 60 Prozent der Diamantenumsätze auf und davon die Teilaltersgruppe von 45 bis 54 Jahren für die Hälfte. Von 2004 bis 2014 erreichen durchschnittlich 12.000 US-Amerikaner jeden Tag das Alter von 50. Im Jahre 2010 sind dann nach Schätzungen gut 110 Millionen Amerikaner in der Altergruppe zwischen 35 und 64 Jahren. Über 42 Millionen werden zwischen 45 und 54 Jahre alt sein, was eine starke Nachfrage nach Diamantenschmuck impliziert.

Die Diamantenindustrie bemüht sich, durch stärkeres Marketing das Umsatzvolumen und die Endverbraucherpreise zu erhöhen. In der Luxusgüterindustrie werden global über 50 Prozent der Umsätze für Marketing aufgebracht. Für Diamantenschmuck sind es lediglich 4 Prozent, hier ist also noch viel Spielraum. Einige Produzenten beziehungsweise Gesellschaften am Anfang der Wertschöpfungskette sind dabei, über Joint Ventures mit Einzelhändlerketten ihre Umsätze zu verbessern. De Beers versucht beispielsweise, bei dem Einzelhändler LVMH Diamantenschmuck unter seinem eigenen Namen zu etablieren. Zudem wird angestrebt, dass ein Markenbewusstsein auch für die Diamanten selbst und nicht nur für den Schmuck beziehungweise den Einzelhändler entsteht. BHP Billiton setzt dazu auf lasergravierte Diamanten. Andere Marketingansätze sind innovative, einzigartige Schliffe, spezielle Verpackungen sowie Beschriftungen nach Wunsch des Kunden.

All das zielt auf eine emotionale Bindung des Kunden an die Diamanten ab und dürfte besonders für die Produzenten die Gewinne mittelfristig steigen lassen. Zudem wird dadurch verhindert, dass so genannte Konfliktdiamanten (Diamantenverkäufe, die dazu benutzt werden, um Terroristen-, Rebellen- oder andere unerwünschte Aktivitäten zu finanzieren) beim Kunden landen. In der Vergangenheit wurde beobachtet, dass »sozial verantwortliche« Konsumenten die Diamantenkäufe einschränkten, weil die Herkunft unklar war. Dies führte auch dazu, dass im Jahre 2000 der »Kimberley-Prozess« initiiert wurde, um den Handel mit solchen Diamanten dubioser Herkunft zu verhindern.

Seit über einem Jahrhundert wurde auch versucht, Diamanten künstlich herzustellen, was erst General Electric im Jahre 1950 gelang. Es war aber damals noch deutlich kostengünstiger, einen realen Diamanten zu erwerben. Heutzutage haben sich einige US-Gesellschaften dieser Thematik angenommen und versuchen mit Massenproduktion die ökonomische Erzeugung von synthetischen Diamanten. Die meisten Kunden bevorzugen aber Originalsteine (unabhängig vom Preis). De Beers hat bereits ein Gerät entwickelt, das eindeutig unterscheiden kann, ob es sich um einen synthetischen Diamanten oder ein Original handelt. Zudem dürfte der beschriebene Markenaufbau den Verkauf von künstlich hergestellten Exemplaren einschränken. Somit kann davon ausgegangen werden, dass sich die synthetischen Steine nie zu einer ernst zu nehmenden Gefahr für die Originale entwickeln und eher einen kleinen Parallelmarkt für sich beanspruchen.

Insgesamt sollte die Branche durch den beschriebenen Wandel (abnehmende Kontrolle durch De Beers), die Nachfrage- und Angebotssituation sowie innovative Vermarktungsbemühungen weiterhin im Aufwind bleiben. Engagements empfehlen sich am besten in Aktien von Diamantenproduzenten, die neben einer fairen fundamentalen Bewertung langfristig gesicherte Reserven vorweisen oder sich voraussichtlich beschaffen können.

Industrierohstoffe

Basismetalle oder auch Industriemetalle genannt sind die Metalle, die im täglichen Leben der industrialisierten Welt die Grundlage und Ausgangsprodukte der Produktion und des Handels darstellen. Die wirtschaftliche Entwicklung der wichtigen Industrienationen ist damit entscheidend für den Verbrauch von Basismetallen und damit für das Preisniveau der Basismetalle. Besonders die rasante wirtschaftliche Entwicklung Chinas hat den Rohstoffmarkt in den vergangenen Jahren erheblich verändert. Trotz seiner immensen Größe entsprechend seiner Einwohnerzahl verbrauchte China noch in 1994 lediglich 7 Prozent bis 10 Prozent bezogen auf die weltweiten Nachfrage für jeweilige Basismetalle. Zehn Jahre später hat sich dieser Anteil auf 20 Prozent bis 25 Prozent erhöht und sollte weiter ansteigen. Für 2010 erwartet die Macquarie Bank für China bereits einen Anteil am globalen Industriemetallverbrauch von über 30 Prozent, bei allerdings nachlassenden Zuwachsraten. Für Indien existieren leider keine vergleichbaren Statistiken. Man kann aber davon ausgehen, dass auch Indiens Anteil an der Rohstoffnachfrage weiter steigen dürfte. Die Mittelschicht Indiens wird auf etwa 250 Mio. Menschen geschätzt, die vor fünf Jahren noch vorwiegend Seife und Shampoo nachfragten, heute dagegen besonders Autos, Kühlschränke und Waschmaschinen, Artikel, deren Grundlage vor allem Basismetalle darstellen.

Die Lagerbestände der Industriemetalle der Metallbörsen und der Produzenten – gemessen an den Bestandszahlen für Kupfer, Aluminium, Zink und Blei im Verhältnis zur Anzahl Wochen, für die die Bestände ausreichen – reduzieren sich, wenn auch moderat langfristig. In 1973 reichten die internationalen Metallbestände für die Nachfrage von sieben Wochen. Dieser Durchschnittswert ist mittlerweile auf lediglich fünf Wochen gesunken, auf Basis aktueller Zahlen sank diese Zahl innerhalb von nur zwei Jahren von sechs auf derzeit nur noch vier Wochen, wofür neben dem Wirtschaftsboom Chinas auch die moderate, auf tönernen Füßen stehende Erholung der Industrien der USA und Europas. Zudem ist zu beachten, dass trotz der hohen Zuwachsraten der Pro-Kopf-Verbrauch an Metallen in China, aber auch

Pro-Kopf-Verbrauch Chinas an Aluminium noch immer sehr gering
Aluminium-Verbrauch je Einwohner im Verhältnis zum BSP/Einwohner

Abb. 1

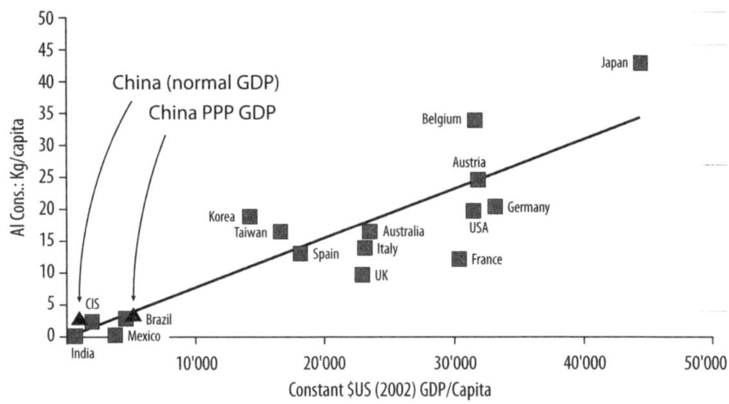

Quelle: Macquarie Research

in Indien ausgehend vom Beispiel Aluminium im internationalen Vergleich verschwindend gering ist. Er lag in 2002 bei lediglich rund 3,5 kg, der von Indien sogar bei nur etwa einem kg. In den entwickelten Industrienationen Taiwan oder Südkorea liegt der Vergleichswert bei 16 bzw. 19 kg. Damit wird deutlich, dass, wenn China langfristig auf dem Pfad der Industrialisierung bleibt, aufgrund der noch immer hohen Anzahl der Landbevölkerung Chinas die Werte von Taiwan oder Südkorea zwar in absehbarer Zeit nicht erreichen, der jährliche Pro-Kopf-Verbrauch an Rohstoffen aber dennoch weiter deutlich zunehmen wird.

Die nachlassenden Zuwachsraten des chinesischen Basismetallverbrauchs jedenfalls deuten an, dass die Wirtschaftsdämpfungspolitik Pekings auch auf den Rohstoffverbrauch eindämmende Wirkung hat. In den ersten sieben Monaten des Jahres 2004 lag der Zuwachs des Rohstoffverbrauchs mit 15,3 Prozent erheblich unter den Zuwachsraten des Vorjahres, die bei knapp 30 Prozent lagen. Dennoch hat sich ein grundlegender Wandel an den Rohstoffmärkten vollzogen. Mit dem Eintritt

Chinas und auch Indiens in das globale Wirtschaftsleben ist zu der bestehenden Nachfrage eine bedeutende zusätzliche bzw. sogar neue Nachfrage hinzugekommen. Mit der Zunahme der Rohstoffnachfrage konnte das Angebot bislang nicht Schritt halten, was zu deutlichen Preisaufschlägen führte. Obwohl in den kommenden Jahren neue Produktionskapazitäten hinzukommen werden, produzieren die Rohstoffkonzerne derzeit an der Kapazitätsgrenze.

Im Folgenden werden wir auf die unserer Ansicht nach wichtigsten Basismetalle hinsichtlich ihrer Angebots-/Nachfragestruktur näher eingehen. Die steigenden Rohstoffpreise spiegeln allerdings nicht nur den wachsenden Verbrauch wieder. Ebenso wie bei Gold derzeit der Preisanstieg bislang größtenteils eine Funktion des fallenden US-Dollars darstellt, kompensieren die Rohstoffpreise den fallenden USD und müssen, gerechnet in USD, bei einem fallenden Dollar im Preis weiter steigen. Insgesamt haben allerdings derzeit die meisten Industriemetalle ein Preisniveau erreicht, das als fair zu bezeichnen ist. Die angesprochene Wirtschaftsdämpfungspolitik der chinesischen Regierung könnte sich in 2005 auf die Binnenkonjunktur entsprechend verlangsamend auswirken, was bei einigen Metallen zu kurz- bis mittelfristigen Preiskorrekturen führen könnte. Erst in einem solchen Fall erscheint es wieder ratsam, auf breiter Basis wieder in Industriemetalle bzw. deren Produzenten zu investieren.

Kupfer

Kupfer, nach dem lateinischen aes cyprium – cyprisches Erz (Zypern, abgeleitet vom Ort des frühzeitlichen Abbauorts) – wird bereits seit vielen tausend Jahren in Verarbeitungsprozessen eingesetzt. Kupfer dürfte das erste Gebrauchsmetall gewesen sein, das zur Herstellung von Geräten und Waffen verwendet wurde. Bereits aus der jüngeren Steinzeit wurden Gegenstände aus gediegenem Kupfer hergestellt. Bis ins 4. Jahrtausend vor Christus läst sich die Verwendung von Kupfer in Form von Lanzen- und Bogenspitzen, Beilen und dergleichen in Vorderasien zurückverfolgen. Aus den Kupfervorkommen im Sinai wurden zur Zeit der dritten Dynastie Ägyptens Kupfererz gefördert, rund 2660 bis 2590

v. Chr. Während in Europa der Kupferbergbau eine lange Tradition hat – in Salzburg und Tirol muss bereits um 1500 v. Chr. Kupferbergbau betrieben worden sein –, begann die Kupfergewinnung etwa in Südamerika erst vor gut 1.000 Jahren.

Der durchschnittliche Kupfergehalt in der zugänglichen Erdkruste liegt bei etwa 0,005 Prozent bzw. 50 g/t. In dieser Konzentration ist allerdings kein wirtschaftlich sinnvoller Abbau möglich. Für den Minenabbau sollte die Kupferkonzentration beim etwa 200fachen des geochemischen Durchschnitts, also bei etwa 1 Prozent, liegen. Allerdings gibt es Kupferlagerstätten, die bereits ab einem durchschnittlichen Kupfergehalt von 0,7 Prozent wirtschaftlich abbaubar sind. Kupferarme Lagerstätten (so genannte Porphyries) sind nur dann wirtschaftlich, wenn es sich um sehr große Vorkommen handelt. Kupfer ist auch elementarer Bestandteil menschlichen und tierischen Lebens. Säuger weisen in ihrem Organismus die höchste Kupferkonzentration in Leber, Niere, Herz, Gehirn und Haaren auf, und Kupfer ist Bestandteil des Blutfarbstoffs Hämocyanin. In der Pflanzenwelt stellt Kupfer ein essentielles Spurenelement (Mikronährstoff) dar, das in Enzymen katalysierend wirkt (vgl. F. A. Brockhaus Wiesbaden, 1972 BE 10, S. 786 ff.).

Kupfer verfügt als vielseitiges Metall über verschiedenste Einsatzmöglichkeiten in der Industrie und ist deswegen eines der am häufigsten verarbeitete Industriemetalle. Nicht umsonst wird Kupfer von vielen Marktanalysten hinsichtlich der Preisentwicklung sogar als Indikator für den Zustand und die Entwicklung der Weltwirtschaft betrachtet. Der bekannte US-amerikanische Börsenbriefautor Richard Russell bezeichnet Kupfer demzufolge auch gerne als »Mr. Copper«, der gewissermaßen Aufschluss über die weitere Wirtschaftsentwicklung geben kann. Kupfer ist relativ weich, aber dennoch sehr zäh, gut dehn- und schweißbar und lässt sich zu feinstem Draht ausziehen. Härte und Festigkeit von Kupfer kann durch die Beigabe von anderen Metallen verbessert werden, weshalb Kupfer schon seit geraumer Zeit legiert wird, wie etwa mit Zinn zu Bronze und mit Zink zu Messing. Zudem verfügt Kupfer über eine hohe Leitfähigkeit, die nur unwesentlich geringer als die von Silber ist, sowie eine hohe Korrosionsbeständigkeit. Die weltweiten Ressourcen werden auf 2,5 Mrd. t geschätzt, wobei etwa 13 Prozent bislang abgebaut worden sind. Damit erscheint Kupfer aus heutiger Sicht beinahe unerschöpflich; zudem kann es ohne Qualitätsverlust recycled und wiederverarbeitet werden.

Reines Kupfer wird vor allem in Form von Draht und Stangen in der Elektroindustrie verarbeitet, zudem im Apparate- und Maschinenbau, in Haus- und Küchengeräten, in der Münzprägung, als Bedachungsmaterial und im Druckgewerbe. Insgesamt rund 75 Prozent der jährlichen Kupferproduktion werden in der Elektro- und in der Sanitärindustrie weiterverarbeitet, teilweise um die Festigkeit anderer Metalle in Form von Legierungen mit Edelmetallen zu erhöhen, teils zur Korrosionsbeständigkeit (Eisen), Härtung oder Verbesserung der Farbwirkung etwa bei Aluminium. Zudem werden Kupferverbindungen zur Schädlingsbekämpfung und für Schiffsanstriche verwendet.

Vermehrt findet Kupfer aufgrund seiner biostatischen Eigenschaften (bakterientötend) in Klimaanlagen, bei der Lebensmittelherstellung und sogar bei Türklinken Verwendung, um die Verbreitung von Bakterien zu beschränken, zudem aber auch im High-Tech-Sektor, etwa bei Computerchips, Sonnenkollektoren und Hybridmotoren. Gehandelt wird das unentbehrliche Metall Kupfer an der London Metal Exchange, an der COMEX in New York sowie an der Shanghai Futures Exchange. Die Preisentwicklung 2003 begann in der ersten Hälfte als Seitwärtsbewegung, konnte aber in der zweiten Jahreshälfte eine beachtliche Rallye verzeichnen. Kupfer notiert derzeit mit etwa 1,45 USD/Pfund nicht mehr allzu weit unter dem Allzeithoch von 1,65 USD/Pfund, das Kupfer im Dezember 1988 markierte.

Die derzeitige Situation am Kupfermarkt kann am besten durch den Konflikt niedriger sowie weiter abnehmender Lagerbestände, einer deutlich ansteigenden Kupferproduktion sowie einem sich weltweit insgesamt verlangsamenden Wirtschaftswachstums beschreiben. Das

Angebotsdefizit am Kupfermarkt befindet sich den Schätzungen der Macquarie Bank zufolge in 2004 auf einem hohen Niveau von knapp 980.000 t, was rund 6,1 Prozent des Kupferangebots von 2004 in Höhe von schätzungsweise 17,4 Mio. t, bei einer Nachfrage bzw. einem weltweitem Verbrauch von 16,0 Mio. t. Das kleine, aber ebenfalls feine australische Research-Haus Global Mining Research errechnete, dass der globale Kupferverbrauch anhand der Zahlen der vergangenen Jahrzehnte um jährlich 2,7 Prozent ansteigen sollte. China führt den Kupferverbrauch an. 20 Prozent der Welt-Kupfernachfrage stammte in 2003 aus China, 15 Prozent aus den USA, 8 Prozent aus Japan und 7 Prozent aus Deutschland. Südkorea fragt 6 Prozent des Kupferangebotes nach, Italien und Taiwan 4 Prozent, Frankreich und Mexiko jeweils 3 Prozent, Russland 2 Prozent und die restliche Welt 29 Prozent. Nachdem China in 2002 die USA in Bezug auf die Kupfernachfrage überholt hat, wird der Anteil Chinas an der weltweiten Kupfernachfrage weiter zunehmen und sollte in 2007 bei etwa 28 Prozent liegen, nachdem das Reich der Mitte in 2004 etwa 23 Prozent des Welt-Kupferangebots nachfragte.

Das Kupferangebot ist fragmentierter als etwa das von Nickel oder Aluminium, es existieren diverse Produktionsquellen, womit die Kupferproduzenten nur geringen Einfluss auf die Preisentwicklung besitzen. In 2003 führte Chile die Produktionsstatistik mit einem Anteil an der Weltproduktion von 19 Prozent an, gefolgt von China mit 11 Prozent, Japan und den USA mit jeweils 9 Prozent, Russland mit 6 Prozent und Deutschland mit 4 Prozent. Polen, Peru, Australien und Südkorea stellen jeweils 3 Prozent des Kupferangebots, die restlichen Länder zusammen rund 29 Prozent. Die steigenden Kupferpreise werden auch zukünftig zu einer wachsenden Kupferproduktion führen. Für 2004 gehen Experten von einem Anstieg der Kupferproduktion von 5,2 Prozent und im Folgejahr von 6,1 Prozent aus, was einem Zuwachs der Produktion von 1,4 Mio. t in nur zwei Jahren entspricht. Der Zuwachs in der Kupferproduktion ist damit größer als bei anderen Metallen, sodass die Preise für Kupfer anfälliger für einen Verlangsamung der Weltwirtschaft sind. In den kommenden Jahren jedenfalls erscheint es wahrscheinlich, dass die jährlichen Produktionswachstumsraten über dem

Verbrauchswachstum liegen werden, ausgehend von den bekannten Plänen der Kupferproduzenten.

Die Lagerbestände an Kupfer gehen darüber hinaus immer mehr zur Neige. Deckten die Bestände noch in 2002 den Bedarf von 8,1 Wochen ab, sank diese Kennzahl auf zuletzt nur noch 3,7 Wochen und dürfte sich in 2005 auf lediglich 2,3 Wochen absenken. Für 2006 ist dann ein durchschnittlicher Lagerbestand in der Größenordnung von rund 2,7 bis 3 Wochen Nachfrage zu erwarten, was damit auf keine allzu schnelle Beruhigung und Entspannung am Kupfermarkt hindeutet. Aufaddiert beliefen sich die Kupfer-Lagerbestände Ende 2003 der LME London, der COMEX und der Shanghai Copper Börse auf knapp 796.000 t Kupfer. Bis Ende 2004 sank dieser Wert auf lediglich noch 124.289 t; er stellt damit den deutlichsten Lagerabbau aller Industriemetalle dar. Bis zum ersten Halbjahr 2005 dürfte auch die seit etwa Mitte 2004 einsetzende erhöhte weltweite Kupferminenförderung für keine Entspannung sorgen. Die Schmelzkapazitäten, die das in den Minen gewonnene Kupferkonzentrat in Kupfer verwandeln, arbeiten derzeit an der Kapazitätsgrenze, die Kapazitätsgrenzen dieser Industrie dürften allerdings bis zum dritten Quartal 2005 zumindest teilweise behoben sein. Langfristig handelt es sich bei Kupfer um einen wachsenden Markt, der aber durch ebenfalls steigende Produktionskapazitäten mittelfristig wieder ins Gleichgewicht gebracht werden sollte. Ein Kupferpreis von langfristig über 1 USD/Pfund erscheint durchaus realistisch, wobei kurzfristig auch die alten Höchststände aus dem Jahr 1988 von rund 1,65 getestet werden könnten. Bei einem derzeitigen Preis von etwa 1,4 USD/Pfund erscheint Kupfer aus Sicht des bestehenden Angebot-Nachfrage-Verhältnisses angemessen bewertet. Eine mögliche und sich bereits abzeichnende kurzfristige Abkühlung der chinesischen Wirtschaft könnte sich aber in einer ebenfalls kurzfristigen Preiskorrektur bei Kupfer und anderen industriell nachgefragten Metallen (Nickel, Aluminium, Blei und Zinn) auswirken. Solche Korrekturen sollten als Einstiegsgelegenheit betrachtet werden.

Nickel

Nickel gehört zur Gruppe der Eisenmetalle, dessen elektrische und Wärmeleitfähigkeit lediglich ein Viertel der von Kupfers beträgt (vgl. F. A. Brockhaus Wiesbaden, 1972 BE 13, S. S. 409 ff.). Nickel ist ein stark glänzendes, hellgraues und zähes Metall, das sich ähnlich dem Eisen verarbeiten lässt. Nickel lässt sich leicht legieren, es ist korrosionsfest und lässt sich von Wasser, Alkalien und Salze kaum angreifen. In der dem Menschen zugänglichen Erdkruste liegt der Nickelgehalt bei durchschnittlich 0,008 Prozent oder 80 g/t, bezogen auf die Häufigkeit steht Nickel an 23. Stelle zwischen Vanadium und Zink. Abbaufähige Nickellagerstätten sollten auf etwa 1 Prozent Nickel bzw. dem über 100fachen des durchschnittlichen Nickelgehalts der Erdkruste aufweisen. Die Geschichte des Nickels ist verglichen mit anderen Metallen relativ jung. Erst im Jahr 1751 entdeckte A. F. Cronstedt das Nickel und gab ihm die Bezeichnung; allerdings ist davon auszugehen, dass das Metall in China bereits davor in Gebrauch war; im 18. Jahrhundert wurde aus China eine Nickel-Kupfer-Zink-Legierung unter der Bezeichnung Packfong nach Europa gebracht. Überwiegend wird Nickel zur Stahlveredelung (sehr harter Nickelstahl, korrosionsfester Stahl) sowie für andere rostbeständige Legierungen verwendet. Zudem dient es als Legierung für die Münzprägung, für Heizdrähte, Thermoelemente und für Nickel-Cadmium-Batterien. In gut 300.000 unterschiedlichen Produkten wird Nickel weltweit verarbeitet.

Der Nickelmarkt ist ebenfalls als sehr eng zu bezeichnen. Die Nachfrage nach Nickel vor allem für die Stahlindustrie wird ebenfalls erheblich durch China geprägt. Die Auswirkungen auf den Nickelpreis aufgrund der angespannten Marktsituation waren bislang erheblich. Allein im Verlauf des Jahres 2003 stieg der Nickelpreis um 135 Prozent aufgrund fundamentaler, aber auch spekulativer Käufe an und hat sich gegenüber dem Preisniveau von Ende 2001 damit mehr als verdreifacht. Ende 2003/Anfang 2004 erreichte der Preis für ein Pfund Nickel dann rund 8 USD, was den dritten heftigen Preisanstieg seit 1960 darstellt, wobei das Preisniveau von rund 11 USD aus dem Jahr 1989 noch lange nicht erreicht ist. Vermehrt wird Nickel für die

Herstellung von rostfreiem Stahl verwendet. 1968 wurden lediglich 35 Prozent der Nickelnachfrage für die Herstellung von stainless (d. h. rostfreiem) Stahl verwendet; dieser Anteil stieg auf zuletzt 67 Prozent an, ein Trend, der bislang nicht zum Stillstand gekommen ist. Die Grundlage des Nachfragebooms nach Nickel liegt im Wesentlichen in der exorbitant gestiegenen chinesischen Produktion von rostfreiem Stahl. Mittlerweile produziert China bereits rund ein Fünftel des weltweit produzierten Edelstahls, und da die inländische Nickelproduktion bereits seit Jahren die Nachfrage nicht mehr deckt, wurde China vom Nettoexporteur zum Nettoimporteur von Nickel. Insgesamt fragt Europa etwa 40 Prozent der weltweiten Nikkelproduktion nach, gefolgt von Asien und Amerika. Die Macquarie Bank stellt aber fest, dass das Nachfragewachstum Chinas nur zu etwa einem Drittel zu Lasten der Produktion der restlichen Welt erfolgt, zwei Drittel des chinesischen Wachstums werden dagegen intern aufgrund des eingeleiteten inländischen Industrialisierungsprozesses generiert. Diese Zahlen zeigen die Qualität des chinesischen Wirtschaftsaufschwungs, der damit weit weniger von der internationalen Konjunkturentwicklung abhängig ist als vielerorts angenommen.

Der Nickelverbrauch bzw. die Nickelnachfrage dürfte in 2004 bei knapp 1,3 Mio. t gelegen haben, was einem Anstieg von 3,4 Prozent gegenüber dem Niveau des Vorjahres darstellt. Die Zahlen deuten dabei allerdings eine Verlangsamung des Wachstums an, die Zuwachsraten lagen in den Jahren 2002 und 2003 bei 6,4 Prozent bzw. 6,3 Prozent. Macquarie geht allerdings davon aus, dass die Nachfrage in 2005 mit einer Rate von etwa 5,5 Prozent auf 1,36 Mio. t wieder anziehen dürfte. Da in 2004 das Nickelangebot, das in 2002 und 2003 mit nur jeweils 2,1 Prozent bzw. 2,6 Prozent deutlich unter den Zuwachsraten der Nachfrage lag, um 5,6 Prozent auf 1,27 Mio. t gestiegen sein dürfte, dürfte das Defizit am Nickel-Weltmarkt mit 21.000 t erheblich geringer ausgefallen sein als befürchtet und unterhalb des Wertes des Vorjahres von 46.000 t liegen. Die Studien der International Nikkel Study Group gehen für 2004 sogar von einem nahezu ausgeglichenen Nickelmarkt aus, was, sofern die Zahlen korrekt wären, auf eine Spekulationsblase bei Nickel hindeuten würde. Diese Zahlen berücksichtigen allerdings nicht, dass China in 2003 strategische Nikkelreserven in Höhe von 10.000 t aufgebaut, diese in 2004 dann aber auch wieder aufgebraucht hat. Geht man rein vom tatsächlichen Verbrauch aus, war das Defizit am Nickelmarkt tatsächlich deutlich höher.

Für 2005 sollte das Defizit entsprechend der Macquarie-Schätzungen aufgrund des Angebotszuwachses um etwa 6,4 Prozent auf 1,35 Mio. t auf lediglich 10.000 t sinken, wobei das Preisniveau aufgrund der noch immer angespannten Lage attraktiv bleiben sollte. Es bleibt die Frage, inwieweit die Minenproduktion in den kommenden Jahren den weltweit steigenden Nickelverbrauch, an dem der industrielle Transformationsprozess Chinas den bedeutendsten Anteil hat, ausgleichen wird. Schätzungen zufolge wird der Nickelkonsum bis 2020 auf etwa 2,3 Mio. t jährlich ansteigen. Der Bedarf an Investitionen für die Nickelproduktion ist groß, und es muss bedacht werden, dass die bekannten bedeutenden Nickelvorkommen sich in Ländern mit erheblichen Risken befinden, darunter Neukaledonien, Indonesien, den Philippinen, Kuba und in Teilen Lateinamerikas. Ein Teil der Nickelnachfrage wird bereits durch den steigenden Anteil an recyceltem Nickel gedeckt, der bei derzeit rund 48 Prozent des in den Schmelzanlagen verarbeiteten Nickels und damit über dem Durchschnitt der vergangenen 15 Jahre liegt. Das Risiko für die Nickelpreise liegt auch in den nur sehr schwer zu schätzenden Nickelbeständen, die sich bei dem bedeutendsten Nickel- (und Palladium-) Produzenten Norilsk Nickel befinden. Die bekannten Nickelbestände der Metallbörse LME betragen derzeit nur noch rund 14.100 t nach 109.000 t Ende 2003, zusammen mit den bekannten Lagerbeständen der Nickelproduzenten decken die Nickelvorräte derzeit nur noch die Nachfrage für fünf Wochen ab, ein Wert, der in 1983 und 1994 noch bei 23 respektive 17 Wochen lag.

Zink

Das bläulich-grauweiße und stark glänzende Metall Zink gehört neben Eisen, Kupfer und Aluminium zu den am häufigsten verarbeiteten Metallen. Zink weist eine geringe Härte und eine elektrische Leitfähigkeit auf, die lediglich 27,5 Prozent der von Kupfer entspricht. Zink ist ein wesentlicher Bestandteil vieler technischer Legierungen. Mit einem Vorkommen von rund 65 g/t in der Erdkruste ist Zink damit häufiger als Kupfer (45 g/t), Blei (15 g/t) oder Zinn (3 g/t).

Als Spurenelement ist Zink Bestandteil vieler Organismen und dient als Aktivator mehrerer Enzyme. Geschichtlich betrachtet wurde Zink etwa im sechsten Jahrhundert n. Chr. von den Persern verwendet, wobei daraufhin aber die damals gängige Gewinnungstechnik verloren ging. Erst 1617 wurde das Metall von G. Löhneyss wiederentdeckt, der diesem auch den Namen gab, der heute in der westlichen Kultur gebräuchlich ist. Bis Ende des 18. Jahrhunderts wurde Zink überwiegend in Indien gefördert und in den Westen exportiert, was das Metall sehr teuer machte. Die wirtschaftlichen Einsatzmöglichkeiten von Zink sind vielfältig, sie reichen vom Verzinken von Eisenblech (Galvanisierung) und -draht als Blech und Pressfolien für Dachbedeckungen, Regenrinnen u.a. bis zur Herstellung von Legierungen wie etwa Messing, Neusilber, Rotguss oder Zinkspritzguss. Zink dient im Wesentlichen dem Schutz anderer Metalle, was etwa an verzinkten Kfz-Karosserien (Rostschutz) deutlich wird. Insgesamt hängt die Zinknachfrage zu 48 Prozent von der Bauindustrie und zu 23 Prozent von der Automobilindustrie ab, wobei lediglich ein geringer Anteil des verarbeiteten Zinks aus wiederverarbeitetem Zink stammt. Etwa 53 Prozent der weltweiten Zinkproduktion dienen dem Verzinken anderer Metalle, für Produkte aus reinem Zink werden gut 20 Prozent der Zinkförderung verarbeitet. Der Messingherstellung dienen etwa 18 Prozent der Zinkproduktion (vgl. F. A. Brockhaus Wiesbaden, 1972 BE 20, S. 694 ff.).

Im Zuge der anziehenden Rohstoffpreise stieg auch der Zinkpreis wieder an. Der Durchschnittpreis für Zink, das ebenfalls pro amerikanischem Pfund bewertet wird, lag in 2003 bei durchschnittlich 0,404 USD je Pfund und konnte sich damit von seinem 23-Jahres-Tief von 0,396 USD/Pfund aus dem Jahr 2002 erholen, das durch die sich abschwächende Weltkonjunktur hervorgerufen worden war. In der Zwischenzeit konnte sich der Zinkpreis wieder auf das Niveau vor der

Wirtschaftsflaute erholen, in den Jahren zwischen 1998 und 2000 lag der Preis für ein Pfund Zink noch bei rund 0,53 USD. Damit verlief allerdings die Zinkpreisentwicklung weitaus weniger spektakulär als die anderer Metalle, und dies, obwohl auch der Weltmarkt für Zink in 2004 mit geschätzt ca. 270.000 t ins Defizit rutschte. Ursächlich dafür war die in 2004 deutlich um 5,8 Prozent anziehende Nachfrage auf 10,3 Mio. t, während das Zinkangebot um lediglich 1,4 Prozent auf 10 Mio. t wuchs. Bereits seit 2002 wächst der Zinkverbrauch stärker als das Angebot, allerdings wurde dabei lediglich das bestehende Zink-Überangebot abgebaut. Auch in 2005 wird wiederum mehr Zink nachgefragt als produziert werden, sodass für 2005 von einem Defizit in Höhe von 0,4 bis 0,5 Mio. t auszugehen sein dürfte, was gut 4 Prozent des Zinkangebots entspricht. Das für 2006 erwartete, deutlich um 6,2 Prozent anziehende Zinkangebot (vgl. Macquarie Bank Marktresearch) infolge erhöhter Minentätigkeit sollte dazu beitragen, das Defizit auf gut 100.000 t zu reduzieren. Ab 2007 dürfte sich der Zinkmarkt den Prognosen zufolge wieder weitgehend im Gleichgewicht befinden, wobei Prognosen für den mittel- bis langfristigen Zeitraum naturgemäß mit erheblichen Unsicherheiten behaftet sind. Auch das Investmenthaus Goldman Sachs (vgl. Rohstoffmarktprognosen von Goldman Sachs Global Commodity Research – 5. August 2004) schätzt die Angebot-Nachfrage-Situation ähnlich wie Macquarie ein, was die Aussagekraft der Schätzungen unterstreicht. Bedeutendster Produzent von Zink ist Kanada, das über einen Marktanteil von 8,9 Prozent verfügt. Japan folgt mit 7,5 Prozent sowie Australien mit 6,4 Prozent. Die Zinknachfrage ist im Wesentlichen durch die wachsende Nachfrage galvanisierten Eisenblechs getrieben. Der Anteil Chinas an der Zinknachfrage beträgt derzeit rund 20 Prozent, wobei dieser Anteil bis 2010 auf etwa 28 Prozent anwachsen wird. Gerade China hatte in den vergangenen Monaten erheblichen Einfluß auf den Zinkpreis. Noch in 2002 war China Nettoexporteur von Zink in einer Größenordnung von rund 0,32 Mio. t, in 2003 wurde China dagegen bereits in einem geringem Umfang zum Nettoimporteur, eine Tatsache, die auch in 2004 so blieb. Inwieweit die Minenproduktion der steigenden Nachfrage gerecht werden wird, bleibt fraglich. Bereits feststehende zusätzliche Minenförderung werden in den Jahren 2005 bis 2007 zwar moderat ansteigen, ab 2008 allerdings wird die Förderung leicht fallen. Es sind jedoch ab dem Jahr 2005 weitere Zinkprojekte geplant, die wachsende Zinknachfrage kann aus heutiger Sicht aber nur aus diesen geplanten Zinkprojekten bedient werden, da produzierende Minen auf immer weniger förderbares Zink zurückgreifen können. Da diese geplanten Projekte allerdings zumindest teilweise als wenig gesichert oder nur als möglich angesehen werden kann, bleibt in Bezug auf die Sicherung der Zinknachfrage eine berechtigte Unsicherheit bestehen, die sich bislang aber nicht in Form einer gewissen Risikoprämie auf den Zinkpreis niedergeschlagen hat.

Das festere Preisniveau des Industriemetalls Zink ist auch durch die sinkenden Lagerbestände begründet. Der Lagerabbau verlief bei Zink bislang allerdings wenig spektakulär, beschleunigte sich aber etwas in den vergangenen Wochen. Gegenüber einem offiziellen Lagerbestand der London Metal Exchange, der einzigen Börse, an der das Metall gehandelt werden kann, von rund 740.000 t sank der Lagerbestand um lediglich 8,6 Prozent auf zuletzt 614.000 t (Mitte Februar 2005). Dies ist hauptsächlich auf den Abbau größerer Mengen nicht offiziell berichteter Lagerbestände zurückzuführen. Es ist daher unklar, wie viele Zinkbestände zukünftig noch auf den Markt kommen und einen möglichen und von mehreren Analysten erwarteten deutlicheren Zinkpreisanstieg verhindern werden. Marktberichten zufolge allerdings dürften die inoffiziellen Zinkbestände langsam zur Neige gehen, wobei ähnliche Aussagen auch in der Vergangenheit bereits mehrmals zu hören waren. Die erwarteten anhaltenden Defizite des Zinkmarktes in den kommenden Jahren jedenfalls sollten dafür sorgen, dass neben den offiziellen auch die nicht-berichteten Zinklagerbestände weiter abgebaut werden sollten, was dem Preis zumindest einen moderaten Anstieg ermöglichen sollte. Zink erscheint aus heutiger Anlegersicht als eines der interessantesten Metalle.

Zinn

Das Metall Zinn bildet zwei Modifikationen aus: Einmal das silberweiß glänzende Zinn, das nur unwesentlich härter ist als Blei und unterhalb einer Temperatur von 13,2 Grad Celsius langsam und reversibel in das graue Zinn übergeht, für das aber im Gegensatz zum weißen Zinn nur wenige industrielle Anwendungen existieren. Die elektrische Leitfähigkeit von Zinn beträgt lediglich 14 Prozent der des Kupfers, es lässt sich aber aufgrund der geringen Härte leicht verformen und etwa zu sehr dünnen Folien (Stanniol) auswalzen. Zinn ist mit einem Vorkommen in der Erdkruste von 0,0003 Prozent ein seltenes Metall, sein Vorkommen ist damit wesentlich geringer als das von Zink, Kupfer oder Blei. Als Legierung mit Kupfer – Bronze – hat Zinn einer gesamten Epoche – Bronzezeit – den Namen verliehen. Bereits vor Tausenden von Jahren in China verwendet. Forscher gehen davon aus, dass die Etrusker das Wissen über das Metall aus dem Orient nach Italien und Spanien gebracht haben. Etwa seit der Mitte des zweiten Jahrtausends vor Christus wurde Zinn in Cornwall und Devonshire für den Mittelmeerraum gewonnen. Später im Mittelalter wurde ab 1240 auch im Erzgebirge Zinn abgebaut, wobei Cornwall bis ins 19. Jahrhundert Hauptquelle für Zinn blieb (vgl. F. A. Brockhaus Wiesbaden, 1972 BE 20, S. 697 ff.). Die wichtigsten Einsatzbereiche für Zinn sind heute vor allem die Herstellung von Lebensmittel- und Getränkeverpackungen, zudem wird Zinn verwendet für die Herstellung von Löt-Legierungen, Keramik, diversen Kunststoffen und bei der Glasherstellung. Als Ersatzstoff für andere Metalle gelangt Zinn immer stärker in das Blickfeld der Industrie, beispielsweise von Blei bei Lötstoffen und Schrotkugeln. Zinn besitzt korrosionsresistente Eigenschaften, sodass Zinn vor allem in Form von Legierungen als Schutzbeschichtung für andere Metalle verwendet wird. Den größten Anteil an der Förderung von Zinn besitzt China mit 32 Prozent an der weltweiten Zinnförderung. Zinn wird an der London Metal Exchange LME sowie am Kuala Lumpur Tin Market KLTM gehandelt. Von seinem erst in 2002 erreichten 20-Jahres-Tief bei 2,83 USD je Pfund konnte sich Zinn auf zuletzt 3,49 USD/Pfund wieder erholen.

Bei Zinn handelt es sich um einen verglichen etwa mit Kupfer oder Nickel relativ kleinen und unbedeutenden Metallmarkt. Aus diesem Grunde sind Studien über den weltweiten Zinnmarkt selten. Zinn wird heute in rund 35 Ländern abgebaut, wobei jeder Kontinent über zinnreiche Länder verfügt. Die weiteren bedeutenden Produzentenländer sind Peru (26 Prozent) und Indonesien (22 Prozent). Das für die Zinngewinnung wichtigste Erz Cassiterit kommt vor allem in Malaysia, Bolivien, Indonesien, Thailand und Nigeria vor, weshalb sich die Zinnhersteller bzw. die Zinnschmelzer auch auf die Länder mit den größten Vorkommen wie Malaysia (16 Prozent), China (14 Prozent), Indonesien (12 Prozent) und Brasilien (10 Prozent) konzentrieren. Eine der Hauptquellen des Zinnangebotes resultiert dabei aus Scrap bzw. recyceltem Zinn.

Während die Zinnnachfrage noch bis 2002 bei jährlich rund 275.000 t stagnierte, stieg sie im Zuge des asiatischen Industrialisierungsprozesses ab 2003 erheblich um 9,6 Prozent auf 302.200 t an. Für 2004 wird mit einem weiteren Nachfragewachstum von 5 Prozent auf rund 317.000 t gerechnet. Während China sich zu einem der größten Zinnverarbeiter in den vergangenen Jahren entwickelt hat, bleibt die europäische Getränkeindustrie der bedeutendste Abnehmer von Zinn, das überwiegend für die Getränkedosenproduktion verwendet wird. Das Zinnangebot dagegen wächst mit einer durchschnittlichen Jahresrate von 2,8 Prozent. Die steigende Nachfrage angesichts einer sich verschärfenden Angebotssituation sollte dem Zinnpreis zukünftig weitere Unterstützung bringen. Die Zinnlagerbestände der LME betrugen zuletzt (ebenfalls Mitte Februar 2005) lediglich 5.440 t, nachdem noch Ende 2003 14.475 t Zinn von der LME berichtet wurden. Auch wenn das Metall kaum im Fokus der Analysten und Spekulanten steht, erscheint es anhand der Angebot-Nachfrage-Situation weiterhin aussichtsreich.

Blei

Trotz seiner Radioaktivität kann das Metall Blei aufgrund seiner extrem langen Halbwertzeit (von $1{,}4 \times 10^{17}$ Jahren) praktisch als stabil betrachtet werden. Das bläulich-graue und stark metallisch glänzende Blei besitzt ein hohes spezifisches Gewicht (11,34), wobei die Leitfähigkeit lediglich etwa 8 Prozent der von Kupfer beträgt. Obwohl Blei sehr weich ist, können Festigkeit und Härte bereits mit geringen Beimengungen anderer Metalle deutlich erhöht werden. Blei kann zu sehr dünnen Blechen gewalzt werden. In der Natur kommt Blei überwiegend zusammen mit Kupfer-, Zink- und Silbererzen, aber auch Gold, vor. Bleierze sind auch die Hauptquelle für die Gewinnung von Silber, Antimon und Wismut. Das am häufigsten vorkommende Bleierz ist Galena; es beinhaltet 86,6 Prozent Blei.

Blei besitzt eine lange Historie, es wurde neben Gold, Silber und Kupfer bereits etwa 3000 vor Christus in Ägypten und Vorderasien gefördert, aber auch bereits in der frühen Bronzezeit in Spanien sowie Mitteleuropa. Die Bleigewinnung war lange Zeit lediglich Mittel zum Zweck, da die Silbergewinnung eindeutig im Vordergrund stand und Blei als Nebenprodukt anfiel. Allerdings wurde Blei zu Schleudergeschossen, Figuren, Amuletten, Senkblei und etwa Schreibtafeln verarbeitet. Unter Kaiser Titus arbeiteten 40.000 Sklaven in den Bleibergwerken Spaniens, vornehmlich zur Gewinnung von Silber, wobei sie unter anderem Wasserleitungsrohre aus Blei fertigten (vgl. F. A. Brockhaus Wiesbaden, 1972 BE 2, S. 801 ff.). Heute wird Blei vorwiegend in der Baubranche, noch immer bei der Herstellung von Munition, Kraftstofftanks und Pipelines sowie in Batterien und bei der Isolierung elektrischer Leitungen (als Ummantelung von Erd- und Seekabeln, wobei Blei hier immer mehr durch Kunststoffe abgelöst wird) verarbeitet. Zudem ist einer der wesentlichsten Verarbeitungsbereiche von Blei die Herstellung von Schutzvorrichtungen gegen radioaktive Strahlung wie etwa Bleischürzen in der Medizin als Schutz gegen Röntgenstrahlen sowie für Transportvorrichtungen etwa für Uran-Transporte. Die hohe Dichte des Metalls sowie die erwähnten nuklearen Eigenschaften von Blei schützen vor radioaktiver Strahlung. Allerdings wird Blei zusehends als Löt-Legierung nahezu ganz durch Zinn substituiert, und wegen den gesundheitsschädlichen Auswirkung von Blei auf den menschlichen Organismus wurde es bei der Herstellung von Lebensmittel- und Getränkeverpackungen bereits durch weniger schädigende Stoffe ersetzt. Blei wird nur an der London Metal Exchange LME gehandelt.

Die Lagerbestände von Blei an der LME reduzierten sich in den vergangenen Monaten erheblich. Von den Ende 2003 von der LME gemeldeten rund 109.000 t Blei Lagerbeständen waren zuletzt nur noch 34.450 t übrig. Die weltweite Bleinachfrage stieg in 2004 um 4,3 Prozent auf 7,14 Mio. t, auch im Jahr davor wurde um 3,1 Prozent mehr nachgefragt als in 2002, als die Nachfrage mit einer Jahresrate von minus 0,2 Prozent unwesentlich abnahm. Die weiteren Zuwachsraten in den kommenden Jahren schätzt die Macquarie Bank mit einer Jahresrate von etwa 2 Prozent p.a. Das globale Bleiangebot konnte in den Jahren 2001 bis 2004 nicht Schritt halten. Infolge der gestiegenen Blei-, aber auch Silberpreise wird ab 2005 die Bleiproduktion deutlich stärker als die Nachfrage wachsen, die Zuwachsraten dürften für 2005 und 2006 bei 5,8 Prozent bzw. 4 Prozent liegen. Das Angebotsdefizit, das im Jahr 2002 begann (35.000 t), weitete sich in 2003 auf 114.000 t aus (was aber lediglich 1,7 Prozent der Nachfrage entspricht) und erreichte den bisherigen Schätzungen zufolge in 2004 etwa 0,19 Mio. t. Nach einem nahezu ausgeglichenen Markt in 2005 dürfte sich der Markt ab 2006 wieder in Richtung eines gut versorgten Marktes bewegen und einen moderaten Angebotsüberhang ausweisen.

Aluminium

Aluminium ist ein silberweißes Metall und der bedeutendste Vertreter der Leichtmetalle. Aluminium ist mit einem spezifischen Gewicht von 2,7 fast dreimal so leicht wie Eisen. Aufgrund der hohen spezifischen Wärme sowie der ebenfalls hohen latenten Schmelzwärme ist für das Schmelzen von Aluminium eine wesentlich größere Wärme notwendig als etwa für Kupfer. Die Leitfähigkeit von Aluminium beträgt rund 60 Prozent der des Kupfers, dafür ist Aluminium erheblich leichter und dennoch tauglich etwa als Ausgangsmaterial für Überlandleitungen. Die geringe Festigkeit des Aluminiums kann durch Legierungszusätze auf Festigkeitswerte von Stahl gesteigert werden. Die das metallische Aluminium überziehende Oxydhaut verleiht dem Element eine hohe

Widerstandsfähigkeit gegenüber vielen Stoffen des täglichen Bedarfs sowie der Lebensmittel- und chemischen Industrie, wie etwa Obst- und Fettsäuren oder Essig. Die Geschichte der Aluminiumverwendung ist sehr jung, da die kostspielige und technisch aufwändige Gewinnung des Aluminiums aus Bauxit erst im Verlauf des 19. Jahrhunderts erstmals gelang. Im Jahre 1886 wurden dann unabhängig voneinander Patente in Frankreich und in den USA zum Abscheiden von Aluminium angemeldet, die für die Aluminiumgewinnung maßgeblich wurden. Aluminium findet heute vor allem im Fahrzeug- und Flugzeugbau (etwa für leichte und damit energiesparende sowie kaum rostanfällige Karosserien), für militärische Anwendungen, in der Elektrotechnik, der Bauindustrie sowie in Form von Alufolien Verwendung. Aber auch als Bestandteil von Haushaltsgeräten und in unzählbaren Artikeln des täglichen Bedarfs ist Aluminium unverzichtbar (vgl. F. A. Brockhaus Wiesbaden, 1972 BE 1, S. 420 ff.).

In diesem Zusammenhang ist die Tatsache interessant, dass aufgrund des enormen Energiebedarfs bei der Verarbeitung des Aluminiums gerade die ölreichen Golfstaaten auch als Aluminium-produzierende Länder immer wichtiger werden. Die Staaten dieser Region, allen voran Dubai, Bahrain und der Iran, verfolgen das Ziel, in den kommenden Jahren sogar Europa seine Bedeutung in Bezug auf die Aluminiumproduktion streitig zu machen, was aufgrund der erheblichen Energiereserven dieser Nationen auch plausibel erscheint. Die Energiekosten sind nämlich mit etwa einem Viertel der gesamten Herstellungskosten für die in einem gewissen Ausmaß zu beobachtende Korrelation zwischen den Preisen für Rohöl und Aluminium verantwortlich. Die bedeutendsten Nachfrager nach Aluminium sind die Vereinigten Staaten sowie Europa, wobei allerdings auch in diesem Metallsegment China aufgrund seiner stark wachsenden Volkswirtschaft eine immer wichtigere Rolle einnimmt. Aluminium wird an der London Metal Exchange LME sowie der New York Mercantile Exchange (COMEX) gehandelt; die LME ist die wichtigste Börse für das vielseitige Leichtmetall und bietet auch die höchste Liquidität.

Der Aluminiummarkt ist derzeit, wie auch bei einigen anderen Industriemetallen, von einer relativen Knappheit geprägt, die etwa in den sinkenden Lagerbeständen der Metallbörsen zum Ausdruck kommt. Von Ende 2003 bis Ende November 2003 sanken die Aluminiumbestände der Aluminiumbörsen LME, Nymex und Shanghai von 1,66 Mio. t auf nur noch 0,76 Mio. t. Die weltweiten Aluminium-Lagerbestände, die auch die Bestände der Aluminiumproduzenten und die japanischen Hafenbestände umfassen, die nur noch für den Bedarf von etwa sieben Wochen ausreichen, haben zuletzt fast ein kritisches Niveau erreicht, liegen nahe ihres Allzeittiefs und dürften mittelfristig sogar weiter fallen. Dennoch ist Aluminium aufgrund der vergleichsweise eher moderaten Preisentwicklung im Industriemetallsektor eher als Underperformer zu bezeichnen. In den vergangenen 30 Jahren wurden ähnliche Levels nur in 1988 und 2001 erreicht, was 1989 dazu führte, dass der Aluminiumpreis auf 170 US-Cent je amerikanisches Pfund hochschoss. Ähnliche Auswirkungen auf den Aluminiumpreis waren zuletzt nicht zu beobachten. Jedenfalls entwickelten sich das Jahr 2003 wie auch 2004 zu regelrechten Boomjahren für Aluminium, mit einem Anstieg der globalen Aluminiumnachfrage von rund 2,4 Mio. t in 2003, nachdem im Jahr zuvor etwa 1,4 Mio. t Aluminium mehr nachgefragt worden waren. Auch in 2005 dürfte die Nachfrage nach Aluminium um weitere 2,2 Mio. t angezogen haben. Mittlerweile ist China für rund 40 Prozent der jährlichen Aluminiumzuwachsraten verantwortlich, wobei es derzeit rund 20 Prozent des weltweiten Aluminiums verbraucht, ein Wert, der bis 2010 sogar auf 30 Prozent anwachsen könnte. China fragt derzeit rund 6 Mio. t Aluminium nach, ein Zuwachs von über 15 Prozent gegenüber 2003, als China sogar 23,8 Prozent mehr als in 2002 nachfragte. Es ist zumindest aus heutiger Sicht zu erwarten, dass auch in den kommenden Jahren die Aluminiumnachfrage Chinas zweistellig wachsen wird.

Auf weltweiter Basis werden in 2004 insgesamt rund 30 Mio. t Aluminium nachgefragt. Dies entspricht einem Zuwachs von 7,9 Prozent gegenüber 2003, als der Verbrauch um 9,3 Prozent auf 27,75 Mio. t zulegte. In 2002 lag der Nachfragezuwachs bei 6 Prozent. Die deutlichen

Zuwachsraten der vergangenen drei Jahre werden sich den Schätzungen von Macquarie Bank (vgl. Macquarie Research Commodities, Aluminium Outlook October 2004, Adam Rowley) zufolge zukünftig allerdings abschwächen und sich in den kommenden Jahren auf etwa durchschnittlich 5 Prozent einpendeln. Wie bei allen anderen Basismetallen ist die weltweite Konjunkturentwicklung mit den entsprechenden Auswirkungen auf den Verbrauch die entscheidende Komponente für die Preisentwicklung, wobei allerdings auch die Entwicklung des Metallangebots besondere Beachtung verdient. Die Wirtschaftsindikatoren für den Westen deuten derzeit vermehrt auf eine Verlangsamung der Wachstumsraten hin, für China kann man ebenfalls von nachlassenden Zuwachsraten des Wirtschaftswachstums ausgehen, was auch die Bremsmaßnahmen der chinesischen Regierung zum Ziel haben. Chinas Wirtschaftswachstum dürfte sich aber mittel- bis langfristig im oberen einstelligen Prozentbereich bewegen. China ist der entscheidende Faktor am Aluminiummarkt, ist es doch für rund 20 Prozent des Aluminiumverbrauchs, aber auch in gleicher Größenordnung an der weltweiten Aluminiumproduktion verantwortlich.

Auf der Angebotsseite von Aluminium, die auch das recycelte Aluminium beinhaltet, betrug die Zuwachsrate der Produktion in 2004 lediglich 5,6 Prozent auf 29,6 Mio. t, womit der Aluminiummarkt in 2004 in ein Angebotsdefizit in Höhe von 0,35 Mio. t geriet, das aber nur etwa 1,2 Prozent der Angebotsseite entspricht und damit keinen zu starken Druck auf den Preis bewirkt. Für 2005 kann von einem unwesentlich steigenden Defizit von 0,38 Mio. t ausgegangen werden, das sich dann im kommenden Jahr wieder auf etwa 0,2 Mio. t abschwächen dürfte. Das gegenüber der Nachfrage zurückbleibende Angebot wird durch den weiteren Abbau der Aluminiumlagerbestände ausgeglichen. Dies dürfte dazu führen, dass die offiziell gemeldeten Aluminiumvorräte von noch knapp 3,5 Mio. t in 2002 auf knapp 2,6 Mio. t im Jahr 2006 und damit von im Durchschnitt 9,2 Wochen die Nachfrage bedienenden Vorräten auf dann nur noch 5,7 Wochen absinken werden, also auf ein Niveau, das in den vergangenen 30 Jahren niemals gesehen wurde. Den Aluminiumpreis sollte dieses Szenario unterstützen, auch wenn allein dadurch noch keine Preisrallye zu erwarten ist.

Zusammenfassend ist zum Aluminiummarkt Folgendes festzustellen: Auf der einen Seite ist davon auszugehen, dass die Lagerbestände zunehmend knapper werden und knapp zu werden beginnen, wozu auch das wahrscheinliche Angebotsdefizit das seine dazu beiträgt. Zudem zeichnet sich ab, dass sich die chinesischen Aluminium-Exporte auf den Weltmarkt abschwächen. Das schwelende Streikrisiko in der Aluminiumproduktion könnte die angespannte Lage weiter verschärfen. Andererseits dürfte sich die Wirtschaftsentwicklung in den kommenden Jahren weltweit abschwächen, der essentielle Indikator für die Preisentwicklung von Aluminium. Ohne Streiks bleibt das erwartete Angebotsdefizit in relativ engen Grenzen.

Eisenerz

Die bereits mehrfach erwähnte rasant zunehmende Industrialisierung und Modernisierung Chinas sowie in dessen Schatten vermehrt auch Indiens hat bereits seit längerer Zeit auch erhebliche Auswirkungen auf die Preise von Eisenerz als Ausgangsprodukt des asiatischen und besonders chinesischen Stahlhungers. Da für Eisenerz, das weltweit in ausreichendem Maße als Erz in der Erde vorhanden ist und meist kostengünstig im Tagebau gewonnen werden kann, kein Weltmarktpreis wie etwa für Gold oder Nickel existiert, lediglich ein extrem volatiler Spotmarkt für Bedarfsspitzen, werden zur Preisbestimmung die Preisankündigungen der großen Eisenerz-Förderer wie CVRD, BHP Billiton oder Rio Tinto im Rahmen langfristiger Lieferverträge herangezogen. Gehandelt werden i. d. R. Einjahreskontrakte, deren Preise jährlich neu festgesetzt werden. Die seit 1999 nahezu exponentiell wachsenden Eisenerz-Einfuhren Chinas blieben nicht ohne Wirkung auf die Eisenerz-Preise, die je nach Art und Qualität inzwischen im Durchschnitt auf etwa 36 Dollar (Fines) bis 46 Dollar (Lump, Iron Ore Lump ist von höherer Qualität als Iron Ore Fines) je Tonne angestiegen sind (Preisanstieg von 18,6 Prozent bislang in 2004, nach lediglich +9 Prozent im Vorjahr). Für das Jahr 2005 konnten bereits die ersten Lieferverträge mit Signalwirkung abgeschlossen werden. Der weltweit größte Eisenerzproduzent, die brasilianische CVRD (Compania Vale do Rio Doce), und Nippon Steel Corp., der größte japanische Stahlproduzent, einigten sich auf eine Preiserhöhung von 71,5 Prozent gegenüber dem Niveau des Jahres 2004. Beide Unternehmen pflegen bereits eine 51-jährige Geschäftsbeziehung, und eine Preiserhöhung in diesem bislang nie da gewesenen Ausmaß lässt erkennen, dass die Situation am Eisenerzmarkt wohl auf Sicht mehrerer Jahre angespannt bleiben wird, obwohl CVRD einen großen Teil der Mehrerlöse traditionell in den Ausbau zusätzlicher Produktions- und Transportkapazitäten investiert.

Die Preisfestsetzung erfolgt normalerweise so, dass die großen Eisenerzproduzenten hinter geschlossenen Türen mit den Stahlproduzenten aus Europa und Japan aus kartellrechtlichen Gründen jeweils einzeln verhandeln. Sobald ein Liefervertrag mit Benchmark-Charakter erzielt wurde, einigen sich meist die anderen Verhandlungsparteien innerhalb von wenigen Tagen auf ähnliche Konditionen. Die Preise verstehen sich inklusive der Kosten für die Schiffsverladung, entweder »fob Australien« (free on board) für Verkäufe nach Japan oder »fob Brasilien« für Lieferungen nach Europa. Ab 2003 verwandelte sich der Eisenerzmarkt seit den frühen 80er Jahren wieder zu einem Verkäufermarkt, aufgrund des völlig unerwarteten massiven Nachfrageanstiegs Chinas. Die bereits als chronisch zu bezeichnende Angebotslücke bei Eisenerz hat die Eisenerzpreise auf dem Spotmarkt erheblich ansteigen lassen; sie dürften nun als Grundlage der Preisverhandlungen angesehen werden. Ob es allerdings tatsächlich zu Preiserhöhung von 50 Prozent oder sogar darüber in 2005 kommen wird, bleibt abzuwarten. Solche immensen Erhöhungen würde andere Minenunternehmen dazu veranlassen, in den Eisenerzmarkt zu dringen. Zudem haben bisher sowohl Anbieter als auch Nachfrager sich quasi als »Partner« betrachtet, die im gleichen Boot sitzen.

China hat Japan in der Zwischenzeit als größten Eisenerznachfrager abgelöst. Dennoch orientieren sich die großen chinesischen Eisenerzverarbeiter an den Verträgen, die die Produzenten mit Japan abschließen. Kleinere chinesische Stahlproduzenten dagegen zahlen meist die

Deutlicher Anstieg der Eisenerzpreise in 2003 und 2004

Jährliche Veränderungsraten der Eisenerzpreise anhand der Lieferverträge nach Japan und Europa

Tab. 1

Japan	% Change	Europe	% Change	Company
26. Feb 1981	7,5%	**14. Feb 1981**	**6,1%**	CVG
26. Mar 1982	17,2%	**05. Feb 1982**	**15,7%**	CVRD
28. Mar 1983	-11,4%	**08. Mar 1983**	**-11,2%**	IOC
20. Jan 1984	-11,6%	**07. Dec1983**	**-8,5%**	QCM
31. Jan 1985	0,0%	**07. Dec 1984**	**0,0%**	QCM/IOC
14. Feb 1986	-1,9%	**03. Dec 1985**	**-1,1%**	QCM/IOC
20. Feb 1987	**-5,0%**	05. Mar 1987	-9,3%	BHF
22. Dec 1987	**-4,0%**	24. Dec 1987	8,6%	Hamersley
14. Dec 1988	**13,0%**	19. Dec 1988	13,0%	Hamersley
24. Jan 1990	16,0%	**17. Jan 1990**	**16,0%**	CVRD
30. Jan 1991	**7,9%**	31. Jan 1991	8,0%	Hamersley
17. Dec 1991	**-4,9%**	17. Dec 1991	-4,9%	Hamersley
13. Jan 1993	-11,0%	**22. Dec 1992**	**-13,5%**	SNIM
08. Feb 1994	**-9,5%**	08. Feb 1994	-9,5%	Hamersley
20. Dec 1994	**5,8%**	20. Dec 1994	5,8%	BHF
25. Jan 1996	**6,0%**	29. Jan 1996	6,0%	BHF
21. Jan 1997	**1,1%**	29. Jan 1997	-1,9%	BHF
21. Jan 1998	**2,8%**	22. Jan 1998	2,8%	BHF
16. Feb 1999	**-11,0%**	18. Feb 1999	-11,0%	Hamersley
29. Feb 2000	4,4%	**27. Feb 2000**	**5,4%**	SNIM
26. Mar 2001	4,3%	**20. Mar 2001**	**4,3%**	CVRD
31. May 2002	-2,4%	**29. May 2002**	**-2,4%**	CVRD
21. May 2003	9,0%	**16. May 2003**	**9,0%**	CVRD
14. Jan 2004	18,6%	**13. Jan 2004**	**18,6%**	CVRD

Note that highlighted areas are where the first settlement was reached

Quelle: Tex Report

Preise, die sich entsprechend von Nachfrage und Angebot an den Spot-Märkten ergeben. Diese Käufe über die Spot-Märkte werden zumindest teilweise als Grund dafür angesehen, dass die vertraglich ausgehandelten Lieferkontrakte in 2005 so deutlich ansteigen. Man kann davon ausgehen, dass zunehmend die Chinesen die direkte Verhandlung mit dem Eisenerz- und auch Kohleproduzenten suchen werden, um den enormen Preisauftrieb zumindest einzudämmen. Im vergangenen Jahr erzielte etwa Rio Tinto 9,5 Prozent seines Umsatzes mit China, nachdem dieser Anteil Ende 2002 lediglich 5,5 Prozent betragen hatte. Der China-Umsatz von BHP Billiton verdoppelte sich im selben Zeitraum auf 10 Prozent. Dabei ist zu bedenken, dass beide Gesellschaften ihren Eisenerzausstoß verdoppelten, seitdem der deutliche Anstieg der Nachfrage erkennbar wurde. Weitere Kapazitäten werden zudem zukünftig folgen, allerdings wohl nicht rechtzeitig, um einen möglichen deutlichen Preisanstieg im laufenden Jahr zu vermeiden. China wird deswegen alles in seiner Macht Stehende tun, um den Bedarf an Rohstoffen wie etwa Eisenerz über andere Quellen zu decken, etwa durch direkte Beteiligungen an bestehenden oder potenziellen Eisenerzminen. So verfügt etwa die australische Eisenminengesellschaft Fortescue Metals Group über Zusagen chinesischer regierungseigener Gesellschaften, 90 Prozent der projektierten Investitionskosten von 1,85 Mrd. US-Dollar zu übernehmen. China jedenfalls versucht zunehmend, den eigenen Eisenerz- wie auch den weiteren Rohstoffbedarf abzusichern, was auch an der geplanten Übernahme des kanadischen Rohstoffunternehmens Noranda durch einen chinesischen Konzern sichtbar wird und als Zeichen für den langfristigen Rohstoffbedarf Chinas zu werten ist.

Gemäß den Eisenerzstatistiken und -prognosen der australischen Macquarie Bank wächst der Eisenerzmarkt kontinuierlich, und in 2004 wird einer Nachfrage von 586 Mio. t ein Angebot von 585 Mio. t gegenüberstehen. Die Wachstumsraten des Eisenerzmarktes sind beeindruckend: In 2002 wuchs der Markt bezogen auf die Nachfrage um 6,5 Prozent auf 480 Mio. t, ein Jahr darauf um 9,4 Prozent auf 525 Mio. t. In 2004 dürfte der Markt sogar um 11,6 Prozent wachsen, wobei ab 2005 die jährlichen Wachstumsraten nachgeben und sich langfristig zwischen vier und fünf Prozent einpendeln dürften. Jedenfalls ist zu erwarten, dass in 2005 der Eisenerzmarkt noch um knapp 7,6 Prozent auf 631 Mio. t wächst. Trotz der deutlichen Nachfragesteigerungen, die ausschließlich auf den wachsenden Stahlbedarf Chinas zurückzuführen ist, sollte entsprechend der Markteinschätzung von Macquarie, die mit ihrem Rohstoffanalysten Jim Lennon über eine Kapazität in diesem Bereich verfügen, der Eisenerzmarkt 2005 einen Angebotsüberschuss von rund 13 Mio. t verzeichnen. Ab 2006 sollte sich dann das Nachfragedefizit Jahr für Jahr erhöhen. Den wachsenden Einfluss Chinas am Markt für Eisenerz wird man besonders am Anteil Chinas an der weltweiten Eisenerznachfrage ablesen. Diese lag 2002 bei 24 Prozent bzw. knapp einem Viertel des Gesamtvolumens. Zwei Jahre später, in 2004, dürfte dieser Wert auf bereits knapp 35 Prozent angewachsen sein, und 2010 könnte dann die Nachfrage des Reichs der Mitte mehr als 50 Prozent des weltweiten Eisenerzmarktes betragen. Derzeit liegt der Anteil Europas an der weltweiten Nachfrage bei 23 Prozent, Gesamtasiens bei 70 Prozent und der restlichen Welt bei weiteren 7 Prozent.

Die großen Eisenerzproduzenten setzen ihre teils aggressiven Expansionspläne für Eisenerzminen um. Der brasilianische Marktführer CVRD, die Compania de Vale do Rio Doce, der mit über 200 Mio. t Eisenerz im Jahr 2004 in etwa so viel produziert wie die beiden weiteren bedeutenden Eisenerzproduzenten Rio Tinto und BHP Billiton zusammen, betreibt derzeit insgesamt für 13 Eisenerzminen Expansionsprojekte mit einer Gesamtinvestitionssumme von über 2 Mrd. Dollar, die bis 2007 die Eisenerzproduktion um 70 Mio. t erhöhen sollte. Inwieweit die Produktionssteigerungen auch planmäßig umgesetzt werden können, bleibt fraglich. Bei Rio Tinto etwa hemmen fehlende Minenfachleute sowie der Mangel an nötiger Ausrüstung Produktionserhöhungen. Der Transport von Eisenerz zu den Seeverladehäfen ist ebenfalls als Engpassfaktor zu beachten. Obwohl dem brasilianischen Eisenbahntransportsystem in 2004 88 neue Lokomotiven und 3.300 Waggons sowie weitere 120 Lokomotiven und 6.000 Waggons in 2005 zur Verfügung stehen sollen, dürften diese Zusatztransportkapazitäten nicht ausreichen, um die geplanten Produktionssteigerungen aufzufangen. Insgesamt kann davon ausgegangen werden, dass der Eisenerzmarkt und damit das relativ hohe Preisniveau auch in den kommenden Jahren bestehen bleiben. Auch die hohen Seefrachtraten für Eisenerz sind eine wichtige Preiskomponente für Eisenimporteure. Die Kosten markierten Ende 2003/Anfang 2004 mit rund 22 USD/t Eisenerz ein historisches Hoch und liegen mit zuletzt rund 17 USD erheblich über dem Jahresanfangsniveau 2003 von unter sieben USD.

Energie

Erdöl

Der Ölmarkt ist einer der Rohstoffmärkte, deren Preisentwicklung langfristig durch besonders günstige Fundamentaldaten gekennzeichnet ist. Wie in jedem anderen Markt hängt der Preis von Angebot und Nachfrage ab. Allerdings spielen auch geopolitische Faktoren eine Rolle. Der Preis für ein Barrel (= 1 Fass = 159 Liter) der amerikanischen Sorte WTI bewegt sich seit Mai 2004 zwischen 35 und 55 US-Dollar und übertraf damit die Analystenschätzungen für das vergangene Jahr von 27 bis 33 US-Dollar je Barrel recht deutlich. Auch für die kommenden Jahre hegt die Analystenzunft keine starken Befürchtungen, dass mit dauerhaft höheren Ölpreisen zu rechnen ist. Solche Einschätzungen grenzen an Wunschdenken. Die Zeiten des billigen Öls sind vorbei – die Lage am Ölmarkt ist sehr angespannt, die 35-US-Dollar-Marke dürfte in den nächsten Jahren nicht mehr dauerhaft unterschritten werden. Vielmehr stehen wir wohl vor einer Energiekrise, die schlimmer sein wird als in den 1970er-Jahren. Wurde damals das Angebot eher aus politischen Gründen verknappt, haben wir es heute mit einer dauerhaften natürlichen Verknappung zu tun. Der Ölpreis wird wohl noch vor Ende dieses Jahrzehnts auf über 100 US-Dollar steigen und langfristig in Bereiche von 150 US-Dollar vordringen.

Erdöl ist ein brennbares Kohlenwasserstoffgemisch, das frei in Zwischenräumen von Sedimentgesteinen oder von porösem Gestein aufgesaugt vorkommt. Die Bestandteile sind 80,4 bis 87 Prozent Kohlenstoff, 9,6 bis 13,8 Prozent Wasserstoff, 0 bis 3 Prozent Sauerstoff, 0 bis 5 Prozent Schwefel und 0 bis 2 Prozent Stickstoff. Erdöl ist in Jahrmillionen durch die Ablagerung von Kleinlebewesen auf Meer- und Seeböden und die anschließende Umwandlung in Faulschlamm und durch bakterielle Zersetzung entstanden. Die wichtigsten Lagerstätten haben sich vor 100 bis 500 Millionen Jahren gebildet, die ältesten werden auf etwa zwei Milliarden Jahre geschätzt. Rohöl wird unter anderem aus Fetten, Eiweißstoffen und Kohlenhydraten von Lebewesen und Pflanzen gebildet. Lebewesen, die in Salz- und Süßwasser, auf Meer- und Seeböden zugrunde gegangen sind, wurden vermutlich durch Sauerstoffarmut und Schwefelreichtum vor dem Verwesen geschützt und so konserviert. Unter dem Einfluss von Mikroorganismen, Bakterien, Enzymen, Druck, Hitze und mineralischen Katalysatoren wurde aus den Überresten dieser Organismen die dick- bis dünnflüssige, strohfarbige bis dunkelschwarzbraune, meist grünlich fluoreszierende Substanz: das Erdöl, das, wie der Name schon sagt, in den Tiefen der Erde lagert. Es sprudelt in den seltensten Fällen von alleine an die Erdoberfläche. Erdöllager werden vielmehr durch Tief- und zunehmend auch durch Unterwasserbohrungen in Küstennähe, zum Beispiel in der Nordsee oder im Golf von Mexiko, erschlossen. Bevor jedoch Bohrtürme installiert werden, wird durch geophysikalische Vorerkennung nach geologischen Strukturen gesucht, in denen das Vorkommen von Erdöl wahrscheinlich ist.

Bei neuen Ölquellen wird in aller Regel die »eruptive Förderung« angewandt. In der Lagerstätte ist der Druck so stark, dass das Öl beim Anbohren von allein in das Bohrloch oder an die Erdoberfläche gelangt. Ist das nicht der Fall, wird es mit Schöpfbuchsen im Bohrrohr oder durch Tiefpumpen mittels im Bohrrohr versenkter Pumpen gefördert. Wenn die Ergiebigkeit von Ölquellen nachlässt, wird durch das »Gasliftverfahren« oder das »Wasserfluten« versucht, die Ausbeute wieder zu erhöhen. Bei diesen Verfahren werden Gas oder Wasser in ein Bohrloch gepresst, wodurch das Erdöl in einem anderen Bohrloch nach oben gedrückt wird. Dadurch nehmen die Kosten der Ölproduktion zu. Mittels Tankleitungen oder Tankschiffen wird das Öl befördert. Durch stufenweise Destillation wird es in seine verschiedenen hoch siedenden Anteile zerlegt. Die Destillate werden gereinigt (raffiniert), gekrackt und durch Filter gepresst, wodurch man die verschiedenen Benzine, Dieselöle, Schmieröle, Leuchtöle, Paraffin und Asphaltbitumen erhält.

Die Geschichte des Erdöls

Schon vor 5.000 Jahren fand Öl aus dem Mittleren Osten in Farben, bei medikamentösen Behandlungen, als Brennstoff für Fackeln und zur Abdichtung von Booten Verwendung. Zu Zeiten der Sumerer und Assyrer wurde Erdöl in allererster Linie für Kriegszwecke gebraucht. Die Griechen bauten mit dem flüssigen Gold Flammenwerfer, und das byzantinische Reich setzte das lange Zeit als Staatsgeheimnis geltende Erdöl im Kampf gegen osmanische Schiffe ein. Die erste Ölbohrung ist 347 v. Chr. aus China überliefert. Mit Hilfe eines Bambusrohres, an dessen Ende Zähne befestigt waren, hat man Löcher in die Erde gebohrt, um an das Öl zu kommen.

1821 grub der Amerikaner William Hart die erste Gasquelle in der Nähe von New York aus. Die erste Quelle, bei der nach Öl gebohrt wurde, fand sich 30 Jahre später in der Gegend um Baku in Russland auf der Halbinsel Aspheron. 1859 wurde Edwin L. Drakes Quelle in Pennsylvania geöffnet, und kurze Zeit später brach in Nordamerika der Ölboom aus. In weniger als einem Jahr wurden in den Vereinigten Staaten mehr als 2.000 neue Quellen gegraben. Eine neue Industrie war geboren.

Während des frühen 20. Jahrhunderts stieg der Energieverbrauch von Großbritannien, Deutschland und speziell den Vereinigten Staaten enorm an – die weltweite Nachfrage nach Öl und Gas explodierte, während die globale Produktion nicht in vergleichbarem Ausmaß zunahm und die ersten großen Produzenten wie Mexiko oder Russland politisch ähnlich instabil waren, wie es der Mittlere Osten heute ist.

Dennoch begann das weltweite Ölangebot bald darauf zu steigen, und die realen Preise für Öl der Sorte Crude fielen zwischen 1920 und 1970 um fast 80 Prozent. Regierungen bemühten sich, die nationale Ölproduktion so schnell wie möglich zu steigern, besonders nach den beiden Weltkriegen. Das Ölangebot flutete den Globus.

In den 1960er-Jahren durchlief der Erdölmarkt einen grundlegenden Wandel. Der Energieverbrauch der westlichen Welt stieg um mehr als 130 Prozent – das globale Energieangebot jedoch nicht. Die wachsenden Ungleichgewichte zwischen Angebot und Nachfrage machten sich unbarmherzig bemerkbar: Der Preis für Crude Oil wuchs zwischen 1970 und 1980 um fast 1.500 Prozent. Heute sind Angebot und Nachfrage einmal mehr aus dem Gleichgewicht geraten.

Die Nachfrage

Der weltweite Erdölverbrauch ist in den letzten Jahren kontinuierlich gestiegen und beläuft sich heute auf rund 82 Millionen Barrel pro Tag. Zwar ist der Anteil von Erdöl an den Primärenergieträgern zugunsten von Erdgas und Atomenergie seit den 70er-Jahren des vergangenen Jahrhunderts von 45 Prozent auf etwa 35 Prozent zurückgegangen, doch nach Schätzungen der Internationalen Energieagentur (IEA) in Paris wird er sich bis 2010 wieder auf 37 Prozent erhöhen und die tägliche Nachfrage nach Erdöl dann 100 Millionen Barrel betragen (siehe Abbildung 1). Denn nach wie vor sind wirtschaftliches Wachstum und Energieverbrauch eng miteinander verzahnt. So steigt bei einem Wachstum der Weltwirtschaft von drei Prozent der Verbrauch an Primärenergieträgern um zwei Prozent.

Die großen Industrieländer haben zwar durch die gestiegene Bedeutung des Dienstleistungssektors ihre Abhängigkeit vom Rohöl vermindert – Fachleute schätzen, dass heute 40 Prozent weniger Energie benötigt werden als Anfang der 70er-Jahre, um einen Dollar zusätzliches Bruttoinlandsprodukt zu erwirtschaften. Gleichzeitig steigt aber der Ölverbrauch in den aufstrebenden Ländern stark an und wird in den entwickelten Ländern nicht zurückgehen. In den USA ist der Ölverbrauch von 1980 bis 2000 um rund 20 Prozent gewachsen – 54 Prozent des amerikanischen Ölbedarfs werden dabei aus Importen gedeckt. In den vergangenen 100 Jahren hat der weltweite Ölverbrauch stark zugenommen. Wurden 1905 noch 0,5 Millionen Barrel pro Tag verbraucht, liegen die Schätzungen für das Jahr 2005 bei 84 Millionen Barrel (siehe

Abhängigkeit vom Erdöl verringert

Primärenergieangebot nach Energieträgern Abb. 1

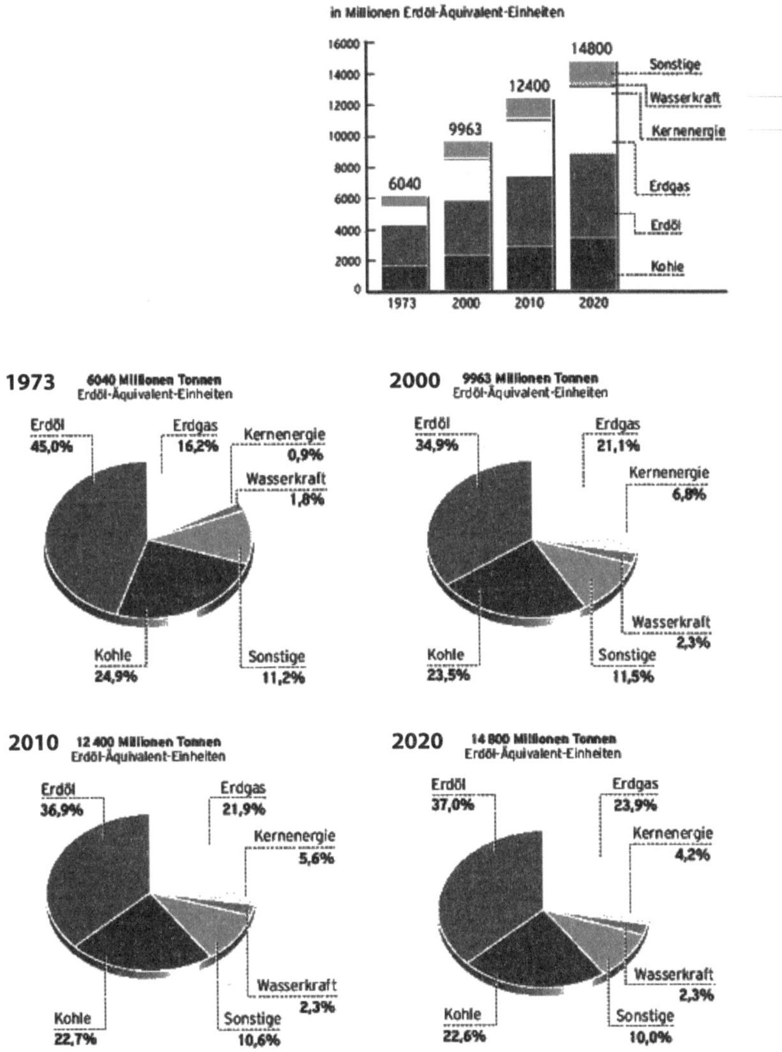

Quelle: IEA, Key World Statistics 2002, Paris

Zunehmender Öldurst
Weltweiter Ölverbrauch von 1905 bis 2005
in Millionen Barrel pro Tag

Tab. 1

Jahr	1905	1925	1945	1955	1965	1975	1985	1995	2005
Weltweiter Ölverbrauch	0.5	2.9	7.1	15.4	30.2	53.0	65.0	70.0	84.0

Quelle: Simmons & Co. International; eigene Darstellung

Tabelle 1). In 87 der letzten 100 Jahre wuchs der Ölverbrauch. Nach Angaben des Investmentbankers Matthew Simmons konsumieren 20 Prozent der Welt 60 Prozent des Öls, während die anderen 80 Prozent gerade danach süchtig werden.

Durch die Industrialisierung der Schwellenländer hat die Nachfrage in den vergangenen Jahren kontinuierlich zugenommen. Die Nachfrage nach Öl stieg von 1987 bis im Dezember 2004 in den Industrieländern (USA, Westeuropa und Japan) um etwa 20 Prozent von 34 auf 41,5 Millionen Barrel pro Tag, während der Anstieg in den Emerging Markets (Weltnachfrage abzüglich Nachfrage USA, Westeuropa und Japan), angeführt durch die Nachfrage Chinas, mit fast 45 Prozent von 28 auf 40,5 Millionen Barrel pro Tag weitaus dynamischer verlief. In China hat sich der Ölverbrauch seit 1992 auf inzwischen 6,4 Millionen Barrel mehr als verdoppelt. Dennoch konsumiert das Land nur etwa sieben Prozent des weltweit verbrauchten Öls. Allerdings zeichnet China in den letzten vier Jahren für rund 40 Prozent des Ölverbrauchswachstums verantwortlich. China wurde, nachdem es sich bis dahin mit Öl selbst versorgen konnte, ab 1993 zu einem Nettoimporteur. 2004 hat es auch Japan überholt und ist somit der zweitgrößte Ölkonsument hinter den USA geworden.

Wie Abbildung 2 zeigt, liegt der Pro-Kopf-Verbrauch in fast allen Emerging Markets weiterhin auf sehr niedrigem Niveau. So verbrau-

Nachholbedarf in Asien

Pro-Kopf-Ölverbrauch verschiedener Länder im Vergleich Abb. 2

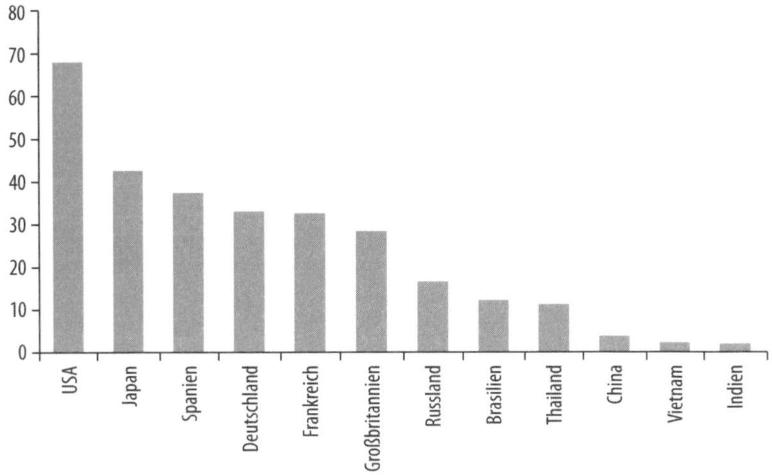

Quelle: CIA World Factbook 2005; eigene Darstellung

chen allein die Vereinigten Staaten 24 Prozent der Weltenergie, die restlichen OECD-Staaten nehmen weitere 32 Prozent in Anspruch. Bisher verbrauchen die Entwicklungsländer mit ihren fünf Milliarden Menschen (etwa 80 Prozent der Weltbevölkerung) nur 44 Prozent der Weltenergie. Ihr Anteil dürfte aber in den nächsten Jahren zunehmen.

Durch das Wirtschaftswachstum in den Emerging Markets, das sich in den letzten zehn Jahren durchschnittlich auf 5,2 Prozent belief, werden steigende Einkommen, Bevölkerungswachstum und höhere Ansprüche an den Lebensstandard das Straßenbild verändern und dazu führen, dass die Bevölkerung von Fahrrädern auf Motorräder oder Autos umsteigt. So wuchs in China die Zahl der Motorradbesitzer in den letzten zehn Jahren von 15 auf 90 Millionen, bei den Autos wurde sogar eine Verzehnfachung von 0,7 auf sieben Millionen verzeichnet. Allein 2003 leistete sich der zu Wohlstand gekommene Mittelstand mehr als zwei Millionen neue Autos – ein Anstieg von über 70 Prozent gegenüber dem Vorjahr. Doch trotz dieser dynamischen Entwicklung kommen auf 1.000 Chinesen nur 15 Pkw. 1.000 deutsche Bürger fahren durchschnittlich 523 Pkw, also fast 35-mal so viele wie in China.

Erdöl zeichnet für 40 Prozent der wirtschaftlich genutzten Energie und 95 Prozent des Treibstoffs für Transporte verantwortlich. Auch die Kunstfasern von Kleidungsstücken oder Gardinen werden beispielsweise aus Erdöl hergestellt, genauso wie Medikamente, Kosmetika von der Seife bis zum Lippenstift, Farben, Lacke, Plastik, Chemikalien und Lösungsmittel. Selbst für die Produktion von Lebensmitteln wird Öl benötigt, da sie mit Hilfe von Kunstdünger und Pestiziden auf Kohlenwasserstoffbasis angebaut werden. Der enorme Bedarf der Emerging Markets, insbesondere aber Chinas, an Grundstoffen wird dafür sorgen, dass die Nachfrage nach Erdöl in den nächsten Jahren weiter stark zunimmt.

Wie groß Chinas zusätzliche Nachfrage nach Öl eines Tages sein wird, lässt sich aus Industrialisierungsprozessen der Vergangenheit ableiten. Abbildung 3 zeigt die Entwicklung des Ölverbrauchs in den USA, Japan, Korea und China während der Industrialisierung. Wie zu erkennen ist, wuchs der Pro-Kopf-Verbrauch in den USA von 1900 bis 1980 von einem auf über 30 Barrel. Auch als Japan zwischen 1950 und 1975 und Südkorea zwischen 1965 und 1990 zu Industriemächten aufstiegen, vermehrte sich der Pro-Kopf-Ölverbrauch in beiden Fällen rasant von einem auf 17 Barrel pro Jahr in einem Zeitraum von etwa 25 Jahren. Aktuell verbraucht China nur 1,7 Barrel pro Kopf jährlich. Jedoch steigt die Öleinfuhr stetig. Der Ölverbrauch des Landes hat sich von 2,4 Millionen Barrel pro Tag 1990 auf 6,4 Millionen Barrel im Jahr 2004 mehr als verdoppelt. Sollte die chinesische Nachfrage nicht die Ausmaße wie in Japan oder Südkorea annehmen, sondern sich nur auf drei oder vier Fass pro Kopf innerhalb dieses Jahrzehnts erhöhen, würde auch dies schon zu einem Verbrauch von über zehn Millionen Barrel täglich führen. Wird noch eine weitere Wachstumsregion wie Indien berücksichtigt, deren Pro-Kopf-Ölverbrauch gegenwärtig 0,7 Barrel pro Jahr beträgt, und unterstellt, dass ein Pro-Kopf-Ölverbrauch wie in Mexiko von 6,5 Barrel pro Jahr erreicht wird, würde sich die Nachfrage beider Länder auf 44,5 Millionen Barrel pro Tag belaufen.

Die asiatische Ölnachfrage dürfte sich von gegenwärtig 20 Millionen Fass pro Jahr im nächsten Jahrzehnt auf 30 bis 50 Millionen Barrel erhöhen und damit die Gesamtweltölnachfrage von derzeit 82 Millionen Barrel drastisch erhöhen. Damit werden auch die Preise erheblich steigen. Dabei ist zu berücksichtigen, dass mit einer täglichen Nachfrage

Starker Anstieg des Ölverbrauchs während der Industrialisierung
Pro-Kopf-Ölverbrauch im Vergleich:
USA, Japan, Südkorea, China & Hong Kong Abb. 3

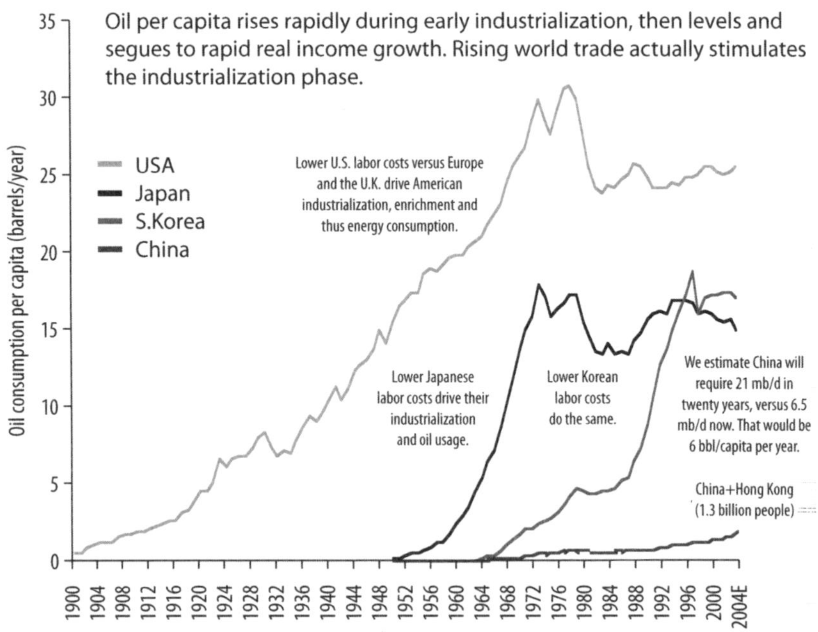

Quelle: Barry Bannister of Legg Mason Equity Strategy, British Petroleum Statistical Review of World Energy, Energy Information Administration of the U.S. Department of Energy, U.N. Energy Statistics, U.S. Census Bureau International Population Database, Legg Mason format and conclusions.

von 20 Millionen Barrel im gesamten asiatischen Raum gegenwärtig immer noch weniger Öl verbraucht wird wie in den USA (22 Millionen Barrel), und das bei einer zwölfmal größeren Bevölkerung.

Die Produktionskapazitäten belaufen sich derzeit auf 83 Millionen Barrel. Wenn mehr als 95 Prozent der Produktionskapazitäten verbraucht werden, steigt der Preis. Bereits mit den derzeit geförderten 82 Millionen Barrel befinden wir uns also im roten Bereich.

Sollte es nicht zu geopolitischen Eskalationen kommen, werden dieses Jahr nur deshalb keine Ölpreise von 70 bis 80 US-Dollar zu entrichten sein, weil sich das Wachstum in der Weltwirtschaft abschwächt und möglicherweise in China eine harte Landung bevorsteht. Voraussichtlich wird es zu einer Seitwärtsbewegung zwischen 35 und 60 US-Dollar kommen. Wahrscheinlich ist eine Abschwächung des Weltwirtschaftswachstums im zweiten Halbjahr 2005, weshalb die Schätzungen der Internationalen Energieagentur zum Ölverbrauch möglicherweise ein wenig zu hoch sind. Sollten die Ölpreise also nachgeben und unter 40 US-Dollar fallen, dürfte dies wohl die letzte Möglichkeit sein, Öl noch einmal so günstig zu erwerben.

Spätestens um die Jahrzehntenwende ist mit dreistelligen Ölpreisen zu rechnen, weil die Weltnachfrage nach Schätzungen der Internationalen Energieagentur bei 95 Millionen Barrel liegen wird. Das Angebot wird mit der Nachfrage nicht Schritt halten können. Das kann es im Übrigen schon lange nicht mehr. Seit etwa 20 Jahren liegt der weltweite Ölverbrauch über den neu entdeckten Ölquellen (siehe Abbildung 4). Seit 1998 ist die Produktion um nur 3 Prozent gewachsen, eine Wachstumsrate von nur 0,6 Prozent pro Jahr. Die natürliche Verknappung wird den Preis in die Höhe treiben.

Das Angebot

Von heute auf morgen wird Öl nicht ausgehen, auch wenn die Vorkommen begrenzt sind. Allerdings steigt die Nachfrage, wie gezeigt wurde, ständig, und die Gewinnung von konventionellem, also leicht förderba-

Engpass bei Rohöl

Differenz aus neu entdeckten Ölquellen und Ölverbrauch Abb. 4

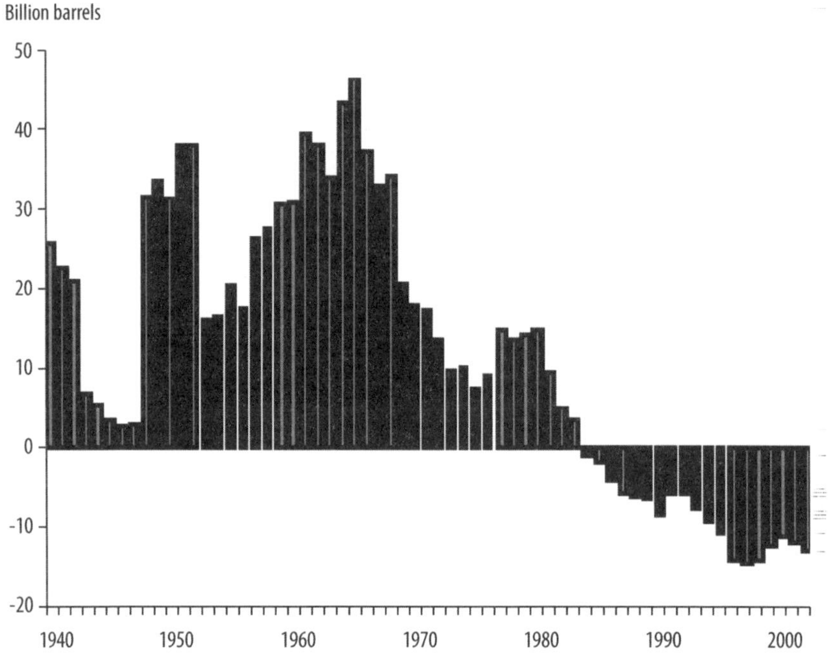

Quelle: ASPO

rem Öl wird früher oder später ihren »Höhepunkt« (Peak Oil) überschreiten. Danach wird die Produktion zurückgehen und die Nachfrage das Angebot übersteigen. In diesem Punkt besteht unter den Experten Konsens, strittig ist allerdings der Zeitrahmen. Unkonventionelle Quellen wie Ölsand in Kanada können zwar Ersatz bieten, allerdings ist ihre Ausbeute teurer und zudem umweltbelastend. »Optimisten«, meist Politiker und Finanzmarktanalysten, glauben, aufgrund technischer Innovationen, Einsparungen, Effizienzsteigerungen und des Ersatzes durch andere Energien liege der Höhepunkt der Ölförderung noch in weiter Ferne. So sehen es auch die U.S. Energy Information Administration (EIA), die Statistikstelle des amerikanischen Energieminiseriums und die US-Behörde U.S Geological Survey, die die Auffassung vertritt, dass die Weltproduktion erst um 2040 kippen wird.

Führende unabhängige Geologen prognostizieren die Entwicklung allerdings deutlich pessimistischer. Entscheidend für die Ölproduktion ist nicht, wie viel Öl unter der Erde liegt (das US-Energieministerium, aber auch die meisten Ölgesellschaften sprechen in diesem Zusammenhang irreführend von den Gesamtreserven), sondern die variable Höchstfördermenge. Denn nach der Theorie des Geologen Mario Hubbert King gleicht der Produktionsverlauf eines Ölfeldes der Form einer Glocke. Der Höhepunkt ist erreicht, wenn 50 Prozent der Ölreserven gefördert wurden. Das Niveau der Förderung kann an diesem Punkt zwar noch einige Zeit gehalten werden, allerdings verläuft der Rückgang nach dem Überschreiten des Höhepunktes rapide. Zwar ist noch genug Öl vorhanden, allerdings wird es immer schwieriger, es herauszuholen. Wird in einem Ölfeld der Peak festgestellt, hat der Druck in der Lagerstätte so weit nachgelassen, dass die Förderrate kontinuierlich zurückgeht. An einem gewissen Punkt wird es unwirtschaftlich, das Öl zu fördern, da es immer aufwändiger wird, den Förderdruck aufrechtzuerhalten.

Die Hubbert-Kurven haben sich schon oft als richtig erwiesen. Der Geologe sagte 1956 voraus, dass die Ölproduktion für 48 US-Bundesstaaten zwischen 1966 und 1971 ihren Höhepunkt erreichen werde, wurde für seine Aussagen von vielen Ölexperten kritisiert und behielt im Wesentlichen Recht. Die Ölproduktion in den 48 US-Bundesstaaten erreichte 1970 ihren Höhepunkt bei 9,4 Millionen Barrel pro Tag und verzeichnete seit dem erreichten Peak einen Rückgang auf gegenwärtig 4,8 Millionen Barrel pro Tag. Auch für das norwegische Nordseeöl traf vor zwei Jahren die Prognose zu, dass die Produktion zurückgehen werde.

Auf Basis der »Hubbert-Kurven-Analyse« sieht der renommierte Geologe Colin Campbell den Höhepunkt der konventionellen weltweiten Ölproduktion (berücksichtigt nicht Öl von Kohle und »Ölschiefer«, Bi-

Höhepunkt der weltweiten Ölförderung noch in dieser Dekade
Peak Oil - Szenario nach Collin Campbell Abb. 5

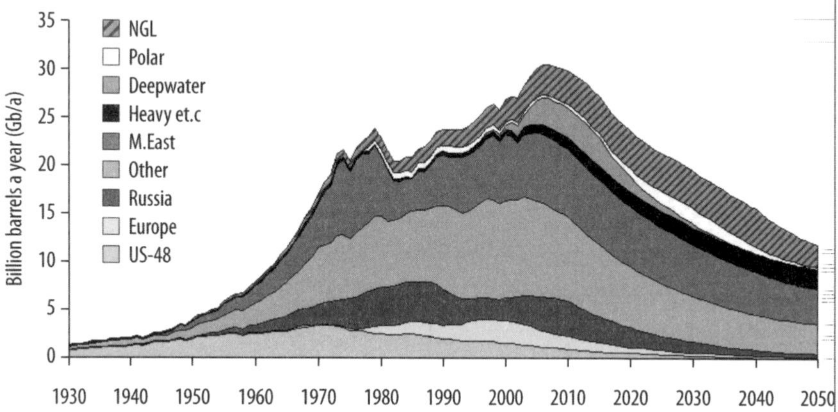

Quelle: Colin J. Campbell

tumen und besondere Ultra-Schweröle, schwere Öle, Tiefseeöle und arktisches Öl) schon 2008 erreicht (siehe Abbildung 5).

Ein entscheidender Faktor, der zu einer sinkenden Ölförderung führt, ist die nachlassende Produktivität vieler Ölquellen. Deren Förderungsrate nimmt kontinuierlich ab, da ihr Peak bereits erreicht wurde. Dies lässt sich an Beispielen belegen. In den USA (ausgenommen Hawaii) sind die Fördermengen nicht einmal mehr halb so groß wie auf dem Höhepunkt der Produktion 1970, und im Norden von Alaska ist die Förderung ebenso wie in der Nordsee rückläufig. Mitte der 80er-Jahre wurden im Forty Field in der Nordsee 500.000 Barrel pro Tag gefördert, aktuell sind es nur noch 50.000. Prudhoe Bay in Nordamerika, eines der größten Ölvorkommen der letzten Jahre, erwirtschaftete jahrelang 1,5 Millionen Barrel pro Tag. Der Höhepunkt der Förderung wurde 1989 erreicht. Inzwischen beläuft sich die Fördermenge nur noch auf 350.000 Barrel täglich. Das russische Samotlor-Ölfeld erreichte eine Höchstfördermenge von 3,5 Millionen Barrel pro Tag. Heute lassen sich noch 350.000 Barrel gewinnen. Um die Förderung beziehungsweise den Förderdruck aufrechtzuerhalten, wurde in jedem der genannten Felder Wasser oder Gas in die ölhaltige Schicht gepumpt.

Die Einschätzung Campbells, dass der Peak der weltweiten Ölförderung schon bald erziel und die Nachfrage das Angebot übersteigenwird, stellt keinesfalls eine Minderheitenposition dar. Auch der Geologe Kenneth S. Deffeyes glaubt, dass wir den Peak im November dieses Jahres oder Anfang 2006 erreichen werden. Der Analyst Bruce Lanni vom Research-Haus A.G Edwards & Sons vertritt eine ähnliche Auffassung wie Campbell, allerdings haben wir seiner Meinung nach den Peak schon erklommen. Laut Lanni belief sich die weltweite Ölproduktion im Jahr 2000 auf 77 Millionen Barrel pro Tag. Der Output der Ölfelder nimmt pro Jahr um durchschnittlich 4,8 Prozent pro Jahr ab, weshalb die Ölfelder schon 2005 nur noch 60 Millionen Barrel und 2010 nur noch 47 Millionen Barrel hervorbringen dürften. Sollte die weltweite Nachfrage weiter wie bisher um 1,5 Prozent pro Jahr zunehmen, würde sie von 77 Millionen Barrel pro Tag im Jahr 2000 auf 80 Millionen Barrel im Jahr 2005 und 86 Millionen Barrel im Jahr 2010 ansteigen. Dies würde letztlich bedeuten, dass ab 2005 20 Millionen Barrel und ab 2010 39 Millionen Barrel an neuen Produktionskapazitäten gebraucht würden, um stark steigende Ölpreise zu verhindern.

Dieser zusätzliche Output dürfte jedoch nicht erbracht werden können, da die bekannten großen Ölfördergebiete ihre Kapazität bereits überschritten haben und, wie Abbildung 6 zeigt, die Entdeckung neuer Ölreserven seit Mitte der 1960er Jahre ihren Höhepunkt erreichte.

Auf den Peak der Neuentdeckungen folgt mit einer zeitlichen Verzögerung von etwa 40 Jahren das Produktionsmaximum. In den USA, ohne Alaska, wurde das Maximum an Neuentdeckungen 1932 erreicht, 40 Jahre später das Fördermaximum. In der Nordsee verlief die Entwicklung ähnlich. 1973 ging die Zahl der neu entdeckten Ölfelder zurück, schon 27 Jahre später die Produktion. Seit dem letzten großen Fund in

Gipfel neu entdeckter Ölfelder wurde vor 45 Jahren erreicht
Rückgang neu entdeckter Ölfelder führt zum Rückgang der Öl-Produktion

Abb. 6

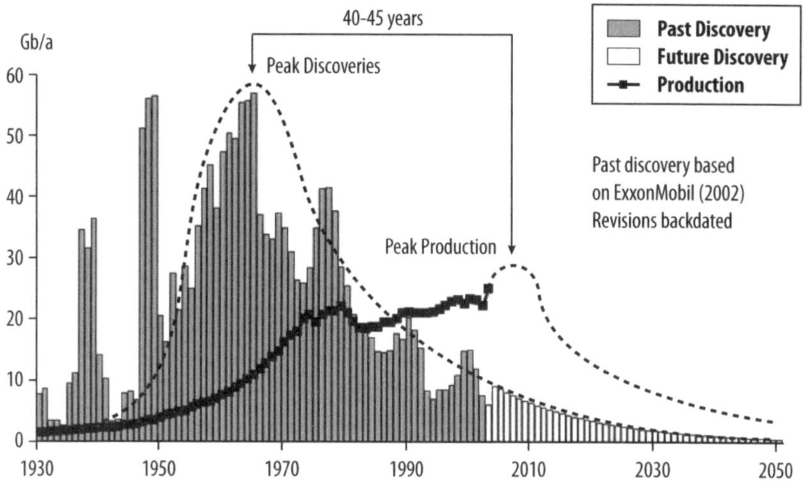

Quelle: Colin J. Campbell

den 60er-Jahren in Alaska haben die Anzahl der Neuentdeckungen und die Größe der neu entdeckten Felder immer weiter abgenommen. 1931 waren in den Vereinigten Staaten 4.530 Ölplattformen in Betrieb. Heute sind es 1.000 – angestiegen von 500 im Jahr 1999. Allein in dem Jahrzehnt von 1990 bis 2000 wurde zirka sechsmal so viel Öl verbraucht, wie neue Reserven entdeckt wurden. In den letzten 20 Jahren wurden nur drei riesige Ölfelder in Norwegen, Brasilien und Kolumbien mit einer Größe von jeweils einer Milliarde Barrel entdeckt. Jedes Feld erbringt nur eine Förderleistung von zirka 200.000 Barrel.

Selbst die großen Hoffnungen, die noch vor wenigen Jahren in die Vorkommen am Kaspischen Meer gesetzt wurden, haben sich nicht erfüllt. In den 1990er-Jahren glaubten Experten, dass das Kaspische Meer zu einem zweiten Nahen Osten werden könne, mit Reserven von mehreren hundert Milliarden Barrel. Anstelle eines einzigen riesigen Ölfeldes gibt es viele kleine, die insgesamt wahrscheinlich etwa 15 Milliarden Barrel hergeben werden (erhofft wurden ursprünglich 200 Milliarden Barrel). Zudem ist das Öl dort extrem schwefelhaltig und setzt dem Bohrgerät stark zu. Nachdem dies bekannt wurde, haben große westliche Gesellschaften begonnen, ihre Investitionspläne für diese Region zu reduzieren.

Hoffnungsträger für viele Experten sind die Reserven vor der Küste Westafrikas, bei denen durch Offshore-Bohrungen Schätzungen zufolge um die Jahrzehntenwende bis zu drei Millionen Fass gepumpt werden könnten. Die Frage bleibt allerdings, ob irgendjemand sein Geld in bestimmten Teilen Afrikas investieren wird. Vor allem in Nigeria scheint aufgrund der Instabilität niemand Geld ausgeben zu wollen, und auch die Raffinerien des Landes sind wegen Geldmangels nicht in Betrieb. Nach drei Dekaden der Ölförderung hat sich in Nigeria der Anteil der Bevölkerung, der in tiefster Armut lebt, mehr als verdoppelt und liegt heute bei 66 Prozent. Die Erdöleinnahmen sind nicht nur hier in den Taschen korrupter Funktionäre gelandet – in Angola sind es seit 1997 mehr als 3,3 Milliarden Euro. Wahrscheinlich werden Investoren bei höheren Ölpreisen in Teilen Afrikas, das laut dem U.S. State Department über 9 Prozent der weltweit nachgewiesenen Reserven verfügt, in Zukunft ihr Engagement ausweiten. Auch wurden in den vergangenen Jahren einige neue Ölquellen entdeckt. Doch wie gesagt, von den ersten Bohrungen bis zu dem Zeitpunkt, an dem das Öl auf den Markt kommt, vergehen Jahre.

Zusätzliches Angebot wird hingegen aus Kanada kommen. Das Land verfügt möglicherweise über mehr Öl als ganz Saudi-Arabien. Schätzungen zufolge schlummern in den Ölsänden in der Region um Alberta das Äquivalent von 1,6 Billionen Barrel Öl – das ist möglicherweise mehr als alle auf der Welt noch vorhandenen Reserven an gewöhnlichem Rohöl. Davon werden rund 300 Milliarden Barrel als derzeit förderwürdig angesehen. Bei dem schwarzen, klebrigen Teersand handelt es sich um Rückstände, die sich bildeten, als Erdöl aus den Lagerstätten in der Erdkruste austrat und vom Grundwasser und Bakterien zu Teer zersetzt wurde. Heute kommt er auf einer Fläche von mehr als 38.000 Quadratkilometern vor. Verbesserte Techniken, um ihn aus dem Sand zu waschen und wieder in Öl umzuwandeln, machen die Ausbeutung der Sände profitabel. Allerdings werden dafür große Mengen an Wasser oder Erdgas benötigt. Der Teer oder das Bitumen werden mit viel warmem Wasser und Lösungsmitteln herausgespült. Das Bitumen muss in Destillatoren auf 500 Grad erhitzt werden, um die Teermolekühle aufzubrechen. Oder es wird auf eine geringere Temperatur abgekühlt und mit Wasserstoff und einem Katalysator verquirlt.

Das Problem bei der Gewinnung des Öls aus den Sänden ist die Umweltbelastung. Staub, Abgase und Schwefeldämpfe verschmutzen die Luft – schätzungsweise werden 25 Prozent mehr Treibhausgase frei als bei der Förderung von Öl in Saudi Arabien. Darüber hinaus ist das Verfahren teuer. Die Gewinnung von einem Barrel Bitumen erfordert drei Barrel Wasser. Und die Erwärmung der Unmengen an Wasser verschlingt gewaltige Mengen an Erdgas, weshalb die Regierung von Alberta aus Sorge um die zurückgehenden kanadischen Erdgasvorräte schon den Bau eines Atomkraftwerks inmitten des Teersandgebietes in Erwägung gezogen hat.

Im Gegensatz zu Öl, bei dem die Produktionskosten zwischen zehn und 15 US-Dollar liegen, belaufen sich die Kosten im Falle der Ölsände auf 25 bis 35 US-Dollar. Zwar dürfte bei höheren Ölpreisen auch vermehrt Öl von den Ölsänden Albertas auf den Markt kommen. Doch selbst das dürfte nicht reichen, um die weltweite Nachfrage zu decken. Nach einem Bericht des National Energy Board aus dem Jahr 2004 werden neben den 20 Milliarden US-Dollar, die bisher in Projekte, Pipelines und Infrastruktur geflossen sind, bis zum Jahr 2015 noch einmal 60 Milliarden US-Dollar in die kanadischen Ölsände investiert werden. Damit würde Kanada in den nächsten zehn Jahren vom neunten Platz der weltweit größten Produzenten auf den vierten Platz vorrücken und seine Produktion auf 2,2 Millionen Barrel mehr als verdoppeln. Bei einer Weltnachfrage, die dann wohl über 100 Millionen Barrel liegen wird, ist das jedoch nur ein Tropfen auf den heißen Stein.

Somit ruht die Hoffnung, die weiter steigende Nachfrage mit einem entsprechenden Angebot befriedigen zu können, auf den OPEC-Mitgliedern. Die Optimisten glauben weiter daran, dass die OPEC-Produzenten in der Lage sein werden, die wachsende Nachfrage zu decken. Jedoch haben verschiedene OPEC-Staaten den Höhepunkt der Förderung bereits hinter sich (siehe Tabelle 2). Große Produzenten wie Venezuela, Kuwait, Irak oder Iran erreichten ihn vor mehr als 30 Jahren. Somit verbleibt noch der mit zehn Millionen Barrel größte Produzent, Saudi-Arabien.

Gipfel der Förderung bereits überschritten
Ölförderung ausgewählter OPEC-Produzenten im Vergleich Tab. 2

Barrel pro Tag (Millionen)			
Land	**Jahr des Peaks**	**Peak-Produktion**	**Aktuelle Produktion (Schätzung)**
Indonesien	1991	1.6	1.1
Iran	1974	6.0	3.5
Irak	1979	3.4	2.0
Kuwait	1972	3.5	2.0
Libyen	1970	3.3	1.4
Saudi Arabien	1981	10.0	8.0-9.0
Venezuela	1970	3.3	2.5

Quelle: IEA / Simmons & Co. International; eigene Darstellung

Doch auch Saudi-Arabien, das mit gegenwärtig zehn Millionen Barrel pro Tag für mehr als 12 Prozent der weltweiten Produktion verantwortlich zeichnet (und nach Meinung der Optimisten wie der IEA/EIA die Produktion in den nächsten 15 bis 20 Jahren verdoppeln wird), dürfte wohl nicht in der Lage sein, die Ölproduktion stark auszuweiten. Denn möglicherweise hat Ghawar, mit einer täglichen Produktion von gegenwärtig 4,5 Millionen das größte Ölfeld der Welt, die besten Jahre hinter sich. Ghawar und die restlichen vier großen Ölfelder des Landes produzierten zwischen 1950 und 2000 annähernd 90 Prozent des gesamten saudischen Erdöls. Jedoch sind diese fünf Felder alle zwischen 1940 und 1966 entdeckt worden (siehe Tabelle 3). Allein in das Ghawar-Ölfeld werden nach Angaben von Geologen sieben Millionen Barrel Salzwasser pro Tag hineingepumpt, um den Förderdruck aufrechtzuerhalten. Eine Kompensation durch neue Felder dürfte kaum möglich sein, denn in Saudi-Arabien hat es seit den 60er-Jahren keine größeren Funde mehr gegeben.

Saudi-arabische Ölfelder

Ölförderung der sechs größten Ölfelder Saudi-Arabiens Tab. 3

Barrel pro Tag (Millionen)			
Ölfeld	Entdeckung	Peak-Produktion	Aktuelle Produktion (Schätzung)
Ghawar	1948	5.8	4.5
Abqaiq	1946	1.2	0.5
Berri	1964	0.8	0.4
Zuluf	1965	0.8	0.5
Shaybah	1967	0.5	0.5
Marjan	1966	0.3	0.2

Quelle: IEA / Simmons & Co. International; eigene Darstellung

Möglicherweise sind die optimistischen Prognosen, wie sie die IEA in Bezug auf die Förderkapazitäten Saudi-Arabiens vertritt, auch aus politischen Gründen zu hoch angesetzt, um eine soziale und wirtschaftliche Krise zu verhindern. Denn das Land ist politisch extrem instabil. Ein Umsturz kann nicht ausgeschlossen werden. Die Bevölkerung hat sich seit 1970 vervierfacht, und in den letzten Jahrzehnten hat sich der Lebensstandard durch das Bevölkerungswachstum und die real niedrigen Ölpreise bis heute annähernd geviertelt.

Die 120 größten Ölfelder der Welt erbringen eine Förderleistung, die etwa 50 Prozent des weltweiten Bedarfs entspricht. Wie Abbildung 8 zeigt, decken die 14 größten Ölfelder mit einer Förderung von mehr als 500.000 Barrel pro Tag allein 20 Prozent des weltweiten Bedarfs ab, wobei das Durchschnittsalter dieser Felder bei 43,5 Jahren liegt. Das weltweite Ölangebot ist weder diversifiziert noch gesichert.

Vierzehn „alte" Ölfelder decken zwanzig Prozent des weltweiten Bedarfs

Die Ölpyramide nach Matthew Simmons Abb. 7

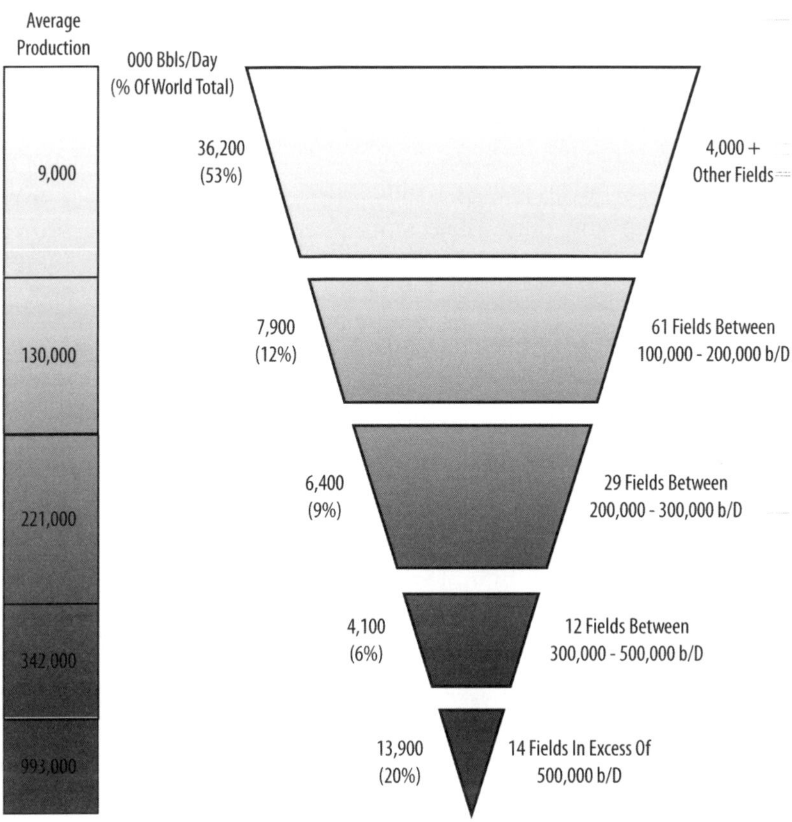

Quelle: Simmons & Co. International

Alles in allem ist die Lage am Ölmarkt sehr angespannt, und es steht in den nächsten Jahren mit großer Wahrscheinlichkeit eine Energiekrise-bevor. Öl wird zwar nicht von heute auf morgen ausgehen. Doch es ist wahrscheinlich, dass der Hochpunkt der Förderung, wenn er nicht bereits überschritten wurde, in den nächsten fünf Jahren erreicht wird. Alternative Energien könnten Rohöl teilweise ersetzen, allerdings dürften solche Maßnahmen erst dann anlaufen, wenn Öl viel teurer ist als heute. Doch selbst wenn die Förderung nicht zurückgehen sollte, dürfte die Nachfrage der aufstrebenden Länder dafür sorgen, dass der Ölpreis weiter steigt. Es besteht kein Zweifel, dass sich die Nachfrage Asiens von aktuell 20 Millionen Barrel pro Tag auf 40 Millionen Barrel pro Tag vergrößern wird. Die einzige Frage wird sein, ob sich die Nachfrage in sieben, zehn oder 15 Jahren verdoppelt.

Kohle

Kohle oder besser ausgedrückt Kohlen sind Reste pflanzlicher Stoffe (wie etwa Farne), die ohne Sauerstoff über lange Zeiträume hinweg bedeckt durch Gesteine in kohlenstoffreiche Verbindungen (zumeist Kohlenwasserstoff-Verbindungen) beziehungsweise fossiles Gestein umgewandelt wurden. Dieser als »Inkohlung« bezeichnete Prozess findet auch noch zu unserer Zeit statt (Torfbildung), geschah allerdings früher weitaus häufiger durch das Absinken von Sumpfwäldern unter Wasser sowie die anschließende Gesteinsbedeckung im Tertiär (Braunkohleformation), aber auch in noch älteren geologischen Zeiten, vorwiegend im Karbon (Steinkohlebildung). Kohle ist ein schwarzes oder bräunlich-schwarzes Sedimentgestein, besteht zu mehr als 50 Prozent des Gewichts und zu mehr als 70 Prozent des Volumens aus Kohlenstoff und wird gelegentlich auch als »schwarzes Gold« bezeichnet. Man unterscheidet verschiedene Ränge und Güteklassen, wobei die Druck- und Wärmebedingungen während der Umwandlungsphase den Inkohlungsgrad beziehungsweise die Reife der Kohle bestimmen.

Der Nutzen der Kohle liegt in der Umwandlung zum Energieträger, der Wärme durch Verbrennung erzeugt. Besondere Bedeutung kam der Kohle erst zur Jahrhundertwende zum 19. Jahrhundert zu, als mit der

Entwicklung der Dampfschifffahrt und der Eisenbahn sowie der Einführung des Kokshochofens gegen 1750 in Großbritannien – wichtig waren auch der Siemens-Martins-Ofen 1864 und das Thomas-Verfahren 1879 – in der Eisen- und Stahlindustrie Kohle als Rohstoff und Energieträger eingesetzt wurde. Bei der Verbrennung von Kohle entstehen neben Wasserdampf Kohlendioxid, das auch als Treibhausgas bekannt ist, und andere Gase wie etwa Schwefeldioxid. Zur Erzeugung elektrischer Energie wird mittels Wasserdampf Energie erzeugt, um dann Turbinen anzutreiben. Kohle stellt weltweit einen der wichtigsten Energieträger dar. Rund 50 Prozent des deutschen Strombedarfs werden mit Kohle gewonnen, wobei Stein- und Braunkohle ungefähr in gleichem Umfang eingesetzt werden. Die heute bekannten globalen Kohlelagerstätten reichen aus heutiger Sicht aus, den Bedarf für die kommenden 300 Jahre zu decken.

Braunkohle dient aufgrund der im Vergleich zur Steinkohle niedrigeren Qualität fast ausschließlich als Brennstoff für die Gewinnung von Elektrizität. Von bräunlich-schwarzer Farbe, besitzt Braunkohle einen Feuchtigkeitsgehalt von bis zu 45 Prozent und einen Stickstoffgehalt von bis zu 3 Prozent. Braunkohle kann man in die Arten Glanzbraunkohle, Mattbraunkohle und Weichbraunkohle unterscheiden. Deutschland ist eines der bedeutendsten Förderländer von Braunkohle, die drei großen Reviere sind die niederrheinische Bucht, das mitteldeutsche sowie das Lausitzer Revier. Unter Steinkohle sind höherwertige Kohlesorten subsumiert. In Form von Koks (fester, kohlenstoffhaltiger Rückstand, der aus asch- und schwefelarmer Fettkohle, einer Steinkohleart, gewonnen wird) wird Steinkohle als Brennstoff und als Reduktionsmittel bei der Eisenproduktion in Hochöfen eingesetzt.

Die beschriebenen Qualitätsunterschiede machen sich auch im Preis bemerkbar. Grob gegliedert kann man Kohle in drei Kategorien einteilen: Coking Coal hard, Coking Coal semi soft und Steam Coal. Coking Coal erlaubt die Beheizung von Hochöfen zur Metallgewinnung, während Steam Coal zur Dampf- und damit Energiegewinnung beziehungsweise zu generellen Heizzwecken verwendet wird. Im Durchschnitt des Jahres 2003 lagen die Preise jeweils pro Tonne in den drei Kategorien bei 46,2 US-Dollar, 30 US-Dollar sowie 26,8 US-Dollar pro Tonne (ohne Frachtkosten). Den Schätzungen der Macquarie Bank zufolge wird sich der Preis für die Kohlearten auf Basis der bisherigen Marktdaten auf 125, 90 und 52 Dollar pro Tonne im Jahr 2005 erhöhen. Damit sollte aber der Preishöhepunkt erreicht sein. Erfahrungsgemäß hinkt die Preisentwicklung von Rohstoffen wie Eisenerz und Kohle der von Basismetallen hinterher, da bei Abschluss von Lieferverträgen, die oft ausschlaggebend für die Preise dieser Rohstoffe sind, mit einem Auge auch immer die Preise der Vergangenheit berücksichtigt werden. 2005 dürften die Kohlepreise erst einmal ihren Höhepunkt gesehen haben und sich langfristig wieder auf tiefere Niveaus einpendeln.

In den ersten sechs Monaten des Jahres 2004 erhöhten sich die Dampf-Kohle-Exporte gegenüber dem Vergleichszeitraum des Vorjahres um 7,5 Prozent auf 237,2 Millionen Tonnen, wobei allerdings auch China als Kohleexporteur seine Lieferungen um 14 Prozent auf knapp 45 Millionen Tonnen erhöhte. In der Statistik der Coking-Coal-Exporte kam es in der ersten Jahreshälfte 2004 im Vergleich zum Vorjahr sogar zu einem Rückgang der Exporte um 2,8 Prozent auf 94,1 Millionen Tonnen, wobei China in dieser Kategorie zu einem Nettoimporteur geworden ist. Da die Frachtraten für Kohle seither wieder angestiegen sind, ist von einer anziehenden Nachfrage nach Kohle auszugehen und demgemäß 2005 und 2006 auch von steigenden Preisen.

Im Folgenden soll exemplarisch die Angebot-Nachfrage-Situation am Kohlemarkt dargestellt werden. Auch wenn der weltweite Markt für Kohle zur Dampf- und damit Energieerzeugung mit einem jährlichen Nachfragevolumen von 431 Millionen Tonnen für 2003 mehr als doppelt so groß ist wie der Markt für Kohle zur Metallverarbeitung mit seinen 186 Millionen Tonnen, nivellieren sich die Größenunterschiede in Bezug auf den höheren Preis vor allem für die feste Coking Coal nahezu. Zudem gibt der Markt für die Coking Coal einen größeren Aufschluss über die Rohstoffnachfrageentwicklung, da die Kohlensorte in der Metallindustrie eingesetzt wird.

Für 2004 geht Macquarie Bank von einer globalen Nachfrage von 194 Millionen Tonnen Coking Coal aus, was einen Zuwachs von 4,5 Prozent gegenüber dem Niveau von 2003 darstellt. Die Region Asien ragt als Hauptabnehmer für diese Art der Kohle heraus, ihr Anteil an der Gesamtnachfrage liegt für 2004 bei etwa 61,3 Prozent. 2000 belief sich der Anteil Asiens noch auf 58,3 Prozent, 2010 dürften es knapp 64 Prozent sein. In etwa demselben Maß, wie Asiens Anteil steigt, reduziert sich der Europas. 2004 dürfte dessen Anteil an der Nachfrage nach Coking Coal sich auf rund 25,8 Prozent belaufen. 2000 fragte Europa dagegen noch 28,4 Prozent dieser Kategorie Kohle nach, wobei sich dieser Wert bis 2010 auf 23,5 Prozent reduzieren wird. Der Anteil der Nachfrage der restlichen Welt verhält sich mir rund 13 Prozent dagegen über die Jahre hinweg sehr stabil. Die globale Nachfrage sollte 2005 um rund 6 Prozent sowie im Jahr darauf um knapp 5 Prozent wachsen. In den Jahren darauf dürfte sie sich jeweils mit einem Zuwachs von etwa 3 Prozent entwickeln. Von 2000 bis 2004 hat sie sich um rund 7,8 Prozent erhöht, bis 2010 dürfte ein weiterer Zuwachs von rund 25 Prozent erfolgen.

Der Kohlemarkt befindet sich mehr oder weniger im Gleichgewicht, auch wenn in den Jahren von 2000 bis 2004 ein relativ geringes jährliches Defizit von zwei bis fünf Millionen Kohle (entspricht 1 Prozent bis 2,9 Prozent des Kohleangebotes) zu beobachten war. Die größten Anbieterländer sind dabei Australien mit einem Anteil am globalen Coking-Coal-Angebot von 60 Prozent, die USA mit 13 Prozent und Kanada mit 12,5 Prozent. In den Jahren von 2000 bis 2004 stieg das Kohleangebot um 9,7 Prozent, von 2004 bis 2010 dagegen dürfte die Angebotsseite um über 27 Prozent anwachsen.

Somit dürfte sich auch zukünftig die Nachfrage mit dem Angebot treffen. Dennoch erreichten die Produzenten zuletzt erhebliche Preisaufschläge. Japanische Abnehmer erklärten sich für das Geschäftsjahr 2005 bereits dazu bereit, für Hard Coking Coal US-Dollar pro Tonne zu bezahlen (gegenüber 40 US-Dollar pro Tonne im Jahresdurchschnitt 2000). Die schmutzige Kohle ist wieder zu einem begehrten Rohstoff geworden.

Uran

Weniger im Fokus der Rohstoffinvestoren steht das Uran, das sich aber ebenfalls steigender Nachfrage erfreut. Nicht nur der rasant anwachsende Energiebedarf Chinas oder Indiens, auch die anziehenden Öl- und damit auch die Gaspreise rücken in der industrialisierten Welt das Uran als Ausgangsprodukt der Kernenergie verstärkt in das Blickfeld der Regierungen. Uran oder Uranium, benannt nach dem Planeten Uranus, ist radioaktiv, zerfällt mit einer Halbwertszeit von 4,5 Milliarden Jahren, wobei es wie seine Folgeprodukte a-, b- und g-Strahlen sendet und letztendlich zu Blei zerfällt. Das silberweiße, leicht oxidierbare und relativ reaktionsfähige Metall, das in der Natur als Verbindung in zahlreichen Gesteinen wie etwa Granit anzutreffen ist, kommt mit einem Durchschnittsgehalt in der Erdkruste von zwei Gramm pro Tonne häufiger vor als etwa Gold oder Silber

Uran wird in der Porzellanmalerei zur Herstellung gefärbter Glasuren verwendet. Seine Hauptbedeutung liegt jedoch in der Verwendung als Kernbrennstoff für die Gewinnung von Atomenergie sowie Neutronen für Kernreaktionen. Uran wird in Form von Uran-Oxyd (U3O8) gefunden und abgebaut. Die Energieeffizienz von Uran ist, alle ökologischen Bedenken einmal beiseite gelassen, enorm. Aus einem Pfund Uran kann etwa die gleiche Menge an Energie gewonnen werden wie aus 40 Barrel Erdöl. Der in Deutschland beschlossene Atomausstieg, der das Land zunehmend abhängig von Ölexportnationen sowie von Energieimporten auch von Atomstrom etwa aus Frankreich macht, könnte im Zuge weiter anziehender Öl- und Gasnotierungen sich als allzu teuer erweisen und sogar wieder rückgängig gemacht werden, was zu einer Zunahme der Urannachfrage inländischer Versorgungsunternehmen führen würde. Denn Energie aus Kohle allein dürfte keine Alternative darstellen, allein schon des Umweltaspektes wegen, wonach Kernenergie wesentlich »grüner« gewonnen werden kann als Energie aus Kohlekraftwerken.

Der Bedarf an Uran wird weltweit weiter steigen. Nicht nur, dass die Kernenergie die einzige Lösung für Energieerzeugung im großen Umfang ist, die die Vereinbarungen des Kyoto-Protokolls erfüllt. Die derzeitige Uranproduktion kann die Nachfrage der weltweit über 400 Kernkraftwerke nicht decken. Allein die USA, die derzeit rund 20 Prozent ihres Energiebedarfs über die Energiegewinnung von 103 Kernkraftwerken abdecken, werden Hochrechnungen zufolge im Jahr 2025 einen rund 50 Prozent höheren Energiebedarf haben als heute. Interessanterweise bezieht derzeit jeder zehnte Haushalt in den USA Strom, der aus dem Uran früherer russischer Atomwaffen gewonnen wird. Global werden in den nächsten zehn Jahren mindestens 100 weitere Kernkraftwerke gebaut werden. Einige Prognosen gehen sogar davon aus, dass bis zum Jahr 2050 weltweit über 900 Kernkraftwerke benötigt werden. In den vergangenen 30 Jahren nahm der Energieverbrauch weltweit um 3,3 Prozent pro Jahr zu, während die Weltbevölkerung um lediglich 2 Prozent pro Jahr stieg. So plant China, bis 2020 27 weitere Atomkraftwerke zu bauen, und in Indien sind bis ebenfalls 2020 sogar 31 weitere Reaktoren geplant. Auch Russland reagiert auf den steigenden Energiebedarf in den kommenden Jahren mit dem Bau von 25 zusätzlichen Atomkraftwerken. Bereits im Oktober 2003 beschloss deshalb die russische Regierung, die Uranexporte zu reduzieren. Nach Kanada ist Russland der zweitgrößte Uranexporteur weltweit.

Der Uranpreis hat auf die veränderte Nachfrage bereits reagiert. Zum Jahreswechsel 2003 lag das Pfund Uran noch bei lediglich rund zehn US-Dollar, zum 31. Dezember 2004 wurde Uran bereits für 20,50 US-Dollar je Pfund gehandelt. 1976/77 schossen die Uranpreise bereits zeitweise auf über 100 US-Dollar pro Pfund hoch. Bis zum Jahr 2000 war der Uranmarkt, der zu diesem Zeitpunkt ein Volumen von weltweit rund 80 Millionen Pfund Uran besaß, durch einen Angebotsüberschuss gekennzeichnet. Das Uranangebot kommt überwiegend aus politisch wenig riskanten Regionen. Rund 30 Prozent des Welt-Uranangebots werden in Kanada produziert sowie 22 Prozent in Australien, zudem 19 Prozent in Afrika. Dann folgen Usbekistan mit 7 Prozent, Russland mit 6 Prozent (der Uranexport stammt zum Teil aus alten Armeebeständen), Kasachstan mit 5 Prozent, die USA (4 Prozent), Europa (3 Prozent) und die restlichen Länder mit zusammen 4 Prozent.

Hochrechnungen wie die von Jeff Combs (vgl. Jeff Combs: Fueling the Future – A new paradigm, assuring uranium supplies in an abnormal market, World Nuclear Association Annual Symposiums vom 8. bis 10. September 2004 in London) projizieren ein Anwachsen des Uranmarktes bis 2010 auf etwa 200 Millionen Pfund Uran und bis 2050 auf 380 Millionen Pfund jährlich. Insgesamt dürfte die wachsende Nachfrage die Uranpreise langfristig in die Höhe treiben, umso mehr, je deutlicher Erdöl teurer werden und Uran als Energiesubstitut in Erscheinung treten wird. Die Produktion kann mit der rasant wachsenden Nachfrage bereits seit 1989 nicht mehr Schritt halten, seitdem bewegt sich der Uranmarkt im Defizit. So lag etwa 2003 die weltweite Uranproduktion bei lediglich rund 100 Millionen Pfund, während die Nachfrage ein Niveau von etwa 175 Millionen Pfund erreichte. Da Uran in der Erdkruste in einem ausreichendem Maße vorhanden ist, müssen die Uranproduzenten aber erst die Voraussetzungen für größere Produktionskapazitäten schaffen. Dafür sind erhebliche Anstrengungen gerade im Bereich der Uran-Exploration nötig, wobei wie auch in der Rohstoffindustrie die Zeitspanne zwischen der Identifikation von Reserven und der Produktionsaufnahme mehrere Jahre beträgt. Bis dahin müssen die gewerblichen und militärischen Vorräte zur Befriedigung der steigenden Nachfrage dienen. Sollte der Preis von Uran weiter deutlich steigen, dürfte aber erhebliches zusätzliches Uranmaterial auf den Markt gelangen. Entsprechend dem »Red Book« der International Atomic Energy Agency (IAEA) bestehen wiederverwertbare Reserven, unter denen zu Kosten von unter 40 US-Dollar etwa 1,2 Mio. Tonnen Uran und zu Kosten von knapp 80 US-Dollar bis zu drei Millionen Tonnen Uran recycelt werden könnten (vgl. Bernard Del Frari: The Global Nuclear Fuel Market Supply and Demand, September 2001, London, World Nuclear Association Annual Symposium), was den Bedarf der kommenden 40 Jahre decken könnte. Das derzeit theoretisch verfügbare Uranmaterial, das in Beständen rund um den Erdball vermutet wird, liegt Schätzungen zufolge bei etwa 140.000 Tonnen, was den Uranbedarf von rund zwei Jahren abdecken würde. Jedenfalls wurde in den vergangenen Jahren kaum in die Exploration von Uranvorkommen investiert. Die Notwendigkeit der Uranexploration der die Auffindung und die Gewinnung von Uran zu überschaubaren Kosten bleibt aber ein vorrangiges Thema.

Agrarrohstoffe

In den zurückliegenden Monaten haben Sie in der Tagespresse vielleicht den einen oder anderen Artikel über Rohstoffe gefunden. In aller Regel dürfte dann davon die Rede gewesen sein, dass China die Basismetallmärkte leer kaufe und ein guter Teil des hohen Ölpreises auf die Nachfrage der aufstrebenden Länder zurückzuführen sei. Dies ist in der Tat der Fall, doch sollten Sie nach einer Verdreifachung Kupfer kaufen? Wir würden aktuell davon abraten und Ihnen stattdessen lieber Müsli empfehlen. Denn während Rohstoffe wie beispielsweise Industriemetalle mit Beginn der Rohstoff-Hausse zwischen 1999 und 2001 im Preis gestiegen sind, ist das bei Agrarrohstoffen nicht der Fall. Vor dem Hintergrund der Rekord-Welternte im vergangenen Jahr, die Preisrückgänge von 30 Prozent bei Getreide bedeutete, und der Wertzuwächse, die mit verschiedenen Rohstoffen und Rohstoff-Aktien im letzten Jahr zu erzielen waren, könnten Sie jeden Morgen zwei Teller Müsli zum Preis von einem essen.

Doch schon in ein paar Jahren könnte es der Fall sein, dass Sie, wie an der Tankstelle in Zukunft auch, für Ihr Müsli mehr zahlen müssen. Die asiatischen Volkswirtschaften wachsen, und mit diesem Wachstum nimmt auch der Lebensstandard zu. 1,3 Milliarden Chinesen wollen ein Stück vom Wohlstandskuchen abhaben, und wenn man ganz Asien mit seinen 3,6 Milliarden Menschen betrachtet, dann herrscht kein Mangel an geöffneten Schnäbeln, die gefüttert werden wollen und verstärkt auf einer abwechslungsreichen und nahrhaften Versorgung bestehen. Vor nur sechseinhalb Jahren, als sich der Ölpreis zwischen zehn und 15 US-Dollar bewegte, redete man sich vor lauter Selbstzufriedenheit ein, Öl könne nie mehr Preisniveaus von 25 Dollar pro Barrel erreichen. Wir befürchten, dass im Nahrungsmittelbereich, insbesondere im Falle einer Dürre, eine ähnliche Desillusionierung bevorstehen könnte.

Der Getreidehandel ist der älteste und bedeutendste Zweig des Handels mit landwirtschaftlichen Erzeugnissen. Diesen hohen Stellenwert nimmt er zwar bereits seit dem Altertum ein. In aller Regel gab es aber lokale Beschränkungen, und es wurden nur wenige Luxusgüter, wie chinesische Seide oder orientalische Gewürze, international gehandelt. Seit den Zeiten der Römer waren solche hochwertigen Güter für die Masse der Menschen zu teuer, und ein Handel mit solchen Rohstoffen war für die Weltbevölkerung kaum von Bedeutung. Dies änderte sich mit dem Beginn des »Dampf-Zeitalters« im 19. Jahrhundert. Nach dem Ende der Napoleonischen Kriege verbesserte sich der weltweite landwirtschaftliche Handel durch Erfindungen wie die Eisenbahn oder der Raddampfer. Großbritannien eröffnete seine erste Eisenbahnstrecke 1825, und im Jahr 1845 überquerte das erste Dampfschiff den Atlantik. Im Zuge der Entwicklung des Verkehrs entstand auch ein internationaler Agrarhandel, in dem die USA eine bedeutende Rolle einnahmen. Mitte des 19. Jahrhunderts wurden die USA das führende Getreideausfuhrland. Die zunehmende Entwicklung des Verkehrs führte zu sinkenden Transportkosten, was einen Anreiz für den Getreideanbau und Getreidehandel schuf. Dies führte in den Hauptanbauländern zu hohen Exportüberschüssen. In den letzten Jahrzehnten des 19. Jahrhunderts entschlossen sich zahlreiche europäische Einfuhrländer – darunter auch Deutschland – zur Schutzpolitik, weil die Preise aufgrund der starken Produktionsausweitungen und der niedrigen Frachtraten stark gesunken waren.

Allerdings waren während des 19. Jahrhunderts nicht nur fallende Preise zu verzeichnen – im Gegenteil. Wir haben im ersten Kapitel dieses Buches darauf hingewiesen, dass kriegerische Auseinandersetzungen sehr oft mit steigenden Rohstoffpreisen einhergingen. Dies war während des Krim-Krieges auch bei den Getreidepreisen zu beobachten. Als Russland seine Weizenexporte nach Westeuropa stoppte, war daraufhin in London ein steigender Weizenpreis zu beobachten, weil dadurch die englische Nachfrage nach französischem Weizen größer wurde. Damit wurde eine neue Stufe wirtschaftlicher Integration erreicht, die es immer mehr Ländern ermöglichte, sich auf ihre Stärken in der landwirtschaftlichen Produktion zu fokussieren. Großbritannien, bis zum Jahre 1914 die größte Schuldnernation, investierte große Summen in Amerika, Afrika und Asien – Länder, die landwirtschaftliche Produkte exportierten. Kanada und Argentinien, aber auch die Donauländer und die Ukraine wurden zu wichtigen Getreideausfuhrländern. Bis zum Beginn des 20. Jahrhunderts wurde der Handel mit Agrarprodukten derart ausgedehnt, dass etwa 60 Prozent des britischen Bedarfs durch Agrarimporte gedeckt wurden.

Während des 20. Jahrhunderts wurden die Agrarrohstoffe durch die verschiedensten Formen staatlicher Politik beeinflusst. Im Ersten Weltkrieg gingen die am Krieg beteiligten Länder meist zur staatlichen Regulierung der Getreidewirtschaft über. Besonders nach dem Ersten Weltkrieg waren ein weit verbreiteter Protektionismus und ein nationaler Selbstversorgungsgedanke festzustellen, die den weltweiten Agrarhandel stark eingrenzten. Zwischen den beiden Weltkriegen erwiesen sich die Regierungen der Industrieländer als unfähig, als es darum ging, strukturelle Anpassungen vorzunehmen, und ignorierten die Vorteile der Spezialisierung im weltweiten Agrarhandel. Vielmehr war dieser Zeitraum von Quoten und Importzöllen geprägt, die sich für den globalen Getreidehandel als schädlich erwiesen. Bis zum Jahr 1945 war die Struktur des weltweiten Agrarhandels durch die beiden Weltkriege und die Kräfte des Protektionismus fast vollständig zerstört.

Nach dem Zweiten Weltkrieg entschieden sich die Volkswirtschaften Lateinamerikas dann auch angesichts der Einbußen, die diese Länder durch die protektionistischen Maßnahmen im Agrarbereich erlebten, sich auf die Schwerindustrie zu fokussieren. Die landwirtschaftlichen Erzeugnisse von Ländern wie Afrika und Asien, die Anfang des 20. Jahrhunderts noch von den Investitionen Britanniens begünstigt wurden, blieben zu klein, um irgendetwas an den globalen Agrarmärkten zu verändern. Somit ist es auch nicht verwunderlich, dass die USA und Kanada nach dem Zweiten Weltkrieg Argentinien vorübergehend als wichtigstes Ausfuhrland ablösten. Anfang der 50er-Jahre stammten nicht nur zwei Drittel der Weltausfuhr an Getreide aus Nordamerika,

Agrarexporte wurden auch zum wichtigsten Exportgeschäft der USA während der 50er-Jahre.

In den 60er-Jahren verhinderten die nationalistische Landwirtschaftspolitik Japans und die Agrarpolitik der EG die Entstehung einer neuen Bewegung in der globalen Landwirtschaftsproduktion. Die nationale wirtschaftliche Unabhängigkeit hatte Priorität auf der politischen Agenda, sodass die Ökonomien der EG mit Hilfe von hohen Zollmauern von Nettoimporteuren zu Nettoexporteuren landwirtschaftlicher Rohstoffe wurden. Innerhalb der EG nahm der Binnenhandel stark zu, wobei sich Frankreich zum größten Exporteur entwickelte.

Trotz dieser Beschränkungen breitete sich die internationale Liberalisierung in den vergangenen Jahren langsam aus. Sinkende Transportkosten ermöglichten es zumindest einigen Ländern Anfang der 80er-Jahre, ihre komparativen Vorteile in der Agrarproduktion auszunutzen. Hinzu kamen sinkende Frachtraten bei den Rohstoffen: Für Massenware sanken diese für die Route USA–Europa von 1950 bis 1999 um 80 Prozent. Durch die steigende Effizienz der Agrarmärkte im 20. Jahrhundert und die größer werdende Kaufkraft der Entwicklungsländer sind weltweit vermehrt Konsumenten in der Lage, weiche Rohstoffe nicht über die nationalen, sondern über die internationalen Märkte zu erwerben. Dieser Trend der gegenseitigen Abhängigkeit dürfte in den nächsten Jahren weitergehen. Die UN schätzt, dass sich die Nettoimporte der Entwicklungsländer an Nahrungsmitteln real bis zum Jahre 2030 auf 50 Milliarden US-Dollar verfünffachen werden. Die Preise für landwirtschaftliche Rohstoffe dürften dabei insbesondere von dem starken Aufwärtstrend beim Konsum in drei der größten und am schnellsten wachsenden Länder der Erde – China, Indien und Vietnam – profitieren. Nach Angaben des Economic Intelligence Unit dürfte sich das Pro-Kopf-BIP in diesen Ländern von 2004 bis 2008, gemessen an der Kaufkraftparität, um 35 bis 45 US-Dollar erhöhen. Zum Vergleich: In der Schweiz wird über denselben Zeitraum ein Anstieg um 15 US-Dollar erwartet.

Zunehmendes Ungleichgewicht bei Agrarrohstoffen
Wachstumsraten von Nachfrage und Produktion bei Agrarprodukten von 1999 bis 2015 in Prozent

Abb. 1

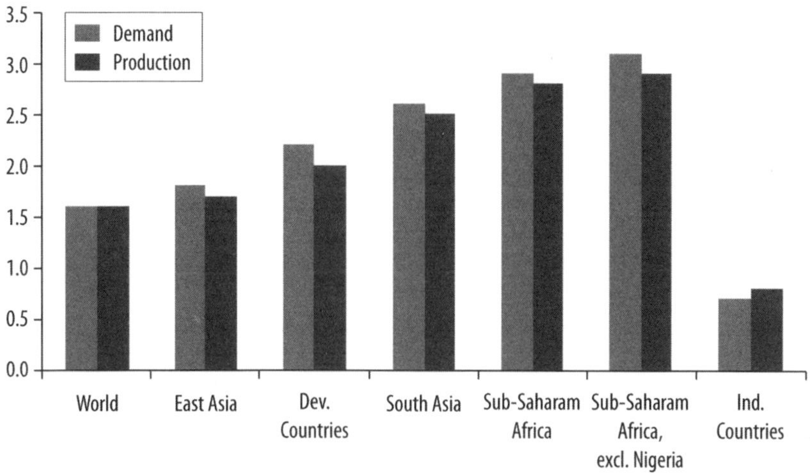

Quelle: FAO

Betrachtet man nur die beiden großen Länder China und Indien, ergibt sich für die Preisentwicklung der Agrarrohstoffe ebenfalls ein positives Bild: In beiden Ländern leben insgesamt 2,4 Milliarden Menschen, das sind rund 38 Prozent der Weltbevölkerung. Eine Erhöhung des Pro-Kopf-Einkommens dieser Länder um nur 100 US-Dollar (20 Prozent für Indien und zehn Prozent für China) bedeutet nach Angaben des UN-Berichtes »World Commodity Trends and Prospects 2004« einen Anstieg der Nachfrage von 240 Milliarden US-Dollar. Somit kann man sich leicht vorstellen, wie diese Länder in Zukunft die Agrarsektoren von Weizen bis hin zu Zucker beeinflussen werden.

Von dieser bedeutenden Wende in der globalen Nachfrage- und Angebotsstruktur werden die Preise für Agrarrohstoffe nicht unberührt bleiben. Fast alle Entwicklungsländer werden in den nächsten zehn Jahren zu Nettoimporteuren von landwirtschaftlichen Rohstoffen werden, und die Lieferanten in den Industrieländern werden Mühe haben, mit der steigenden Nachfrage Schritt halten zu können (siehe Abbildung 1). Mit anderen Worten: Die weltweite Bilanz von Agrarproduktion und -nachfrage bis zum Jahr 2015 wird sehr zerbrechlich sein. Wenn die Nachfrage Asiens in Zukunft auch nach Agrarrohstoffen stark steigen wird, wovon auszugehen ist, werden die Anbieter zusehends daran scheitern, sich diesem Umbruch anzupassen. Schließlich wird dieses anhaltende Ungleichgewicht alle Preise für landwirtschaftliche Rohstoffe nach oben treiben. Auf die gegenwärtig attraktivsten Rohstoffe gehen wir im Folgenden näher ein.

Getreide und Ölsaaten

Während viele Rohstoffe, insbesondere die Industriemetalle, nach einer dreijährigen Hausse reif für eine Korrektur sind, ergibt sich bei Weizen, Mais und Sojabohnen das umgekehrte Bild. Denn diese Agrarrohstoffe sind (mit Ausnahme einer zwischenzeitlichen Aufwärtsbewegung bei Sojabohnen 2003/04 und des anschließenden tiefen Falls) von der allgemeinen Rohstoff-Hausse, die zwischen 1999 und 2001 begonnen hat, noch unberührt geblieben. Die Preise für Weizen, Mais und Sojabohnen sind aktuell nicht viel höher als im Jahr 2001 und befinden sich damit in der Nähe der 30-jährigen Tiefpunkte. Die Preise für Getreide und Ölsaaten sind von den Hochpunkten im vergangenen Jahr zwischen 30 und 50 Prozent gefallen und verfügen auf dem aktuellen Niveau nur über ein begrenztes Kursrisiko. Das Aufwärtspotenzial hingegen ist enorm.

Bevor wir auf die aktuelle Situation eingehen, möchten wir einen Blick in die Vergangenheit werfen, genauer gesagt in das Jahr 1972. In diesem Jahr litt Russland unter einer Hitzeperiode, die eine katastrophale Ernte mit sich brachte. Das zentralistische System der Kommunisten in Moskau gab den Bauern von Russlands Brotkorb, der Ukraine, keine Anreize, die Gesamternte zu erhöhen. Die Bauern erhielten mehr oder weniger dieselbe Menge an Rubeln für ihr Getreide, sodass sie nicht motiviert waren, die maximale Produktion aus ihrer Kulturfläche herauszuholen. Mit anderen Worten: Sie taten das, was ihnen von der kommunistischen Führung in Moskau diktiert wurde, und pflanzten kein Saatkorn mehr.

Allerdings war die kommunistische Regierung mit einem Problem konfrontiert: Sie musste ihre Bevölkerung versorgen. Diesem Problem begegnete man, indem man umsichtig einige Frachter an der Baltic Exchange in London charterte. Daraufhin begannen die Frachtraten zu steigen, und mysteriöserweise ebenso die Getreidepreise an der Terminbörse in Chicago. Kurz danach wurden über 20 Millionen Tonnen Getreide von großen Getreidehändlern wie Bunge, Cargill und Continental Grain erworben. Da man bei der ganzen Sache sehr diskret vorging, wusste der eine Getreidehändler nicht, was der andere vereinbart hatte. Die Folge konnte man an den Getreidepreisen ablesen, die sich an der Terminbörse in Chicago innerhalb eines Jahres mehr als verdoppelten. Da die USA damals über reichliche Getreideernten verfügten, versorgte man Russland gerne – mit entsprechend großen Gewinnen, versteht sich.

Eine ähnliche Situation wie damals könnte sich schon in naher Zukunft ereignen. Die Akteure werden teilweise dieselben sein, teilweise werden aber auch neue Spieler auftauchen. Die Rolle der Verkäufer werden wieder die USA einnehmen, und höchstwahrscheinlich werden einige neue Länder wie Kanada, Argentinien, Brasilien und Australien hinzukommen. Die Käuferseite wird jedoch nicht Russland einnehmen, sondern China.

Der China-Faktor

China ist der erste große Nahrungsmittelproduzent, der mit sinkenden Ernten konfrontiert ist, zum Teil aufgrund sich ausbreitender Wüsten und fallender Grundwasserspiegel. Die Folge ist, dass die Landwirtschaft erheblich beeinträchtigt wurde. Viele Menschen mussten gar ihre Dörfer verlassen. Insbesondere im Norden Chinas, wo die Hälfte des chinesischen Weizens und ein Drittel des Mais produziert werden, sinkt der Grundwasserspiegel rasant. Die chinesische Getreideernte ist in vier der vergangenen fünf Jahre gesunken – über die letzten fünf Jahre

Niveaus wie vor 30 Jahren

Globale Grain-Lagerbestände im Verhältnis zum Verbrauch Abb. 2

Quelle: Peter Heim / USDA

um insgesamt 66 Millionen Tonnen. Das ist eine Menge, die sogar die jährliche Ernte von Kanada – einem der größten Grain-Exporteure – übertrifft. Bisher wurden die wachsenden Ernteausfälle aufgefangen, indem man sich aus den vollen Speichern bediente. Diese Zeiten dürften jedoch vorbei sein, da sich die Lagerbestände im Verhältnis zum Verbrauch auf sehr niedrigem Niveau befinden. Im Jahr 2003 lag die Produktion 92 Millionen Tonnen unter dem Verbrauch. Heute sind die Lagerbestände im Verhältnis zum Verbrauch bei einer Quote von 17 Prozent auf einem Rekordtief angelangt (siehe Abbildung 2).

Die Folge wird sein, dass die USA, die sich gegenwärtig für die Hälfte der weltweiten Getreideexporte verantwortlich zeigen, in den nächsten paar Jahren täglich zwei bis drei Schiffe mit Getreide laden werden, die für China bestimmt sind. Denn um die Versorgungssicherheit zu gewährleisten, wird China in Zukunft nicht umhinkommen, den Weltmarkt in Anspruch zu nehmen, und 30 bis 60 Millionen Tonnen an

Ungleichgewicht auch im Agrarbereich
China: Grain-Produktion und -Verbrauch von 1960 bis 2004 Abb. 3

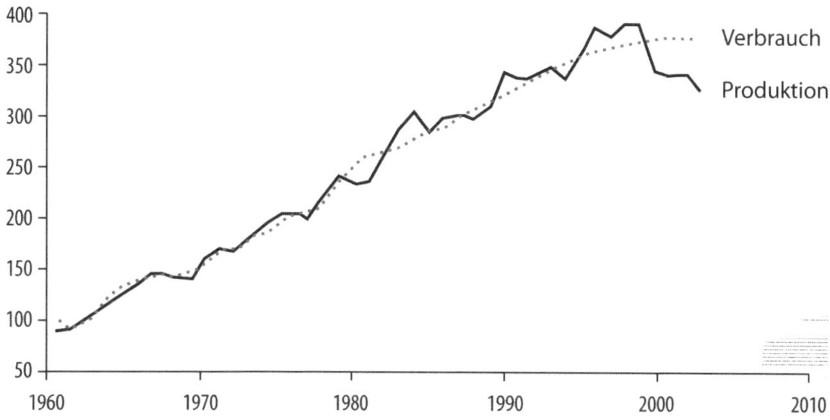

Quelle: Peter Heim / USDA

Getreide und Ölsaaten pro Jahr kaufen müssen. Denn wie aus Abbildung 3 ersichtlich ist, übertrifft der chinesische Verbrauch die Grain-Produktion schon seit Beginn des Millenniums.

Wir glauben, dass China – der größte Rohstoff-Hedge-Fonds der Welt – die aktuell niedrigen Preisniveaus für Getreide und Ölsaaten nutzen könnte, um seine niedrigen Lagerbestände aufzustocken. Während es in China in Teilsektoren möglicherweise zu einer Wachstumsabschwächung kommen und die Nachfrage nach Basismetallen nachlassen wird – China in diesem Rohstoffsektor also quasi »short« geht –, dürfte bei Getreide und Ölsaaten eher das Gegenteil eintreten: China wird die niedrigen Preise nutzen und verstärkt als Nachfrager auftreten – also quasi »long« gehen – und somit für steigende Preise sorgen. Den Hauptgrund sehen wir in den enormen Wasserproblemen, mit denen China zu kämpfen hat und auf die wir im Folgenden noch näher eingehen werden. In diesem Zusammenhang ist zu bedenken, dass die Getreideherstellung ein wasserintensiver Prozess ist. Man benötigt etwa

1.000 Tonnen Wasser, um eine Tonne Getreide herzustellen. Der effizienteste Weg, Wasser zu sparen, ist somit der Import von Getreide.

Ähnlich wie Russland vor mehr als 30 Jahren hat sich auch China in letzter Zeit als umsichtiger und kluger Käufer erwiesen. Man hielt die Nachfrage im Verborgenen, um die Preise nicht in die Höhe zu treiben. Das jüngste Beispiel hierfür war im vergangenen Jahr zu finden, als es Ungewissheit bezüglich Chinas Bedarf an Sojabohnen gab. Der Ankauf von Sojabohnen aus von USA stieg um neun Prozent. Da aber viele Verkäufe mit »unbekanntem Ziel« deklariert wurden, waren der Umfang, die Struktur und das Timing der Ankäufe schwer aus den Berichten der amerikanischen Landwirtschaftsbehörde nachzuvollziehen. Wie stark sich das Verhalten Chinas auf die Preise der Rohstoffe auswirkt, zeigte sich zudem im Jahr 2003. China agierte hier ebenfalls geschickt, auch wenn das Land sich nicht unbedingt an die Handelsregeln hielt. Als durch Schwierigkeiten in der Produktion in der Spätsaison die weltweiten Sojabohnenbestände schrumpften, handelte China mit Brasilien einen Vertrag über die Lieferung von Sojabohnen aus. Doch als die Angebotsknappheit zurückging, stoppte China mehrere Sojabohnenlieferungen unter dem Vorwand, dass die Ware von Fungizid-Verunreinigung betroffen sei. Wenig später berichtete China dann, dass der Nahrungsmittelbedarf des Landes durch den Ausbruch der Vogelgrippe eingebrochen sei. Die Preise für Sojabohnen kollabierten daraufhin in der Spitze um 50 Prozent, und Brasilien war daraufhin Mitte 2004 gezwungen, seine Verkäufe an China zu niedrigeren Preisen auszuhandeln.

Getreide wie Reis, Weizen und Mais sind die wichtigste Nahrungsquelle für die Menschheit. Etwa die Hälfte des Bedarfs wird durch Grains gedeckt. Die andere Hälfte lässt sich aus Getreide ableiten, in Form von Futtermittel für Tiere, und kommt in Gestalt von Milch, Eiern oder Fleisch zurück. Betrachtet man die weltweite Grain-Produktion über die vergangenen Jahre, dann wir ersichtlich, dass wir es inzwischen mit einer Stagnation zu tun haben (siehe Abbildung 4).

Kapazitätsgrenze erreicht
Weltweite Grain-Produktion von 1960 bis 2004 Abb. 4

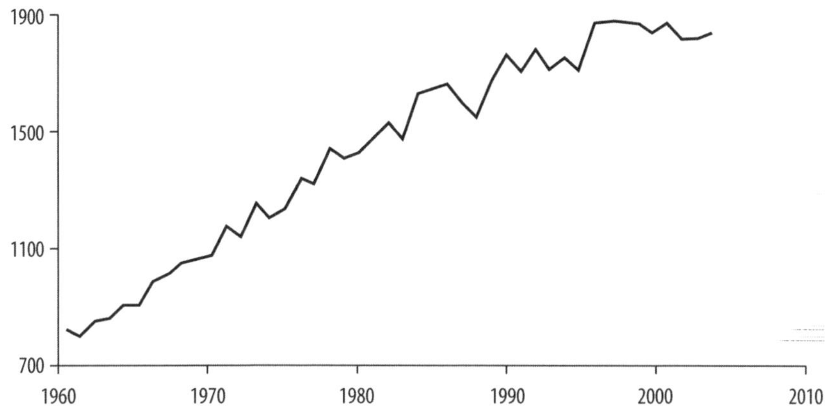

Quelle: Peter Heim / USDA

Wenn Landwirte vor 100 Jahren ihre Ernte ausbauen wollten, mussten sie einfach mehr Land kultivieren und mehr Samen säen. Die Zeiten haben sich jedoch geändert. Aufgrund besserer Produktionsmethoden und Bewässerungssysteme sowie des Einsatzes von Maschinen und Düngemitteln hat sich die Grain-Produktion von 1950 bis 1990 von 600 Millionen Tonnen auf 1,78 Millionen Tonnen beinahe verdreifacht. Über die letzten 100 Jahre waren enorme Effizienzsteigerungen in der Landwirtschaft festzustellen. Vor 100 Jahren arbeiteten noch 30 Prozent der Bevölkerung in der Landwirtschaft und versorgten die Welt mit Nahrungsmitteln. Heute ist gerade einmal ein Prozent Landwirte. Und dieses eine Prozent produzierte in der Vergangenheit Nahrungsmittel zu günstigen Preisen – die Preise für die bedeutenden Agrarrohstoffe halbierten sich in den vergangenen 20 Jahren.

Doch inzwischen scheinen wir an der Kapazitätsgrenze von Mutter Erde angelangt zu sein. Von 1990 bis 1997 stieg die weltweite Grain-Ernte nur noch um fünf Prozent, gleichzeitig gingen jedoch die Reserven stark zurück. Im gleichen Zeitraum wuchs die Weltbevölkerung um zehn Prozent. Seit dem Jahr 1997 ging die weltweite Grain-Produktion beständig zurück, das Bevölkerungswachstum jedoch nicht. Während also in der Vergangenheit die Produktion stärker als die Bevölkerung zunahm, ist das heute nicht mehr der Fall.

Die Weltbevölkerung wächst um 90 Millionen Menschen jedes Jahr und sorgt somit für ein zunehmendes Ungleichgewicht zwischen Angebot (der Ernte) und Nachfrage (den hungrigen Mägen). Bei einer globalen Grain-Produktion von 1,83 Milliarden Tonnen wird ein Fünftel der Menschheit ausreichend mit Nahrungsmitteln versorgt, und drei Fünftel kommen gerade so durch. Das letzte Fünftel oder mehr als eine Milliarde Menschen leidet unter chronischer Unterernährung. Jedes Jahr sterben zwischen 18 und 23 Millionen Menschen an den Folgen von Hunger. Allein um diese eine Milliarde Menschen ernähren zu können, müsste die Grain-Produktion nachhaltig gesteigert werden.

Doch wie eingangs dieses Kapitels beschrieben, wird sich diese Lücke noch stärker ausweiten. In der Vergangenheit standen 70 Prozent des Wachstums im Nahrungsmittelverbrauch in Zusammenhang mit dem Bevölkerungswachstum. Von 1950 bis zum Jahr 1990 stieg die Weltbevölkerung von 2,55 Milliarden Menschen auf 5,28 Milliarden Menschen an – ein Anstieg um 107 Prozent. Mit anderen Worten: Im Jahr 1990 lebten doppelt so viele Menschen auf der Erde wie im Jahre 1950. Es wird erwartet, dass sich die Bevölkerung – ausgehend vom Jahr 1990 bis zum Jahr 2050 – fast noch einmal verdoppeln wird. Bedenken Sie bitte Folgendes: Ein Anstieg der Weltbevölkerung um 100 Prozent von 1950 bis zum Jahr 1990 bedeutete 2,5 Milliarden mehr Menschen. Aber ein nochmaliger Anstieg um 100 Prozent der Bevölkerung bis zum Jahr 2050 würde fünf Milliarden mehr Menschen auf unserem Planeten bedeuten. Wir werden in den nächsten Jahrzehnten mit einigen Problemen konfrontiert werden. Gibt es genug Platz für diese Menschen? Werden alle genug zu essen und zu trinken haben? Wird es genug Arbeitsplätze geben? Und wie sieht es mit der Umweltverschmutzung aus?

Allein bis zum Jahr 2015 wird die Weltbevölkerung um 12,5 Prozent auf dann 7,2 Milliarden Menschen anwachsen. In den kommenden Jahren wird das Bild der zunehmenden Nachfrage nach landwirtschaftlichen Rohstoffen in engem Zusammenhang mit dem asiatischen Bevölkerungswachstum und den damit verbundenen steigenden Lebensstandards stehen. Besonders die zunehmende Urbanisierung wird für eine höhere Nachfrage nach Agrarrohstoffen sorgen. Durch die Urbanisierung wird Ackerland in industrielle Fläche umgewandelt. Allein in China ist der Anteil der Menschen, die in ländlichen Gebieten wohnen, von 80 Prozent im Jahr 1980 auf 60 Prozent zurückgegangen. Durch das Wirtschaftswachstum erleben die Menschen einen Aufschwung und konsumieren mehr ressourcenintensive landwirtschaftliche Erzeugnisse. Millionen auf dem Land aufgewachsener Menschen wird es in die Städte ziehen, um nach Wohlstand zu suchen. Die UN erwartet, dass die Stadtbevölkerung schneller wachsen wird als die Gesamtbevölkerung. Im Jahr 2007 wird zum ersten Mal in der Geschichte die Bevölkerung in den Städten die auf dem Lande übertreffen. Durch das Bevölkerungswachstum werden in den nächsten 25 Jahren immer mehr Menschen insbesondere in Asien in Städten leben (siehe Abbildung 5). Eine steigende Anzahl von Menschen aus den Emerging Markets wird auch in so genannten »Megacities« leben – Städten mit über fünf Millionen Einwohnern. Im Jahre 1950 gab es gerade einmal acht solche Megacities (zum Beispiel New York, London oder Paris), zwei davon in weniger entwickelten Ländern (Buenos Aires in Argentinien und Kalkutta in Indien). Im Jahr 2000 gab es schon 41 Megacities. Für das Jahr 2015 wird erwartet, dass deren Zahl auf 59 ansteigen wird, 48 davon in den Emerging Markets. Im Jahr 2015 werden sechs der zehn größten Städte in Asien liegen.

Und die mehreren hundert Millionen Menschen, die in den nächsten Jahren allein in China in die Städte strömen, werden Güter haben wollen, die einige Stadtbewohner schon besitzen: Neben Elektrizität, Fernseher und Handys werden diese Güter fließendes Wasser und eine üppigere Ernährung sein. Die australische Regierung rechnet damit, dass sich die

Globale Verstädterung

Anstieg der Bevölkerung in Stadtgebieten von 2003 bis 2030 in Prozent

Abb. 5

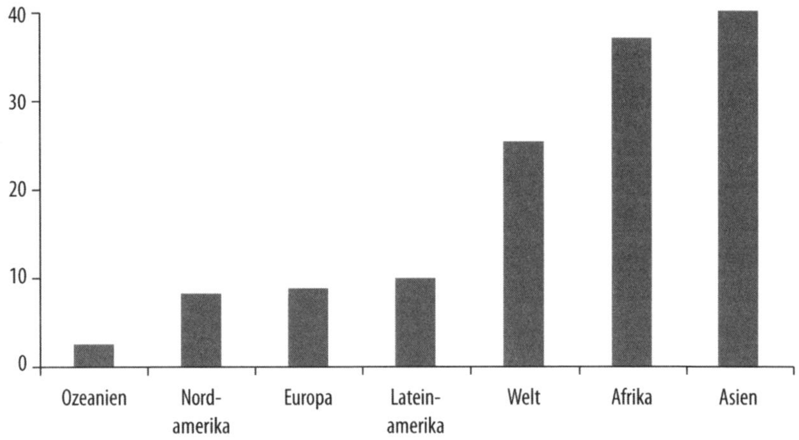

Quelle: Vereinte Nationen; Eigene Darstellung

asiatische Nachfrage nach Weizen, Mais und Sojabohnen von 1997 bis zum Jahr 2010 zwischen 25 und 45 Prozent erhöhen wird.

Dieser Tatsache ist sich auch die chinesische Regierung bewusst. Nicht umsonst verstärkt China die politischen und wirtschaftlichen Beziehungen mit den rohstoffreichen Ländern Lateinamerikas. Im November 2004 unternahm Präsident Hu eine zweiwöchige Reise nach Argentinien, Brasilien, Chile und Kuba, wo er 39 bilaterale Abkommen im Wert von 30 Milliarden US-Dollar in den Bereichen Investitionen und Handel unterzeichnete. Außerdem sicherte er für die nächsten zehn Jahre Investitionen in Lateinamerika in Höhe von 100 Milliarden US-Dollar zu.

Damit entwickelt sich in zweierlei Hinsicht eine interessante geopolitische Situation. Auf der einen Seite wenden sich die Länder Lateinamerikas zunehmend China zu, um der wirtschaftlichen Dominanz und

Abhängigkeit der USA entgegenzuwirken. Im Gegenzug sieht China in diesen Ländern die wichtigste Quelle, um seinen Rohstoffbedarf zu decken und einen Absatzmarkt für billige chinesische Waren aufzubauen. Auf der anderen Seite wird China mit seinen 1,3 Milliarden Menschen und Devisenreserven in Höhe von 400 Milliarden US-Dollar – eine Menge, mit der sich die amerikanische Ernte mehr als achtmal kaufen lässt – mit den amerikanischen Verbrauchern im Wettbewerb stehen. Zum ersten Mal in der Geschichte wird China in den nächsten Jahren in großem Maße von ausländischem Angebot an Nahrungsmitteln abhängig sein. Da sich aber das Angebot nicht in entsprechendem Maße erhöhen lässt, werden die Zeiten günstiger Nahrungsmittelversorgung in naher Zukunft vorbei sein.

Der Wasser-Faktor

Ohne Wasser würde auf unserem Planeten nichts mehr funktionieren. Es zeichnet sich immer mehr ab, dass die Trinkwasserreserven knapper werden. Bereits jetzt lebt ein Drittel der Weltbevölkerung in Ländern, in denen die Wassersituation angespannt ist. Nach Schätzungen von Forschern wird im Jahre 2025 die Hälfte der Menschheit – das entspricht dann etwa vier Milliarden Menschen – unzureichend mit Wasser versorgt sein. Neben allen anderen Umweltproblemen hat die Versorgung mit Süßwasser oberste Priorität.

Das Desaster wird deutlich, wenn Sie sich die Verteilung von Verbrauch und Angebot anschauen. Jeder US-Amerikaner nutzt durchschnittlich über 380 Liter pro Tag, was dem 15fachen eines Menschen in einem Entwicklungsland entspricht. In Deutschland werden etwa 130 Liter pro Tag verbraucht. Das Problem verschärft sich dadurch, dass sowohl der Pro-Kopf-Verbrauch als auch die Weltbevölkerung selbst stetig wachsen. Für das Jahr 2025 wird mit einer Anzahl von acht Milliarden Menschen gerechnet. Auf der Nachfrageseite nach Wasser sind die privaten Verbraucher nur eine Komponente von vielen. Auch die Industrie und die Landwirtschaft benötigen immer größere Wassermengen.

Wie bereits erwähnt, ist gerade die Nahrungsproduktion ein wasserintensiver Prozess. Man benötigt 1.000 Tonnen Wasser, um eine Tonne Getreide herzustellen. Das erklärt auch, warum 70 Prozent des gesamten Wassers, das aus Flüssen oder aus dem Boden kommt, für die Bewässerung verwendet wird. Die Verdreifachung der weltweiten Wassernachfrage über das vergangene halbe Jahrhundert sorgte für einen Rückgang des Grundwassers. Verschärft wurde die Situation dadurch, dass die Menschen mit Pumpen und anderen Techniken Wasser verstärkt förderten. Die Folge ist, dass die Hälfte der Weltbevölkerung jetzt in Ländern lebt, in denen der Grundwasserspiegel fällt und Brunnen austrocknen. Dazu zählen auch drei Länder, welche die Hälfte zur weltweiten Getreideernte beisteuern: die USA, China und Indien. In Indien fällt der Grundwasserspiegel in vielen Gebieten, inklusive dem Pandschab, dem Brotkorb des Landes. In den USA fällt das Grundwasser im Südwesten, einschließlich Kalifornien. Und bereits 25 Prozent Chinas sind Wüste.

Während man bei uns den Frühling mit blühenden Landschaften in Verbindung bringt, ist dies in Nordchina die Jahreszeit des Staubs. Im Frühjahr wehen riesige Staubwolken, von Chinas sich ausbreitenden Wüsten kommend, auf die Städte hinaus. Sie ersticken die bevölkerungsreichen Ansiedlungen im Nordwesten Chinas, schotten Flughäfen ab und verdunkeln die Sonne. Die gelben Dunstwolken vermischen sich in den Städten und breiten sich nach Japan und Korea aus. In besonders schlimmen Jahren, wie im Frühjahr 1998, überqueren diese Staubwolken gar den Pazifik und erreichen die Küsten Nordamerikas. Diese Staubstürme sind ein Zeichen der wachsenden Trockenheit und Dürre, mit dem sich das Land konfrontiert sieht. Und auch dieses Jahr wird China von einer schlimmen Dürre heimgesucht, welche die Wasserversorgung und die Getreideproduktion erheblich beeinflussen. Mindestens zwölf Millionen Hektar an Ackerland sind davon betroffen. Des entspricht fast zehn Prozent der Gesamtanbaufläche Chinas. Dabei handelt es sich allerdings nicht um ein temporär begrenztes Phänomen: Der Norden Chinas trocknet bereits seit den 80er-Jahren aus. Übermäßige Anforderungen infolge der Dürre und der Umleitung des Wassers von ländlicher zu urbaner Nutzung an die drei Flüsse Gelber Fluss, Hai und Huai, die in der nordchinesischen Ebene fließen, sorgen dafür, dass diese in der trockenen Jahreszeit und manchmal sogar länger austrocknen. Bereits im Jahr 1972 hat man dem bekannten Gelben Fluss so viel Wasser entnommen, dass er für 15 Tage austrocknete, bevor er das Meer erreichte. Im sehr trockenen Jahr 1997 waren es gar 226 Tage. Er erreichte davon größtenteils noch nicht einmal mehr die landwirtschaftlich bedeutende Region Shangdong. Anderen wichtigen Flüssen ergeht es ähnlich. Satellitenfotos zeigen die Austrocknung von Hunderten von Flüssen und Seen in den vergangenen Jahren. Der gegenwärtige Wassermangel, also die Menge, um die die Nachfrage das Angebot in der nordchinesischen Ebene übersteigt, dürfte bei 110 Milliarden Kubikmetern pro Jahr liegen.

Von der diesjährigen Trockenheit ist gegenwärtig auch besonders der Süden Chinas betroffen. Diese Region erlebt aktuell die schlimmste Dürre der letzen 50 Jahre. Die industrielle Provinz Guangdong, die an Hong Kong angrenzt, musste miterleben, wie die Wasserreserven 30 großer Reservoirs innerhalb kurzer Zeit verbraucht wurden und 1.000 kleinere Reservoirs vollständig austrockneten. Doch nicht nur die Provinzen sind betroffen. 400 der 600 größten Städte Chinas haben bereits mit enormer Wasserknappheit zu kämpfen. Diese Wasserknappheit dürfte sich in Zukunft weiter verschärfen. Nach Schätzungen der UN wird die chinesische Bevölkerung von gegenwärtig 1,3 Milliarden bis 2030 um weitere 300 Millionen. auf 1,6 Milliarden. Menschen zunehmen. Das bedeutet einen Anstieg um 23 Prozent. Darüber hinaus steigt aber auch der Wasserverbrauch in privaten Haushalten, der Industrie und der Landwirtschaft. Allein in der Landwirtschaft, die aktuell 85 Prozent des Wassers verbraucht, werden gegenwärtig 400 Milliarden Kubikmeter beziehungsweise Tonnen Wasser pro Jahr für die Bewässerung benötigt. Es ist davon auszugehen, dass diese Zahl im Jahr 2030 einen Wert von 665 Milliarden Tonnen erreichen wird.

Die chinesische Führung ist dem Problem der Wasserknappheit in den letzten zwei Dekaden hauptsächlich damit begegnet, dass man durch die Bohrung weiterer Brunnen zusätzliche Wasserversorgung geschaffen hat. Da in den meisten Regionen die oberflächennahen Wasservorkommen bereits verbraucht sind, hat man sich entschlossen, mit Tiefbohrungen die weiter unten liegenden Wasservorkommen anzuzapfen. Neue Brunnen bei Peking müssen beispielsweise schon 1.000 Meter tief gebohrt werden, um an sauberes Wasser zu gelangen. Jüngste Untersuchungen belegen, dass im Norden, wo 40 Prozent des Getreides kultiviert werden, der Wasserspiegel in den vergangenen fünf Jahren pro Jahr durchschnittlich um 1,5 Meter gefallen ist. Deswegen warnen Experten, dass man die letzten Wasserreserven verlieren wird, falls die tiefen Wasserreserven weiterhin übermäßig angezapft werden.

Um diesem Problem zu entgegnen, wendet die chinesische Führung zwei Optionen an. Die eine ist die Umgehung der wasserintensiven Getreideerzeugung durch den Import von Getreide. Die andere ist das große Wasserumleitungsprojekt vom Süden in den Norden. Das Wasser verteilt sich in China in einem Süd-Nord-Gefälle: Im feuchten Süden leben etwa 700 Millionen Menschen und im trockenen Norden etwa 550 Millionen. Während sich 80 Prozent des Wassers im Süden befinden, liegen zwei Drittel der Agraranbaufläche im Norden. Durch das Wasserumleitungsprojekt und die damit verbundene Umleitung großer Teile des Yang-Tse-Flusses in das Bassin des Gelben Flusses will man dem Wasserproblem begegnen. Das schon im Jahre 1958 von Mao Tsetung vorgestellte Bauprojekt soll über existierende Wasserwege und neue Kanäle pro Jahr 48 Milliarden Kubikmeter Wasser Richtung Norden transferieren. Es sind drei Großkanäle geplant, die alle über 1.000 Kilometer lang sein werden und die Flüsse Yang-Tse und Hai sowie den Huai mit dem Gelben Fluss verbinden werden. Mit dem Bau wurde Ende 2002 beziehungsweise Ende 2003 begonnen, und mit der Fertigstellung wird noch vor dem Beginn der Olympischen Spiele im Jahr 2008 gerechnet. Allein die Kosten für den östlichen Kanal, das günstigste und technisch am einfachsten durchführbare Projekt, werden sich auf etwa sieben Milliarden US-Dollar belaufen. Weitaus aufwändiger und teurerer wird der westliche Kanal werden. Bei diesem Projekt, das im Jahr 2010 beginnen soll, wird mit einer Bauzeit zwischen

40 und 50 Jahren gerechnet. Die westliche Route durchquert höher gelegene Routen nahe Tibet und wird Wasser aus den ökologisch empfindlichen Nebenflüssen des Yang-Tse entnehmen. Zwischen 300.000 und 400.000 Menschen müssen umgesiedelt werden, und die Gesamtkosten dieses Projekt werden sich Schätzungen zufolge auf mehr als 60 Milliarden US-Dollar belaufen. Ob das Projekt die Wasserprobleme Chinas langfristig lösen wird, ist fraglich, insbesondere weil auch die Trockenheit im Süden stärker wird. Experten warnen bereits davor, dass sich durch die neuen Wasserwege der Durchfluss der Yang-Tse verlangsamen und die Verschlammung verstärken werden, ähnlich wie beim Gelben Fluss. Fragwürdig erscheint das prestigeträchtige Projekt auch vor dem Hintergrund, dass es nur etwa die Hälfte des jährlichen Wasserdefizits ausgleichen kann.

Wenige Bestrebungen gibt es hingegen von Seiten Chinas, den Wasserverbrauch einzudämmen. Die Regierung hat zwar begonnen, die Preise in urbanen Regionen im Norden des Landes anzuheben. (In den Wohnregionen Pekings stieg der Preis für eine Tonne Wasser dieses Jahr um 25 Prozent.) Doch in der Landwirtschaft oder der Industrie hat man bisher wenig unternommen. Für die Bauern gibt es keine wirtschaftlichen Anreize, mit dem Wasser sparsam umzugehen. Im Gegenteil. Da die sich ausbreitenden Städte immer mehr Wasser aus den ländlichen Gebieten für sich in Anspruch nahmen, haben die Bauern eigene Brunnen gegraben und damit die Lage noch weiter verschärft. Außerdem sind die Erträge für wasserintensive Rohstoffe wie Reis (für die Produktion einer Tonne Reis benötigt man 3.000 Tonnen Wasser) höher als zum Beispiel für die weniger durstigen Sojabohnen. Auch der industrielle Wasserverbrauch ist alles andere als effizient: Während in China zwischen 20 und 40 Tonnen Wasser benötigt werden, um eine Tonne Stahl zu produzieren, kommen westliche Stahlproduzenten mit vier bis fünf Tonnen aus. Optionen für Einsparmöglichkeiten bestehen auch in der Verbesserung beziehungsweise im Ausbau der Wasseraufbereitung. Während viele Industrieländer zwei Drittel ihres Wassers aufbereiten, werden in China weniger als ein Drittel wiederaufbereitet. Grundsätzlich kann also gesagt werden, dass es noch Optionen gibt, um die Wasserknappheit ein wenig zu entspannen. Da sich die chinesische Führung aber offensichtlich neben dem Wasserumleitungsprojekt hauptsächlich auf den Import von Agrarrohstoffen konzentriert, werden wir wohl durch das steigende Ungleichgewicht zwischen Angebot und Nachfrage noch vor Ende dieser Dekade neue Höchstkurse bei den Getreidepreisen sehen.

Globale Erwärmung – der Klima-Faktor

Neben der Wasserknappheit dürfte die globale Erwärmung in den nächsten Jahren das Angebot an Agrarrohstoffen beeinflussen. Seit 1970 stieg die durchschnittliche Temperatur um 0,6° C an. Weltweit ist die Temperatur im 20. Jahrhundert im Mittel um 0,6° C gestiegen. In den zurückliegenden 30 Jahren betrug die Temperaturzunahme pro Jahrzehnt im weltweiten Mittel 0,1 bis 0,2° C. Seit den 80er-Jahren liegen die Jahresmitteltemperaturen meist über dem Durchschnitt der Jahre 1961 bis 1990. Nach neuesten Untersuchungen von Wissenschaftlern des amerikanischen Landwirtschaftsministeriums und des Internationalen Reisinstituts führt ein während der Wuchsphase um 1° C über der optimalen Temperatur liegender Temperaturanstieg zum einem zehnprozentigen Rückgang der Erträge bei Weizen, Mais und Reis. Vor dem Hintergrund, dass in bedeutenden Erzeugergebieten in vier der letzten sechs Jahren Rekordtemperaturen zu verzeichnen waren, verwundert es nicht, dass die Ernten litten. In den Jahren 2002 und 2003 sorgten die Temperaturen, die sich nahe Rekordmarken bewegten, für Getreidedefizite in Höhe von 91 beziehungsweise 99 Millionen Tonnen. 2002 sorgten Hitze und Trokkenheit für eine rückläufige Ernte, sowohl in Indien als auch in den USA. Die Defizite des Jahres 2003 gingen hauptsächlich auf das Konto der Hitzewelle, von der Europa im August heimgesucht wurde. Dieser Sommer war vermutlich der heißeste in Europa seit dem Jahr 1500 und sorgte dafür, dass es Ernteausfälle bis zur Ukraine gab.

Weizen

Die ältesten Weizenarten waren schon seit der Jungsteinzeit kultiviert. Man fand sie als Beigabe in ägyptischen Gräbern. Der Saatweizen ent stand in Europa zu Beginn der Eisenzeit vor rund 2.500 Jahren, wahr-

Weizen: Günstiger Rohstoff

Weizen-Future von 1972 bis 2005 Abb. 6

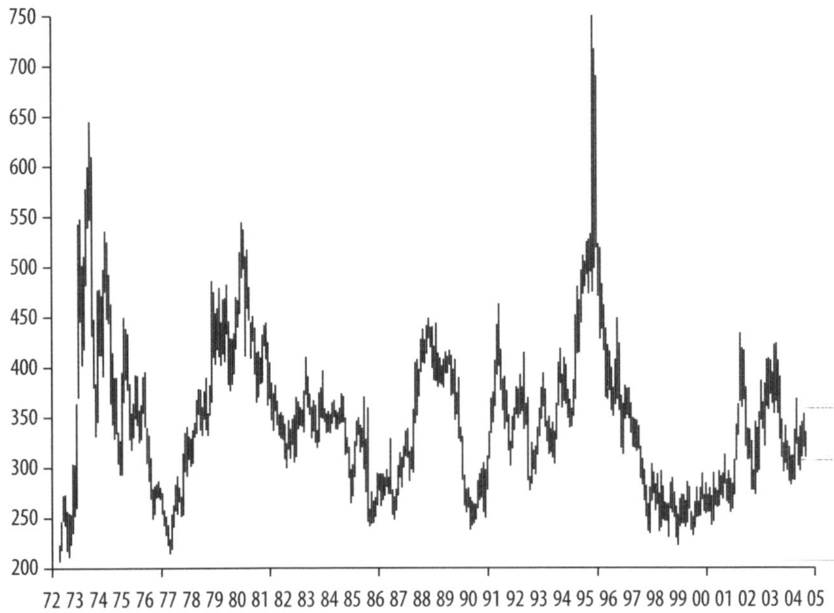

Quelle: Moore Research Center

scheinlich durch Züchtung mehrere Wildarten, und hat im Laufe der Zeit die alten Weizenarten allmählich verdrängt. Der Saatweizen wird in zahlreichen Sorten als Sommer- oder Winterweizen angebaut. Die Körner enthalten rund 70 Prozent Stärke und etwa zehn bis zwölf Prozent Eiweiß. Mit einer durchschnittlichen Erntemenge der letzten fünf Jahre von 570 Millionen Tonnen gehört Weizen zu den bedeutendsten Ackerfrüchten. Die Weizenarten werden für Brotgetreide, zur Bier- und Branntweinherstellung sowie für Grieß, Graupen, Teigwaren und als Viehfutter verwendet.

Die Märkte haben im Falle von Weizen die Risiken eines schon dieses oder nächstes Jahr bevorstehenden Versorgungsengpasses nicht einmal ansatzweise berücksichtigt. Denn die Preise bewegen sich (noch) auf

Niveaus wie vor 30 Jahren (siehe Abbildung 6). Wenn man in unserer inflationären Welt also tatsächlich etwas als »billig« bezeichnen kann, dann sind es mit Sicherheit Agrarrohstoffe wie Weizen.

Die Kurse von Weizen sind sowohl im Hinblick auf den relativen, den absoluten, den inflationsbereinigten als auch den nominellen Preis niedrig. Die Preise sind nur deshalb so tief, weil der entstandene Überschuss 2004/2005 die Marktteilnehmer wohl die vorangegangenen Defizitjahren vergessen ließ. Diese Sorglosigkeit zeigt sich auch in den Engagements der spekulativen Fonds auf dem Terminmarkt. Diese sind in einem derart hohen Maße auf der Short-Seite, das man sich fragen muss, ob jegliches Gespür für Risiko verloren gegangen ist. In gewisser Weise erinnert das Ganze ein wenig an die Situation beim US-Dollar gegen Ende des Jahres 2004. Auch in diesem Falle waren die Marktteilnehmer auf Baisse eingestellt und wurden auf dem falschen Fuß erwischt. In Anbetracht des aktuell großen Pessimismus und den hohen Baisse-Positionen, könnte ein kleiner Auslöser (zum Beispiel Berichte über Dürre oder schlechte Wuchsphasen) ein enormes Kaufpotenzial auslösen. In einem solchen Fall kann erwartet werden, dass die meisten Fonds ihre Short-Positionen eindecken und in erheblichem Umfang Netto-Kaufpositionen aufbauen werden. Wir denken, dass dies eher früher als später der Fall sein wird und dass diese Rallye allein durch solche Eindeckungen sehr scharf ausfallen und die Preise um 15 bis 20 Prozent nach oben treiben könnte.

Angebot und Nachfrage

Ein Grund für die negative Stimmung der Marktteilnehmer und die zunehmende Sorglosigkeit dürfte in der Fokussierung auf die Verhältnisse in den USA und an den guten Ernten liegen. Doch dies könnte sich als fatal erweisen. Selbst das amerikanische Landwirtschaftsministerium (USDA) rechnet für die laufende Saison mit einem Defizit. Gemäß dem jüngsten Landwirtschaftsbericht des amerikanischen Landwirtschaftsministeriums wird die Weltproduktion zwar sinken, aber nur in geringfügigem Ausmaß. Nach 615,21 Millionen Tonnen im Mai rechnet das amerikanische Landwirtschaftsministerium jetzt mit 612,42 Millionen

Tonnen Weltproduktion für 2005/06. Dies wäre ein Rückgang gegenüber dem Rekordjahr 2004/05 von 12,09 Millionen Tonnen oder 1,94 Prozent. Der Weltverbrauch soll in 2005/06 um 1,91 Prozent auf 617,65 Millionen Tonnen steigen. Insgesamt würde dies nach den Erkenntnissen der USDA bedeuten, dass der Weltvorrat von 149,88 Millionen Tonnen auf 144,24 Millionen Tonnen zurückgeht.

Diese Schätzungen sind aber wohl zu konservativ und inzwischen überholt. Denn ganz andere Bedingungen ergeben sich außerhalb der USA, in Australien, dem zweitgrößten Weizenexporteur. Durch Trockenheit im Südosten des Landes wird Australien seine Vorhersagen zur Weizenproduktion möglicherweise um 14 bis 30 Prozent nach unten korrigieren müssen. Das »Australian Bureau of Agriculture & Resources Economics« rechnete bisher mit einer Ernte von 22,6 Millionen Tonnen. Möglicherweise sind jetzt aber nur noch 19,5 Millionen Tonnen erreichbar. Die »National Australia Bank« rechnet gar nur mit einer Ernte von 16 Millionen Tonnen, was einem Rückgang von fast 30 Prozent entsprechen würde. Das amerikanische Landwirtschaftsministerium gibt die australische Ernte aber noch mit 21,5 Millionen Tonnen an. Australien kontrolliert aktuell 15 Prozent des globalen Weizenhandels. Eine Reduktion der australischen Produktion hätte demnach einen bedeutenden Einfluss auf die Weizenpreise. Die Produktionsprognose des Internationalen Getreiderats in Höhe von 604 Millionen Tonnen dürfte da realistischer sein.

Zweifel kommen uns auch bei den Zahlen, die das USDA für China und Russland prognostiziert. Denn wie die chinesische Zeitung China Daily unter Berufung auf staatliche Daten berichtet, bedroht Trockenheit rund zwölf Millionen Hektar Anbaufläche in China – das beeinträchtigt die letzte Wachstumsphase des Winterweizens und die Reisaussaat. Und bei einer ganzheitlichen Betrachtung des Weizenmarktes muss unter Berücksichtigung der Versorgungslage auch die Situation bei Reis miteinbezogen werden. Hier ist die Lage aber ebenfalls angespannt. Selbst wenn wir die wahrscheinlich zu konservativen Daten der USDA als Grundlage nehmen, ergibt sich bei Reis ein Defizit. Die USDA gibt die

Weltproduktion bei Reis für 2005/06 mit 410,37 Millionen Tonnen an. Der Verbrauch soll bei 416,82 Millionen Tonnen liegen. Daraus resultiert gemäß der USDA ein Rückgang des Weltvorrates von 73,8 Millionen Tonnen auf nur noch 67,35 Millionen Tonnen. Mit anderen Worten: Auch bei Reis, dem Grundnahrungsmittel Nummer eins, wird es eng. Mögliche Ernteeinbußen könnten somit auch die Preise für Reis nach oben treiben. Und für die nächsten Jahre sehen wir keine Möglichkeit, den Weltvorrat wieder auf ein gesichertes Niveau aufzustocken.

Der Hintergrund ist folgender: Die Anbauflächen gehen beständig zurück. Allein in China ist die Anbaufläche für Reis von 32 Millionen Hektar 1998 auf nur noch gut 26 Millionen Hektar im vergangenen Jahr gesunken. Das hat zum einen mit dem Wasserproblem zu tun. Einen großen Anteil hat zum anderen die fortschreitende Verstädterung Chinas. Jedes Jahr zieht es 20 Millionen Chinesen vom Land in die Städte. Und so zynisch es klingen mag, die Landflucht trägt zwar nicht zum Getreideausbau, hingegen aber zu steigender Produktivität im Anbau ausgewählter Früchte bei: Da viele Bauern in die Städte ziehen, um als Wanderarbeiter auf Baustellen zu arbeiten, können die kleinen Parzellen zu ertragreicheren Äckern zusammengefasst werden. Statt aber großflächig Reis anzubauen, züchten die verbleibenden Landwirte Äpfel oder Kiwis, mit denen sich deutlich höhere Renditen erzielen lassen. Diese Entwicklungen bei Reis sind somit auch positiv für die Nachfrage nach Weizen und dürften die Weizenpreise – der Reispreis hat sich seit dem Tiefpunkt im Jahr 2002 verdoppelt – in höhere Regionen befördern.

Mit anderen Worten: Die Kombination aus sich ausbreitenden Wüsten, fallendem Grundwasserspiegel, ernteschädlichen Temperaturen und anderen Umwelttrends wie Bodenerosion haben positive Beiträge wie den technologischen Fortschritt (verbesserte Anbaumethoden, Düngung, Gentechnologie) bei der Getreideerzeugung aufgehoben. Darüber hinaus sorgte der Wandel in Asien mit den gestiegenen Ansprüchen an Lebensqualität und Ernährung dafür, dass China mit seinen 1,3 Milliarden Menschen zu einem Nettoimporteur von Weizen wurde. Durch die Industrialisierung werden landwirtschaftliche Anbauflächen

China: Rückgang der Anbaugebiete
Anbaugebiete für Weizen in Millionen Hektar von 1970 bis 2005 Abb. 7

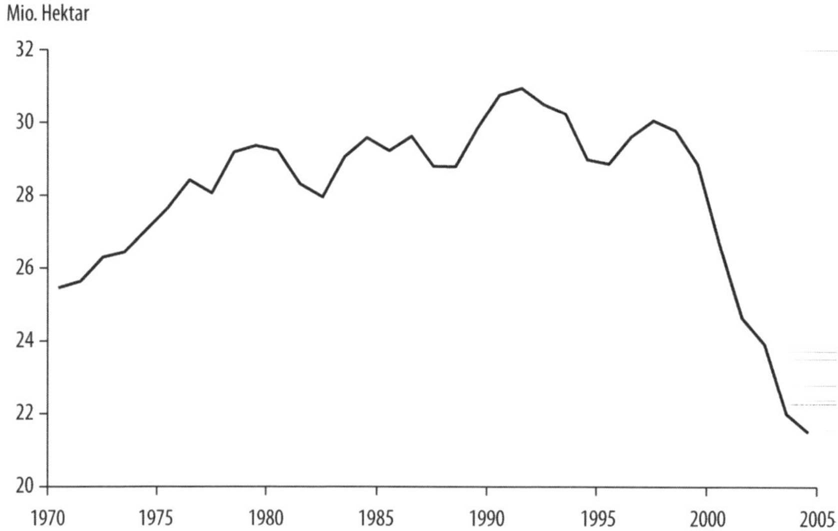

Quelle: : Peter Heim / USDA

in Industriezonen und Wohngebiete umgewandelt. Die Folgen sind der schlechtere Zugang zu Wasserressourcen und weniger landwirtschaftliche Arbeitskräfte. Dadurch sind die chinesischen Anbaugebiete für Weizen in den letzten fünf Jahren um 8,3 Millionen Hektar oder fast 30 Prozent zurückgegangen (siehe Abbildung 7). Infolgedessen ging die inländische Weizenproduktion zurück, die Nettoimporte stiegen, und die chinesischen Lagerbestände fielen auf ein 20-Jahres-Tief. Ein weiteres Problem ist, dass seit Anfang der 80er-Jahre weltweit nicht nur ein Rückgang der Weizenanbaugebiete festzustellen ist, sondern dass auch die Weizenerträge nicht mehr zunehmen, vielmehr seit Ende der 90er-Jahre mit einem Wachstum von nur noch 0,1 Prozent pro Jahr so gut wie stagnieren. Von den 60er-Jahren bis in die späten 90er-Jahre sind die Weizenerträge noch um durchschnittlich 2,2 Prozent gestiegen.

Weizen: Globale und US-Lagerbestände im Verhältnis zum Verbrauch

Reichweite der Vorräte in Tagen

Abb. 8

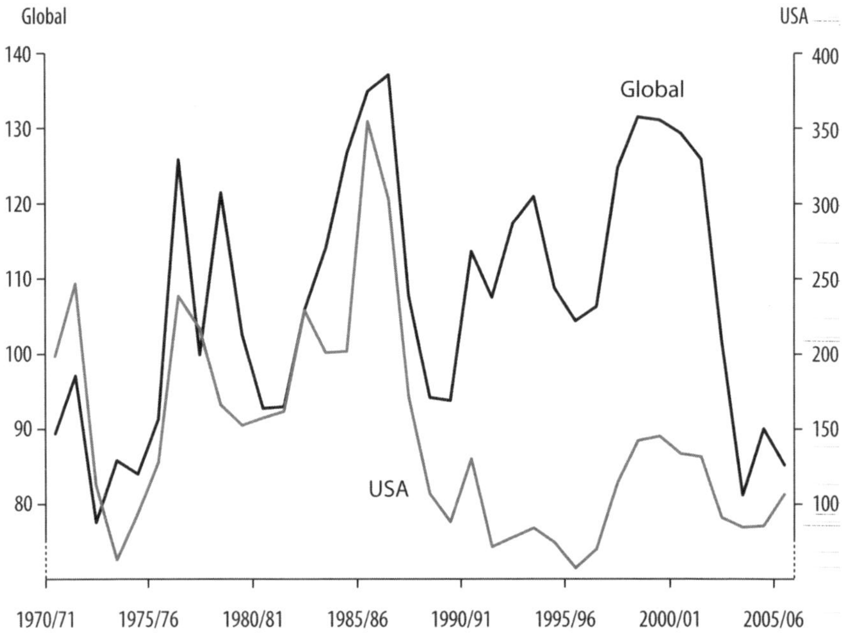

Quelle: Peter Heim / USDA

Wer jetzt denkt: »Was geht uns der Weizen der Chinesen an?«, der hat sich geschnitten. Wir haben es mit einer globalen Verknappung zu tun, weil man sich bisher aus den vollen Lagern bediente. Wie Sie aus Abbildung 8 entnehmen können, decken die Vorräte an Weizen, gemessen an der weltweiten Nachfrage, nur noch 85 Tage ab (USA 107 Tage). Vor der letzten Hausse des Weizenpreises Mitte der 90er-Jahre waren die entsprechenden weltweiten Reichweiten bei Weizen bei mindestens 100 Tagen. Das letzte Mal, als die Lagerbestände so tief lagen wie heute, war im Zeitraum von 1972 bis 1974, als sich die Preise für Weizen verdreifachten.

Mais

Mais wurde zwischen 5000 und 3400 v. Chr. im mexikanischen Tehuacántal kultiviert. Relativ schnell gelangte primitiver Kulturweizen über die Handelsdrehscheibe Ecuador in das Andengebiet Südamerikas. Ab 3000 v. Chr. wurde Mais züchterisch veredelt. Die Rückkreuzung mit mesoamerikanischen Varianten führte ab 2500 v. Chr. zu den ersten stabilen Kulturpflanzen. Die Europäer lernten Mais erst im 15. Jahrhundert auf den Antillen kennen. In der Alten Welt wird Mais erst seit dem 17. Jahrhundert in Feldkulturen angebaut. Neben Reis und Weizen zählt Mais mit einer Produktion von mehr als 600 Millionen Tonnen zu den wichtigsten Nahrungspflanzen der Welt. Die USA sind mit einem Marktanteil von 40 Prozent der größte Produzent, gefolgt von China, Europa und Brasilien. Während Mais in Süd- und Mittelamerika ein sehr wichtiges Lebensmittel ist, wird es in den USA und Europa überwiegend als Tierfutter verwertet. In den vergangenen Jahren konnten durch den Einsatz von genetisch veränderten Maissorten die Kosten für Düngung und Pestizidbekämpfung gesenkt und der Flächenertrag gesteigert werden.

Angebot und Nachfrage

Ähnlich wie beim Weizen ist auch bei Mais für dieses Jahr ein nicht unerhebliches Produktionsdefizit zu erwarten. Auf der Angebotsseite liegen die Gründe zum einen in China, zum anderen in den USA. Trockenes Wetter und Hitze dürften für die Ernte in den USA einen nicht zu unterschätzenden Belastungsfaktor darstellen. Der Mais wird zwischen April und Mai angepflanzt. Bepflanzungsverzögerungen aufgrund von Dürre führen zu reduzierten Erträgen und tendenziell zu Ausschlägen nach oben. Grund ist auf der fundamentalen Seite die sich verdichtende Erwartung der Meteorologen, dass es in den Sommermonaten in weiten Teilen des amerikanischen Corn Belt (Maisgürtel) des Mittelwestens trocken und heiß wird. Was die Wetterlage in dieser Region so wichtig erscheinen lässt, ist auch die Tatsache, dass sich die Maispflanzen während der Hitze und Trockenheit inmitten ihrer kritischen Wuchsphase befanden. Zudem behindert unzureichende Feuchtigkeit das Wachstum der Pflanzen. Abgesehen davon, dass sie sich dadurch nicht normal entfalten können, verzögert sich dadurch auch der Wuchsprozess als solcher, der erforderlich ist, um die Früchte im Herbst richtig ausreifen zu lassen. Dadurch besteht die Gefahr, dass die Früchte im Herbst in noch nicht richtig ausgereiftem Zustand früh auftretenden Frösten ausgesetzt sind, die den zurückgehenden Ertrag weiter mindern könnte, mit der Folge größerer Produktionsverluste.

Ähnlich wie bei Energie- und den Industrierohstoffen ist China auch in zunehmendem Maße von agrarischen Rohstoffen abhängig. Die fortschreitende Verstädterung Chinas (jedes Jahr zieht es 20 Millionen Chinesen vom Land in die Städte) und der steigende Wohlstand sorgen nicht nur dafür, dass die Nachfrage nach Mais zunimmt. Durch die Landflucht verschwinden zunehmend auch die Agrarflächen. Nur elf Prozent der Gesamtfläche sind in China landwirtschaftlich nutzbar und bereits weitgehend ausgeschöpft. Und die noch vorhandene Anbaufläche dürfte weiter abnehmen – allein schon, weil, wie bereits erwähnt, sich die Wüsten ausbreiten und damit das Wasserproblem immer größer wird. Allgemeinen Schätzungen zufolge wird die Ernte des hinter den USA zweitgrößten Maisproduzenten dieses Jahr um mindestens eine Million auf 127 Millionen Tonnen fallen. China hat mit seinen Ausfuhren in den vergangenen Jahren die amerikanischen Exporteure aus dem asiatischen Markt zurückgedrängt. Es ist aber zu beachten, dass China auch hier Mais aus vorhandenen Beständen anbot, die wegen der anhaltenden Produktionsdefizite inzwischen ein kritisches Niveau erreicht haben. Nachdem sich China schon bei Soja und Baumwolle von einem Nettoexporteur zu einem bedeutenden Nettoimporteur gewandelt hat, wird dies in der Saison 2005/06 und damit früher als erwartet auch bei Mais der Fall sein (siehe Abbildung 9).

Wenn Knappheit entsteht, wird sie sich nicht auf die USA beschränken. Weltweit befinden sich die Lagerbestände im Verhältnis zum Verbrauch auf sehr niedrigem Niveau (siehe Abbildung 10). Die weltweiten Vorräte an Mais decken gemessen an der weltweiten Nachfrage nur noch einen Zeitraum von etwa 60 Tagen ab. Damit liegt diese Quote ähnlich tief wie vor der letzten Hausse in den 70er-Jahren, und für

China wird zum Nettoimporteur von Mais

China: Importe und Exporte an Mais von 1985 bis 2015 Abb. 9

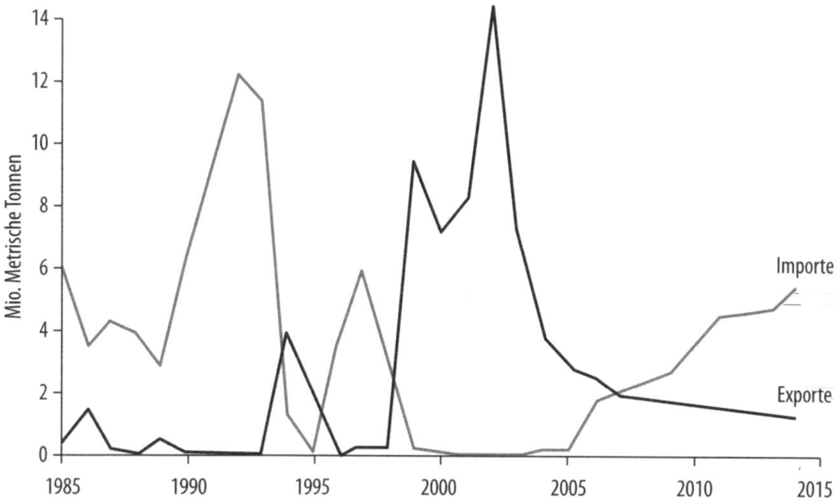

Quelle: Peter Heim / USDA

die kommende Saison wird selbst von offizieller Seite erwartet, dass der Weltbestand an Mais von 125,91 Millionen Tonnen auf 114,33 Millionen Tonnen zurückgehen wird. Das ist zum einen ein Indiz für einen möglichen Kurszuwachs, zum anderen ein Indikator dafür, dass sich das Abwärtspotenzial in Grenzen halten sollte.

Auf der Nachfrageseite ist bei Mais – dem wichtigsten Futtergetreide – einmal mehr der wachsende Wohlstand in den Emerging Markets zu nennen, der für eine Veränderung der Ernährungsgewohnheiten sorgen wird. Die Menschen in den aufstrebenden Ländern, die sich bisher oft ausschließlich von Reis ernährten, werden zunehmend Geflügel-, Schweine- und möglicherweise auch Rindfleisch konsumieren. Üblicherweise sind für die »Produktion« von einem Kilo Fleisch zwischen vier und sieben Kilo Getreide notwendig:

Mais: Globale und US-Lagerbestände im Verhältnis zum Verbrauch
Reichweite des Vorräte in Tagen Abb. 10

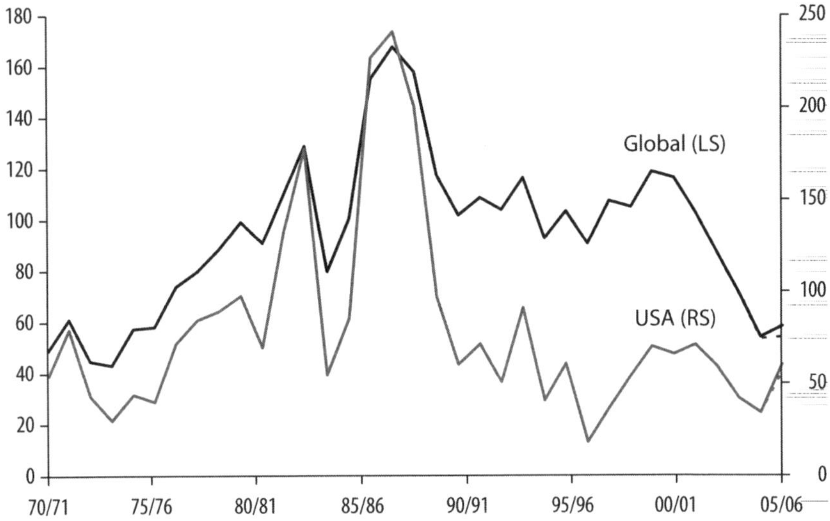

Quelle: Peter Heim / USDA

Für ein Kilogramm Geflügelfleisch benötigt man zwei Kilogramm Getreide.

Für ein Kilogramm Schweinefleisch benötigt man vier Kilogramm Getreide.

Für ein Kilogramm Rindfleisch benötigt man sieben Kilogramm Getreide.

Bisher verbrauchen die Menschen in den westlichen Industrieländern in einer Woche so viel Fleisch, wie den Menschen in den aufstrebenden Ländern in einem ganzen Monat zur Verfügung steht. Der Pro-Kopf-Verbrauch von Fleisch liegt in den entwickelten Ländern bei fast 80 Kilogramm pro Jahr, in den Entwicklungsländern hingegen bei etwas mehr als 20 Kilogramm. Durch das starke Bevölkerungswachstum und die stetig besser werdende Ernährung wächst automatisch der Getreide- und Fleischverbrauch. Der Anstieg der Weltbevölkerung erhöht die Nachfrage nach Getreide um 22 Millionen Tonnen pro Jahr.

Neben Asien spielen auch auf der Nachfrageseite die USA einen zunehmende Rolle. Denn der Bedarf an Mais zur Herstellung von Äthanol nimmt in den USA kräftig zu. Während Brasilien und Indien Äthanol aus Zucker gewinnen, verwenden die USA Mais. Die USA, nach Brasilien der größte Äthanolerzeuger, verwendeten voriges Jahr 34 Millionen Tonnen Mais – das entspricht zwölf Prozent der amerikanischen Ernte –, um 3,5 Milliarden Gallonen (eine Gallone entspricht 3,785 Liter) Äthanol zu erzeugen. Es wird erwartet, dass die Kapazität bis Ende des Jahres auf 4,4 Milliarden Gallonen ansteigen wird, da 16 neue Anlagen in Betrieb genommen werden. Im Zuge der steigenden Ölpreise hat auch China Interesse an der Äthanolproduktion. Seit 2001 fördert es ein Äthanolprojekt auf Pilotbasis in fünf Städten in seinen Zentral- und Nordostregionen. Die Jilin-Tianhe-Äthanol-Destillationsanlage des Landes ist die größte der Welt und produziert gegenwärtig 240 Millionen Gallonen pro Jahr. China ist der drittgrößte Äthanolerzeuger und produzierte vergangenes Jahr 964 Millionen Gallonen. Bernie Savaiko, Ökonom des New York Board of Trade, erwartet gemäß einem Bericht in der Financial Times, dass sich die weltweite Äthanolproduktion bis zum Ende dieser Dekade auf 60 Millionen Kubikmeter verdoppeln wird. Besonders in Japan wird mit einem steilen Anstieg des Äthanolbedarfs von 0,5 Millionen Kubikmeter im Jahr 2003 auf zwölf Millionen Kubikmeter im Jahr 2010 gerechnet. Grund hierfür ist das In-Kraft-Treten des Kyoto-Protokolls zur Reduzierung von Treibhausgasen, das Japan unterzeichnet hat und das 2012 in Kraft treten wird. Selbst in den USA wurde im April ein Gesetz eingeführt, das Raffinerien dazu verpflichtet, den Einsatz von Äthanol bis 2012 um 30 Prozent auf fünf Milliarden Barrel pro Jahr zu erhöhen.

Obwohl sich der Gebrauch von Äthanol zunehmender Beliebtheit erfreut, darf nicht vergessen werden, dass die heute teilweise ineffizienten Produktionsmethoden, um Äthanol aus Mais herzustellen, insbesondere im Vergleich zu Zucker nur bescheidene ökonomische und umweltfreundliche Fortschritte bringen. Obwohl Mais in den USA als Ausgangsmaterial von politischer Seite Unterstützung erhält, ist er weniger effizient als beispielsweise Zucker. Die Menge an Energie, die für Aufzucht, Transport und Destillation benötigt wird, um eine Gallone Äthanol zu erzeugen, ist fast so viel Energie, wie Äthanol selbst enthält. Zuckerrüben sind der bessere Ausgangsstoff, da für jede Einheit, die in der Produktion aufgewendet werden muss, zwei Einheiten produziert werden können. Noch effizienter ist Zuckerrohr, das achtmal so viel Energie erbringt, als für die Produktion aufgewendet werden muss. Außerdem sind die Erträge per acre (ein acre entspricht 0,4047 Hektar) von französischen Zuckerüben oder brasilianischem Rohrzucker ungefähr doppelt so hoch als die von amerikanischem Mais. Dies muss vor dem Hintergrund der begrenzten Landverfügbarkeit gesehen werden, dem größten Hindernis für den zunehmenden Einsatz von Biokraftstoff. Eine zunehmende Kulturfläche zur Energieerzeugung wird wahrscheinlich aufgrund des schon jetzt existierenden Wettbewerbs zwischen Agrarland, Waldgebieten und sich ausbreitenden urbanen Gebieten enttäuschen. Außerdem könnte der Einsatz von Biokraftstoff vor dem Hintergrund eines möglichen Versorgungsengpasses bei der Nahrungsmittelversorgung künftig auf Widerstand stoßen. Durch steigende Temperaturen und fallenden Grundwasserspiegel steht eine ausgeglichene Bilanz zwischen Angebot und Nachfrage auf tönernen Füßen. Die weltweiten Getreidereserven befinden sich in der Nähe ihres Allzeittiefs, und es gibt wenig brachliegende Ackerfläche, die wieder für die Bewirtschaftung verwendet werden könnte. Mit anderen Worten dürften einer Verwendung der Maisernte für Energieproduktion, die das Nahrungsangebot verringern und die Preise nach oben treiben würde, Verbraucher, die bisher nur teures Benzin bezahlen mussten, entgegenstehen.

Insgesamt dürfte die Äthanolproduktion aus Mais ausgeweitet werden. Der größte Profiteuer von steigenden Ölpreisen dürfte unter den Agrarrohstoffen aber Zucker sein. Nichtsdestotrotz muss diese Komponente bei der Analyse des Maismarktes im Auge behalten werden. Die amerikanische Landwirtschaftsbehörde rechnet für 2005/06 mit einem Rückgang der Weltproduktion von 706,26 Millionen auf 667,51 Millionen Tonnen. Der Verbrauch soll nach Schätzungen der amerikanischen Landwirtschaftsbehörde von 680,47 auf 679,10 Millionen Tonnen leicht abnehmen. Vor dem Hintergrund der Trockenheit sowohl in China als auch im Corn Belt im Mittelwesten der USA stehen diese Zahlen unter starkem Vorbehalt. Das Defizit für die Saison 2005/06 wird möglicherweise um einiges höher ausfallen, als von offizieller Seite erwartet wird, was mit entsprechenden Bewegungen der Maispreise verbunden sein dürfte.

Sojabohnen

Die Heimat der Sojabohnen ist Südostasien, von wo aus sich ihre Kultur in zahlreichen Varietäten verbreitete. Erste Spuren lassen sich in China bis um 2800 v. Chr. zurückverfolgen. Im restlichen Asien sowie in Amerika und Südeuropa breitete sich die Kultur erst gegen Ende des 19. Jahrhunderts aus. Sojabohnen zählen neben Mais und Weizen zu den wichtigsten Nutzpflanzen der USA. Durch den sehr hohen Eiweißanteil von 40 Prozent findet Soja oft Verwendung als Fleischersatz. Die Sojabohne ist eine so genannte Kurztagspflanze und stellt ähnliche Ansprüche an den Boden und das Klima wie Mais. Die Samen enthalten bis zu 40 Prozent Eiweiß und bis 20 Prozent Fette und Kohlenhydrate sowie zwei Prozent Lecithin. Durch Extraktion wird aus den Samen Sojaöl gewonnen, das nach der Raffination geruch- und geschmacklos ist und für Speiseöle und -fette sowie zur Herstellung von Seifen, Glycerin und Firnis verwendet wird. Die eiweißreichen Rückstände finden zum Beispiel als Viehfutter Verwendung. Durch den hohen Eiweißanteil ist Soja heute für die menschliche Ernährung besonders wichtig. Soja ist vielseitig verwendbar und wird für die Herstellung von »Kunstfleisch«, als Milchersatz oder für die Herstellung anderer Sojaprodukten wie Tofu benutzt. Die für den Weltexport bestimmten Sojabohnen und das Sojaschrot kommen zu 90 Prozent aus den USA, Brasilien und Argentinien. Argentinien ist extrem abhängig von der Sojabohne, 40 Prozent der Exporterlöse entfielen im Jahre 2003 hierauf. 50 Prozent der Exporte gehen in die EU. Außerdem ist China ein großer Importeur von Soja.

Angebot und Nachfrage

Wenn man sich die Preisbewegungen von Weizen, Mais und Soja anschaut, dann ist oftmals ein Gleichlauf festzustellen. Mais und Soja sind insofern miteinander verbunden, als das aus der Ölsaat gewonnene Schrot das bedeutendste hochweißhaltige Futtermittel ist. Es besteht auch eine Verbindung zu Weizen, denn wenn Sojaschrot und/oder Mais teurer werden, nimmt der Bedarf an Weizen für Futterzwecke zu. Sollten also die Prognosen steigender Temperaturen zutreffen und die ungünstigen Wuchsbedingungen fortdauern, dann könnten sich die Sorgen um eine schlechte Maisernte auch auf die Sojabohnen erstrekken. Dies wiederum könnte sich auch auf die Weizenpreise auswirken.

Bei Soja selbst dürften die wachsende Nachfrage aus Fernost und eher schrumpfende Anbauflächen Auslöser dafür sein, dass die Preise höher werden. Ein weiterer Faktor ist auch hier das Wetter. Die Meldungen über Trockenheit oder Regen können die Preise stark in die eine oder andere Richtung bewegen. Der Blick dürfte bis September besonders auf die Geschehnisse, genauer gesagt, auf das Wetter in den USA gerichtet sein, da die nächste Aussaat der Agrargiganten Südamerikas erst im September beginnt. Die Ernte in den USA dürfte durch die Hitzeperiode bereits beschädigt worden sein. Und auch in Indien und China, die zusammen für gut zehn Prozent der weltweiten Sojabohneproduktion verantwortlich zeichnen, ist die Ernte bedroht. Bei einem Blick auf den Jahresverlauf deuten geringe Anbauflächen und relativ niedrige Reserven in den USA auf steigende Preise hin. Die Sojareserven sind im Jahresverlauf auf 700 Millionen Bushel gesunken. Noch im März lagen die Reserven bei 1.381 Millionen Bushel. Zwar ist die Situation nicht so angespannt wie im Vorjahr, als die Reserven bei nur 411 Millionen Bushel lagen, dennoch könnten diese im Jahresverlauf weiter schrumpfen. Hiefür sprechen auch die im Vergleich zum Vorjahr um drei Prozent gesunkenen Anbauflächen. Hintergrund: Viele Farmer haben aus Furcht vor dem »Asiatischen Rost« Baumwolle statt Soja angebaut.

Diese Pilzkrankheit, die in der Vergangenheit insbesondere brasilianische Felder befallen hat, tauchte inzwischen auch in Florida und Georgia auf. Eine weitere Ausbreitung könnte schwere Folgen haben, da der Asiatische Rost Ertragsausfälle von bis zu 80 Prozent verursachen kann.

Nach Schätzungen der amerikanischen Landwirtschaftsbehörde wird auch in Brasilien, dem zweitgrößten Sojaproduzenten, nach der starken Ausweitung der Produktion in den vergangenen Jahren, das Angebot für die Saison 2005/06 nachlassen, da sich die Weltmarktpreise auf moderatem Niveau bewegen und durch die Aufwertung des brasilianischen Real die Exporterlöse geschmälert werden. Viele Bauern sind nach der bereits erfolgten Schmälerung der Erlöse in der Saison 2003/04 schon jetzt hoch verschuldet und können nicht einmal mehr die Produktionskosten aufbringen. Grund hierfür sind auch die gestiegenen Kosten für Pflanzenschutzmittel im Zuge der Aufwertung der brasilianischen Währung. Dies ist ein weiterer Unsicherheitsfaktor auf der Angebotsseite, da es fraglich ist, ob die Bauern für die Saison 2005/06 genügend finanzielle Mittel aufbringen können, um die Produktion zu finanzieren.

Auf der Nachfrageseite dürfte sowohl länger- als auch mittelfristig der steigende Bedarf aus Asien beziehungsweise China preistreibend wirken. Die Regierung von Australien erwartet, dass die asiatische Nachfrage nach Sojabohnen ausgehend vom Jahr 1997 um rund 45 Prozent bis zum Jahr 2010 ansteigen wird (siehe Abbildung 11). Insbesondere Chinas Viehzüchter und Hühnerfarmen sorgen für einen steigenden Verbrauch von Sojabohnen, die als Futtermittel benötigt werden. China, der weltweit größte Sojaimporteur, steigerte im Mai 2005 die Einfuhr allein gegenüber dem Vormonat um 143 Prozent. Im April waren die Sojaimporte schon um 53 Prozent gestiegen. Bis zum September 2005 wird China möglicherweise die Rekordmenge von 24,2 Millionen metrischen Tonnen importieren. Damit würden sämtliche Schätzungen übertroffen werden. Im Februar ging das »China National Grains and Oils Information Center« noch von 22 Millionen Tonnen aus

Wachsender Kalorienbedarf
Zunahme der asiatischen Nachfrage nach verschiedenen Rohstoffen in Prozent

Abb. 11

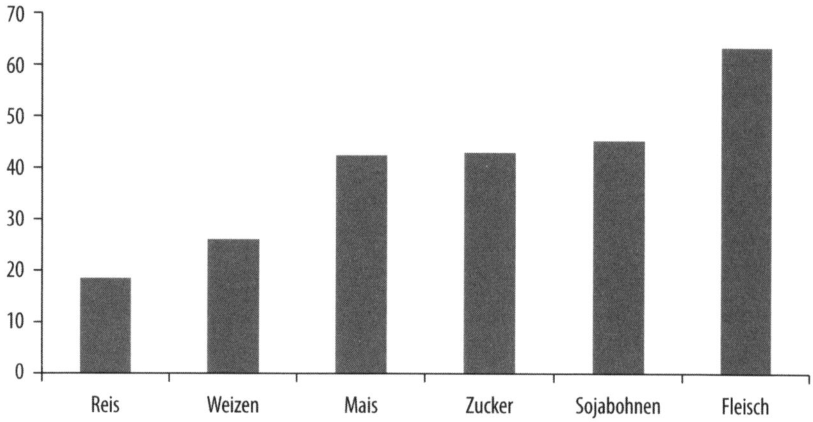

Quelle: Government of Australia; eigene Darstellung

und erhöhte damit schon seine Schätzungen von 19 Millionen Tonnen vom November vorigen Jahres. Gründe für die höheren Importe sind zum einen die gesunkene Inlandsproduktion und zum anderen die gestiegene Nachfrage. Grundsätzlich ist zu beachten, dass diese Steigerungen von einem niedrigen Niveau ausgehen – gemessen am Pro-Kopf-Verbrauch liegt China zum Beispiel bei Sojaöl mit etwa fünf Kilogramm pro Kopf noch weit hinter dem Pro-Kopf-Verbrauch von Taiwan (fast 20 Kilogramm pro Kopf). Insgesamt sind die Fundamentaldaten nicht so »bullish« wie bei Weizen oder Mais. Bei Preisen von aktuell 575 Cent pro Bushel erscheint aber unter mittel- bis langfristigen Gesichtspunkten ein Einstieg attraktiv, insbesondere vor dem Hintergrund der oben genannten Unsicherheitsfaktoren.

Kaffee

Der Kaffeepreis bereitete der deutschen Kaffeebranche im Jahr 2004 erhebliche Sorgen. Genauer gesagt ist nicht der Kaffeepreis, sondern die Kaffeepreise gemeint – zum einen der Weltmarktpreis für Rohkaffee, zum anderen der Preis für Röstkaffee, den der Einzelhandel von den Konsumenten fordert. Beide Preise bewegten sich im vergangenen Jahr auf relativ tiefen Niveaus, besonders der Preis für Röstkaffee. Die Ursachen für diese Parallelität hängen weniger miteinander zusammen, als man zunächst vermuten würde. Im Gegensatz zu anderen Rohstoffen und Branchen gab es in Deutschland über längere Zeit keinen Zusammenhang mehr zwischen dem Weltmarktpreis für Rohkaffee und dem Preis von Rostkaffee im Einzelhandel. Denn während die Preise für Rohkaffe 2003 wieder anzogen, gaben in Deutschland die Preise des Endprodukts immer mehr nach.

Während ein Pfund Kaffee 1998 im deutschen Einzelhandel noch durchschnittlich 4,02 Euro kostete, war er im September 2004 für 2,75 im Supermarkt zu bekommen. Dies liegt vor allem daran, dass die Kaffeepreise unter dem Verdrängungswettbewerb im deutschen Einzelhandel litten. Volumenanbieter wie Marktführer Jacobs sowie Tchibo und Melitta kämpften um ihre Marktanteile. In diesem »Dumpingpreis-Umfeld« wollte keiner den ersten Schritt in Richtung Preiserhöhung wagen. Doch das wird sich ändern, und rückblickend wird der Deutsche Verbraucher wohl von den Kaffeepreisen im Jahr 2004 nur träumen können. Das liegt zum einen daran, dass durch die gestiegenen Ölpreise auch die Kosten für die Volumenanbieter stark zugenommen haben. Die Verpackung des Kaffees ist teuer und die Produktion aufwändig. Und zum anderen liegt das an den gestiegenen Weltmarkpreisen für Rohkaffee, die 50 Prozent der Kosten ausmachen, insbesondere deshalb, weil die Phase, in der Kaffee deutlich hinter den anderen Rohstoffen zurückblieb, vorbei sein dürfte.

Kaffeefrüchte wurden wegen ihrer aufmunternden Wirkung bereits im neunten Jahrhundert in Äthiopien verwendet. Fausto Naironi zufolge lernten im Jahre 1440 erstmals Mönche eines Klosters in Kaffa die anregende Wirkung von einem Hirten kennen und stellten durch Abkochen der Früchte einen Trank her, der sie bei ihren nächtlichen Gebeten wach hielt. Von Äthiopien gelangte der Kaffee vermutlich im 15. Jahrhundert in den Jemen und von dort aus Anfang des 16. Jahrhunderts auch nach Mekka. Von Mekka aus verbreitete sich Kaffee in der gesamten arabischen Welt, wo die Kaffeepflanze erstmals kultiviert wurde. Im Jahre 1626 brachte Pietro Della Valle den Kaffee nach Rom und Venedig. Etwa Mitte des 17. Jahrhunderts gelangte er in die großen europäischen Seehandelsstädte. Ausgehend von Alexandria und Konstantinopel wurde das Kaffeehaus in Europa bekannt. Das erste europäische Kaffeehaus entstand 1647 in Venedig, 1650 eines in Oxford und 1652 ein weiteres in London. Die Engländer brachten den Kaffee wahrscheinlich Anfang des 17. Jahrhunderts nach Amerika. Die niederländ. Ostind. Kompanie brachte die Kaffeepflanze in die Kolonie nach Java. Im Laufe des 18. Jahrhunderts und insbesondere im 19. Jahrhundert breitete sich der Kaffee über weite Gebiete Lateinamerikas aus.

Bei den Kaffeefrüchten handelt es sich um rote, kirschenähnliche Steinfrüchte mit meist zwei Steinkernen. Die Kaffeebohnen wachsen auf Sträuchern oder vier bis acht Meter hohen Bäumen mit meist immergrünen, ledrigen Blättern. Die Pflanzen gedeihen am besten in tropischen Gebieten, in denen eine Jahresdurchschnittstemperatur von etwa 20° C herrscht und es viel regnet. Ein Kaffeebaum braucht drei bis fünf Jahre, bis er Früchte trägt, und wird meist nach 13 bis 15 Jahren ersetzt. Innerhalb von acht bis zwölf Monaten reifen die Kaffeekirschen heran, und die vollreifen Beeren werden von Hand oder maschinell geerntet. Um ein Pfund Kaffee zu gewinnen, bedarf es 2.000 Früchten oder etwa 4.000 Bohnen (bei einigen Kaffeekirschen entwickelt sich nur eine Samenanlage). Der Ertrag eines Kaffeebaumes liegt pro Jahr bei nur etwa ein bis zwei Pfund Röstkaffee

Die drei bekanntesten Kaffeearten sind der Arabische Kaffee (Arabica), der Robusta-Kaffee (Robusta) und der Liberia (Liberica), der allerdings von geringerer Bedeutung ist. Den Weltmarkt dominieren der Arabica und der Robusta, dessen Anteil bei fast 40 Prozent der Erzeugung liegt und der einen milderen Geschmack hat. Der Arabica bevorzugt Höhenlagen von 800 bis 1.000 Metern, der Robusta Höhenlagen zwischen 300 bis 500 Meter. Die bedeutendsten Anbauflächen liegen heute mit vier Millionen Hektar in Südamerika, gefolgt von Asien und Ozeanien mit drei Mlilionen Hektar. Afrika verfügt über eine Anbaufläche von zwei Millionen, Nord- und Zentralamerika über eine Anbaufläche von 1,9 Millionen Hektar.

Angebot

Das Allzeithoch bei Kaffee lag inmitten der letzten allgemeinen Rohstoff-Hausse in den 70er-Jahren. Im Jahr 1977 wurde ein Preis von 3,37 US-Dollar erreicht. Seit diesem Zeitpunkt wurden im Trend fallende Preise verzeichnet, und Hoch- und Tiefpunkte wechselten sich etwa alle sechs Jahre ab. Nach dem Allzeithoch im Jahre 1977 und dem darauf folgenden Tief 1981 unter der 100-Cent-Marke konnten sich die Kaffeepreise wieder bis zum Jahr 1986 auf über 270 Cent erholen. Nach diesem Hochpunkt verloren sie bis zum Jahr 1992 90 Prozent ihres Wertes und fielen unter die Marke von 50 Cent. Nach einem scharfen Anstieg bis zum Jahr 1994 über 250 Cent, dem anschließenden Fall bis 1996 und dem nochmaligen Anstieg bis über 300 Cent im Jahre 1997 kannten die Preise der Lieblingsgetränks der Deutschen bis 2002 nur einen Weg: Richtung Süden. Schuld an dem tiefen Weltmarktpreis war vor allem das Überangebot an Rohkaffee. In den 90er-Jahren wurden viele südostasiatische Länder durch Weltbank-Kredite ermutigt, Kaffee anzubauen. In Vietnam, wo vor 20 Jahren kaum einer eine Kaffeepflanze kannte, wurde zum Beispiel massenhaft Kaffee angebaut. Das Land hat inzwischen etablierte Länder wie Kolumbien oder Peru überholt und 2003 bei den Netto-Roheinfuhren nach Deutschland hinter Brasilien den zweiten Platz belegt.

Insofern ist es nicht weiter verwunderlich, dass seit der Saison 1995/96 die weltweite Produktion im Trend zulegte (siehe Abbildung 12). Die durchschnittliche Produktion belief sich bis zur Saison 2002/03 auf 106,64 Millionen Säcke (Kaffee wird in 60-Kilo-Säcken transportiert). Die Saison 2002/03 war dabei ein Rekordjahr und zugleich der Tiefpunkt (Anfang 2002) für den Kaffeepreis – es wurden 120 Millionen Säcke produziert.

Zunahme des Angebots führte zu Preisrückgängen
Globale Kaffee-Produktion von 1995 bis 2005 Abb. 12

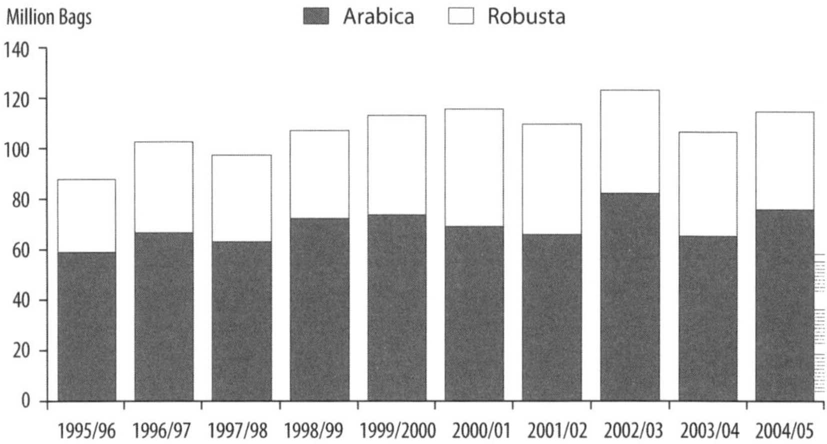

Quelle: F.O. Licht

Infolge dieses Preisverfalls gaben viele der 25 Millionen Kaffeepflanzer auf, weil es inmitten der »Kaffeekrise« unmöglich war, etwas zu verdienen, da die Preise über Jahre unter den Produktionskosten lagen. Bei Kaffee lagen im Jahr 2001 die durchschnittlichen Kosten für die Sorte Arabica bei 75,6 Cent pro Pfund. In den vergangenen Jahren belief sich der Erzeugerpreis für Kaffee in Sao Paulo auf durchschnittlich 70 Prozent des Kaffee-Kontraktes an der Terminbörse NYBOT (New York Board of Trade), der sich seit Beginn des Millenniums unter der 100-Cent-Marke bewegte. Bereinigt um den Wechselkurs des schwächeren Dollars entsprachen die Kosten für den Anbau des grünen Kaffees in Brasilien jedoch einem Preis von umgerechnet 135 Cent an der NYBOT. Deshalb gaben in Brasilien, dem weltgrößten Produzenten und Exporteurland für Kaffee, viele Menschen den Kaffeeanbau auf und pflanzten stattdessen lieber profitablere Sojabohnen. In Kolumbien rodeten viele Pflanzer ihre Sträucher und ersetzten diese durch Coca-Pflanzen, aus denen Kokain hergestellt wird.

Die Folge war, dass die Zahl der Kaffeesträucher zurückging und damit auch die Bestände an Rohkaffee inzwischen auf ein historisch niedriges Niveau gefallen sind (siehe Abbildung 13). Es ist wichtig, die Grundlagen der agrarischen Bedingungen für Kaffee zu kennen, da das Angebot der alles entscheidende Faktor ist. Kaffee hat einen Wachstumszyklus von zwölf bis 15 Monaten. Wenn in einer Saison die Ernte die Reife erreicht und die Frucht gepflügt wird, sprießen gleichzeitig die Knospen für die kommende Saison aus den gleichen Zweigen. Da der Baum über einen gewissen Zeitraum zwei Ernten beherbergt, gibt es ein zyklisches Muster von hohen und niedrigen Welternten. Wenn die Ausbringungsmenge in der aktuellen Saison hoch ist und die Äste bereits in Mengen Früchte tragen, dann bleibt nur noch wenig Kapazität für die Knospen für die nächste Saison. Dieses jährliche alternierende Muster wird nur durch unregelmäßige Faktoren wie beispielsweise Frost unterbrochen.

Angebotsverfall

Weltweite Bestände an Rohkaffee von 1960 bis 2006 (geschätzt) Abb. 13

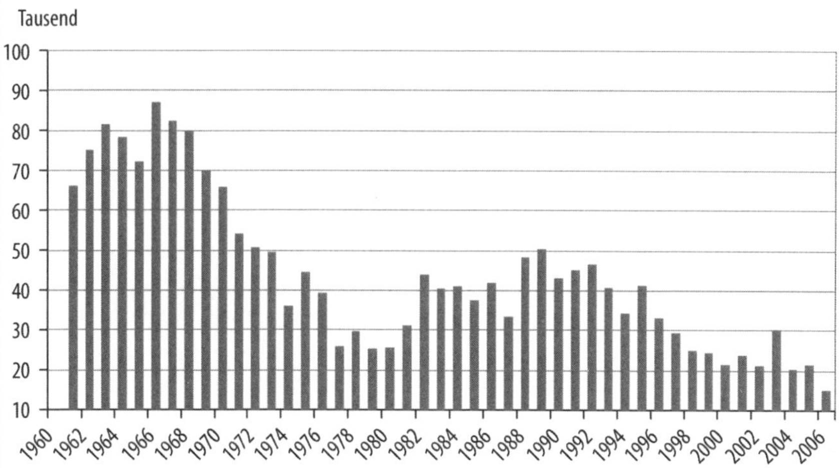

Quelle: Peter Heim / USDA

Noch wichtiger aber ist die Tatsache, dass es Jahre dauert, bis das Kaffeeangebot wieder das alte Niveau erreicht. Denn es vergehen vier bis fünf Jahre vom Zeitpunkt der Pflanzung eines Kaffeebaumes bis zur Früchteproduktion. Damit gleicht der Produktionszyklus von Kaffee also eher dem der Erzgewinnung. Ähnliches gilt für Kaffeeplantagen, die zwar aufrechterhalten wurden, aber aus Kostengründen nicht mehr gedüngt und beschnitten werden konnten. Dies wirkt sich auch negativ auf die nächste Ernte aus, möglicherweise dauert es aber auch länger, bis die Pflanzen wieder ihre volle Ertragskraft erreichen.

Die Produzenten haben in der Erwartung, dass die Preise schwach bleiben, in vielen Teilen der Welt, von Afrika über Asien bis hin zu Amerika, aus einer Vielzahl von Gründen – hohe Kosten für Instandhaltung, begrenzter Zugang zu Kapital, Förderung durch die Regierung, andere Pflanzen anzubauen – das Angebot verringert. Die Folge war, dass nach fünf Jahren, in denen das Angebot die Nachfrage überstieg, in der Saison 2003/04 der Spieß umgedreht wurde. Die Preise antizipierten dies und stiegen bis Jahresende auf 100 Cent an. Dabei wird es aber wohl nicht bleiben, da auch die Nachfrage zunimmt, wie Sie im Folgenden sehen werden. Darüber hinaus ist zu bedenken, dass die brasilianische Ernte im Durchschnitt alle 3,6 Jahre in den Plantagen, die großteils in einer Höhe von 1000 Metern liegen, Winterfröste erlebt – die letzten waren 1994 und 1997. Hinzu kommen dann oft noch starke Trockenheit oder Feuchtigkeit – beides ist negativ für die Ausbringung und positiv für die Kaffeepreise.

Nachfrage

Auf der Nachfrageseite ist in naher Zukunft wohl nicht mit ungewöhnlichen Überraschungen zu rechnen. Das durchschnittliche Trendwachstum des Kaffeeverbrauches lag in den zurückliegenden Jahren durchschnittlich bei 1,3 bis 1,5 Prozent. Immerhin reicht dies aber aus, um ein Defizit entstehen zu lassen, da, wie oben erwähnt, der Kaffeeanbau in letzter Zeit zurückging. In der Saison 2002/03 fiel die Ernte mit 120 Millionen Säcken noch hoch aus. Da der Verbrauch im gleichen Zeitraum bei 114 Millionen Säcken lag, war noch ein Überschuss zu verzeichnen. Dies änderte sich aber in der darauf folgenden Saison. So ist 2003/04 nach Erkenntnissen der Internationalen Kaffee-Organisation (ICO) weltweit ein Produktionsdefizit von rund 13 Millionen Sack entstanden. Während die Internationale Kaffee-Organisation für die laufende Saison mit einer ausgeglichenen Saison rechnet, wird nach Angaben des amerikanischen Landwirtschaftsministeriums der Weltvorrat an Kaffee in der laufenden Saison von 21,3 Millionen Sack auf 14,9 Millionen Sack schrumpfen und dadurch ein Defizit von 6,4 Millionen Sack entstehen. Für 2005/06 erwartet die ICO hingegen wieder ein Defizit von acht Millionen Sack.

Die Ursache für die Diskrepanz bei den Prognosen liegt unter anderem in den unterschiedlichen Schätzungen für die Ernte in Brasilien, dem größten Produzenten und hinter den USA bedeutendsten Konsumenten von Kaffee. Diese bewegen sich zwischen 31 Millionen und 38 Millionen Sack. Die Schätzer, die einen höheren Output sehen, begründen dies unter anderem mit den zyklischen Einflüssen, genauer gesagt dem eingangs beschriebenen Zwei-Jahres-Zyklus, der für eine höhere Ernte sorgen sollte. Bei Kaffeepreisen, die sich inzwischen aber wieder unter 115 Cent befinden, dürfte auf der anderen Seite das Problem der Plantagenpflege wieder weit in den Vordergrund rücken. Die Kosten für eine angemessene Bewirtschaftung der Kaffeesträucher sind wegen der stark gestiegenen Preise für Pflanzenschutzmittel und Dünger für viele Erzeuger wieder zu einer Belastung geworden. Höchstwahrscheinlich werden sie daran sparen müssen, was eine optimale Ausbringung der Ernte in Frage stellt.

Sollte das Trendwachstum des Kaffeeverbrauches beibehalten werden, dürfte wohl eher ein Defizit entstehen. Während das Wachstum des Kaffeekonsums in einigen Kaffee importierenden Ländern enttäuscht (in Deutschland ging zum Beispiel der Pro-Kopf-Verbrauch von 7,5 Kilogramm im Jahr 1992 auf inzwischen 6,5 Kilogramm zurück), dürften die Schwellenländer künftig vermehrt in den Genuss von Kaffee kommen. F.O. Licht erwartete in seiner ersten Schätzung für die Weltkaffeebilanz 2004/05 ein Wachstum gegenüber dem Vorjahr um 2,4

Prozent auf 118 Millionen Säcke. Damit würde das Wachstum zwar über dem Trendwachstum liegen, aber in Anbetracht der Tatsache, dass die Rate des jährlichen Bevölkerungswachstums bei etwa 1,3 Prozent liegt, wäre eine solche Zunahme nicht überwältigend. Dennoch dürften die Emerging Markets in den nächsten Jahren ein wichtiger Faktor sein. Es ist zu bedenken, dass 65 Prozent des weltweiten Kaffees von nur 17 Prozent der Weltbevölkerung konsumiert werden. Dies zeigt zum einen die Schwächen des weltweiten Kaffeemarktes, zum anderen aber auch die Chance auf künftiges Wachstum. Der wichtigste Treiber des langfristigen Konsumwachstums ist das Einkommenswachstum, obwohl die Urbanisierung und soziale Veränderungen ebenfalls einen großen Einfluss haben.

Insbesondere in China – einer traditionellen Teetrinkernation – steckt der Markt noch in den Kinderschuhen. Dennoch sorgten ausländischen Investitionen und der zunehmende Einfluss der westlichen Lifestyle-Kultur insbesondere in den florierenden Städten für eine starke Zunahme der Nachfrage in den vergangenen Jahren. Die Marktdurchdringung von Kaffee ist aber immer noch auf wenige Küstenregionen begrenzt, die gerade einmal 0,1 bis 0,5 Prozent der Gesamtbevölkerung ausmachen. Dies zeigt sich auch im jährlichen Pro-Kopf-Verbrauch von Kaffee. Der liegt in China gerade einmal bei 200 Gramm. Zum Vergleich: Der durchschnittliche Pro-Kopf-Verbrauch in Europa liegt bei 5,43 Kilogramm pro Jahr, in der Schweiz gar bei 10,1 Kilogramm. Mit anderen Worten: Es gibt zwar 200-mal so viele Chinesen wie Schweizer, aber der Schweizer trinkt 50-mal so viel Kaffee wie der Chinese. Dass der Pro-Kopf-Verbrauch zunehmen wird, dürfte klar sein, auch wenn in China eher Tee getrunken wird. Auch die Industrialisierung Japans hat den Wandel der Zeit gezeigt: Historisch ebenfalls eine Nation von Teetrinkern, ist das Land heute der drittgrößte Kaffeeverbraucher der Welt. Es ist zwar nicht zu erwarten, dass der Verbrauch an jenen Europas heranreichen wird. Sollte der Pro-Kopf-Verbrauch aber nur das Niveau von Südkorea erreichen (knapp ein Kilogramm), dann würde dies einen Gesamtverbrauch von 1,2 Milliarden Kilogramm bedeuten – verglichen mit 70 Millionen Kilogramm in der Schweiz.

Zucker

Wir haben in Buch I einige spekulative Manien betrachtet, bei denen die Kurse förmlich nach oben schossen. Blickt man auf den Chart von Zucker, dann werden auch hier extreme Preisbewegungen ersichtlich. Ausgehend von einem Preis von 1,4 Cent im Jahre 1966 schoss der Preis in der Spitze auf über 66 Cent pro britischem Pfund (ein britisches Pfund, entspricht 453,59 Gramm) im Jahre 1974. Besonders stark war die Preisbewegung auch hier in ihrer letzten Phase. Am Hochpunkt im November des Jahres 1974 hatten die Preise ein Niveau erreicht, das achtmal über dem Vorjahresniveau lag. In den letzten beiden Monaten stiegen die Preise von 30 auf 66 Cent an. Doch wie lässt sich diese Preisexplosion erklären?

Die extreme Preisexplosion war natürlich nicht ausschließlich spekulativer Wahnsinn, denn die zugrunde liegenden Fundamentaldaten waren ausgesprochen gut. Bis Ende des Jahres 1972 hatte es vier Rekordernten in Folge gegeben. Der Verbrauch nahm allerdings schneller zu als das Angebot, was zur Folge hatte, dass die Vorräte stark zurückgingen. Die vorliegende Prognose zeigte mit einer Quote der Lagerbestände im Verhältnis zum Verbrauch von 20 Prozent einen sehr niedrigen Wert an. Zu Beginn der Saison 1973/74 ging das Angebot weiter zurück, während die Nachfrage weiter zunahm. Schlechte Wachstumsbedingungen bei der europäischen Ernte bereiteten zudem Sorgen, dass das Ungleichgewicht von Angebot und Nachfrage in der folgenden Saison noch schlimmer ausfallen würde. Fundamental hätten sich Preise von 25 oder 30 Cent nachvollziehen lassen. Der finale Anstieg auf 66 Cent war jedoch nur mit spekulativer Übertreibung zu erklären. Nicht einmal die Zucker-Hausse in den Jahren 1962/63 erreichte Preise von mehr als 14 Cent. Aus Sorge um die künftige Entwicklung des Angebots erhöhten industrielle Verbraucher ihre Bestände. Und im Zuge der steigenden Preise horteten selbst private Verbraucher Zucker. Viele Spekulanten sprangen auf den Zug auf, da sie ähnlich wie bei der letzten Aktien-Hausse dachten, sie könnten sich mit diesem Rohstoff ihr Leben versüßen. Einige professionelle Marktteilnehmer, die den Anstieg für überzogen hielten, gingen zu früh short und mussten daraufhin ihre

Positionen eindecken, was die Hausse noch verstärkte. Je stärker die Preise stiegen, desto mehr Leute glaubten, dass die Preise nur noch eine Richtung hätten, und zwar nach oben. Preisziele von einem Dollar pro Pfund machten die Runde.

Doch ähnlich wie bei jeder Manie kam es auch hier, wie es kommen musste, und die Zuckerpreise brachen ein. Das Angebot überstieg die Nachfrage, weil auf der ganzen Welt, angelockt durch die hohen Preise, Zuckerrohr und Zuckerrüben gepflanzt wurden. Sowohl die Saison 1975/76 als auch die Saison 1976/1977 brachten Rekordernten. Gleichzeitig nahm durch die hohen Preise die Nachfrageseite ab. Vom Herbst 1974 bis zum Frühjahr 1975 fielen die Preise für Zucker um über 80 Prozent. Bis zum Jahr 1979 konnten sich die Preise nicht mehr nachhaltig erholen und bewegten sich auf niedrigem Niveau. Der nächste Aufschwung begann dann Ende der 70er-Jahre beziehungsweise Anfang der 80er-Jahre. Das reichliche Angebot und die niedrigen Preise, die nach 1975 zu verzeichnen waren, sorgten für Produktionskürzungen. Bei Rekord-Ölpreisen entschloss sich Brasilien, ein Drittel der Zuckerrohrernte zur Äthanolproduktion zu verwenden. Da sich durch schlechte Ernten in der Saison 1979/80 in der Sowjetunion und Asien das Angebot verringerte, begann der nächste Preisanstieg. Die Lagerbestände im Verhältnis zum Verbrauch lagen zwar mit 29 Prozent höher als in den Jahren 1974/75, dennoch reichte dies aus, um die Preise von unter 10 Cent Anfang 1979 bis auf 45 Cent im Jahr 1980 nach oben zu treiben. Wieder führten die hohen Preise dazu, dass mehr Zucker produziert wurde. Das schwache Wirtschaftswachstum führte darüber hinaus zu einem Rückgang des Verbrauchs. Die Folge waren rückläufige Zuckerpreise, die bis auf 2,5 Cent im Jahr 1985 nachgaben. Bis heute blieben sie, von einigen geringen Ausschlägen einmal abgesehen, auf einem tiefen Niveau. Das dürfte sich in den nächsten Jahren aber ändern, ganz einfach, weil Angebot und Nachfrage erneut aus dem Gleichgewicht geraten werden.

In der Antike war Zucker noch unbekannt. Gesüßt wurde vorzugsweise mit Honig, in Anbauländern des Zuckerrohrs, besonders in Indien, auch mit dessen Saft. In Arthashastra, dem indischen Staatslehrbuch, werden Zucker und Zuckerrohr sowie die Gewinnung, Verwendung und Besteuerung verschiedener Zuckersorten erwähnt. Die Kristallisation von reinem Zucker aus dem Saft des Zuckerrohrs wurde wahrscheinlich in Indien im vierten Jahrhundert nach Christus entdeckt. Vermittler dieser Kenntnis im Abendland waren die Araber, die die Raffinationsmethoden vervollständigten und von Persien über Alexandria bis nach Venedig verbreiteten. Nach Europa gelangten die Kenntnisse durch die Kreuzzüge. Am Anfang war Zucker ein viel verwendetes Heilmittel, insbesondere in der arabischen Medizin.

Gegen Ende des 16. Jahrhunderts wurden in Augsburg (1573) und Dresden (1587) erste Zuckerraffinerien errichtet, die insbesondere amerikanischen Rohrzucker verarbeiteten. Zucker blieb so lange eine Luxusware, bis im Jahre 1747 durch A. S. Marggraf die Gewinnung aus Rüben und die technische Umsetzung im Jahre 1801 durch F. C. Achard bekannt wurden. Nach der im Jahre 1801 durch Napoleon verhängten Kontinentalsperre kam es in Frankreich und Deutschland zur Gründung mehrerer Rübenzuckerfabriken, die jedoch noch unrentabel arbeiteten. Im Jahre 1811 wurden in Frankreich der Import von Rohrzucker verboten und die Produktion von Rübenzucker stark gefördert. Der Landwirtschaft war es gelungen, Rüben mit hohem Zuckergehalt zu züchten. Ganze Landstriche, wie die Magdeburger Börde, stellten sich auf den Anbau von Rüben ein. Diese Monokulturen, die viel Dünger benötigten, stimulierten ihrerseits die Entwicklung der Düngemittelindustrie. Viele Chemiker und Techniker machten mit Rationalisierung und Automatisierung trotz der saisonbedingten relativ geringen Auslastung der Fabriken (der so genannten Kampagne) die Rübenzuckerindustrie rentabel. Zu den Pionieren der Rübenzuckerindustrie gehört Adolph Frank, der 1858 ein Patent zur Scheidung und Reinigung von Rübensäften erhielt. Mitte des 19. Jahrhunderts entwickelte sich die Produktion von Rübenzucker zu einem starken Industriezweig, der zu einem Konkurrenten der Rohrzuckerproduktion wurde.

Zucker kommt dabei in vielen Pflanzen vor. Die höchsten Konzentrationen befinden sich dabei in der Zuckerrübe (8–22 Prozent) sowie im Zuckerrohr (7–18 Prozent). Zuckerrohr wird in tropischen und subtropischen Gebieten angebaut, da es sowohl Perioden mit viel Niederschlag als auch Perioden mit großer Hitze und Trockenheit benötigt. In den gemäßigten Klimazonen hingegen wird aufgrund der für sie idealen Bedingungen die Zuckerrübe angebaut. Während die Zuckerrübe im Frühjahr ausgesät und im Herbst geerntet wird, kann das Zuckerrohr das ganze Jahr über angebaut und geerntet werden.

Die größten Anbaugebiete für Zuckerrüben liegen heute in Europa, China, Thailand und Australien. Die größten Produktionsländer für Zuckerrohr sind Brasilien, Indien und Kuba. Die Produktion hat sich inzwischen zunehmend auf Zuckerrohr verlagert. Damit einher ging auch die Verlagerung der Produktion von den früher wichtigsten Erzeugerländern USA, Europa und Kuba hin zu Australien, Südafrika und natürlich Brasilien. Brasilien ist heute der bedeutendste Zuckerproduzent. In den vergangenen Jahren entfielen auf Brasilien mehr als 40 Prozent der globalen Rohrzuckerexporte. Vor allem Australien konnte man durch Lieferungen nach Asien Marktanteile abnehmen. Ungefähr 75 Prozent der Weltproduktion des Zuckers entfallen auf das Zuckerrohr. Der größte Anteil der Zuckerproduktion wird in den Erzeugerländern konsumiert, nur etwa 20 Prozent der Produktion sind für den Export bestimmt.

Angebot

Wie bei allen anderen Rohstoffen ist auch bei Zucker hervorzuheben, dass durch die niedrigen Preise weniger Investitionen getätigt wurden. Bei Preisen, die sich seit dem Jahr 2001 unter 10 Cent bewegten, ist dies nicht weiter verwunderlich. In Mexiko und Australien wurden durch die niedrigen Preise in den vergangenen Jahren dutzendweise Zuckerplantagen geschlossen. Die Menge an Arbeitskräften und Kosten, die für Anpflanzung, Düngung, Beschwefelung, Ernte, Raffinieren und den Transport nötig sind, um ein Pfund Zucker zu verkaufen, sind bei einem Preis zwischen fünf und zehn Cent pro Pfund zu hoch, um einen Ertrag zu generieren. Nach Schätzungen von Goldman Sachs beliefen sich vor einigen Jahren die durchschnittlichen Kosten, um ein Pfund Zucker zu produzieren, weltweit auf 13 Cent pro Pfund. Die logische Konsequenz war, dass seit dem Jahr 1996 ein Drittel aller Anlagen für die Zuckerrübenverarbeitung geschlossen wurden.

Somit waren staatliche Subventionen oft die einzige Möglichkeit, um amerikanischen und europäischen Produzenten einen Anreiz zu geben – oder sie am Leben zu erhalten. Doch im Zuge der zunehmenden Liberalisierung der Märkte nimmt der internationale Druck auf die USA und die EU, die Subventionierung der Landwirtschaft sowie der Zukkerproduktion zu beenden, seit Jahren zu. Die Subventionen der USA und Europas in Höhe von sieben Milliarden US-Dollar schaden der Volkswirtschaft, weil die Verbraucher das Zwei- bis Dreifache des Weltmarktpreises zahlen. Da Subventionen zu einer Überproduktion führen und dadurch die Weltmarktpreise künstlich tief gehalten werden, ging die Welthandelsorganisation dagegen vor. Durch die Entscheidung der Welthandelsorganisation und die Reform der EU-Zuckermarktverordnung öffnet sich die Tür für niedrigere EU-Zuckerexporte.

So wurde von der EU-Kommission eine Senkung des Zuckerpreises in den kommenden zwei Jahren in zwei Stufen um 39 Prozent auf 385,50 Euro pro Tonne beschlossen. Aktuell ist der EU-Preis mit 632 Euro pro Tonne fast dreimal so hoch wie der Weltmarktpreis, der gegenwärtig bei 250 Euro liegt. Ziel der Neuregelung ist es, die Überproduktion zu beenden und mehr Wettbewerb zuzulassen.

Da selbst bei den wirtschaftlichsten europäischen Staaten Deutschland und Frankreich die Produktionskosten bei rund 400 Euro pro Tonne liegen, wird es in der EU zu einer massiven Reduzierung der Zuckerproduktion kommen. Wird allerdings weniger produziert, muss die EU künftig Zucker importieren. Zusätzlich wird aber auch das Zuckerangebot der Entwicklungsländer in Afrika, der Karibik und des Pazifischen Ozeans in Zukunft erheblich sinken, da diese bislang ebenfalls vom Garantiepreis profitieren konnten. Die EU-Kommission geht davon aus, dass sich der Export für viele Entwicklungsländer bereits ab 421 Euro pro Tonne nicht mehr lohnt. Insofern wird das Angebot an Zucker am Weltmarkt erheblich sinken, was bei konstanter beziehungsweise in Zukunft zunehmender Nachfrage zu entsprechenden Preissteigerungen bei Zucker führen dürfte. Profiteur dieser Entwicklung dürfte insbesondere Brasilien sein, wo sich die Tonne Zucker für 250 Euro herstellen lässt.

Auch bei der Analyse der Zuckerbilanz sollte Brasilien ein besonderes Augenmerk zukommen. Brasilien hat seinen Anteil am Weltzuckermarkt seit den 90er-Jahren mehr als verdoppelt. Als weltgrößter Exporteur und Produzent von Rohrzucker wusste das Land, dass es einen im Falle einer reichlichen Versorgung maßgeblichen Einfluss auf die Verschiebungen des Weltmarkpreises haben würde. Um die eigenen Zuckerproduzenten weniger anfällig zu machen, erhöhte die Regierung bei Zuckerpreisen, die sich in den 80er- und 90er-Jahren, von einigen Ausreißern einmal abgesehen, zwischen fünf und zehn Cent bewegten, den Anteil des Zuckerrohrs, der zu Äthanol verarbeitet wurde, auf 65 Prozent. Äthanol wurde bereits in den 30er-Jahren als Treibstoff beziehungsweise Zusatzstoff eingesetzt. Der Startschuss für dieses Programm lag schon viel weiter zurück. Im Jahre 1974, zu Beginn der ersten Erdöl-Krise, begann man mit dem staatlichen Programm »Proacool« für die Erzeugung von Äthanol aus Zuckerrohr. Hintergrund war nicht zuletzt die Tatsache, dass steigende Erdölpreise zu einer erhöhten Nachfrage nach Äthanol führen. Das Problem war allerdings, dass die Vorräte an Äthanol zu stark anstiegen. Da die Ölpreise zu diesem Zeitpunkt und auch in den Jahren zuvor noch einiges niedriger standen, gab es keinen Anreiz für die Autofahrer Brasiliens, Gasohol statt Benzin zu tanken. Die Zuckerindustrie passte sich den Marktgegebenheiten an und reduzierte den Anteil des Zuckerrohrs, der zu Äthanol verarbeitet wurde, auf 50 Prozent. Im Jahre 1999 kam dann noch die Währungsabwertung des brasilianischen Reals hinzu, was einen Kaufkraftverlust von einem Drittel zur Folge hatte und die Äthanolproduktion noch weniger attraktiv machte, da man auf dem heimischen Markt anstatt »harter« Devisen nur eine abgewertete brasilianische Währung erhalten hätte. Da der brasilianische Real schwach und die Preise für Öl und Benzin billig waren, machte es Sinn, sich verstärkt auf den Export von Zucker zu konzentrieren und ihn bis nach Asien zu verschiffen. Da in den vergangenen beiden Jahren sowohl in Brasilien als auch in anderen Teilen der Welt Rekordernten eingefahren wurden, stand der Preis für Zucker bis Anfang 2004 weiter unter Druck. Doch seit dem Tief konnte sich Zucker stark erholen und gehörte zu den Rohstoffen mit der besten Performance im Jahr 2004. Der Grund für diese Preisbewegung lag und wird auch in Zukunft zum einen an Brasilien selbst, zum anderen aber auch an den Faktoren Ölpreis und Asien liegen.

Nachfrage

Natürlich spielt bei Zucker wie bei allen anderen Rohstoffen der steigende Bedarf aus dem Reich der Mitte eine entscheidende Rolle. Mit dem wachsenden Wohlstand der asiatischen Volkswirtschaften wird allerdings nicht nur die konsumierte Menge an Nahrungsmitteln deutlich ansteigen, sondern es dürften sich auch die Essgewohnheiten ändern. Es wird zu einer Anpassung an den westlichen Lebensstandard kommen. So sind zum Beispiel Fleisch und Süßwaren typische »Wohlstandslebensmittel«, deren Verbrauch mit steigendem Wohlstand überproportional steigt. Diesen Wandel kann man schon jetzt am Fleischverbrauch deutlich erkennen. Während ein Chinese vor 20 Jahren durchschnittlich zehn Kilogramm Fleisch pro Jahr verzehrt hat, so isst er heute bereits mehr als doppelt so viel. Damit liegt der Verbrauch trotz einer Steigerung um 400 Prozent aber immer noch rund 50 Prozent unter dem durchschnittlichen Verbrauch eines Deutschen.

Ähnlich sieht das Bild bei Zucker aus. So liegt der Pro-Kopf-Verbrauch in China trotz einer Zunahme von zehn Prozent gegenüber dem Vorjahr mit rund sieben Kilogramm pro Jahr immer noch weit unter dem Weltdurchschnitt von 22,77 Kilogramm und weit unter den Mengen, die in Europa (etwa 41 Kilogramm) und den USA (etwa 45 Kilogramm) jährlich pro Kopf verbraucht werden. Und auch in Asien liegt der Pro-Kopf-Verbrauch mit 16 Kilogramm unter dem Weltdurchschnitt. Dass der Zuckerverbrauch Chinas zunehmen wird, steht außer Frage. Der

Zuckerverbrauch für die Saison 2004/05 wird auf 12,5 Millionen Tonnen geschätzt. Das wäre ein Anstieg gegenüber dem Vorjahr von 900.000 Tonnen. Die erwartete Zunahme resultiert zum einen aus der starken Zunahme der Pro-Kopf-Einkommen und der Begrenzung der Herstellung künstlicher Süßungsmittel. Die Saccharinproduktion liegt unter der vor einigen Jahren und dürfte aufgrund der strikteren staatlicheren Kontrollen weiter zurückgehen. Mit dem Anstieg des Lebensstandards wird auch der Konsum von Saccharin zurückgehen, da die Bevölkerung Saccharose vorziehen wird. Regierungskreise gehen davon aus, dass der Zuckerverbrauch in den kommenden Jahren um etwa eine Million Tonnen pro Jahr zunehmen und China nach 2008 zu einem bedeutenden Nettoimporteur wird.

Das Verbrauchswachstum ist der Hauptantrieb für die globale Zuckerwirtschaft, da die Erzeugung ihrem langfristigen Trend folgen muss. Das Verbrauchswachstum hängt von vielen Faktoren ab, wie Konsumentenpräferenzen, Zuckerverfügbarkeit, dem Preis von Zucker oder alternativen Süßungsmitteln. Die beiden wichtigsten Faktoren sind hierbei das Bevölkerungswachstum, das 85 Prozent der Gesamtzunahme erklärt, und die Pro-Kopf-Einkommen. Während der Verbrauch in den industrialisierten Staaten nur geringfügig auf Einkommensänderungen reagiert, ist das Einkommen in den Entwicklungsländern ein wichtiger Faktor, aufgrund der hohen Einkommenselastizität der Nachfrage. Allein aufgrund der demographischen Entwicklung wird der Zuckerverbrauch weiter ansteigen. Nach Angaben der Welternährungsorganisation wird die Weltbevölkerung von sechs Milliarden Menschen im Jahr 2000 auf 6,9 Milliarden bis zum Jahr 2010 ansteigen wird. Es wird erwartet, dass die Bevölkerung in den Entwicklungsländern von 4,7 auf 5,5 Milliarden wachsen wird. Entscheidend hierbei ist, dass nahezu der gesamte Anstieg der Bevölkerung in den Entwicklungsländern stattfinden und dies das künftige Verbrauchswachstum bei Zucker maßgeblich beeinflussen wird. Der Weltzuckerverbrauch könnte sich demnach schon in der Saison 2005/2006 auf über 150 Millionen Tonnen belaufen (siehe Abbildung 14).

Wir haben bereits erwähnt, dass die Entwicklung des Ölpreises in Zukunft ein entscheidender Faktor für die Preisentwicklung von Zucker sein wird. Wie eingangs erwähnt, startete Brasilien in den 70er-Jahren ein staatliches Programm für die Erzeugung von Äthanol aus Zuckerrohr. Damals wurde ein Drittel des Zuckers zu Äthanol verarbeitet. Für die künftige Preisentwicklung wird entscheidend sein, wie sich der Ölpreis gegenüber dem Zuckerpreis entwickelt beziehungsweise wie viel Zucker Brasilien exportieren oder zu Äthanol verarbeiten wird. Seit der Preisliberalisierung im Jahre 1999 hielten sich die Preise für Äthanol etwa ein Drittel unter den Preisen für Benzin. Nachdem die Ölpreise voriges Jahr stark anstiegen, gewann die Produktion von Äthanol an Attraktivität. Auch Brasilien steigerte seine Produktion im zurückliegenden Jahr auf vier Milliarden Gallonen. Auch die Weltproduktion stieg auf 10,77 Milliarden Gallonen an.

Im Aufwärtstrend
Weltzuckerverbrauch von 1995 bis 2005
in Millionen Tonnen, Rohwert Abb. 14

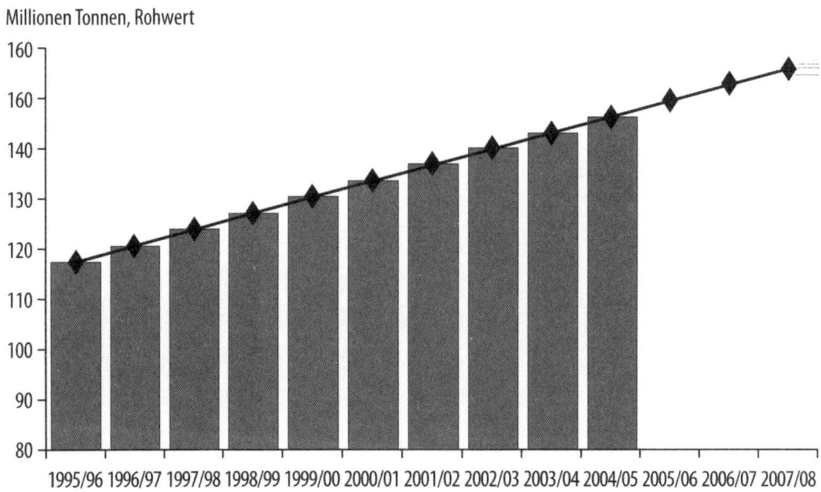

Quelle: F.O. Licht

Zucker lässt sich, wie eingangs erwähnt, aus Äthanol gewinnen, womit wiederum Benzin gestreckt werden kann. Durch den Zusatz von Äthanol zu Benzin wird der Sauerstoffgehalt von Benzin erhöht – es kann vollständiger und abgasärmer verbrannt werden. In Brasilien können heute bereits 60 Prozent der von Fiat, General Motors und Volkswagen neu produzierten brasilianischen Autos mit Äthanol betrieben werden. Die so genannten flexiblen Autos haben bereits im September 2004 – 18 Monate nach ihrer Markteinführung – einen Marktanteil von 30 Prozent erobert. Die Autos können mit jeder Mischung aus wasserhaltigem, wasserfreiem Alkohol und Benzin gefahren werden. Nach Ansicht des nationalen Verbandes der Automobilhersteller Anfavea dürfte der Marktanteil dieser Fahrzeuge schon in diesem Jahr auf 40 bis 50 Prozent ansteigen. Die meisten großen Autohersteller in Brasilien bieten diese Technologie bereits in vielen Modellen an. Im Gegensatz zu den früheren Alkoholautos kann der Verbraucher selbst entscheiden, welchen Treibstoff er verwenden will. Und genau hier liegt der entscheidende Punkt. Je mehr Zucker als Treibstoff für die Autos verwendet wird, umso weniger bleibt für den Export. Bei aktuellen Ölpreisen um die 50 US-Dollar fällt die Entscheidung leicht. Sollten die Ölpreise weiter steigen und damit die Verwendung von Äthanol, bedeutet dies, dass das Zuckerangebot sinken wird.

Bei einem Besuch im November 2004 hat auch der chinesische Präsident Hu das Interesse seines Landes am brasilianischen Äthanol deutlich gemacht. Das deutsche Research-Haus F.O. Licht geht davon aus, dass die weltweite Äthanolproduktion bis zum Jahr 2012 auf 17,2 Milliarden Gallonen ansteigen könnte. Der größte brasilianische Äthanolexporteur Coimex will 50 Millionen US-Dollar in die Steigerung seiner Ausfuhren investieren. Dadurch soll die Äthanolerzeugung in anderen Teilen der Welt gefördert werden. Coimex Trading ist im Jahr 2004 eine strategische Partnerschaft mit der staatlichen thailändischen Ölgesellschaft PTT eingegangen, um den Äthanolabsatz in Thailand und Asien zu steigern. Nach Ansicht von Clyaton Miranda, Präsident von Coimex Trading, wird Thailand in den nächsten Jahren einen Bedarf von zwei bis drei Milliarden Litern aufweisen. Um der erwarteten

Nachfrage aus dem Ausland nachkommen zu können, investiert Brasilien in verschiedene Projekte. So will zum Beispiel Transpetro, die Tochtergesellschaft des brasilianischen Ölunternehmens Petrobras, etwa 210 Millionen US-Dollar in ein Netzwerk investieren, das die brasilianischen Zuckeranbauregionen im Westen Sao Paulos mit den Häfen des Landes verbindet. Sollten also die Ölpreise über einen längeren Zeitraum vorherrschen beziehungsweise noch weiter ansteigen, dann kann langfristig mit einem Ausbau der Äthanolproduktion gerechnet werden. Für die Saison 2005/06 dürften diese Argumente aber noch nicht so gewichtig sein. In der Saison 2003/04 lag die weltweite Produktion von Zucker mit 146 Millionen Tonnen um rund 2,5 Millionen Tonnen niedriger als im Vorjahr. Die Nachfrage belief sich über denselben Zeitraum auf 144 Millionen Tonnen. Für dieses Jahr geht die internationale Zuckerorganisation (ISO) von einer Weltproduktion von 145,2 Millionen Tonnen und einem Verbrauch von 146,8 Millionen Tonnen aus. Die aktuellen Vorräte belaufen sich aktuell auf 61,7 Millionen Tonnen oder knapp 40 Prozent des Jahresverbrauchs. Helmut Ahlfeld von F. O. Licht geht infolge geringerer Rohrzuckerernten in China, Thailand und Kuba für die Saison 2004/05 gar nur von eine Output von 143,5 Millionen Tonnen aus. Unter langfristigen Gesichtspunkten bietet der Zuckerpreis, der immer noch 85 Prozent unter seinem Allzeithoch notiert, bei Kursen unter zehn Cent hervorragende Einstiegsmöglichkeiten.

Buch III

Wie man als Anleger vom Rohstofftrend profitieren kann

Anlegen in Rohstoffe

Wir haben in den vorangegangenen Kapiteln I und II den Rohstoffsektor von verschiedenen Seiten aus betrachtet. Diese Beobachtungen führten zu dem Ergebnis, dass zahlreiche und vor allem gewichtige Gründe dafür sprechen, sich aus Anlegersicht verstärkt mit der lange Zeit fast völlig vernachlässigten Asset-Klasse der Rohstoffe auseinander zu setzen. Dabei kommt es nicht darauf an, die konventionellen Anlagekategorien Aktien, Anleihen und Immobilien ganz zu vernachlässigen. Allerdings erscheint es aus empirischer Sicht heraus wichtig, Rohstoffinvestments in einem sinnvollen Umfang und in der richtigen Art dem Portfolio beizumischen.

An dieser Stelle soll auf die häufig gestellte Frage eingegangen werden, wie hoch der Rohstoffanteil des Depots oder des Vermögens sein soll. Bis zu einem Drittel, also rund 30 Prozent bis 35 Prozent des Portfolios, sollten mindestens in Rohstoffen gehalten werden. Einerseits weil die Anleger in Aktien und Anleihen überinvestiert sind, andererseits aber wegen der inflationsschützenden Eigenschaften der Rohstoffe sowie des langfristigen Rohstoffbedarfs aufstrebender asiatischer Staaten wie vor allem China und Indien.

Aufgrund der besonderen finanzwirtschaftlichen Risiken raten wir allein für Goldinvestments zu einem Anteil am Vermögen von mindestens 10 Prozent, davon können bis zu 50 Prozent in physischem Gold (und ein Teil davon auch in physischem Silber) gehalten werden.

Sämtliche Anlageformen und -kategorien kann man anhand ihrer jeweiligen Renditen sowie der damit verbundenen Risiken beschreiben. Anhand der unterschiedlichen Korrelationen der einzelnen Anlageformen ist es zumindest theoretisch möglich, durch die richtige Zusammensetzung der verschiedenen Anlagearten ein Portfolio zu konstruieren, das hinsichtlich des Risiko-Rendite-Verhältnisses allen anderen Portfolios überlegen ist. In der Portfoliotheorie wird dieser Zusammenhang zwischen Rendite und Risiko einerseits sowie der Korrelation unterschiedlicher Anlagearten zueinander andererseits bereits seit langem genutzt, um entweder bei einem vorgegebenen Risiko das Portfolio mit der höchsten Rendite zu ermitteln oder bei einer bestimmten Renditeerwartung das Portfolio mit dem geringsten Risiko auszuwählen. Die Portfoliotheorie, die auch als Portfolio Selection Theory bezeichnet wird, geht zurück auf Harry M. Markowitz (vgl. dazu H. M. Markowitz, Portfolio Selection, in: Journal of Finance 7, 1952, S. 77 ff.). Markowitz konnte mit seinen Überlegungen einerseits erklären, dass die oft zu beobachtende Verhaltensweise der Risikostreuung auf unterschiedliche Wertpapiere oder verschiedene Anlagearten (Anleihen, Grund und Boden und anderes) sinnvoll ist. Zudem gibt seine Theorie Aufschluss darüber, wie die Diversifikation, das heißt die Streuung beziehungsweise die Aufteilung des Portfolios, rational gestaltet werden kann. Ausgangsbasis der Studien Markowitz‘ ist dabei das Verhalten risikoscheuer Anleger. Als ein solcher wird ein Anleger eingeschätzt, wenn er auf Ertragsteile zugunsten von Risikominderung verzichtet.

Die erwartete Rendite eines Portfolios setzt sich aus den Einzelrenditen der im Portfolio enthaltenen Wertpapiere zusammen, wobei die Renditen der einzelnen Wertpapiere je nach Anteil des Wertpapiers am Gesamtportfolio zu gewichten sind. Dagegen erscheint die Definition des Risikos von Anlagen, zum Beispiel Wertpapieren, etwas komplizierter. Das Risiko oder genauer gesagt die Volatilität einer Anlage misst die wahrscheinliche Abweichung der zukünftigen Rendite von der durchschnittlichen beziehungsweise erwarteten Rendite und dient damit als Kriterium zur Beurteilung des Gesamtrisikos einer Einzelanlage (vgl. dazu Perridon/Steiner: Finanzwirtschaft der Unternehmung, 8. Auflage 1995, S. 229 ff.). Je höher nun etwa die Aktienmarktrenditen um den erwarteten Wert schwanken, umso höher sind die mit der entsprechenden Anlage verbundenen Risiken einzuschätzen, hiermit aber auch die Chancen für den Anleger. Um das Gesamtrisiko eines Portfolios aus mehreren unterschiedlichen Anlagearten zu bestimmen, genügt es nicht, die gewichteten Einzelrisiken zu summieren. Da es ja für gewöhnlich das Ziel der Diversifikation ist, das Gesamtrisiko bei einer bestimmten Ertragserwartung eines Portfolios zu reduzieren, muss dabei besonders auf die Korrelation beziehungsweise den Zusammenhang von Renditen unterschiedlicher Anlageformen untereinander geachtet werden. Die Korrelation ist das statistische Maß für den Gleichlauf bzw. den Zusammenhang von Renditen und liegt definitionsgemäß zwischen +1 und –1. Eine Korrelation von +1 gibt an, dass die Rendite einer Anlage vollständig mit derjenigen der anderen Anlage erklärt werden kann und damit ein positiver Zusammenhang besteht. Bei einer Korrelation von 0 besteht kein Zusammenhang der Renditen unterschiedlicher Anlageformen. Die Preisänderung einer Anlage kann damit nicht mehr mit derjenigen der anderen erklärt werden. Es lassen sich entsprechend mit Anlagen einer geringen Korrelation im Bereich von nahe 0 gute Diversifikationseffekte erzielen, wobei diese Anlagen geeignet sind, das Risiko zu reduzieren. Das größte Diversifikationspotential dagegen bieten Anlagen, deren Renditen negativ zueinander korreliert sind, da ihre Kurse sich tendenziell gegenläufig zueinander verhalten. Anlagen mit einer Korrelation von –1 ermöglichen sogar die Konstruktion risikoloser Portfolios bei positiven Renditeerwartungen.

Es bestehen allerdings in der Realität nur sehr selten Anlagen mit negativen Korrelationen; solche Werte von kleiner 1 jedoch ermöglichen die Optimierung von Portfolios. Die dadurch möglichen optimierten Portfolios liegen je nach der Höhe der erwarteten Rendite und des geschätzten Risikos auf der so genannten Effizienzkurve, wobei aber lediglich der Kurventeil mit positiver Steigung von Bedeutung ist. Portfolios auf diesem Abschnitt der Effizienzkurve sagen aus, dass aus der Menge der realisierbaren Portfolios bei gegebenem Ertrag dasjenige mit dem geringsten Risiko herausgefiltert werden kann.

Effizient?

Effizienzkurve der realisierbaren optimierten Portfolios Abb. I

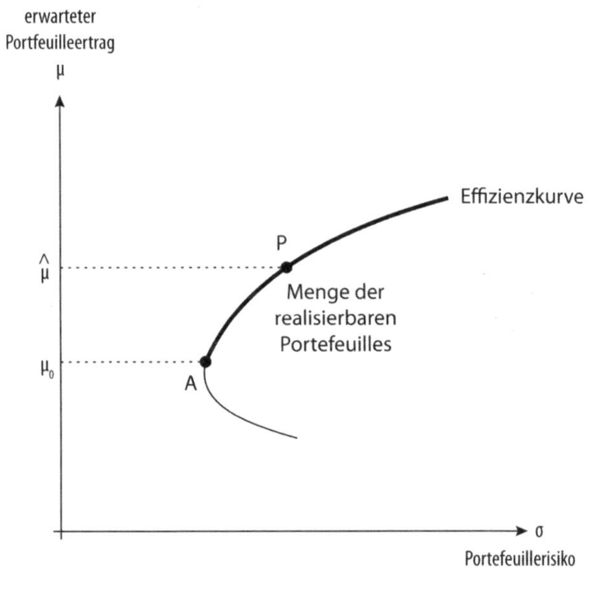

Quelle: Perridon/Steiner: Finanzwirtschaft der Unternehmung, 8. Auflage 1995, S. 230

Eine Portfoliozusammenstellung in der Praxis sieht gewöhnlich so aus, dass die Portefeuilles meist sowohl nach Branchen als auch nach Ländern diversifiziert werden. Der Denkansatz hinter dieser Vorgehensweise basiert auf der relativen Unabhängigkeit von Ländern oder

Regionen sowie einzelner Branchen. Vor allem durch unterschiedliche nationale Rahmenbedingungen sowie individuelle Konjunkturzyklen werden die jeweiligen Aktienmärkte beeinflusst. Einer Studie der Schweizer Großbank Credit Suisse zufolge (vgl. dazu Credit Suisse, Diversifikation – Strategie für eine erfolgreiche Kapitalanlage, Economic Briefing Nr. 20, November 2000), die sich mit dieser Thematik besonders auseinander gesetzt hat, gibt Aufschluss darüber, wie sich Branchen- und Länderdiversifikationen in der Realität darstellen.

Als Ergebnis bleibt vorab festzustellen, dass im Zuge der fortlaufenden Globalisierung der Weltwirtschaft die Diversifikationseffekte auf Länderebene zunehmend zurückgehen. Dies resultiert im Wesentlichen daraus, dass die Länderkorrelationen in den vergangenen Jahrzehnten stetig zugenommen haben. Dieses Ergebnis stimmt mit dem überein, was man als wahrscheinlich annehmen könnte. Denn eine zunehmende internationale Verflechtung infolge der weltweiten Liberalisierung der Güter- und Finanzmärkte führt auch zu einem intensivierten Welthandel sowie einem deutlich stärkeren Kapitalverkehr. Je enger sich nun Volkswirtschaften miteinander verflechten, umso ähnlicher entwickeln sich auch die betreffenden Aktienmärkte. Konkret ergaben sich dabei interessante Veränderungen in den Länderkorrelationen (vgl. ibid. S. 9 ff.). Die in die Beobachtung eingeflossenen Aktienmärkte (Niederlande, USA, Kanada, Schweiz, Großbritannien, Frankreich, Deutschland, Deutschland, Singapur, Spanien, Italien, Japan und Hongkong) geben mit einer Abdeckung der Börsenkapitalisierung von 94 Prozent der entwickelten Länder ein gutes Bild der Situation wieder. Gemessen wurden dabei die jeweiligen Korrelationen anhand der monatlichen MSCI-Indexrenditen in CHF.

Von 1973 bis 1999 lag die durchschnittliche Korrelation bei 0,49, wobei die Niederlande mit einer Korrelation von 0,59 die höchste internationale Verflechtung aufwiesen, gefolgt von den USA und Kanada. Auf der anderen Seite der Skala rangierten Japan und Hong Kong mit einer Korrelation von lediglich 0,4, was dafür spricht, dass im betrachteten Zeitraum diese Märkte die relativ gesehen geringste internationale

Integration aufwiesen. Aufgeteilt in drei gleich lange Betrachtungszeiträume (von 1973 bis 1981, 1982 bis 1990 und 1991 bis 1999) wurde folgende Korrelationsveränderungen gemessen: Im Durchschnitt der zwölf einbezogenen Aktienmärkte lag die Korrelation im ersten Zeitabschnitt von 1973 bis 1981 bei knapp 0,41 und erhöhte sich in den folgenden neun Jahren auf durchschnittlich knapp 0,51. Im Durchschnitt der Jahre 1991 bis 1999 stieg die Korrelation dann auf 0,61 an. Diese ansteigenden Korrelationen haben zum Ergebnis, dass das Diversifikationspotenzial, das durch Länderdiversifikation erzielbar ist, tendenziell abnimmt. Mit anderen Worten erhöht sich bei gleich bleibender Renditeerwartung das Portefeuille-Risiko beziehungsweise es sinkt das Ertragsniveau bei gleicher Risikoerwartung. Eine gleiche Entwicklung ließ sich auch für die Länder der Euro-Zone feststellen, wo die Korrelation deutlicher als im internationalen Vergleich zunahm.

Branchenkorrelationen liegen im Durchschnitt deutlich über denen von verschiedenen Ländern. Im Zeitraum von 1973 bis 1999 wurde über zehn verschiedene Branchen hinweg eine Korrelation von 0,76 gegenüber der vergleichbaren Länderkorrelation von 0,5 festgestellt. Im Branchenvergleich die höchsten Korrelationen weisen dabei konjunkturabhängige Dienstleistungen sowie die allgemeine Industrie mit jeweils gut 0,83 auf. Am wenigsten dagegen sind die Branchen »Ressourcen«und »Versorger« mit 0,66 korreliert und eignen sich damit am besten zur Diversifikation von Portfolios, auch wenn diese Werte im Vergleich zu den Länderkorrelationen noch immer hoch sind. Als Ergebnis kann festgehalten werden, dass eine Diversifikationsstrategie langfristig erfolgreich ist, da durch die Portfoliobildung das Risiko zufälliger Schwankungen einzelner Titel, Märkte und Branchen deutlich herabgesetzt werden kann. Aufgrund der weiter steigenden Länderkorrelationen werden alternative Anlagekategorien im Bereich der Portfoliokonstruktion immer wichtiger. Neben Hedge Fonds, Private Equity, Small- und Mid-Cap-Aktien werden zukünftig auch Gold, Edelmetalle und Rohstoffe als Portfoliobeimischung stärker beachtet werden.

Im Folgenden wollen wir uns dem Diversifikationseffekt widmen, der durch das Beimischen von Rohstoffen in verschiedenen Formen entsteht. Eine der interessantesten und aktuellsten Untersuchungen zu diesem Thema wurde Mitte 2004 von der Yale-Universität publiziert (vgl. dazu YALE International Center für Finance, Yale ICF Working Paper No. 04-20: Facts and Fantasies about Commodity Futures; 14. Juni 2004). Die Wissenschaftler dieser und anderer Universitäten gingen wie viele vor ihnen der Frage nach, welche Renditen und Risiken Rohstoff-Futures, physische Rohstoffanlagen, Aktien und Anleihen im Zeitraum von Mitte 1959 bis März 2004 aufwiesen und wie sich die Korrelationen unter diesen Anlagekategorien verhalten. Im Mittelpunkt der Yale-Studie standen dabei die Entwicklung von Rohstoff-Futures, einer Anlageklasse, der in der Vergangenheit nur wenig Aufmerksamkeit zukam, obwohl Rohstoff-Futures in den USA bereits seit über 100 Jahren gehandelt werden und ihren Ursprung in den seit dem 18. Jahrhundert im japanischen Osaka gehandelten Reis-Futures haben dürften. Historisch betrachtet erwies sich die Rendite von Rohstoff-Futures in derselben Höhe wie die von Aktien, das Risiko war aber geringer. Zudem stellte sich heraus, dass Rohstoff-Futures mit anderen Asset-Klassen negativ, gegenüber Inflation dagegen positiv korreliert sind. Aufgrund dieser Ergebnisse erweisen sich Rohstoff-Futures als hervorragende Beimischung von diversifizierten Portfolios.

Auf die wichtigsten Erkenntnisse wollen wir nun kurz genauer eingehen und zunächst den Begriff des Futures erläutern. Im Gegensatz zu Forward-Kontrakten, bei denen es sich in der Regel um nicht organisierte Märkte handelt, bei denen zwar Leistung und Gegenleistung vorab vereinbart, aber nicht sofort ausgeführt werden und auf die individuellen Bedürfnisse der Kontraktpartien bei erwünschter Lieferung zugeschnitten sind, fungieren die börsenmäßig organisierten Future-Märkte als zweckmäßige Instrumente zur Einschränkung von Kursänderungsrisiken. Perridon/Steiner zufolge sind »die auf den Future-Märkten gehandelten Terminkontrakte (…) durch die Verpflichtung gekennzeichnet, eine genau spezifizierte Warenart und Menge zu einem bei Abschluss des Geschäftes festgelegten Preis und Zeitpunkt zu kaufen oder zu verkaufen. Es erfolgt eine Standardisierung bezüglich Erfüllungstermin, Betrag und Menge, so dass ein Börsenhandel möglich wird. Während Commodity Futures auf einer bestimmten Ware (zum Beispiel Getreide) beruhen, handelt es sich bei dem Gegenstand (Underlying) eines Financial Futures um ein Finanzinstrument (zum Beispiel Wertpapier)« (vgl. Perridon/Steiner, S. 277 ff.).

Dabei ist zu beachten, dass im Gegensatz zu Forwards bei Futures-Kontrakten die Erfüllung nicht beabsichtigt ist und die Verpflichtung vor Ablauf der Frist durch ein Gegengeschäft aufzuheben und damit glattzustellen ist. Rohstoff-Futures sind, wie andere Futures auch, derivative (das heißt vom zugrunde liegenden Ausgangswert abgeleitete) Wertpapiere und stellen einen mit begrenzter Laufzeit ausgestatteten Anspruch auf reale Werte dar. Einerseits entsprechen Futures für die Rohstoffproduzenten (als Verkäufer) einer Versicherung für den zukünftigen Wert ihrer Erzeugnisse, auf der anderen Seite stehen dagegen oft Spekulanten oder Investoren, die (als Käufer) dafür eine Risikoprämie verlangen, dass sie das meist kurzfristige Kursänderungsrisiko der den Futures zugrunde liegenden Rohstoffe tragen und somit gewöhnlich einen Preis zahlen, der unterhalb des zum Laufzeitende des Kontraktes erwarteten Rohstoffpreises liegt. Zudem ging Keynes wie auch andere neben ihm davon aus, dass diejenigen, die ihre Produktion absichern möchten, zahlenmäßig gegenüber Spekulanten in der Überzahl sind (vgl. dazu J. M. Keynes, A Treatise on Money, Vol. 2, Macmillan; London, 1930). Rohstoff-Futures sind dabei nicht direkt den aktuellen Rohstoffpreisen ausgesetzt; die Future-Preise stellen gewissermaßen eine Wette auf den erwarteten zukünftigen Rohstoffpreis dar. Bei Laufzeitende hat sich dann der Preis des Futures dem Marktpreis angeglichen.

Die Wissenschaftler im Auftrag der Yale-Universität (vgl. dazu YALE International Center für Finance, Yale ICF Working Paper No. 04-20: Facts and Fantasies about Commodity Futures; 14. Juni 2004, S. 6 ff.) konstruierten als Ausgangsprodukt ihrer Untersuchungen einen gleichgewichteten Index aus Rohstoff-Futures von Edel- und Basismetallen bis zu Energie-, Holz- und diversen Nahrungsmittel-Futures, um darin die Renditeentwicklung des Rohstoffsektors als eigenständige Anlageklasse zu untersuchen. Es wurden dabei solche Future-Kontrakte für den Index mit der jeweils kürzesten Laufzeit ausgewählt, die nicht innerhalb von einem Monat auslaufen. Des Weiteren wurden die Kontrakte in einen länger laufenden Kontrakt übergerollt. Bei Future-Kontrakten existieren allerdings gewisse Besonderheiten. Prinzipiell fließt bei Kontraktabschluss eines Futures kein Geld, und damit ist der Wert eines Futures bei Vertragsabschluss null, was auch am Ende eines jeden Handelstages gilt, wenn Tagesgewinne und -verluste über die jeweiligen Margin-Konten verrechnet werden. Auch wenn zu Beginn des Future-Vertragsverhältnisses kein Geld fließt, muss beachtet werden, dass beide Parteien einen Teil des Kontraktgegenwertes für die Verrechnung von Gewinnen und Verlusten aus der Future-Position hinterlegen müssen. In der theoretischen Betrachtung wurde davon ausgegangen, dass die Future-Position zu 100 Prozent hinterlegt (bei einem Kontrakt mit einem zukünftigen Wert von beispielsweise 25 US-Dollar eine Investition von ebenfalls 25 US-Dollar in kurzfristige Anleihen) und diese Liquidität in kurzfristige Staatsanleihen investiert wurde. Somit ergibt sich als Ertrag aus der Future-(Long-)Position die Veränderung des Future-Wertes bis zur Fälligkeit sowie der Zinsertrag aus der hinterlegten Summe.

Auf dieser Grundlage traten einige interessante Ergebnisse zutage. Vergleicht man die Renditen des gleichgewichteten Rohstoff-Future-Index mit einem gleichgewichteten Rohstoff-Basket zu Marktpreisen (wobei beide Portfolios um die offiziellen Inflationsraten bereinigt wurden), so stellt sich einerseits heraus, dass beide Portfolios stärker als die Inflation gewachsen sind. Zwar wurde über den gemessenen Zeitraum von 1959 bis 2004 eine hohe Korrelation gemessen, die Rendite des Rohstoff-Futureportfolios war allerdings rund 2,5-mal so hoch wie die des Rohstoff-Baskets, der nicht einmal um Nebenkosten wie Lagerung und Versicherung bereinigt wurde. Geht man davon aus, dass die inflationsbereinigte Rendite aus der kurzfristigen Anlage der Future-Hinterlegung in Kurzläufer etwa der jährlichen Inflationsrate entspricht, ist der ebenfalls inflationsbereinigte Ertrag der Rohstoff-Futures ein Hinweis auf die dem Investor zufallende Risikoprämie.

Bei einem Vergleich mit Aktien und Anleihen, wo die Renditeentwicklung des US-amerikanischen S&P-500-Aktienindex und des Ibbotson Corporate Bond Index (Unternehmensanleihen-Index) im Zeitraum von 1959 bis 2004 herangezogen wurden, zeigte sich, dass ein Investment im beschriebenen Rohstoff-Future-Basket in dem 43 Jahre umfassenden Zeitraum nahezu identische Renditen wie der S&P-500-Index erzielte, wobei beide Anlageklassen die Anleihenrendite deutlich übertrafen. Die gemessene und in einer ökonomisch sinnvollen Größenordnung liegende Risikoprämie von gut fünf Prozent konnte dabei sowohl bei den Rohstoff-Futures wie auch bei den Aktien gegenüber lediglich knapp zwei Prozent bei Anleihen gemessen werden. Auf Basis nicht inflationsbereinigter, annualisierter Monatsrenditen ergab sich sowohl für Aktien als auch für den Rohstoff-Futures-Index eine Rendite von knapp elf Prozent pro Jahr (10,8 beziehungsweise 10,5 Prozent), wobei das Risiko der Aktienanlage um zirka drei Prozentpunkte beziehungsweise rund 25 Prozent über der einer Anlage in einen gleichgewichteten Rohstoff-Future-Baskets lagen. Auf Grundlage dieses Ergebnisses kann man feststellen, dass Aktien auch das größere Kursrückschlagsrisiko gegenüber Rohstoff-Futures besitzen, allerdings damit auch das größere Potenzial nach oben.

Eines der wichtigsten Ergebnisse des Langfristvergleichs von Rohstoffen mit anderen Anlageklassen ist die Tatsache, dass der Basket aus Commodity-Futures deutlich negativ zu Aktien, vor allem über langfristige Intervalle hinweg, korreliert und ebenfalls eine signifikant negative Korrelation mit langlaufenden Anleihen besonders in kurz- und mittelfristigen Betrachtungszeiträumen feststellbar ist. Wie wir oben bereits zeigten, eignen sich gerade negativ korrelierte Anlagen sehr gut zur Diversifikation von Portfolios und damit zur Reduktion des Risikos von breit gestreuten Anlagen. Bemerkenswert ist die Erkenntnis, dass gerade in Phasen, in denen Aktien deutlich negative Renditen erzielten, bei Rohstoff-Futures ein positiver Return zu beobachten ist. Statistisch betrachtet verlor in fünf Prozent der Monate mit der schlechtesten Entwicklung des S&P-500-Aktienindex der Aktienkorb durchschnittlich 9,18 Prozent, wobei im gleichen Zeitraum der Rohstoff-Futures-Basket eine positive Rendite von 1,43 Prozent erzielte. Während des einen Prozent der negativsten Monatsrenditen des S&P-500-Index, in dem Aktien sogar um durchschnittlich 13,9 Prozent fielen, stieg die Durchschnittsrendite des Rohstoff-Futures sogar auf 2,3 Prozent an, gegenüber der durchschnittlichen Monatsrendite von 0,88 Prozent über den gesamten Betrachtungszeitraum von 43 Jahren.

Rohstoff-Futures erzielen also gerade dann überdurchschnittlich hohe Renditen, wenn die Aktienrenditen deutlich unter den Durchschnittswerten liegen. Zudem besteht eine hohe positive Korrelation zwischen Rohstoffanlagen und Inflation, die umso stärker über längerfristige Zeiträume zutage tritt. Commodities-Futures können somit als wesentlich besserer Hedge gegen Inflation und generelle Inflationsrisiken – vor allem auch bei unvorhergesehenen Inflationsentwicklungen – angesehen werden als Aktien oder Anleihen. Die in US-Dollar vorgenommen Studien anhand realer historischer Renditen und Risiken bestätigten sich auch anhand entsprechender Asset-Klassen-Vergleiche für den japanischen und den englischen Kapitalmarkt.

Aus Sicht des Anlegers ist zudem die Frage hinsichtlich der Entwicklung der Aktienkurse von Rohstoffproduzenten auch im Vergleich zu denen von Futures-Renditen von besonderem Interesse. Allgemein geht der Anleger davon aus, dass die Ertragsentwicklung der Aktien von Rohstoffproduzenten eng mit der der zugrunde liegenden Rohstoffpreisentwicklung, die auch Einfluss auf die Rohstoff-Futurepreise haben, zusammenhängt. Es wurde jedoch über einen ausreichend langen Zeitraum von 41 Jahren (von 1962 bis 2003) festgestellt, dass der Rohstoff-Futures-Basket über diesen Zeitraum eine kumulierte Rendite erzielte, die dreimal so hoch wie die derjenigen des Rohstoff-Aktien-Portfolios ausfiel. Die Korrelation zwischen beiden Kategorien lag über den Zeitraum von 41 Jahren zudem bei lediglich 0,38.

Die negative Korrelation von Rohstoffen kommt aber auch in anderen Untersuchungen zum Ausdruck. Das Investmenthaus Goldman Sachs beispielsweise kreierte den vielbeachteten Goldman Sachs Commodity Index, einen stark energielastigen Rohstoffindex, der wiederum aus verschiedenen Sub-Indizes besteht. Einer der Sub-Indizes mit einer zwar untergeordneten Bedeutung (die Gewichtung im Hauptindex beträgt lediglich rund zwei Prozent) ist der Goldman Sachs Precious Metals Index. Er besteht zum überwiegenden Teil aus Gold mit gelegentlichen geringen Beimischungen von Platin oder wie zuletzt Silber. Die Korrelation dieses zu einem hohen Prozentsatz mit Gold bestückten Index gegenüber dem breiten US-Aktienindex S&P-500 gibt Goldman Sachs mit –0,21 an, gegenüber einem Index von US-Staatsanleihen immerhin noch –0,14 (Goldman Sachs, Commodities Time Frame January, 1988 – June, 2001: Energy Drives Diversifikation Benefits – July 2001). Auch das World Gold Council, eine Organisation, die sich der verbesserten Vermarktung des Edelmetalls und Rohstoffes Gold verschrieben hat, betont den Vorteil des Goldes als sinnvolles Diversifikationsmedium (World Gold Council: Managing Portfolio Risk With Gold, Richard Scott-Ram, New York). Von Anfang 1992 bis Ende 2001 wies Gold eine negative Korrelation gegenüber dem S&P-500, langlaufenden US-Staatsanleihen und kurzfristigen US-Schatzbriefen im Bereich von –0,03 bis –0,16 auf. Die Beimischung von physischem Gold in ein Portfolio führt damit eindeutig zu einem verbesserten Risiko-Rendite-Verhältnis, das umso günstiger ausfällt, je mehr Druck auf die traditionellen Anlageklassen Aktien und Anleihen aufkommt.

Nach unseren eigenen Recherchen erwies sich in der Vergangenheit ein Portfolio aus 85 Prozent S&P-500 sowie aus 15 Prozent TSE Gold & Precious Minerals Index gegenüber einem Portfolio aus 100 Prozent S&P-500 überlegen. Hätte man das Portfolio dagegen zu 100 Prozent gemäß dem TSE Gold & Precious Minerals Index zusammengestellt, hätte man bei einem weitaus höheren Risiko eine deutlich geringere Rendite erwirtschaftet. Die höchste Rendite, allerdings bei einem auf über 20 Prozent erhöhten Risiko, konnte dagegen bei einem Mischungs-

Effizienzkurve: TSE Gold & Precious Minerals TR Index und S&P 500 TR 1971-2003*

Optimale Struktur aus Standard-Aktien und Edelmetall- und Rohstoffaktien für den Zeitraum von 1971 bis 2003

Abb. 2

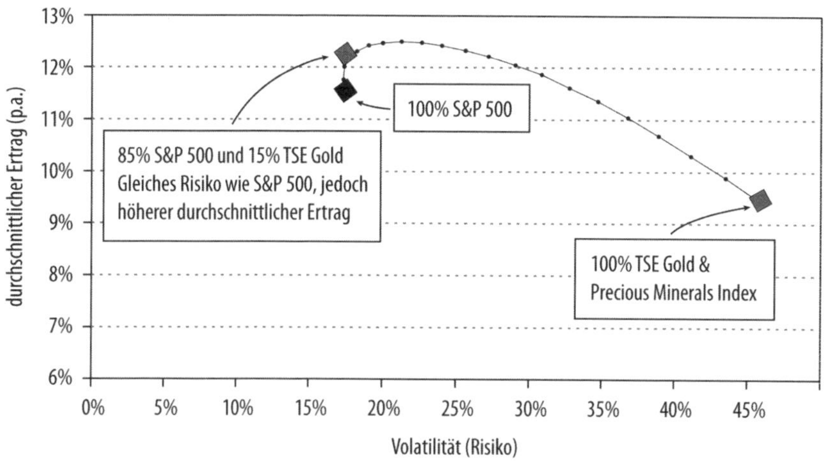

*Die Daten zum durchschnittlichen Ertrag und zur Volatilität beziehen sich auf eine Investition über den Zeitraum von 1971 bis 2003.

Quelle: Bloomberg; eigene Darstellung

verhältnis von 35 Peozent TSE Gold & Precious Minerals Index erzielt werden.

Das Problem bei diesen Betrachtungen hinsichtlich der effizientesten Portfoliostruktur besteht darin, dass es sich um vergangenheitsbezogene Daten handelt. Es gibt keine Garantie dafür, lediglich eine gewisse Wahrscheinlichkeit, dass sich die Vergangenheit wiederholt. Festzustellen ist derzeit jedoch, dass wir uns in einem Marktumfeld befinden, in dem sich Rohstoffinvestments und damit auch Rohstoff-Aktien besser als herkömmliche Standardaktien entwickeln. Diese Entwicklung ist aus Abbildung 2 eindeutig abzulesen, wobei die Grafik keinen Aufschluss darüber gibt, wie lange dieser Trend anhalten wird. Je länger sich Rohstoff-Aktien besser als der Gesamtmarkt entwickeln, umso eher kann man davon ausgehen, dass sich das Mischungsverhältnis eines optimalen Portfolios aus Standardaktien und Rohstoff-Aktien zugunsten der Rohstoffwerte verschieben würde.

Es ist damit offensichtlich, dass ein optimales Portfolio mit vergangenheitsbezogenen Daten zukünftig kein optimales Ergebnis erzielen muss. Erkennt man etwa aufgrund der Analyse der Kapitalmärkte, der Angebot-Nachfrage-Situation, der monetären Situation oder der ökonomischen Ungleichgewichte, dass die Rohstoffmärkte in den kommenden Jahren beziehungsweise auch Jahrzehnten die deutlich bessere Vorraussetzungen haben als herkömmliche und bereits hoch bewertete Aktienmärkte, dann kann der Schluss zugelassen werden, dass der Rohstoffsektor gegenüber anderen Anlageklassen deutlich übergewichtet werden sollte beziehungsweise Rohstoffe ein unverzichtbarer Bestandteil des Portfolios sein müssen.

Paradigmenwechsel

Rohstoff-Aktien-Index vs. S&P 500 von 1966 bis 2003 Abb. 3

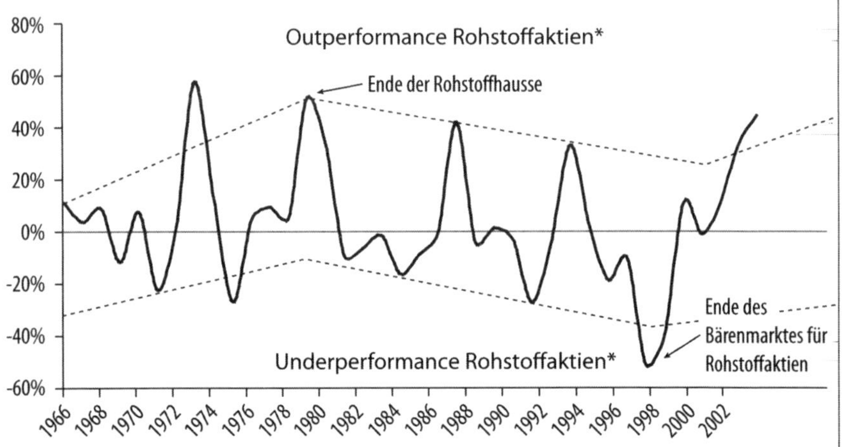

*Jährliche Wertentwicklung des Rohstoffaktienindex (Öl & Gas, Basismaterialien, Gold & Edelmetalle) abzüglich der jährlichen Wertentwicklung des S&P 500 Index.

Quelle: Peter Heim

Rohstoffe

Wie wir im vorangegangenen Kapitel gezeigt haben, ist es durchaus sinnvoll, mit der Beimischung von Rohstoffen und besonders von Rohstoff-Futures das Rendite-Risiko-Verhältnis des Portfolios zu verbessern. Allerdings gestaltet es sich bei verschiedenen Rohstoffarten schwierig, physische Positionen aufzubauen. Einerseits besteht meist das Problem der Beschaffung der verschiedenen Rohstoffe, andererseits lassen sich etwa Basismetalle oder Erdöl und Erdgas nur mit hohem Kostenaufwand lagern. Um beispielsweise eine vernünftige Position Erdöl zu Spekulationszwecken aufzubauen, könnte es sich – zumindest theoretisch – anbieten, in den heimischen Swimmingpool anstatt gechlortem Wasser das schwarze und in seiner Konsistenz zähe Erdöl einlaufen zu lassen. Dies dürfte aber lediglich einem geringen Teil der Bevölkerung möglich sein. Aber selbst Swimmingpool-Besitzer werden sich sehr schwer tun, zu Diversifikationszwecken auch noch Erdgas irgendwo einzulagern. Bei einem Preis von rund 3.000 US-Dollar für eine Tonne Kupfer würde man beispielsweise mehr als elf Tonnen Kupfer benötigen, um eine Anlage im Gegenwert von 25.000 Euro zu tätigen. Bei diesen Größenordnungen würden Anleger bei wohl sämtlichen Banken abgewiesen, da die dortigen Schließfächer über eine meist wesentlich geringere Aufnahmefähigkeit verfügen.

Doch Spaß beiseite: Wir empfehlen aufgrund dieser Schwierigkeiten, die bei der Diversifikation in physischen Rohstoffen bestehen, in Rohstoffe auf breiter Basis überwiegend in Form von Rohstoff-Zertifikaten, Rohstoff-Aktien und / oder Rohstoff-Fonds sowie Rohstoff-Futures zu investieren. Spezifische Empfehlungen zu diesen Themen lesen Sie bitte in den entsprechenden Kapiteln nach. Es stehen dem Anleger vielfältige und aussichtsreiche Anlagemöglichkeiten zur Verfügung.

Die Anlage in physischen Rohstoffen sollte in erster Linie der Vermögensaufbewahrung sowie dem Vermögenserhalt dienen. Sowohl die kurz- als auch die mittelfristige Spekulation in Verbindung mit hohen Kaufneben- und Lagerkosten ist in den meisten Fällen wenig aussichtsreich. Lediglich die Erwartung deutlicher Wertzuwächse bei ausgewählten Rohstoffen rechtfertigt diese Spekulation. Hierfür kommen unseres Erachtens allerdings lediglich Edelmetalle in Betracht, die aufgrund ihres relativ hohen Wertes auch für kleinere Einheiten (Wert je Unze oder je Kilogramm) sowie der deutlich besseren Handelbarkeit und Aufbewahrungsmöglichkeiten etwa gegenüber Industriemetallen, Soft Commodities oder Öl und Gas in Frage kommen. Aber selbst bei reiner Spekulation in der Hoffnung auf kurzfristige Kursanstiege sollte ein bestimmter Teil des liquiden Vermögens in Edelmetallen, vorwiegend in Gold und Silber, gehalten werden. Wir haben darauf hingewiesen, dass aufgrund der erheblich ausgeweiteten Geldmenge in der westlichen Welt (vor allem in den USA) die Inflationsgefahr deutlich gestiegen ist – besonders dann, wenn man, wie bei den Ökonomen »vom alten Schlag« noch üblich, Inflation an der Entwicklung der Geldmenge misst. Auch die Stabilität des Finanzsystems der westlichen Nationen, wiederum besonders hinsichtlich des US-Dollars, wird zunehmend kritisch betrachtet. Der renommierte US-Börsenbriefautor und Analyst Richard Russell weist darauf hin, dass es in den Vereinigten Staaten einer zunehmende Verschuldung bedarf, um Wirtschaftswachstum zu generieren (vgl. dazu Dow Theory Letters, Richard Russell, Richard's Remarks, 20.12.2004). In den 60er-Jahren noch benötigte man in den USA für die Generierung eines US-Dollars zusätzlichen Bruttoinlandsproduktes eine Verschuldung von 1,5 Dollar. Heute beläuft sich dieses Verhältnis Schätzungen zufolge auf sieben Dollar neue Schulden für einen Dollar zusätzliche Wirtschaftsleistung.

Das daraus resultierende Verschuldungswachstum ist mittlerweile offensichtlich und stellt bei einer weiteren Verlangsamung der ökonomischen Wachstumsraten eine erhebliche Belastungsprobe für die Binnenkonjunktur mit den entsprechenden Auswirkungen auf die Exportnationen weltweit dar. Pro Jahr zahlen die Vereinigten Staaten 320 Milliarden Dollar an die Gläubiger von US-Staatsanleihen. Die US-Verschuldung über alle Sektoren hat mit 37.000 Milliarden Dollar ein auf lange Sicht nicht mehr tragbares Niveau erreicht. Seit dem Jahr 2000 erhöhte sich die Verschuldung der US-(Privat-)Haushalte um über

30 Prozent auf knapp 10.000 Milliarden Dollar beziehungsweise knapp 10.000.000 Millionen Dollar, bei einer Sparquote, die mit zuletzt 0,2 Prozent eigentlich gar nicht mehr existent ist. Diese nackten und ungeschönten Zahlen zeigen, dass es allein aus Risikogesichtspunkten heraus anzuraten ist, Edelmetalle als Alternativwährung zu erwerben und dadurch seinem Vermögen eine zusätzliche Sicherungskomponente zu verleihen.

Gold in Form von Münzen und Barren kommt als Risikoinvestment die größte Bedeutung zu, wobei dem Gold seine historische, bei der heutigen Generation aber leider größtenteils in Vergessenheit geratenen Funktion als Währung zugute kommt und in den kommenden Jahren wieder ganz klar größere Geltung erlangen wird. Gold in Form von Münzen oder Barren kann man für gewöhnlich in jeder Bankfiliale erwerben, auch wenn man Goldkäufe meist vorher ankündigen sollte, da aufgrund des arg geschrumpften Handelsvolumens in den vergangenen Jahren viele Filialen kein Gold mehr vorrätig haben und sich von den jeweiligen Hauptstellen damit versorgen lassen müssen. Banken berechnen allerdings, verglichen mit anderen Anbietern, relativ hohe Gebühren, die sich beim Kauf in entsprechenden Aufschlägen sowie beim Verkauf mit Abschlägen auf den Marktpreis niederschlagen. Münzhändler, die oft am Firmenschild-Aufdruck »Gold-An- und -Verkauf« zu erkennen sind, unterscheiden sich meist nur unwesentlich von den Banken und ihrer Gebührenstruktur, bieten jedoch oft nur ein eingeschränktes Angebot. Der Vorteil von Münzhändlern allerdings liegt darin, dass hier die Anonymität am größten ist. Das heißt, es erfolgt keine Aufzeichnung über den Erwerb etwa von Goldmünzen, wie es bei Banken oder auch dem jungen und mit guten Konditionen aufwartenden Edelmetallhandelshauses »pro aurum« in München gehandhabt wird. Dies spielt aber lediglich dann eine Rolle, wenn es wieder einmal zur Konfiszierung der privat gehaltenen Goldbestände kommen sollte (wie etwa während des Ersten Weltkrieges, als zahlreiche europäische Regierungen von der Bevölkerung die Ablieferung von Goldbeständen an die jeweiligen Notenbanken forderten) und die Aufzeichnungen beim Edelmetallerwerb hierbei helfen könnten. Bis zu 15.000 Euro Gegenwert ohne Datenhinterlegung können Edelmetalle in physischer Form über »ArgentumInvest« in Straubing erworben werden, eine junge Firma, deren Edelmetallhandel sich gerade im Aufbau befindet (vgl. dazu http://argentuminvest.de).

Schmuck aus Edelmetallen als wertbeständige Anlage zu betrachten erscheint in diesem Zusammenhang nur bedingt richtig und sinnvoll. Denn die beim Erwerb bezahlte handwerkliche oder künstlerische Arbeit der Schmuckkreierung sowie teilweise auch der Name des Herstellers bekommt man in den allermeisten Fällen beim Verkauf nicht mehr zurück, der Verkäufer erhält lediglich den Materialwert bezahlt. Wer sich gerne mit Gold- und Silberpreziosen schmückt oder anderen damit eine Freude macht, handelt bestimmt nicht verkehrt, nur muss er sich der deutlich geringeren Verkaufserlöse bewusst sein. Dies gilt im Übrigen auch bei Diamanten, bei denen es auch in der reinen Form aufgrund des durch Auktionen gekennzeichneten Marktes für Privatleute recht schwierig ist, diese wieder zu veräußern. Beim Horten von Edelmetall ist zudem zu beachten, dass die Aufbewahrung an einem sicheren Ort erfolgen sollte. Am sichersten neben dem Vergraben des Nachts im eigenen Garten ist beispielsweise ein (offizielles) Edelmetallkonto bei einer renommierten Bank in der Schweiz oder in Liechtenstein, das sich aber nur ab einem bestimmten Gegenwert rentiert. Fühlt man sich mit seinem Gold und Silber zu Hause zu unwohl, kann man auch ein Schließfach bei einer Bank unterhalten; allerdings ist der Versicherungswert von Seiten der Banken relativ niedrig.

Gold ist seit Menschengedenken das Zahlungsmittel schlechthin. Politiker, Notenbanker und Medien haben es innerhalb nur einer Generation allerdings geschafft, dies aus dem Bewusstsein der Menschen der westlichen Hemisphäre zu vertreiben und es durch den »Dollar-Standard«, den auf dem US-Dollar als Reservewährung basierenden weltweiten Finanzsystem mit seiner Politik des ungezügelten Banknotendruckens, zu ersetzen. Da bislang allerdings sämtliche Banknotensysteme, die jemals auf diesem Globus existierten, über kurz oder lang zum Scheitern verurteilt waren, ist mit Sicherheit davon auszugehen, dass auch die heutigen, kaum mehr mit Gold hinterlegten Währungssysteme scheitern werden – möglicherweise noch in unserer Generation. In einem solchen Extremszenario erst kommt der Edelmetallhortung ihre volle Bedeutung zu, da dann Gold und Silber, besonders in Münz-, aber auch in Barrenform, die Rolle des Geldes als Zahlungs- beziehungsweise Tauschmittel übernehmen werden.

Es ist nicht unsere Absicht, mit diesem »Schreckensszenario« eine düstere ökonomische und, damit verbunden, soziale Zukunft zu zeichnen. Uns geht es lediglich darum aufzuzeigen, wie man sich und sein Vermögen sowie seine Zahlungsfähigkeit mit der Hortung einer bestimmten Menge an physischen und möglichst problemlos eintauschbaren Edelmetallen absichern kann für den Fall, dass die strapazierten und in sich verwobenen Finanzsysteme der westlichen Industrienationen unter Duck geraten.

An dieser Stelle eine kurze Anmerkung: Im Zuge weiter steigender Rohstoffpreise sollten diejenigen Investoren, die den eingeschlagenen Weg in die Verschuldungskrise als eine unausweichliche Sackgasse sehen, bei dann wahrscheinlich ebenfalls anziehenden Wertpapierkursen diese Papiere (zum Beispiel Goldminen- und Rohstoff-Aktien oder Zertifikate auf Edelmetalle) sukzessive verkaufen und die frei werdende Liquidität vorrangig in physisches Gold investieren – und auch in Silber. Denn Silber verfügt gegenüber Gold über einige enorme Vorteile. Zwar besitzt es nicht die hohe Kaufkraft und die historische Faszination des Goldes, doch wurde Silber, das »Gold des kleinen Mannes«, in den Krisenzeiten der westlichen Welt bisher noch nie vom Staat konfisziert und konnte somit seine Zahlungsmittelfunktion immer erfüllen. Zudem besitzen die Notenbanken dieser Welt kaum mehr nennenswerte Silberbestände, sodass bei Silber nicht die Gefahr besteht, dass Notenbanken korrigierend auf Marktpreisveränderungen Einfluss nehmen könnten.

Tabelle 1 gibt einen Überblick über gängige Größen bei Edelmetallmünzen und -barren sowie über die jeweils anfallenden Mehrwertsteuersätze. Man muss dabei allerdings beachten, dass zum Beispiel bei

Eine Kostenfrage

Grobe Orientierung hinsichtlich Größen und Kosten einzelner physischer Edelmetallanlagen

Tab. 1

	Gold			Silber			Platin			Palladium		
Münzen	Einheit	Maß	MWSt.	Einheit	Maß	MWSt.	Einheit	Maß	MWSt.	Einheit	Maß	MwWt.
	20tel	Uz.	0%				20tel**	Uz.	16%			
	10tel	Uz.	0%				10tel	Uz.	16%			
	4tel	Uz.	0%				4tel	Uz.	16%	4tel	Uz.	16%
	halbe	Uz.	0%				halbe	Uz.	16%	halbe	Uz.	16%
	1	Uz.	0%	1	Uz.	7%	1	Uz.	16%	1	Uz.	16%
	2	Uz.	0%			7%	2**	Uz.	16%			
	10*	Uz.	0%	10***	Uz.	7%	10**	Uz.	16%			
	1*	Kg	0%	1***	Kg	7%	1**	Kg	16%			
	1	Goldmark	0%									
	100	Gold Euro	0%									
	200	Gold Euro	0%									
	Diverse weiter, v.a. historische Münzen mit meist 16% MWST.			diverse Goldmünzen 7% MWST.								
Barren	Einheit	Maß	MWSt.	Einheit	Maß	MWSt.	Einheit	Maß	MWSt.	Einheit	Maß	MWSt.
	1	g	0%									
	2	g	0%									
	2,5	g	0%									
	5	g	0%				5	g	16%			
	10	g	0%				10	g	16%	10	g	16%
	20	g	0%				20	g	16%			
	31,1	g	0%				31,1	g	16%	31,1	g	16%
	50	g	0%				50	g	16%	50	g	16%
	100	g	0%				100	g	16%	100	g	16%
	250	g	0%	250	g	16%	250	g	16%	250	g	16%
	500	g	0%	500	g	16%	500	g	16%	500	g	16%
	1000	g	0%	1000	g	16%	1000	g	16%	1000	g	16%
				5000	g	16%						

*) nur australischer Känguruh
**) nur australischer Koala Bär
***) nur australischer Kookaburra

Quelle: pro aurum, Dt. Bank, Commerzbank; eigene Darstellung historischen Goldmünzen teilweise 16 Prozent Mehrwertsteuer berechnet werden. Münzhandelsstellen sollten deswegen vor dem Kauf auf die Konditionen hin geprüft werden.

Edelmetallmünzen sollte man ganz allgemein in Form von so genannten Bullion Coins beziehungsweise Kapitalanlagemünzen kaufen, die bestimmte Staaten als offizielle Zahlungsmittel ausgeben. Deren Wert ist an die Preisentwicklung der Edelmetalle an den Metallbörsen und an die Währungsentwicklung des US-Dollars zum Euro gekoppelt. Bei den Barren sollten Anleger Wert auf Produkte der führenden Hersteller legen, zu denen etwa Heraeus und Umicore (beide Gold) oder Degussa (Gold und Silber) zählen.

Gängige Goldmünzen werden in einer Gewichtseinheit von einer zwanzigstel Unze (1,6 Gramm) bis zu einem Kilogramm geprägt. Beim Kauf von Goldmünzen oder -barren wird in Deutschland in den meisten Fällen keine Mehrwertsteuer berechnet (siehe dazu auch Tabelle 1). Je kleiner die Gewichtseinheit, umso höher der Aufschlag beim Kauf und der Abschlag beim Verkauf, da die Kosten für Herstellung (also das Gießen oder Pressen in die jeweilige Form), Versicherung und Transport sich bei kleinen Einheiten überproportional bemerkbar machen. So beträgt der Aufpreis beim Kauf eines Ein-Gramm-Barrens, der kleinsten Einheit, in der man Gold erwerben kann, rund 100 Prozent auf den Marktwert von rund elf Euro. Bei größeren Gewichtseinheiten sinkt der Kostenanteil schnell in den mittleren bis unteren Prozentbereich. Pauschal kann davon ausgegangen werden, dass beim Gießen in die jeweilige Münz- oder Barrenform bei Gold 30 bis 40 Euro an Kosten je Kilogramm anfallen, bei Silber 15 bis 20 Euro pro Kilogramm. Bei weiter steigenden Edelmetallpreisen jedoch wird sich der Kostenanteil zunehmend verringern, da die Kosten als relativ konstant zu betrachten sind und sich bei verdoppelten Metallpreisen nahezu halbieren würden.

Die gängigste Form von Goldmünzen ist das Ein-Unzen-Goldstück (entspricht einem Gewicht von 31,1 Gramm). Nach Angaben des Goldhändlers »pro aurum« in München, neben dem Münzkabinett Frankfurt am Main (Schwerpunkt Numismatik) einer der bedeutendsten privaten Edelmetallhändler in Deutschland, werden rund 90 Prozent der Münztransaktionen mit Ein-Unzen-Stücken getätigt. Eindeutiger Marktführer vor dem australischen Känguru, dem österreichischen Philharmoniker (mit Nennwert in Euro), dem kanadischen Maple Leaf, dem US-amerikanischen American Eagle und der britischen Britannia ist der südafrikanische Krügerrand, dessen rötlich scheinendes Gold den geringen Kupferanteil verrät. Der Krügerrand wird bereits seit 1967 mit einer Auflage von bislang rund 46 Millionen Stück oder einem Gewicht von insgesamt 1.400 Tonnen Gold geprägt; er ist die meistgehandelte Münze in Deutschland. Allen Vermutungen zum Trotz beinhaltet auch der Krügerrand in Form einer Ein-Unzen-Goldmünze einen Goldgehalt von 31,1 Gramm. Wiegt man den Krügerrand allerdings auf einer Waage, so wird er ein Gewicht von 34 Gramm anzeigen. Die Differenz aus 34 Gramm Gesamtgewicht und 31,1 Gramm Gold ist der Kupferanteil, den der Anleger beim Erwerb somit gratis dazuerhält. Das enthaltene Kupfer ist derzeit allerdings nicht mehr als sieben Euro-Cent wert.

Die hohen Volumina sorgen dafür, dass die Kosten beziehungsweise die Prämie beim Erwerb mit 2,5 bis gut drei Prozent (bei pro aurum) gegenüber dem reinen Materialwert den Krügerrand mit seinem hohen Bekanntheitsgrad und Wiedererkennungswert zur preisgünstigsten Goldmünze macht. Auch die Banken handeln den Krügerrand mit den geringsten Aufschlägen, die Prämie liegt dabei aber um rund ein Prozent über den Konditionen etwa von pro aurum. Die Geld-Brief-Spannen der Banken bei Ein-Unzen-Goldmünzen liegen gewöhnlich im Bereich von sechs bis elf Prozent, sodass es unerlässlich ist, bei Käufen vor allem im größerem Umfang Preisvergleiche zwischen den einzelnen Banken und privaten Anbietern (wie dem Münzkabinett Frankfurt/M. oder pro aurum) vorzunehmen. Die Commerzbank beispielsweise, die ihre Kompetenz im Bereich Edelmetallhandel herausstellt, legte bei einem Goldpreis von rund 443 US-Dollar beziehungsweise 327 Euro je Unze für einen Ein-Unzen-Krügerrand einen Verkaufspreis (aus Sicht der Bank) von 339,5 Euro fest und nahm diese Münze für 312,5 Euro wieder zurück. Die Prämie auf den reinen Goldpreis belief sich somit auf gut vier Prozent, sodass zwischen Ankaufs- und Verkaufspreis eine Spanne von 27 Euro beziehungsweise 8,3 Prozent gegenüber dem Metallwert bestand. Bei pro aurum lag die Spanne am gleichen Tag zwischen 317 und 338 Euro und damit lediglich bei 21 Euro beziehungsweise 6,4 Prozent (Beispielsrechnung anhand des Standes vom 27.12.2004).

Seit 1981 bis 2001 fällt der Goldpreis beständig, und in der Folge wird der Edelmetallhandel zunehmend ausgedünnt. Deshalb haben die Banken in diesem Bereich immer mehr Kompetenz (zum Beispiel Prüfung auf Echtheit und Bewertung numismatischer Münzen) und Logistik (Zeitrum der Beschaffung) abgebaut. Da das Sorten- und Edelmetallgeschäft als einzig verbliebenes physisches Geschäftsfeld der Banken verblieben ist (und als eine Einheit betrachtet wird), der Devisenbereich aber aufgrund der Euro-Einführung erheblich an Bedeutung verloren hat und zudem verschärfte gesetzliche Bestimmungen aus den 90er-Jahren die Margen aus dem Edelmetallhandel weiter schmälerten, ziehen sich auch heute noch immer mehr Banken aus dem Edelmetallgeschäft zurück. Privaten Häusern kommt angesichts dieser Entwicklung eine deutlich größere Bedeutung zu, besonders dann, wenn sie wie pro aurum auch Banken zu ihren Kunden zählen.

Aus Kostengesichtspunkten sollte Münzgold also überwiegend in Form von Ein-Unzen-Münzen erworben werden, wobei auch größere Einheiten (Zwei-Unzen- oder Ein-Kilogramm-Münzen, ganz zu schweigen vom 1.000 Unzen oder 31,1 Kilogramm schweren Philharmoniker) für das Horten von Gold in Frage kommen. Sollte allerdings Gold in Krisenzeiten seine Funktion als Zahlungsmittel wiedererlangen, erscheinen diese Einheiten als zu groß, um die Dinge des täglichen Bedarfs zu bezahlen. Allein schon aus diesem Grund ist es sinnvoll, in begrenztem Maße auch Goldmünzen zu kaufen, die ein geringeres Gewicht als eine Unze aufweisen.

Goldbarren werden mit einem Gewicht von einem Gramm bis zu einem Kilogramm angeboten und wie die meisten Goldmünzen nicht mit einer Mehrwertsteuer belegt. Bezogen auf die Kosten gilt dasselbe wie bei den Münzen: je niedriger das Gewicht, umso höher die Aufschläge beim Kauf. Sofern die Summe, die in physischem Gold angelegt werden soll, bedeutend ist, kann auch auf Ein-Kilogramm-Barren zurückgegriffen werden. Bei ihnen reduziert sich die Prämie deutlich. Lediglich auf etwa 1,7 Prozent verringert sich der Aufpreis auf den Goldwert, die Spanne zwischen Kauf- und Rücknahmepreis schrumpft auf 3,1 Prozent, bei einer vertretbaren Spanne von 4,2 Prozent bei 100-Gramm-Barren beziehungsweise 7,6 Prozent bei Ein-Unzen-Goldbarren. Dennoch erscheint aus unserer Sicht das Horten von Gold in Form von gängigen Ein-Unzen Münzen (auch als Anlagemünzen bezeichnet) wie dem Krügerrand am sinnvollsten, da die Preisfeststellung für eine solche Münze sehr leicht vorzunehmen ist und der Bekanntheitsgrad in weiten Teilen der Bevölkerung sehr hoch ist, was diese Münze im Krisenfall zum leicht tausch- und bewertbaren Gegenstand macht.

Im Gegensatz zu Gold hält der Staat beim Silberhandel beide Hände auf und berechnet bei Silbermünzen sieben Prozent Mehrwertsteuer, bei Barren sogar 16 Prozent, was physisches Silber im Vergleich zu Gold relativ verteuert. Das Angebot an physischem Silber ist in seiner Vielfalt deutlich stärker eingeschränkt als beim großen Bruder Gold. Neben diversen silbernen Gedenkmünzen existieren – in gängiger Form und von renommierten Anbietern – lediglich Ein-Unzen Münzen (Känguru, Maple Leaf, American Eagle und chinesischer Panda) sowie der australische Zehn-Unzen-Koalabär und der 1-Kilogramm-Kookaburra, ebenfalls aus Australien.

Die Aufpreise auf den reinen Metallwert sind bei Silbermünzen aber deutlich höher als bei Gold, einfach aus der Tatsache heraus, dass der Metallwert einer Ein-Unzen-Silbermünze derzeit bei etwa einem Sechzigstel von dem des Goldes liegt, die Kosten für Prägung, Transport, Lagerung und Versicherung jedoch in etwa denen für eine Ein-Unzen-Goldmünze entsprechen. So ist es zu erklären, dass bei einem

Materialwert von (stichtagsbezogen 27.12.2004) lediglich 6,9 Dollar beziehungsweise 5,1 Euro je Unze Silber Ein-Unzen-Silbermünzen je nach Prägeland zwischen 8,8 (kanadischer Maple Leaf) und 10,15 Euro (australischer Kookaburra) zu kaufen waren (Preise von pro aurum, bei Geschäftsbanken im Allgemeinen noch darüber, bei Rücknahmepreisen von jeweils 7,25 Euro), wobei zudem noch die gesetzliche Mehrwertsteuer von sieben Prozent bei Münzen zu entrichten ist. Die Spanne zwischen Kauf- und Verkaufspreis lag im günstigsten Fall (Maple Leaf) bei 30,4 Prozent, bezogen auf den reinen Silberpreis. Diese Spanne reduziert sich zwar deutlich bei größeren Maßeinheiten wie etwa dem Ein-Kilogramm-Silberbarren, liegt aber immer noch bei knapp 18 Prozent (Verkaufspreis von 185 Euro bei einem Rücknahmepreis von 159 Euro, Metallwert 164 Euro) auf den reinen Silberpreis, wobei der für Silberbarren obligatorische höhere Mehrwertsteuersatz von 16 Prozent den Kauf von physischem Silber noch einmal verteuert. Wegen der hohen Aufpreise sollten Silberbarren ab einem Kilogramm aufwärts bevorzugt werden. Trotz der reduzierten Mehrwertsteuer von sieben Prozent auf Münzen sind Barren dennoch günstiger als die allgemein bevorzugten Silbermünzen.

Alternativen beim Silberkauf bieten sich immer wieder beim Internetauktionshaus eBay. Die angebotenen Mengen sind allerdings meist überschaubar und gehen selten über zehn Kilogramm hinaus. Allerdings fällt in diesem Fall die sonst übliche Mehrwertsteuer von sieben Prozent für Münzen beziehungsweise 16 Prozent bei Barren nicht an. Zudem bleibt das Problem der Transportversicherung, da in den meisten Fällen Transportunternehmen keinen Versicherungsschutz für Edelmetalle anbieten. Silberkäufer jedenfalls befinden sich in guter Gesellschaft. Der bekannte US-amerikanische Investor Warren Buffett erwarb bereits im Jahr 1997 für seine Beteiligungsgesellschaft Berkshire Hethaway mit 130 Millionen Unzen Silber rund eine vollständige Jahresproduktion und sitzt seitdem auf seinem Haufen Silber. Der angesehene US-amerikanische Silber-Analyst Ted Butler vermutet, dass Buffetts Silber bereits vor Jahren verliehen wurde und der Besitz sich auf »Papiersilber« beschränkt, das in physischer Form den Markt nicht mehr belasten kann, sollte er denn einmal verkauft werden.

Eine weitere Alternative im Bereich physischer Edelmetalle stellt Platin dar, wobei sowohl für Platinmünzen wie auch -barren generell 16 Prozent Mehrwertsteuer beim Erwerb anfallen. Das Sortiment an physischem Platin ist allerdings erstaunlich groß. Wie bei Goldmünzen sind Platinmünzen von einer Stückelung von einer Zwanzigstel-Unze bis zu Ein-Kilogramm-Münzen erhältlich, wobei man zwischen dem australischen Koalabär, dem kanadischen Maple Leafe und dem Noble (Isle of Man) auswählen kann. Trotz den im Vergleich zu Banken günstigen Angeboten lag die Spanne bei einer Ein-Unzen-Platinmünze (bei identischen Preisen von Koalabär und Maple Leaf und einem Aufschlag von gut einem Prozent beim Noble) bei 10,3 Prozent auf den reinen Platinpreis, beim Ein-Unzen-Platinbarren noch bei 9,1 Prozent. Wäre nicht die 16-prozentige Mehrwertsteuer zu entrichten, erschienen etwa Ein-Kilogramm-Platinbarren mit einer Spanne von nur noch 4,8 Prozent auf den Materialwert günstig. Allerdings liegen die Ankaufskosten auch bei rund 20.000 Euro (Stand Ende 2004).

Palladium, das dem Platin nahe verwandte Edelmetall, dessen Verwendung aber noch deutlicher im Spektrum industrieller Anwendungen liegt als bei Platin, ist für Anleger als Viertel-, halbe und eine Unze sowie in Barrenform von zehn Gramm bis ein Kilogramm erhältlich, wobei für Palladiummünzen wie auch -barren 16 Prozent Mehrwertsteuer zu entrichten sind. Palladium stellt unter den Edelmetallen allerdings den illiquidesten Handel dar. Die Banken werden in aller Regel keine Palladiumbarren vorrätig haben, selbst bei pro aurum ist die Verfügbarkeit nicht gewährleistet, und Käufe sollten vorher angemeldet werden. Der Aufpreis bei Palladiumbarren auf den reinen Metallwert ist hoch, ähnlich dem von Silber. Er lag Ende 2004 beim Kauf eines Ein-Unzen-Barrens bei 19,6 Prozent, die Spanne aus An- und Verkaufspreis betrug 34,8 Prozent auf den reinen Metallwert (von 138 Euro/Unze). Beim 100-Gramm-Barren betrug die Spanne immer noch 25 Prozent. Zudem muss auf den Kaufpreis die 16-prozentige Mehrwertsteuer hinzugerechnet werden.

Alles in allem geht es bei der physischen Edelmetallanlage darum, einen möglichst guten Kompromiss zwischen einer vernünftig großen Stückelung für Tauschzwecke in Krisensituationen einerseits und möglichst viel Edelmetall für das anzulegende Kapital bei möglichst geringen Prämien beziehungsweise Aufpreisen beim Erwerb andererseits zu finden. Zudem sollte das physische Metall vor Kaufkraftverlust in Zeiten deutlich anziehender Inflationsraten sowie generell vor einer Überstrapazierung der Finanzsysteme schützen. Auch in Zeiten einer Deflation sollten Edelmetallbestände die Kaufkraft zumindest halten können, sodass Edelmetalle mit einer zu hohen industriellen Abhängigkeit und einer geringen Assoziation als Ersatzwährung, wenn überhaupt, eine deutlich unterproportionale Gewichtung im physischen Metalldepot haben sollten. Deflationszeiten sind geprägt von nachlassender Wirtschaftstätigkeit, was die Nachfrage nach Metallen seitens der Industrie erheblich reduzieren kann und Druck auf die Preise mit sich bringen wird. Zudem ist zu berücksichtigen, dass auch größere Beträge in physischer Form ohne Probleme gehandhabt werden müssen. Angelegt in Silber, entspräche eine Summe von 30.000 Euro einem Gewicht von über 160 Kilogramm! Allein der Transport und die Lagerung wären mit erheblichen Schwierigkeiten verbunden. Dennoch dürfte sich ein Investment in Silber langfristig lohnen. Zwischen 1792 und 2002 lag der durchschnittliche Gold-Silber-Quotient bei 31, weniger als der Hälfte des heutigen Verhältnisses von 63. Während der Edelmetall-Hausse 1980 betrug dieser Quotient sogar lediglich 17. Anlagen in physischem Silber sollten in Ein-Unzen-Münzen sowie überwiegend in Barren von mindestens einem Kilogramm erfolgen. Zwischen 20 und 30 Prozent der physischen Edelmetallinvestments können in Silber angelegt werden.

Platinanlagen kommen in physischer Form nur bedingt in Frage. Platin als Edelmetall ist hierzulande noch immer relativ unbekannt, obwohl es im Schmuckbereich, besonders in Form von Eheringen, allmählich an

Bedeutung gewinnt. Allerdings scheint fraglich, ob Platin in Krisenzeiten ähnlich dem Gold oder Silber als Tauschmittel auf breiter Basis akzeptiert wird. Trotz des relativ hohen Wertes je Gewichtseinheit eignet sich physisches Platin nur für Anleger, die größere Summen in physischer Form investieren möchten; allerdings sollten nicht mehr als 20 Prozent der physischen Edelmetallanlagen in Platin investiert werden. Palladium kann zwar aufgrund des auch mittlerweile technisch möglichen Einsatzes für Diesel-Pkw-Katalysatoren (als Ersatz für Platin) eine gute Zukunft haben, allerdings gibt es interessantere Möglichkeiten, ohne dass die hohen Aufpreise beim physischen Metallerwerb anfallen. Die Verwendung von Palladiummünzen und -barren erscheint in Krisenzeiten äußerst unsicher, da in der Bevölkerung kaum Kenntnis über dieses Edelmetall besteht und es in Ausnahmesituationen mehr als fraglich ist, inwieweit Palladium, egal ob in Münzen- oder Barrenform, als Tauschmittel akzeptiert würde, und wenn, dann wahrscheinlich lediglich mit hohen Abschlägen auf den realen Metallwert. Wir raten daher dazu, auf Palladiumanlagen in physischer Form – außer bei Liebhaberei, die das Risiko des Wertverlustes im Krisenfalle persönlich vertretbar macht – zu verzichten.

An Gold in physischer Form führt kein Weg vorbei, und es gibt dazu auch keine wirkliche Alternative. Allein Gold bietet Sicherheit und Wertbeständigkeit, sowohl in Inflations- als auch in Deflationsphasen. Gerade bei Deflation bietet Gold einen erheblich größeren finanziellen Schutz als Silber, sodass ein Verhältnis von 50 bis 70 Prozent physischen Edelmetallanlagen in Goldmünzen und -barren anzuraten sind. Neben einem Teil in kleiner Stückelung sollte der überwiegende Anteil in Ein-Unzen-Anlagemünzen, aber auch 100-Gramm-Barren, bei größeren Anlagebeträgen auch Ein-Kilogramm-Barren, griffbereit gehalten werden. Auf eine sichere Verwahrung sollte großer Wert gelegt werden; empfehlenswert sind die Verwahrung in den eigenen vier Wänden, ein Schließfach bei einer soliden inländischen Bank oder ein Edelmetalldepot in der Schweiz.

Futures

In den vorangegangenen Kapiteln sind wir mehrfach auf das Ungleichgewicht zwischen Angebot und Nachfrage eingegangen, das für steigende Preise bei den Rohstoffen sorgen wird. Angebot und Nachfrage sind die Kräfte, welche die Märkte und auch die Preise der Futures bewegen. Doch wie werden Angebot und Nachfrage ausgeglichen? Wie in anderen Bereichen der Ökonomie haben sich auch bei den Rohstoffen Märkte gebildet, um diese Funktion zu erfüllen. Unter einem Markt versteht man eine Einrichtung, die Käufer und Verkäufer bestimmter Güter zusammenführt, um Handel zu ermöglichen.

An den Rohstoffmärkten werden alle Segmente (Energie, Agrarprodukte, Viehbereich, Industriemetalle, Edelmetalle) gehandelt. Die jährliche Produktion der 35 am aktivsten gehandelten Rohstoffe beläuft sich auf etwa 2,2 Billionen US-Dollar. Der Betrag, der dabei an den Rohstoffbörsen umgesetzt wird, beträgt ein Vielfaches des Handelsvolumens der amerikanischen Aktien. Der Handel erfolgt grundsätzlich entweder über physische Märkte (auch »außerbörslich« oder »Over-the-Counter« genannt) oder über Börsen.

Physische Rohstoffmärkte

An den physischen Märkten kaufen und verkaufen die Händler die Rohstoffe gegen bar. Häufig ist deshalb auch von Kassamärkten die Rede. Je nach Liquidität werden die Preise an den Kassamärkten ein- bis zweimal täglich aktualisiert. Sehr liquide ist hingegen der Markt für Rohöl, bei dem die Preise über einen Link zu den Futures fast in Echtzeit aktualisiert werden. An den physischen Märkten kommen neben Kontrakten mit physischer Lieferung hauptsächlich Finanzinstrumente wie Kassa- und Barkontrakte zur Anwendung. Im Gegensatz zu Futures handelt es sich bei den Kassakontrakten um außerbörsliche Geschäfte, die individuell zwischen Käufer und Verkäufer ausgehandelt werden. Der Handel erfolgt in aller Regel über das Telefon oder – wenn auch seltener – über Auktionen. Da diese Geschäfte »Over-the-Counter« ablaufen, sind sie nicht standardisiert und werden somit einzeln für den jeweiligen Rohstoff ausgehandelt. Angaben über Qualität (zum Beispiel verschiedene Ölsorten) und Menge des Rohstoffes, Lieferbedingungen und -adresse sind aber in aller Regel auch in diesen Kontrakten enthalten. Die Lieferung erfolgt grundsätzlich innerhalb von einem bis 45 Tagen. Während bei einem Kontrakt mit physischer Lieferung die tatsächliche Lieferung an den Käufer vorgesehen ist, sieht ein Barkontrakt den Barausgleich vor.

Warenterminbörsen

Rohstoffbörsen oder auch Warenterminbörsen bringen Rohstoffproduzenten und Verbraucher zusammen und erfüllen damit eine sinnvolle Funktion: Ein Farmer, der im Frühjahr vor der Wahl steht, entweder Weizen, Mais oder Sojabohnen anzupflanzen, ist mit dem Problem konfrontiert, dass er nicht weiß, wo der Preis dieser so genannten weichen Rohstoffe nach der Ernte im Herbst stehen wird. Auch der Abnehmer, zum Beispiel ein Nahrungsmittelunternehmen, auf der anderen Seite weiß nicht, wo der Preis von Weizen oder Mais in ein paar Monaten liegen wird. Früher wären beide Seiten Faktoren wie dem Verlauf der Gesamternte, dem Wetter, Transportproblemen oder spekulativen Exzessen in die eine oder andere Richtung ausgesetzt gewesen. Für beide Seiten können jedoch starke Preisschwankungen mit enormen finanziellen Risiken verbunden sein, da sie darauf angewiesen sind, Rohstoffe zu kaufen oder zu verkaufen. Rohstoffproduzenten, ob nun Farmer, Ölproduzenten oder Bergbauunternehmen, sind daran interessiert, dass sie ihre Produkte zu einem Preis verkaufen können, der höher ist als ihre Kosten. Die Verbraucher von Rohstoffen wie Nahrungsmittelunternehmen oder Automobilproduzenten, die diese Rohstoffe für ihre Produkte benötigen, müssen ihrerseits Preise für die Produkte festlegen, die gegenüber den Wettbewerbern konkurrenzfähig beziehungsweise am Markt durchsetzbar sind. Werden bestimmte Rohstoffe knapp, müssen diese Unternehmen höhere Preise dafür bezahlen. Somit erhöhen sich ihre Input-Kosten, und – wenn sie diese nicht weitergeben können –ihre Gewinnmarge schrumpft.

Rohstoffproduzenten und -verbraucher können dem Risiko der Preisschwankungen des physischen Marktes entgegentreten, indem sie sich einen Preis sichern und damit Risiken vermeiden, indem sie Kontrakte auf den zugrunde liegenden Rohstoff am Futures-Markt handeln. Nehmen wir an, ein Farmer im Mittleren Westen der USA überlegt sich im Frühjahr, ob er auf seinem Feld Weizen, Mais oder Sojabohnen anpflanzen soll. Sein Problem bei der Entscheidungsfindung ist, dass er nicht weiß, wo der Preis dieser Agrarrohstoffe nach der Ernte im Herbst stehen wird. Auch der Abnehmer dieser Rohstoffe, etwa ein Nahrungsmittelunternehmen, weiß nicht, wo die stark schwankenden Preise für Getreide und Ölsaaten in ein paar Monaten stehen werden.

Im Falle unseres Farmers und des Nahrungsmittelunternehmens einigen sich beide Parteien bereits im Frühjahr darauf, im Herbst eine bestimmte Menge Weizen oder Mais zu einem bestimmten Preis zu handeln. Der Vorteil dieses Termingeschäftes liegt darin, dass beide Seiten mit einem fixen Preis kalkulieren können.

Die großen Rohstoffbörsen der Welt wie die Chicago Bord of Trade (CBOT) oder die New York Mercantile Exchange (NYMEX) stellen eine Plattform für den Handel solcher Terminkontrakte dar. Ohne eine solche Einrichtung wäre es sehr aufwändig, wenn jeder Rohstoffproduzent seinen Abnehmer suchen müsste. Zur Absicherung einer physischen Position bieten Futures somit einen Schutz gegen Preisänderungen. Allerdings kommt es bei Futures selten zu einer physischen Lieferung, denn rund 98 Prozent dieser Geschäfte werden vor dem eigentlichen Liefertermin glattgestellt – das heißt, es kommt zu Käufen oder Verkäufen, und die Kontrakte werden liquidiert. Neben den Produzenten und Abnehmern agieren auch noch die Spekulanten, die durch ihre Trades für die nötige Liquidität am Markt sorgen. Den Produzenten und Abnehmern von Rohstoffen, die ihre Risiken absichern, steht auf der anderen Seite der Spekulant gegenüber, der Futures einzig und allein handelt, weil er damit Gewinne erwirtschaften will.

Der Handel mit Rohstoffen lässt sich bis nach Ägypten, Arabien, China, ins antike Griechenland und das römische Reich zurückverfolgen. Die Idee des Futures-Handels ist jedoch ein wenig jünger. Beim ersten modernen Future handelte es sich um einen Kontrakt auf einen Agrarrohstoff: japanischen Reis. Ab dem Jahr 1710 wurden verschiedene Reis-Futures im japanischen Osaka gehandelt. Zur Verbreitung des Handels mit Rohstoffen hat Ende des 17. Jahrhunderts auch Edward Lloyd beigetragen. Sein Londoner Kaffeehaus wurde Zentrum der Schiffsinteressenten und Seeversicherer. Sein Unternehmen garantierte Schiffeignern einen festen Preis für Kaffeeimporte, bevor die Ware eintraf. Die Garantie eines festen Preises, der erst zum Zeitpunkt der zukünftigen Lieferung zu zahlen war, legte den Grundstein für die Futures-Märkte, wie man sie heute kennt. In Amerika begegnete man dem Problem der schwankenden Weizenpreise und der Tatsache, dass es keine längerfristigen Lagermöglichkeiten gab und somit nur der Kassamarkt in Frage kam, mit dem Bau von Silos. Im Herbst konnte so ein Teil der Ernte eingelagert werden, der erst im Frühling des nächsten Jahres ausgeliefert wurde, wenn die Pflanzsaison begann. Der Preis für die Lieferung im Frühjahr wurde Monate im Voraus vertraglich vereinbart. Diese Terminkontrakte umfassten somit eine bestimmte Quantität und Qualität von Weizen, die in einem bestimmten Monat zu einem vereinbarten Preis zu liefern war. Die erste Rohstoffbörse der USA, die Chicago Board of Trade, wurde von Kaufleuten im Jahre 1848 gegründet. Darauf folgten weitere wie die heute noch bestehende New York Mercantile Exchange (NYMEX). Anfang des 20. Jahrhunderts gab es rund 1.000 Rohstoffbörsen in Amerika, deren Anzahl sich im Laufe der Zeit auf sieben reduzierte.

Bei einem Future handelt es sich um einen unbedingten börsengehandelten Terminkontrakt mit der Verpflichtung, eine standardisierte Menge und Qualität eines Rohstoffes (oder eines Finanzinstruments) zu einem festgelegten künftigen Zeitpunkt zu liefern oder abzunehmen. Der damit verbundene Preis stellt das Niveau dar, auf dem der Einstieg in den Handel erfolgt. Der Erwerber eines Futures hat das Recht, die Lieferung des Gutes im Fälligkeitszeitpunkt zu verlangen. Er verpflichtet sich, bei Fälligkeit des Futures den an der Börse ermittelten Terminpreis (Future-Kurs) zu zahlen. Der Veräußerer des Futures verpflichtet sich zur Lieferung des Gutes.

Wie der Name des Futures schon verrät, betrifft der Handel, im Gegensatz zum Handel in der Gegenwart, ein künftiges Lieferdatum. Unser Farmer, der seinen Weizen schon jetzt verkaufen möchte, würde dies auf dem lokalen Markt tun. Will der Farmer jedoch den Preis für einen Verkauf in der Zukunft festlegen, also zum Beispiel für den Zeitpunkt nach seiner Ernte im Herbst, hat er entweder die Möglichkeit, dass er direkt mit einem Nahrungsmittelhersteller einen Vertrag aushandelt, der den Preis, Menge oder Ort festlegt, oder er kann Futures verkaufen. Der Verkauf des Futures hat dabei gegenüber dem individuellen Vertrag einige Vorteile. Der Farmer muss beispielsweise keinen bestimmten Verkäufer finden, da ein Futures-Kontrakt über vier Angaben standardisiert ist: Das ist erstens die Beschreibung, also ob es sich um Weizen, Mais, Zucker, Kaffee, Rohöl oder Kupfer handelt. Zweitens ist die Menge eines jeden Kontraktes definiert, also wie viel von einem Rohstoff gekauft oder verkauft werden soll. Ein Weizen-Kontrakt entspricht einer Menge von 5.000 Scheffeln, ein Kupfer-Kontrakt umfasst 25.000 Pfund Kupfer und ein Öl-Kontrakt 10.000 Barrel Öl. Drittens sind Angaben über Datum und Ort der Lieferung enthalten. Die Standardmonate von Weizen sind zum Beispiel März, Juli, September oder Dezember, in denen er nach Chicago, Kansas City, Omaha, oder St. Louis geliefert werden kann. Und viertens die Zahlungsweise: Bei Futures existiert ausschließlich die Barzahlung. Am Ende eines jeden Handelstages werden die Gewinne und Verluste für jeden Kontrakt zusammengezählt. Neben diesen Standards sind noch weitere Angaben wie die Handels- oder Trading-Zeiten der jeweiligen Börsen enthalten.

Die Vorteile diese Standardisierung liegen auf der Hand: Die Kosten des Handels sind im Vergleich zu einem individuellen Vertrag minimal, da eine Transaktion im Prinzip mit einem Telefonat an den Broker erledigt werden kann. Außerdem könnte unser Farmer seinen Verkauf jederzeit zwischen dem Transaktionstag und dem letzten Handelstag rückgängig machen. Darüber hinaus sind Futures durch die Aufsichtsbehörden reguliert, und die Bonität der Vertragsparteien wird durch die so genannte Clearing-Stelle der Börse garantiert. Zur Sicherung der Zahlung bei Fälligkeit müssen bei Futures Margen hinterlegt werden, deren Höhe regelmäßig, in aller Regel täglich, angepasst wird.

Long und Short

Rohstoff-Futures werden zwar schon länger gehandelt als Aktien oder Anleihen. Dennoch ist diese Anlageform vielen Anlegern wenig bekannt. Dies dürfte neben den hohen Anlagebeträgen (in aller Regel mittlere bis hohe sechsstellige Anlagesummen), die erforderlich sind, unter anderem darin liegen, dass sich Futures in ihren Eigenschaften von den klassischen Anlageklassen unterscheiden. Eine Anlage in Rohstoff-Futures stellt weniger ein direktes Engagement in den Rohstoff dar als vielmehr die Einschätzung auf den künftigen Kassakurs. Als Anleger können Sie verschiedene Strategien nutzen, um von steigenden und fallenden Preisen zu profitieren. Die gewöhnlichen Strategien heißen »long gehen« und »short gehen«, doch dazu später mehr. Ein Termingeschäft kommt nur zustande, wenn sich sowohl ein Käufer als auch ein Verkäufer für einen Rohstoff »finden« und beide sich auf einen Preis einigen können. Wörtlich finden müssen sie sich im Gegensatz zum physischen Handel an der Börse natürlich nicht. Die Clearing-Stelle der Börse ist quasi an jedem Trade beteiligt. Für jeden offenen Futures-Kontrakt gibt es aber jemanden, der im entsprechenden Rohstoff einen Kauf (Long-Position) oder einen Verkauf (Short-Position) beabsichtigt.

Wenn Sie auf steigende Weizenpreise setzen, dann gehen Sie »long« auf Weizen. Damit schließen Sie einen Vertrag über den Basisrohstoff Weizen zu einem bestimmten Preis ab. Wenn Sie sich also verpflichten, Weizen in einem halben Jahr zu 3,50 US-Dollar pro Bushel zu kaufen, profitieren Sie, wenn der Weizenpreis bis zu diesem Zeitpunkt über 3,50 US-Dollar steigt. Denn dann hätten Sie den Rohstoff billiger bekommen als zum dann aktuellen Marktpreis (»Spot Price«). Der Inhaber einer Short-Position gewinnt als potenzieller Verkäufer des Rohstoffes hingegen bei fallenden Preisen. Denn er könnte dann in diesem Fall Weizen zu 3,50 US-Dollar je Bushel verkaufen, auch wenn der Marktpreis auf 3,00 US-Dollar gesunken ist.

Wer an der Terminbörse handeln will, muss eine bestimmte Menge Cash bei der Börse beziehungsweise der Bank hinterlegen. Man spricht dabei von Investieren »auf Margin« (»On Margin«) und einem entsprechenden »Margin Account«. Man muss nicht 100 Prozent hinterlegen. In aller Regel reichen zehn Prozent als Mindesteinlage aus. Jeweils nach Börsenschluss werden dann zum »Settlement Price« die Gewinne und Verluste aller Halter von offenen Kontrakten gegeneinander verrechnet. Die Clearing-Stelle zahlt die Gewinne des Tages aus und bucht den Verlieren die entsprechenden Beträge vom Konto ab. Sind Sie also long gegangen und haben sich verpflichtet, in einem halben Jahr 5.000 Bushel Weizen zu je 3,50 US-Dollar zu kaufen, dann beträgt der Wert des Kontraktes 17.500 US-Dollar. Wenn Sie eher konservativ eingestellt sind, dann hinterlegen Sie den vollen Kontraktwert in Höhe von 17.500 US-Dollar auf Ihrem Margin Account. Im Falle eines Anstiegs des Weizenpreises um zehn Prozent bekommen Sie 1.750 US-Dollar gutgeschrieben. Der Verkäufer, der short gegangen ist, bekommt im Gegenzug hingegen 1.750 US-Dollar von seinem Margin Account abgezogen.

Wie bereits erwähnt, müssen Sie nicht den vollen Kontraktwert hinterlegen. Damit machen Sie sich die Hebelwirkung zunutze. Durch die Hebelwirkung sind enorme Gewinne möglich – aber auch große Verluste. Hinterlegen Sie nur zehn Prozent des obigen Kontraktwertes, also 1.750 US-Dollar, dann würden Sie Ihren Einsatz verdoppeln. Umgekehrt kann aber der Kontrakt während der Halteperiode auch unter das Mindestniveau (»Maintance Margin«) fallen. Damit ist der Mindestbetrag auf dem Marginkonto gemeint, bevor der Anleger das Konto wieder auffüllen muss. Falls der Preis jedoch um zehn Prozent fällt, droht Ihnen der Totalverlust. Ihr Broker an der Börse würde von Ihnen einen »Margin Call«, also die Einzahlung eines zusätzlichen Betrages, fordern, und Sie müssten umgehend weiteres Kapital nachschießen, oder aber der Kontrakt würde mit einem Totalverlust geschlossen werden.

Das negative Image, das Futures oft anhängt, kommt von solch riskanten Geschäften. Deswegen sollten Sie sich dem Verlustpotenzial, das mit »Hebel-Spekulationen« verbunden ist, im Klaren sein. Das Investieren in Rohstoff-Futures mit Hebel ist grundsätzlich weniger ratsam. Viel vernünftiger ist es, Termingeschäfte 100 Prozent kapitalgedeckt zu tätigen. Ein Weizenkontrakt im Wert von 17.500 Dollar sollte also nur eingegangen werden, wenn man tatsächlich über diese Summe verfügt. Dazu ist es aber nicht unbedingt notwendig, die volle Summe auf dem zinslosen Margin Account zu hinterlegen. Sie können die für das Termingeschäft geforderten Sicherheiten (Margin bei Rohstoffen: rund zehn Prozent des Kontraktwerts) und die restliche Überschussliquidität in der Zwischenzeit zinsbringend anlegen. Entwickelt sich der Future-Preis in die entgegengesetzte Richtung, wird entsprechend Geld aus den Zinseinlagen auf den Margin Account umgeschichtet.

Mit einer 100-prozentigen Kapitaldeckung ist somit ein Totalverlust aus Long-Geschäften unmöglich. Denn im Gegensatz zu Aktien beziehungsweise Unternehmen können Rohstoffe nicht bankrott gehen, und der Wert kann damit nie auf Null fallen. Anders sieht es hingegen bei Short-Geschäften aus. Hier ist das Verlustpotenzial theoretisch unbegrenzt, da sich die Preise für die einzelnen Rohstoffe verfünf- oder verzehnfachen könnten und es damit erforderlich würde, fünf- oder zehnmal mehr Kapital nachzuschießen. Für die Mehrheit der Anleger dürften deshalb »Long-Only-Geschäfte« am sinnvollsten sein, um an der Rohstoff-Hausse zu partizipieren. Wie die im Kapitel »Anlegen in Rohstoffe« erwähnten Yale-Studie gezeigt hat, die von Long-Positionen ohne Hebel und dem Zinsertrag aus der hinterlegten Summe ausgegangen ist, ist dies der langfristig beste Weg, um in Rohstoff-Futures anzulegen. Bedenken Sie bitte, dass Rohstoff-Futures auch von Anfang der 80er- bis Ende der 90er-Jahre, als sich die Kassapreise in einem Bärenmarkt befanden, hohe Renditen einbrachten (siehe Abbildung 1).

Ein Kauf eines Rohstoffes wie Gold oder Silber generiert nicht sofort Rendite. Erst mit dem Verkauf nach einer gewissen Zeitperiode reali-

Outperformance von Rohstoff-Futures

Rohstoff-Futures und Spotpreise von 1959 bis 2004 Abb. 1

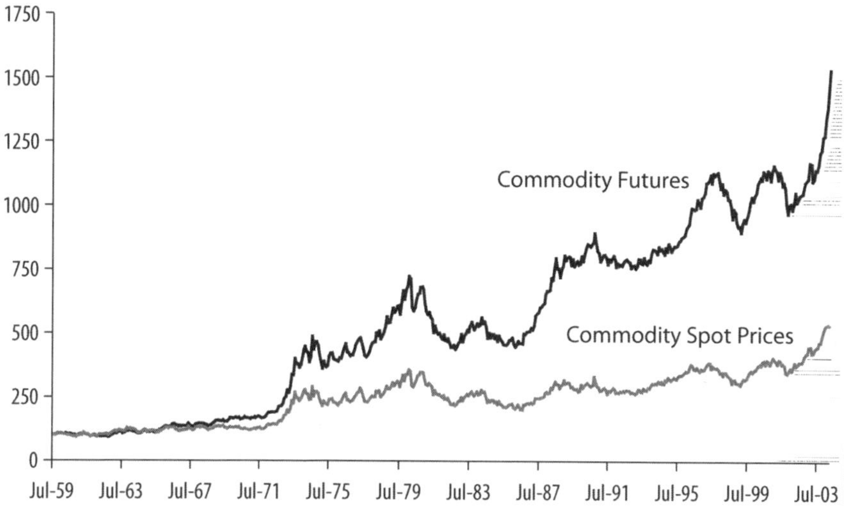

Quelle: Facts and Fantasies about Commodity Futures, Gary Gorton / K. Geert Rouwenhorst

sieren Sie als Anleger einen Gewinn oder Verlust. Dieser Gewinn oder Verlust entspricht der Wertänderung des Kassapreises. Doch obwohl die Kassapreise für die meisten Rohstoffe bis Anfang des Millenniums gesunken sind, konnte man mit Rohstoffen hohe Erträge erzielen. Wie Sie aus Abbildung 1 entnehmen können, die die inflationsbereinigte Performance eines gleichgewichteten Rohstoff-Future-Index mit einem gleichgewichteten Rohstoff-Baskets zu Marktpreisen vergleicht, zeigt sich, dass beide stärker als die Inflation gewachsen sind. Es wird aber auch ersichtlich, dass der Rohstoff-Futures-Index über die letzten 45 Jahre die Spot-Preise stark outperformte.

Der bekannte Total-Return-Rohstoffindex von Goldman Sachs (GSCI) hat in den vergangenen Monaten gar ein neues Allzeithoch erklommen. Seit dem Jahr 1980 konnte dieser Index mehr als 650 Prozent zulegen.

In diesem Index spiegelt sich die vollumfängliche mögliche Wertentwicklung wider. Denn Anlagen in Rohstoffen erfolgen normalerweise nicht direkt, sondern eben über den Kauf von Futures an den Warenterminbörsen. Die so genannte Überschussrendite, die mit der Investition in Futures erwirtschaftet wird, setzt sich somit aus der direkten Rendite auf den Kassapreis und der mit der Terminposition verdienten Risikoprämie zusammen.

Die Rohstoffterminbörsen weisen im Vergleich zu Finanz-Futures jedoch eine Besonderheit auf. Normalerweise notiert der Terminkurs über dem Kassakurs – diese Marktsituation wird »Contango« genannt. Anders ausgedrückt liegt der Kassapreis zum Beispiel bei 30 US-Dollar, der Terminpreis auf sechs Monate bei 33 US-Dollar. Die Differenz zwischen Future-Kurs und Kassapreis ist bei Futures, die als Underlying zum Beispiel Wertpapiere haben, verschwindend gering. Anders ist es hingegen bei Futures, die als Underlying Rohstoffe wie Rohöl oder Metalle haben. Hier kann die Differenz positiv oder negativ sein; sie hat ihren Grund in den Lagerkosten physischer Ware und in ihrer Verderblichkeit (siehe Tabelle 1).

Gründe für die Differenz zwischen Future-Kurs und Kassapreis
Lagerkosten und Verderblichkeit von Rohstoffen Tab. 1

Verderblichkeit	− Platzbedarf		+
+	Fleisch	Orangensaft	Getreide Sojabohnen
	Kaffee Tabak	Zucker	Baumwolle Kautschuk
−	Metalle	Holz	Erdöl

Quelle: Günter Franke, Bewertung und Einsatz von Finanzderivaten

Grundsätzlich wird ein Verkäufer, der also die Wahl zwischen Termin- und Kassamarkt hat, den Kassamarkt bevorzugen und die Verkaufserlöse zinsbringend anlegen, wenn er nicht durch einen entsprechend höheren Terminkurs für entgangene Zinserträge und Lagerkosten – also die Gesamtkosten für die Lagerung des Rohstoffes, über Versicherungskosten bis hin zu Verderblichkeit und Schwund – kompensiert wird. Bei Rohstoffen, besonders bei Energierohstoffen, gilt dieser Zusammenhang jedoch nicht. In aller Regel liegen hier die Terminkurse unter den Spotmarktpreisen – diese Marktsituation wird als »Backwardation« bezeichnet. Für Sie als Anleger bedeutet dies, dass Sie auf Termin nicht nur billiger einkaufen (da so genannte Roll-Erträge, die durch das Überrollen in den nächsten Kontrakt erzielt werden), sondern die für das Termingeschäft geforderten Sicherheiten und die restliche Überschussliquidität in der Zwischenzeit zinsbringend anlegen können. Die Performance am Spotmarkt, die Backwardation und die Zinsgewinne machen Rohstoffe – das hat die Yale-Studie gezeigt – zu einer ebenso erfolgreichen Anlageklasse wie Aktien. Es ist allerdings auch hier zu beachten, dass die Roll-Erträge je nach Rohstoff unterschiedlich ausfallen. Während zum Beispiel mit Kontrakten auf Rohöl oder Rinder hohe Roll-Erträge erzielt werden konnten, verzeichneten Agrarrohstoffe in den vergangenen Jahren negative Roll-Erträge.

Wie lässt sich erklären, dass Anleger über längere Zeiträume Roll-Erträge erzielen können? Die klassische Erklärung liefert der Nationalökonom John Maynard Keynes. Seinen Ausführungen zufolge haben Rohstoffproduzenten das Ziel, Preisrisiken durch Terminverkäufe abzusichern. Investoren sind bereit, in den Markt einzutreten, wenn sie für ihre Risikoübernahme durch einen tieferen Einstandspreis an den Terminmärkten entlohnt werden. Halten sie die Kontrakte bis zur Fälligkeit, haben sie bei unveränderten Kassapreisen die Backwardation für sich eingenommen (man spricht von der »Normal Backwardation«).

Backwardation kommt aber auch zustande, wenn Marktteilnehmer dem physischen Besitz eines auf Lager gehaltenen Gutes einen Wert beimessen. Man spricht hier von der »Convenience Yield« oder Verfügbarkeitsrendite, die höher ist als die im Zusammenhang mit der Lagerung verbundenen Kosten (»Cost of Carry«) wie Lagerkosten, Finanzierungskosten und Kosten für Transport und Versicherung. Diese Situation ist zum Beispiel plausibel, wenn mit einem plötzlichen Nachfrageanstieg gerechnet wird und jene, die die Ware auf Lager haben, sofort lieferfähig sind. Aber auch eine unerwartete Verknappung des Angebots, ausgelöst durch politische Unruhen, Streiks oder Wetterkapriolen, kann die Backwardation hervorrufen. Für Sie als Anleger dürften die nächsten Jahre deshalb besonders interessant sein, weil die stark zunehmende Nachfrage in den nächsten Jahren nicht durch eine Ausweitung des Angebots befriedigt werden kann.

Zusammenfassend kann also festgehalten werden, dass der Kauf von Long-Rohstoff-Futures ohne Hebel langfristig der sinnvollste und sicherste Weg ist, um am Rohstofftrend teilhaben zu können. Bei der praktischen Umsetzung haben Sie als Anleger aber möglicherweise mit einigen Schwierigkeiten zu kämpfen. Bei vielen Banken ist es nicht möglich, Rohstoff-Futures zu handeln, und bei jenen, die solche Instrumente bereitstellen, schmälern die hohen Eintrittsbarrieren einen breiten Zugang. Daher bietet sich für Kleinanleger die indirekte Möglichkeit zum Beispiel über Zertifikate auf Rohstoff-Futures an. Wie Sie im Kapitel »Zertifikate« sehen werden, wird hier inzwischen eine breite Palette angeboten, mit der Sie gezielt auf einzelne Rohstoffe wie Rohöl oder Zucker setzen können. Das Problem ist hier allerdings, dass die Zertifikate nur den Futures-Preis abbilden und der Zinsertrag auf dem hinterlegten, aber gerade nicht benötigten Kapital als Ertragskomponente fehlt – ein nicht zu unterschätzender Nachteil, da beispielsweise beim Total Return-Rohstoffindex von Goldman Sachs seit 1970 fast 55 Prozent des Gesamtertrages von der Zinskomponente kamen. Dieser Problematik können Sie dadurch entgehen, dass Sie zum Beispiel via Zertifikate in einen Index wie den Rogers International Commodity Index investieren – hier fließt auch der Zinsertrag in das Zertifikat ein. Mehr über empfehlenswerte Anlageprodukte erfahren Sie in den folgenden Kapiteln.

Indizes

Wie wir in den vergangenen Kapiteln gesehen haben, sind direkte Investments in Rohstoffe grundsätzlich der beste Weg, um an der Rohstoff-Hausse zu partizipieren. Einige Anleger bevorzugen es, ihr Rohstoffportfolio selbst zu verwalten, das heißt sie führen ihre eigenen Marktanalysen zu den Rohstoffen durch, überprüfen Angebots- und Nachfragetrends und die Lagerbestände und suchen gezielt die Rohstoffe aus, die über die günstigsten Fundamentaldaten verfügen. Für die meisten Anleger dürfte jedoch die einfachste und vernünftigste Methode, an steigenden Rohstoffpreisen zu profitieren, ein Investment in breite Rohstoffindizes sein. Der Rohstoffsektor kann dabei in zwei Arten von Indizes eingeteilt werden. Es gibt Indizes auf Rohstoffe (zum Beispiel Energie, Industrierohstoffe, Edelmetalle, Agrarrohstoffe) und Indizes auf Rohstoffproduzenten (etwa Ölunternehmen oder Minengesellschaften). Während wir Ihnen im Kapitel »Zertifikate« einige Indizes von Rohstoffproduzenten sowie im Kapitel »Fonds« einen entsprechenden »Indexfonds« vorstellen, beschränken wir uns in diesem Kapitel auf Indizes, die mit entsprechend verschiedenen Gewichtungen direkt einen Korb von Rohstoffen abbilden.

Rohstoffindizes sind eine relativ konservative Variante, an der Rohstoff-Hausse teilzuhaben. Wie bei anderen Anlagen auch, empfiehlt sich bei Engagements in Rohstoffe eine gewisse Diversifikation. Indizes auf Rohstoffe sind deshalb geeignete Gradmesser für diversifizierte Investitionen und für Anleger, die die Rohstoffauswahl nicht selber treffen wollen oder können. Für viele nicht professionelle Anleger, für die sich aus praktischen Gründen ein direktes Engagement an den Rohstoffbörsen eher nicht eignet, stellen Indizes eine Alternative dar, da kollektive Anlageformen auf Rohstoffindizes den Investitionsprozess vereinfachen. In Deutschland handelt es sich gegenwärtig in aller Regel um strukturierte Produkte, wobei in naher Zukunft wohl auch entsprechende Anlagenfonds oder Exchange Traded Funds auf den Markt kommen werden.

Einer der interessantesten Gesichtspunkte bei einem Rohstoffinvestment heutzutage ist die Tatsache, dass es mehrere (passive) Indizes gibt, in die der Anleger investieren kann. Viele alternative Anlageformen haben keinen passiven Index, in den der Anleger investieren kann – dieser Umstand macht es erforderlich, dass ein Anleger aktiv gemanagte Produkte auswählt. Neben dem relativ einfachen Weg, in den gesamten Rohstoffmarkt zu investieren, geben diese Indizes einen Hinweis auf den gesamten Rohstofftrend sowohl am physischen als auch am Futures-Markt. Während einzelne Rohstoffe teilweise extremen Schwankungen unterliegen und ihre Zyklen innerhalb eines Bullen- oder Bärenmarktes von kürzerer Dauer sein können, sind Rohstoffindizes ein gewisser Gradmesser für die Entwicklung des gesamten Rohstoffmarktes. In den bekanntesten Rohstoffindizes sind zwischen 17 und 35 Rohstoffe mit unterschiedlichen Gewichtungen enthalten. Auswahl und Gewichtung erfolgen bei den meisten Indizes jährlich. Durch die breitere Streuung wird im Vergleich zu einzelnen Rohstoffen eine geringere Volatilität erreicht. Manche Indizes haben beispielsweise eine hohe Gewichtung bei Rohöl aufgrund seiner Bedeutung für die Weltwirtschaft, ein Index hat alle Rohstoffe hingegen gleich gewichtet.

In der Vergangenheit nahmen direkte Rohstoffinvestments nur einen geringen Anteil an der gesamten Asset Allocation ein. Wenn Anleger überhaupt in Rohstoffen investiert waren, dann war die bevorzugte Strategie in aller Regel ein Investment in Aktien von Rohstoffproduzenten. In den vergangenen Jahren wurde jedoch eine Reihe von passiven ungehebelten Rohstoffindizes konstruiert, die über entsprechende Fondskonstruktionen, Exchange Traded Funds oder Zertifikate einen direkten Zugang in die Rohstoffe an sich bieten.

Ein passiver Rohstoffindex ohne Hebelwirkung repräsentiert die Erträge, die ausschließlich über die passive Investition in Long-Positionen von Rohstoff-Futures erzielt werden. Finanz-Futures sind hingegen nicht enthalten. Um ohne Hebelwirkung zu arbeiten, muss die entsprechende Rohstoff-Future-Position zu 100 Prozent in entsprechenden kurzfristigen Staatsanleihen (T-Bills) hinterlegt sein. Um beispielsweise einen 25 metrische Tonnen umfassenden Blei-Futures-Kontrakt für 1.000 US-Dollar pro Tonne zu erwerben, müssten entsprechend 25.000 US-Dollar vom Portfolio für diese Future-Position hinterlegt werden. Die 25.000 US-Dollar in der Form einer risikolosen Anlage (T-Bills) liefern einen gegenwärtigen Zinsertrag, während der Futures-Kontrakt in Blei die ungehebelte Veränderung des Future-Wertes bis zur Fälligkeit darstellt. Solche Future-Positionen werden in den verschieden Rohstoffmärkten mit entsprechender Gewichtung gehalten und ergeben zusammen eine passive Art des Investments, sodass im Gegensatz zu einem Rohstoff-Trader keine laufende Meinung zu entsprechenden Marktbewegungen bei den Rohstoffen nötig ist. Mit der Zeit wird dann die Futures-Position in den nächsten Kontrakt »automatisch« übergerollt. Die großen Rohstoffindex-Familien enthalten sowohl Spotpreisindizes als auch Indizes, die rollendes Investieren simulieren (Total-Return-Indizes). Wie gezeigt wurde, weisen solche Indizes eine deutlich bessere Entwicklung auf.

Der Gesamtertrag bei ungehebelten Rohstoffindizes kommt also von verschiedenen Seiten, wie Abbildung 1 verdeutlicht. Die erste und gleichzeitig offensichtlichste Komponente kommt von dem risikolosen Zinsertrag der T-Bills. Der Ertrag dieser Anlage spiegelt traditionell die erwartete Inflation sowie eine reale Verzinsung wider. Der Käufer eines Rohstoffindex investiert somit einen Teil in den Geldmarkt. Ein gewisser Prozentsatz des gesamten angenommenen Investments muss bei der Börse als Margin hinterlegt werden, dennoch liefert der Cash-Anteil Zinsen. Vergleicht man die Verzinsung von dreimonatigen Geldmarktanlagen, die zweifellos als konservativ bezeichnet werden können, mit der Dividendenrendite des Dow Jones Index in der Dekade von 1990 bis 2000, dann lässt sich konstatieren, dass diese Verzinsung im Durchschnitt zwei Prozentpunkte über der Dividendenrendite des Dow Jones lag.

Die zweite Komponente repräsentiert die Versicherungskomponente, die bereits angesprochen wurde. Der bekannte Volkswirt John Maynard

Keynes hat in seiner Theorie über die »normale Backwardation« in »A Treatise on Money« schon in den 1930er-Jahren beschrieben, dass die Rohstoffmärkte genauso wie die Aktienmärkte durch Investoren bereitgestelltes Risikokapital benötigen, da Produzenten mehr Waren verkaufen wollen, als Konsumenten bereit sind zu kaufen. Investoren werden aber das Rohstoffpreisrisiko nur in Kauf nehmen, wenn sie hierfür entlohnt werden. Produzenten sind hierfür bereit, beim Forward-Verkauf ihrer Rohstoffe einen Preisabschlag in Kauf zu nehmen, um das erforderliche Risikokapital und die Investoren anzulocken.

Mehrere Einflussfaktoren

Die Komponenten des Gesamtertrages Abb. 1

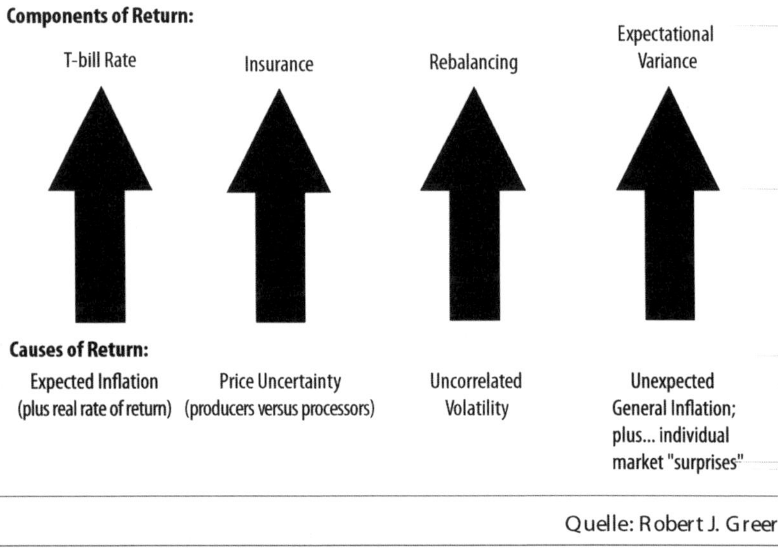

Quelle: Robert J. Greer

Die dritte Komponente bezieht sich nicht auf einen Future eines einzelnen Rohstoffes, sondern auf die Erwartung, dass die verschiedenen Rohstoff-Futures miteinander nicht hoch korreliert sind. Wenn also unterstellt werden kann, dass die Preise von Rohstoffen nach entsprechenden Aufwärts- oder Abwärtsbewegungen wieder zu einem »Gleichgewichtszustand« zurückkehren, dann bedeutet eine fixe Gewichtung der Rohstoffe in einem Index, dass gewissermaßen ein »Überschusswachstum« erzielt werden kann. Mit anderen Worten: Wenn die Preise schwanken, dann bedeutet eine fixe Gewichtung in einem Index nichts anderes, als dass die Futures, die steigen, verkauft und die Futures, die fallen, gekauft werden, um eine konstante Balance zu halten. Die Rebalancierung ist für einen erheblichen Teil der erzielten Renditen in diversifizierten Rohstoffindizes verantwortlich. Ein Vergleich von Adam De Chiara und Daniel M. Raab von der AIG Trading Group des rebalancierten Dow Jones-AIG Commodity Index mit einem Index, der nicht rebalanciert wurde, hat die positive Auswirkung der Rebalancierung bestätigt. Wie Abbildung 2 zeigt, verbesserte die Rebalancierung die theoretische, historische Wertentwicklung des Dow Jones AIG Commodity Index über den Zeitraum von 1991 bis 2001, um etwa 2,8 Prozent pro Jahr.

Outperformer

Rebalancierter und nicht rebalancierter Dow Jones-AIG Commodity Index im Vergleich

Abb. 2

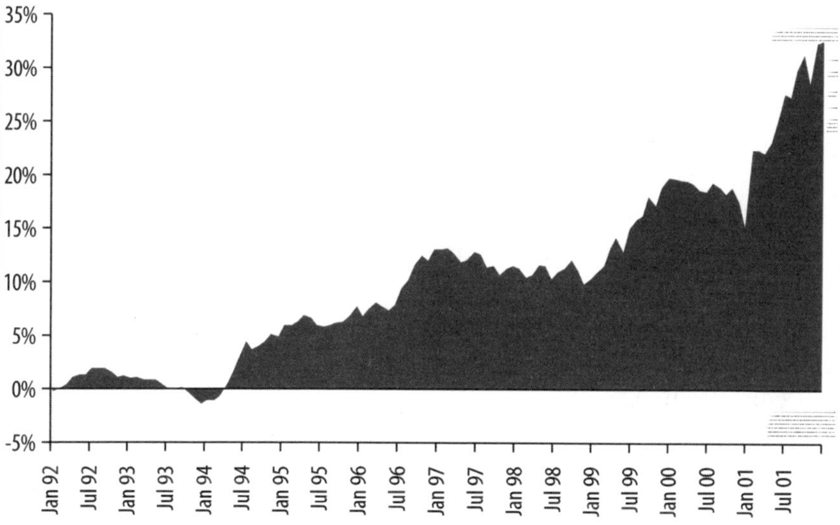

Quelle: Adam De Chiara / Daniel M. Raab, AIG Trading Group

Die Rückkehr zum Gleichgewichtszustand kann teilweise mit dem Rohstoffzyklus erklärt werden. Wenn die Preise steigen, werden die Produktion und damit das Angebot ausgeweitet. Die zusätzliche Produktion verursacht möglicherweise ein Überangebot, und die Preise beginnen zu fallen. Fallen die Preise wieder so tief, dass die Produzenten nicht mehr profitabel arbeiten können, werden Produktionskapazitäten nicht erweitert oder reduziert, was dann wieder zu einem geringeren Angebot führt. An einem gewissen Punkt steigen die Preise jedoch wieder, wenn die Lagerbestände tief sind und die Nachfrage das reduzierte Angebot übertrifft. Der Zyklus beginnt damit wieder von neuem.

Sofern also erwartet werden kann, dass es einen ökonomischen Grund dafür gibt, dass die Preise auf unbestimmte Zeit steigen oder fallen, dann sollte eine solche Indexkonstruktion einen Gewinnzuwachs erzielen können, weil die verschiedenen Futures in dem Index unkorreliert sind. Die einzelnen Preisbewegungen der verschiedenen Rohstoffsektoren sind unkorreliert, weil sie unterschiedlichen mikroökonomischen Faktoren unterliegen. Die Preisbewegung von Rohöl hat nichts mit der Preisbewegung von Orangensaft zu tun. Die Sektoren Vieh, Energie, Industrierohstoffe, Edelmetalle und Agrarrohstoffe haben alle verschiedene Angebots- und Nachfragefaktoren, welche die Preise unterschiedlich beeinflussen wie zum Beispiel Trockenheit, Schneefall, Automobilproduktion oder Inflationserwartungen. Ein starkes globales Wirtschaftswachstum führt zwar tendenziell bei allen Rohstoffen zu mehr Nachfrage. Dennoch sind die Faktoren, die Angebot und Nachfrage beeinflussen, etwa bei den Metallen, landwirtschaftlichen Produkten oder Erdöl, sehr unterschiedlich. So könnte ein kalter Winter mit starkem Schneefall die Verladung von Rindern negativ beeinflussen und für steigende Preise sorgen. Der starke Schneefall könnte auf der anderen Seite jedoch einige Ernten vor Frost schützen und fallende Weizenpreise über die Wintersaison mit sich bringen. Starker Schneefall würde möglicherweise auch für steigende Energienachfrage über die Wintersaison sorgen und damit die Preise für Heizöl erhöhen. Mit anderen Worten: Die verschiedenen Einflussfaktoren auf die einzelnen Rohstoffmärkte und deren Auswirkungen auf die Preise sorgen für eine tendenziell geringe Korrelation zwischen den verschiedenen Rohstoffsektoren und bei einem breiten Rohstoffindex für eine entsprechende Diversifikation.

Die letzte Komponente bezieht sich auf die unerwartete Inflation, die Differenz zwischen der gegenwärtigen und der erwarteten Inflation. Angenommen, es tritt ein größeres wirtschaftliches Ereignis auf, dann kann davon ausgegangen werden, dass dies Auswirkungen sowohl auf die Finanz- als auch die Rohstoffmärkte haben könnte. Dies können Ereignisse wie der Golfkrieg in den Jahren 1990/91 oder Währungsabwertungen sein (Asien 1997 / Russland 1998). Sollten die Anleger eines Morgens die Erwartung haben, dass die künftige Inflation höher sein wird, als sie diese noch einen Tag zuvor erwartet haben, dann dürften die Anleihenmärkte bei Handelseröffnung fallen, da die höhere erwartete Inflation höhere Zinsen mit sich bringen würde. Der überwiegende Teil der Marktteilnehmer würde wohl infolge der Annahme einer höheren Inflation auch davon ausgehen, dass die Aktienmärkte fallen. Bei den Rohstoffindizes ergibt sich jedoch das umgekehrte Bild: Wenn die Märkte höhere Preise in der Zukunft erwarten, dann haben die Rohstoff-Futures eine positive Korrelation mit der unerwarteten Inflation. So weit die Theorie. Doch wie sieht es in der Praxis aus?

Die Wissenschaftler Gorten und Rouwenhorst kamen bei der Untersuchung der Korrelationen von Aktien, Anleihen und Rohstoff-Futures mit den Komponenten der Inflation über den Zeitraum von 1959 bis 2004 zu folgendem Ergebnis:

1. *The negative sensitivities of Stocks and Bonds to inflation stem mainly from sensitivities to unexpected inflation. The correlations with unexpected inflation exceed the raw inflation correlations.*

2. *Commodity Futures are also more sensitive to unexpected inflation, but (again) in the opposite direction.*

3. Stock returns and (especially) Bond returns are negatively influenced by revisions about future expected inflation. Revisions about future inflationary expectations are a positive influence on Commodity Futures returns.

4. Unreported results show that these patterns in the exposures to unexpected inflation are stronger at the quarterly horizon than at the monthly horizon.

Commodity Futures returns are negatively correlated with stock returns. Commodity Futures have opposite exposures to unexpected inflation from Stocks and Bonds. It is tempting to put both together and ask: does the opposite exposure to unexpected inflation account for the negative correlation between Commodity Futures and Stocks and Bonds? Preliminary findings suggest that this only part of the story behind the negative correlations. If we isolate the portion of the returns of commodity futures, stocks and bonds that is unrelated to unexpected inflation and examine the correlations again, we find that the residual variation of commodity futures and stocks or bonds continue to be negatively correlated.

Garry Gorton und K. Geert Rouwenhorst, Facts and Fantasies about Commodity Futures, Juni 2004

Wie schon erwähnt, gibt es eine Reihe von Rohstoffindizes, die dem Anleger als Investitionsmöglichkeiten zur Verfügung stehen. Im Gegensatz zu Aktienindizes existiert kein einheitliches Kriterium wie zum Beispiel die Marktkapitalisierung, nach dem die Rohstoffe ausgewählt und gewichtet werden. Rohstoffe werden auf verschiedenste Art und Weise gehandelt (direkt, über Futures etc.) und haben keine Marktkapitalisierung wie zum Beispiel die an der Börse notierten Unternehmen mit ausstehenden Aktien. Die Anbieter der verschiedenen Indizes haben deswegen verschiedene Gestaltungsspielräume, nach denen sie die Indizes gewichten. Somit unterscheiden sich die Rohstoffindizes sehr deutlich. Der Rohstoffmarkt lässt sich in fünf verschiedene Sektoren einteilen: Vieh, Agrarrohstoffe, Edelmetalle, Industriemetalle und Energie. Für die einzelnen Bereiche gibt es zum Beispiel von Goldman Sachs entsprechende Subindizes. Das eine oder andere Produkt für solche Subindizes stellen wir Ihnen im Kapitel »Zertifikate« vor, in dem folgenden Vergleich haben wir hingegen nur solche Indizes berücksichtigt, die alle fünf Rohstoffsektoren beinhalten. Unberücksichtigt blieb deshalb auch der bekannte London Metals Exchange Index, weil er nur zwei der fünf Sektoren beinhaltet. Übrig geblieben sind somit noch vier Indizes, der Commodity Research Bureau Index (CRB), der Goldman Sachs Commodity Index (GSCI), der Dow Jones-AIG Commodity Index (DJ-AIG) und der Rogers International Commodity Index (RICI).

Reuters-CRB-Futures Price Index

Der wohl bekannteste und älteste Rohstoffindex ist der Reuters-CRB-Futures Price Index (ehemals CRB Future Index). Der Index wurde 1956 eingeführt und besteht aus 17 gleichgewichteten Rohstoffen aus den fünf Sektoren, die alle an amerikanischen Börsen gehandelt werden. Seit seiner Einführung wurde der Index neunmal adjustiert, um ihn dem Umsatzvolumen und der Marktstruktur anzupassen. Auf den CRB werden seit Juni 1986 Futures und seit Oktober 1988 Optionen auf Futures an der New York Futures Exchange gehandelt. Neben dem Futures-Index wird vom Commodity Research Bureau auch ein täglicher Spot-Preisindex berechnet. Er beinhaltet gegenwärtig 22 Rohstoffe, die aber nicht alle börsengehandelt sind. Die größte Schwäche des Index liegt nach unserer Meinung in der Gleichgewichtung der 17 Komponenten. Das bedeutet, dass Kakao oder Orangensaft das gleiche Gewicht haben wie Rohöl, während Rohöl eine wirtschaftliche Bedeutung hat, die 50 Mal größer ist als die von Orangensaft. Außerdem ist der CRB der geometrische Durchschnitt seiner Komponenten. Nach Angaben von Seamans Capital unterbieten solche Indizes ihre arithmetischen Pendants. Auf die Konstruktionsschwäche hat das Commodity Research Bureau inzwischen reagiert. Der Reuters / CRB Index wurde kürzlich in Reuters Jeffries / CRB Index umbenannt, und die Gewichtung des Index wurde geändert. Hintergrund: Man wollte einen bessere

Benchmark für den Rohstoffsektor erstellen, zum einen wegen der gestiegenen Bedeutung der Rohstoffe als Anlageform, zum anderen wohl auch wegen der zunehmenden Zahl an Konkurrenzindizes, die zumindest in der Vergangenheit aufgrund ihrer Ausbalancierung besser abschnitten.

Die Komponenten des Rohstoffindex wurden um Aluminium, Nickel und bleifreies Benzin erweitert, Platin wurde entfernt. Damit wurde der bisher 17 Rohstoffe umfassende Index auf 19 Komponenten erweitert. Wurden bisher alle 17 Rohstoffe gleich gewichtet, wird in Zukunft Crude Oil einen 23-mal so hohen Anteil haben wie beispielsweise Orangensaft. Der größte Gewinner wird der Energiesektor sein, der sein Gewicht fast verdreifachte, von ursprünglich zwölf auf jetzt 33 Prozent. Der Anteil der Industriemetalle steigt moderat von zwölf auf 13 Prozent, während die anderen Sektoren in ihrer Gewichtung an Bedeutung verlieren: Grains von 18 auf 13 Prozent, Soft Commodities von 30 auf 20 Prozent, Livestock ebenso wie Edelmetalle von zuvor zwölf auf jetzt sieben Prozent.

Das Commodity Research Bureau weist darauf hin, dass der revidierte Reuters Jeffries / CRB Index auf Basis der historischen Datenreihen höhere Erträge als die Konkurrenzindizes von Goldman Sachs und Dow Jones erwirtschaftet hätte. Über die vergangenen zehn Jahre hätte der Reuters Jeffries / CRB Index einen jährliche Rendite von 8,5 Prozent eingebracht, verglichen mit 6,5 Prozent beim Goldman Sachs Commodity Index und 5,2 Prozent beim Dow Jones-AIG Commodity Index. Das Risiko, gemessen an der Volatilität, hätte sich auf 14,1 Prozent belaufen, verglichen mit 20 Prozent beim Goldman Sachs Commodity Index und 12,8 Prozent beim Dow Jones-AIG Commodity Index. Auf das Problem, das mit der Änderung der Gewichtung beziehungsweise mit der Gewichtung auf Basis historischer Datenreihen verbunden ist, gehen wir im Folgenden noch ein.

Grundsätzlich kann gesagt werden, dass die Höhergewichtung des Energiesektors zu einem Zeitpunkt erfolgt, zu dem andere Rohstoffe, wie der im revidierten Reuters Jeffries / CRB Index jetzt niedriger gewichtete Agrarsektor, nach unserer Auffassung mehr Potenzial verspricht. Mit anderen Worten kommen diese pro-zyklischen Änderungen möglicherweise zum falschen Zeitpunkt. Letztendlich wird dies aber erst die Zukunft zeigen.

Goldman Sachs Commodity Index

Der Goldman Sachs Commodity Index wurde 1992 von Goldman Sachs konzipiert und an der Börse eingeführt. Mit Hilfe von historischen Datenreihen wurde der Index bis in das Jahr 1969 zurückberechnet. Der Index von Goldman Sachs umfasst derzeit 24 Rohstoffe aus den Bereichen Energie, Edelmetalle, Industrierohstoffe und Nahrungsmittel. Die Komponenten werden nach der durchschnittlichen Produktionsmenge der zurückliegenden fünf Jahre gewichtet. In der Praxis bedeutet die Zusammensetzung des GSCI, dass die Gewichtung eines bestimmten Rohstoffs zunimmt, wenn sein Preis steigt. Unserer Meinung nach hat der GSCI damit den gleichen Fehler wie die meisten Aktienindizes: Durch dieses prozyklische System wird in steigende Kurse hineingekauft, was nicht nur unserer Vorliebe für antizyklisches Vorgehen widerspricht, sondern auch einen großen Nachteil mit sich bringt. Wie eingangs des Kapitels erläutert, tendieren Rohstoffe dazu, zu ihrem »Durchschnittpreis« zurückzukehren. Ein solches System, das Rohstoffen, die über dem »Durchschnittspreis« liegen, mehr Gewicht verleiht und Rohstoffen, die unter ihrem »Durchschnittspreis« liegen, weniger Gewicht beimisst, wird sich allgemein schlechter entwickeln als ein Index mit konstanten Gewichtungen. Somit kann es durch Abhängigkeit von der Preisentwicklung alle paar Jahre zu starken Veränderungen des Index kommen. Das bedeutet, dass insbesondere diejenigen Rohstoffe hoch gewichtet sind, deren Preise gestiegen sind. Der Energieanteil des GSCI schwankte dadurch zwischen 42 und 72 Prozent. Mit anderen Worten: Der Index ist sehr energielastig und von der Entwicklung des Ölpreises abhängig. Trotz der hohen Bedeutung von Energie stellt sich hier die Frage, ob man bei einem aktuellen Anteil von mehr als zwei Dritteln das Ganze überhaupt noch einen diversifizierten Index nennen kann. Des Weiteren kommt noch hinzu, dass der GSCI nur einmal im

Jahr rebalanciert wird. Dadurch entsteht, wie zuvor bereits gezeigt, ein erheblicher Performance-Nachteil. Untersuchungen haben ergeben, dass eine monatliche Rebalancierung im Zeitablauf mit einer durchschnittlichen Outperformance von zwei Prozent per annum gleichzusetzen ist, weil mehr Kapital in die Sektoren geschichtet wird, die underperformt haben, weg von denen, die outperformed haben.

Dow Jones-AIG Commodity Index

Der Dow Jones-AIG Commodity Index ist der jüngste der vier Rohstoffindizes. Den ursprünglichen Dow Jones Commodity Index gab es zwar schon länger. Aber erst 1999 ging Dow Jones eine Partnerschaft mit AIG ein, um den revidierten Dow Jones-AIG Commodity Index zu konzipieren. Im Gegensatz zu den beiden anderen Indizes erfolgt die Gewichtung ausschließlich nach der wirtschaftlichen Bedeutung des jeweiligen Rohstoffes innerhalb der Weltwirtschaft. Die Zusammensetzung basiert auf dem Fünf-Jahres-Durchschnitt von Liquiditäts- (zum Beispiel die relative Handelaktivität eines einzelnen Rohstoffes) und den weltweiten Dollar-adjustierten Produktionsdaten. Kein Rohstoff in dem Index ist mit weniger als zwei Prozent oder mehr als 15 Prozent gewichtet. Die Sektorgewichtung einer Rohstoffgruppe darf zu Beginn eines Kalenderjahres nicht mit mehr als 33 Prozent gewichtet sein. Der Index enthält derzeit 20 Komponenten aus den Bereichen Energie, Grundnahrungsmittel, Industrie- und Edelmetalle. Auch beim Dow Jones-AIG hängt die Indexgewichtung von der Marktpreisentwicklung ab. Somit haben sich die Gewichtungen der einzelnen Rohstoffe seit dem Start des Index im Jahr 1999 teilweise erheblich verändert. Erdgas wurde beispielsweise 1999 mit rund fünf Prozent gewichtet, heute liegt der Anteil bei über zwölf Prozent. Auch bei diesem Index ist das Problem, dass er nur einmal im Jahr rebalanciert wird. Nach Angaben von Seamans Capital verliert der Index dadurch 1,5 Prozent im Jahr im Vergleich zu einer monatlichen Rebalancierung.

Rogers International Commodity Index

Der letzte Index ist der von Jim Rogers im Jahre 1998 konzipierte Rogers International Commodity Index. Der Index umfasst insgesamt 35 Rohwaren und Rohstoffe und ist damit der breiteste Rohstoffindex. Die Komponenten werden nach ihrer Bedeutung für den internationalen Handel und ihrer Börsenumsätze gewichtet. Im Gegensatz zu seinen Konkurrenten hat der Rogers International Commodity Index keinen USA-Bias, das heißt er ist nicht auf USA ausgerichtet. So werden zum Beispiel beim Dow Jones-AIG nur drei der 20 Komponenten nicht an amerikanischen Börsen gehandelt und kein einziger der Rohstoffe in Asien. Der Globetrotter Rogers hingegen wollte einen Index schaffen, der »seine Vision der Welt« widerspiegelt. Somit enthält sein Index nicht nur Rohöl oder Kupfer, auch Sojaschrot oder Seide sind mit einem Gewicht von 0,15 Prozent in seinem Index vertreten. Reis, das Grundnahrungsmittel Nummer eins, wird in dem Index ebenfalls berücksichtigt. Die anderen Indizes berücksichtigen Reis überhaupt nicht, obwohl sich täglich die halbe Weltbevölkerung davon ernährt. Der Rogers International Commodity Index ist damit nicht nur der breiteste aller Rohstoffindizes, sondern bietet auch eine internationale Diversifikation – die 35 Rohstoff-Futures werden an zehn Börsen in fünf Ländern und Zeitzonen gehandelt. Wird ein Rohstoff an mehreren Börsen gehandelt (zum Beispiel Silber an der New York Commodity Exchange, der Chicago Board of Trade und an der Mid-America Commodity Exchange), dann wird die liquideste (in diesem Falle die New York Commodity Exchange) berücksichtigt. Auswahl und Gewichtung der Indexkomponenten werden einmal im Jahr revidiert. Im Dezember eines jeden Jahres wird die Gewichtung für das nächste Jahr festgelegt. Seit seiner Auflage erwies der Index eine Konstanz in seiner Zusammensetzung. Bisher wurden nur zwei Komponenten im Index ersetzt. Neben der Ausgeglichenheit und Breite in seiner Zusammensetzung, die entsprechende Vorteile in der Wertentwicklung mit sich brachte und auf die wir im Folgenden noch eingehen, weist der Index im Vergleich zu seinen Konkurrenten einen weiteren Vorteil auf: eine monatliche Rebalancierung. Dadurch bietet der Index konstante Gewichtungen und eine volle Transparenz. Weizen hat beispielsweise für das Jahr 2005 eine

Gewichtung von sieben Prozent, das heißt jeden Monat wird die Wertveränderung von Weizen sieben Prozent der Wertveränderung des Rogers International Commodity Index umfassen.

Die einzelnen Rohstoffindizes weisen also alle eine unterschiedliche Beschaffenheit auf. Oft wird argumentiert, dass die Anlageklasse der Rohstoffe grundsätzlich viel zu heterogen sei, als dass ein einziges Barometer darauf aufgelegt werden könne, und auch bei anderen Anlagen, wie beispielsweise Aktien, unterschiedlichste Basiswerte in einen Index integriert werden. Wir möchten in diesem Zusammenhang auf die Anmerkung von Claude Erb und Campbell Harvey bezüglich der »Datenvorliebe«, die möglicherweise in diesen Indizes existiert, hinweisen. Während die Mehrheit der Indizes, wie oben gezeigt, eine auf Regeln basierte Konstruktionsvorgabe hat, steckt hinter der Gestaltung der Regeln möglicherweise ein subjektiver Prozess. Es ist der Prozess, der Anlass für den Hang zu einer bestimmten Gewichtung sein könnte:

»For instance, the GSCI has been traded since 1992, yet its performance history was backfilled to 1969. From 1969 to 1991, the GSCI had a compound annual return of 15.3 Prozent, beating the 11.6 Prozent return for the S&P-500. From 1991 to May 2004, the compound annualized return of the GSCI was 7.0 Prozent and the S&P-500 had a return of 10.4 Prozent. Is it possible that the GSCI weights were determined with an eye towards creating an index that outperformed stocks and to enhance the ability of Goldman Sachs to convince investors of the appeal of commodity futures investment? The historical performance of the DJ AIG index potentially suffers from similar construction bias since it has been traded since 1998 but its history goes back to 1991. From the inception of the performance history of the DJ AIG Commodity Index to its first trade date in July of 1998, the AIG index had a compound annualized return of 4.1 Prozent while the GSCI only had a return of 0.5 Prozent during the same period Is it possible that the DJ AIG index was created with an emphasis on demonstrating

hypothetical historical outperformance relative to the GSCI? The CRB index's performance history commences in 1982 and the futures contracts first started trading in 1986. For each of these indices, the returns since trading actually started are tangible while the pretrading returns are to some degree hypothetical.«

Clause B. Erb und Campbell R. Harvey, The Tactical and Strategic Value of Commodity Futures, 2005

Im folgenden Performance-Vergleich der Indizes sind sowohl aktuelle Daten als auch zurückgerechnete Daten vor Einführung der Indizes über den Zeitraum von Januar 1991 bis November 2004 enthalten. Diese Periode umfasst damit einen Zeitraum, in dem sowohl schlechte als auch gute Jahre für Rohstoffe dabei waren. Die Ergebnisse zeigen eine unterschiedliche Entwicklung der vier Indizes: Die Wertentwicklung bewegt sich in einer Spanne von über sieben Prozentpunkte per annum und die Standardabweichung bei über 9,5 Prozentpunkten.

Gewaltige Unterschiede
Vergleich der verschiedenen Rohstoffindizes Tab. 1

Index	Zusammengesetzter jährlicher Ertrag	Jährliche Standardabweichung	Sharpe Ratio	Größter Verlust:
Reuters / CRB Index	3,44%	8,35%	-0,05	-28,37%
Dow Jones AIG Commodity Index	7,30%	11,76%	0,29	-36,20%
Goldmannn Sachs Commodity Index	6,50%	17,89%	0,15	-48,25%
Rogers International Commodity Index	10,56%	14,00%	0,48	-36,94%

Quelle: Cole Partners; eigene Darstellung

Der beste Index über die Periode von Januar 1991 bis November 2004 war der Rogers International Commodity Index, der einen Ertrag von 10,56 Prozent erwirtschaften konnte. Die Wertentwicklung war damit über die 14-Jahres-Periode um drei bis sieben Prozentpunkte pro Jahr besser als die der anderen drei Rohstoffindizes. Bei Betrachtung der Standardabweichung als Risikomaß zeigt sich, dass diese höher war als beim Dow Jones-AIG Commodity Index und dem Reuters-CRB-Futures Price Index. Dennoch konnte die Wertentwicklung des Index diesen Unterschied mehr als nur ausgleichen. Die bessere Wertentwicklung wird offensichtlich in den höheren Werten eines Vergleichmaßes, das beiden Faktoren, der Rendite und der Volatilität, Rechung trägt: die Sharpe Ratio. Sie zeigt die »Überschussrendite«, die ein Index nach Risiko erwirtschaftet, und setzt die Rendite und die Volatilität zueinander ins Verhältnis. Auch auf Basis dieses Kriteriums wäre der Rogers International Commodity Index erste Wahl.

Der größte Nachteil, der sich für den Rogers International Commodity Index aus dem Vergleich ergibt, ist mit rund 37 Prozent im Jahr 1998 der maximale zu verzeichnende Verlust. Das ist über die Periode der größte Verlust, den ein Anleger hätte verzeichnen können. Absolut gesehen ist das für einen Anleger schmerzlich, in Relation zu seinen Konkurrenten schlägt sich der Index dennoch relativ gut. Er liegt etwa gleichauf mit dem Dow Jones-AIG Commodity Index, beim Reuters-CRB-Futures Price Index war der maximale Verlust um 8,5 Prozent geringer. Mit einem Minus von 48,25 Prozent verzeichnete der Goldman Sachs Commodity Index den größten Verlust.

Nicht nur bei einer Betrachtung über eine längere Periode, sondern auch beim Performance-Vergleich der einzelnen Jahre sticht der Rogers International Commodity Index hervor. Abbildung 3 zeigt die jährliche Wertentwicklung für die Jahre 1999 bis 2004. Wie zu erkennen ist, gehörte der Rogers International Commodity Index in allen Jahren zu den Spitzen-Performern. In den Jahren 1999, 2002, 2003 und 2004 ließ er seine Konkurrenten hinter sich. Im Jahr 2000 wurde er nur vom Goldman Sachs Commodity Index und im Jahr 2001 vom Reuters-CRB-Futures Price Index geschlagen.

Ausgezeichnete Entwicklung: Rogers International Commodity Index

Jährliche Performance der Rohstoffindizes von 1999 bis 2004 Abb. 3

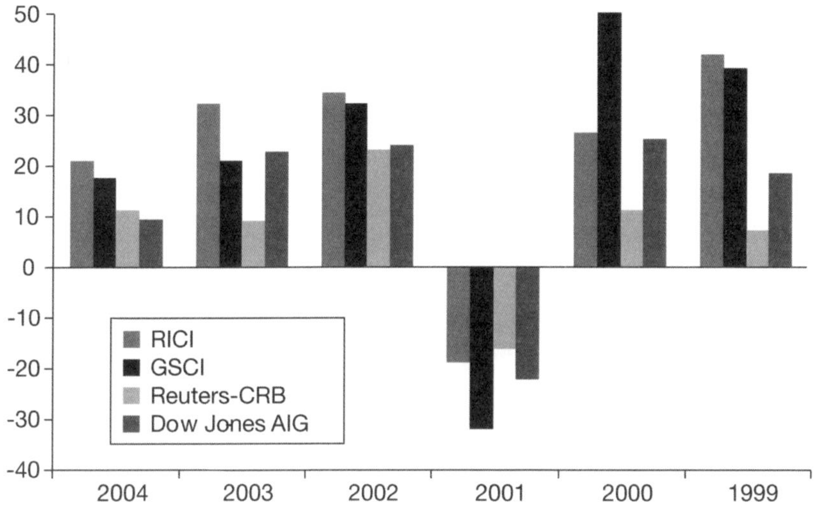

Quelle: Bloomberg, Indexanbieter; eigene Darstellung

Auch bei dieser Betrachtung wird deutlich, dass signifikante Unterschiede bei der Wertenwicklung zu verzeichnen waren. Der Reuters-CRB-Futures Price Index bleibt in der Mehrzahl der Jahre bei der Wertentwicklung hinter seinen Konkurrenten zurück, wies aber auch das geringste Rückschlagspotenzial auf. Die Entwicklung des Goldman Sachs Commodity Index war über diesen Zeitraum nicht zuletzt aufgrund seiner hohen Energiegewichtung ebenso erfreulich, der Index wies aber auch das höchste Rückschlagspotenzial auf. Die Entwicklung des Goldman Sachs Commodity Index ist also in nicht geringem Maße von der Entwicklung des Rohölpreises abhängig. Als die Ölpreise im Oktober 2004 zu einer Rally in Richtung Allzeithoch ansetzte, konnte der Goldman Sachs Commodity Index entsprechend davon profitieren und um 4,15 Prozent zulegen. Die Outperformance gegenüber dem schwächsten Index im Oktober, dem Reuters-CRB-Futures Price Index, belief sich allein in diesem Monat auf 4,22 Prozent. Der Rogers International

Commodity Index konnte dagegen nur 1,67 Prozent zulegen. Doch im November verzeichnete der Ölpreis eine stärkere Korrektur mit der Folge, dass der Index von Goldman Sachs die gesamten Gewinne des Oktobers wieder abgeben musste und 4,84 Prozent im November verlor. Der Rogers International Commodity Index verlor im November hingegen nur ein Prozent, während der CRB-Index sogar um rund zwei Prozent zulegen konnte.

Mit anderen Worten ergibt sich selbst für den Anleger, der auf einfachste Weise mit einem passiven Rohstoffindex an der Rohstoff-Hausse partizipieren will, möglicherweise ein Problem. Die zugrunde liegende Zusammensetzung der Indizes ist so unterschiedlich, dass selbst die Auswahl eines passiven Rohstoffindex eine »Meinung« über die Rohstoffsektoren verlangt. Viele Investoren suchen aber gerade deshalb einen Index aus, um solche Anforderungen zu umgehen. Ein Investment in den Goldman Sachs Commodity Index bedeutet, dass der Anleger eine Übergewichtung in Energie hat, beim CRB-Index sind möglicherweise die weichen Rohstoffe zu hoch gewichtet. Die Auswahl eines Index ist somit gleichzeitig die erste Aufgabe, die einem Anleger gestellt wird, wenn er die Entscheidung trifft, dass ein passives Investment für ihn die geeignete Methode ist, um an Rohstoffanlagen zu partizipieren.

Müssten wir uns für einen passiven Rohstoff-Index entscheiden, würden wir den Rogers International Commodity Index wählen. Dieser Index hätte über die zurückliegenden Jahre nicht nur Erträge erwirtschaftet, die sich hinter der Wertentwicklung von Aktien oder Anleihen alles andere als zu verstecken brauchen. Vielmehr hat dieser Index seit seiner Auflage alle anderen bedeutenden Hauptindizes (sowohl Rohstoff- als auch Aktien- und Anleihenindizes) geschlagen. Dies allein wäre natürlich kein Investitionskriterium. Vielmehr überzeugen die breit gefächerte Auswahl der Komponenten und deren transparente Zusammensetzung. Investieren Sie heute in diesen Index, dann hat Rohöl einen Anteil an diesem Index von 35 Prozent – der Anteil ist damit genauso hoch wie voriges Jahr oder wie er im November 2005 sein wird oder im Jahr 2006 –, wenn für das nächste Jahr keine Änderung der Gewichtung erfolgt. Die Auswahlmethoden beim Goldman Sachs Commodity Index und beim Dow Jones-AIG Commodity Index, bei denen die tatsächliche Gewichtung von der Marktpreisentwicklung abhängt, halten wir für wenig sinnvoll, genauso wie die Gleichgewichtung aller Rohstoffe im Reuters-CRB-Futures Price Index.

Der Rogers International Commodity Index verfügt über eine relativ ausgeglichene Aufteilung der einzelnen Rohstoffsektoren (Energie 44,0 Prozent, Nahrungsmittel 34,9 Prozent, Basismetalle 14,0 Prozent und Edelmetalle 7,10 Prozent). Trotz der im Vergleich zum Index von Goldman Sachs geringeren Gewichtung im Energiesektor, der seit Beginn der Hausse am stärksten zulegen konnte, übertraf die Wertenwicklung dennoch die des Goldman Sachs Commodity Index. Mit einer solchen Outperformance ist möglicherweise auch für die nächsten Jahre zu rechnen, da unserer Meinung nach gerade der Agrarsektor sehr günstig ist und enormen Nachholbedarf hat. Alternativ empfiehlt sich ein Sub-Index von Goldman Sachs auf den Agrarsektor, den Goldman Sachs Agriculture Index, doch dazu im Kapitel »Zertifikate« mehr.

Obwohl die verschiedenen Indizes unterschiedliche Ansätze verfolgen, nach denen die einzelnen Rohstoffe ausgesucht und gewichtet werden, ist allen gemein, dass ihre passive Konstruktion die gleichen Nachteile aufweist. Wir haben bereits darauf hingewiesen, dass die einzelnen Rohstoffe kürzere Zyklen aufweisen und Rückschläge möglich sind, die durchaus im Bereich von 50 Prozent liegen können. Wir möchten in diesem Zusammenhang an die Korrektur von Sojabohnen im Frühjahr 2004 erinnern, als China bekannt gab, seine Einfuhren zu reduzieren. Passive Indizes, die ausschließlich auf steigende Kurse ausgerichtet sind, haben begrenzte Möglichkeiten, um sich vor solchen Korrekturen zu schützen. Bei solchen Indizes existieren keine Stoppkurse, die Verluste begrenzen könnten, oder die Möglichkeit, Leerverkäufe zu tätigen. Bis auf den breit gestreuten Rogers International Commodity Index erfolgt die Rebalancierung darüber hinaus nur jährlich – entsprechend stark können sich somit negative Entwicklungen auf solche Indizes auswirken.

Wie wir eingangs dieses Kapitels und im Kapitel »Futures« gezeigt haben, kommt die verlässlichste Ertragsquelle bei Total-Return-Rohstoffindizes weniger von den Veränderungen der Rohstoffpreise, sondern von der Risikoprämie in den Futures-Kurven bei Kontrakten kürzerer Laufzeit (Backwardation), die durch das Überrollen (»Rollrendite«) in den nächsten Kontrakt zustande kommt. Die Rohstoffindizes können sich im Zustand »Backwardation« oder »Contango« befinden. Um das Problem, mit dem Anleger eines passiven, »long-only«-Rohstoffindex konfrontiert sind, zu verdeutlichen, sind die Erkenntnisse von Erb und Harvey hilfreich,. Seit Einführung der GCSI Futures befand sich der Goldman Sachs Commodity Index ebenso oft im Zustand »Backwardation« wie im Zustand »Contango.« Der GSCI in »Backwardation« wies jedoch eine signifikante Outperformance gegenüber dem GSCI in »Contango« auf (siehe Tabelle 2).

Vorsicht Contango!

Backwardation vs. Contango: Goldman Sachs Commodity Index Tab. 2

Index	Zusammengesetzter jährlicher Ertrag	Jährliche Standardabweichung	Sharpe Ratio
GSCI in Backwardation	11,25%	18,71%	0,60
GSCI in Contango	-5,01%	17,57%	-0,29
Long wenn in Backwardation, Short wenn in Contango	8,18%	18,12%	0,45
GSCI Total Return Index	2,68%	18,23%	0,15

Quelle: The Tactical and Strategic Value of Commodity Futures, Claude B. Erb und Campbell R. Harvey; eigene Darstellung

Von Juli 1992 bis Mai 2004 standen den Erträgen eines GSCI in »Backwardation« in Höhe von 11,25 Prozent Verluste eines GSCI in »Contango« von –5,01 Prozent gegenüber. Der GSCI Total Return Index erzielte über diesen Zeitraum eine Rendite von 2,68 Prozent. Passive Rohstoffindizes, die einzig auf steigende Kurse ausgerichtet sind, machen

bei den Investitionen in die zugrunde liegenden Rohstoff-Futures keinen Unterschied, ob sich diese in »Backwardation« oder »Contango« befinden. Somit können passive Rohstoffindizes auch nicht an der Entwicklung der Rohstoffe teilhaben, die entsprechend von der »positiven Rollrendite« profitieren (Märkte in Backwardation), sondern müssen auf Grund ihrer Zusammensetzung auch diejenigen enthalten, die davon nicht profitieren beziehungsweise einer »negative Rollrendite« ausgesetzt sind (Märkte in Contango). Da die Rendite, die sich durch das Überrollen in den nächsten Kontrakt ergibt, nach Angaben von Erb und Harvey die »zuverlässigste Ertragsquelle« ist, hat ein solches Exposure durch die fixe Konstruktion der Rohstoffindizes entsprechende Nachteile bei der Wertentwicklung.

Zusammenfassend kann festgehalten werden, dass für die überwiegende Anzahl der Anleger eine Investition in einen Rohstoffindex grundsätzlich wohl die einfachste Möglichkeit darstellt, am langfristigen Rohstofftrend zu partizipieren. Der Index mit der besten Gewichtung ist unserer Meinung nach der Rogers International Commodity Index. Falls Sie also nach einem internationalen, breit gestreuten Rohstoffindex Ausschau halten, sollten Sie diesen Index in Betracht ziehen. Entsprechende Investitionsmöglichkeiten stellen wir Ihnen im Kapitel »Zertifikate« vor.

Zertifikate

Zertifikate werden als Anlageform gerade beim deutschen Investmentpublikum immer beliebter. In Deutschland wurden allein in 2003 160 Milliarden Euro im Handel mit Zertifikaten umgesetzt. In der Öffentlichkeit werden Fonds und Zertifikate oft nahezu gleichgesetzt, auch in der Begriffsdefinition gibt es Überschneidungen. Im Detail existieren aber erhebliche Unterschiede zwischen Investmentfonds und Zertifikaten.

Investmentfonds werden von Banken oder Investmentgesellschaften aufgelegt und entsprechend dem Grundsatz der Risikostreuung diversifiziert an den Kapitalmärkten angelegt. Diese Institute nehmen Anlagegelder von privaten wie institutionellen Anlegern auf, wobei die Investoren im Gegenzug für ihre jeweilige Einlagen Anteilscheine am Fondsvermögen (Fondsanteile) beziehungsweise so genannte Investmentzertifikate erhalten. Diese Investmentzertifikate verbriefen das Recht der Anleger am Sondervermögen der Bank beziehungsweise der Investmentgesellschaft. Das Sondervermögen ist grundsätzlich vom Vermögen der Gesellschaft getrennt und gewährleistet somit in aller Regel auch im Falle eines Konkurses der Bank oder Investmentgesellschaft dem Anleger die volle Rückerstattung des auf den Inhaber entfallenden Fondsvermögensanteils. Zweck der Fondsanlage sind der Diversifikationseffekt bereits bei geringen Anlagebeträgen sowie die professionelle Verwaltung des Fondsvermögens bei geringeren Transaktionskosten. Der typische und als Open-End-Fonds (ohne Laufzeitbegrenzung) konzipierte Investmentfonds gewährleistet die tägliche Rückgabe von Fondsanteilen zum Inventarwert des Fonds, der jeden Börsentag neu berechnet wird. Der Rücknahmepreis der verschiedenen Fondsanteile wird börsentäglich veröffentlicht (vgl. dazu Perridon/Steiner: Finanzwirtschaft der Unternehmung, 8. Auflage 1995, S. 263 ff.). Kursgewinne auf Anteilscheine werden nur dann steuerpflichtig, wenn sie innerhalb der einjährigen Spekulationsfrist veräußert werden. Zu beachten ist dabei besonders, dass beim Anteilserwerb ein Ausgabeaufschlag von in der Regel vier Prozent bis fünf Prozent anfällt und dem

Anlagebetrag belastet wird – interessant ist in diesem Zusammenhang zudem, dass einige Banken mittlerweile auch Sparpläne auf Zertifikate anbieten.

Anlagezertifikate (vor allem in Form von Index- oder Garantiezertifikaten) dagegen sind dem Konstrukt eines Fonds sehr ähnlich, wobei es sich dabei allgemein um die am schnellsten wachsenden Anlageobjekte handelt, unter deren Oberbegriff eine ganze Reihe unterschiedlicher Finanzprodukte vor allen Dingen für Privatanleger vermarktet wird. Anlagezertifikate sind Derivate und zählen zu den strukturierten Finanzprodukten, deren Risikoprofil dem einer Aktie oder eines Investmentfonds gleicht, in einzelnen Fällen auch höher oder sogar niedriger sein kann. 1989 wurden erstmals Zertifikate in der Rechtsform der Schuldverschreibung (beziehungsweise einer Anleihe) emittiert und börsenmäßig gehandelt. Zertifikate werden auf eine Vielzahl von Basiswerten – wie beispielsweise Aktien, Indizes oder Rohstoffen – begeben und orientieren sich mit ihrem Wert an der Kursentwicklung der jeweils zugrunde gelegten Basiswerte, wobei der Investitionsbedarf gegenüber einem Direktinvestment aufgrund des Bezugsverhältnisses (zum Beispiel 1:100 bei Indexzertifikaten) gering ist. Darüber hinaus gibt es den breiten Bereich der Themen- und Strategiezertifikate, bei denen gleichzeitig in mehrere Aktien beziehungsweise Basiswerte investiert wird. Mittlerweile sind mehr als 20.000 verschiedene Zertifikate an deutschen Börsen vorzufinden. Die Auswahl kann etwa nach Branchen, aber auch nach anderen Kriterien erfolgen, wobei die Umsetzung von bestimmten Anlagestrategien möglich ist. Dadurch könnte unter gewissen Bedingungen das Risiko der Investition in ein bestimmtes Zertifikat geringer sein als das Risiko des Direkteinstiegs in die jeweiligen Basiswerte. Die genaue Zusammensetzung sowie die jeweiligen Rückzahlungsmodalitäten werden vom Emittent bei Emission des Zertifikats vor Ausgabe der Wertpapiere (Zertifikate) bekannt gegeben. Unter den Begriff Zertifikate fallen somit Produkte, die sich in ihren Merkmalen teils erheblich untereinander unterscheiden, wobei das Hauptunterscheidungskriterium bei Anlagezertifikaten in der Fristigkeit liegt. So gibt es einerseits Zertifikate mit einem im Voraus fest fixierten Laufzeitende, andererseits haben die Open-End-Zertifikate (auch Endlos-Zertifikate genannt) keine Laufzeitbegrenzung. Emittenten verbriefen ihren Open-End-Zertifikaten aber ein jährliches Rückgaberecht zu einem definierten Zeitpunkt (meist Ende März eines jeweiligen Jahres), um den Anlegern einen rechtlichen Anspruch auf Rückzahlung einzuräumen. Unabhängig davon können die Papiere börsentäglich ge- und verkauft werden. Die unterschiedlich ausgestalteten Zertifikate erlauben es Anlegern, in verschiedenen Marktphasen mit maßgeschneiderten Produkten überdurchschnittlich zu profitieren.

Im Unterschied zum Investmentfonds ist das Vermögen des Anlage-Zertifikates aber rechtlich gesehen kein Sondervermögen der Bank, sondern es entspricht vom Grundsatz her Schuldverschreibungen und damit Anleihen der Emittenten, in aller Regel Banken, die gleichrangig mit allen anderen nicht vorrangigen Verbindlichkeiten des Emittenten sind. Im Falle des Konkurses eines Emittenten wird das zu diesem Zeitpunkt noch vorhandene Vermögen entsprechend auf die Gläubiger verteilt, darunter eben auch die Zertifikatsinhaber. Daraus wird ersichtlich, dass beim Konkurs des Emittenten die Gefahr besteht, dass Zertifikatsinhaber keineswegs mit der vollen Rückerstattung des Wertes der Anteile rechnen können. Sie verbriefen somit keine Eigentums- und Aktionärsrechte an den Unternehmen, in deren Aktien das Zertifikat investiert. Die Käufer eines Zertifikats sind somit Gläubiger des Emissionshauses und müssen sich daher gerade bei lang laufenden Zertifikaten nach der Bonität und der Absicht zur Fortführung des Geschäftes seitens des Emittenten erkundigen. Die Bonität des Emittenten steht im direkten Zusammenhang mit der Rückzahlungsfähigkeit des verbrieften Zertifikatsanteilsvermögens. Für gewöhnlich ist im Anlageprospekt des jeweiligen Zertifikates eine Notiz des Bonitätsratings des Emittenten vermerkt. Falls nicht, sollte man sich auf der Homepage des Emittenten über dessen Rating (vor allem von den international anerkannten Rating-Agenturen S&P, Moody's oder Fitch) informieren. In aller Regel sollten nur Zertifikate von namhaften Instituten gekauft werden, um das Rückzahlungsrisiko zu reduzieren.

Zertifikate bieten dem Investor allerdings die Möglichkeit, das eingesetzte Kapital transparent und kostengünstig anzulegen. Aber auch gegenüber reinen Aktieninvestments können Zertifikate einige Vorteile aufweisen. Zertifikate ermöglichen es dem Anleger, seine Renditeerwartung durch die Ausgestaltung von Zertifikaten auf Aktien oder Aktienkörbe zu optimieren. Durch eingebaute Sicherungsmechanismen können das Risiko gegenüber einer Direktanlage in Aktien reduziert sowie die Chance auf (kurzfristige) Kursgewinne durch Hebeleffekte erhöht werden. Zertifikate wie Hebel- oder Turbo-Zertifikate können allerdings auch zum Totalverlust des Anlagebetrages führen.

Steuerlich werden Zertifikate (mit Ausnahmen von als »Finanzinnovation« bezeichneten Garantieprodukten, die eine 100-prozentige Kapitalgarantie beinhalten) meist wie Fondsanteile oder Aktien behandelt. Gerade im Fall von Garantieprodukten sollte aber vorsichtshalber ein Steuerberater wegen gesetzlicher Feinheiten und zur Vermeidung von Enttäuschungen konsultiert werden. Zertifikate sind börsennotiert und können börsentäglich in Stückelungen von einem Zertifikatsanteil oder einem Vielfachen davon gehandelt werden. Anders als bei Fonds wird beim Kauf der Zertifikate über die Börse kein Ausgabeaufschlag berechnet. An- und Verkauf erfolgen meist über von den Market-Makern der Emittenten gestellte Geld- (Bid, Ankaufskurs aus Sicht des Zertifikatskäufers) und Briefkurse (Ask, Verkaufkurs), die in relativ geringen Auf- und Abschlägen um den inneren Wert des Zertifikates (als Spread bezeichnet) gestellt werden, und stellen meist die einzigen Kosten (und quasi die Provision des Emittenten) neben den Transaktionskonten der Banken dar. Der Spread als Differenz aus Geld- und Briefkurs beträgt meist ein bis zwei Prozent, kann bei exotischeren Konstruktionen aber auch bis fünf Prozent ansteigen. Index-Zertifikate auf gängige Indizes oder allgemein gesagt bei passiven Produkten werden teilweise sogar ganz ohne Spread gehandelt und sind in einem solchen Fall vergleichbaren Fonds aus Kostengründen vorzuziehen. Sofern ein Spread aber besteht, bedeutet dies, dass der Anleger zu einem höheren Kurs kauft, als er verkaufen kann. In einigen Fällen kann der Zertifikatserwerb während der Zeichnungsphase eine Ausgabekommission beinhalten, die aber selten drei Prozent der Zeichnungssumme übersteigt, wobei Zertifikate meist über die Börse gekauft werden. Management- und Performance-Gebühren fallen nur bei aktiv verwalteten Zertifikaten an, die ähnlich wie bei Fonds eine aktive Betreuung des Portfolios erfordern. Hin und wieder ist allerdings Vorsicht bei der Preisfeststellung der Emittenten geboten, da es keine klare Inventarwertermittlung wie bei Fonds gibt. Je nach der Höhe des Angebots oder der Nachfrage kann der Emittentenkurs deutlich unter beziehungsweise über dem fairen Zertifikatspreis liegen, was eine Studie der Universität Regensburg belegte (vgl. dazu http://lexikonia.de/200197_zertifikate_wirtschaft.htm). Auch bei der Emission wurden wiederholt nachweislich Emissionskurse gestellt, die durchschnittlich bis zu vier Prozent über dem fairen Wert der Zertifikate lagen. Eine Kontrolle für Anleger ist zwar oft aufgrund der teils komplizierten Konstruktion der Zertifikate nicht möglich, man kann aber bei renommierten Emittenten auf eine korrekte Preisermittlung vertrauen.

In ihrer Ausgestaltung bieten Zertifikate deutlich mehr Spielräume als Fonds. Zertifikate verbriefen die teilweise oder vollständige Teilnahme an der Kursentwicklung von Wertpapieren und anderen Finanzprodukten. Neue Zertifikate können vom Emittenten teilweise bereits innerhalb weniger Tage lanciert werden, wohingegen die Fondsgründung in der Regel einen Zeitraum zwischen drei und sechs Monaten in Anspruch nimmt.

Unter dem Begriff Zertifikat wird, wie bereits angedeutet, eine ganze Reihe unterschiedlicher Finanzprodukte vermarktet, die in ihren spezifischen Merkmalen teilweise erheblich voneinander abweichen, wie von indexnachbildenden Zertifikaten, mit oder ohne Währungssicherung (so genannte währungsgesicherte beziehungsweise Quanto-Zertifikate) beziehungsweise Laufzeitbegrenzung, über Garantie- und Hebelprodukte bis zu Discount- oder Basket-Zertifikaten. Zertifikate werden auf verschiedenste Aktienindizes und -Baskets, Währungskorrelationen und natürlich auf Rohstoffe als so genannte Warenzertifikate begeben. Warenzertifikate bilden genau die Entwicklung des Basiswertes wie zum

Beispiel Gold, Silber oder Platin ab. Anlegern bietet sich mit diesem Produkt die Möglichkeit, kostengünstig sowie transparent in diese bislang relativ schwer zugänglichen Märkte zu investieren. Im Rohstoffsektor existiert eine Vielzahl verschiedenster Zertifikate mit unterschiedlichsten Ausstattungsformen. Auf die wesentlichen Zertifikat-Arten im Rohstoffbereich wollen wir im Folgenden einen Blick werfen und die Grundzüge dieser Zertifikate aufzeigen. Es kommt aber immer wieder zu Abweichungen von Grundtypen, sodass die Lektüre der jeweiligen Verkaufsprospekte auf jeden Fall erforderlich ist.

Airbag-Zertifikate

Bei Airbag-Zertifikaten (auch R-Bag- oder Protector-Zertifikate genannt) partizipieren Anleger vollständig an Kurssteigerungen des Basiswerts. Für den Fall von Kursverlusten des Basiswerts existiert ein Sicherungs-Buffer (Airbag), der Verluste verhindert. Sofern dieser Buffer vollständig aufgebraucht wird, entstehen für den Anleger anteilige Verluste. Der Kurs des Zertifikates kann allerdings während der Laufzeit des Produktes unter den Kaufpreis fallen, da der Buffer erst gegen Ende der Laufzeit die volle Wirkung erzielt. Die Ursache hierfür liegt in der Absicherung durch den Ver- und Ankauf von Optionen auf den Basiswert, wodurch Volatilität und Zinseffekte zu berücksichtigen sind. Gebildet wird ein Airbag-Zertifikat auf folgende Weise: Kauf von 1,25 Anteilen des Underlyings und Kauf von einem Anteil einer Call-Option auf dieses Basisinstrument. Dann werden 1,25 Anteile einer Call-Option 20 Prozent unter dem aktuellen Kurswert verkauft.

Basket-Zertifikate

Der englische Begriff Basket beschreibt bei diesem Produkt einen Aktienkorb. Bei Index-Zertifikaten sind die Bezugswerte klar definiert, das sind zum Beispiel beim Deutschen Aktienindex DAX alle 30 indexbildenden Aktien. Bei Basket-Zertifikaten sind es Aktien, die für den Aktienkorb beziehungsweise Basket nach bestimmten Kriterien, etwa Branchen oder Themen, ausgewählt werden. Auch die Regionen- oder Länder-Zertifikate zählen zur Gruppe der Basket-Zertifikate. Andere

Emittenten haben anstelle von Basket die sinngleiche Bezeichnung Themen- oder Branchen-Zertifikat gewählt. Basket-Zertifikate unterscheiden sich von Fonds dadurch, dass die Zusammensetzung des Baskets über die Laufzeit konstant bleibt. Bei Fonds werden hingegen aufgrund der Marktlage häufig Wertpapiere gekauft und verkauft, weshalb die Verwaltungsgebühren bei Fonds höher sind als bei Zertifikaten. Die Chance auf Kurssteigerungen und das Risiko von Kursverlusten ist bei Basket-Zertifikaten damit höher als bei Anlagen in ein Index-Zertifikat und geringer als das in eine einzelne Aktie.

Mit Basket-Zertifikaten bieten Emittenten eine Alternative zu den allgemeinen Index-Zertifikaten an, da die breite Streuung eines Index die teils überdurchschnittlichen Kurssteigerungen einzelner Branchen relativiert. Diesem Nachteil versuchen Basket-Zertifikate vorzubeugen, wodurch meist verschiedene Subindizes nachgebildet und etwa in Form eines Pharma-, Technologie- oder Rohstoff- beziehungsweise Rohstoff-Aktien-Baskets angeboten werden.

Dank der Phantasie der Emittenten ist das Underlying mancher Basket-Zertifikate schwer zu beschreiben. So gibt es eine Fülle von Zertifikaten, die sich nicht nur auf Indizes oder Aktienkörbe beschränken, sondern auch beispielsweise Optionsscheine, Futures und andere Derivate enthalten, wobei sogar Fonds indirekt über Zertifikate erworben werden können.

Bonus-Zertifikate

Bonus-Zertifikate sind so konstruiert, dass sie es dem Anleger auch in leicht fallenden oder seitwärts tendierenden Märkten ermöglichen, Gewinne zu erzielen. Anders als bei Discount-Zertifikaten sind Kursgewinne allerdings nicht durch einen Basispreis (CAP) begrenzt. Es besteht somit trotz der risikomindernden Eigenschaft die Möglichkeit, auch in deutlich steigenden Märkten und dabei in vollem Umfang von Kurssteigerungen zu profitieren. Bonus Zertifikate zahlen dem Anleger einen definierten Betrag aus, den so genannten Bonus, wenn sich der Kurs des Basisinstrumentes während der gesamten Laufzeit innerhalb einer bestimmten Bandbreite bewegt. Diese Bandbreite wird durch den Sicherheitslevel und den Bonuslevel definiert. Dieser Sicherheitslevel befindet sich in der Regel 20 bis 40 Prozent unterhalb des Kurses des zugrunde liegenden Basiswertes. Der Bonuslevel liegt meist zwischen zehn und 30 Prozent oberhalb des Kurses des zugrunde liegenden Basiswerts. Wird während der Laufzeit die Barriere beziehungsweise der Sicherheitslevel von 70 Prozent unterschritten und keine der Gewinnschwellen erreicht, so erfolgt die Rückzahlung entsprechend dem Indexstand beziehungsweise dem Kurs des Basiswerts zum Laufzeitende. Notiert der Basiswert am Laufzeitende zwischen Sicherheits- und Bonuslevel und hat den Sicherheitslevel während der Laufzeit nicht berührt oder unterschritten, erhält der Anleger am Laufzeitende den Bonuslevel ausgezahlt. Sofern das Basisinstrument während der Laufzeit unter dem Sicherheitslevel oder über dem Bonuslevel notiert oder den Sicherheitslevel berührt oder gar unterschritten hat, bekommt der Anleger am Laufzeitende den Wert des Basisinstrumentes ausbezahlt. Da in aller Regel Aktien das Basisinstrument darstellen, werden die Dividenden nicht an den Zertifikateinhaber ausgeschüttet, sondern zur Finanzierung des Bonus verwendet. Bonus-Zertifikate eignen sich vor allem dann, wenn der Anleger von einer relativ hohen Wahrscheinlichkeit von Kurssteigerungen ausgeht. Im Gegensatz dazu sollten Discount-Zertifikate gekauft werden, wenn eine Seitwärtsentwicklung des Basisinstrumentes wahrscheinlicher ist.

Discount-Zertifikate

Discount-Zertifikate (auch Diskont-Zertifikate genannt) entwickelten sich aus den Index-Zertifikaten, haben aber eine begrenzte Laufzeit von meist drei bis 18 Monaten, wobei die Rückzahlung auf einen Höchstbetrag (CAP) begrenzt ist. Sie verbriefen das Recht, zum festgelegten Laufzeitende entweder einen Referenzgegenstand (zum Beispiel eine Aktie) oder einen bestimmten Geldbetrag, den so genannten »Höchstbetrag« (CAP oder Deckelung), bar ausbezahlt zu bekommen. Das Discount-Zertifikat wird bezogen auf den Referenzgegenstand mit einem Discount oder Preisabschlag angeboten, wobei auch bei diesen Produkten die Risikobegrenzung verglichen mit einem Direktinvestment in dessen Basiswert im Vordergrund steht. Allerdings verhindert der Risikopuffer in stark steigenden Märkten, dass der Anleger davon in vollem Umfang profitiert. In seitwärts tendierenden Märkten kann der Anleger mit Discount-Zertifikaten jedoch eine Outperformance erzielen. Dieser Risikopuffer erweist sich in steigenden Märkten als »Gewinnbremse«, und ein Direktinvestment in den Basiswert wäre für den Anleger vorteilhafter gewesen. In der Praxis existieren zwei Arten von Discount-Zertifikaten:

Aktien-Discount-Zertifikate

Der Käufer eines Discount-Zertifikats investiert den Nominalbetrag in ein Zertifikat, im Gegenzug kauft der Emittent dafür eine Aktie (das Underlying) und verkauft auf diese Aktie eine Call-Option, wobei der CAP der Option bei Laufzeitende die Art der Rückzahlung bestimmt. Falls der Kurs des Zertifikats bei Laufzeitende unter dem CAP notiert, ist es für den Zertifikatsinhaber sinnvoll, sich die Aktie ins Depot buchen zu lassen. Sollte jedoch der Kurs beim oder sogar oberhalb des CAPs liegen, wird dem Depot des Anleger der Betrag in Höhe des CAPs gutgeschrieben.

Index-Discount-Zertifikate

Bei Index-Discount-Zertifikaten ist das Prinzip ähnlich dem von Aktien-Discount-Zertifikaten. Notiert das Zertifikat bei Laufzeitende unterhalb des Höchstbetrags, erhält der Käufer aber keine Aktie eingebucht, stattdessen in aller Regel eine Gutschrift in Höhe des Kurses. In Ausnahmefällen kann auch ein Indexpapier ausgegeben werden.

Garantie-Zertifikate

Garantie-Zertifikate (oder auch Kapitalschutz-Zertifikate genannt) funktionieren in der Regel wie gewöhnliche Index-, Basket- oder Aktien-Zertifikate, verfügen neben einer Kapitalgarantie aber noch über weitere Ausstattungsmerkmale: Garantie-Zertifikate sollen den Anleger vor Verlusten schützen, aber dennoch die Chance auf Kurszuwächse bieten. Je nach Ausgestaltung des Zertifikates erhält der Anleger eine vorher festgelegte prozentuale Kapitalgarantie, bezogen auf den Nennwert des Zertifikates. Zudem beinhaltet das Produkt eine so genannte Partizipationsrate an der Entwicklung des Basiswertes, die bei herkömmlichen Index-Zertifikaten immer 100 Prozent beträgt, bei anderen Garantie-Zertifikaten aber deutlich darunter liegen kann. So ist es möglich, dass ein klassisches Index-Zertifikat ohne Kapitalgarantie 20 Prozent an Wert zulegt, wogegen ein Garantie-Produkt lediglich zehn Prozent steigt. Der Preis für die Absicherung des Kapitals liegt in einer verminderten Partizipation an der Entwicklung des Basiswertes. Aufgrund der Vielfältigkeit der angebotenen Produkte können Anleger Garantie-Zertifikate auswählen, die dem persönlichen Absicherungsbedarf unter Berücksichtigung der individuellen Renditeerwartung entsprechen. Garantie-Zertifikate kann man dabei grob in zwei Gruppen einteilen:

Produkte mit vollständiger Kapitalgarantie:

Der Anleger erhält mit dem Erwerb des Zertifikates eine »Geld-zurück-Garantie«. Steigen die dem Zertifikat zugrunde liegenden Basiswerte, partizipiert der Anleger an deren Kurssteigerungen. Die 100-Prozent-Garantie kostet allerdings Gebühren, wobei zu beachten ist: Je höher die Garantieleistung in Prozent des eingesetzten Kapitals ist, umso weniger hat der Anleger an den Kursgewinnen teil. Die Gebühren können je nach Ausstattung des Zertifikats so berechnet werden, dass der Anleger nur zu 95 Prozent an Kurszuwächsen teilhat. Zudem existieren Zertifikate, die mehr als das eingesetzte Kapital garantieren, zum Beispiel 107 Prozent des Nominalbetrages zum Ende der Laufzeit. Die Besteuerung von Garantiezertifikaten mit 100-prozentiger Kapitalgarantie unterliegen in aller Regel nicht mehr der einjährigen Spekulationsfrist. Vor dem Erwerb sollte deshalb auf alle Fälle ein Steuerfachmann wegen der steuerlichen Konsequenzen kontaktiert werden.

Produkte mit einer teilweisen Absicherungsgarantie:

Bei Zertifikaten mit teilweiser Kapitalgarantie existieren grundsätzlich folgende drei Arten:

- *Der Zertifikatanleger erhält am Laufzeitende mindestens einen vorab definierten Prozentsatz seines investierten Kapitals zurück. Beispielsweise werden mindestens 70 Prozent des Anlagekapitals nach fünf Jahren garantiert ausbezahlt.*
- *Der Anleger ist dank eines integrierten Sicherheitspuffers vor Verlusten in einer bestimmten Größenordnung, zum Beispiel 25 Prozent, geschützt. Sollten die Verluste in diesem Fall 25 Prozent überschreiten, fallen für den Anleger ebenfalls Kursverluste an.*
- *Kursgewinne werden stufenweise abgesichert, sofern Index oder Basiswert bestimmte Voraussetzungen erfüllen. Bei manchen Produkten ist etwa der Durchschnittskurs über einen bestimmten Zeitraum für die Performance des Zertifikates entscheidend.*

Diese Produkte bieten damit den Vorteil einer abgesicherten Investition. Das eingesetzte Kapital bleibt auch bei Kursrückgängen des Basiswertes nahezu ganz beziehungsweise weitgehend erhalten. Die Kosten der Absicherung beeinflussen die Rendite des Produktes negativ, da der Emittent dafür einen bestimmten Prozentsatz berechnet. Prinzipiell eignen sich Garantieprodukte für risikoscheue Investoren, können aber auch zu Diversifikationszwecken in dynamischen Portfolios verwendet werden. Einen Nachteil haben allerdings Zertifikate mit 100-prozentiger Kapitalgarantie: Sie werden als Finanzinnovation betrachtet und fallen nicht unter die Spekulationsfristen-Regelung. Im Zweifelsfall sollte, wie bereits erwähnt, ein Steuerberater hinzugezogen werden.

Index-Zertifikate

Index-Zertifikate beteiligen den Anleger an der Kursentwicklung eines festgelegten Index, der sich auf einen Performance-Index (zum Beispiel DAX; bei Performance-Indizes werden die Dividendenzahlungen in die Indexberechnung einberechnet, im Gegensatz zu Kursindizes) beziehen oder auf einen Kurs-Index (wie zum Beispiel Dow Jones), dabei aber handelbar wie eine Aktie sind. Die Laufzeit liegt zumeist bei mehreren Jahren, wobei in aller Regel keine Dividenden- oder ähnliche Ausschüttungen erfolgen. Das Bezugsverhältnis der Index-Zertifikate liegt meistens bei 1:100. Steht der DAX-Index in diesem Fall bei 4.000 Punkten, wäre ein Zertifikat 40 Euro wert. Gegenüber Investmentfonds fallen bei Index-Zertifikaten damit oft geringere Mindestinvestitionen an; zudem beinhaltet ein Zertifikat den ganzen Index, allerdings ohne an den einzelnen Werten beteiligt zu sein. Auch müssen anders als bei Investmentfonds weder Ausgabeaufschlag noch Verwaltungsgebühren bezahlt werden. Ein weiterer Vorteil von Index-Zertifikaten gegenüber vergleichbaren Fonds besteht darin, dass das Index-Zertifikat nicht an gesetzliche Grenzen wie etwa die Begrenzung des Portfolioanteils auf maximal zehn Prozent gebunden sein muss.

Outperformance-Zertifikate

Outperformance-Zertifikate ermöglichen dem Anleger eine stärkere Partizipation an der Aktienmarktentwicklung. Der Anleger profitiert dank eines Hebels an der Entwicklung des Aktienmarktes. Dieser Hebel wirkt allerdings nur in eine Richtung, und zwar bei steigenden Kursen. Bei fallenden Kursen dagegen verhalten sich Outperformance-Zertifikate identisch zum jeweiligen Basiswert. Die Höhe der Outperformance wird durch die Partizipationsrate definiert, die sich in Abhängigkeit von der Höhe der Dividenden und der Volatilität der jeweiligen Aktie errechnet. Der Anleger kann also mit einem Hebel von Kurssteigerungen profitieren, ohne ein höheres Risiko einzugehen, verzichtet dafür aber auf Dividendenzahlungen. Mit dem Erwerb eines Outperformance-Zertifikats verbunden ist der Kauf einer Kaufoption auf das zugrunde liegende Basisinstrument. Damit eignen sich als Basisinstrumente vor allem Aktien mit hoher Dividenderendite und niedriger Volatilität, da der Wert der Kaufoption steigt, wenn die Volatilität sich erhöht.

Quanto-Zertifikate

Zertifikate auf Aktien, Indizes oder andere Basiswerte außerhalb des Euro-Raumes unterliegen aus Euro-Sicht (in Deutschland zugelassene Zertifikate notieren meist in Euro) einem nicht zu unterschätzenden Währungsrisiko. Um das Währungsrisiko zu eliminieren und die Spekulation nur auf die Entwicklung des dem Zertifikat zugrunde liegenden Basiswertes zu beschränken, wird bei manchen Zertifikaten das Währungsrisiko für europäische Anleger ausgeschlossen. Diese Zertifikate sind durch den Zusatz »Quanto« gekennzeichnet.

Der Einfluss der Währung auf den Kurs von Zertifikaten ist erheblich. Verliert etwa die jeweilige Auslandswährung gegenüber dem Euro an Wert, wird dadurch die Performance negativ beeinflusst. So kann etwa eine Indexperformance von zehn Prozent durch einen Währungsverlust von über zehn Prozent sogar zu einem Verlust führen. Dasselbe Währungsrisiko besteht auch bei Zertifikaten auf Indizes außerhalb des Euro-Raumes, deren Kurse nicht lediglich um das Bezugsverhältnis, sondern auch um den jeweiligen Devisenkurs bereinigt werden. Zur Veranschaulichung: Ein Index-Zertifikat auf den US-Index Dow Jones Industrial Index, das den Wert dieses Index umgerechnet in Euro eins zu eins abbildet – bei einem Indexstand von 10.000 Punkten, einem Bezugsverhältnis von 100:1 und einem Euro-Kurs von 1,25 US-Dollar –, kostet nicht 100,00 Euro, sondern währungsbereinigt nur 80,00 Euro. Bei einem Anstieg des Euro-Kurses auf 1,35 US-Dollar würde das Zertifikat bei einem konstanten Indexstand von 10.000 Punkten nur noch 74,07 Euro kosten.

Dagegen unterliegt ein Quanto-Zertifikat keinem Wechselkursrisiko, da sich der Kurs des Zertifikats nicht aufgrund von Wechselkursschwankungen bewegt, sondern nur aufgrund von Änderungen des zugrunde liegenden Basiswertes. Bei Fälligkeit erhält der Anleger den um das Bezugsverhältnis bereinigten Indexstand in Euro ausgezahlt. Die

Währungssicherung wird meist dynamisch vorgenommen und ständig den Währungsentwicklungen angepasst. Durch die Währungssicherung können Kosten, aber auch Erträge anfallen. Bei Open-End-Zertifikaten werden Kosten vom Wert des Zertifikates abgezogen, Erträge hinzuaddiert. Bei Quanto-Zertifikaten mit Laufzeitbegrenzung baut sich das Aufgeld beständig um die Kosten der Währungssicherung ab, sodass am Laufzeitende der Kurs des Basiswertes in Euro zurückgezahlt wird.

Wer allerdings davon ausgeht, dass der Euro gegenüber der jeweiligen Landeswährung an Wert verliert, sollte auf eine währungsgesicherte Zertifikatsvariante verzichten. Bei Waren-Zertifikaten steht die Entwicklung des Euro/US-Dollar-Verhältnisses im Vordergrund, da Edel- wie Basismetalle in US-Dollar notieren. Aufgrund der enormen wirtschaftlichen Ungleichgewichte des US-Dollar-Raumes besteht ein erhebliches Währungsrisiko, sodass für den risikoscheuen Anleger anzuraten ist, bei Rohstoffanlagen das meist bestehende Fremdwährungs- beziehungsweise Dollar-Risiko mit Quanto-Zertifikaten zu umgehen.

Partizipations-Zertifikate

Das Partizipations-Zertifikat ist lediglich ein anderer Begriff für Index-Zertifikat. Diese Art von Zertifikat ermöglicht die Partizipation an der Entwicklung des jeweiligen zugrunde liegenden Index ohne eine fixierte Endfälligkeit. Zu bestimmten Einlösungsterminen besteht seitens des Zertifikatsinhabers eine Rückgabemöglichkeit über einen Barausgleich des Indexstandes entsprechend dem Bezugsverhältnis.

Range-Zertifikate

Range- beziehungsweise Bandbreiten-Zertifikate (auch Korridor-, DoubleChance-, Speed-, Sprint-, Sprinter- oder Kickstart-Zertifikate genannt) sind für einen Anleger dann sinnvoll, wenn er von lediglich moderaten Zuwächsen des Basisinstrumentes ausgeht. Sofern der Kurs des Basisinstruments am definierten Laufzeitende innerhalb einer festgelegten Bandbreite bleibt, profitiert der Anleger gegenüber der Kursentwicklung des Basisinstruments überdurchschnittlich. Zu beachten ist dabei, dass Range-Zertifikate von den Emittenten meist mit anderen Namen versehen werden, wie zum Beispiel Sprint-Zertifikate (Commerzbank), Sprinter-Zertifikate (ABN Amro), Speed-Zertifikate (Bankgesellschaft Berlin), Kickstart-Zertifikate (Sal.Oppenheim) oder Double-Chance-Zertifikate (Deutsche Bank).

Das untere Ende der Bandbreite, als B1, Floor oder Startpreis bezeichnet, stellt den Emissionskurs des Zertifikats dar. Dieser wird aus dem Eröffnungskurs des Basisinstruments am Emissionstag abgeleitet. Das obere Ende der Bandbreite beziehungsweise Range – B2 beziehungsweise CAP genannt – wird aus dem B1 multipliziert mit einem bestimmten Faktor bestimmt.

Notiert das Basisinstrument am Ende der Laufzeit unter beziehungsweise genau auf B1, erhält der Anleger das Basisinstrument. Liegt am Laufzeitende der Schlusskurs des Basisinstruments innerhalb der Range oder genau auf B2, kommt dem Zertifikateinhaber das Basisinstrument, zudem die Differenz aus dem Kurs des Basisinstruments und B1 zu. Sofern am Laufzeitende der Kurs des Basisinstrumentes oberhalb des CAP beziehungsweise B2 liegt, erhält der Anleger B2 in bar sowie zusätzlich die Differenz aus B2 und B1.

Tracker-Zertifikate

So genannte Tracker-Zertifikate bilden die Kursentwicklung den Basiswert eins zu eins ab, wobei es egal ist, ob die Basiswerte Börsenindizes, Währungen, Baskets oder Rohstoffe sind. Das Bezugsverhältnis ist von Bedeutung, wobei ein Bezugsverhältnis etwa von zehn zu eins bedeuten würde, dass zehn Zertifikate einer Unze Gold in Dollar entsprechen würden. Tracker-Zertifikate sind meist ohne Laufzeitbegrenzung und bei Basisinstrumenten in Fremdwährung als Quanto-Zertifikate, also währungsgesichert, konstruiert.

Turbo-Zertifikate

Turbo-Zertifikate (beziehungsweise Hebel- oder Knock-out-Zertifikate) bilden ähnlich wie Futures die wertmäßige Veränderung des Basiswertes, also Aktien beziehungsweise Indizes, eins zu eins ab, wobei der Vorteil gegenüber dem Direktinvestment in der Hebelwirkung liegt. Turbo-Zertifikate besitzen wie Optionsscheine einen Ausübungspreis, der den Kapitaleinsatz reduziert und dadurch eine Hebelwirkung auf das Anlagekapital ermöglicht. Je niedriger dabei der Kapitaleinsatz ist, umso stärker ist die Hebelwirkung. Es besteht aber im Gegensatz zu Optionsscheinen kein Volatilitätsrisiko, und Turbozertifikate können prinzipiell eine unbegrenzte Laufzeit haben. Knock-out-Barrieren fungieren dabei quasi als Stopp-Loss-Marken, die vor dem Entstehen von hohen Verlusten durch Nachschüsse schützen, führen aber zum Totalverlust des Anlagebetrages. Turbo-Zertifikate werden als Long- beziehungsweise Bull- (Anleger setzen dabei auf steigende Kurse) und als Short- oder Bear-Varianten (Spekulation auf sinkende Kurse) begeben.

Bei Turbo-Long-Zertifikaten partizipiert der Anleger überdurchschnittlich an der positiven Entwicklung der zugrunde liegenden Aktien beziehungsweise Indizes, ohne wie bei Optionsscheinen die Volatilität beachten zu müssen. Bei Turbo-Short-Zertifikaten profitiert der Anleger überdurchschnittlich am Abwärtstrend der zugrunde liegenden Aktien beziehungsweise Indizes. An der absoluten Veränderung des Basiswertes ist man mit geringerem Kapitaleinsatz aufgrund des Hebeleffektes voll beteiligt. Das Aufgeld der Turbo-Zertifikate, das über die Laufzeit hinweg abgebaut wird, deckt die daraus resultierenden Finanzierungskosten. Sobald der Basiswert die Barriere erreicht, wird das Turbo-Zertifikat sofort ausgestoppt, um die Nachschlusspflicht auszuschließen; das Zertifikat wird vom Markt genommen, und der Anleger erhält den Restwert ausbezahlt, der oft aber nur im Bereich von 0,001 Euro je Zertifikat liegt. Grundsätzlich kann gesagt werden, dass der Hebel des Turbo-Zertifikates umso höher ist, je näher das Basisinstrument am Ausübungspreis notiert. Da die Volatilität keinen Einfluss auf die Preisbildung hat, besteht im Gegensatz zu Optionsscheinen kein Zeitwert-Problem. Turbo-Zertifikate werden auch unter anderen Namen angeboten, wie zum Beispiel die MINI-Future-Zertifikate von der ABN Amro (Open-End-Zertifikate).

Turbo-Zertifikate sollten nur von erfahrenen Anlegern mit hoher Markttransparenz und Risikobereitschaft gekauft werden. Das Ausnutzen lediglich kurzfristiger Trends liegt dem Einsatz von Hebelzertifikaten zugrunde. Ein Totalverlust des eingesetzten Kapitals ist bei diesen Zertifikaten möglich. Einige Turbo-Zertifikate sind mit einer fest definierten Knock-out-Barriere versehen, bei deren Erreichen der Turbo wertlos verfällt und der Anleger einen Totalverlust erleidet. Das Studium des Verkaufsprospektes vor dem Erwerb eines Turbo-Zertifikates ist somit unerlässlich, um sich ein Bild von dem bestehenden Verlustrisiko bei einer Marktentwicklung machen zu können, die anders verläuft als angenommen. Die Knock-out-Schwelle sollte zu Lasten des Hebels vom aktuellen Preis möglichst weit entfernt sein. Bei einem Turbo-Bear ist es umgekehrt: Berührt oder überschreitet der DAX die Barriere, verfällt auch hier der Turbo wertlos. Anleger sollten sich des erheblichen Risikos bewusst sein und permanent den Markt beobachten, sich in einem ausreichenden Abstand zur Knock-out Schwelle eine Stopp-Loss-Marke setzen, und sofern sich der Schein in der Gewinnzone befindet, sollte die Stopp-Loss Marke nachgezogen werden, um die Kursgewinne abzusichern. Der Volatilitätseinfluss spielt im Gegensatz zu Optionen bei Turbos so gut wie keine Rolle, da die Zertifikate nur einen geringen Zeitwert besitzen. Dies muss aber nicht unbedingt ein Vorteil sein, denn Volatilitätsänderungen wirken bei Plain-Vanilla-Optionen in beide Richtungen. So kann ein Optionsscheinkäufer von steigenden Volatilitäten profitieren, ohne dass sich der Kurs des Basiswerts verändert.

Eine Besonderheit bei Turbo-Zertifikaten auf Aktien ist zu beachten: Es wird eine Dividendenzahlung des Unternehmens während der Laufzeit der Turbos in die Preisberechnung mit einbezogen, das heißt, dass bei steigenden Dividenden der Preis des Bulls fällt und der Preis des Bears steigt.

Konkrete Handlungsempfehlungen

Wir haben im obigen Teil versucht, die derzeit geläufigsten Zertifikatsarten, die im Rohstoffbereich angeboten werden, aus allgemeiner Sicht von der Funktionsseite her sowie deren Vor- und Nachteile zu beschreiben. Wie nun kann man aus der relativ großen Menge an Zertifikaten aus dem Rohstoffsektor das jeweils passende Produkt heraussuchen?

Zuerst einmal muss betont werden, dass aus Sicht der Autoren dem Risikoaspekt eine große Bedeutung zugemessen werden sollte. Zertifikate mit geringem Risiko sind solchen mit erhöhtem Risiko, das auch den Totalverlust bedeuten kann, unbedingt vorzuziehen, auch wenn sich dadurch in Einzelfällen die Kurschancen reduzieren. Wie bereits erwähnt, beinhaltet ein Rohstoffinvestment immer auch ein Währungsrisiko für den Anleger aus dem Euro-Raum, da Rohstoffe in US-Dollar gehandelt werden. Da gerade Privatanleger in aller Regel nicht die nötige Zeit aufbringen, um sich neben den diversen Rohstoffinvestments auch noch mit der Währungsentwicklung zu befassen und rechtzeitig am Markt zu agieren (zumal die Dollar-Entwicklung zudem weiterhin einen erheblichen Unsicherheitsfaktor darstellt), sind währungsgesicherte, also Quanto-Zertifikate den nicht währungsgesicherten Zertifikaten unbedingt vorzuziehen. Aus der Vielzahl der angebotenen Rohstoffzertifikate präferieren wir klar Zertifikate ohne Hebelwirkung und damit ohne das Risiko eines Totalverlustes. Die relativ hohe Volatilität des Rohstoffsektors kann dazu führen, dass die den Hebel-Zertifikaten innewohnende Knock-out-Schwelle quasi über Nacht erreicht und das Zertifikat als wertloses Papier vom Markt genommen wird. Die mittel- bis langfristig zu erwartende Kursentwicklung der von uns als aussichtsreich angesehenen Rohstoffe dürfte groß genug sein, sodass auf Hebelprodukte verzichtet werden kann. Die in erster Linie zu empfehlende Zertifikats-Variante ist in jedem Fall das Quanto-Open-End-Zertifikat, das aber leider nicht für jede Rohstoffart besteht. Handelbar sind Zertifikate in aller Regel an den Börsenplätzen Frankfurt und Stuttgart.

Soft-Commodities

Als kaufenswert und im Rohstoffsegment derzeit am interessantesten sind Soft-Commodities einzustufen. In diesem Segment ist die Auswahl an Zertifikaten allerdings sehr begrenzt. Dennoch existiert am

Große Auswahl

Derzeit angebotene Produkte diverser Emittenten Tab. I

	Gold	Silber	Platin	Palladium		
ABN Amro	x	x	x	x		
Bank Vontobel	x					
BW-Bank	x	x	x	x		
Commerzbank	x					
Deutsche Bank	x		x	x		
Dresdner Bank	x		x	x		
DZ Bank	x	x				
Goldman Sachs	x	x	x	x		
HSBC T&B	x					
ING BHF	x					
Raiffeisen Centro	x	x	x			
Societe Generale	x		x	x		
UBS	x	x				

	Kupfer	Nickel	Zink	Zinn	Blei	Aluminium
ABN Amro	x	x	x		x	x
Societe Generale						x

	Erdöl	Erdgas	Kohle	Uran	Wasser	Basismetalle
ABN Amro	x	x				
BW-Bank	x					
Citigroup	x					
DZ-Bank	x					
Goldman Sachs	x					
JP Morgan	x					
Raiffeisen Centro	x					
Sal. Oppenheim	x					
Societe Generale	x	x				x
UBS	x				x	
West-LB					x	

	Kaffee	Kakao	Zucker	Orangensaft	Mais	Weizen
ABN Amro	x	x	x	x	x	x
DZ-Bank	x	x				

	Soja	Baumwolle	Cattler	Rohstoffe	Energie	
ABN Amro	x	x	x	x		
BW-Bank				x		
DZ-Bank			x			
Goldman Sachs			x	x	x	
Rabobank				x		

Quelle: Onvista, Comdirect, ABN Amro; eigene Darstellung

Markt eine Reihe von Produkten, die sich zur Depotbeimischung eignen. Dieses Buch kann allerdings nur eine zeitpunktbezogene Empfehlungsliste geben, unter Berücksichtigung der mittel- und langfristigen Trends. Der Zertifikatemarkt ist zudem in Bewegung. Woche für Woche werden neue Zertifikate emittiert, die das Rohstoffspektrum immer besser abdecken. Es empfiehlt sich deshalb, die Finanzpresse hinsichtlich neuer Produkte zu studieren, die entsprechend der in diesem Kapital beschriebenen Handlungsstrategien entsprechen. Die eingangs dieses Buches erläuterten relativ kurzen Zyklen bei Soft-Commodities gegenüber etwa Energie oder Edelmetalle sollten allerdings in die Anlageentscheidung mit einbezogen werden.

Auf die folgenden Rohstoffe Weizen, Kaffee und Zucker existieren währungsgesicherte Open-End-Zertifikate, die sich zu Anlagezwecken gut eignen und aus fundamentaler Sicht aussichtsreich sind.

Weizen

Lediglich ABN Amro bietet unterschiedliche Zertifikate auf Weizen an. Das Weizen-Zertifikat, das das beste Chance-Risiko-Verhältnis aufweist, ist das Zertifikat mit der Kenn-Nummer ABN3HS, wobei es sich um das ABN-Amro-Quanto-Open-End-Zertifikat auf den Weizenpreis-Future handelt. Die ebenfalls existierenden Hebel-Zertifikate auf Weizen (sowohl long als auch short) erscheinen mit hohen Hebeln zwischen fünf und acht Prozent sowie der Nähe des aktuellen Weizenfuture-Preises zur Knock-out-Schwelle zu riskant.

Kaffee

Auf Kaffe bieten derzeit sowohl ABN Amro als auch die DZ Bank unterschiedliche Zertifikate an. Leider befinden sich im Angebot der DZ Bank lediglich nicht-währungsgesicherte Hebelprodukte (sowohl long als auch short), wogegen ABN Amro auch bei Kaffee mit dem Quanto-Open-End-Zertifikat auf Kaffee (WPK ABN3HW) eine interessante Alternative anbietet. Dieses ist auch dem nicht währungsgesicherten ABN-Amro-Open-End-Kaffee-Zertifikat vorzuziehen (WKN ABN0CD).

Zucker

Auch bei Zucker existiert eine Reihe von Zertifikaten, die allesamt von ABN Amro emittiert wurden. Es handelt sich dabei um diverse Hebelprodukte (sowohl long als auch short), um ein nicht währungsgesichertes Open-End-Zucker-Zertifikat (WKN ABN0CE) sowie um die empfehlenswerte Quanto-Variante des Zucker-Open-End-Zertifikates mit der Wertpapier-Kennnummer ABN3HV.

Auf die folgenden Soft-Commodities existieren bislang leider keine währungsgesicherten Open-End-Zertifikate. Das Währungsrisiko kann bei diesen Zertifikaten demnach nicht eliminiert werden, es sei denn durch extra durchgeführte Währungssicherungen. Da dies aber nur schwer und kostenintensiv zu realisieren wäre, eignen sich die folgenden Zertifikate nur sehr bedingt zur Depotbeimischung. Da die den Zertifikaten zugrunde liegenden »weichen« Rohstoffe aus fundamentaler Sicht aussichtsreich sind, wollen wir kurz darauf eingehen.

Kakao

Sowohl ABN Amro als auch die DZ Bank bieten Hebelzertifikate auf steigende wie auch auf fallende Kakao-Preise an. Es gibt derzeit allerdings leider keine währungsgesicherten Zertifikate. Lediglich als Kompromiss bietet sich das ABN Amro-Open-End-Kakao-Zertifikat mit der Wertpapier-Kennnummer ABN0CF an, das allerdings nur in einem geringen Depotanteil erworben werden sollte.

Orangensaft

Aus fundamentaler Sicht weniger interessant als Weizen, Kaffee, Zucker oder Mais, können dennoch in geringem Umfang Orangensaft-Zertifikate dem Depot beigemischt werden. Von der ABN Amro, die diverse Orangensaft-Zertifikate inklusive verschiedene Hebelprodukte (long und short) auf den Markt gebracht hat, ist das Orangensaft-Zertifikat mit der WPK ABN3HU, das Quanto-Open-End-Zertifikat auf Orangensaft, das derzeit einzige aus unserer Sicht für den Privatanleger sinnvolle Zertifikat.

Mais

Auch bei Mais gibt es derzeit nur Zertifikate der niederländischen Großbank ABN Amro. Neben den sehr riskanten Hebel-Zertifikaten kommt lediglich das Open-End-Zertifikat auf Mais – WPK ABN3KU – in Betracht, das allerdings aufgrund des bestehenden Währungsrisikos nur sehr bedingt zu empfehlen ist.

Sojabohnen

Sojabohnen-Zertifikate (ausschließlich von ABN Amro) gibt es in Form verschiedener Long- und Short-Hebelzertifikate. Ohne Hebel, aber auch ohne Währungssicherung ausgestattet ist lediglich das Open-End-Zertifikat auf Sojabohnen – WPK ABN2B0. Lediglich ein sehr geringer Depotanteil kann erwogen werden.

Baumwolle

Nur ein Zertifikat auf Baumwolle steht potenziellen Anlegern zur Verfügung. Dabei handelt es sich um das von ABN Amro emittierte Open-End-Zertifikat auf Baumwolle, WPK ABN3KT. Dieses bietet sich aber nur sehr risikofreudigen Anlegern in sehr geringen Depotumfang an, da die Fundamentaldaten für Baumwolle derzeit denkbar schlecht sind, aus antizyklischer Betrachtung daher aber eine, wenn auch geringe, Chance bietet.

Index-Zertifikate auf Soft-Commodities

Zwar nicht währungsgesichert, erscheint das Goldman-Sachs-Agriculture-Excess-Return-Open-End-Zertifikat mit der WPK GS3Y80 eine Anlagealternative zu sein, die man dem Depot in einem geringen Umfang beimischen kann. Dieses Zertifikat bildet den GS-Agriculture-Subindex ab, der aus den Positionen Weizen, Mais, Sojabohnen, Zucker, Baumwolle, Kaffee und Kakao (Gewichtung entsprechend der Reihenfolge) zusammengesetzt ist.

Basket-Zertifikate auf Soft-Commodities

Zwar nicht währungsgesichert, ist das ABN-Amro-Open-End-Basket-Zertifikat mit der WPK ABN1T5 dennoch ein interessantes Produkt. Dieses Zertifikat basiert auf einem Basket, der aufgebaut ist aus je 20 Prozent Weizen-, Kaffee-, Zucker-, Kakao- und Orangensaft-Futures, wobei einmal jährlich die Gewichtung wieder auf die Ausgangsbasis von jeweils 20 Prozent angepasst wird. Es erscheint als Alternative im Soft-Commodity-Bereich ebenfalls als beimischbare Alternative (zu Chancen und Saisonalität siehe das Kapitel über Soft-Commodities).

Energie: Öl und Gas

Bei Öl würden wir Produkte bevorzugen, die sich auf die Preisentwicklung von Crude Oil beziehen. Denn es hat sich gezeigt, dass sich der Preis für Crude Oil in den vergangenen Jahren, wenn auch geringfügig, besser entwickelt hat als der der Sorte Brent Crude Oil. Langfristig sind die Perspektiven von Öl als sehr aussichtsreich zu betrachten. Kurzfristig besteht allerdings weiteres Korrekturpotenzial, sodass wir aus heutiger Sicht zu einem Einstieg in den Energiesektor über Öl-Zertifikate ab einem Kursniveau von 35 US-Dollar und darunter raten. Eine erste Position kann aber bereits derzeit aufgebaut werden.

Erdgas ist im Gegensatz zu Öl in weitaus größeren Mengen vorhanden. Es existiert derzeit aber lediglich ein Transportproblem, etwa um die reichen russischen Erdgasvorkommen auch den US-Amerikanern zugänglich zu machen. Denn gerade in Nordamerika gehen die Erdgasvorkommen langsam, aber beständig zur Neige, was für den dortigen Markt steigende Erdgaspreise zur Folge haben dürfte. Zumindest so lange, bis Erdgas in Form von Flüssiggas nach Nordamerika zu bezahlbaren Preisen transportiert werden kann. Somit raten wir hauptsächlich zu Zertifikaten auf Öl. Da es aber keine Zertifikate auf Crude Oil, sondern lediglich auf Brent Crude Oil gibt, bleibt dies die einzige Alternative.

Öl

Eine ganze Reihe von Finanzinstituten wie ABN Amro, BW-Bank, Goldman Sachs, DZ Bank, Raiffeisen Centro, Citigroup, JPMorgan, Sal. Oppenheim, Société Générale und UBS haben Zertifikate auf Öl emittiert. Überwiegend handelt es sich dabei aber um Hebel-Zertifikate mit der bereits mehrmals beschriebenen erhöhten Risikostruktur. Lediglich das ABN-Amro-Quanto-Open-End-Zertifikat auf Brent Crude Oil – WPK ABN14R – sticht aus der Vielzahl an Öl-Zertifikaten als uneingeschränkt empfehlenswert bei einer weiteren Preiskorrektur des Erdöls heraus.

Parallel zum Erdöl kann auch ein Zertifikat auf Öl-Aktien in Erwägung gezogen werden. Die Erfahrung allerdings zeigt, dass ein Investment in Rohstoff-Aktien eine hohe Korrelation zum Gesamtmarkt hat, die Korrelation zum zugrunde liegenden Rohstoff aber oft wenig signifikant ist. Aus diesem Grund ziehen wir ein Investment in das erwähnte Öl-Zertifikat einem Zertifikat auf einen Ölproduzenten-Aktienbasket vor. Wer dennoch Öl-Aktien in Form eines Zertifikates in sein Depot aufnehmen will, kann aus folgenden Zertifikaten auswählen, die aber allesamt nicht währungsgesichert sind: ABN-Amro-Index-Open-End-Zertifikat auf AMEX Oil Index, WPK 687482, wobei ein nahezu identisches Produkt von der UBS mit der WPK 658023 existiert. Auch das ABN-Amro-Open-End-Index-Zertifikat auf den S&P Supercomposite Oil & Gas Drilling Index mit der Wertpapier-Kennnummer ABN2BZ und das Open-End-Index-Zertifikat auf den S&P Supercomposite Oil & Gas Refining & Marketing Index, WPK ABN2BY, erscheinen in dieser Hinsicht aussichtsreich. Auch die Citigroup hat mit dem Open-End-Top-7-Global-Oil-Basket-Zertifikat, WPK 740777, ein ähnliches Produkt auf dem Markt.

Index-Zertifikate

Rogers International Commodity Index (RICI)

Unter den Index-Zertifikaten ist vor allem das relativ neue, wiederum vom Marktführer im Bereich der Rohstoff-Zertifikate, der ABN Amro

Bank, emittierte Rogers-International-Commodity-Open-End-Zertifikat zu nennen, wobei die währungsgesicherte Variante des Zertifikates mit der Wertpapier-Kennnummer ABN4MN aus unserer Sicht gekauft werden sollte. Der RICI ist mit 35 enthaltenen Rohstoffen deutlich breiter angelegt als der vergleichbare Rohstoffindex Reuters CRB Futures Index oder der stark energielastige Goldman Sachs Commodity Index. Der Index wird jährlich hinsichtlich Zusammensetzung und Gewichtung überprüft und angepasst. Im Durchschnitt der vergangenen sechs Jahre lag die jährliche Rendite bei 18,7 Prozent und damit über der Rendite des Goldman Dachs Commodity Index mit 16,5 Prozent sowie erheblich über der des CRB Index von 5,4 Prozent.Die 31,9-prozentige Gewichtung von »weichen« Rohstoffen im RICI macht das Zertifikat auf diesen Index zusätzlich interessant. Insgesamt erwirbt der Anleger eine gut ausgewogene Rohstoffdiversifikation.

Goldman Sachs Commodity Index

Als Alternative, allerdings zweiter Wahl aufgrund der fehlenden Währungssicherungskomponente, ist das von Goldman Sachs emittierte Index-Zertifikat auf Goldman Sachs Commodity Index, das Index-Zertifikat auf den GSCI Total Return, WPK 954546, zu nennen. Dieses Zertifikat besitzt eine Laufzeit bis lediglich 18.12.2006. Auch das Bonus-Zertifikat auf den GSCI Excess Return Index mit der Wertpapier-Kennnummer GS0EQC, Laufzeit bis 22.09.2010, kann trotz fehlender Währungssicherung dem Depot beigemischt werden. Auch das währungsgesicherte Goldman-Sachs-Airbag-Zertifikat auf GSCI Non-Energy Excess Return Index – WPK GS1CR7 mit einer Laufzeit bis 21.05.2010 –, das den sonst im Index übergewichteten Energiesektor ausschließt, erscheint interessant. Die Zusammensetzung berücksichtigt den Landwirtschaftssektor mit 51,6 Prozent, Viehwirtschaft mit 18,9 Prozent, Industriemetalle mit 22,8 Prozent und den Edelmetallsektor mit 6,7 Prozent. Die enthaltenen Rohstoffe werden gemäß ihres Weltproduktionswertes gewichtet.

Ein sehr attraktives Produkt stellt Goldman Sachs zu seinem GS Commodity Index zur Verfügung: Das Goldman-Sachs-Quanto-Rainbow-

Zertifikat (WPK GS2KJ0, Laufzeitende 15.10.2010) bezieht sich auf die Entwicklung der GSCI Sub-Indizes GSCI Energy, Industrial Metals, Presious Metals, Agriculture und Livestock. Das »Rainbow«-Zertifikat arbeitet mit einer rückwirkenden Übergewichtung der erfolgreichsten GSCI-Subindizes –30 Prozent für das beste der fünf Commodity-Barometer (Energie, Industriemetalle, Edelmetalle, Agrarprodukte, Vieh), 25 Prozent für das zweitbeste, 20 Prozent für das drittbeste, nur 15 beziehungsweise 10 Prozent für die beiden schlechtesten. Da die einzelnen GSCI Sub-Indizes beziehungsweise Sektoren kaum miteinander korrelieren, sollte dieser Mechanismus fast zwangsläufig für eine Überrendite gegenüber einem Direktinvestment in den stark energielastigen Index sorgen. Die kontinuierliche Durchschnittsbildung sorgt dafür, dass zwischenzeitlich auftretende Preisspitzen (wie gegen Ende 2004 bei Öl) bis zur Fälligkeit als Gewinne realisiert werden; zudem besteht eine Währungssicherung. Darüber hinaus ist das Papier mit einer 100-prozentigen Kapitalgarantie ausgestattet, die allerdings dafür sorgt, dass die einjährige Spekulationsfrist in diesem Fall nicht gilt und Gewinne mit dem persönlichen Steuersatz zu versteuern sind. Die Kapitalgarantie wird mit einer Partizipationsrate von nur 95 Prozent finanziert. Dieses Zertifikat ist als Depotbeimischung im Rohstoffbereich durchaus empfehlenswert.

Als Alternative zu den Papieren von Goldman Sachs ist das von der ABN Amro emittierte Goldman-Sachs-Commodity-Index-Quanto-Open-End-Zertifikat, WPK ABN0BD, zu betrachten, das es dem Anleger ermöglicht, den gesamten GS Commodity Index währungsgesichert abzubilden.

Aktiv gemanagte Zertifikate:

- ABN-Amro-Euromerica-Commodity-Zertifikat mit aktivem Währungsmanagement.

Unter den aktiv gemanagten Zertifikaten findet sich unserer Ansicht nach nur eine kleine Auswahl an Zertifikaten, die wir als empfehlenswert betrachten.

Zertifikate auf Gold

Gold ist das Werterhaltungsinstrument weltweit schlechthin. Es sollte in jedem Depot zu finden sein. Da wir allerdings dazu raten, einen Teil des Golddepots in physischem Gold zu halten, einen weiteren Teil in Aktien beziehungsweise Fonds, sehen wir in Zertifikaten auf Gold selbst keine sinnvolle Anlagealternative. Um aber dennoch eine Auswahl zu bieten, verweisen wir in diesem Zusammenhang etwa auf das Gold-Zertifikat von ABN Amro, WPK A0AB84, 664551: Quanto-Open-End-Zertifikat auf Gold, das Gold-Quanto-Zertifikat I, WPK 824862, mit einer Laufzeit bis zum 13.02.2009. Von der Dredner Bank gibt es mit der WPK 809760 das Quanto-Zertifikat auf Gold, Laufzeitende 30.12.2008, das als Alternative in Betracht kommt. Auch das Open-End-Quanto-Zertifikat auf die Feinunze Gold (WPK 291448) von der Commerzbank oder das Trinkhaus & Burkhardt-Gold-Quanto-Zertifikat mit einer allerdings begrenzten Laufzeit bis zum 19.05.2006 (WPK 770999) bietet sich als Alternative an. Spätestens wenn sich Signale einer möglichen Bankenkrise mehren, sollten vor allem Gold- und Edelmetall-Zertifikate verkauft und das Geld in physisches Metall getauscht werden.

Index-Zertifikate auf Gold

Der Amex Gold Bugs Index, kurz HUI genannt, ist der einzige Gold-Aktien-Index, auf den in Deutschland Zertifikate emittiert wurden. Es bieten sich dabei zwei Alternativen an, das ABN-Amro-AMEX-Gold-Bugs-Quanto-Zertifikat, WPK 664552, mit Laufzeit 19.12.2005, sowie das von der Dresdner Bank emittierte AMEX-Gold-Bugs-Index-Zertifikat, WPK 673997, Laufzeit bis 16.12.05, das ebenfalls währungsgesichert ist. Beim HUI handelt es sich allerdings um den Index der ungehedgten Gold- und Silberminen-Aktien, die eine relativ hohe Volatilität aufweisen. Die Gewichtung eines HUI-Index-Zertifikats sollte in jedem Fall gering sein, der Kauf erst nach einer Konsolidierung des Goldmarktes erfolgen.

Zertifikate auf Goldminen-Aktien

- BW-Bank-Junior-Gold-Miners-Basket-Zertifikat

Das Basket-Zertifikat von Goldminenunternehmen in einem zumeist sehr frühen Produktionsstatus erscheint aufgrund des soliden Grundlagen-Research zum Goldmarkt wie auch zu den im Basket enthaltenen Unternehmen weiter aussichtsreich, auch wenn der Aktienkorb über ein relativ hohes Risiko verfügt. Das Junior-Gold-Miners-Zertifikat, WPK BWB0VN, Laufzeit 07.09.2007, ist zwar nicht währungsgesichert, allerdings besitzt lediglich einer der zehn enthaltenen Werte, Randgold Resources, eine Notiz in US-Dollar. Die restlichen Werte notieren in kanadischen Dollar und weisen damit ein deutlich geringeres Währungsrisiko auf.

- Das ING-BHF-Top-10-Goldminen-Zertifikat mit der Wertpapier-Kennnummer 679365

Das Zertifikat ermöglicht die Partizipation an der Entwicklung eines Aktienkorbes, der halbjährlich neu zusammengestellt wird und die zehn größten Goldproduzenten (nach Streubesitz und Marktkapitalisierung) aus dem FTSE Gold Mines Index beinhaltet. Die maximale Gewichtung eines Wertes beträgt dabei 20 Prozent. Das Zertifikat ist allerdings nicht währungsgesichert und bietet damit kein optimales Chance-Risiko-Verhältnis. Ähnlich ist das Zertifikat der Citigroup mit der WPK 740888 einzuschätzen. Es handelt sich dabei um das TOP-7-Global-Open-End-Gold-Zertifikat. Das Zertifikat basiert auf dem Top 7 Global Gold-Index, der sich grundsätzlich aus den sieben Gesellschaften zusammensetzt, die über die höchste Marktkapitalisierung in der Branche des Goldgeschäfts (gem. Salomon Smith Barney Equity Index-System) verfügen. Die Auswahl der Unternehmen lediglich nach der Marktbewertung verspricht zudem eine unterdurchschnittliche Performance im Fall weiter steigender Goldnotierungen.

Zertifikate auf Silber

Bei Silber ist die Situation ähnlich wie bei Gold einzuschätzen, allerdings kann Silber über ein Zertifikat deutlich günstiger als über den physischen Kauf erworben werden, da keine Mehrwertsteuer anfällt. Silber-Zertifikate stellen allerdings kein Substitut auf das physische Silber dar, lediglich eine Ergänzung. Silber kann in geringem Umfang über das Silber-Quanto-Open-End-Zertifikat von ABN Amro mit der WPK A0AB82 erworben werden.

Zertifikate auf Silber-Aktien

Um lediglich auf die Wertentwicklung von Silber-Aktien zu spekulieren, bietet sich das von der ABN Amro emittierte Open-End-Quanto-Basket-Zertifikat auf Silber-Aktien, WPK 325972, an.

Zertifikate auf Platin

Ebenfalls eine mehr als begrenzte Anzahl an Zertifikaten mit vertretbarem Chance-Risiko-Verhältnis ist bei Platin vorzufinden. Lediglich das ABN-Amro-Zertifikat von ABN Amro mit der WPK A0AB86, das Quanto-Open-End-Zertifikat auf Platin, bietet sich zum Kauf an. Der Erwerb eines Zertifikates auf Platin ist in diesem Fall durchaus in überschaubarem Umfang sinnvoll, da der physische Platinkauf im Gegensatz zu Gold und Silber kaum sinnvoll erscheint.

Zertifikate auf Palladium

Auf den Palladiumpreis existiert das Palladium-Quanto-Open-End-Zertifikat von ABN Amro mit der WPK A0AB85. Der Edelmetallcharakter des Palladiums in Zeiten von Finanzkrisen ist jedoch keineswegs so verbreitet wie bei Gold und Silber oder auch bei Platin. Dennoch sehen wir deutliche Chancen auch bei Palladium, sodass dieses Zertifikat als Portfoliobestandteil empfehlenswert erscheint.

Zertifikate auf Edelmetalle

Die Raiffeisen Centrobank hat ein zu gleichen Teilen mit Gold, Silber, Platin und Palladium bestücktes Open-End-Basket-Zertifikat auf Edelmetalle, WPK A0DCAZ, emittiert, das allerdings nicht währungsgesichert ist. Aus diesem Grund raten wir bei Edelmetallen eher zur individuellen Zusammenstellung aus den angesprochenen Quanto-Zertifikaten auf die einzelnen Edelmetalle.

Kurzfristig interessante Zertifikate auf Basismetalle

Zink

Bei den Basismetallen sehen wir derzeit lediglich Zink aufgrund der positiven Fundamentaldaten als spekulativ kaufenswert in einem sehr geringen Depotumfang an. Die Auswahl an unterschiedlichen Zertifikaten ist allerdings wieder einmal denkbar gering. Lediglich ein Zertifikat steht zur Auswahl, das ABN-Amro-Open-End-Zertifikat auf Zink mit der Wertpapier-Kennnummer ABN0JT. Dieses ist allerdings nur begrenzt zur Depotbeimischung tauglich, da die Währungssicherungsfunktion leider fehlt. Sollte eine »Quanto« in der Zwischenzeit auf den Markt kommen, können Sie dies am einfachsten über http://zertifikate.onvista.de abfragen, in diesem Fall über das Stichwort Zink, engl. zinc.

Für die weiteren Basismetalle besteht für den Jahresverlauf 2005 aufgrund der offensichtlichen Verlangsamung des chinesischen Wirtschaftswachstums ein teils erhebliches Preisrisiko. Engagements in weitere Industriemetalle sollten aus diesem Grund erst nach einer Korrektur erworben werden. In diesem Zusammenhang eignen sich zum Beispiel das ABN-Amro-Quanto-Open-End-Zertifikat auf Kupfer, WPK ABN3HT, wie auch begrenzt aufgrund fehlender Währungssicherung das ebenfalls von ABN Amro emittierte Open-End-Zertifikat auf Nickel, WPK ABN0JU. Auch das Open-End-Zertifikat auf Aluminium, WPK ABN0GJ, und das Open-End-Zertifikat auf Blei, WPK ABN0JV, beide von ABN Amro, sind für solch einen Fall bedingt geeignet.

Im Industriemetall-Bereich gibt es seit Ende Januar 2005 von der Société Générale eine sehr interessante Anlagemöglichkeit auf Zertifikatsbasis für risikofreudigere Anleger. Es handelt sich dabei um das Industriemetalle-Airbag-Zertifikat, Kennnummer SG16GA, auf die mit jeweils 20 Prozent gleichgewichteten Industriemetalle Kupfer, Nickel, Aluminium, Zink und Blei. Bei einer vollständigen Kapitalgarantie bis zu Kursverlusten von 40 Prozent bekommt der Anleger bei einem Kursrückgang von über 40 Prozent bis Laufzeitende das 1,67fache des Schlusskurses ausbezahlt. Dabei profitiert das Zertifikat gegenüber dem Basiswert bei Kurssteigerungen um 200 Prozent. Die steuerrechtliche Behandlung dieses als Garantie-Zertifikat einzuschätzenden Produkts ist fraglich, sodass diese Frage von einem Steuerberater beantwortet werden sollte, da es möglich ist, dass die Regelung der einjährigen Spekulationsfrist hier nicht greift. An dieser Stelle wollen wir noch auf das Goldman-Sachs-Impact-Quanto-Zertifikat auf den Energy & Metals Basket hinweisen, WPK GS6EEF, Laufzeitende 21.05.2010. Auch hier ist erst die steuerliche Situation von einem Fachmann zu klären. Das Zertifikat setzt sich aus den beiden GSCI-Sub-Indizes GSCI Energy Excess Return Index (60 Prozent) und dem GSCI Industrial Metals Excess Return Index (40 Prozent) zusammen. Das Impact-Zertifikat partizipiert oberhalb des Strike überproportional – zu 110 Prozent – an der Performance des zugrunde liegenden Basiswertes.

Wasser-Zertifikate

Zwar stand Wasser als Rohstoff nur indirekt im Blickpunkt unserer Rohstoffanalyse, es wurde aber gezeigt, dass es sich auch bei Wasser in Form von Trinkwasser und für Bewässerung um einen immer rarer werdenden Rohstoff handelt, der unentbehrlich ist. Wasseraufbereitungs- und versorgungs-Aktien dürften damit über ein langfristig überdurchschnittliches Kurspotenzial verfügen. Es existieren derzeit nur zwei Zertifikate auf Wasser beziehungsweise Wasser-Aktien, wovon das erste allerdings aufgrund der deutlich längeren Laufzeit vorzuziehen ist. Es handelt sich dabei einmal um das Wassertechnik-Active-Basket-Zertifikat der WestLB, WPK 696260, Laufzeit 09.04.2008. Es besteht dabei kaum ein Währungsrisiko, da überwiegend europäische Aktien im Basket enthalten sind. Ähnlich verhält es sich beim Europäischen-Wasser-Basket-Zertifikat mit der Wertpapier-Kennnummer 237608, Laufzeit bis 15.05.2006, von der UBS.

Fonds

Eine Möglichkeit für den Anleger, am Rohstofftrend zu partizipieren, ist der Kauf von Aktien aus Branchen, die mit der Produktion und dem Handel von Rohstoffen zu tun haben. Anlagemöglichkeiten bieten zum Beispiel Öl- und Gaswerte, Kaliproduzenten, Bergbauunternehmen, Minenwerte oder Plantagengesellschaften. Diese Art der Rohstoffanlage liegt für den konventionellen Finanzinvestor nahe, da er mit Aktieninvestments in der Regel vertraut ist. Allerdings ist die Strategie nicht unbedingt zielführend, denn die Korrelation zwischen den Rohstoffen und entsprechenden Rohstoff-Aktien ist, wie in der Studie der Professoren Gorton und Rouwenhorst gezeigt wurde, bei weitem nicht eins. So entwickelten sich über den Zeitraum von 1962 bis 2003 Rohstoff-Futures dreimal so gut wie Rohstoff-Aktien. Beim Kauf von Rohstoff-Aktien handelt es sich nämlich trotz der Verbindung zu den Rohstoffen um Aktieninvestments, deren Entwicklung von Faktoren abhängt, die auch sonst den Erfolg von Aktien bestimmen. Wer sich in Aktien der Rohstoffbranche engagiert, muss Einflüsse wie die Qualität des Managements, die Finanzdaten, die Bewertung, das Geschäftsmodell, aber auch die Entwicklung der Finanzmärkte berücksichtigen. Somit kann der Anleger also auch beim Stock-Picking-Ansatz, der gezielten Auswahl von Einzeltiteln, vom so genannten unsystematischen Risiko tangiert werden, denn es besteht auch hier die Möglichkeit, dass bei steigenden Rohstoffpreisen und einer gleichzeitigen Aktien-Baisse die Rohstoff-Aktien von der Schwäche der Aktienmärkte beeinflusst werden. Dennoch sollte man aus Diversifikationsgründen nicht ausschließlich in Rohstoffe oder Futures auf Rohstoffe investieren, sondern auch in Rohstoff-Aktien.

Eine Alternative in diesem Zusammenhang ist ein Investment in Branchenfonds, deren Fokus auf Rohstoffinvestments liegt. Der Vorteil für den Anleger besteht darin, dass solche Produkte durch die breite Diversifikation eine stabilere Wertenwicklung als einzelne Rohstoff-Aktien aufweisen. Hier übernimmt der Fondsmanager die Verwaltung und legt die einbezahlten Kundengelder in eine Vielzahl von verschiedenen Rohstoff-Aktien an. Wenn Sie Geld in einen Fonds einzahlen, erhalten Sie Anteile an diesem Fonds. Diese Fondsanteile verbriefen Ihren Anspruch auf einen entsprechenden Teil des Fondsvermögens. Wie viele Anteile Sie erhalten, hängt vom Ausgabekurs (der in der Regel einmal täglich festgestellt wird) des Investmentfonds zum Zeitpunkt des Kaufes ab. Hat der Fonds also einen Ausgabekurs von 125 Euro, und Sie wollen 10.000 Euro investieren, dann bekommen Sie 80 Anteile in Ihrem Depot gutgeschrieben. Das Geld, das Sie einbezahlt haben, fließt dann dem Fonds zu, und der Fondsmanager entscheidet, ob er die neu eingegangenen Mittel sofort in Aktien investiert oder noch abwartet. In einem »Pool« werden neben dem Geld, das Sie investiert haben, noch Gelder anderer Anleger gesammelt, über die der Manager des Fonds von der Depotbank informiert wird. Mit der getätigten Einzahlung nehmen Sie voll an der Wertentwicklung des Fonds teil und sind in Höhe Ihres Anteils Eigentümer aller Wertpapiere die sich im Fonds befinden, unabhängig davon, ob der Manager die zugeflossenen Mittel sofort investiert oder erst zu einem späteren Zeitpunkt. Hält der Fonds also beispielsweise 9 Prozent des gesamten Vermögens in Aktien des Ölkonzerns Royal Dutch, 5,7 Prozent in Chevron Texaco-Aktien, 4,3 Prozent in Aktien des Düngemittelherstellers Kali & Salz und 3 Prozent im Kupferproduzenten Phelps Dodge, dann haben Sie mit Ihrem Investment von 10.000 Euro indirekt 900 Euro in Royal Dutch, 570 Euro in Chevron, 430 Euro in Kali & Salz, 300 Euro in Phelps Dodge und die restlichen 7.800 Euro in anderen Wertpapieren angelegt (oder einen Teil davon in Cash, wenn der Fonds nicht alles investiert hat).

Für einen Privatanleger hat ein Investment in einen Fonds folgende Vorteile:

1. Ein Fonds ist einfach zu kaufen und zu verkaufen

Investmentfonds können Sie zum Beispiel über Ihre Hausbank erwerben. Hier ist jedoch zu berücksichtigen ist, dass diese Ihnen möglicherweise nur die Fonds der hauseigenen Fondsgesellschaft anbietet, die vielleicht im Vergleich zu Fonds anderer Gesellschaften bezüglich der Wertentwicklung schlecht sind.

Im vernachlässigten Rohstoffsektor ist es auch möglich, dass die hauseigene Fondsgesellschaft überhaupt keinen Rohstofffonds anbietet. Alternativ können Sie Fonds direkt bei der Fondsgesellschaft, über Direktbanken oder freie Vermittler kaufen. Die Konto- beziehungsweise Depoteröffnung ist zwar zu Beginn mit formeller Arbeit verbunden, hingegen sind anschließend Käufe und Verkäufe über Telefon oder Internet einfach.

2. In einen Fonds kann man auch mit kleineren Beträgen investieren.

Wenn Sie anstatt der 10.000 Euro nur die Hälfte oder noch weniger investieren können oder wollen, dann dürfte es schwierig sein, ein breit gestreutes Wertpapierdepot aus einzelnen Aktien zusammenzustellen. Außerdem würde sich bei relativ kleinen Anlagebeträgen das Ganze schon wegen der relativ hohen Gebührenbelastung nicht lohnen. Dagegen können Sie in aller Regel Investmentfonds bei einer Einmalanlage schon ab etwa 1.000 Euro erwerben. Nur bei wenigen Gesellschaften liegt die Mindestanlagesumme über 5.000 Euro. Im Rahmen eines monatlichen Sparplanes bekommen Sie eine Vielzahl der Investmentfonds bereits ab 50 Euro.

3. Professionelles Management

Wenn Sie in einen Fonds investieren, dann wählt der Manager für Sie die einzelnen Aktien aus. Natürlich gibt es auch hier Enttäuschungen. So weisen manche Fonds eine schlechte Wertentwicklung auf, andere wiederum sind teuer. Und dann gibt es wiederum einige Fonds, die teuer sind und gleichzeitig eine schlechte Wertentwicklung aufweisen. Wie Sie vielleicht selbst schon erfahren mussten, sind viele Manager das Geld nicht wert, mit dem sie aus dem Fondsvermögen bezahlt werden.

In Deutschland gibt es Gesetze, die festlegen, wer einen Fonds auflegen und vertreiben darf und welche Vorschriften ein In-

vestmentfonds in Sachen Transparenz und Risikostreuung erfüllen muss. So schreibt zum Beispiel das Gesetz über Kapitalanlagegesellschaften (KAGG) vor, dass für in Deutschland aufgelegt Fonds eine Depotbank das Fondsvermögen verwalten muss. Somit kann sich ein Fondsmanager die einbezahlten Gelder nicht auf sein eigenes Konto überweisen und sich damit absetzen. Dies trifft auch für Fonds ausländischer Gesellschaften zu, bei denen ein Fonds-Administrator oft die Funktion der Depotbank übernimmt. Außerdem schreibt das KAGG eine Mindeststreuung des Fondsvermögens vor, nach der in aller Regel maximal zehn Prozent eines einzelnen Unternehmens in einer Aktie investiert sein dürfen. Doch diese Vorschriften bedeuten nicht, dass ein Investmentfonds eine absolut sichere Geldanlage ist. Der Wertentwicklung hängt nämlich von den Vermögensgegenständen ab, die der Investmentfonds enthält. Zwar ist die Gefahr, alles zu verlieren, sehr gering, aber gerade bei Branchenfonds können die zwischenzeitlichen Wertschwankungen sehr hoch sein. Dennoch ist die Anlage in den richtigen Fonds für alle Anleger eine sinnvolle Sache, denen die nötigen Kenntnisse, die Zeit oder die finanziellen Mittel fehlen, um sich selbst ein eigenes Portfolio aus aussichtsreichen einzelnen Wertpapieren zusammenzustellen.

Die beste Möglichkeit, am Rohstoffboom teilzuhaben, ist, wie bereits erläutert, eine Investition in die Rohstoffe an sich und weniger in Unternehmen der verschiedenen Rohstoffbranchen. Dennoch sollten Sie Ihr Vermögen breit streuen und einen Teil auch in Unternehmen der diversen Rohstoffsektoren investieren. Wie bereits gezeigt, gab es in vergangenen Marktphasen wie zum Beispiel in den 70er-Jahren einen Gleichklang zwischen der Entwicklung der Rohstoffpreise und der Rohstoff-Aktien. Wenn man sich die Wertentwicklung einiger Rohstoffwerte anschaut, dann kann man feststellen, dass sich diese in den letzten drei Jahren im Verhältnis zu den zugrunde liegenden Rohstoffen ganz gut entwickelt haben, in einigen Fällen sogar besser als die entsprechenden Rohstoffe. Ein gutes Beispiel ist die Aktie des Großhändlers Bunge im Vergleich zu den Rohstoffen Weizen, Mais und Sojabohnen, die sich in den letzten zwei Jahren mehr als verdoppelte, während die Rohstoffe sich auf dem gleichen Niveau befinden oder sogar ein Minuszeichen aufweisen.

Einer der größten Fehler, den nicht nur private, sondern auch professionelle Anleger bei der Vermögensanlage machen, liegt darin, dass sie Wachstumsaussichten von Unternehmen überschätzen und die Bedeutung der Dividendenzahlung bei der Aktienanlage unterschätzen. Kurzfristig, wie in den Jahren 1998 bis 2000, in denen Dividendenzahlungen neben den Kursgewinnen von Technologie-Aktien bedeutungslos erschienen, mag eine solche Strategie vielleicht funktionieren. Aber wie Ben Graham schon oft hervorgehoben hat: »In the short term, the market is voting machine, but in the long term, it is a weighing machine«. Ein Anleger wird vielleicht einen oder vielleicht auch zwei gute Trades machen, aber es gibt sehr wenige Trader, die über längere Zeiträume erfolgreich waren. Und in der Regel handelt es sich bei allen großen erfolgreichen Investoren um so genannte Value-Investoren, die weniger auf vermeintlich lockende Kursgewinne schielen als auf die Substanz von Unternehmen.

Exkurs: Die Frage des Investmentstils – Value vs. Growth

Hinter den englischen Begriffen für Wert (»value«) und Wachstum (»growth«) verbergen sich unterschiedliche Ansätze, Aktien auszuwählen. Da sie unterschiedliche Ergebnisse (siehe Abbildung 1) gebracht haben, dürfte die Frage des Investment-Stils künftig stärker in den Vordergrund treten.

Value vs. Growth

S&P/Barra Value und S&P/Barra Growth Index im Vergleich Abb. 1

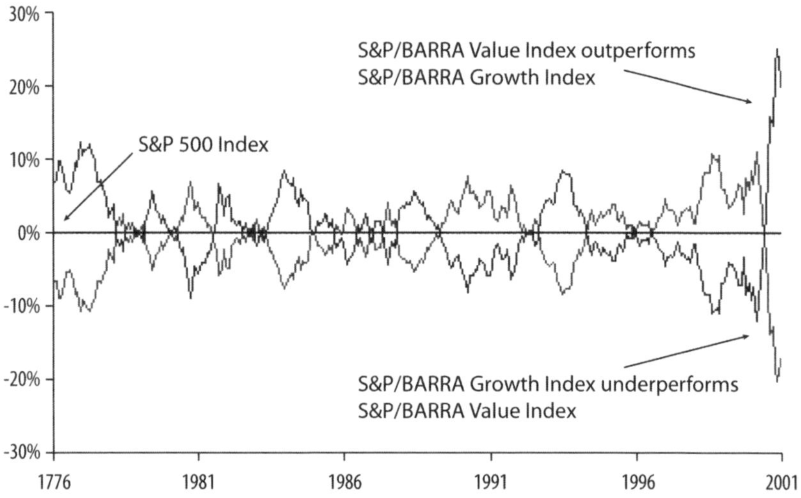

Quelle: Ibbotson

Ein Value-Investor achtet immer darauf, ob die Aktien den wahren Wert des Unternehmens widerspiegeln. Er verkauft die Titel, wenn der Aktienkurs seiner Meinung nach nicht den vollen Geschäftswert reflektiert. Der Growth-Investor hingegen konzentriert sich auf Unternehmen mit dem Potenzial und der Aussicht auf ein rasches, nachhaltiges Gewinnwachstum. In der Regel handelt es sich hierbei um Unternehmen der »New Economy« wie beispielsweise TMT-Werte oder Aktien aus der Biotechbranche. Zukünftiges Ertragswachstum soll die Wertsteigerung der Aktie bewirken. Für Unternehmen mit einem überdurchschnittlich hohen Wachstum sind Anleger oft bereit, extra zu zahlen. Mit jedem Anlagestil sind Risiken verbunden. Ein Value-Investor muss einen Titel möglicherweise längere Zeit halten, bevor andere Investoren darauf aufmerksam werden. Oder der Titel wird aus gutem Grund günstig gehandelt (zum Beispiel weil sich die Absätze nur schleppend entwickeln).

Für den wachstumsorientierten Anleger stellt sich ein anderes Problem: Je höher das Kurs-Gewinn-Verhältnis (KGV) zum Anlagezeitpunkt, desto stärker ist der potenzielle Einbruch, wenn das Unternehmen die Anlegererwartung enttäuscht. Letztendlich neigen Wachstumswerte zu einer höheren Schwankungsanfälligkeit als Substanzwerte. Wie in Abbildung 1 zu erkennen ist, haben die beiden Investment-Stile in den letzten Jahren stark divergiert. Ein Anleger, der 1998 und 1999 in einem Growth-Fonds investiert war, konnte sich über den stärksten Anstieg der Wachstumsaktien in der gesamten Nachkriegszeit freuen. Hätte er jedoch erst 2000 oder 2001 investiert, wären deutliche Verluste angefallen.

Dividendenzahlungen machen sich im Kursverlauf bemerkbar
Wertentwicklung des S&P 500, gemessen an der Dividendenpolitik Abb. 2

Quelle: Ned Davis Research

Die Überlegenheit des Value-Ansatz gegenüber dem Growth-Ansatz liegt auch darin begründet, dass Value-Aktien in aller Regel von Unternehmen stammen, die Dividenden zahlen. Diese weisen im langfristigen Vergleich eine bessere Performance auf. Wie Abbildung 2 zeigt, macht sich die Dividendenzahlung im langfristigen Vergleich deutlich in der Wertentwicklung bemerkbar.

Der Kurvenverlauf zeigt klar, dass Aktien von Firmen, die ihre Dividende stetig erhöhten oder eine Dividendenzahlung aufgenommen haben, über den Zeitraum von 1972 bis 2004 am besten abschnitten. Im Schnitt kommt diese Gruppe, wie das Researchhaus Ned Davis in einer Untersuchung ermittelte, auf eine Performance von 10,7 Prozent per annum. Ein Investment von 100 US-Dollar im Jahre 1972 ist demnach auf 2.853 US-Dollar angewachsen. Der S&P-500 kommt hingegen nur auf eine Rendite von jährlich 8,6 Prozent. Geschlagen wurde der Index von Unternehmen, die generell Dividenden zahlen. Ihr Kursplus beträgt 10,2 Prozent pro Jahr. Schlechter als der S&P-500 schnitten mit einer Wertenwicklung von 7,4 Prozent pro Jahr hingegen solche Unternehmen ab, die ihre Dividendenzahlungen nicht erhöhten. Auf dem vorletzten Platz landen mit einer Wertentwicklung von 5,4 Prozent die Aktien von Unternehmen, die ihre Dividende im untersuchten Zeitraum gekürzt oder ganz gestrichen haben. Schlechter entwickelten sich nur Unternehmen, die keine Dividende zahlten. Diese konnten pro Jahr nur 4,4 Prozent zulegen. 100 US-Dollar im Jahr 1972 wuchsen damit bis ins Jahr 2004 nur auf 412 US-Dollar an.

Diese Betrachtung hat auch für den deutschen Markt Gültigkeit, wenn man die Wertentwicklung des DAX in den vergangenen 16 Jahren einmal mit und einmal ohne Berücksichtigung von Dividendenzahlungen vergleicht. Der DAX, in dem die Dividendenzahlungen enthalten sind, ist in diesem Zeitraum von 1.000 auf 4.000 Punkte gestiegen. Daran hatten Kursgewinne einen Anteil von 60 Prozent, und immerhin 40 Prozent entfielen auf Dividendenzahlungen. In den USA hingegen haben Dividenden einen Anteil von 65 Prozent am gesamten Aktienertrag. Wenn Ihnen also ein Finanzmarktexperte oder Ihr Anlageberater erzählt, dass Aktien in den letzten Jahren zehn Prozent Rendite pro Jahr gebracht haben, dann geht gut die Hälfte davon auf Dividendenzahlungen zurück.

Im Übrigen gehen wir nicht davon aus, dass in den nächsten Jahren an den westlichen Aktienmärkten (außerhalb des Rohstoffsektors) Renditen von zehn Prozent per annum erbracht werden können. Wahrscheinlich können Sie froh sein, wenn Sie sich in zehn Jahren mit Ihren Aktieninvestments auf dem heutigen Niveau befinden. Denn in der Vergangenheit folgten in den Aktienmärkten auf Perioden mit hohen Gewinnen Perioden mit niedrigen Erträgen.

Das ist ein Grund, warum die Rolle der Dividende in den kommenden Jahren an Bedeutung gewinnen wird. Hohe Dividendenrenditen können Ihr Aktienportfolio bei stürmischen Finanzmärkten und vor hoher Volatilität schützen. Aktien mit einer hohen Dividendenrendite tendieren dazu, das haben Untersuchungen gezeigt, sich bei fallenden Kursen besser zu halten. Dies wird auch deutlich, wenn man in Abbildung 2 die Höhe der Kursrückgänge von Unternehmen, die ihre Dividende stetig erhöhten oder eine Dividendenzahlung aufgenommen haben, mit den Kursrückgängen von Unternehmen vergleicht, die keine Ausschüttungen getätigt haben.

Was hat das Ganze jetzt aber mit Aktien oder Fonds aus der Rohstoffbranche zu tun? Nun, in einer Zeit, in denen die Hauptindizes der westlichen Aktienmärkte sowohl in den USA (Dividendenrendite des S&P-500 1,8 Prozent) als auch in Deutschland (Dividendenrendite des HDAX 1,49 Prozent) eine nicht allzu hohe Dividendenrendite aufweisen, ist es ratsam, sich in Asien umzuschauen (Dividendenrendite um die 3,00 Prozent), wo die Dividenderenditen traditionell höher als im Westen sind, oder sich auf vergessene oder vernachlässigte Sektoren der »Old Economy« zu konzentrieren, da es gerade defensive Branchen wie Versorger, Energie, Nahrungsmittel, Rohstoffe oder rohstoffverwandte Branchen sind, die die höchsten Dividendenrenditen bieten. Aktien wie Royal Dutch (Öl), Jubilee Mines (Minen) oder Yara International (Düngemittel) bieten Dividendenrenditen zwischen 3 und 6 Prozent. Und viele Rohstoffwerte gerade in Australien oder Investmenttrusts in Kanada schütten Dividenden von bis zu 10 Prozent aus. Wahrscheinlich dürfte es viele Anleger überraschen, dass die Gesamtrendite (Kurgewinn plus Dividende) von vermeintlich langweiligen Sektoren wie der Versorger- oder der Energiebranche die Gesamtrendite der Technologiebranche in den USA übertroffen hat (siehe Abbildung 3).

Kursgewinne vs. Gesamterträge
Renditen verschiedener Branchen im Vergleich Abb. 3

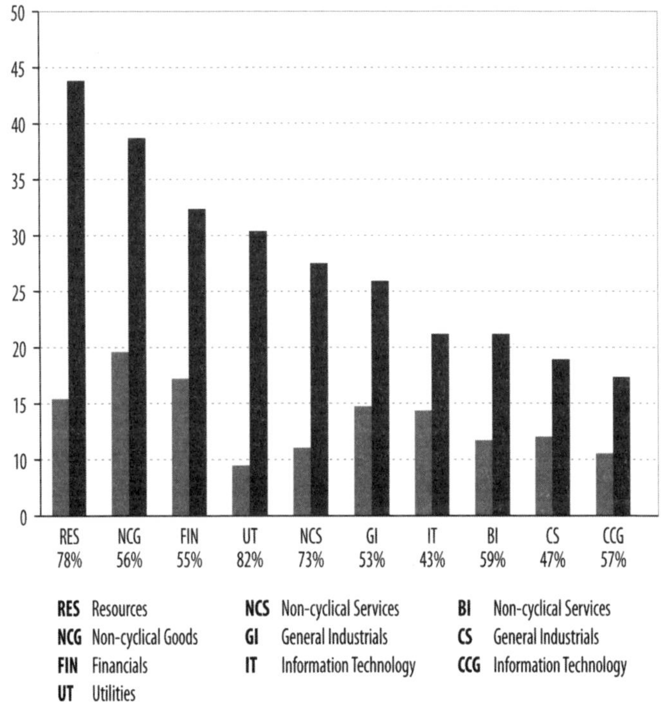

Quelle: BCA Research

Doch Rohstoff-Aktien haben nicht nur die Technologie- und andere Branchen übertroffen, vielmehr haben sie auch höhere Dividenden ausgeschüttet, die aufgrund des Bullenmarktes bei den Rohstoffen in den vergangenen Jahren angestiegen sind und im Zuge steigender Rohstoffpreise auch in Zukunft noch zunehmen werden.

Auch der Autor und Professor Jeremy Siegel argumentiert, dass einer der größten Fehler, den Anleger begehen, darin liegt, dass sie zu viel für Aktien bezahlen. Siegel demonstriert dies durch einen Vergleich der Gesamtrendite des Ölmultis Exxon Mobile und der IBM von 1950. Obwohl sich beide Aktien über die Periode erfreulich entwickelten, übertraf die Wertentwicklung von Exxon Mobile mit 14,4 Prozent per annum die der ersten »Growth-Aktie« von IBM, die lediglich 13,8 Prozent pro Jahr zulegen konnte. Ein Investment von 1.000 US-Dollar in IBM wuchs auf 958.000 US-Dollar an, 1.000 US-Dollar in Exxon Mobile hingegen belaufen sich auf 1.260.000 US-Dollar. Das liegt daran, dass Exxon Mobile eine höhere Rendite bezahlte und zu einem KGV gehandelt wurde, das im Durchschnitt um die Hälfte unter dem von IBM lag. Hinzu kam, dass Exxon Mobil eine höhere Dividende ausschüttete und so einem Anleger, der die Dividenden reinvestierte, die Möglichkeit bot, 15-mal so viele Aktien zu erwerben. Zusammenfassend kann also festgehalten werden, dass Aktien, die ein niedriges KGV mit einer hohen Dividendenrendite verbinden, wie sie vor allem in der Öl-, Versorger-, Minen- und Nahrungsmittelbranche zu finden sind, langfristig eine überlegene Rendite bei niedrigerem Risiko aufweisen. Bevor wir Ihnen im Folgenden einige Fonds vorstellen, die in Rohstoffwerte investieren und die wir als aussichtsreich erachten, gehen wir zuerst auf einige wichtige Faktoren ein, welche die Wertentwicklung eines Fonds beeinflussen können und die Sie bei der Fondsauswahl beachten sollten.

Die Wertentwicklung

Um einen Eindruck zu erhalten, wie gut oder schlecht sich Fonds entwickelt haben, werden Investmentfonds mit entsprechenden Indizes (Benchmark) verglichen, die der Anlagepolitik der Fonds am nächsten kommen. Bei Fonds, die in deutsche Aktien anlegen, ist beispielsweise die Benchmark der DAX oder der marktbreitere MSCI Deutschland und bei international anlegenden Fonds beispielsweise der MSCI Word Index. Inzwischen gibt es eine große Anzahl von Indizes für die verschiedenen Sektoren und Branchen. Im Rohstoffbereich findet sich in der Energiebranche beispielsweise der MSCI World Energie Index oder bei den Goldfonds der FTSE Goldmines Index als Vergleichsmaßstab. Gewinnt also ein Fonds, der als Benchmark den FTSE Goldmines Index verwendet, 20 Prozent und der Index nur 10 Prozent, dann hat der Fondsmanager gute Arbeit geleistet und den Vergleichsindex um 10 Prozentpunkte übertroffen. Verliert der Index hingegen 40 Prozent und der Fonds nur 30 Prozent, dann hat der Fondsmanager wiederum gute Arbeit geleistet, wenn auch nur relativ. Sie als Anleger müssten zumindest vorübergehend mit 30 Prozent Verlust leben.

Diese relative Betrachtungsweise ist besonders stark in den 90er-Jahren aufgekommen. Durch die Hausse in den Aktienmärkten (der MSCI World Index verzeichnete nur 1990 und 1992 einen Rückgang und legte sonst zu) kamen viele Marktteilnehmer auf die Idee, das Risiko nicht mehr absolut, sondern anhand einer Benchmark zu messen. Dies führte zu einem Boom passiv gemanagter Fonds, der mit zweistelligen Indexzuwächsen einherging, und letztlich dazu, dass aktiv gemanagte Fonds Marktanteile abgeben mussten. Als Folge wurden bei den aktiv gemanagten Fonds, aber auch am Pensionsfondsmarkt Teams zur Messung von Performance und Risiko gebildet, deren Aufgabe es war, das Risiko eines Portfolios zu überwachen (im neuen Benchmark-Sinne) und innerhalb zuvor festgelegter Grenzen zu halten. Aufgrund dieser Entwicklung arbeiten sehr viele Fondsmanager heute mit »Risikobudgets«, mit denen genau festgelegt ist, in welchem Umfang sich der Fondsmanager von der Benchmark lösen darf.

Diese starke Indexierung funktioniert in strukturellen Hausse-Märkten, in einer Baisse, wie sie an den Aktienmärkten seit dem Jahr 2000 vorzufinden ist, führt sie aber dazu, dass passive Fonds, die sich an einem Index orientieren und vollständig investiert sind, mit nach unten gezogen werden. Dies spricht eigentlich für aktiv gemanagte Fonds. Da sie sich aber enge Risikogrenzen gesteckt haben, müssen sie sich auch in Zeiten des Rückgangs daran halten und haben somit ihren Vorteil zunichte gemacht.

Durch die Aktienbaisse und die damit verbundenen schmerzhaften Kursverluste sind viele Fondsgesellschaften auf die Idee gekommen,

Absolute-Return-Produkte oder Hedge Fonds, die über Derivate oder Leerverkäufe auch von fallenden Märkten profitieren können und bisher überwiegend vermögenden Kunden vorbehalten waren, auch für das breite Publikum anzubieten. Inzwischen hat sich das von Hedge Fonds verwaltete Vermögen von weniger als 500 Milliarden US-Dollar im Jahr 2000 auf eine Billion US-Dollar verdoppelt. Während die Auflegung milliardenschwerer Hedge Fonds früher eine Seltenheit war, kursieren entsprechende Nachrichten mittlerweile fast wöchentlich. Nach Angaben der Hennessee Group ist die Zahl der Hedge-Fonds-Manager auf über 8.000 angestiegen.

Wenn aber inzwischen so gut wie alle Banken die als Wunderwaffe angepriesenen, in allen Märkten inklusive der Rohstoffbranche tätigen Hedge Fonds anbieten, dann muss da zwangsläufig wie bei den konventionellen Fonds viel Schrott dabei sein. Oder glauben Sie, dass es so viele clevere Typen gibt, die oftmals gerade erst ihr Studium beendet haben? Obwohl der Boom noch einige Zeit anhalten sollte, dürfte es auch hier irgendwann zu einer Abkühlung und Ausdünnung der Branche kommen. Die Kombination aus diversen Faktoren wie neuen Vorschriften, schwächeren Erträgen, verstärktem Wettbewerb und steigenden Zinsen werden Hedge Fonds sowohl für die Manager als auch für Anleger weniger profitabel machen. Die erfolgreichen Hedge Fonds werden natürlich weiter Bestand haben, doch nehmen diese oft keine neuen Gelder mehr an und werden in der Regel nicht von inländischen Fondsgesellschaften angeboten.

Sie werden sich vielleicht fragen, was das Ganze mit Rohstofffonds zu tun hat. Wenn die Fondsgesellschaften, aber auch die Anleger in den nächsten Jahren merken, dass auch diese Produkte nicht die erwarteten Einnahmen und Rendite bringen, dann werden Sie verstärkt Produkte sehen, die auf den Rohstoffbereich zugeschnitten sind. Mit anderen Worten wird auch hier viel Mist auf den Markt kommen. Somit wird es auch hier wieder gelten, die Spreu vom Weizen zu trennen. Im Rohstoffsektor werden am deutschen Markt derzeit zwei Fonds angeboten, die mehr oder weniger erfolgreich versuchen, so etwas wie einen Absolute-Return zu erwirtschaften. Bei den restlichen Fonds handelt es sich um »long-only-Fonds«, das heißt, diese Fonds können nur auf steigende Kurse von Rohstoff-Aktien setzten. Somit muss für diese Fonds nicht nur mit starken Schwankungen, sondern auch, zumindest vorübergehend, mit größeren Verlusten gerechnet werden. Dennoch sollten diese Fonds, da wir uns im Gegensatz zu den breiten Aktienmärkten mit den Rohstoffen in einem langfristigen Bullenmarkt befinden, auf Dauer zulegen können.

Bei dem Vergleich der Wertentwicklung der Investmentfonds im Verhältnis zum Vergleichsindex wird von den Investmentgesellschaften, Fachzeitschriften, aber auch von Ratingagenturen in aller Regel auf die kumulierte Wertentwicklung, also auf die Wertentwicklung über einen bestimmten Zeitraum, zurückgegriffen. Dieses Verfahren hat jedoch seine Nachteile. Die kumulierte Wertentwicklung erlaubt zwar eine Aussage darüber, ob ein Fonds beispielsweise binnen drei Jahren den Vergleichsindex übertroffen hat. Allerdings bedeutet dies nicht, dass der Fonds in jedem Jahr besser als der Index war. Hat sich der Fonds beispielsweise in einem der Anfangsjahre des betrachteten Zeitraumes sehr erfolgreich entwickelt, kann sich dies auf die Gesamtentwicklung des betrachteten Zeitraumes positiv auswirken, da der Fonds von diesem erfolgreichen Jahr »zehren« kann, auch wenn er sich in den anderen Jahren nur durchschnittlich oder sogar schlechter entwickelte.

Ein prominentes Beispiel hierfür ist der mehrfach ausgezeichnete international anlegende DWS Vermögensbildungsfonds I, der mit seiner herausragenden Performance gegenüber dem Vergleichsindex, dem MSCI World, beworben wird. Mit Recht, betrachtet man die kumulierte Wertentwicklung über die letzten zehn Jahre. Erkennbar wird jedoch auch, dass sich der DWS Vermögensbildungsfonds I von 1993 bis Ende 1998 fast gleich wie oder sogar schlechter als der MSCI World entwickelte. Merklich hervorheben gegenüber seinem Vergleichsindex konnte sich der DWS Vermögensbildungsfonds I erstmals mit einem Mehrgewinn von fast 60 Prozent im Jahr 1999, während der Mehrgewinn im Jahr 2000 bei 6 Prozent lag. In den Jahren 1998 und 1999 war der Fonds sehr stark in Wachstumswerten (Growth-Aktien), vor allem im Technologiebereich, investiert, was die starke Outperformance 1999 erklärt.

Entscheidend ist also, ob ein Anleger schon vor 1999 investiert war, denn hätte er den Fonds erst im Jahr 2000 gekauft, wäre die Wertentwicklung nahezu identisch mit dem Index gewesen, da er für den Vermögensbildungsfonds I noch einen Ausgabeaufschlag von 5 Prozent hätte bezahlen müssen. Der DWS Vermögensbildungsfonds I ist mit Sicherheit kein schlechter Fonds, wir möchten Sie jedoch darauf hinweisen, dass Sie sich nicht von Rating-Tabellen blenden lassen sollten. Beziehen Sie deshalb in Ihre Analyse auch die Ergebnisse der einzelnen Jahre mit ein. Zwar gibt auch diese Methode keine Garantie für die künftige Entwicklung des Fonds. Wenn ein Manager es in der Vergangenheit jedoch geschafft hat, in der Mehrzahl der Jahre (aussagekräftig ist ein möglichst langer Zeitraum, in dem sowohl starke als auch schwache Rohstoffmärkte dabei waren) den Vergleichsindex zu schlagen, spricht das für ihn.

In der Finanzbranche allgemein, aber auch beim Vergleich von Investmentfonds sind die Begriffe »Rendite« und »Risiko« ein zentraler Bestandteil. Rendite steht für den erwarteten Ertrag einer Investition und Risiko für das Nichteintreffen desselbigen. Obwohl Risiko ein vielfältiger Begriff ist, ist im Fachjargon in aller Regel die Schwankung beziehungsweise Volatilität gemeint. Die Normalverteilung zeigt den Zusammenhang zwischen Rendite und Volatilität schematisch auf (siehe Abbildung 4).

Bei einer Rendite von 8 Prozent mit einer Volatilität von 4 Prozent würde das Portfolio mit 95 Prozent Wahrscheinlichkeit mit jährlichen Renditen zwischen 0 und 16 Prozent abschließen, mit anderen Worten, die Wahrscheinlichkeit, dass das Portfolio nach einem Jahr unter 0 Prozent liegt, wäre 2,5 Prozent. Um eine statistisch sinnvolle Aussage ableiten zu können, darf die Volatilität nie isoliert betrachtet werden. Doch was in der Theorie sinnvoll klingt, wirft in der Praxis einige Probleme auf. Was ist für Sie Risiko?

Rendite und Risiko
Der Risikobegriff, abgeleitet aus der Normalverteilung Abb. 4

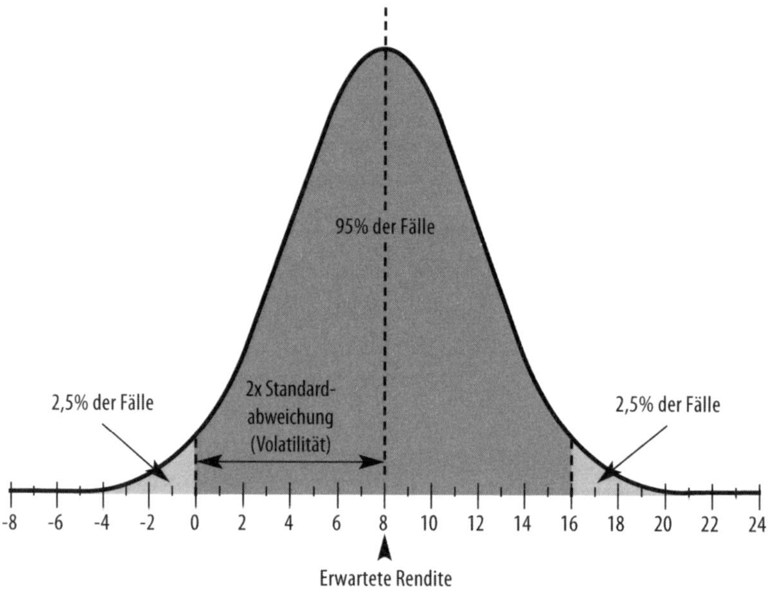

Quelle: Fit for Finance; eigene Darstellung

1) Das Abweichen von der Benchmark?

2) Die Volatilität?

3) Geld zu verlieren beziehungsweise Ihr Ziel zu verfehlen?

Die meisten Kundenberater bei Banken würden wohl 1) wählen, denn für sie bedeutet Risiko, ein Mandat zu verlieren. Und wenn man nah an der Benchmark liegt, dann ist dieses Risiko bei institutionellen Investoren wie Pensionskassen geringer. Einige Berater würden wohl auch 2) nehmen, dabei aber vergessen, auch das Risiko einzubeziehen. Die Wahl eines aussichtsreichen Fonds sollte deshalb nicht alleine auf die erzielte Rendite abstellen, sondern auch das Risiko berücksichtigen. Ein Maß, die beiden Faktoren Rechnung trägt, ist die Sharpe-Ratio. Sie zeigt die »Überschussrendite«, die ein Fondsmanager nach Risiko erwirtschaftet. Und auf dieser Basis könnte die Wahl des Fonds unter Umständen unterschiedlich ausfallen. Wir würden aber vermuten, dass für Pensionskassen und viele Privatanleger letztlich doch 3) die Antwort ist, nämlich dass man Geld verliert oder die jährliche Zielrendite verfehlt. Denn was nutzt es, wenn ein Resultat nahe bei der Benchmark liegt und Ihnen dann von Portfoliotheoretikern ein Verlust von 30 Prozent auf das eingesetzte Kapital als hervorragende Leistung verkauft wird, weil der Vergleichsindex 35 Prozent seines Wertes verloren hat?

Die Bedeutung des Fondsmanagers

Die Qualität des Fondsmanagers hat maßgebenden Einfluss auf die Wertenwicklung eines Investmentfonds. So ist zwar oft ein ganzes Team für Recherchen und Untersuchungen von Aktien zuständig, letztlich entscheidet aber der Fondsmanager, welche Aktien gekauft oder verkauft werden. Zwar ist es das Ziel eines jeden Fondsmangers (mit Ausnahme derjenigen, die eine bestimmte Benchmark genau abbilden oder absolute Renditen erzielen wollen), die Benchmark zu schlagen, doch schaffen es die wenigsten. Vielleicht schafft es der eine oder andere in einem bestimmten Jahr, langfristig gelingt es jedoch – das haben Untersuchungen gezeigt – nur etwa 5 bis 10 Prozent, auch wenn rund 90 Prozent der Fondsmanager dies von sich behaupten. Die Börse ist eben einer der vollkommensten Märkte auf der Welt. Angebot und Nachfrage nach Wertpapieren treffen auf diesem Handelsplatz aufeinander. Der Marktpreis, also die Kurse, sind das Resultat des Wertpapierhandels. Die Kurse werden durch Angebot und Nachfrage beziehungsweise Käufe und Verkäufe bewegt. Hierzu bedarf es aber auch gegensätzlicher Meinungen, denn gäbe es nur gleiche Meinungen, so würde dies entweder nur Nachfrage oder nur Angebot bedeuten, jedoch keine faire Marktpreisbildung auf der Basis von Angebot und Nachfrage. Da jedem Kauf auch ein Verkauf gegenüberstehen muss, muss auch jedem Gewinner ein Verlierer gegenüberstehen. Daraus ergibt sich folgendes Gewinner-Verlierer-Szenario:

1. Der Kurs des Wertpapiers steigt nach dem Kauf.
a) Der Käufer gewinnt, da er zu tieferen Kursen gekauft hat.
b) Der Verkäufer verliert, da er zu tieferen Kursen verkauft hat.

2. Der Kurs des Wertpapiers sinkt nach dem Kauf.
a) Der Käufer verliert, da er zu höheren Kursen gekauft hat.
b) Der Verkäufer gewinnt, weil er zu höheren Kursen verkauft hat.

Da also jedem Gewinner auch ein Verlierer gegenübersteht, muss der zu erwartende Anteil der Fonds, die den Vergleichsindex schlagen, 50 Prozent betragen. Weil Transaktionskosten wie Ausgabeaufschläge in dem Gewinner-Verlierer-Szenario keine Berücksichtigung finden, muss die Zahl der Investmentfonds, die am Index scheitern, aber wesentlich höher liegen. So wie es nicht jeder von uns beherrscht, im Stile eines Michael Schumacher Auto zu fahren, hat auch nicht jeder die Fähigkeit, so erfolgreich zu investieren wie ein Warren Buffett oder ein George Soros.

Als Fondsanleger haben Sie somit zwei Möglichkeiten. Weil Sie wissen, dass es den wenigsten Fonds gelingt, den Vergleichindex zu schlagen, kaufen Sie ganz einfach einen Index beziehungsweise einen Rohstofffonds, der sich an einem Index orientiert. Der Vorteil solcher Produkte liegt auch darin, dass sie im Vergleich zu aktiv gemanagten Fonds eine günstigere Gebührenstruktur aufweisen, worauf wir später noch eingehen.

Eine andere Möglichkeit wäre, sich den oder die besten Manager aus den jeweiligen Rohstoffbranchen auszusuchen und in ihre Fonds zu investieren. Zwar handelt es sich bei den westlichen Börsen nach der gängigen Meinung um einen effizienten Markt. Das bedeutet, dass sämtliche Marktinformationen in den Kursen eskomptiert sind und es dadurch nahezu unmöglich ist, den Markt zu schlagen, weil es dann keine unterbewerten Titel gibt. Solche Ineffizienzen sind in der Realität aber immer wieder in Form von Irrationalitäten der Anleger und damit Marktanomalien zu beobachten, die der Effizienzthese in ihren unterschiedlichen Ausprägungen entgegenstehen. Deutlich wurden solche Marktanomalien zum Beispiel am immer wieder sichtbaren Herdenverhalten der Anleger mit der Folge von Spekulationsblasen (USA 1929/30, Japan 1989/90, westliche Aktienmärkte 1999/2000), wenn aus spekulativen Gründen die Marktpreise von Wertpapieren von ihren inneren, fundamental begründbaren Werten abwichen. Anomalien an den Kapitalmärkten lassen sich auch in Form von Überrenditen bei Aktien mit bestimmten Merkmalen (zum Beispiel unterschiedliche Marktkapitalisierung oder Stile wie Value und Growth) feststellen. Worauf wir hinauswollen: Auch die westlichen Aktienmärkte sind nicht effizient.

Grundlage für ein kontinuierliches Übertreffen des Index muss also ein ineffizienter Markt sein, auf dem eine asymmetrische Informationsverteilung herrscht, die der Anleger ausnutzen kann. Und genau solche Ineffizienzen finden sich besonders in weniger durchleuchteten Märkten wie Osteuropa, Asien oder eben in den Rohstoffmärkten. Kurzum kann es sich gerade im Rohstoffsegment als sehr lohnend erweisen, wenn man die Manager ausfindig macht, die über die entsprechende Marktkenntnis und über ausgezeichnete Kontakte zu Branchenkennern oder Geologen verfügen.

Die Gebührenstruktur

Ein Faktor, der sich negativ auf die Performance auswirkt, sind die anfallenden Gebühren. Neben dem Ausgabeaufschlag, der in der Regel zwischen 2 und 5 Prozent liegt, fallen weitere jährliche Gebühren an, die dem Fondsvermögen abgezogen werden und so die Rendite vermindern. So berechnen einige Fondsgesellschaften eine »Performance Fee«. Diese zusätzliche Gebühr fällt in der Regel dann an, wenn eine bestimmte Zielmarke in einem festgelegten Zeitraum überschritten wurde.

Zur Berechnung der Kosten, die bei einem Investmentfonds anfallen, zieht der Londoner Finanzdienstleister Fitzrovia International die Total Expense Ratio (TER) heran. TER steht für das Verhältnis der gesamten Kosten eines Fonds zum durchschnittlichen Fondsvermögen. Dabei werden alle fixen und variablen Kosten des Fonds wie die jährliche

Managementgebühr, der Aufwand für Fondsprospekte, Vertriebsservice und Depotgebühren berücksichtigt. Unberücksichtigt bleiben allerdings die Transaktionsgebühren. Gerade diese können sich insbesondere bei kleinen Fonds negativ auf die Performance auswirken, da große Fonds in aller Regel zu günstigeren Konditionen am Markt agieren können. Aber auch fixe Kosten, die beispielsweise für Research, Verwaltung und Veröffentlichungen anfallen, können insbesondere für kleinere Fonds zum Performance-Problem werden.

So belasten beispielsweise Fixkosten für die jährliche Prüfung eines Fonds durch einen Wirtschaftsprüfer in Höhe von 10.000 Euro einen Fonds mit einem kleinen Volumen von fünf Millionen Euro (Belastung von 0,2 Prozent pro Jahr) mehr als einen großen Fonds mit einem Volumen von 250 Millionen Euro (Belastung von 0,004 Prozent pro Jahr).

Die ungewichtete TER ist bei allen Aktienfonds, die in Luxemburg oder Dublin aufgelegt worden sind, Fitzrovia zufolge von 2,25 Prozent im Jahr 1993 auf 2,23 Prozent im Jahr 2002 gefallen. Gewichtet mit den Fondsvolumina ist die TER von 1,81 Prozent 1993 auf 1,77 Prozent 2002 gesunken. Die durchschnittliche Managementgebühr habe in diesem Zeitraum hingegen von 1,18 (gewichtet 1,12) Prozent auf 1,39 (1,38) Prozent zugenommen. Bei börsengehandelten Fonds (Exchange Traded Funds, ETF) hingegen lag die durchschnittliche TER 2002 in Europa bei 0,475 Prozent. Ein Fonds muss somit vor Kosten einen höheren Gewinn als der Index ausweisen, damit er nach Kosten eine identische Rendite erzielt.

Das Fondsvolumen

Ein Grund für das Scheitern am Index kann ein zu großes Fondsvolumen sein. Ein zu großes Fondsvolumen kann sich vor allem negativ auf die Performance von Fonds auswirken, die in relativ niedrig kapitalisierte Segmente wie Nebenwerte, Neue Märkte, Schwellenländer und die Biotechnologiebranche investieren. Dies soll im Folgenden anhand eines Beispiels verdeutlicht werden.

Ein Fondsmanager findet eine sehr interessante Aktie einer Gesellschaft mit einer Marktkapitalisierung von 100 Millionen Euro, die sich anschließend verdoppelt. Um beim Aufbau beziehungsweise beim späteren Abbau einer Position in dieser Aktie keine großen Preisnachteile in Kauf nehmen zu müssen und damit nicht marktbeeinflussend tätig zu werden, sollten nicht mehr als 5 Prozent der Aktien dieser Gesellschaft erworben werden. Der Fondsmanager kann also Aktien mit einem Wert von 5 Millionen Euro erwerben. Beläuft sich das gesamte Fondsvolumen auf 100 Millionen Euro, so hat die Verdoppelung der Aktie eine Wertsteigerung des Fondspreises von 5 Prozent zur Folge. Bei einem größeren Fonds mit einem Volumen von einer Milliarde Euro hätte die gleiche Transaktion lediglich eine Wertsteigerung des Fondspreises von 0,5 Prozent zur Folge. Dieses Beispiel verdeutlicht, dass große Fonds Probleme mit der Umsetzung der Anlageideen bekommen können. Viele Fonds mit großem Volumen analysieren kleine Unternehmen demzufolge oft überhaupt nicht mehr, da die Wertentwicklung der kleinen Aktien in großen Fonds viel zu stark verwässert. Somit stehen etliche Unternehmen und Investmentideen außerhalb der Beobachtungsliste von großen Fonds und kommen von vornherein für ein Investment nicht in Frage, was letztlich ein konsequentes Stock-Picking verhindert.

Dieses Problem betrifft inzwischen auch den DWS Vermögensbildungsfonds I, dessen Fondsvermögen Ende 1999 noch 245 Millionen Euro betrug und das inzwischen auf knapp sieben Milliarden Euro angewachsen ist. Deswegen stellt sich auch hier vermehrt die Frage, ob die hohen Zuflüsse das Management nicht unbeweglicher machen. Von Seiten der Fondsgesellschaften wird das Thema eines zu großen Fondsvolumens in der Regel nicht thematisiert, da ein größeres Fondsvolumen für die Gesellschaften zu einer Erhöhung der Einnahmen führt. Für den Anleger besteht jedoch das Risiko, dass ein hohes Fondsvolumen zu einer Verschlechterung der zukünftig möglichen Wertentwicklung führen kann.

Gold-Fonds

Einer der Sektoren, in dem in den nächsten Jahren eine überdurchschnittliche Wertentwicklung zu erwarten ist, dürfte mit Sicherheit der Goldminensektor sein. Gleichzeitig ist diese Fondsgruppe jedoch eine der Branchen, die durch eine überdurchschnittliche Volatilität geprägt sind. Über die letzten drei Jahre betrug die Schwankungsbreite, gemessen an der Standardabweichung, bei den Goldminenfonds über 30 Prozent. Zum Vergleich lag die Volatilität bei konventionellen Aktienfonds in den letzten drei Jahren zwischen 15 und 20 Prozent. Grund für die starken Schwankungen sind zum einen die Entwicklung der Goldpreise, aber auch die Produktionskosten. Angenommen, die Produktionskosten einer Goldmine belaufen sich auf 350 US-Dollar pro Unze. Bei einem Goldpreis von 350 US-Dollar ist die Gesellschaft somit am Break-Even. Bei einem Goldpreis von 380 US-Dollar verdient das Unternehmen 30 US-Dollar pro Unze. Wenn der Goldpreis zwölf Monate lang bei 500 US-Dollar steht, verdient ein Investor mit der Unze physisches Gold 31 Prozent. Durch den Anstieg des Marktpreises errechnet sich für die Goldmine ein Gewinn von 150 US-Dollar pro Unze. Im Vergleich zum Vorjahr ergibt sich ein Gewinnanstieg von 30 auf 150 US-Dollar. Dies entspricht einer prozentualen Gewinnerhöhung von 400 Prozent, und unter der Annahme, dass sich der Aktienkurs mit der Gewinnentwicklung bewegt, würde auch der Anleger stärker profitieren als direkt vom Goldpreis. Bei fallenden Goldpreisen nimmt allerdings auch die Wahrscheinlichkeit zu, dass der Anleger mit Investments in Goldminen überproportionale Verluste erleidet.

Darüber hinaus kommen Faktoren, wie die Lebensdauer einer Mine oder das Währungsrisiko, hinzu. Der Goldpreis wird in US-Dollar gehandelt, die Produktionskosten vieler Minengesellschaften fallen aber in der jeweiligen Landeswährung an, in der die Unternehmen tätig sind. Gewinnt die jeweilige Landeswährung, wie im Fall des Südafrikanischen Rand, gegenüber dem US-Dollar an Wert, gehen die Einnahmen des Unternehmens zurück, was bei gleich bleibenden Kosten oder einem unveränderten Goldpreis die Gewinnmarge des Unternehmens schmälert.

Merrill Lynch World Gold Fund

Der bekannteste und zugleich einer der erfolgreichsten in Deutschland zugelassenen Goldfonds ist der Merrill Lynch World Gold Fund. Er konnte über den Drei- und Fünfjahreszeitraum eine überdurchschnittliche Wertenwicklung verbuchen und sich jeweils im obersten Viertel seiner Vergleichsgruppe ansiedeln. Von 2001 bis 2003 waren jedes Jahr Wertzuwächse zu verzeichnen. 2004 musste der Fonds jedoch Verluste hinnehmen, die aus Sicht eines Euro-Anlegers aufgrund des schwachen US-Dollars ein Minus von rund 13 Prozent bedeuteten. Verantwortlich für den aktiv gemanagten Merrill Lynch World Gold Fund zeichnen Graham Birch und Evy Hambro vom in London ansässigen Rohstoff-Team von Merrill Lynch, welches derzeit fünf Milliarden US-Dollar in sieben Rohstofffonds verwaltet. Neben üblichen Bewertungskriterien wie Kurs-Gewinn- oder Kurs-Cash-Flow-Verhältnis spielen die Größe der Reserven und Ressourcen für die Unternehmensauswahl eine wichtige Rolle. Um sich ein besseres Bild von den Rohstoffvorkommen und den Erfolgsaussichten potenzieller Investitionen zu machen, werden die Goldreserven einer Firma nicht nur anhand von Studien beurteilt, sondern es finden auch Firmenbesuche vor Ort statt. Bis zu sechs Wochen verbringen die Fondsmanager im Jahr daher im Ausland. Anhand der verschiedenen Informationen werden dann von rund 300 beobachteten Unternehmen die jeweils 40 bis 60 für den Fonds attraktivsten ausgewählt.

Das aktuelle Portfolio besteht zu etwa 90 Prozent aus Goldwerten, zu einem geringen Anteil sind auch Produzenten anderer Edelmetalle sowie Diamantenhersteller vertreten. Die Betonung liegt dabei mit einem Anteil von derzeit etwa 55 Prozent auf Standardtiteln wie Placer Dome oder Newmont Mining, dennoch ist ein recht hoher Anteil in Nebenwerten vertreten. Amerikanische Werte sind im aktuellen Portfolio eher unter- und Werte aus Australien und Russland eher übergewichtet. Dadurch weicht der Fonds von seiner Benchmark, dem FT Gold Mines, erheblich ab. Zwar ist das Portfolio des Merrill Lynch World Gold Fonds durch die hohe Gewichtung der Top-Ten-Positionen stark konzentriert, im Vergleich zum nur 17 Werte umfassenden FT Gold Mines, dessen durchschnittliche Marktkapitalisierung bei 60 Milliarden US-Dollar liegt und bei dem die drei größten Indexwerte allein 56 Prozent ausmachen, jedoch viel breiter gestreut.

Das Ziel von Graham Birch und Evy Hambro, den Vergleichsindex ihres Fonds langfristig zu übertreffen, dürfte somit auch in Zukunft realistisch sein. Erreicht haben dies die beiden Manager aber nicht zuletzt durch die Beimischung von Nebenwerten. Gerade hier könnte der Fonds, dessen Volumen von 612 Millionen US-Dollar Mitte 2003 auf 2,1 Milliarden US-Dollar Ende 2004 anstieg und der dadurch zum größten seiner Art wurde, Probleme bekommen. Zwar tendierte er zumindest bei den Top-Positionen schon immer zu größeren Unternehmen – im Gegensatz zu seinem mit 395 Millionen Pfund leichteren Onshore-Schwesterfonds, der größere Positionen an kleineren Unternehmen hält. Bei zunehmendem Investoreninteresse dürfte der Fonds von Merrill Lynch in den nächsten Jahren durch hohe Mittelzuflüsse an Volumen gewinnen. Ob die Fondsgesellschaft sich zu gegebener Zeit zugunsten der Performance und im Sinne der bereits investierten Anleger entscheiden und den Fonds für neue Gelder schließen wird, kann an dieser Stelle nicht beurteilt werden. Gegenwärtig kann dieser Fonds uneingeschränkt als Basisinvestment im Goldminenbereich empfohlen werden, die Volumenproblematik sollte aber im Auge behalten werden. Qualität hat wie so oft auch bei diesem Fonds ihren Preis und muss trotz des hohen Fondsvolumens mit einer überdurchschnittlichen Verwaltungsgebühr von 1,75 Prozent bezahlt werden (das Mittel der Kategorie liegt bei 1,55 Prozent).

Fondsdaten: Merrill Lynch World Gold Fund

ISIN: LU0055631609
WKN: 974119

Investmentgesellschaft: Merrill Lynch Investment Managers (Merrill Lynch)

Fondsmanager: Graham Birch / Evy Hambro
Fondswährung: US-Dollar (USD)

Gründungsdatum: 30. Dezember 1994
Fondstyp: thesaurierend
Benchmark: FTSE Gold Mines Index
Ausgabeaufschlag: bis 5,00 Prozent
Jahresgebühr: 1,75 Prozent
Fondsvolumen: 2,1 Milliarden US-Dollar

Die 10 größten Werte:

Newcrest Mining 10 Prozent
Placer Dome Inc. 8,60 Prozent
Minas Buenaventura 5,50 Prozent
Freeport-McMoRan Copper 5,40 Prozent
Barrick Gold 5,20 Prozent
Gold Fields 4,70 Prozent
Anglogold 4,70 Prozent
Centerra Gold Inc. 4,60 Prozent
Impala Platin 4,20 Prozent
Aber Diamond Corp. 3,90 Prozent

Kontakt:

Adresse:Merrill Lynch Investment Managers
(Deutschland) GmbH
Neue Mainzer Straße 52
D-60311 Frankfurt am Main
Telefon: +49 (0)69 5899 2410

Internet: www.mlim.de

PEH Gold Q-Goldmines

Der PEH Gold Q-Goldmines ist mit 42 Millionen Euro derzeit von der Volumenproblematik noch nicht betroffen. Der Fonds wird seit 1998 von dem externen Berater Martin Siegel verwaltet. Siegel ist ein erfahrener Spezialist für den Goldmarkt und für Goldminen-Aktien, deren Analyse er sich schon seit 1988 widmet. Deren Auswahl erfolgt im

Rahmen einer auf die Fundamentalanalyse fokussierten Anlagestrategie. Aus einem Anlageuniversum von etwa 300 internationalen Minenwerten, die überwiegend aus den Hauptförderländern Australien, Kanada, USA und Südafrika kommen, trifft Siegel eine etwa 150 Werte umfassende Vorauswahl. Diese Unternehmen müssen über Projekte mit profitabler Produktion oder über gesicherte Ressourcen verfügen. Darüber hinaus sind in der Vorauswahl die Stabilität der Region und die Qualität des Managements entscheidend.

Im Rahmen der darauf folgenden Fundamentalanalyse halbiert sich die Zahl der Unternehmen, die für den Fonds in Frage kommen. Beurteilungskriterien sind jetzt die Marktkapitalisierung im Verhältnis zur Produktion, zu den Ressourcen und Reserven des Unternehmens, die Wachstumsstrategie beziehungsweise die Wachstumsperspektive des Unternehmens, der Einsatz liquider Mittel, der Devisenkurs sowie die Leistung des Managements. Nach einer Peer-Group-Analyse und der Einschätzung der Goldpreisesentwicklung finden sich etwa 40 bis 50 Titel im Fonds. Obwohl klassische Kriterien wie etwa das Kurs-Gewinn-Verhältnis für Goldminen nicht zentral sind, werden sie von Siegel dennoch berücksichtigt. So lassen sich im Portfolio aufgrund des aktuell hohen Fokus auf Australien (etwa 50 Prozent) auch mehrere Werte finden, die über ein niedriges KGV und eine hohe Dividendenrendite verfügen.

Siegel setzt vor allem durch Werte aus der zweiten Reihe Akzente, manche der großen Produzenten wie Placer Dome oder Newmont Mining fehlen im Portfolio. Die Länderallokation richtet sich grundsätzlich nach der globalen Produktion (35 Prozent Australien, 35 Prozent Nordamerika, 30 Prozent Südafrika) aufgrund der größeren Auswahl von Unternehmen sowie aus Bewertungsgesichtspunkten reicht die Gewichtung von Down Under derzeit an den Maximalwert von 50 Prozent heran. Einzelne Titel erreichen mit Ausnahme Südafrikas in der Regel eine maximale Gewichtung von 5 Prozent. Der Fonds kann bis zu 40 Prozent seinens Vermögens in Minentitel anderer Rohstoffbranchen anlegen, wobei Siegel im langfristigen Durchschnitt jedoch nur etwa 10

Prozent des Fondsvermögens in Unternehmen außerhalb des Goldsektors investierte. Bei solchen Investments berücksichtigt er vor allem defensive Werte, die über eine hohe Dividendenrendite und ein niedriges Kursrisiko verfügen. Unternehmen anderer Rohstoffbranchen werden in aller Regel nur dann aufgenommen, wenn sie im Vergleich zu den Goldminen über eine deutlich attraktivere Bewertung verfügen.

Der PEH Q-Goldmines gehört über den Drei- und Fünfjahreszeitraum zu den besten Goldminenfonds. Weniger erfreulich war die Wertentwicklung jedoch im Jahr 2000 sowie 2004, als der Fonds zu den schlechtesten der Vergleichsgruppe gehörte. Die beste Performance verzeichnete der Fonds von Mitte 2001 bis Mitte 2002, was auch auf die hohe Gewichtung der südafrikanischen Goldminengesellschaften zurückzuführen war. Im Gegensatz zum Merrill Lynch World Gold Fund weist der PEH Q-Goldmines keine so konstanten Ergebnisse auf, sollte jedoch von einer Erholung der südafrikanischen Goldminen überproportional profitieren können. Die Ausrichtung des PEH Q-Goldmines auf internationale Goldminen mit niedriger und mittlerer Marktkapitalisierung, unabhängig vom Vergleichsindex FT Goldmines, sollte wie in der Vergangenheit über einen längerfristigen Zeitraum eine Outperformance gegenüber dem FT Goldmines ermöglichen. Kurzfristig müssen hierfür jedoch starke Schwankungen und möglicherweise größere Verluste als beispielsweise beim Merrill Lynch World Gold Fund in Kauf genommen werden. Bei einer Verwaltungsgebühr von 1,50 Prozent und einem Ausgabeaufschlag von 4,00 Prozent ist der Fonds trotz der langfristig überdurchschnittlichen Leistungen nicht teurer als die Mehrzahl seiner Konkurrenten.

Fondsdaten: PEH Gold Q-Goldmines

ISIN: LU0070355788
WKN: 986366

Investmentgesellschaft: PEH QUINTESSENZ SICAV (PEH QUINTESSENZ)

Fondsmanager: Martin Siegel
Fondswährung: Euro (EUR)
Gründungsdatum: 1. November 1996
Fondstyp: thesaurierend
Benchmark: FT Goldmines in EUR
Ausgabeaufschlag: bis 4,00 Prozent
Jahresgebühr: 1,50 Prozent
Fondsvolumen: 42 Millionen Euro

Die 10 größten Werte:

Harmony Gold Mining 9,25 Prozent
Croesus Mining 6,42 Prozent
Wheaton River Minerals 5,96 Prozent
Kingsgate Consolidated 5,47 Prozent
Northern Orion Res. 3,97 Prozent
Jubilee Mines 3,84 Prozent
Oceana Gold Ltd. 3,33 Prozent
Perilya Ltd. 3,10 Prozent
Novagold Resources 3,06 Prozent
Yamana Gold Inc. 2,99 Prozent

Kontakt:

Adresse: PEH Wertpapier AG
Füllerstraße 8
61440 Oberursel
Telefon: +49 (0)6171 6331 0
Internet: www.peh.de

Craton Capital Precious Metal Fund

Im Vergleich zu den Konkurrenten von Merrill Lynch und PEH verfügt der am 14. November 2003 aufgelegte und von Markus Bachmann und Dr. Joachim Berlenbach gemanagte Craton Capital Precious Metal Fund über eine relativ kurze Historie und damit über eine begrenzte Aussagekraft bezüglich der in der Vergangenheit erzielten Wertentwicklung in den verschiedenen Marktphasen. Da aber die Herren Bachmann und Berlenbach eine erfolgreiche Vergangenheit als Portfoliomanager beziehungsweise als Analyst für Minenwerte aufweisen können, dürfte dieser wenig bekannte Fonds in Zukunft überdurchschnittliche Ergebnisse erzielen können. Markus Bachmann war bei Coronation Fund Managers sowohl für das Management von Publikumsfonds als auch für Spezialfonds für institutionelle Investoren zuständig. Mit den in Aktien von südafrikanische Unternehmen investierenden Publikumsfonds von Coronation Fund Managers konnte er signifikante Mehrwerte gegenüber dem Vergleichsindex erwirtschaften. Der von Bachmann verwaltete Coronation Top 20 war einer der erfolgreichsten Fonds der entsprechenden Peer-Group. Auch Dr. Joachim Berlenbach kann auf eine erfolgreiche Vergangenheit zurückblicken. Im Rahmen seiner Tätigkeit als Analyst für südafrikanische Goldminenwerte erhielt er zahlreiche Auszeichnungen. 2001 und 2002 wurde er von Financial Mail als bester südafrikanischer Analyst in der Kategorie »Gold« ausgezeichnet. Merrill Lynch wählte ihn im Jahr 2002 zum besten globalen Goldanalysten.

Der Craton Capital Precous Metal Fund ist kein reiner Goldminenfonds. Je nach Attraktivität wird das Portfolio flexibel mit entsprechend hohen Positionen in den Bereichen Silber, Platin, Palladium, Rhodium und Diamanten gewichtet. Markus Bachmann ist dabei hauptsächlich für das Tagesgeschäft sowie makroökonomische Aspekte des Fonds zuständig. Hier werden Faktoren wie die Angebots- und Nachfrageseite, Handels- und Zahlungsbilanzdefizite beziehungsweise -überschüsse, Inflations- und Zinsentwicklungen, Währungsreserven, die Wechselkursentwicklung sowie die Explorationsausgaben und Hedging-Strategien betrachtet. Bei der Analyse der Unternehmen konzentriert sich Bachmann auf die Platin-Werte.

Für die Unternehmensanalyse ist aufgrund seiner Ausbildung als Wirtschafts- und Strukturgeologe und seiner Erfahrung in der Bergbauindustrie hauptsächlich Berlenbach verantwortlich. Der Fonds wird von Johannesburg aus verwaltet, was aufgrund der Bedeutung der Stadt für die Bergbauindustrie einen Standortvorteil bedeutet, da der Weg zu vielen Unternehmen sehr kurz ist. Grundsätzlich umfasst das Anlageuniversum über 800 Unternehmen, jedoch bevorzugen Berlenbach und Bachmann kleinere Minenwerte mit einer Marktkapitalisierung von etwa 200 bis 400 Millionen US-Dollar. Bei dem aktuellen Fondsvolumen von 30 Millionen US-Dollar können auch niedrig kapitalisierte Werte hoch gewichtet werden, ohne dass es aufgrund der geringeren Marktliquidität zu Nachteilen kommt. Der Vorteil von Investments in solche Unternehmen liegt darin, dass diese wegen ihrer Größe von den wenigsten Analysten beachtet werden, aber sehr oft über hohes Wachstumspotenzial, niedrige Abbaukosten und oftmals über aussichtsreiche Explorationsprojekte verfügen. Um sich von der Qualität von Explorationsprojekten und Minen zu überzeugen, ist Berlenbach durchschnittlich etwa sechs Tage pro Monat vor Ort.

Grundlage für die Unternehmensanalyse ist eine von Berlenbach entwickelte Datenbank, die es ermöglicht, neue Ergebnisse, zum Beispiel aus der Exploration, in das Bewertungsmodell zu implementieren und die Auswirkungen auf den inneren Wert des Unternehmens zu analysieren. Wesentliche Faktoren des Modells stellen dabei die Qualität und Umfang der Reserven und Ressourcen des Unternehmens dar beziehungsweise die Marktkapitalisierung je Reserven- und Ressourcen-Unze und die daraus abzuleitende Aussage über Unter- oder Überbewertung der Unternehmen. Darüber hinaus fließen Bilanzkennzahlen wie der Ertrag im Verhältnis zum Eigenkapital und zum Gesamtkapital, Verschuldungsgrad oder Buchwert des Unternehmens in das Modell ein. Anschließend erfolgt mit dem Modell eine Cash-Flow-Sensitivitätsanalyse, die durch den Einfluss verschiedener Faktoren wie Rohstoffpreise oder Wechselkursentwicklung unter verschiedenen Szenarien eine Aussage über die Ertragssituation und den inneren Wert des Unternehmens ermöglicht. Die Manager verstehen sich als konsequente Value-Investoren und investieren nur in Unternehmen, deren innerer Wert deutlich über der aktuellen Markbewertung liegt. Neben der Nachhaltigkeit von Dividendenzahlungen werden im Entscheidungsprozess weiche Faktoren wie das Länderrisiko oder die Leistung des

Managements berücksichtigt, aus denen sich schließlich ein relativ konzentriertes Portfolio aus 20 bis 30 Positionen ergibt.

Obwohl der Craton Capital Precious Metal Fund eine kurze Historie aufweist, konnte er seit Auflage sowohl seine Benchmark, den FT Gold Mines, als auch seine Konkurrenten schlagen. Im Jahr 2004 musste der Fonds die geringsten Wertverluste hinnehmen und war trotz oder gerade wegen seiner Konzentration auf kleinere Werte weniger volatil als die Konkurrenzprodukte. Dabei ist zu berücksichtigen, dass der Fonds bei der Verwaltungsvergütung von 1,5 Prozent und einem Ausgabeaufschlag von 5 Prozent nicht teurer als sein Konkurrenten ist, bei Outperformance der Benchmark aber eine zusätzliche Performancegebühr in Höhe von 10 Prozent erhoben wird. Aufgrund der Kenntnisse der beiden Manager und des disziplinierten Value-Ansatzes sollte diese Tatsache jedoch weniger ins Gewicht fallen. Mit der Fokussierung auf die wenig beachteten kleineren Minengesellschaften dürfte es nicht nur möglich sein, die Benchmark, sondern langfristig auch den bisherigen Klassenprimus von Merrill Lynch zu übertreffen.

Fondsdaten: Craton Capital Precious Metal Fund

ISIN: LI0016742681
WKN: 964907

Investmentgesellschaft: Global Fund Services Aktiengesellschaft

Anlageberater: Craton Capital
Fondsmanager: Dr. Joachim Berlenbach / Markus Bachmann
Fondswährung: US-Dollar (USD)
Gründungsdatum: 14. November 2003
Fondstyp: thesaurierend
Benchmark: FT Gold Mines (All Mines)
Ausgabeaufschlag: bis 5,00 Prozent
Jahresgebühr: 1,50 Prozent
Fondsvolumen: 30 Mio. US-Dollar

Die 10 größten Werte:

Oxus Gold 9,1 Prozent
Bolivar Gold 8,00 Prozent
MacArthur Coal 7,9 Prozent
Buenaventura 5,9 Prozent
Coer d'Alene 5,2 Prozent
Marakand Minerals 4,6 Prozent
Cambior 4,5 Prozent
Gallery Gold 4,2 Prozent
Aquarius Platinum 4,1 Prozent
MPI Mines 3,8 Prozent

Kontakt:

Adresse: Global Fund Services
Aktiengesellschaft
Städtle 17
Postfach 1238
FL-9490 Vaduz
Telefon: +423 (0)236 94 00
Internet: www.gfs.li

Energiefonds

2004 war der starke Anstieg des Ölpreises in aller Munde. Während man die Auswirkungen des Anstiegs an der Zapfsäule in Form hoher Benzinpreise zu spüren bekam, erfreuten sich die Ölkonzerne an Rekordgewinnen. Die Energieunternehmen im S&P-500 dürften ihre Gewinne, Schätzungen von Thomson First Call zufolge, im vierten Quartal 2004 im Vergleich zum Vorjahresquartal glatt verdoppelt haben. Somit verwundert die im Vergleich zum Gesamtmarkt überdurchschnittliche Kursentwicklung von Energieunternehmen wenig. Und auch Investmentfonds, die in Aktien von Energieunternehmen investieren, erfreuen sich zunehmender Beliebtheit.

Bei der Suche nach entsprechenden Fonds lassen sich etwa 20 Produkte finden. Anders als bei den Goldfonds existiert hier kein einziger Fonds, der eine signifikante Outperformance gegenüber der Benchmark aufweisen kann. Betrachtet man die Wertentwicklung und das Risiko der Energiefonds über den Einjahres- und den Dreijahreszeitraum, dann fällt der Fortis L Fund-Equity Energy Europe mit Zuwächsen von 38,44 Prozent und 21,21 Prozent auf. Auch in den Jahren 2004 und 2002 liegt er im Vergleich zu seinen Konkurrenten auf Platz eins, und selbst 2003 gehört er noch zu den besten Fonds des Energiesektors. Dennoch schnitt er seit seiner Auflage im Jahr 2001 bis etwa Mitte zur Mitte des Jahres 2004 schlechter als seine Benchmark, der MSCI Energy Europe, ab. Erst in der zweiten Hälfte des letzten Jahres übertraf er die Benchmark. Der Ausgabeaufschlag bei diesem Fonds ist mit 2,5 Prozent niedriger als der seiner aktiv gemanagten Konkurrenten, und die Verwaltungsgebühr liegt mit 1,5 Prozent im Mittelfeld. Allerdings stellt sich hier die Frage, ob dies für einen benchmarknahen Fonds nicht zu hoch ist. Mit einem entsprechenden Indexfonds auf den MSCI Energy Europe wäre ein Anleger wohl genauso gut gefahren. Besonders, weil sich die Frage stellt, ob die Outperformance des Fonds gegenüber der Benchmark im Jahr 2004 unter Berücksichtigung der Underperformance in den vorangegangenen Jahren Können oder Glück war.

Ähnlich sieht es bei »besten« weiteren Fonds des Segments aus, die den MSCI World Energy Index als Benchmark haben. Der Balzac Energy Index ist ein passiver Aktienfonds, der mit einem Ausgabeaufschlag von 2,5 Prozent aber günstiger ist als die aktiven Fonds der Kategorie.

Mit einer jährlichen Verwaltungsgebühr von 1,00 Prozent und einem zusätzlichen Rücknahmeabschlag von 0,30 Prozent dürfte das passive Management aber etwas überbezahlt sein. Und auch der vom sonst erfolgreichen Rohstoffteam von Merrill Lynch aktiv gemanagte Merrill Lynch World Energy Fund kann nicht überzeugen. Der von Robin Batchelor und Poppy Buxton gemanagte Fonds läuft der Benchmark seit Auflage hinterher – bei einem Ausgabeaufschlag von maximal 5 Prozent und einer jährlichen Verwaltungsvergütung von 1,75 Prozent. In einem der interessantesten Sektoren überhaupt scheint sich im Fondsbereich kein Fonds so richtig aufzudrängen, zumindest keiner der aktiv gemanagten. Eine interessante und zugleich günstigere Alternative sind deshalb vielleicht die von ABN Amro aufgelegten Zertifikate auf den S&P Marketing & Refining Index und den S&P Oil & Gas Index. Eine nähere Betrachtung dieser Produkte finden Sie im Kapitel »Zertifikate«.

Rohstofffonds

Nicht nur der Energie-, der Edelmetall- und der Goldsektor sollten langfristig gute Perspektiven bieten. Vielmehr dürften auch der Industriemetall- und in nächster Zeit insbesondere der Agrarsektor profitieren können. Möglicherweise bestehen bei Rohstoffen außerhalb des Edelmetallsektors in den nächsten Jahren sogar viel bessere Kurschancen. Doch nicht nur die Rohstoffe an sich, sondern auch Rohstoffunternehmen, die in den verschiedenen Sektoren tätig sind, bieten attraktive Anlagemöglichkeiten. Bei den Investmentfonds, die sich auf reine Goldmineninvestments fokussieren, war wie erwähnt eine sehr hohe Volatilität zu verzeichnen. Um die Risiken, die man zwangsläufig mit einem Brancheninvestment oder einem innerhalb des Rohstoffsegmentes beispielsweise auf den Goldbereich fixierten Investment eingeht, zu mindern und gleichzeitig an den Chancen des gesamten Rohstoffspektrums zu partizipieren, sollte man Fonds auswählen, die über ein sehr breites Anlagespektrum verfügen. Neben dem Edelmetallbereich sind das zum Beispiel Energieproduzenten, Hersteller von Basismetallen oder Holzprodukten, Papierhersteller oder Produzenten von Düngemitteln. In Deutschland gibt es derzeit etwa 20 Fonds, die in Unternehmen der verschieden Branchen investieren. Die unserer Meinung nach interessantesten wollen wir Ihnen im Folgenden vorstellen.

Activest Aktien Rohstoffe

Wie erwähnt, gelingt es den wenigsten Fondsmanagern, ihren Vergleichsindex zu übertreffen. Auf Jahresfrist haben es zum Beispiel nur 19 von 95 aktiv gemanagten Fonds geschafft, den passiven Indexfonds DAX hinter sich zu lassen. Dass dies nicht nur bei den deutschen Aktienmärkten, sondern auch bei Rohstoff-Aktien der Fall ist, zeigt die Wertentwicklung der vergangenen Jahre. Deshalb liegt es für den Anleger nahe, einfach in den entsprechenden Index zu investieren. Der Activest Aktien Rohstoffe ist zwar ein indexorientierter Fonds und damit nicht so günstig wie ein reiner Indexfonds, dennoch ist er im Vergleich zu seinen aktiv gemanagten Konkurrenzprodukten günstig und hat diese in Sachen Performance in den vergangenen Jahren übertroffen. Die Fondsmanagerin Simone Tegethof hat die Aufgabe, den Commodity Related Index (CRX) als Benchmark nachzubilden. Dabei spielen ihre persönliche Einschätzung einzelner Aktien und die daraus resultierende Über- oder Untergewichtung keine Rolle. Der etwa 20 Titel umfassende CRX Index von Morgan Stanley bildet die Rohstoffbranche relativ breit ab. Im CRX Index sind die Rohstoff-Teilbranchen Öl, Minen, Lebensmittel sowie Holz und Papier enthalten. Die am höchsten gewichteten Unternehmen sind derzeit die Ölunternehmen Marathon Oil und Apache, Ölausrüster wie Schlumberger, das Agrarunternehmen Archer Daniels Midland, der Kupferproduzent Phelps Dodge sowie der Goldförderer Barrick Gold.

Obwohl indexorientierte Fonds teurer sind als Indexfonds, ist der Activest Aktien Rohstoffe mit einer Gesamtkostenbelastung von 0,57 Prozent erfreulich günstig. Vergleichbare aktiv gemanagte Produkte sind mit einer Gesamtkostenquote von 1 bis 1,5 Prozent deutlich teurer. Dazu kommt noch ein Ausgabeaufschlag von maximal 4,00 Prozent. Für einen Anleger aus dem Euroland von Vorteil ist die Tatsache, dass der überwiegend in amerikanische und kanadische Unternehmen investierende Fonds Währungsbewegungen ausgleichen soll. Der auf Euro-Basis laufende Fonds konnte im Vergleich zur eigenen Benchmark, aber auch gegenüber den Konkurrenzprodukten von der Euro-Stärke profitieren, da die Hälfte des Fondsvermögens mit entsprechenden Finanzprodukten in Euro abgesichert wird. Das hat zu einem nicht unwesentlichen Teil zur guten Wertentwicklung beigetragen. Sowohl über den kumulierten Ein- und Dreijahreszeitraum als auch in den einzelnen Jahren 2002 bis 2004 gehörte der Fonds immer zu den besten seiner Klasse. Auch risikoadjustiert – gemessen an der Sharpe Ratio – konnte der Fonds über den Dreijahreszeitraum bis auf einen alle Konkurrenten hinter sich lassen. Der Fonds ist somit für alle Anleger empfehlenswert, die in Aktien von möglichst vielen Teilbereichen des Rohstoffsektors investiert sein möchten, trotz des Konzentrationsgrades auf amerikanische und kanadische Unternehmen.

Fondsdaten: Activest Aktien Rohstoffe

ISIN: DE0009779884
WKN: 977988

Investmentgesellschaft: Activest Investmentgesellschaft mbH München

Fondsmanager: Simone Tegethof
Fondswährung: Euro (EUR)
Gründungsdatum: 3. April 2000
Fondstyp: thesaurierend
Benchmark: Morgan Stanley Commodity Related Equity-Index
Ausgabeaufschlag: bis 4,00 Prozent
Jahresgebühr: 0,50 Prozent
Fondsvolumen: 131 Millionen Euro

Die 10 größten Werte:

Marathon Oil Group 5,70 Prozent
Apache Corp. 5,60 Prozent
Anadarko Petroleum 5,30 Prozent
Burlington Resources 5,30 Prozent
Amerada Hess Corp. 5,30 Prozent
Schlumberger N.V. 5,30 Prozent
United States Steel 5,30 Prozent
Barrick Gold 4,90 Prozent
Archer Daniels Midland 4,90 Prozent
Phelps Dodge 4,90 Prozent

Kontakt:

Adresse: Activest Investmentgesellschaft mbH
Arabellastraße 27
81925 München
Telefon: +49 (0) 180/3 76 77 78
Internet: www.activest.de

DJE Gold & Ressourcen

Der zweite Fonds, der im Rohstoffuniversum angesiedelt ist und den wir Ihnen vorstellen möchten, ist der ehemals von Werner Ullmann gemanagte DJE Gold & Ressourcen. Er investiert zwar sein Vermögen vorwiegend in Aktien von Gesellschaften, die im Bereich der Gewinnung, Verarbeitung und Vermarktung von Gold tätig sind. Dennoch würden wir ihn in den allgemeinen Rohstoffbereich einordnen, da er auch Aktien von Gesellschaften erwerben kann, die im Bereich von anderen primären Ressourcen tätig sind, also zum Beispiel als Produzenten von Metallen, Erdöl, Erdgas oder landwirtschaftlichen Produkten. Diese Flexibilität zeigt sich auch in der Allokation des Portfolios: Fast die Hälfte der größten zehn Positionen sind Aktien von Nicht-Gold-Produzenten.

Der Fonds, der inzwischen von Dr. Jens Ehrhardt verwaltet wird, ist noch relativ jung. Dennoch zählte er im ersten Jahr seiner Auflage Ende Januar 2003 zu den Top-Performern, sowohl im Vergleich zu den Gold- als auch den Rohstofffonds. 2004 hingegen konnte er nicht an diese Wertentwicklung heranreichen und lief seinen Konkurrenten hinterher. Das schlechte Jahr 2004 sollte jedoch die Ausnahme gewesen sein. Denn Ehrhardt ist seit mehr als 30 Jahren an den Finanzmärkten tätig und gehört zu den erfolgreichsten Vermögensverwaltern Deutschlands. Die von der Dr. Jens Ehrhardt Kapital AG betreuten Investmentfonds belegen seit Jahren Spitzenplätze, und auch der DJE Gold & Ressourcen Fonds sollte sich wieder in den vorderen Plätzen einreihen können. Bei der Auswahl der Einzelwerte analysiert die Dr. Jens Ehrhardt Kapital AG die Unternehmen nach quantitativen und qualitativen Kriterien. Anders als bei vielen anderen Gesellschaften stehen dabei nicht nur allgemein bekannte Ertragskennzahlen im Vordergrund, sondern auch ein umfassendes Spektrum an Substanzkennzahlen, die für die Auswahl der Rohstoffunternehmen von besonderer Bedeutung sind. Darüber hinaus wird auch verstärkt die Dividendenrendite der Unternehmen berücksichtigt. Eine besondere Rolle spielt auch der Einsatz von Stimmungsindikatoren, mit denen die Chancen und Risken an den Finanzmärkten gemessen werden.

Der DJE Gold & Ressourcen Fonds weist mit einem verwalteten Vermögen von 38 Millionen Euro vorteilhafte Rahmenbedingungen bezüglich des Fondsvolumens auf und empfiehlt sich als defensive Beimischung in einem Rohstoffportfolio. Möglicherweise wird der Fonds Aufwärtsbewegungen weniger dynamisch nachvollziehen, in schwachen Phasen wohl aber auch weniger als seine Konkurrenten verlieren. In der Vergangenheit hat Ehrhardt sehr oft durch eine antizyklische Vorgehensweise bewiesen, dass er sich nicht scheut, bei drohenden Korrekturen die Kassenquote entsprechend zu erhöhen, um die Anleger vor Verlusten zu bewahren.

Fondsdaten: DJE Gold & Ressourcen

ISIN: DE0009779884
WKN: 977988

Investmentgesellschaft: DJE Investment S.A.

Anlageberater: Dr. Jens Ehrhardt Kapital AG
Fondsmanager: Dr. Jens Ehrhardt
Fondswährung: Euro (EUR)
Gründungsdatum: 27. Januar 2003
Fondstyp: thesaurierend
Benchmark: 70 Prozent XAU-Index /
15 Prozent MSCI World / 15 Prozent CRB-Index
Ausgabeaufschlag: bis 5,00 Prozent

Jahresgebühr: 1,50 Prozent
Fondsvolumen: 38 Millionen Euro

Die 10 größten Werte:

K+S AG 8,51 Prozent
Newcrest Mining 7,33 Prozent
Abn Amro/Amex Gold Idx 6,97 Prozent
Anglogold Ltd. 5,53 Prozent
Newmont Mining Corp. 4,39 Prozent
Royal Dutch 3,68 Prozent
Companhia Vale Do Rio 3,49 Prozent
Canadian Netural Resources 3,32 Prozent
BHP Billiton Plc 2,88 Prozent
ASA Ltd. 2,60 Prozent

Kontakt:

Adresse: Dr. Jens Ehrhardt Kapital AG
Georg-Kalb-Straße 9
82049 Pullach
Telefon: +49 (0)89 790453-48
Internet: www.dje.de

Merrill Lynch World Mining Fund

Der letzte Fonds ist der erfolgreichste Rohstofffonds der letzten Jahre, auch wenn der Vergleich mit den anderen Produkten nur begrenzt möglich ist. Sein Portfolio ist im Gegensatz zu denen der Konkurrenten konsequent auf Metall- und Minenwerte ausgerichtet. Energiewerte oder Unternehmen aus der Agrarbranche werden daher nicht berücksichtigt. Dies dürfte auch der Hauptgrund dafür sein, dass der Fonds im Jahr 2004 den Konkurrenten hinterherhinkte, waren es im letzten Jahr doch gerade die Energiewerte, die zu den großen Gewinnern zählten. Außerdem haben die größten Positionen des Fonds, Metallwerte wie BHP Billition und Rio Tinto, im Jahr 2004 eine durchwachsene Phase erlebt.

Auch die Abwertung des US-Dollars hat ihren Teil zur schwachen Performance des mehrfach ausgezeichneten Fonds beigetragen.

Betrachtet man die Wertentwicklung jedoch über längere Zeiträume und in den einzelnen Jahren, so lässt sich konstatieren, dass der Fonds seit dem Jahr 2000 seine Benchmark, den HSBC Global Mining Index, nicht nur regelmäßig geschlagen hat, sondern fast durchgehend gegenüber dem Index signifikante Wertzuwächse in Fondswährung erzielen konnte. Wie der Merrill Lynch World Gold Fund wird auch dieser Fonds von Evy Hambro verwaltet, der bei der Portfolioallokation und den Entscheidungen von Graham Birch und Richard Davis unterstützt wird. Die Aktienauswahl erfolgt dabei wie beim Merrill Lynch World Gold Fund über eine sehr detaillierte Fundamentalanalyse, zu der auch Besuche vor Ort gehören. Im Gegensatz zum World Gold Fund sind Positionen in Goldminenunternehmen auf 25 Prozent des Fondsvermögens begrenzt. Im Vergleich zum Goldfonds macht sich die breitere Diversifikation in Unternehmen, die industrielle Mineralien (zum Beispiel Eisenerz und Kohle) fördern, in einer geringeren Volatilität und über den Dreijahreszeitraum in einer höheren Sharpe Ratio bemerkbar. Im Vergleich zum breiter aufgestellten Activest Aktien Rohstoffe ist die Schwankungsbreite aber um einiges höher.

Wie beim Merrill Lynch World Gold Fund hat der Erfolg des Fonds auch in diesem Fall zu enormen Mittelzuflüssen geführt. Seit Mitte 2003 ist das Fondsvolumen von 110 Millionen US-Dollar auf 1,5 Milliarden US-Dollar angestiegen. Der Merrill Lynch World Mining Fund wurde somit zum größten Minenfonds in diesem Sektor. Zwar muss auch bei diesem Fonds in Zukunft verstärkt darauf geachtet werden, ob sich das starke Größenwachstum auf die Performance auswirken wird. Zum einen ist das Volumen aber um einiges niedriger wie beim Gold-Fonds, und auf der anderen Seite ist der Fonds nicht auf den marktengeren Goldsektor beschränkt, sondern hat seinen Fokus sowohl auf edlen als auch unedlen Metallen. Außerdem ging bei den Anlagen der Trend schon immer zu den größeren Unternehmen, so dass die Mittelzuflüsse bisher keinen Einfluss auf die Anlageausrichtung des Fonds hatten. Der Fonds kann somit uneingeschränkt als Basisinvestment im Minensektor empfohlen werden. Allerdings sind auch hier die höhere Volatilität und die fehlende Option zu berücksichtigen, in Unternehmen außerhalb des Minensektors zu investieren. Bei einer stärker als allgemein erwarteten Abnahme des Wachstums in China wird der Fonds höchstwahrscheinlich auch stärker als die anderen beiden Rohstofffonds verlieren. Die Kostenstruktur ist mit einer Verwaltungsgebühr von 1,75 Prozent und einem Ausgabeaufschlag von maximal 5 Prozent mit der des Gold-Fonds identisch.

Fondsdaten: Merrill Lynch World Mining Fund

ISIN: LU0075056555
WKN: 986932

Investmentgesellschaft: Merrill Lynch Investment Managers (Merrill Lynch)

Fondsmanager: Evy Hambro
Fondswährung: US-Dollar (USD)
Gründungsdatum: 24. März 1997
Fondstyp: thesaurierend
Benchmark: HSBC Global Mining Index
Ausgabeaufschlag: 5,00 Prozent
Jahresgebühr: 1.75 Prozent
Fondsvolumen: 1,5 Milliarden US-Dollar

Die 10 größten Werte:

Cia Vale Rio Doce 10,00 Prozent
BHP Billiton 9,80 Prozent
Rio Tinto 8,70 Prozent
Xstrata 5,90 Prozent
AWC 5,20 Prozent
Anglo American 4,70 Prozent
Alcan 3,90 Prozent
Impala Platin 3,90 Prozent

Falconbridge 3,40 Prozent
Teck Cominco Ltd. 3,20 Prozent

Kontakt:

Adresse: Merrill Lynch Investment Managers
(Deutschland) GmbH
Neue Mainzer Straße 52
D-60311 Frankfurt am Main
Telefon: +49 (0)69 5899 2410
Internet: www.mlim.de

Aktien

Grundlagen

An der Börse wird eine Vielzahl an Unternehmen gehandelt, deren primäre Aufgabe darin besteht, Rohstoffe wie Erze und Erdöl und -gas aufzufinden, zu fördern und evtl. auch noch zu verarbeiten. Daneben gibt es eine relativ kleine Zahl an Unternehmen, die sich mit der Produktion von Soft Commodities beschäftigen. Rohstoff- bzw. Minenunternehmen konnten in den vergangenen Monaten verstärkt Aufmerksamkeit auf sich ziehen, zeigten viele Minen und Energie-Aktien doch teils erhebliche Kursauschläge. Damit ging allerdings auch eine überdurchschnittliche Volatilität einher, die die Nerven der Rohstoffaktionäre des Öfteren strapazierten.

Rohstoffunternehmen besitzen naturgemäß einen hohen Hebel auf die Bewegung der jeweils zugrunde liegenden Rohstoffe. Besonders deutlich wird dies etwa am Beispiel von Goldproduzenten. Einige Unternehmen produzieren die Unze Gold zu durchschnittlichen Gesamtkosten von, um eine glatte Zahl zu nennen, 375 US-Dollar. Somit wird ersichtlich, dass eine Bewegung im Goldpreis von 400 USD auf 425 ausreicht, den Gewinn je produzierter Goldunze um 100 Prozent von 25 USD auf 50 USD ansteigen zu lassen. Je geringer also die Differenz aus dem Preis des Rohstoffes und den Produktionskosten ist, umso höher ist die Hebelwirkung, die aus der Veränderung des Rohstoffpreises auf die Gewinnsituation des Produzenten resultiert. Ähnliche Effekte sind auch im Bereich der Industriemetall- und Energieproduzenten vorzufinden.

Inwieweit eignen sich nun Aktien von Rohstoffunternehmen als Anlageinstrumente, um von steigenden Rohstoffnotierungen zu profitieren? Dabei muß man in erster Linie der Frage nachgehen, wie sich die Aktienkurse von Rohstoffunternehmen relativ zu den Preisbewegungen der Rohstoffe verhalten. Allgemein geht man davon aus, dass eine Investition in Rohstoff-Aktien eine gute Möglichkeit ist, von steigenden Rohstoffpreisen zu profitieren. Nur wenige Minenunternehmen sind in dieser Hinsicht allerdings als so genannte »pure plays« zu bezeichnen, also Unternehmen, die genau die Preisentwicklung des einzigen der Firma zugrunde liegenden Rohstoffes abbilden. Einige Minenunternehmen produzieren sogar einen ganzen Korb an unterschiedlichen Naturprodukten. Aus diesem Grund ist es sehr schwer, die Kursbewegung von einzelnen Rohstoffen mit der Kursentwicklung von Produzenten zu vergleichen. Bei dieser Problematik wollen wir nochmals auf die Studien der Yale-Universität (vgl. Kapitel »Anlegen in Rohstoffe«; Yale ICF Working Paper No. 04-20: Facts and Fantasies about Commodity Futures, Juni 2004, S. 29 ff.) zurückgreifen, die genau dieser Fragestellung nachgingen.

Das Ergebnis der Gegenüberstellung der Renditen der Baskets von Rohstoff-Futures und Rohstoffproduzenten über einen Zeitraum von 1962 bis 2003 lieferte ein überraschendes Ergebnis. Die kumulierte Rendite des Rohstoff-Aktien-Korbes, der ähnlich dem Rohstoff-Future-Basket zusammengestellt wurde, über den Zeitraum von 41 Jahren lag bei lediglich einem Drittel der Rendite der Rohstoff-Futures. Die Korrelation der Renditen beider Baskets betrug über diesen Zeitraum (auf monatlicher Basis) nur 0,38. Auf Grundlage dieser Langfriststudie liegt der Schluss nahe, dass Investments in Rohstoff-Aktien keine Alternative zu einer Anlage in Rohstoff-Futures darstellen. Dennoch gibt es Beispiele von Aktien aus dem Rohstoffsektor, die in den vergangenen Monaten und Jahren erhebliche Kurssteigerungen aufwiesen. Zudem ist es zu erwarten, dass Rohstoff-Aktien auch in Zukunft überdurchschnittliche Kurschancen aufweisen werden. Der Auswahl des Rohstoffsektors sowie der einzelnen Produzenten (»stock picking«) kommt dabei allerdings eine bedeutende Rolle zu.

Aktienkurse unterliegen dem Marktmechanismus, der vor allem von der Antizipation der zukünftigen Ertragsaussichten geprägt ist. Ein weiterer Einflussfaktor auf den Aktienkurs ist der Einfluss von strategischen Entscheidungen des Managements des Unternehmen, die sich entweder positiv oder aber ungünstig auf die mittel- bis langfristige Gewinnsituation auswirken. Ebenfalls von großer Bedeutung für das Bewertungsniveau an den Aktienmärkten ist das Sentiment der Marktteilnehmer. Überschwänglicher Optimismus wirkt sich in übertrieben hohen Aktienkursen aus, die sich von fundamental gerechtfertigten Niveaus erheblich entfernen. Auf der anderen Seite führen hohe Pessimismus-Kennzahlen teilweise zu panikartigen Verkäufen am Aktienmarkt. Das Anlegersentiment schwankt zwischen diesen beiden Polen und beeinflusst damit wesentlich die Kursfindung von Aktien. Im Gegensatz zur Bewertung am Aktienmarkt spiegelt sich in der Kursentwicklung von Rohstoffen lediglich das Verhältnis aus Angebot und Nachfrage wider, wobei eine starke Nachfrage eine Verknappung des Rohstoffangebots zur Folge hat, da dieses als nur gering elastisch zu bezeichnen ist. Von der Auffindung bis zur Inbetriebnahme etwa von Minenprojekten vergehen in der Regel sieben Jahre, wobei diesem Prozess eine langjährige, kostenintensive und mit hohen Risiken versehene Explorationsphase vorausgeht. Selbst Kapazitätserweiterungen bestehender Minenprojekte sind kostenintensiv und führen zu einer vorzeitigen Verkürzung des projektierten Minenlebens.

Wir wollen in diesem Kapitel zeigen, dass Aktien von Rohstoffunternehmen durchaus eine geeignete Alternative darstellen, um an steigenden Rohstoffpreisen zu partizipieren. Wie aber schon erwähnt, bedarf die Auswahl der einzelnen Unternehmen einer genauen Analyse des Rohstoff- wie des generellen Aktienmarktes, der Währungsverhältnisse, der Reserven- und der Kostenbasis. Entscheidende Kriterien sind zudem Wachstumsperspektiven, Länderrisiken sowie in gewisser Hinsicht auch die Managementfähigkeit.

Eine Aktie ist ein Wertpapier, das einen Anteil am Grundkapital der Gesellschaft verkörpert, und verbrieft uneingeschränkt entsprechend der Unternehmensanteile sämtliche Gesellschafterrechte wie Stimmrecht (außer bei Vorzugsaktien), Dividendenanspruch und Liquidationserlös. Im Gegensatz zu Zertifikaten oder Fonds besitzt der Aktionär ein konkretes Eigentumsrecht an einer Gesellschaft, wobei der Aktienbesitz dem Kursrisiko der Aktie ausgesetzt ist. Im Extremfall kann der Besitz der Aktie zum Totalverlust des eingesetzten Kapitals führen, sofern die Aktiengesellschaft auch im Konkursfall wertlos oder überschuldet aufgelöst wird.

Beim Erwerb von Aktien aus dem Rohstoffsektor sollte allerdings Folgendes unbedingt beachtet werden: Einige der international tätigen Rohstoffunternehmen haben ihren Firmensitz auch in Ländern, die wir aus unserer Sicht als Entwicklungsländer bezeichnen würden. Es handelt sich dabei etwa um Länder wie Südafrika, Indonesien oder auch Russland. Diese Unternehmen haben ihre Aktien an den jeweiligen Heimatbörsen als Hauptbörsen gelistet. Für einen deutschen oder europäischen Anleger ist es oft sehr schwierig, die Unternehmen an den Heimatbörsen direkt zu erwerben. Sofern ein Anleger etwa russische Aktien in Moskau ordern möchte, müsste beispielsweise in Russland bei einer dort ansässigen Bank ein Depot eröffnen. Die Aktienübertragung kann an Emerging Markets zudem drei bis fünf Tage dauern, sodass bei unvorhergesehenen Ereignissen eine schnelle Reaktion der Anleger gar nicht möglich ist.

Um die Schwierigkeiten einer Aktienanlage an »exotischen« Heimatbörsen zu umgehen, können diese Aktien auch in Form von Zertifikaten erworben werden, die bei einer Depotbank mit Originalaktien hinterlegt und anstelle dieser gehandelt werden. Es handelt sich dabei um so genannte American Depositary Receipts, kurz ADRs, die von US-amerikanischen Banken, überwiegend von der Bank of New York, begeben werden. Diese ADRs ermöglichen den Kauf von Aktien an bisher wenig etablierten Börsen. Ähnlich den ADRs existieren GDRs (Global Depositary Receipts), bei denen die Depotbanken ihren Sitz außerhalb der USA haben. Es handelt sich aber in beiden Fällen um Aktienzertifikate, die an der Börse anstelle von Originalaktien gehandelt werden. Per Gesetz ist der ADR-Inhaber befugt, gegen die Rückübertragung der ADRs die Herausgabe der bei einer ausländischen Hinterlegungsbank verwahrten Originalaktie verlangen.

ADRs sind vor allem deswegen so verbreitet, da es einerseits für ausländische Unternehmen leichter ist, ADRs anstelle der Originalaktie listen zu lassen, diese aber genauso an der Börse handeln zu lassen. Zudem unterliegen einige US-amerikanische institutionelle Investoren wie Lebensversicherungsgesellschaften, staatliche Pensionsfonds oder Kreditinstitute Beschränkungen hinsichtlich der Anlage in ausländischen Wertpapieren. ADRs (wie auch GDRs) haben aber einige entscheidende Nachteile: Sie verbriefen meist nicht einen Anspruch auf eine Originalaktie, sondern können von Unternehmen zu Unternehmen eine unterschiedliche Anzahl Aktien repräsentieren. Ein Lukoil-ADR steht beispielsweise für vier Originalaktien, wogegen ein ADR des russischen Energiekonzerns Mosenergo gleich 100 Aktien repräsentiert. Der Anleger sollte sich beim Kauf genau erkundigen, wie viele Aktien ein ADR verbrieft. Zudem werden anfallende Dividenden bei ADRs erst nach geraumer Zeit ausgezahlt, wobei die Dividenden durch hohe Gebühren geschmälert werden. Stimmrechte und Zugang zur Hauptversammlung bleiben den ADR-Besitzern verwehrt. Zudem ist bei vielen ADRs/GDRs der Handel der Originalaktien an den Heimatbörsen etwa in Asien, Russland oder Südafrika erheblich liquider, was bei den ADRs zu teils deutlichen Kursaufschlägen führt. Im Fall eines Stimmungswandels kann der Kurs des ADRs beim Verkauf unter dem Niveau der Aktie an der Heimatbörse liegen. Auch ist nicht einmal sichergestellt, dass bei der ADR-Bank die entsprechende Anzahl Originalaktien hinterlegt ist. Zudem ist das ADR/GDR-Zertifikat als Anleihe der hinterlegenden Bank zu verstehen, der Umtauschanspruch hängt damit eng mit der Bonität der Bank zusammen. Bei einer Bankenkrise besteht die Gefahr, dass ADRs oder GDRs wertlos verfallen. Beim Kauf von Minen-Aktien sollte deshalb aus Vorsichtsgründen darauf geachtet werden, wenn möglich die Originalaktie zu kaufen. Denn in einigen Fällen werden an deutschen Börsen sowohl die Originalaktien als auch ADRs auf dasselbe Unternehmen gehandelt, wobei oft unsinnigerweise in der Originalaktie ein geringerer Handel vorzufinden ist. ADRs bzw. GDRs sind leicht an deren Bezeichnung hinter dem Titel der Aktie zu erkennen. Im Zweifel sollte man sich als Anleger bei seiner depotführenden Bank die entsprechende Auskunft geben lassen.

Investmentbereiche

Auf einen Großteil der Edel- und Basismetalle finden Anleger entsprechende Aktien von Produzenten, die es ihnen ermöglichen, an der Kursentwicklung der entsprechenden Rohstoffe teilzuhaben. Börsennotierte Gesellschaften, die Soft Commodities produzieren, sind an den Börsen kaum zu finden, und wenn, dann handelt es sich meist um kleine Gesellschaften mit hohen Länderrisiken, die zumeist nur an exotischen Börsen handelbar sind. Auf diese Unternehmen werden wir deshalb kaum eingehen. Soft Commodities sollten aus diesen Gründen über die entsprechende Rohstoffzertifikate erworben werden, von denen wir eine Reihe an interessanten Zertifikaten vorgestellt haben. Dagegen können Anleger mit den Aktien von Edel- und Basismetallproduzenten, Energie- und Explorationsunternehmen die ausgezeichneten Perspektiven der Rohstoffmärkte nachzeichnen.

Metalle / Minen-Aktien

Edelmetalle

Gold

Ähnlich wie Gold im Mittelpunkt des Edel- wie aber auch des gesamten Rohstoffbereiches steht, so kommt auch den Goldproduzenten eine herausragende Stellung innerhalb des Rohstoff-Aktien-Universums zu. Es sind überwiegend Goldminenunternehmen, die im Mittelpunkt des Interesses der Berichterstattung durch die Medien stehen. Dies liegt einerseits an der anhaltenden Faszination des gelben Metalls, andererseits aber auch daran, dass Goldminen-Unternehmen auch vorwiegend Gold produzieren und meist keine diversifizierten Konzerne à la BHP Billiton, Anglo American plc oder Rio Tinto darstellen.

Wir wollen anhand der Analyse des Goldminen-Aktiensektors veranschaulichen, was bei der Auswahl der erfolgversprechendsten Unternehmen zu beachten ist. Diese Kriterien lassen sich weitestgehend dann auch auf den übrigen Rohstoffsektor übertragen. Um Goldunternehmen zu analysieren, sind verschiedene Faktoren zu beachten: die Goldpreisentwicklung, die absolute Höhe der Kosten je produzierter Unze und damit die Hebelwirkung der Goldpreisveränderung auf den Gewinn, das Währungsverhältnis des Produzentenlandes zum US-Dollar (in dem das Gold abgerechnet wird), die Ertragssituation, die Reserven- bzw. Ressourcenbasis und damit die geschätzte Lebensdauer einer Mine, das Länderrisiko, Höhe der Vorwärtsverkäufe, Bilanzqualität und Liquiditätssituation, das Management-Know-how, die Liquidität des Unternehmens (hohe oder geringe Börsenumsätze in einer Gesellschaft) sowie das Wachstums- und Explorationspotenzial.

Goldproduzenten sind auf allen Kontinenten zu finden. Dennoch kann man die Produzenten grob nach ihrer Herkunft kategorisieren: Nordamerikanische, südafrikanische und australische Goldminen-Unternehmen spielen die bedeutendsten Rollen am Goldmarkt.

Der Bewertung von Goldunternehmen anhand sonst üblicher Kennzahlenvergleiche wie Kurs-Gewinn- oder Kurs-Umsatz-Verhältnis erscheint bei der Analyse von Goldproduzenten auf den ersten Blick wenig hilfreich. Es ist allgemein bekannt, dass auf lange Sicht der fundamentalen Bewertung von Unternehmen die größte Bedeutung zukommt. Eine der Grundlagen antizyklischen Investierens besagt, Aktien dann zu kaufen, wenn die Bewertungen im historischen Vergleich gering sind, was meistens dann der Fall ist, wenn kaum jemand Aktien überhaut oder Aktien eines bestimmten Sektors haben will. Wer als Langfristinvestor dagegen Aktien kauft, wenn die Bewertungen hoch sind, wird mit hoher Wahrscheinlichkeit Geld verlieren. Einige Antizykliker, die niemals Unternehmen wie etwa General Electric, Microsoft oder andere US-High-Tech-Unternehmen mit 30facher Gewinnbewertungen oder darüber kaufen würden, scheuen paradoxerweise nicht davor zurück, Goldunternehmen mit ähnlichen Bewertungen zu kaufen. Aber wie kann ein Investment in Gold-Aktien mit Kurs-Gewinn-Verhältnissen von 30, 50 oder sogar 100 ein lohnendes Investment darstellen? Denn auch Goldgesellschaften sind auf lange Sicht den Marktgesetzen unterworfen und werden anhand von Bewertungsrelationen beurteilt. Dennoch ist der Goldsektor von anderen Faktoren geprägt als herkömmliche Marktsegmente.

Um die Gewinne zu steigern, müssen Unternehmen in der Regel entweder (kurzfristig) die Preise erhöhen, was allerdings zusätzliche Wettbewerber auf den Plan rufen und somit wieder zu geringeren Preisen führen wird, oder neben der Steigerung der Verkaufsmenge (was meist nur wenigen möglich ist und zu Lasten der anderen Wettbewerber erfolgt) die Kostenbasis reduzieren. Es ist offensichtlich, dass nur wenige Unternehmen ihre Erträge in einem solchen Maß werden steigern können, dass Bewertungen mit dem 30fachen Gewinn oder darüber gerechtfertigt erscheinen.

Im Gegensatz zur Preisentwicklung von Konsumgütern wie Computer, Handys oder Waschmaschinen, die niemals einen Bullenmarkt bezogen auf deren Preisniveaus erleben werden, unterliegen Rohstoffmärkte erheblichen Preisveränderungen. Steigende Märkte werden dabei allgemein als Bullen-, Märkte mit fallender Tendenz als Bärenmärkte bezeichnet. Langfristig steigende Rohstoff- bzw. Edelmetallpreise im Rahmen eines Bullenmarktes können das Ertragsniveau der Produzenten in einem Ausmaß erhöhen, das in konventionellen Märkten kaum jemals zu beobachten sein wird. Minenunternehmen haben keinen Einfluss auf das Preisniveau der Rohstoffe selbst, lediglich bei der Kostenstruktur und dem Output-Niveau können sie versuchen, aus eigener Kraft gewinnerhöhend zu agieren. Eine bezogen auf den Goldpreis bereits relativ geringe Veränderung kann eine enorme Auswirkung auf die Gewinnsituation der Minenbetreiber haben, auch bei konstanten Kosten und stabiler Produktionsmenge. Dieser gewaltige Hebeleffekt bei Minenunternehmen kommt allerdings nur dann zu Geltung, wenn Produzenten keinerlei Verkäufe von erst noch zu produzierenden Rohstoffen auf Termin zu einem vorab fixierten Preis vorgenommen haben. Das Verkaufen von noch nicht produzierten Rohstoffen auf Termin zu bestimmten Preisen wird als »Hedging« bezeichnet, in einem Edelmetall- oder allgemein Rohstoff-Bullenmarkt sollte sich das »Stock Picking« von Produzenten auf solche Unternehmen beschränken, die ganz oder wenigstens weitgehend ungehedgt arbeiten.

Ein simples Rechenbeispiel soll diesen Effekt verdeutlichen: Auf Basis der aktuell vorliegenden Unternehmensdaten beträgt die durchschnittliche Gewinnschwelle nordamerikanischer Goldproduzenten 353 USD je produzierter Feinunze Gold (vgl. dazu National Bank Financial: North American Gold Producers, Third Quarter 2004 Gold Review, 25. November 2004). Um die Rechnung zu vereinfachen, reduzieren wir die theoretische Gewinnschwelle bzw. den Break-even-Punkt moderat auf 350 USD je Unze. Bei einem Goldpreis von 400 USD verdienen die Unternehmen damit im Durchschnitt 50 USD je produzierter Unze. Ein Anstieg des Goldpreises um lediglich 12,5 Prozent auf 450 USD führt zu einem Anstieg des Gewinns je Unze von 50 USD auf 100 USD, was damit ein Gewinnwachstum von 100 Prozent bzw. die Halbierung der Gewinnbewertung zur Folge hat. Der sich daraus ergebende Gewinnhebel errechnet sich auf 8, nämlich 100 Prozent Gewinnanstieg beim Gewinn dividiert durch den Anstieg des Goldpreisen um 12,5 Prozent. Bei einem Goldpreis von 500 (Goldpreisanstieg um 25 Prozent) wächst der Gewinn je Unze, ausgehend von einem Goldpreisausgangsniveau von 400 USD, auf 150 USD an, ein Zuwachs von 200 Prozent. Der sich aus dieser Situation ergebende Gewinnhebel beträgt wiederum 8. Ein Goldpreis von 600 USD, was einem Anstieg von 50 Prozent gegenüber der Ausgangssituation von 400 USD je Unze bedeuten würde, stiegen die Gewinne je produzierter Goldunze wiederum mit einem Gewinn-Hebel auf den Goldpreis von 8 auf 250 USD bzw. um 400 Prozent an.

Allgemein ist der Hebeleffekt auf die Gewinne umso größer, je näher die Kosten eines Produzenten am aktuellen Gold- bzw. Metallpreis liegen. Ein Unternehmen mit einem nur mit hohem Aufwand zu fördernden Erzvorkommen – zum Beispiel Abbau unter Tage – weist u. U. Break-even-Kosten von 400 USD auf. Bei einem Anstieg des Goldpreises von einem moderaten Gewinnniveau von 425 USD auf 450 USD erhöht sich der Gewinn um 100 Prozent, während der Goldpreis lediglich um knapp 6 Prozent steigt. Es ergibt sich in dieser Situation ein immenser Gewinnhebel von 17 auf das Ertragsniveau des Produzenten. Angenommen, dieses Unternehmen wäre bei einem Gewinn je produzierter Unze von 25 USD (bei 425 USD für eine Unze Gold) mit einem Kurs-

Gewinn-Verhältnis von 100 bewertet, so würde sich dieses auf 50 reduzieren, wenn der Goldpreis auf 450 USD ansteigt. Bei einem Goldpreis von 500 USD läge der Gewinn je geförderter Unze bereits bei 100 USD, und das Kurs-Gewinn-Verhältnis hätte sich – ein konstantes Aktienkursniveau vorrausgesetzt – auf nur noch 25 reduziert! Diese drastischen Ertragsniveausteigerungen sind wohlgemerkt lediglich in ansteigenden Trendmärkten möglich, wie dies etwa bei Gold derzeit der Fall ist. Der selbe Effekt wirkt sich allerdings bei einer Trendumkehr ebenso deutlich negativ auf die Gewinne der Produzenten aus, was allein schon in Korrekturen eines Bullenmarktes an der Kursentwicklung der Minenunternehmen abzulesen ist. Es wird hieraus ersichtlich, dass der gesamte Minen-Aktien-Sektor als ein Markt mit hoher Volatilität und damit relativ hohem Risiko zu betrachtet ist; die Aktienauswahl muß daher mit großer Sorgfalt vorgenommen werden.

Antizyklisch und vorausschauend handelnde Anleger mit einer gewissen Risikofreude suchen in Phasen steigender Goldpreise besonders Unternehmen, die im Verhältnis zum Goldpreis und zur Branche hohe Gesamt-Produktionskosten aufweisen, da bei diesen Unternehmen der Hebeleffekt auf die Unternehmensgewinne zur vollen Geltung kommt. Diese Vorgehensweise erscheint zwar für viele antizyklisch handelnde und auf günstig bewertete Aktien ausschauende Investoren auf den ersten Blick paradox. Dennoch ist es möglich, in einem Goldbullenmarkt Aktien mit extrem hohen Bewertungen zu kaufen und dennoch überdurchschnittliche Kursgewinne zu erzielen, wie oben dargestellt.

Dass diese Taktik erfolgreich sein kann, konnte bereits im Verlauf des derzeitigen Aufwärtstrends des Goldpreises bei vielen Unternehmen beobachtet werden. Ein Beispiel dafür ist der nur gering durch Vorwärtsverkäufe der Produktion in seinem Gewinnpotenzial gebremste Gold-Standardwert Newmont Mining. Zu Beginn des Jahres 2001, noch bevor der Goldpreis – gerechnet in US-Dollar – seine Trendwende endgültig vollzogen hatte, notierte das US-amerikanische Unternehmen bei Kursen von 16 USD. Wer zu diesem Zeitpunkt antizyklisch in die Aktien dieses Goldminenbetreibers investierte, war sich bewusst, ein Unternehmen mit einem Kurs-Gewinn-Verhältnis von sage und schreibe 160 zu kaufen, wobei das Unternehmen kurz darauf sogar in die Verlustzone geriet. Aber bereits zwei Jahre später fiel die Gewinnbewertung Newmonts auf noch immer hohe 90, obwohl der Kurs sich mit einen Kursniveau von rund 30 USD nahezu verdoppeln konnte. Zu Beginn des Jahres 2005 lag der Kurs von Newmont bereits bei 47 USD, obwohl sich das Kurs-Gewinn-Verhältnis auf 40 weiter reduzierte. Sofern allerdings Goldunternehmen einen Teil ihrer zukünftigen Produktion schon zu festen Preisen auf Termin verkauft haben, werden Anleger an der dargestellten deutlichen Steigerung der Ertragskraft kaum oder nur teilweise partizipieren. Gold- oder Minenunternehmen, die bedeutende Hedge-Positionen besitzen, sollte bei der Aktienauswahl gemieden bzw. deutlich untergewichtet werden.

Steigende Goldpreise haben bei Minenunternehmen einen zusätzlichen positiven Effekt. Je höher der Goldpreis steigt, umso mehr Ressourcen können als wirtschaftlich abbaubare Reserven betrachtet werden. So könnte ein Unternehmen bei einem dauerhaft hohen Goldpreisniveau ein Goldvorkommen, das etwa ab einem Goldpreis von 450 USD wirtschaftlich wäre, bei Goldpreisen von etwa 500 USD und darüber in Produktion bringen und dadurch zusätzliche Gewinne erzielen. Newmont Mining zum Beispiel weist bei 350 US-Dollar je Unze Gold Reserven von 92,4 Mio. Unzen aus. Bei dauerhaft 375 US-Dollar je Unze würde die Reservenbasis auf 98 Mio. Unzen anwachsen.

Nordamerikanische Produzenten

Nordamerikanische Goldproduzenten sind weltweit die Unternehmen dieses Sektors, die von Banken- und Analystenseite die größte Aufmerksamkeit erhalten. Es handelt sich dabei auch um die liquidesten Unternehmen sowie um die bedeutendsten Produzenten hinsichtlich der Marktbewertung. Im Vergleich zu den südafrikanischen Produzenten ist das Währungsrisiko der Nordamerikaner relativ gering (lediglich bei kanadischen Unternehmen kann es aufgrund der Can-$-Aufwertung zu einem bremsenden Effekt auf die Ertragssituation kommen), wobei zu beachten ist, dass nordamerikanische Produzenten nahezu überall auf der Erde Gold entweder bereits produzieren oder zumindest danach suchen. Traditionell stehen die USA und besonders das rohstoffreiche Kanada dem Edelmetall- und Rohstoffsektor sehr aufgeschlossen gegenüber und gestehen diesen Unternehmen oft Bewertungen zu, die an anderen Rohstoffbörsen wie in Südafrika oder Australien meist nicht bezahlt werden würden.

In der Finanzpresse, aber auch in den Unternehmensberichten selbst werden in aller Regel so genannte Cash Costs bzw. Total Cash Costs als Maßstab für die Kostenentwicklung je produzierter Unze Gold herangezogen. Cash-Kosten stellen dabei alle Kosten dar, die direkte Zahlungen im Zusammenhang mit der Förderung von Gold darstellen, wie der Transport von Gestein und dessen Verarbeitung sowie der Extraktion des Goldes. Bei diesen Kosten werden gewöhnlich bereits die Erträge aus so genannten By-Products – im Gestein eventuell vorhandene und lösbare andere Metalle wie Silber, Kupfer Zink u. ä. – mit den Kosten verrechnet. Beide Kostenarten spiegeln allerdings nur einen Teil der Gesamtkosten wider, können aber als operative Kostengrößen angesehen werden. Man kann aufgrund dieser beiden Kostenarten jedoch allein noch nicht auf die Höhe des Gewinns je Aktie schließen. Erst durch die Aufaddierung sämtlicher anfallender Kosten kann durch die Bestimmung der Break-even-Kosten im Verhältnis zum realisierten Goldpreis der Nettoerlös je produzierter Unze ermittelt werden. In nebenstehendem Schaubild ist kurz das Kalkulationsschema der Break-even-Kosten, ausgehend von den operativen Produktionskosten, verdeutlicht:

Die Break-even-Kosten auf Basis der letzten verfügbaren Daten für den nordamerikanischen Goldminensektor lagen im dritten Quartal 2004 mit 353 US-Dollar je produzierter Unze um acht US-Dollar über dem Durchschnittswert des Vorquartals, erstaunlicherweise aber nahezu auf demselben Niveau des Jahres 1990 mit damals 350 US-Dollar. Im ersten Quartal 2001 lagen diese Kosten bei lediglich 270 US-Dollar, seitdem bewegt sich der Kostentrend nahezu kontinuierlich nach oben. Neben höheren Energiekosten belastet der schwache US-Dollar, der die

Analysewerkzeuge
Kostenkalkulationsschema für Goldproduzenten Tab. 1

Cash Costs
+ Royalties + Produktionssteuern
= Total Cash Costs
+ Abschreibung + Minenerschöpfung + Wiedergewinnungskosten
= Total Production Costs
+ Verwaltung & Vertrieb + Explorationskosten + Ertragssteuern & Minenlizenzen + weitere Kosten
= Breakeven-Kosten

Quelle: eigene Darstellung

Produktionskosten an den Standorten außerhalb des Dollar-Raumes ansteigen lässt. In Abbildung 1 sind die Situation der Kosten- und Ertragssituation sowie die Entwicklung der Nettoerträge noch einmal veranschaulicht. Auch anhand dieser Grafik ist ersichtlich, wie schnell die Ertragssituation am Beispiel nordamerikanischer Produzenten sich negativ oder positiv verändern kann.

Die Goldproduzenten mit sehr geringen Cash-Kosten wie Agnico-Eagle, Goldcorp, Meridian oder auch Buenaventura sind allerdings dafür verantwortlich, dass die durchschnittlichen Cash-Kosten zuletzt bei 353 US-Dollar je Unze lagen. Ohne diese genannten Unternehmen lägen die-

Nach langer Durststrecke seit Ende 2003 wieder verbesserte Gewinnmarge der Goldproduzenten

Break-even-Kosten und Nettomarge

Abb. 1

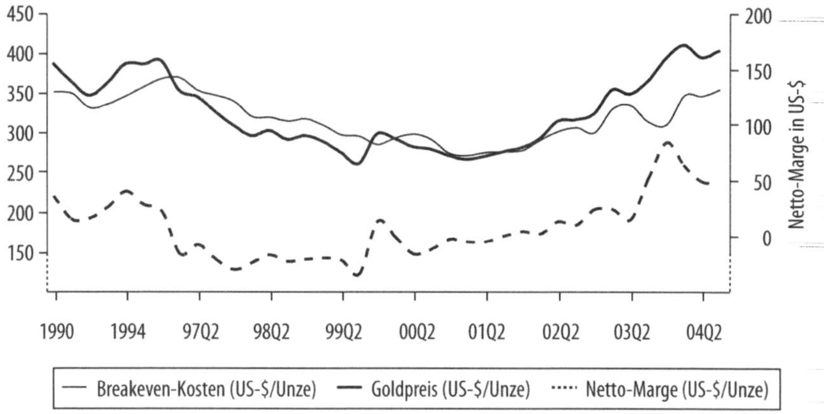

Quelle: Unternehmensangaben, NBF; eigene Darstellung

se Kosten für den Rest der Branche deutlich über dem Niveau von 353 US-Dollar. Daher kann man davon ausgehen, dass die anderen Goldproduzenten im Prinzip mit Kosten agieren, die bei rund 400 US-Dollar oder zum Teil sogar noch darüber liegen dürften. Dies wiederum würde bedeuten, dass selbst die nordamerikanischen Produzenten vom Goldpreisanstieg in US-Dollar bislang nur kaum profitieren konnten, da gleichzeitig auch die Produktionskosten etwa durch gestiegene Energieaufwendungen einen deutlichen Gewinnanstieg verhinderten.

Südafrikanische Produzenten

Die südafrikanischen Produzenten tun sich aufgrund des festen Rand dagegen derzeit erheblich schwerer als ihre nordamerikanischen Konkurrenten. Mit einem derzeitigen Goldpreis von 80.333 Rand je Kilo Gold (in Südafrika werden Goldpreis und Produktionskosten anstelle von Unzen meist in bzw. pro Kilo ausgedrückt) ist es für die Mehrzahl der dortigen Goldminenbetreiber nicht möglich, Gewinne zu erzielen. Bereits die operativen Produktionskosten auf Basis der totalen Cash-Kosten lagen bei Harmony Gold Mining zuletzt bei 77.880 Rand je Kilo Gold, bei Durban Roodepoort, die sich inzwischen in DRDGold umbenannt hat, bei geschätzten 77.000 Rand/Kilo. Die dadurch in den vergangenen Quartalen angefallenen kumulierten Verluste haben in der Bilanz von Durban deutliche Spuren hinterlassen. Eine deutliche Kapitalerhöhung mit der damit einhergehenden Verwässerung dürfte in den kommenden Monaten kaum zu vermeiden sein und wohl gerade dann erfolgen, wenn sich der Rand abschwächen und das Investitionsklima gegenüber den Südafrikanern wieder Aktienemissionen erlauben sollte. Bis dahin steigt das Konkursrisiko für Durban allerdings beständig an. Die weniger bekannte südafrikanische Goldgesellschaft Afrikander Lease hat ihre Goldproduktion bereits gänzlich eingestellt und die Unternehmensstrategie auf Uran ausgeweitet. Ab 2007 sollen dann jährlich mindestens 4 Mio. Pfund Uran aus dem Uranvorkommen gefördert werden, das mit 330 Mio. Pfund Uranressourcen etwa 6 Prozent der weltweit bekannten Uranvorkommen umfasst, und der Goldbereich gänzlich abgespalten werden. Western Areas, ebenfalls ein südafrikanisches Goldminenunternehmen mit 48,5 Mio. Unzen Ressourcen, produziert nur noch gut 200.000 Unzen pro Jahr bei Totalen Cash-Kosten von 87.000 Rand/Kilo (oder zuletzt 401 US-Dollar je Unze).

Lediglich die Unternehmen, die die Zeichen der Zeit rechtzeitig erkannten und die Produktion vermehrt ins Ausland verlagerten, wo deutlich günstiger produziert und damit die heimische Produktion quersubventioniert werden kann, können derzeit noch mit Gewinn fördern. Gold Fields produziert mit operativen Kosten von knapp 67.000 Rand/Kilo, AngloGold Ashanti dagegen mit lediglich 54.000 Rand/Kilo. Trotz des Rand-Anstiegs der vergangenen Jahre gelang es AngloGold Ashanti damit, seit Anfang des Jahres 2002 die Kosten nahezu konstant zu halten. Im selben Zeitraum legte dagegen das Kostenniveau Gold Fields' um gut 10 Prozent zu. Bei Harmony betrug der Kostenanstieg allerdings bereits rund 25 Prozent, wogegen Durban die Kosten gegenüber dem September-Quartal 2003 von rund 90.000 Rand/Kilo aufgrund der steigenden Auslandsproduktion wieder deutlich senken konnte. Die Situation in

Südafrika muss weiterhin als angespannt betrachtet werden, da bislang keine Entspannung auf der Währungsebene zu erkennen ist. Lediglich AngloGold Ashanti kann als Unternehmen angesehen werden, das von den Turbulenzen der Konkurrenz bislang relativ gering tangiert wurde. Die unbefriedigende Ertragssituation zwingt stark Südafrika-lastige Produzenten wie Harmony oder Durban zur Übernahme von Goldminen, die außerhalb Südafrikas produzieren. In dieser Hinsicht muss selbst der Übernahmeversuch Harmony's von Gold Fields gesehen werden, der auf Gold Fields internationale Aktivitäten abzielt. Die Übernahme droht allerdings zu scheitern. Besonders dann, wenn der Rand gegenüber dem US-Dollar weiter fest bleiben sollte, könnte dies negative Auswirkungen auf den Kurs der Gold-Fields-Aktien haben. Mit dem Verkauf seines 11,5-prozentigen Gold-Fields-Paket über die Börse könnte sich Harmony angesichts von Verlusten in der Goldproduktion über mehrere Jahre hinweg sichern. Gold-Fields-Aktien dagegen wären in einem solchen Szenario dem aufkommenden Verkaufsdruck ausgesetzt.

Australische Produzenten

Australische Produzenten haben keine Probleme mit hohen Produktionskosten. Der bedeutendste Goldproduzent Australiens, Newcrest Mining, produziert zu Totalen Cash-Kosten von lediglich 129 US-Dollar je Unze, gefolgt vom jährlich 150.000 Unzen produzierenden Konkurrenten Kingsgate, mit derzeit 240 US-Dollar je Unze Gold. Lihir Gold produziert mit ebenfalls 240 US-Dollar operativen Kosten deutlich günstiger als Croesus Mining, das aber mit Totalen Cash-Kosten von 290 US-Dollar noch immer in der Lage ist, zufrieden stellende Gewinne bei einer Nettomarge von 10 Prozent zu erwirtschaften.

Günstige Gewinnbewertungen vor allem bei australischen Goldproduzenten zu finden
Kurs-Gewinn-Verhältnis 2005 geschätzt Abb. 2

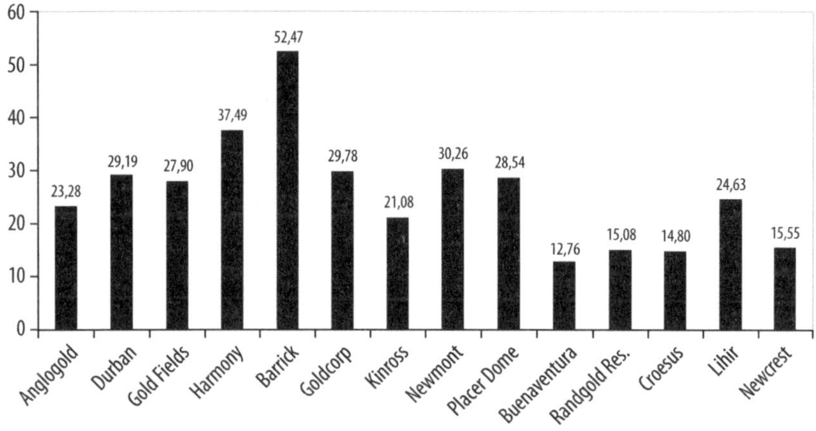

Quelle: Unternehmensberichte, Bloomberg; eigene Darstellung

Mit dieser wie auch den weiteren ertragsbezogenen Kennzahlen wie dem Cash-Flow-Verhältnis wurden die Consensus-Schätzungen der von Bloomberg gesammelten Analystenmeinungen als objektive Bewertungsgrundlage herangezogen. Die Mehrzahl der Analysten geht bei ihren Schätzungen in den kommenden Monaten von einem sich wieder abschwächenden Rand-Wechselkursverhältnis zum US-Dollar aus. Sollte der Rand aber seine Stärke zukünftig behaupten können, sind die Schätzungen hinsichtlich der zukünftigen Erträge besonders für die stark Südafrika-lastigen Produzenten Harmony, Durban Roodepoort wie auch Gold Fields Makulatur.

Bei der Cashflow-Bewertung wird anders als bei der Bewertung des Nettogewinns der zahlungswirksame Teil der Einnahmen betrachtet, der dem Unternehmen aufgrund der operativen Geschäftsführung innerhalb einer Periode verbleibt oder das Unternehmen im Fall ungünstiger Marktbedingungen verliert. Per Definition ergibt sich der operative Cashflow – von Abweichungen anderer Rechnungslegungsvorschriften abgesehen – aus dem Berechnungstableau (vgl. dazu A. Coenenberg: Jahresabschluss und Jahresabschlussanalyse, verlag moderne industrie AG & Co. KG, Landsberg/Lec, 17. Auflage 2000, S. 724):

+/-Ab-/Zuschreibungen auf Gegenstände des Anlagevermögens

+/-Zu-/Abnahme der Rückstellungen

-/+Gewinn/Verlust aus dem Abgang von Gegenständen des Anlagevermögens

-/+Zu-/Abnahme der Vorräte, Forderungen aus Lieferungen und Leistungen sowie andere Aktiva, die nicht der Investitions- oder Finanzierungstätigkeit zuordenbar sind

+/-Zu-/Abnahme der Verbindlichkeiten aus Lieferungen und Leistungen sowie anderer Passiva, die nicht der Investitions- oder Finanzierungstätigkeit zuordenbar sind

- Bezahlte Zinsen

- Bezahlte Ertragssteuern

= operativer Cashflow

Wie bei der Ermittlung des Kurs-Gewinn-Verhältnisses kann die Cashflow-Bewertung nur bei Unternehmen mit bestehender Produktion vorgenommen werden. Die Betrachtung der Cashflows kann gegenüber der Analyse der Gewinne als etwas aufschlussreicher angesehen werden, da die Gewinnermittlung von zahlreichen nicht-cashwirksamen Bilanzierungsgrößen und komplexen Buchführungsrichtlinien beinflusst wird. Der Cashflow als Bewertungshilfsmittel ist somit gerade auch im Branchenvergleich eine nützliche Kennzahl für die Fähigkeit von Unternehmen, operative Erträge generieren zu können. Ebenso wie bei der Auswirkung der Goldpreises auf die Gewinnsituation von Produzenten verhält es sich hinsichtlich des Cashflows. Eine hohe Cashflow-Bewertung kann die Erwartung an zukünftig deutlich steigende Erträge ausdrücken und stellt für sich genommen keinen Grund dar, die Aktien eines Goldproduzenten nicht zu kaufen. So sind in Phasen steigender Goldpreise Kurs-Cashflow-Bewertungen von 15 bis 20 für große und 25 bis 35 für kleinere Goldproduzenten nicht außergewöhnlich und können sich aufgrund deutlich steigender Erträge auch schnell relativieren.

Im Branchenvergleich allerdings lässt sich über die unterschiedliche Höhe der Cashflow-Bewertungen schon eine Aussage hinsichtlich der Auswahl bestimmter Titel treffen. Allerdings stellt jede Kennzahl lediglich einen Mosaikbaustein für die Gesamtbewertung dar. Unter Berücksichtigung der anderen Einflussfaktoren erscheinen anhand dieser Abbildung vor allem Kinross, Newmont, Randgold Resources interessant, da die anderen Unternehmen mit relativ geringen Cashflow-Bewertung wie AngloGold, Placer Dome, Buenaventura und Newcrest hohe Hedge-Positionen besitzen. Bei Durban ist bei einem anhaltend festen Randkurs aufgrund der angespannten Bilanzrelationen zumindest eine deutliche Kapitalerhöhung nicht auszuschließen, was die Bewertungsrelationen deutlich beeinflussen würde. Auch die Bewertung der anderen Südafrikaner würde sich bei anhaltend festem Rand deutlich ungünstiger darstellen.

Während allerdings Analysten und Anleger in herkömmlichen Branchen nach Unternehmen mit hohem freien Cashflow (in der Goldminenindustrie meist als operativer Cashflow abzüglich Investitionen in das Sachanlagevermögen und Rückzahlung von Kreditverbindlichkeiten definiert) suchen, sind freie Cashflows in der stark kapitalintensiven Goldminenindustrie eher selten anzutreffen. Zu den Unternehmen mit freien Cashflows (drittes Quartal 2004) gehören Newmont, Meridian, IAMGold, Goldcorp und Agnico-Eagle.

Eine weitere Kennzahl, die auf den zukünftig erwarteten Zahlungsströmen beruht, ist der Net Asset Value (NAV). Der NAV oder Netto-Inventarwert wird anhand des Wertes der abbaubaren Ressourcen abzüglich Produktions- und Investitionskosten ermittelt. Daraus abgeleitet ergibt sich der Net Present Value, der den auf das heutige Datum abgezinsten Wert der zukünftigen Zahlungsströme darstellt. In der Regel liegt der Diskontierungs-Zinssatz zwischen 5 Prozent und 10 Prozent, bei riskanteren Projekten bis zu 15 Prozent. Die Ermittlung des

Rand-lastige Harmony und »low cost producer« Goldcorp mit relativ hoher Cashflow-Bewertung

Kurs-Cashflow-Verhältnis 2005e Abb. 3

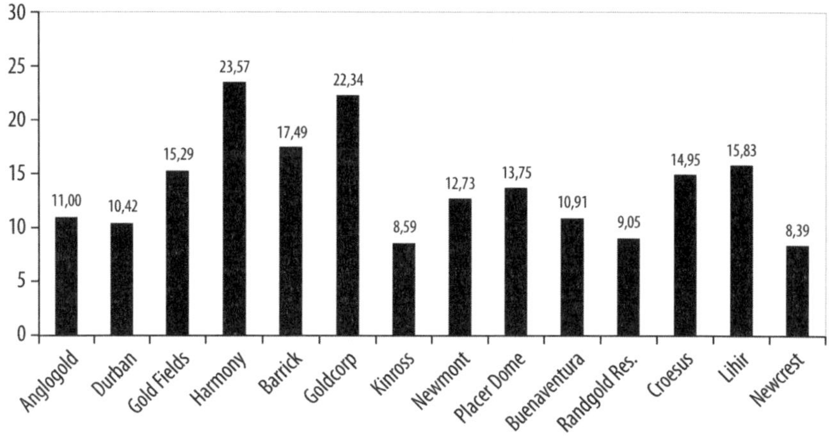

Quelle: Unternehmensberichte, Bloomberg; eigene Darstellung

NAV oder NPV unterliegt zahlreichen Annahmen hinsichtlich Kosten und Erträgen, Minenleben und tatsächlich vorhandenen Ressourcen. Die Ermittlung dieser Kennzahlen setzt allerdings erhebliche analytische Erfahrung voraus, sodass wir auf die Darstellung der genauen Ermittlung an dieser Stelle verzichten. Es ist allerdings ratsam, wenn möglich Unternehmen anhand des NPVs zu analysieren, da durch die Abzinsung dem der Branche innewohnenden Risiko mehr Rechnung getragen wird als durch die reine NAV-Bestimmung.

Wie aus Abbildung 4 zu erkennen ist, werden die Goldproduzenten – in diesem Fall ein Durchschnitt nordamerikanischer Produzenten – mit einem Vielfachen ihres jeweiligen NAVs gehandelt. Der Durchschnittswert betrug zuletzt 1,68, wobei die etablierten Unternehmen mit einer Bewertung vom 1,76fachen ihrer NAVs im Vergleich zu den mittelgroßen Produzenten mit dem 1,64fachen ihrer NAVs einen Bewertungsaufschlag aufweisen (vgl. dazu North American Gold Producers Realized Gold Price, Spot Gold And Premium To Spot, North American Gold Producers, Third Quarter 2004 Gold Review, 25. November 2004, S. 9).

Kein überdurchschnittlich hohes Bewertungsniveau
NAV-Bewertung nordamerikanischer Goldproduzenten von 1986 bis 2005

Abb. 4

Quelle: NBF

Allerdings erlaubt die NAV- oder NPV-Bestimmung interessante Aussagen hinsichtlich der Bewertung von Goldproduzenten. Wie gezeigt wurde, werden die Unternehmen mit einem Faktor zum NAV oder NPV gehandelt, der in den meisten Fällen deutlich über 1 bzw. 100 Prozent liegt. Wie das australische Research-Haus Global Mining Research errechnet, finden sich gerade unter den australischen Unternehmen viele, die vor allem im Vergleich zu den nordamerikanischen Konkurrenten deutlich günstiger bewertet werden. Allerdings ist fraglich, ob die Bewertungsunterschiede allein dadurch behoben werden, dass sie aufgedeckt werden. Wie bereits erwähnt, gestehen die Investoren besonders den nordamerikanischen Minengesellschaften erheblich höhere Bewertungen zu als Produzenten aus anderen Regionen. Dennoch eignen sich australische Unternehmen durchaus zur Beimischung eines Goldminendepots. Allerdings sollten sich Unternehmen, die deutlich unter ihres NPVs bewertet werden, überdurchschnittlich entwickeln können und ein deutlich geringeres Kursrisiko besitzen als hoch bewertete Unternehmen. Nordamerikanische Produzenten dagegen werden mit dem bis zum 1,2fachen des NPVs bewertet, woran man eventuelle Kursziele für australische Minenunternehmen ablesen kann.

Australische Unternehmen überwiegend unter NPV bewertet – im Gegensatz zu nordamerikanischen Gesellschaften

NPV-Bewertung internationaler Goldproduzenten Abb. 5

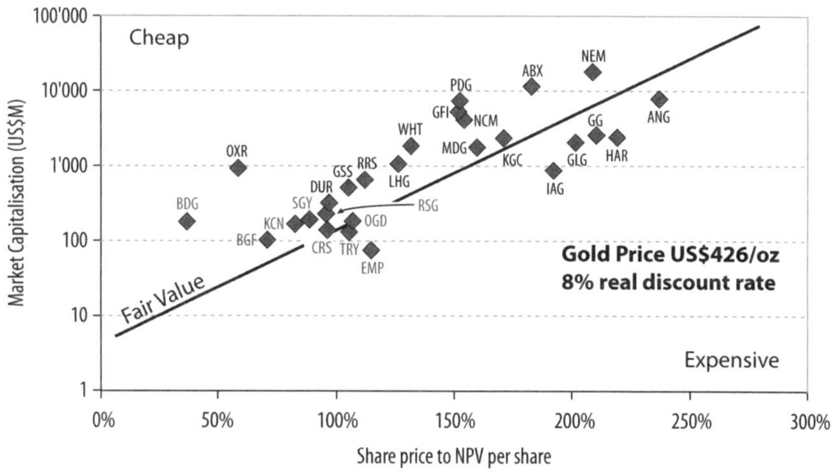

Quelle: Global Mining Research

Einer der entscheidenden Faktoren bei der Analyse von Goldproduzenten ist die Währungsentwicklung im Produktionsland relativ zum US-Dollar, der Währung, in der Goldtransaktionen an den bedeutenden Warenterminbörsen abgewickelt werden. Die Währungsentwicklung des Produktionslandes zum USD kann selbst bei steigenden Goldpreisen in USD dazu führen, dass die Gewinnsituation bestimmter Goldproduzenten erheblich negativ beeinflusst werden kann. Während die nordamerikanischen Goldproduzenten, allen voran die US-Unternehmen, in erheblichem Umfang vom Goldpreisanstieg (in US-Dollar) profitierten, gerieten besonders einige südafrikanische Produzenten an den Rand (!) des Ruins, da die Heimatwährung Rand gegenüber dem USD erheblich aufwertete. Mit Ausnahme von AngloGold Ashanti und Gold Fields, die ebenfalls Gewinneinbußen hinnehmen mussten, gerieten alle südafrikanischen Produzenten im vergangenen Jahr in die Verlustzone, viele Minen in Südafrika mussten aus Kostengründen sogar geschlossen werden. Zwar bieten Anlagen in Rand deutlich höhere Zinsen als etwa US-Dollar- oder Euro-Anlagen, dies darf allerdings noch nicht als alleiniger Maßstab für die künftige Währungsentwicklung gewertet werden. Bedenkt man, dass der Rand durch kaum vorhandene Devisenreserven unterlegt ist, das Land von hoher Arbeitslosigkeit (nahe 45 Prozent!) und sozialen Unruhen sowie Kriminalität geprägt ist und eine Regierung besitzt, die zunehmend auf sozialistische Reformen setzt, sollte man davon ausgehen, dass die Stärke des Rand eine lediglich temporäre Erscheinung sein dürfte. Einer der Gründe für einen festen Rand-Kurs sind zweifellos die erheblichen Bodenschätze des Landes, vor allem in Form von Gold, Platin und Palladium sowie Uranium. Mit dem Preisanstieg der Edelmetalle verbunden war bisher auch eine festerer Rand-Kurs, eine Tatsache, die bei anderen »Rohstoff-Währungen« wie dem kanadischem, australischem oder neuseeländischem Dollar ebenfalls zu beobachten war. Allerdings erscheint die fundamentale Situation in diesen Ländern die Währungsaufwertung gegenüber dem US-Dollar erheblich mehr zu untermauern als in Südafrika. Die Stärke des Rand schadet ja andererseits gerade der Vorzeigeindustrie Südafrikas, der Minenindustrie. Je mehr der Rand in den vergangenen Monaten anstieg, umso mehr gerieten südafrikanische Minengesellschaften in finanzielle Schwierigkeiten, die bislang bereits zu zahlreichen Minenschließungen führten und das Land der Gefahr aussetzte, weniger von den Bodenschätzen profitieren zu können. Hier ist derzeit ein gegenläufiger Effekt zu beobachten: Die Landeswährung steigt teilweise deswegen, weil der Goldpreis steigt und diesem internatonal wieder mehr Beachtung geschenkt wird. Andererseits gerät die inländische Minenindustrie durch die feste Landeswährung zunehmend unter Druck. Die Konsequenz für die heimische, meist unwirtschaftliche Produktion besteht in der Schließung von Minen, mit den entsprechend negativen Auswirkungen auf Beschäftigung und Bruttoinlandsprodukt des Landes. Eine Situation, die auf lange Sicht nicht tragbar ist und ein Gegensteuern der Notenbank hin zu weiteren Zinsrücknahmen notwendig machen muss. Die in der Spitze 15-prozentige Inflationsrate in Südafrika ist bereits auf 3,9 Prozent gesunken und würde damit der Notenbank genügend Spielraum für Zinssenkungen einräumen, die das Land dringend benötigen würde. Der südafrikanische Zinssatz lag zuletzt bei hohen und natürlich attraktiven 7,5 Prozent, woraus sich ein Realzins von 3,6 Prozent errechnet, der für die hohe Nachfrage ausländischer Investoren verantwortlich ist.

Auf dieses Signal sollten Goldinvestoren genauestens achten. Nachdem die südafrikanische Zentralbank noch in 2003 viermal den Zins moderat zurücknahm, erfolgte im vergangenen Jahr lediglich ein Zinsschritt, ohne bisher aber eine Trendumkehr in der Wechselkursentwicklung des Rand zum US-Dollar bewirken zu können. Es ist zwar fraglich, ob ein erneuter moderater Zinsschritt eine dauerhafte Trendumkehr beim Rand bewirken könnte. Erst ein deutliches Zinssignal könnte die Wende in der Dollar/Rand-Entwicklung bringen. Das südafrikanische Minenunternehmen Gold Fields geht bereits davon aus, dass der Rand auf Dauer fest bleiben dürfte. Sofern allerdings der Rand gegenüber dem US-Dollar wieder deutlich an Wert verlieren sollte, wären südafrikanische Gold- und Edelmetallunternehmen aus Anlegersicht wieder erste Wahl, vorausgesetzt, der Rand verliert gegenüber dem US-Dollar (etwa im Fall einer Dollar-Rallye) deutlicher, als der Goldpreis in US-Dollar dann fallen würde. Das Dilemma eines festen Rand-Kurses gerade gegenüber dem US-Dollar resultiert aus der Tatsache, dass auch das in Südafrika geförderte Gold in US-Dollar verkauft wird, die Kosten allerdings in der Landeswährung anfallen. Steigt der Rand gegenüber dem US-Dollar, steigen für die heimischen Produzenten die Kosten, während der Verkauferlös zurückgeht. Sollte es zu einer Trendwende in Rand/US-Dollar-Verhältnis kommen, könnte eine rasche und dramatische Reaktion die Folge sein. Es ist davon auszugehen, dass sich etliche Marktteilnehmer im Rahmen so genannter Carry Trades zu geringen Zinsen etwa in den USA oder Japan verschulden und diese Kredite in Hochzins-Währungen investieren, wie etwa den südafrikanischen Rand. Da der Rand aber einen im internationalen Vergleich sehr kleinen Markt handelt, genügen bereits geringere Beträge, um eine Trendwende zu bewirken. Das Lemminge-Verhalten der weiteren Marktteilnehmer würde den Trendbruch nur beschleunigen, da, wie bereits dargestellt, der Rand zu den riskanten Währungen zu zählen ist.

Die hohe Abhängigkeit der südafrikanischen Minenindustrie von der Entwicklung der eigenen Währung relativ zum US-Dollar kann am Beispiel der Kursentwicklung eines dortigen Unternehmens mit einer hohen Abhängigkeit zur Produktion in Südafrika verdeutlicht werden. Der hinter AngloGold Ashanti und Gold Fields drittgrößte südafrikanische Goldproduzent, Harmony Gold Mining, ist der bedeutendste Goldproduzent Südafrikas. Harmony fördert lediglich knapp über 10 Prozent der Jahresproduktion von 3,6 Mio. Unzen Gold außerhalb Südafrikas. Im Vergleich dazu produziert der ebenfalls südafrikanische Produzent Durban Roodepoort Deep bereits knapp 39 Prozent der Gesamtproduktion im austral-asiatischen Raum. Das bedeutendste Goldminenunternehmen am Kap, AngloGold Ashanti, produziert lediglich knapp 50 Prozent der Gesamtproduktion in Südafrika, Gold Fields dagegen produziert derzeit noch zu gut 65 Prozent in Südafrika.

Es fällt auf den ersten Blick auf, dass der Kursverlauf von Harmony eine hohe Übereinstimmung mit dem Kursverlauf des Goldpreises, ausgedrückt in Rand, besitzt. Der Goldpreis in Rand ist dabei vor allem von der Währungsentwicklung des Rand zum US-Dollar abhängig. Gleichzeitig verläuft die Entwicklung des Aktienkurses mit der Währungsentwicklung nicht immer zeitlich übereinstimmend.

Was exemplarisch für den Rand dargestellt wurde, kann ebenfalls für andere Unternehmen gelten, die einen Teil ihrer Produktion in Ländern haben, deren Währungen gegenüber dem US-Dollar stark aufwerten. Generell kann man an dieser Stelle gerade die rohstoffreichen Länder nennen, wie Australien, Kanada oder Australien, wobei die bisherigen Wäh-

Ende der Baisse?
Harmony Gold und USD/ZAR von 1997 bis 2005 Abb. 6

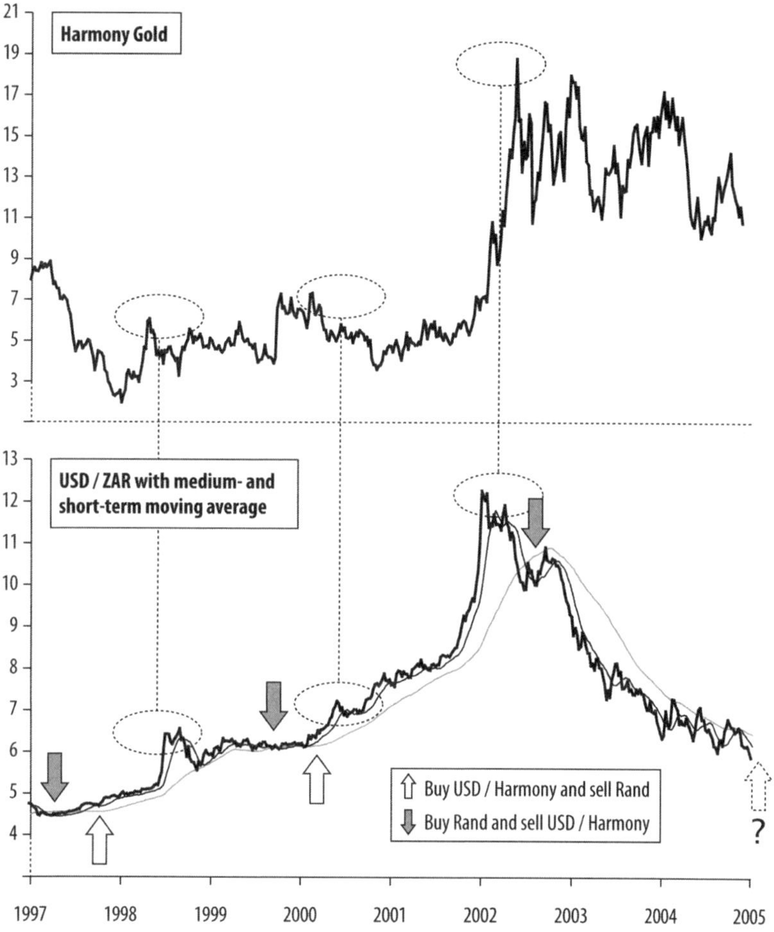

Quelle: Peter Heim

rungsveränderungen bislang die Ertragssituation der jeweiligen Minenunternehmen nicht nachhaltig beeinträchtigt haben. Der Währungsentwicklung der »Rohstoff-Währungen« vor allem gegenüber dem US-Dollar sollte von den Aktionären von Minenunternehmen genau verfolgt werden. Und: Was für die Gold- und Edelmetallproduzenten gilt, das gilt selbstverständlich auch für alle anderen Rohstoffunternehmen.

Aber nicht nur der feste Rand-Kurs, auch steigende Kosten im Land selbst belasten die Minenindustrie in Südafrika. Da der Goldabbau im südlichsten Land Afrikas über sehr tiefe Schächte und komplizierte Abbaumethoden betrieben wird, schlagen die Lohnkosten mit rund 50 Prozent der gesamten Produktionskosten zu Buche. Eigentlich wäre Südafrika damit auf billige Arbeitskräfte angewiesen. Seit 1995 allerdings stiegen die Löhne um jährlich 14 Prozent, was mit dazu beitrug, dass unwirtschaftlich gewordene Minen geschlossen wurden und von den einstmals 800.000 Beschäftigten in der Bergbauindustrie heute lediglich gut 400.000 übrig blieben. Zudem steigen die Kosten für Energie, Wasser und Transport ebenfalls teilweise sprunghaft an. Die Minenschließungen sind natürlich der Hauptgrund dafür, dass die Goldförderung Südafrikas seit mittlerweile über drei Jahrzehnten nahezu kontinuierlich sinkt. Wurde in 1972 mit gut 32 Mio. Unzen noch ein Produktionsrekord erzielt, dürfte diese Zahl in 2004 auf gut 12 Mio. Unzen gesunken sein (vgl. dazu Abb. Gold Mine Output South Africa, Gold Survey 2004, S. 64). Das zurückgehende Goldangebot Südafrikas sollte aber eine unmittelbare stützende Auswirkung auf den Goldpreis haben. Je geringer das weltweite Angebot an Gold, umso höher sollte der Goldpreis bei konstanter oder sogar steigender Nachfrage ansteigen. Aus heutiger Sicht ist nicht zu erkennen, dass in dieser Hinsicht eine baldige Trendwende bevorsteht.

Es gibt aber ein weiteres, tiefgreifenderes Problem in der südafrikanischen Goldminenindustrie. Es gibt berechtigte Anzeichen dafür, dass die reichen bzw. üppigen Goldvorkommen in Hinsicht auf den Goldgehalt je Tonne Gestein zur Neige gehen und das im Boden verbliebene goldhaltige Gestein nur noch eine relativ geringe Goldvererzung aufweist. 1977 betrug der durchschnittliche Goldgehalt des abgebauten Gesteins rund eine Drittel-Unze oder ca. 10 g je Tonne. Selbst bei einem Unter-Tage-Abbau stellt dieser Goldgehalt einen wirtschaftlich durchaus interessanten Wert dar. Über die Jahre hinweg sank allerdings auch

Südafrikanische Goldproduktion fällt rapide

Goldproduktion in Südafrika von 1950 bis 2004 Abb. 7

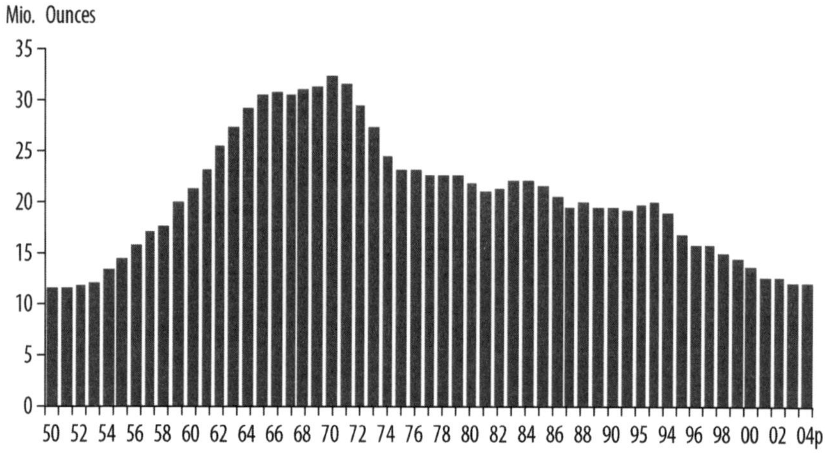

Quelle: CPM Gold Survey 2004

der durchschnittlich im Gestein vorgefundene und abgebaute Goldgehalt je Tonne. In 2003 wies das für die Goldgewinnung verarbeitete Gestein lediglich noch einen Gehalt von 0,15 Unzen oder ca. 4,7 g / t auf, ein Wert, der bei den bis in mehrere Kilometer Tiefe reichenden Minen als gering anzusehen ist. Insgesamt ist damit davon auszugehen, dass das Goldangebot aus Südafrika auch in den kommenden Jahren eher tendenziell weiter zurückgehen dürfte. Das aktuell hohe Kostenniveau in der Bergbauindustrie Südafrikas stellt allerdings Risiken wie Chancen gleichermaßen dar. Sollte ein fallender Rand die Aufwands-/Ertragssituation der Goldminenbetreiber deutlich verbessern, würde sich bei den mit hohen Kosten arbeitenden Edelmetallproduzenten ein gewaltiger Hebeleffekt entfalten, ähnlich der in diesem Kapitel beschriebenen Hebelwirkung des Goldpreisanstieges auf die Gewinne der Branchenunternehmen.

Abgesehen von Explorationsunternehmen, die für gewöhnlich keine oder relativ geringe Ressourcen ausweisen, kommt der Analyse der Reserven und Ressourcen der kleinen, mittleren wie großen Minengesellschaften eine besondere Bedeutung zu, stellen die Ressourcen doch die Produktionsgrundlage der Minenindustrie dar. Dabei ist es einerseits wichtig, dass die Unternehmen über Ressourcen in erheblichem Umfang verfügen. Die Ressourcen sollten aber auch aus möglichst hochgradigen Metallvorkommen bestehen.

Globale Marktführer verfügen über größte Goldreserven
Goldreserven der Goldproduzenten in Mio. Unzen Abb. 8

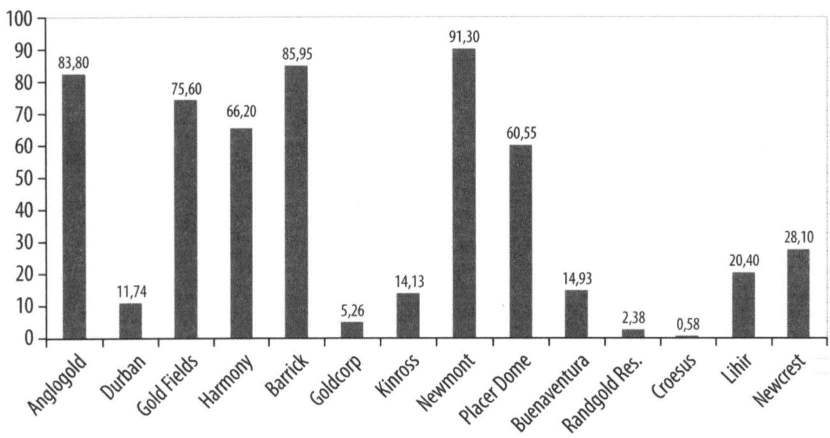

Quelle: Unternehmensberichte, Bloomberg; eigene Darstellung

Die Abbildungen 8 und 9 zeigen die Anzahl der Reserven in Mio. Unzen Gold einer Reihe internationalen Goldproduzenten sowie die Menge an Gesamtressourcen. Es wird deutlich, dass in Bezug auf die Ressourcen Harmony Gold über eine immense Menge ungeförderten Goldes verfügt, gefolgt von AngloGold Ashanti und Gold Fields. Auch Placer Dome, Newmont und Barrick verfügen über große Mengen Goldressourcen, im Verhältnis zur jährlichen Produktion relativiert sich diese Zahl allerdings. Auch Durban Roodepoort besitzt mit einer jährlichen Produktionsmenge von weniger als einer Mio. Unzen mit einer Globalressource von über 61 Mio. Unzen trotz der derzeitigen Liquiditätsengpässe erhebliches Potenzial.

Südafrikanische Goldproduzenten besitzen die weltweit größten Goldressourcen
Reserven und Ressourcen in Mio. Unzen Abb. 9

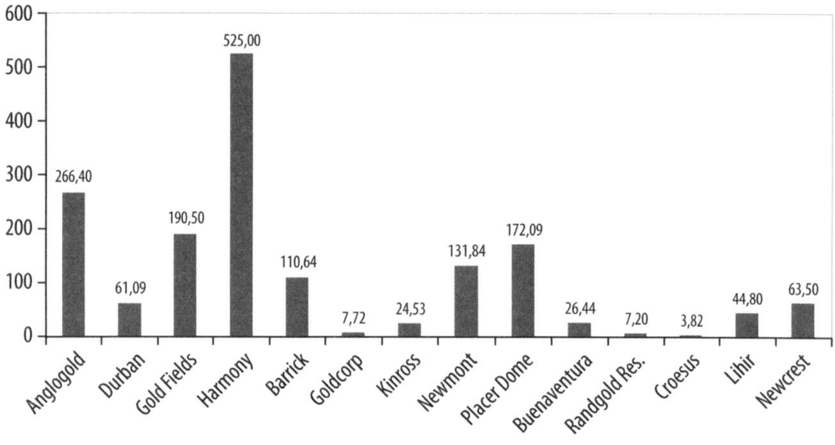

Quelle: Unternehmensberichte, Bloomberg; eigene Darstellung

Je mehr Ressourcen ein Goldminenproduzent besitzt, umso höher ist das bestehende Wachstumspotenzial in Bezug auf die jährliche Produktionsmenge, aber auch das projektierte Minenleben. Im Durchschnitt beträgt das Minenleben nordamerikanischer Produzenten auf Basis der definierten Reserven derzeit 14,2 Jahre, bezogen auf die Ressourcen sogar 31,2 Jahre. Die etablieren Unternehmen wie Barrick Gold, Newmont Mining oder Placer Dome weisen mit einem Minenleben der Reserven von im Durchschnitt 13 Jahren und der Ressourcen von 30 Jahren eine geringere Minenlebensdauer auf als die mittelgroßen Unternehmen (Unternehmen wie Agnico-Eagle, Cambior, Eldorado Gold, Glamis Gold, Goldcorp oder Kinross Gold). Diese verfügen durchschnittlich über ein Minenleben der Reserven von 18,7 Jahren und der Ressourcen von 37 Jahren. Bereinigt man die Werte der mittelgroßen und meist wachstumsstarken Unternehmen um Eldorado Gold, dessen

Goldproduktion in den kommenden Jahren von rund 85.000 Unzen in 2004 auf etwa 260.000 Unzen in 2006 ansteigen dürfte und mit Reserven von 6,6 Mio. Unzen über ein langes Minenleben verfügt, dann reduziert sich das Minenleben der Reserven für diese Unternehmen auf nur noch rund elf Jahre. Das Minenleben der Ressourcen beläuft sich ohne Eldorado auf gut 23 Jahre. Damit bleibt die Erkenntnis, dass die dominanten Goldproduzenten Nordamerikas über eine vergleichsweise durchaus zufrieden stellende Reserven- und Ressourcenbasis verfügen.

Südafrikanische Goldproduzenten sind bekannt für ihre hohen Reserven bzw. Ressourcen. Besonders hinsichtlich der hohen Ressourcen besitzen die südafrikanischen Goldproduzenten AngloGold Ashanti, Durban Roodepoort Deep, Gold Fields und Harmony Gold Minng schier unerschöpfliche Mengen an Gold. Das Minenleben dieser Unternehmen bezogen auf die Reserven beträgt im Durchschnitt 14,4 Jahre, hinsichtlich der Ressourcen sogar über 68 Jahre! Dabei ist aber zu beachten, dass sich die südafrikanischen Minen im Allgemeinen teils mehrere Kilometer tief unter der Erde befinden und die Produktionskosten auch unter dem Gesichtspunkt sinkender Goldgehalte im Gestein tendenziell steigen müssen, einmal abgesehen von den anderen Kostenfaktoren. So wurde auch der Ausweis der Ressourcen von Harmony Gold zudem kürzlich hinterfragt, und eine Überprüfung soll die Ressourcenkalkulation auf ihre Nachhaltigkeit überprüfen. Korrekturen in der Höhe der Ressourcen bei Harmony sind demnach möglich, was dann auch für andere Produzenten dieses Landes gelten könnte. Obwohl die derzeitige Rand-Stärke für die dortigen Goldproduzenten eine schwere Bürde bedeutet, sind die hohen Goldressourcen des Landes ein unbezahlbarer Wettbewerbsvorteil, der derzeit allerdings nicht ausgespielt werden kann. Die südafrikanischen Goldproduzenten brauchen aufgrund steigender Kosten einen vor allem in Rand gerechnet steigenden Goldpreis. Erst wenn dies auch für die Südafrikaner wieder Realität wird, werden sie in der Lage sein, den Rohstoffreichtum in Form von überdurchschnittlichen Gewinnen sichtbar zu machen.

Langes Minenleben bei Lihir und Newcrest

Minenleben der Reserven in Jahren Abb. 10

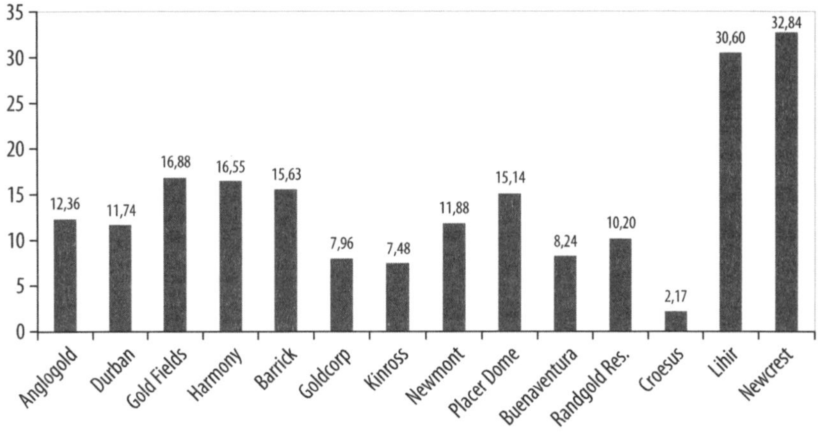

Quelle: Unternehmensberichte, Bloomberg; eigene Darstellung

Australische Goldproduzenten als Vertreter des ebenfalls gold- und rohstoffreichen Kontinents besitzen ebenfalls Minen mit ausreichend langer Lebensdauer. Lihir und Newcrest beispielsweise können über die kommenden 31 bzw. 19 Jahre hinweg ihre Reserven abbauen, ohne zusätzlich neue Reserven identifizieren zu müssen. Hinsichtlich ihrer Ressourcen ist die Produktion sogar auf Sicht der kommenden 67 bzw. 42 Jahre gesichert. Allerdings gibt es auch Produzenten wie Croesus Mining. Das Unternehmen verfügt über eine Lebensdauer seiner Reserven von lediglich etwas über zwei Jahren, bezogen auf die Ressourcen immerhin 14 Jahren, was aber deutlich unter einem repräsentativen Branchendurchschnitt über 14 international tätige Unternehmen hinweg von 39 Jahren liegt. Eine derart geringe Lebensdauer stellt ein hohes Unternehmensrisiko dar. Sollte sich lediglich ein Bruchteil der Ressourcen als wirtschaftlich abbaubar erweisen, ist der Fortbestand der Gesellschaft in Gefahr. Diese Risiken nehmen die Marktteilnehmer natürlich zur Kenntnis, was in einer gegenüber der Branche deutlich geringeren Bewertung zum Ausdruck kommt. Je länger das Minenleben, umso geringer ist das Risiko, dass ein Unternehmen den langfristigen Fortbestand nicht sichern kann. Unternehmen mit geringem Minenleben sollten generell nur in geringen Depotanteil erworben werden, sofern keine ausreichenden Ressourcen vorhanden sind, die in Reserven umgewandelt werden können. Ein geringes Minenleben stellt die Zukunft eines Unternehmens in Frage oder zwingt es zu teuren Übernahmen, sofern das Unternehmen über ausreichend finanzielle Ressourcen verfügt.

Hinsichtlich der Bewertung der Reserven sind ebenfalls die südafrikanischen sowie die australischen Goldproduzenten als besonders günstig bewertet herauszustellen, obwohl diese Unternehmen auch eine teils überdurchschnittliche Minenlebensdauer besitzen. Die Bewertung der Reserven ist immer aber auch eine Funktion der Margensituation eines Unternehmens. Man kann in Abbildung 11 aber erkennen, wie hoch die Kursspielräume etwa für die südafrikanischen Gesellschaften wären, sollte sich deren Ertragssituation wieder verbessern. Die Bewertung in Abbildung 11 bezieht sich dabei auf die um Finanzverbindlichkeiten und liquide Mittel bereinigte Marktkapitalisierung, ins Verhältnis gesetzt zum Wert der Reserven bei einem Goldpreis von 420 US-Dollar je Unze.

Der Goldgehalt je Tonne ist ein wesentlicher Faktor bei der Beurteilung der Reserven/Ressourcen. Denn je höher der Goldgehalt tatsächlich ist, umso höher der Ertrag je Tonne sowie meist auch umso geringer die Produktionskosten je Tonne. Entgegengesetzt verhält sich die Situation, wenn die Reserven oder Ressourcen eines Unternehmens aus durchschnittlich gering-goldhaltigem Gestein bestehen. Je geringer die durchschnittlichen Goldgehalte eines Erzkörpers sind, umso riskanter ist das Unternehmen einzuschätzen. Geringe Goldgehalte in der Produktion verursachen geringere Erlöse und höhere Produktionskosten je Tonne erzhaltigen Gesteins. Die Break-even-Kosten steigen bei einer solchen Ausgangslage deutlich an, was bedeutet, dass ein solches Unternehmen im Branchenvergleich meist zu relativ hohen Kosten produziert, was zur

Goldcorp und Buenaventura – geringste Produktionskosten, aber höchste Reservenbewertung

Bereinigte Marktkapitalisierung im Verhältnis zum Marktwert der Reserven

Abb. 11

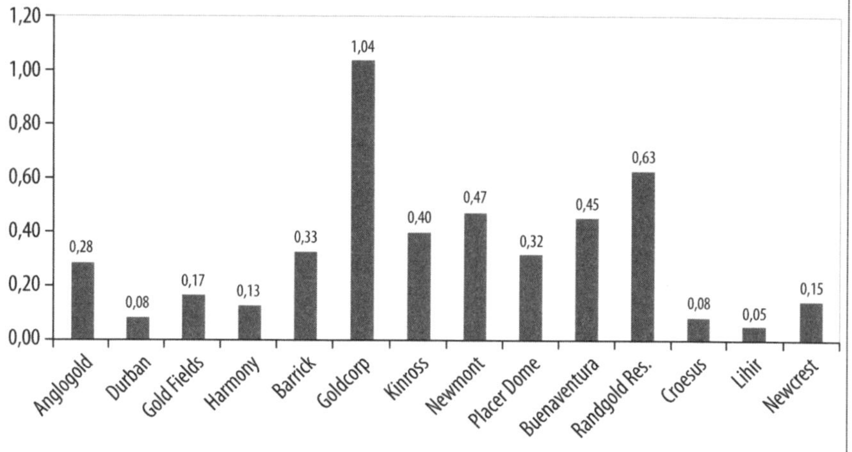

Quelle: Unternehmensberichte, Bloomberg; eigene Darstellung

Erreichung der Gewinnschwelle auch einen höheren Goldpreis als bei anderen Unternehmen voraussetzt. Der Gewinnhebel bei einem steigenden Goldpreis ist bei Goldminenbetreibern mit geringen Goldgehalten allerdings auch oft sehr hoch, sodass sich die Beimischung von Unternehmen mit Goldgehalten von 2 Gramm pro Tonne und darunter (eine Goldproduktion kann auch bei Goldgehalten von bis zu 0,7 g/t bei Goldpreisen von 400 US-Dollar und darüber profitabel sein, wenn es im Tagebau – engl. Open Pit Mining – gewonnen werden kann) in einem steigenden Goldmarkt in einem geringen Anteil anbietet.

Länderrisiko

Einer der zahlreichen wichtigen Einflussfaktoren auf die Kursentwicklung von Minenunternehmen ist das so genannte Länderrisiko. Von Länderrisiken spricht man dann, wenn in rohstoffproduzierenden Ländern die Gefahr politischer oder sozialer Unruhen besteht. Zu diesen

Risiken zählen etwa bestehende oder potenzielle Bürgerkriege oder Kriege, Rechtsunsicherheit hinsichtlich der Minenlizenzen oder gesetzlicher Veränderungen, die die Minenindustrie stärker belasten (zum Beispiel steigende Abgaben an den Staat, Verkauf von Unternehmensanteilen an inländische Bevölkerungsgruppen), hohe Inflationszahlen und ungünstige Währungsentwicklungen oder (zu) starker Einfluss von Interessensgruppen wie Gewerkschaften und Umweltschutzgruppen. All dies kann die Ertragssituation sowie die gesamte Produktion eines Unternehmens in einem Land mit erhöhtem Risiko belasten, was zu Kursverlusten führen kann. Da die mittelgroßen und großen Minenunternehmen überwiegend Minen in unterschiedlichen Ländern betreiben, sollte der Einfluss von Produktionsteilen in riskanten Ländern auf die gesamte Tätigkeit analysiert werden. Sofern das Risikoprofil insgesamt zu hoch erscheint, sollte der Depotanteil bei ansonsten günstigen Unternehmensperspektiven relativ gering gehalten werden. Der Minensektor ist insgesamt mit hohen Risiken versehen, sodass zusätzliche Risiken aufgrund der Standortgefahr so gering wie möglich gehalten werden sollten. Länder, die aus unserer Erfahrung mit überschaubaren Länderrisiken versehen sind, sind etwa Kanada, Australien und Neuseeland, die USA, Spanien, Schweden, Rumänien, Mexiko, Brasilien, Thailand und Argentinien. Selbst das goldreiche Südafrika ist aufgrund der zunehmenden gesetzlichen Hürden für die Minenindustrie, der instabilen sozialen Situation sowie der Rand-Problematik als Land mit hohem Risikoprofil zu bezeichnen. Aufgrund der hohen Bedeutung der südafrikanischen Goldproduzenten vor allem in Anbetracht der immensen Goldressourcen des Landes kommt der Goldinvestor aber an den Minengesellschaften dieses Landes nicht vorbei. Dem Risiko muss allerdings über einen angemessenen Depotanteil dieser Gesellschaften Rechnung getragen werden.

Produzenten-Hedging

Hedging allerdings von vornherein als negativ zu verurteilen erscheint nicht angebracht. Hedging kann den Unternehmen sogar die Überlebensfähigkeit sichern, allerdings lediglich in Phasen fallender Goldpreise. Hedging ermöglicht es den Produzenten, bei fallenden Preisen höhere Verkaufspreise im Vergleich zu Marktpreisen zu erzielen (vgl. dazu North American Gold Producers Realized Gold Price, Spot Gold And Premium To Spot, North American Gold Producers, Third Quarter 2004 Gold Review, 25. November 2004, S. 9).

Effekte des Hedgings sind nicht nur negativ

Differenz von erlöstem Goldpreis zu Gold-Marktpreis durch Hedging umso höher, je stärker Gold fällt

Abb. 12

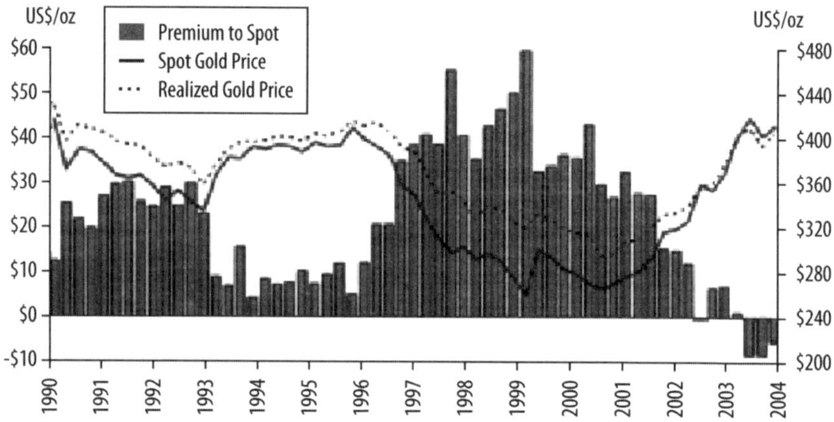

Quelle: NBF

Während einige australische und nordamerikanische Goldproduzenten in den vergangenen Jahren teils deutliche Hedge-Positionen aufgebaut haben, arbeiten deren südafrikanischen Pendants in aller Regel ohne Vorwärtsverkäufe, setzen sich somit bewusst dem vollen Goldpreisrisiko aus. Im Zeitraum von 1981 bis 2001 bot es sich allerdings an, Vorwärtsverkäufe von noch nicht produziertem Gold zu tätigen. In den meisten Fällen konnten die Minengesellschaften somit höhere Preise als das Marktpreisniveau erzielen. Studien über die Hedging-Aktivitäten nordamerikanischer Produzenten zeigen deutlich, dass der durch das Hedging erzielte Aufpreis auf den Gold-Marktpreis teilweise erheblich ausfiel und im Jahr 1999 zeitweise sogar mehr als 55 USD betrug. Wie Abbildung 12 zeigt, konnten Goldproduzenten mit Hilfe von Vorwärtsverkäufen über die gesamte dargestellte Abwärtsperiode des Goldpreises und sogar während der mittelfristigen Goldpreiserholung von 1993 bis 1996 Verkaufserlöse oberhalb des Marktpreisniveaus erzielen. Erst ab dem Jahr 2003 war es nicht mehr möglich, Gold zu höheren Preisen als den Marktpreisen zu verkaufen, wobei sich der Hedging-Effekt ab 2004 erstmals seit langer Zeit ins Negative bewegte. Dieser »Swing« belegt, dass in Phasen, in denen der Goldpreis ansteigt, durch Hedging ein »theoretischer« Verlust gegenüber dem reinen Verkauf der Goldproduktion zu Marktpreisen entsteht. Dieser »theoretische« Verlust stellt die Summe dar, um die die kumulierten Gewinne nordamerikanischer Goldproduzenten geschmälert wurden. Da der Goldpreisanstieg gerade erst begonnen hat, ist zukünftig unbedingt darauf zu achten, Goldproduzenten mit größeren Hedge-Positionen, die die Gewinne auf Jahre belasten werden, zu meiden.

Inwieweit das Hedge-Buch, das alle Vorwärtsverkäufe zu den jeweils festgelegten Preisen umfasst, die zukünftigen Gewinne eines Produzenten im Verhältnis zum aktuellen Goldpreis belastet oder begünstigt, wird mit der so genannten Mark-to-Market-Bewertung ausgedrückt. Mark-to-Market bezeichnet die tägliche Bewertung von offenen Positionen am Terminmarkt zur Feststellung von Gewinnen und Verlusten. Offene Position sind solche, die durch den Kauf bzw. Verkauf eines Kontraktes eingegangen und noch nicht durch eine entgegengesetzte Position unabhängig von den Anschaffungskosten und unter Vereinnahmung unrealisierter Kursgewinne glattgestellt wurden. Während in Phasen fallender Goldnotierungen die Bewertung der Vorwärtsverkäufe meist einen unrealisierten Gewinn ergibt, ist dies im Fall steigender Goldpreise genau umgekehrt. Nahezu alle hedgenden Minenunternehmen weisen derzeit für ihre getätigten Vorwärtsverkäufe unrealisierte Verluste relativ zum Marktpreis des Goldes auf. Diese Verluste machen sich im Verlauf der kommenden Jahre in einem verminderten Gewinn bemerkbar, da das Unternehmen seine Verpflichtungen dadurch erfüllen muss, dass es bestehende Kontrakte mit einem Teil des produzierten Goldes erfüllt. Allerdings wird ein Goldunternehmen niemals eine gesamte Jahresproduktion für die Erfüllung von Futures-Kontrakten verwenden, sondern lediglich einen Teil davon, den verbleibenden Teil zu Marktpreisen veräußern. Vorwärtsverkäufe von sich noch im Boden befindendem Gold sind so gestaltet, dass zu diesen Preisen das Unternehmen in aller Regel noch immer Gewinne erzielt. Es gibt aber auch Beispiele dafür, dass übermäßiges Hedging das Aus einer Gesellschaft bedeuten kann. Die ehemals zweitgrößte australische Goldminengesellschaft Sons of Gwalia musste Ende August vergangenen Jahres Konkursantrag stellen, nachdem Investoren das Vertrauen verloren hatten, dass das Unternehmen über ausreichende eigene Goldvorkommen verfügt, um die eingegangenen Verkaufskontrakte auch tatsächlich erfüllen zu können. Hedging kann für eine Gesellschaft dann zum existenzgefährdenden Problem werden, sofern es seine Terminverpflichtungen aufgrund eigener Produktion nicht mehr erfüllen kann. Oder die Produktionkosten steigen über das Niveau der Vorwärtsverkäufe. Sons of Gwalia ging Goldterminverkäufe zu einem durchschnittlichen Preis von lediglich 290 US-Dollar je Unze ein. Bald aber stiegen die Produktionskosten deutlich auf über 300 US-Dollar an, das Unternehmen musste aber trotz Verluste weiterhin produzieren, um die Terminverpflichtungen zu erfüllen. Zudem verspekulierte sich das Unternehmen hinsichtlich seiner Währungsabsicherungsgeschäfte, sodass in Anbetracht all dieser negativen Faktoren ein Fortbestand der Gesellschaft unmöglich wurde.

Alle verpflichtend eingegangenen Terminverkäufe von Gold betrugen zum Ende des dritten Quartals 2004 weltweit 62,8 Mio. Unzen Gold, was rund 58 Prozent des gesamten Goldangebots für 2004 entspricht. Allerdings haben die Produzenten allein im dritten Quartal Hedgepositionen im Umfang von 4,1 Mio. Unzen Gold nach 3,6 Mio. Unzen im zweiten Quartal des Jahres reduziert.

Bei einem Goldpreis ist beispielsweise der Mark-to-Market-Wert des 12,71 Mio. Unzen Gold umfassenden Hedge-Buchs des südafrikanischen Marktführers AngloGold Ashanti negativ mit 1,19 Mrd. US-Dollar, wobei das Unternehmen mit Reserven von 83,8 Mio. Unzen und einer Jahresproduktion von deutlich über 6 Mio. Unzen keinesfalls in seinem Bestand gefährdet ist. Noch bedeutender sind die Vorwärtsverkäufe vom traditionell stark hedgenden kanadischen Goldproduzenten Barrick Gold. 13,7 Mio. Unzen Gold zu einem Durchschnittspreis von lediglich 330 US-Dollar stehen hier zu Buche (Mark-to-Market-Wert – 1,3 Mrd. US-Dollar). Allerdings hat Barrick die Zeichen der Zeit erkannt und reduziert nicht zuletzt auf Druck der Aktionäre beständig seine Terminverpflichtungen. Placer Dome hat derzeit 9,4 Mio. Unzen per Termin zu durchschnittlich 390 US-Dollar veräußert (Mark-to-Market negativ mit rund 340 Mio. US-Dollar), Newmont Mining dagegen lediglich 2,4 Mio. Unzen. Die australische Newcrest Mining besitzt mit per Termin verkauften 7,2 Mio. Unzen Gold im Verhältnis zur jährlichen Produktion von derzeit 1,35 Mio. Unzen Gold ein bedeutendes Hedge-Buch, wobei aufgrund des hohen durchschnittlichen Verkaufspreises von 575 AUD je Unze Gold (derzeitiger Gegenwert 445 US-Dollar) derzeit sogar ein leicht positiver Gewinneffekt bestünde.

Ist ein Unternehmen zahlungskräftig und aktionärsfreundlich genug, wird es gerade in Phasen steigender Goldpreise versuchen, die Vorwärtsverkäufe durch Gegengeschäfte zu reduzieren bzw. ganz glattzustellen, um dann in vollem Maße den Gewinnhebel der Goldpreisbewegung nutzen zu können. Da wir uns derzeit in der Anfangsphase eines Goldbullenmarktes befinden, der noch auf viele Jahre, wenn auch mit zeitweise eintretenden heftigen Korrekturen, bestehen wird, sollten die Goldminenbetreiber, die man für das eigene Depot erwirbt, wenig oder keine Goldverkäufer per Termin abgeschlossen haben.

Bilanzqualität und Liquiditätssituation

Wie bei der Analyse herkömmlicher Aktien ist ein eingehender Blick auf die Bilanzsituation von Goldproduzenten notwendig. Die Höhe der Eigenkapitalquote ist ein wichtiger Maßstab für die finanzielle Stabilität eines Unternehmens, ein relativ hoher Fremdkapitalanteil an der Bilanz sollte zur Vorsicht mahnen. Allerdings ist nicht nur die Passivseite der Bilanz (gibt Aufschluss über die Mittelherkunft), die eben Auskunft über die Höhe des Eigen- und des Fremdkapitals gibt, zu beachten, sondern auch die auf der Aktivseite der Bilanz (Mittelverwendung) gebuchten Vermögenspositionen. Während das Fremdkapital als Summe der Verbindlichkeiten und Rückstellungen eindeutig definiert ist, errechnet sich das Eigenkapital zumindest teilweise aus der Verbuchung bestimmter Aktivposten. Einer davon, der einen größeren Einfluss auf die Höhe des Eigenkapitals haben kann, sind die immateriellen Vermögensgegenstände (engl.: intangible assets), zu denen etwa Konzessionen (öffentlich-rechtliche Konzessionen, wie etwa Verkehrskonzessionen), gewerbliche Schutzrechte (u. a. Patente, Warenzeichen, Urheber- oder Verlagsrechte) und ähnliche Rechte (zum Beispiel Nutzungs- oder Bezugsrechte) und Werte (etwa Geheimverfahren und ungeschützte Erfindungen) sowie Lizenzen an solchen Rechten und Werten zählen. Auch der derivative Firmenwert, der bei der Übernahme eines Unternehmens durch einen Kaufpreis entsteht, der den Zeitwert des aktivierungsfähigen Vermögens abzüglich der Schulden übersteigt, zählt als Geschäfts- bzw. Firmenwert (engl. Goodwill) zu den aktivierungspflichtigen Bilanzpositionen (entsprechend der steuerrechtlichen Vorschriften des HGB sowie nach IAS und US-GAAP, vgl. dazu A. Coenenberg: Jahresabschluss und Jahresabschlussanalyse, verlag moderne industrie AG & Co. KG, Landsberg/Lech, 17. Auflage 2000, S. 156 ff.). Bilanziert ein Unternehmen einen Goodwill, wird dieser mit dem Eigenkapital verrechnet und erhöht somit die Höhe des Eigenkapitals. Wie sich allerdings von den Jahren ab etwa 2000 bis heute immer wieder gezeigt hat, führte dies in vielen Fällen aufgrund überhöhter Kaufpreise zu Goodwill-Positionen, die keinesfalls werthaltig waren und noch immer sind. Sobald diese Tatsache offensichtlich wird, ist eine Anpassung des Firmenwertes durch eine Sonderabschreibung notwendig. Die dadurch entstehende Reduzierung der Aktivposition hat ihr direktes Pendant bzw. die Gegenposition in Form des verbuchten Eigenkapital auf der Passivseite der Bilanz, das um denselben Betrag gekürzt wird. Goodwill-Positionen besonders in größerer Höhe im Verhältnis zur Bilanzsumme sollten immer zur Vorsicht bei einem Unternehmen mahnen. Gewissenhafte Analysten bereinigen von vornherein die Eigenkapitalposition um den ausgewiesenen Goodwillbetrag in voller Höhe. Erst wenn ein Unternehmen dann noch über ausreichend Eigenkapital verfügt und die Unternehmensbewertung in ei-

DRD Gold weist im Verhältnis zum Unternehmensrisiko eine sehr geringe Eigenkapitalquote auf

Eigenkapitalquote ausgewählter Goldproduzenten im Vergleich Abb. 13

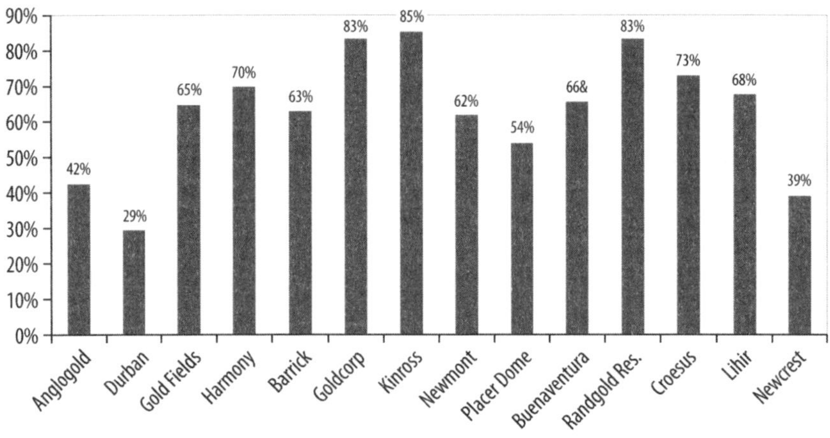

Quelle: Unternehmensberichte, Bloomberg; eigene Darstellung

nem akzeptablen Verhältnis zum bereinigten Eigenkapital steht, kann ein Investment in dem Unternehmen aus dieser Sicht erwogen werden.

Der weltweite Marktführer der Goldindustrie, der US-amerikanische Goldproduzent Newmont Mining Corporation mit Sitz in Denver, Colorado, wies in der aktuellen Bilanz zum 30. September 2004 einen erheblichen Goodwill in Höhe von 3,09 Mrd. US-Dollar aus, der sich durch diverse Unternehmensübernahmen aufbaute. Die Bilanz des Unternehmens mit einer Bilanzsumme von 12,42 Mrd. US-Dollar besteht damit zu rund 25 Prozent allein aus Firmenwerten, deren Werthaltigkeit nur schwer nachzuvollziehen ist. Das Eigenkapital von 7,7 Mrd. US-Dollar, das einer Eigenkapitalquote von 61,7 Prozent entspricht, würde sich auf 49 Prozent reduzieren, würde man den Firmenwert vollständig als wertlos erachten. In der Realität kommt eine Vollabschreibung allerdings nur sehr selten vor, es kann aber durchaus sein, dass ein Teil der Firmenwerte aufgrund fehlender Werthaltigkeit irgendwann berichtigt werden könnte.

Auch dem Fremdkapital kommt eine große Bedeutung bei der Aktienauswahl zu. Hier ist zu beachten, wie die Struktur des Fremdkapitals beschaffen ist. Besonders die verzinslichen Bestandteile des Fremdkapitals sollten herausgerechnet werden. Diese sind deswegen von besonderer Bedeutung, da der Zins- und Tilgungsdienst permanent die Ertragskraft des Unternehmens beeinträchtigt und in guten wie in schlechten Zeiten aufgewendet werden muss. Gerade in schlechten bzw. umsatzschwachen Zeiten kommen Bank- bzw. Finanz- (engl. Debt) und andere verzinsliche Verbindlichkeiten wie Unternehmensanleihen (engl. Loans) besonders schwer zum Tragen. Ungünstig kann die Situation zudem dann sein, wenn besonders hohe kurzfristige Finanzverbindlichkeiten in der Bilanz stehen, deren Ablösung durch längerfristige Vereinbarungen nicht gesichert ist.

Als vorsichtiger Anleger sollte man auch einen Blick auf die Rückstellungen werfen, wobei vor allem die Pensionsrückstellungen von Bedeutung sind.

Finanzverbindlichkeiten können allerdings mit den auf der Aktivseite ausgewiesenen Bankguthaben sowie den kurzfristigen liquiden Mitteln verrechnet werden. Als Faustregel kann gesagt werden, dass die mit der Liquidität saldierten Finanzverbindlichkeiten die Summe des bereinigten Eigenkapital nicht übersteigen sollten. Je geringer die Finanzverbindlichkeiten im Verhältnis zum Eigenkapital sind, umso solider ist die Bilanz einzuschätzen.

Nach den für die Minenindustrie sehr guten vergangenen beiden Jahren ist die Liquiditätssituation der Unternehmen derzeit fast durch die Bank hinweg positiv. Nahezu jedes einigermaßen aussichtsreich erscheinende Unternehmen der Branche nutzte die Gunst der Stunde und nahm durch Kapitalerhöhungen gegen die Ausgabe neuer Aktien frische Mittel auf, die die Investoren bereitwillig zur Verfügung stellten. Der Zugang zum Kapitalmarkt ist dabei vor allem für kleine bis mittelgroße Unternehmen eminent wichtig, da diese meist nicht oder nur zum Teil aufgrund des hohen Unternehmensrisikos von Banken finanziert werden. Lediglich Durban Roodepoort ist mit einer zuletzt ausgewiesenen Eigenkapitalquote von unter 30 Prozent bilanziell nicht mehr stark genug, weitere mögliche Abschreibungen etwa aufgrund von Minenschließungen u.ä. vornehmen zu können. Die Eigenkapitalquoten von AngloGold Ashanti und Newcrest sind mit 42 Prozent bzw. 39 Prozent im Branchenvergleich zwar gering, beide Unternehmen sind aus heutiger Sicht allerdings als gesund zu betrachten.

Management-Know-how

Bei allen Unternehmen, egal ob groß oder klein, börsennotiert oder nicht, im Rohstoffsektor tätig oder sonst in einer anderen Branche, sind die Managementfähigkeiten einer der entscheidenden Erfolgsfaktoren jedes Unternehmens. Beim Management liegt die Verantwortung für die strategischen Entscheidungen eines Unternehmens, deren Konsequenzen in der Zukunft über Erfolg oder Misserfolg entscheiden werden. Genauso verhält es sich natürlich auch im Minensektor. Vom Explorationsunternehmen bis zum Multi-Millionen-Unzen-Produzenten, das Management muss die Weichen für die Zukunft richtig stellen, die richtigen Projekte in den richtigen Ländern egal in welcher Phase (von Exploration bis Produktion) akquirieren, fundierte Produktionsentscheidungen fällen usw. Das Managementteam sollte von erfahrenen Geologen und Mineningenieuren beraten werden. Es ist unerlässlich, vor dem Kauf eines Goldproduzenten die bisherigen beruflichen Stationen von Vorstand, Direktoren und Geologen/Metallurgen zu studieren. Die jeweilige Unternehmens-Homepage liefert die dazu notwendigen Informationen. Man sollte darauf achten, dass zumindest ein Teil des Managements- sowie des Geologenteams nachweisliche Erfolge im Aufbau von Minenunternehmen zu verzeichnen hat. Das Management eines Explorations- oder Junior-Mining-Unternehmens kann dann als erfahren bezeichnet werden, wenn es etwa 20 Jahre oder mehr Berufserfahrung mit früheren verantwortlichen Positionen bei großen und erfolgreichen Minenunternehmen wie etwa Gold Fields, AngloGold, Newmont, Barrick oder Placer Dome vorweisen kann.

Besonders in der Explorations- und Junior-Mining-Industrie kommt dem Management eine entscheidende Rolle zu. Nur ein Management- und Geologenteam mit jahrelanger und vor allem nachweislich erfolgreicher Erfahrung in der Branche ist in der Lage, über gute Kontakte aussichtsreiche Explorationsprojekte zu identifizieren und auch zu akquirieren. Zudem muss gewährleistet sein, dass das Verhältnis zum Kapitalmarkt gut genug ist, um durch möglicherweise notwendige Kapitalerhöhungen die Akquisition aussichtsreicher Projekte, die Weiterentwicklung bestehender Projekte und damit des Unternehmens zu gewährleisten.

Liquidität bzw. Börsenumsätze der Produzenten

Auch das Handelsvolumen einer Aktiengesellschaft an den jeweiligen Börsenplätzen ist von einer gewissen Bedeutung. Diese Frage stellt sich aber wohl lediglich für institutionelle Investoren, die fünf bis sechsstellige Aktienmengen handeln. Das größte Umsatzvolumen ist meist an der jeweiligen Heimatbörse vorzufinden, dies ist aber etwa im Fall Südafrikas, Moskaus oder Limas, aber auch Sydneys meist mit höheren Gebühren verbunden. Abhilfe bieten die oft an international etablierten, auch an deutschen Börsen angebotenen ADRs bzw. GDRs, die als Aktienzertifikate die Kursentwicklung der Originalaktie unter Berücksichtigung der Währungsentwicklung widerspiegeln (siehe dazu auch die angesprochene Problematik zu ADRs/GDRs). Privatanleger können aber meist Gold- wie auch Rohstoff-Aktien allgemein ohne Probleme an deutschen Börsen handeln. Es sollte aber generell mit Limit sowohl bei Kauf- wie Verkaufs-Orders gehandelt werden, da wie bereits mehrfach erwähnt Goldminen-Aktien höhere Schwankungsbreiten aufweisen, als normalerweise an Aktiemärkten zu beobachten ist.

Explorations- bzw. Wachstumspotenzial

Wachstums- wie auch Explorationspotenzial ist für die Minenindustrie eine vitale Frage. Bestehende Minen sind durch das Minenleben terminiert, das heißt, das Ende der Produktion steht für jedes Minenprojekt bereits vor Förderbeginn entsprechend der Machbarkeitsstudie fest, es sei denn, dass durch fortlaufende Explorationsarbeiten die fortlaufend aufgezehrten durch neu identifizierte ganz oder teilweise ersetzt werden können. Dennoch ist jedes Minenprojekt letztlich ein endliches. Auslaufende Minenförderung muß durch neu in Produktion zu bringende Projekte ersetzt werden, was nur durch Exploration geschehen kann. Exploration an sich ist aber ein äußerst riskanter Sektor der Minenbranche und zudem kostenintensiv. Der Goldpreisanstieg seit 2001/2002 sowie steigende Preise auch bei Basismetallen hatten mit einer gewissen Zeitverzögerung zur Folge, dass seit 2003 mit einem Zuwachs um 26 Prozent auf 2,4 Mrd. US-Dollar erstmals seit 1997 (mit 5,2 Mrd. US-Dollar) wieder mehr Mittel in die Exploration investiert wurden (vgl. World Exploration Trends – A Special Report from Metals Economics Group for the PDAC 2004 International Convention). Allerdings ist lediglich ein Bruchteil der Explorationsaktivitäten tatsächlich von Erfolg gekrönt. Sofern ein aussichtsreiches Projekt durch Exploration aufgefunden wurde, dauert es sieben bis zehn Jahre, bis dieses Erzvorkommen tatsächlich in Produktion geht.

Man kann sich vorstellen, wie viel Geld in die Exploration investiert werden muss, nur um eine Jahresproduktion des weltgrößten Goldproduzenten Newmont Mining mit sieben Mio. Unzen Gold vor allem auch langfristig ersetzen zu können. Für eine Jahresproduktion von sieben Mio. Unzen muss eine Reserve von mindesten 7,8 Mio. Unzen Gold identifiziert werden, da meist nur 80 Prozent bis 90 Prozent (so genannte Recovery Rate) der sich im Boden befindenden Reserven extrahiert werden können. Zudem müssen Milliarden von US-Dollar in die Errichtung von Goldproduktionsanlagen für eine Goldjahresproduktion von sieben Mio. Unzen investiert werden.

Die im Minensektor interessantesten Gesellschaften mit einem positiven Chance-Risiko-Verhältnis sind allerdings jene, die den Schritt von der erfolgreichen Identifikation eines Erzkörpers und der Etablierung von Reserven hin zur Produktionsaufnahme vornehmen. Je näher sich ein Explorations- bzw. Junior-Mining-Unternehmen der Produktionsaufnahme nähert, umso geringer wird das dem Unternehmen anhängende Risiko. Das Unternehmensrisiko nimmt bereits dann deutlich ab, sobald ein Unternehmen nennenswerte Reserven ausweisen kann. Es ist ein normaler Prozess, dass ab der Produktionsaufnahme die Fördermenge in den ersten Jahren auf ein über das Minenleben von in der Regel rund zehn Jahren optimales wirtschaftliches Niveau hochgefahren wird. Wachstum bedeutet bei konstanten Kosten und Goldpreisen steigende Gewinne, was in steigenden Aktienkursen zum Ausdruck kommen sollte.

Weitere Aspekte

Bedeutung kommt zudem den Aspekten Infrastruktur, Umweltproblematik sowie der Diversifikation der Minenprojekte zu. Zahlreiche Minenprojekte befinden sich weitab jeglicher Zivilisation. Deswegen sollten Anleger darauf achten, dass vor allem bei neuen Minenprojekten die notwendige Infrastruktur inklusive des Vorhandenseins von Energie und der Zugang zu kostengünstigem Transport der produzierten Rohstoffe gewährleistet sind. Minengesellschaften, deren Projekte sich nahe an Abnehmerindustrien befinden, werden vom Markt oftmals mit einem Bewertungsaufschlag versehen. Zudem werden einige Produzenten hinsichtlich ihrer Produktions- und Expansionsbestrebungen aufgrund von Umweltaspekten beeinträchtigt bzw. kann es sogar dazu kommen, dass Minengesellschaften nicht einmal die Genehmigung zum Aufbau der Produktion erhalten, wie es etwa im US-Bundesstaat Montana bei Canyon Resource der Fall ist. Canyon benötigt zur Goldgewinnung Zyanidlaugen, bekam aufgrund von entgegenstehenden Interessen von Umweltverbänden sowie sonstigen Lobbyisten bislang allerdings die Genehmigung verweigert, obwohl der Bundesstaat die Einnahmen aus der Bergbauindustrie dringend benötigen würde. Darum sollte die Analyse der Minengesellschaften sich auch auf mögliche Umweltprobleme bei wichtigen Projekten erstrecken, denn anhaltende und meist gerichtlich ausgetragene Auseinandersetzungen mit Umweltaktivisten können zu erheblichen Kurseinbußen führen. Besonders problematisch kann sich die Situation dann entwickeln, wenn es sich um eine Gesellschaft handelt, die lediglich ein Projekt bearbeitet. Im Falle des Scheiterns dieses Projektes entweder aufgrund unbefriedigender Bohrresultate oder Umweltschutzerwägungen sind in den allermeisten Fällen erhebliche Kursrückschläge die Folge.

Konkrete Goldminenempfehlungen

Wie in den oben dargestellten Bewertungsgrafiken ersichtlich wurde, ist es schwierig, Goldproduzenten zu identifizieren, die in allen Belangen den hohen Ansprüchen einer kritischen Aktienauswahl genügen. Es gilt dabei nun, die Goldminen-Aktien mit dem besten Chance-Risiko-Verhältnis herauszufiltern. Dass man dabei auch auf Kompromisse angewiesen ist, ist offensichtlich. Man kommt dabei nicht umhin, auch etwa Unternehmen mit bestehenden Vorwärtsverkäufen ins Portfolio aufzunehmen. In der folgenden Aufstellung haben wir eine Reihe von international tätigen Goldproduzenten aufgelistet, die aus unserer Sicht in den kommenden Jahren ein positives Chance-Risiko-Verhältnis aufweisen und sich gegenüber der Gesamtbranche überdurchschnittlich entwickeln sollten. Zudem ist es ratsam, nicht nur Goldproduzenten mit hohem Goldpreishebel zu kaufen, um die Volatilität des Depots zu reduzieren und in Goldkorrekturphasen die eigenen Nerven zu schonen. In einem reinen Rohstoffdepot kann der Goldminenanteil bis zu 30 Prozent betragen.

Unter den bedeutenden Unternehmen bieten sowohl Newmont Mining als auch AngloGold Ashanti ein positives Chance-Risiko-Verhältnis. Newmont mit einem vernachlässigbar geringen Hedge-Buch bietet trotz seiner Größe einen vernünftig hohen Hebel bei steigenden Goldpreisen. Newmont besitzt ein ausgezeichnetes Management, wobei das Minenleben mit zwölf Jahren ausreichend erscheint. Allerdings ist eine gewisse Vorsicht hinsichtlich des hohen Goodwill-Ausweises in der Bilanz geboten. AngloGold Ashanti zeichnet sich durch konstante Kosten trotz

Goldproduzenten im Vergleich

Kaufempfehlungen internationaler Goldminengesellschaften mit Gewichtungsvorschlag

Tab. 2

Unternehmen	WPK	Kurs	MK in Mio.	PE 05e	KCF 05e	Reserven[2]	Ressourcen[2]	Minenleben[3]	Hedge-Position[2]	Herkunftsland	Empfehlung
AngloGold Ashanti	915102	25,61 €	6.774 €	26	23	83,8	266	12	12,7	SA	untergewichten
Bendigo Mining	886638	0,55 €	140 €	120	25	0,2	11,2	3	-	Australien	gleichgewichten
Bolivar Gold	A0B6S4	1,33 €	145 €	17	9	1,3	3	7	-	Kanada	untergewichten
Buenaventura	900844	16,51 €	2.269 €	15	11	14,9	26,4	8	5,5	Peru	untergewichten
Centerra	A0B6PD	12,47 €	899 €	26	10	4,4	7,3	5	-	Kanada	untergewichten
Dragon Mining	880207	0,15 €	53 €	19	14	0,3	1,2	6	0,2	Australien	gleichgewichten
Eldorado Gold	892560	2,07 €	571 €	167	67	6,5	9,5	73	-	Kanada	übergewichten
Harmony[1]	851267	8,39 €	3.300 €	38	24	66,2	525	17	0,5	SA	untergewichten
Kinross	A0DM94	5,08 €	1.759 €	21	9	14,1	24,5	7,5	-	Kanada	gleichgewichten
Newcrest	873365	9,90 €	3.267 €	21	11	28,1	63,5	19	7,2	Australien	gleichgewichten
Newmont	853823	31,91 €	13.015 €	30	13	92,4	131,8	12	2,4	USA	untergewichten
Northgate Minerals	856029	1,10 €	221 €	13	6	6,2	9,3	19	-	Kanada	übergewichten
Randgold Res.	725199	8,88 €	524 €	13	11	2,4	7,2	10	0,4	Jersey	gleichgewichten
Wheaton River	889191	2,56 €	1.466 €	20	13	5,76	15	10	-	Kanada	übergewichten
Yamana Gold	357818	2,48 €	306 €	17	14	3,97	6,27	20	-	Kanada	übergewichten

1) Nur bei deutlicher Rand-Schwäche kaufen!
2) in Mio. Unzen
3) in Jahren

deutlicher Rand-Aufwertung sowie ein langes Minenleben dank sehr hoher Ressourcen aus. Das erhebliche Hedge-Buch schützt das Ertragsniveau des Unternehmens bei Goldpreisrückschlägen, bei weiteren Goldpreisanstiegen allerdings wird der der Branche innewohnende Gewinnhebel reduziert. Aufgrund der stabilen Entwicklung, der hervorragenden Position in der Branche ist es ein Unternehmen zur Depotbeimischung.

Bendigo Mining als aufstrebender australischer Goldproduzent steht kurz vor der Produktionsaufnahme der riesigen eigenen, über 11 Mio. Unzen Gold umfassenden Mine in Australien. Die hohen Ressourcen ermöglichen trotz der bislang geringen Lebensdauer der Reserven ein erhebliches Minenleben und deutliches Wachstumspotenzial. Mit einer Bewertung von derzeit nur 38 Prozent des NPVs von 2,45 AUD erscheint das Unternehmen deutlich steigerungsfähig.

Bolivar Gold ist eine Junior-Mining-Gesellschaft, die an der Schwelle zur Produktion steht und mit operativen Kosten von rund 135 US-Dollar je Unze Gold üppige Cashflows bereits ab 2005 generieren dürfte. Nach dem klassischen Minenzyklus sollte die Aktie mit der Produktionsaufnahme deutlich ansteigen. Die mit bereits 14 Prozent am Grundkapital von Bolivar Gold beteiligte Gold Fields könnte den Anteil ausbauen, zudem verfügt Bolivar Gold über ein exzellentes Explorationspotenzial.

Mit Vorwärtsverkäufen von 5,5 Mio. Unzen Gold ist das Kurssteigerungspotenzial der peruanischen Minengesellschaft Compania de Minas Buenaventura (besitzt 43,7 Prozent an der Yanacocha-Mine) zwar begrenzt, der als Blue Chip zu bezeichnende Goldproduzent verfügt mit operativen Produktionskosten von rund 150 US-Dollar aber über hohe Cashflows und dürfte einem Depot auch in unruhigeren Zeiten eine gewisse Stabilität verleihen. Das Unternehmen wendet sich zunehmend von seiner Hedge-Strategie ab und verfügt zudem über mehrere aussichtsreiche Explorationsprojekte mit potenzieller Jahresfödermenge von jeweils über 100.000 Unzen Gold/Jahr.

Centerra Gold ist mit rund 870.000 Unzen Goldproduktion in 2004 der sechstgrößte nordamerikanische Goldproduzent mit aussichtsreichen Projekten, darunter im Tien Shan Gold Belt in Kirgisien. Durch das Explorationspotenzial sollte das kurze Minenleben deutlich verlängert werden können. Als Beimischung geeignet.

Die australische Minengesellschaft Dragon Mining steht, wie Bolivar Gold in Venezuela, kurz vor der ersten Goldproduktion in Schweden, zudem besitzt das Unternehmen viel versprechende Projekte im benachbarten Schweden. Das Kurs-Gewinn-Verhältnis dürfte 2006 auf lediglich rund 7 fallen.

Eldorado Gold ist ein rasant wachsendes Unternehmen (von 0,09 Mio. Unzen Gold/Jahr in 2004 auf rund 0,3 Mio. in 2006) mit einem überdurchschnittlich hohen Minenleben, ungehedged und wird 2006 erstmals deutliche Gewinne erzielen. Die Aktie besitzt ein überdurchschnittliches Chance-Risiko-Verhältnis.

Die südafrikanische Goldminengesellschaft Harmony Gold verfügt über immense Ressourcen, die derzeit aber aufgrund der kaum vorhandenen Wirtschaftlichkeit nur noch einen Bruchteil des Wertes früherer Tage darstellen. Die Aktie mit hoher Minenlebensdauer und hohem Gewinnhebel im Falle sinkender Rand-Notierungen bzw. steigender Goldpreise in Rand sollte im Fall eines Trendbruchs beim Rand gekauft werden. Vorerst aber meiden.

Mit 1,7 Mio. Unzen Gold Jahresproduktion zählt Kinross Gold zu den weltweit führenden Unternehmen der Branche. Mit einem hohen Gewinnhebel und keinen Vorwärtsverkäufen besitzt das Unternehmen gute Chancen, am weiteren Goldpreisanstieg zu profitieren. Durch die Akquisition zusätzlicher Reserven erhöht sich das relativ kurze Minenleben.

Trotz erster kleinerer Enttäuschungen hinsichtlich der Produktionsmengen und Goldgehalte der kürzlich in Produktion gebrachten Telfer-

Gold-Kupfer-Mine in Australien ist das leider relativ stark gehedgte Goldunternehmen Newcrest Mining weiterhin eine interessante Wachstumsstory mit hoher Minenlebensdauer. Bereits 2006 dürfte die Goldproduktion von knapp 0,8 Mio. Unzen auf 2 Mio. Unzen Gold p.a. angestiegen sein. Zudem erscheint Newcrest als idealer Übernahmekandidat im Ringen der großen Produzenten um Auffüllung der sich reduzierenden Goldreserven.

Northgate Minerals zeichnet sich einerseits durch eine sehr geringe Cashflow-Bewertung und andererseits durch eine überdurchschnittlich hohe Minenlebensdauer aus. Mit einer Jahresproduktionsrate von 300.000 Unzen Gold ist Northgate kein unbedeutendes Unternehmen, das über die weitere Senkung der Kosten und den Ausbau der Reserven zusätzliches Wachstumspotenzial schafft. Das Unternehmen besitzt ein überdurchschnittliches Chance-Risiko-Verhältnis.

Das in Mali tätige Minenunternehmen Randgold Resources konnte bereits mit der Identifikation der Morila- und der Loulo-Mine in Mali seine hohe Kompetenz in der Exploration wie auch in der daraus resultierenden Cash-Generierung unter Beweis stellen. Mit dem anstehenden Produktionsbeginn der Loulo-Mine dürfte die Produktionsdelle von lediglich gut 0,2 Mio. Unzen Gold in 2004 bald der Vergangenheit angehören.

Das margen- und wachstumsstarke sowie hervorragend geführte Edelmetallunternehmen Wheaton River – Nettomarge in den ersten neun Monaten 2004 über 28 Prozent – gehört aufgrund des neben Gold zusätzlich produzierten Silbers und Kupfers (die Erlöse daraus verrechnet Wheaton River mit dem Gold-Produktionskosten) zu den sehr günstig produzierenden Unternehmen. Die gute Kostensituation sichert dem Unternehmen auch bei sinkenden Metallpreisen zufrieden stellende Gewinne. Die Übernahmeofferte seitens Goldcorp ist zu begrüßen, es würde mit operativen Produktionskosten von rund 70 US-Dollar je Unze Gold – gegenüber etwa 250 bis 280 US-Dollar für die Branche – eine Jahresproduktionsrate von rund 1,1 Mio. Unzen Gold entstehen.

Yamana Gold bietet eine sehr gute Wachstumsstory. Von zuletzt nur etwa 110.000 Unzen Gold im Jahr 2004 soll die Produktion bis 2007 auf 420.000 Unzen anwachsen. Auch wenn die Bewertung des kanadischen Juniors mit seinen bedeutendsten Projekten in Brasilien bereits einen Teil des zukünftigen Potenzials beinhaltet, bieten die Aktien des Unternehmens weiteres Steigerungspotenzial.

Exkurs: Definition und Erklärung zu den im Boden vermuteten Erzmengen

Minenunternehmen weisen ihre jeweiligen Erzvorkommen im Boden mit den Begriffen Reserven (engl. Reserves) und Ressourcen (engl. Resources) aus. Allgemein kann gesagt werden, dass Ressourcen die potenzielle Gesamtmenge an möglicherweise vorhandenem Erz darstellen. Reserven sind als Teil der Ressourcen zu betrachten, wobei der Beweis für deren wirtschaftliche Förderung anhand einer bankfähigen Machbarkeitsstudie erbracht wurde. Bei der tatsächlichen Förderung kann noch immer eine Menge unangenehme und unvorhergesehene Ereignisse den Abbauplan negativ beeinflussen. Viele Minenunternehmen weisen in ihrer Berichterstattung meist die globalen Ressourcen aus, die dann die Reserven beinhalten. Korrekterweise sollten aber Ressourcen und Reserven eindeutig voneinander abgegrenzt werden. Explorations- und Junior-Mining-Unternehmen weisen je nach ihrem Entwicklungsstand entweder noch keine Ressourcen (erst recht keine Reserven) oder lediglich Ressourcen aus. Erst wenn die Produktionsentscheidung gefallen ist, was allenfalls in sehr seltenen Fällen geschieht, da es wenige Beispiele von Explorationsunternehmen gibt, die zu produzierenden Unternehmen werden, wird eine Junior Mining Company Reserven ausweisen können. Entsprechend weitgehend weltweit benutzter Standards werden die Erzvorkommen in Ressourcen und Reserven klassifiziert. Zur Beurteilung und für Vergleichszwecke wurden die notwendigen einheitlichen Klassifizierungskriterien entwickelt, die in den jeweiligen Minennationen zwar unterschiedlich genannt werden, alle aber die Definition von Reserven und Ressourcen gemein haben. Reserven wie auch Ressourcen werden gewöhnlich als die Summe der erzhaltigen Gesteine in Tonnen angegeben, dazu der durchschnittliche Erzanteil je Tonne Gestein. Aus diesen Angaben errechnet sich dann im Fall von Gold die Anzahl der im Gestein vermuteten Goldunzen. Ein Erzvorkommen mit einem Umfang von beispielsweise 15 Mio. t und einem durchschnittlichen Goldgehalt von 4 Gramm/t entspricht 60 Mio. g Gold oder 1,93 Mio. Unzen Gold.

Ressourcen

Ressourcen stellen die gesamte und geschätzte Mineralisation eines Unternehmens dar. Während die Reserven in die Kategorien »proven«, »probable« und gelegenlich auch »possible« eingeteilt werden, klingen die drei Ressourcen-Kategorien (ohne die als Reserven ausgewiesenen Ressourcen) schon deutlich vager: »measured« (gemessen), »indicated« (angedeutet) und »inferred« (geschätzt). Die gemessenen (bzw. measured) Ressourcen sind die Ressourcen mit der größten Wahrscheinlichkeit, einmal durch weitere bestätigende Bohrarbeiten als Reserven ausgewiesen zu werden. Der durchschnittliche Metallgehalt (engl. »grade«), ausgedrückt in Gramm Gold pro Tonne, und die Ausdehnung der Erz-Lagerstätte sind mit einer relativ hohen statistischen Zuverlässigkeit aufgrund einer Vielzahl an analysierten und relativ nahe beieinander liegende Bohrungen und Bodenproben berechenbar. Wo das Erz zuerst auftritt, in welcher Richtung sich die Erzstruktur ausbreitet und wo sie endet, ist hinreichend bekannt.

Angedeutete (bzw. engl. indicated) Ressourcen sind durch eine geringere Anzahl von Bohrproben und deren Analysen aussagekräftig genug, um das enthaltene Erz anhand von Tonnage und Metallgehalt (gemessen in Gramm pro Tonne) berechnen zu können. Das Berechnungsergebnis kann allerdings lediglich als eine Prognose des Erzvorkommens betrachtet werden. Indizierte Ressourcen sind nicht durch notwendige Nähe zueinander durchgeführte Bohrungen, sodass nur geschätzt wurde, was sich zwischen den Bohrlöchern befinden könnte. Bei dieser Art von Ressourcen ist das Enttäuschungspotenzial groß, durch »in-fill« Bohrungen bzw. Bohrungen in dichteren Abständen nicht das vermutete Erzvorkommen auch tatsächlich bestätigt zu bekommen. Der oft verwendete Begriff »measured and indicated« Resources bezeichnet entsprechend den Kriterien einer Pre-Feasability-Studie (Vor-Studie zur endgültigen Machbarkeitsstudie) den Teil der Ressourcen, der aufgrund der bisherigen positiven Messergebnisse sowie der möglichen Wirtschaftlichkeit durch zusätzliche Bohrungen sowie einer Feasability- bzw. Machbarkeitsstudie in den Reservenstatus überführt werden könnte. In aller Regel reduziert sich die Menge an wirtschaftlich abbaubarem Metall im Boden durch die Überführung von Ressourcen zu Reserven.

Vermutete bzw. abgeleitete (engl. inferred) Ressourcen stellt die schwächste Form der Ressourcen dar. Es bestehen große Unsicherheiten über die Menge an vorhandenem Erz sowie an der tatsächlichen Wirtschaftlichkeit der vermuteten Ressourcen. Die bisherigen geophysikalischen, geochemischen und geologischen Untersuchungen sowie einige wenige Bohrergebnisse verschafften dem Unternehmen bislang lediglich einen groben Überblick über das vorhandene Mineralienpotenzial. Es kann zwar vom Vorhandensein von Erz ausgegangen werden, was letztlich aber zählt, ist die Frage, ob es jemals wirtschaftlich Sinn machen wird, dieses Metall zu fördern.

Reserven

Den Begriff Reserve verwendet man in der Minenindustrie nur für solche Erzvorkommen, die entweder kurz vor der Produktionsaufnahme stehen oder bereits Metalle fördern. Die erforderlichen Bohr- und Analysearbeiten der Erzvorkommen sind durchgeführt, und es besteht ausreichende Klarheit über das Vorkommen, die Tiefe, die Struktur und die Ausdehnung des Erzkörpers, die Wirtschaftlichkeit der Erzförderung wurde geprüft. Entsprechend den branchenweiten Standards werden Reserven in die Kategorien geprüfte (engl. proven), mögliche (engl. probable), und in seltenen Fällen auch in wahrscheinliche (engl. possible) Reserven eingeteilt.

-Geprüfte Reserven sind die tatsächlichen abbaubaren Erzreserven eines Unternehmens. Die chemischen und metallurgischen Eigenschaften der Mineralisierung sind umfassend analysiert und dokumentiert, was Grundlage der festgelegten und optimierten Abbaumethode ist. Die Abbaumethode sowie die jährliche Produktionsmenge determinieren auch das Minenleben eines Erzvorkommens, der Zeitraum bis zur Erschöpfung der Reserven ist somit bekannt. Die notwendige Infrastruktur, die Kapitalkosten sowie die Investitionssumme für die Errichtung der Mine sind kalkuliert, woraus sich der erwartete Nettogewinn pro Unze Gold oder bei anderen Metallen je Pfund oder Tonne errechnet.

-Die möglichen Reserven geben nur die wirtschaftlich abbaubaren Erzgrade und Tonnagen an. Die Struktur, der Anfang und das Ende sowie der Verlauf der Erzader sind hinreichend bekannt. Die Kosten der Erzförderung sowie die Art des Metallabbaus und der -gewinnung sind ebenfalls mit relativ hoher Wahrscheinlichkeit bekannt. In der Regel werden die Reserven als eine Addition der »proven and probable« Reserven angegeben und gelten zusammen als die wirtschaftlich abbaubare Erzmenge eines Unternehmens; diese sollten vor dem Kauf eines Minenunternehmens genau analysiert werden.

-Wahrscheinliche Reserven werden nur in seltenen Fällen ausgewiesen. Was nicht aufgrund umfangreicher Bohrarbeiten als »proven and probable reserves« ausgewiesen wird, fällt meist in die Kategorien »measured and indicated resources«. Sofern wahrscheinliche oder potenzielle Reserven ausgewiesen werden, handelt es sich um eine als großzügig zu bezeichnende Schätzung darüber, wie viele Unzen Gold ein Erzdepot beinhalten könnte. »Probable reserves« sollten bei der Analyse als Ressourcen gewertet werden, keinesfalls aber als Reserven.

Silber

Der Silber-Aktien-Markt ist dadurch gekennzeichnet, dass nur wenige Unternehmen als echte Silberproduzenten bzw. Silberminengesellschaften zu bezeichnen sind. Denn nur wenige primäre Silberunternehmen produzieren bereits tatsächlich, wobei die meisten anderen Unternehmen sich bislang aufgrund der lange Jahre dürftigen Silberpreisentwicklung mit dem Horten von teilweise unerschlossenen Silberminen begnügten. Selbst die Marktführer in der Silberproduktion wie Coeur d'Alene Mines und Hecla Mining produzieren neben Silber eine im Verhältnis zum Gesamtumsatz erhebliche Menge Gold und weiterer in Silberminen zu findender Basismetalle. Lediglich der kanadische Silberproduzent Pan American Silver kann als reiner Silberproduzent betrachtet werden. Auch die großen und breit diversifizierten Rohstoffkonzerne wie BHP Billiton, Anglo American plc und Rio Tinto oder auch etwa Industrias Penoles und KGHM Polska Miedz produzieren erhebliche Mengen Silber, allerdings sind deren Silberumsätze im Vergleich zum gesamten Konzern-Rohstoffumsatz verschwindend gering. Wer auf Silberminenbetreiber als Anlagemedium aufgrund erwarteter steigender Silberpreise setzt, sollte sich auf die Unternehmen konzentrieren, bei denen die Silberproduktion im Vordergrund steht. Trotz aller Einschränkungen existieren weltweit lediglich rund zwei Hände voll als Silberunternehmen zu bezeichnende Unternehmen. Die Knappheit an Silberproduzenten ist aber bereits an der Bewertung dieser Unternehmen abzulesen. Vergleicht man Bewertungskennzahlen von Silberproduzenten mit Unternehmen anderer Branchen, so stellt man fest, dass nahezu alle Unternehmen dieser Branche bereits ausreichend bezahlt erscheinen. Aufgrund der geringen Anzahl bzw. »Knappheit« an Silberminengesellschaften sind die Anleger offensichtlich bereit, eine Prämie für Silbergesellschaften zu bezahlen. Silber-Aktien sollten im Rohstoffdepot nur eine untergeordnete Rolle spielen, Silberinvestments sollten überwiegend in physischer Form oder in geringem Umfang in Silberzertifikaten erfolgen.

Allerdings beweist der erhebliche Kursanstieg aller Silber-Aktien seit dem Tiefstpunkt des Silbers in 2001, dass es durchaus sinnvoll war, über Silberminen-Aktien am Aufwärtstrend des Silbers seit 2001 teilzuhaben, wie Abbildung 14 beweist. Sämtliche dargestellte Silberwerte stiegen teils sehr deutlich an.

Aufgrund der bereits erlangten hohen Bewertungen und des großen Optimismus hinsichtlich des weiteren Silberpreisanstiegs ist die Frage berechtigt, ob man als Investor, der an deutlich steigende Silberpreise

Deutlicher Kursanstieg der Silber-Aktien nach Trendwende 2001
Kursentwicklung von Silber-Aktien von 1998 bis 2003 Abb. 14

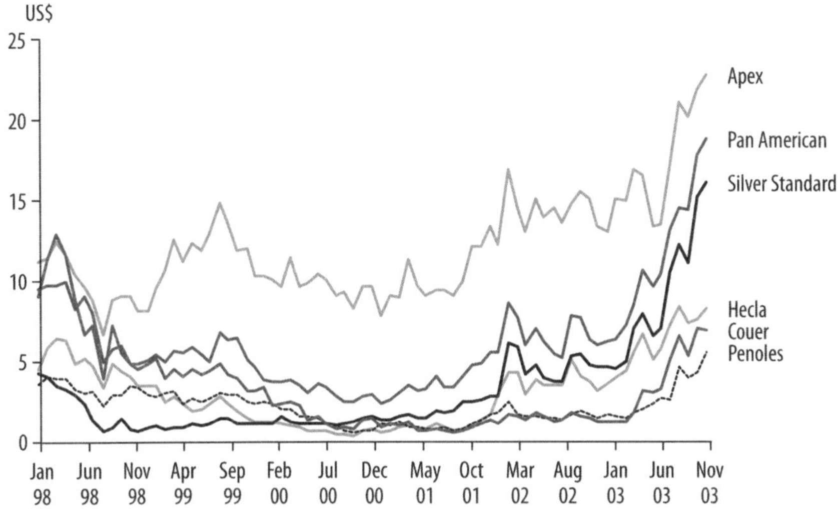

Quelle: Silver Survey 2004

glaubt, in Silber-Aktien überhaupt investieren sollte. Silber-Aktien besitzen ähnlich den Goldproduzenten einen hohen Hebel auf steigende Silberpreise. Allerdings produzieren unter den im Folgenden dargestellten elf als primäre Silberunternehmen zu bezeichnenden Unternehmen lediglich fünf – Coeur d'Alene, Endeavour Silver, Hecla, Pan American Silver sowie Silver Wheaton – bereits wirklich Silber. Wir wollen im Folgenden analysieren, welche Silber-Aktien sich als Investment für den weiter zu erwartenden Anstieg des Silberpreises am besten eignen. Hinsichtlich der Marktbewertung existieren nur wenige bedeutende Silber-minen-Unternehmen. Das produzierende Silberunternehmen Pan American Silver besitzt derzeit eine um liquide Mittel und Finanzverbindlichkeiten bereinigte Marktbewertung (Enterprice Value) von knapp über 900 Mio. US-Dollar, gefolgt von Coeur d'Alene mit gut 700 Mio. US-Dollar, Apex Silver (hortet bislang lediglich Silberressourcen im Boden) mit 634 US-Dollar sowie dem Traditionsunternehmen Hecla mit 560 Mio. US-Dollar und Silver Standard (550 Mio. US-Dollar, ebenfalls noch kein Produzent). Es ist ersichtlich, dass die kumulierte Marktkapitalisierung der primären Silberwerte sehr gering ist im Verhältnis zur Liquidität, die für Silberinvestments zur Verfügung steht. Alle elf Unternehmen zusammen werden mit lediglich 4,8 Mrd. US-Dollar bewertet, auf bereinigter Enterprise-Value-Basis sogar nur 4,3 Mrd. US-Dollar. Sollte der Silberpreis, wie es für die kommenden Jahre zu erwarten ist, abgesehen von einzelnen Korrekturen, weiter deutlich ansteigen, ist ebenso davon auszugehen, dass weitaus mehr Geld in den Silberminensektor fließen wird, was eine deutliche Aufblähung der Marktkapitalisierungen der primären Silberproduzenten zur Folge haben wird. Andererseits wird auch zumindest bei den produzierenden Silberunternehmen eine deutliche Steigerung der Gewinne zu beobachten sein.

Pan American mit hoher bereinigter Marktkapitalisierung

Marktkapitalisierung bereinigt um Finanzverbindlichkeiten und liquide Mittel der primären Silberminenunternehmen

Abb. 15

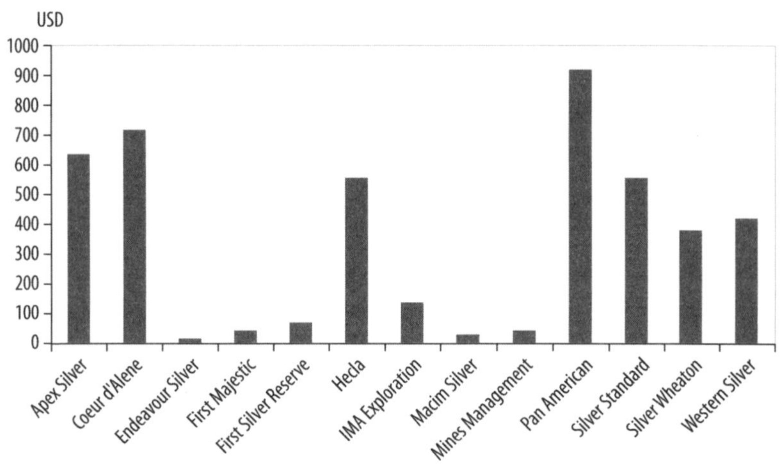

Quelle: Unternehmensangaben, Bloomberg; eigene Darstellung

Das nicht produzierende Silberunternehmen Silver Standard Resources verfügt mit Silberressourcen von 904 Mio. Unzen Silber (entspricht rund 14 Mio. Unzen Gold-Äquivalente), darunter aber noch keine Reserven definiert, über einen erheblichen Silbervorrat. Sollte das Unternehmen allerdings einmal infolge dauerhaft hoher Silberpreise in Produktion gehen, müsste es dafür hohe Investitionskosten im deutlich dreistelligen Millionen-US-Dollar-Bereich aufwenden. Aus heutiger Sicht allerdings dürfte es ein Silberunternehmen mit ausreichend Silberressourcen nicht schwer haben, die Gelder entweder durch die Ausgabe zusätzlicher Aktien (was aber eine Verwässerung für die bisherigen Aktionäre bedeuten würde) und/oder die Aufnahme von Krediten zu erhalten. Der Silberproduzent Pan American Silver verfügt mit 797 Mio. Unzen Silber, davon 179 Mio. Unzen in der Reservenkategorie, ebenfalls über ausreichend Potenzial, bei steigenden Preisen die Produktion zu erhöhen und die Gewinne dadurch deutlich zu steigern. Ebenfalls noch nicht produzierend, verfügt Apex Silver mit 576 Mio. Unzen Silber (davon bereits als Reserven ausgewiesen sind 446 Mio. Unzen Silber) ebenfalls über einen beträchtlichen Silberschatz.

Western Silver Corporation als Explorationsunternehmen besitzt u.a. die Rechte am Penasquio-Projekt in Zentral-Mexiko, einem der weltweit größten unentwickelten Silberprojekte. Mit derzeit 421 Mio. Unzen Silberressourcen verfügt das Unternehmen damit über beinahe so viel Silber wie der Silberproduzent Coeur d'Alene mit 442 Mio. Unzen, wovon allerdings bereits 261 Mio. Unzen Silber und Silberäquivalente (bei Silberminenbetreibern werden meist umgekehrt zur Situation bei den Goldproduzenten die Goldressourcen als Silberäquivalente ausgewiesen) als Reserven ausgewiesen wurden. Bei der Bewertung der Silberunternehmen ist grundsätzlich zu beachten, dass noch nicht produzierende Unternehmen für die Aufnahme der Förderung erhebliche Investitionen leisten müssen. Aus diesem Grund ist es nur natürlich, dass produzierende Unternehmen, die diese Zahlungen bereits geleistet haben, einen Bewertungsaufschlag gegenüber reinen Silberhortern verdienen.

Die fünf produzierenden Silberunternehmen, unter denen Coeur d'Alene und Hecla Mining auch signifikante Goldumsätze verzeichnen, besitzen mit Ausnahme von Hecla Mining ein ausreichend langes Mi-

Silver Standard ist mit nahezu 1 Mrd. Unzen Silberressourcen deutlicher Marktführer

Silberressourcen ausgewählter Silberproduzenten in Mio. Unzen Abb. 16

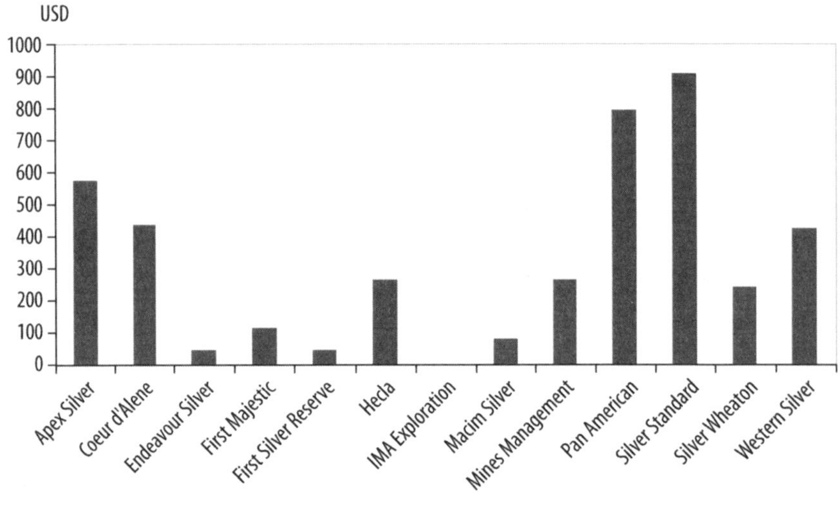

Quelle: Unternehmensangaben, Bloomberg; eigene Darstellung

nenleben. Die Reserven von Hecla Mining reichen lediglich noch knapp sechs Jahre, sodass bei Hecla Mining eine gewisse Unsicherheit bezüglich der langfristigen Produktionstätigkeit besteht. Pan American Silver dagegen mit einer Lebensdauer der Ressourcen von knapp 70 Jahren besitzt eine glänzende Zukunft bei weiter steigenden Silberpreisen. Auch die Situation bei Coeur d'Alene (mit einer EK-Quote von knapp 42 Prozent deutlich geringer kapitalisiert als die Branche mit 75 Prozent Eigenkapitalquote) und Wheaton Silver, einer Abspaltung aus der Muttergesellschaft Wheaton River Minerals, ist zufrieden stellend. Endeavour Silver, ehemals Endeavour Gold, ist ein Junior-Produzent, der seine Produktion im kommenden Jahr von etwa 1,2 Mio. Unzen in 2005 auf 4 Mio. Unzen hochfahren wird. Das Unternehmen sollte damit in der Lage sein, vor allem im Verhältnis zur relativ geringen Marktbewertung, die noch Ausdruck der geringen ausgewiesenen Ressourcen ist, zukünftig beträchtliche Cashflows zu generieren.

Pan American Silver mit Minenlebensdauer von knapp 70 Jahren

Lebensdauer der Ressourcen in Jahren Abb. 17

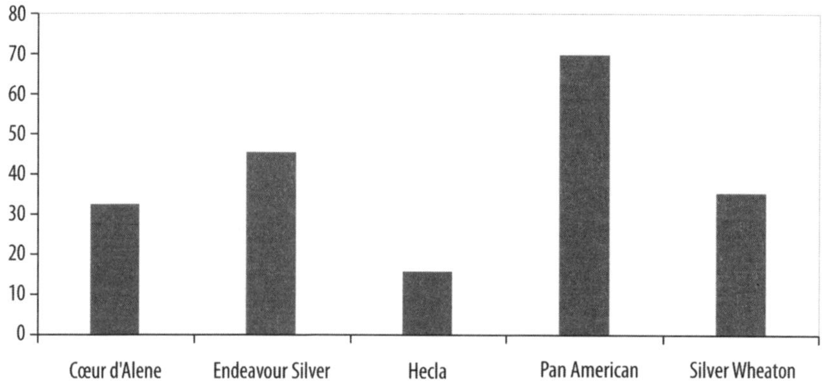

Quelle: Unternehmensangaben, Bloomberg; eigene Darstellung

Das lange Minenleben von Pan American Silver darf allerdings nicht darüber hinwegtäuschen, dass das Unternehmen hinsichtlich seiner Umsatzbewertung bereits sehr teuer ist. Mit einer Bewertung des zwölffachen Umsatzes für 2004 ist Pan American Silver so teuer wie einige Technologieunternehmen zu Zeiten der Hochphase der »New Economy«. Hinsichtlich dieser Bewertungskennzahl von erwartet 2,8 für 2005 erscheint lediglich die kanadische Silberminengesellschaft Endeavour Silver (mit einer Silberproduktion von rund 1,5 Mio. Unzen Silber, geplant 4 Mio. Unzen bis 2006, bei einem sehr hohen Silbergehalt von rund 500 g/t) als relativ moderat bewertet.

Allerdings sind die Silberproduzenten angesichts einer Bewertung mit den erwarteten Cashflows für 2005 von im Durchschnitt 16 zwar teurer gegenüber dem vergleichbaren Durchschnittswert der in diesem Buch dargestellten Goldproduzenten (Kurs-Cashflow-Verhältnis von 14 für 2005e). Da der Silbermarkt aber wesentlich kleiner als der Goldmarkt ist und für Silberminengesellschaften damit eine Prämie für diese Unternehmen gezahlt wird, scheinen die Silberproduzenten damit hinsichtlich

Umsatzbewertung der Silberproduzenten zeigt überwiegend ambitionierte Bewertung
Bereinigte Marktkapitalisierung zum Umsatz 2004 Abb. 18

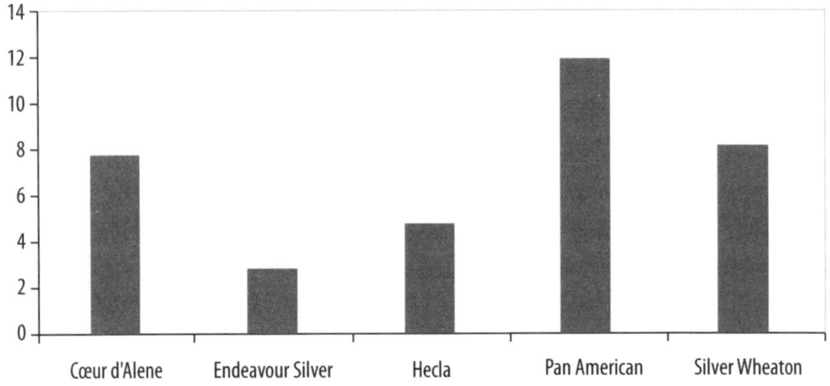

Quelle: Unternehmensangaben, Bloomberg; eigene Darstellung

ihrer Ertragsbewertung nicht überteuert. Wiederum sticht Endeavour Silver mit einem geschätzten Kurs-Cashflow-Verhältnis von 10,2 für 2005 als günstigster Wert hervor, wobei Hecla Mining (Produktion von 17,4 Mio. Silberunzen-Äquivalenten in 2004e) mit 12,3 ebenfalls noch moderat bewertet erscheint. Die relativ günstige Ertragsbewertung von Hecla Mining ist allerdings auch Ausdruck des geringen Minenlebens der Gesellschaft. Die junge Silberminengesellschaft Silber Wheaton (Silberproduktion von 6,8 Mio. Unzen Silber für 2004e) ist mit einem erwarteten Kurs-Cashflow-Verhältnis von 15,6 für 2005 durchschnittlich bewertet, wobei Coeur d'Alene (geschätzte 13,7 Mio. Unzen silberäquivalente Produktion in 2004) und Pan American Silver (11,5 Mio. Unzen Silber für 2004e) mit Bewertungen von rund 20 die höchsten Ertragsbewertungskennzahlen aufweisen.

Zurück zur gesamten Bandbreite der Silbergesellschaften, den produzierenden wie nicht-produzierenden Silberminengesellschaften. Wir wollen versuchen, die Unternehmen anhand ihrer jeweiligen Substanz, sprich des Silbervorkommens, zu bewerten und mit Hilfe dessen die in-

Höchste Ertragsbewertung bei Pan American Silver und Coeur d'Alene
Kurs-Cashflow-Verhältnis 2005e ausgewählter Silberproduzenten

Abb. 19

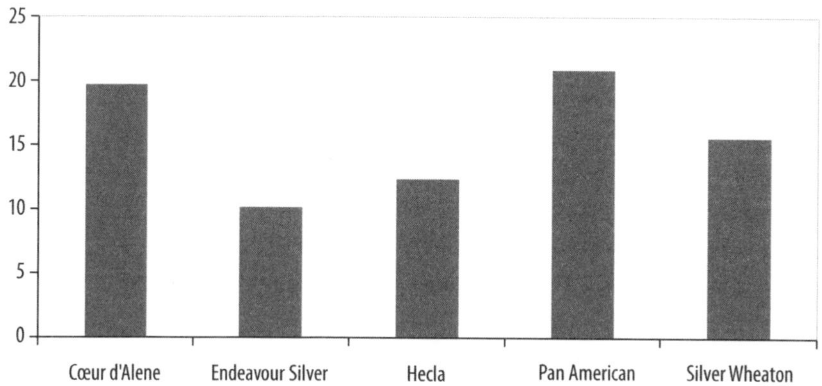

Quelle: Unternehmensangaben, Bloomberg; eigene Darstellung

teressantesten Unternehmen dieses Sektors herauszufiltern. Hinsichtlich des bereinigten Marktwertes im Verhältnis zum Bruttowert der Ressourcen sind die produzierenden Unternehmen relativ teuer bewertet, mit Ausnahme von Endeavour Silver. Die US-amerikanische Silberminengesellschaft Mines Management weist neben Macmin Silver (australischer Silber-Explorationswert mit einer Beteiligung von 39 Prozent am kanadischen Goldexplorer New Guinea Gold) mit 0,06 oder 6 Prozent die geringste Bewertung hinsichtlich der Silbererz-Substanz auf. Mines Management besitzt als wichtigstes Projekt im Norden Montanas das Montanore-Silber/Kupfer-Deposit, mit 260 Mio. Unzen Silber (und zusätzlich 2 Mrd. Pfund Kupfer) eines der bedeutendsten Silbervorkommen der Welt. Allerdings liegt bislang keine Erlaubnis der Regierung für eine mögliche Erschließung des Projektes vor. Es beste-hen dabei allerdings zumindest geringe Zweifel, ob Mines Management in absehbarer Zeit eine Erlaubnis bekommen könnte. Mines Management hat Anfang 2005 den Erlaubnisantrag eingereicht, um das mit notwendigen Investitionen von 260 Mio. US-Dollar teure Projekt in Produktion zu bringen.

Hecla Mining trotz geringster Minenlebensdauer mit der höchsten Bewertung der Silberressourcen

Bereinigte Marktkapitalisierung im Verhältnis zum Wert der Silberressourcen

Abb. 20

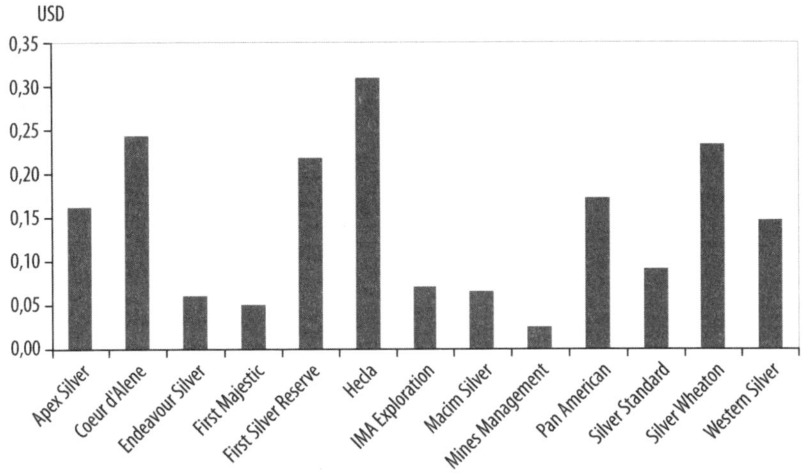

Quelle: Unternehmensangaben, Bloomberg; eigene Darstellung

Wir gehen allerdings davon aus, dass Mines Management die Erlaubnis erhalten wird, da kaum schädigende Auswirkungen des Minenbetriebs auf die Umwelt zu befürchten sind und zudem das Projekt für den Staat Montana Steuern und Arbeitsplätze bedeuten würde. Auch Silver Standard, ein Blue Chip unter den Silbergesellschaften und mit den größten Silberressourcen der Branche (904 Mio. Unzen), erscheint moderat bewertet.

Betrachtet man, wie viele Unzen Silber auf eine Aktie der jeweiligen Gesellschaften entfällt, stellt man fest, dass Mines Management je ausgegebener Aktie über 24,6 Unzen Silber im Boden verfügt, gefolgt von Silver Standard mit 17,6 Unzen Silber sowie Apex Silver und Pan American Silver mit je rund 12 Unzen. Auch Western Silver verfügt mit 9 Unzen Silber je Aktie auf den ersten Blick über eine relativ große Menge Silber.

Mines Management: 25 Unzen Silberressourcen je Aktie

Anzahl Silberunzen je Aktie Abb. 21

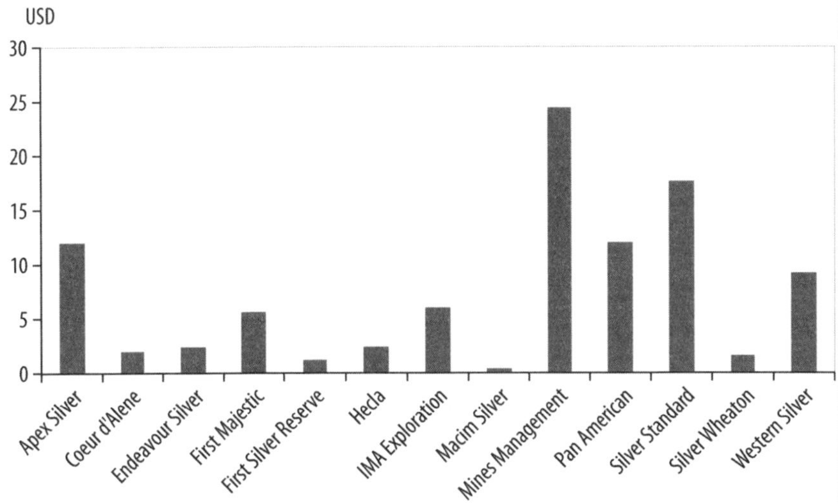

Quelle: Unternehmensangaben, Bloomberg; eigene Darstellung

Eine solche Kennzahl kann aber nur dann einen Schluss auf die Bewertung zulassen, wenn man den (Brutto-)Wert der Silberressourcen je Aktie durch den tatsächlichen Preis einer Aktie dividiert, wie es in Abbildung 22 vorgenommen wurde. Relativiert man nun den Bruttowert der Silberressourcen hinsichtlich des Aktienpreises, wird deutlich, dass etwa Western Silver verglichen mit dem Gros der Branchenvertreter einen lediglich durchschnittlichen Wert der Silberressourcen je Aktie besitzt. Mines Management ragt von der Bewertung her wiederum heraus, wobei ein gewisser Bewertungsabschlag aufgrund der Unsicherheiten hinsichtlich der Erlaubniserteilung zu berücksichtigen ist. Auch Macmin Silver bietet den Anlegern ebenso wie First Majestic, IMA Exploration (die durch eine wenn auch mit wenig Aussicht auf Erfolg versehene Klage gehemmt wird) sowie Endeavour Silver einen überdurchschnittlichen Silberwert je Aktie, ebenso wie Endeavour Silver.

Mines Management mit dem höchsten Wert der Silberressourcen je Aktie

Wert der Silberressourcen je Aktie in US$ relativ zum Preis je Aktie Abb. 22

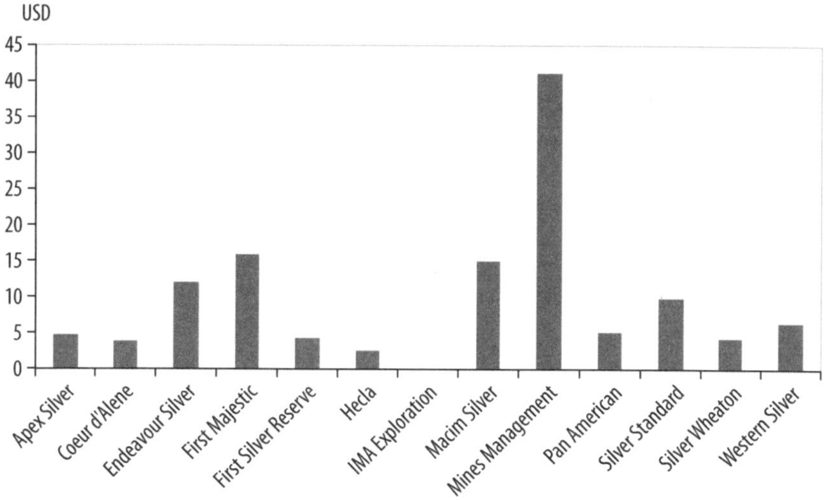

Quelle: Unternehmensangaben, Bloomberg; eigene Darstellung

Wie bereits betont, bieten sich im Bereich Silber wenige Unternehmen an, die über ein positives Chance-Risiko-Verhältnis verfügen. Unter den elf primären Silberunternehmen sehen wir lediglich sechs davon als aussichtsreich an, davon drei produzierende Unternehmen. Endeavour Silver bietet eine gute Mischung aus geringer Substanz- und Ertragsbewertung. Es handelt sich dabei um ein stark organisch und akquisitionsbedingt wachsendes Unternehmen, das allerdings noch an der Identifizierung zusätzlicher Ressourcen arbeiten muss. Endeavour Silver kann leider nicht an einer deutschen Börse gehandelt werden. Anleger, die die Perspektiven des Unternehmens erkennen, können über die Börse in Vancouver (TSX) das Papier unter der angegebenen ISIN-Nummer erwerben.

Silberproduzenten im Vergleich
Konkrete Empfehlungen internationaler Silberminengesellschaften mit Gewichtungsvorschlag Tab. 3

Unternehmen	WPK	Kurs	MK[2]	KCF[3] 05e	Ressourcen[4]	Herkunftsland	Empfehlung
Endeavour Silver[5]	A0DJ0N[1]	1,15 €	22 €	10	45	Kanada	gleichgewichten
First Majestic[5]	905910	1,72 €	38 €	-	268	Kanada	gleichgewichten
Macmin Silver	897020	0,07 €	25 €	-	75	Australien	untergewichten
Mines Management	157794	3,09 €	33 €	-	260	USA	untergewichten
Pan American Silver	876617	11,46 €	764 €	21	797	Kanada	gleichgewichten
Silver Standard	858840	9,16 €	473 €	-	904	Kanada	gleichgewichten
Wheaton Silver	A0DPA9	2,04 €	341 €	16	239	Kanada	gleichgewichten

1) ISIN Code: CA29258Y1034, nur in Kanada handelbar
2) Marktkapitalisation in Mio. US-$
3) Kurs/Cash Flow-Verhältnis
4) Ressourcen in Mio. Unzen Silber-Äquivalente
5) nur in Kanada handelbar
e = estimated, geschätzt

Quelle: Unternehmensangaben, Bloomberg; eigene Darstellung

Ähnlich verhält es sich bei First Majestic: Das Unternehmen ist zwar auch in Deutschland gelistet, die Umsätze sind aber verschwindend gering. Deswegen sollte die Gesellschaft in Kanada geordert werden. Diese stark wachsende kanadischen Silberminengesellschaft mit einem 268 Mio. Unzen schweren Silberdeposit in Mexiko will die Silberproduktion von einer Mio. Unzen Silber in 2005 bis 2007 auf rund 12 Mio. Unzen ausweiten. Auch wenn solche ehrgeizigen Ziele immer mit einem großen Fragezeichen versehen werden müssen, erscheint das Unternehmen im Branchenvergleich moderat bewertet und bietet deutlichen Kursspielraum.

Die australische Silberexplorationsgesellschaft Macmin Silver ist ebenfalls moderat bewertet, bietet aber insgesamt weniger Kursphantasie als Endeavour Silver. Die Beteiligung von 39 Prozent am aussichtsreichen Goldexplorer New Guinea Gold könnte sich allerdings noch als positiv herausstellen. New Guinea Gold verfügt über eine Vielzahl von Goldprojekten auf New Guinea, die erhebliches Explorationspotenzial besitzen. Bereits jetzt kann New Guinea Gold eine Goldressource von knapp 0,9 Mio. Unzen ausweisen. Macmin Silver sollte in einem Edelmetall-Depot aber lediglich einen relativ geringen Anteil haben. Mines Management erscheint aus heutiger Sicht das größte Kurspotenzial zu besitzen, allerdings ist der Wert auch mit überdurchschnittlich hohen Risiken versehen. Solange die Erlaubnis zur Errichtung der Silbermine nicht erfolgt ist, bleibt die Aktie riskant. Vorsichtig agierende Anleger sollten deshalb ebenfalls nur eine relativ geringe Depotposition erwerben.

Pan American Silver erscheint zwar bereits ausreichend bezahlt, als einziger reiner Silberproduzent mit einer signifikanten Jahresproduktion besitzt das Unternehmen weiterhin aber einen deutlichen Gewinnhebel bei weiter anziehenden Silbernotierungen. Pan American Silver sollte aber aufgrund der besonderen Situation des Unternehmens im Silbersektor übergewichtet werden, ebenso wie Silver Standard und Wheaton Silver. Silver Standard ist ein sehr gut geführtes Unternehmen mit erheblichen Silberressourcen und besitzt damit ebenfalls einen Hebel auf die Silberpreisentwicklung. Wheaton Silver dagegen ist ein Produzent mit wachsender Silberjahresproduktion, ein Unternehmen, das nicht überteuert, aber auch nicht günstig ist. Es bietet aber als ebenfalls hervorragend geführtes Unternehmen mit guter Liquidität in einem Umfeld steigender Silberpreise eine gute Investmentchance. Alle Orders sollten immer streng limitiert werden.

Platin und Palladium

Der Platin- und Palladiumsektor ist hinsichtlich der Anzahl der primären PGM (Platin Group Metals)-Produzenten kleiner als der von primären Silberminengesellschaften. Zwar dominiert die russische Norilsk Nickel (Weltmarktführer in der Nickelproduktion) den Palladiummarkt und spielt zudem eine wesentliche Rolle am Platinmarkt, doch existieren daneben rund sieben weitere Firmen, deren vorwiegender Geschäftszweck in der Platin- und Palladiumproduktion liegt. Da Platin und Palladium meist zusammen vorgefunden werden, kann man kaum zwischen Platin- und Palladiumproduzenten unterscheiden. Mit einer bereinigten Marktkapitalisierung von 8,3 Mrd. US-Dollar ist die südafrikanische Anglo American Platinum (abgekürzt Amplats) das dominante Unternehmen der Branche. Anglo American Platinum gehört mit 74,8 Prozent zum diversifizierten Rohstoffkonzern Anglo American plc, Amplats wiederum besitzt einen 22,5-prozentigen Anteil am ebenfalls südafrikanischen Platin- und Palladiumproduzenten Northam Platinum (338 Mio. US-Dollar Unternehmenswert). Mit einem Unternehmenswert (Enterprise Value) von 5,6 Mrd. US-Dollar besitzt Impala Platinum (Implats, Südafrika) ebenfalls eine marktführende Position. Implats wiederum besitzt 82,6 Prozent an Zimbabwe Platinum (Zimplats, Zimbabwe). Der US-amerikanische Palladiumproduzent Stillwater, der mit 55,5 Prozent von Norilsk Nickel kontrolliert wird, wird derzeit mit bereinigt 1 Mrd. US-Dollar bewertet, wogegen Aquarius Platinum (Australien) und North American Palladium (Kanada) mit 382 Mio. US-Dollar bzw. 388 Mio. US-Dollar nahezu identisch bewertet werden, obwohl Aquarius mit zwölf Jahren eine höhere Lebensdauer der Reserven ausweist als North American Palladium mit 10,5 Jahren. Zimbabwe Platinum wird trotz gewaltiger Ressourcen von 165 Mio. Unzen Platin (größte Ressourcen nach Amplats und Implats, ein Vielfaches jener von Aquarius, Northam Platinum, North American Palladium und mehr als doppelt so viel wie Stillwater) lediglich mit rund 210 Mio. US-Dollar bewertet.

Amplats und Implats dominieren mit deutlichem Abstand den Platin-/Palladiummarkt
Bereinigte Marktbewertung der primären Platin-/Palladiumproduzenten Abb. 23

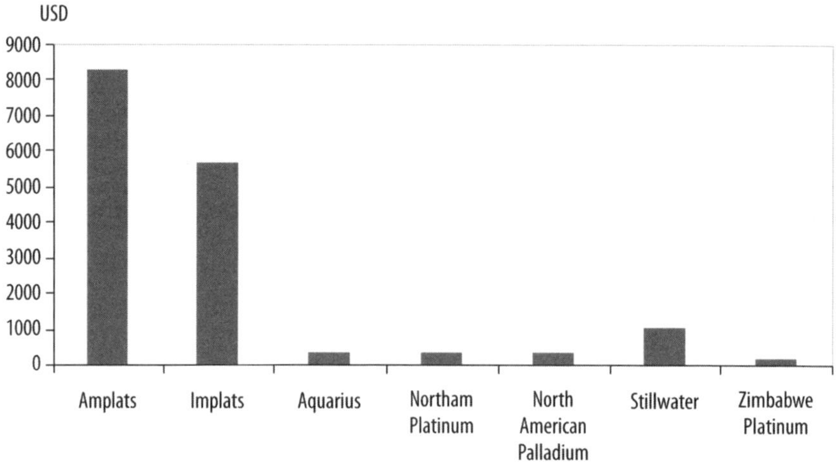

Quelle: Unternehmensberichte, Bloomberg; eigene Darstellung

Die geringe Bewertung Zimplats hat allerdings ihren Grund. Robert Mugabe, Regierungschef von Zimbabwe, will ausgehend vom Beispiel Südafrikas das Minengesetz des Landes ändern. Die einheimische Bevölkerung soll an den Minen des Landes beteiligt werden. Dazu wurde bereits erwogen, ausländische Minenbetreiber zu zwingen, bis zu 49 Prozent der Anteile der heimischen Minen an einheimische Hände abzugeben. Zuletzt wurde wiederum bekannt, dass das Minenministerium Zimbabwes keine Verkäufe an »historically disadvantaged individuals« verordnet, wenn bereits einheimische Investoren an den Minen beteiligt sind. Allerdings steht nach wie vor eine 30-prozentige Quote von inländischen Investoren im Raum und belastet das Investitionsklima ebenso wie der zunehmende Druck auf ausländische Unternehmen seitens der Regierung.

Die primären Platin-/Palladiumproduzenten sind überwiegend sehr gut finanziert

Eigenkapitalquote ausgewählter Platin-/Palladiumproduzenten Abb. 24

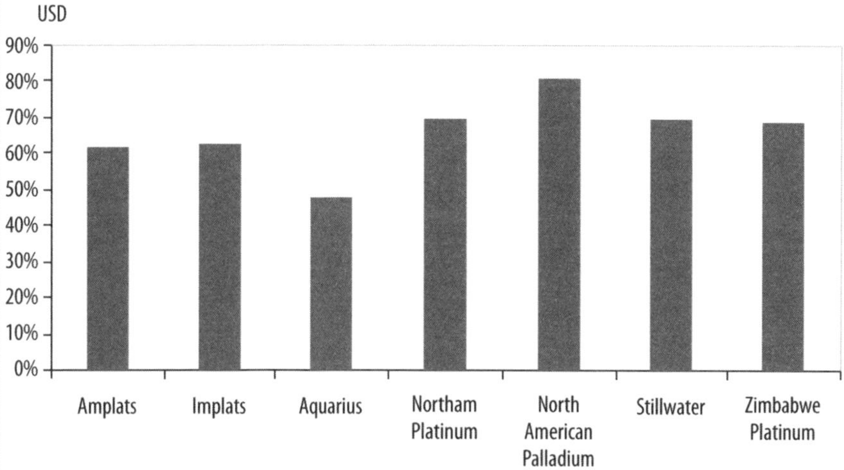

Quelle: Unternehmensberichte, Bloomberg; eigene Darstellung

Mit Ausnahme von Aquarius Platinum (Eigenkapitalquote von 47,5 Prozent) liegt die Eigenkapitalquote der anderen primären Platin-/Palladiumproduzenten oberhalb von 60 Prozent und überschreitet bei Northamerican Palladium sogar die 80-Prozent-Marke. Aufgrund der vorteilhaften Preissituation bei Platin in den vergangenen Jahren sind die Produzenten überwiegend hervorragend finanziert. Auch Stillwater besitzt mit einer Eigenkapitalquote von rund 70 Prozent nach dem Einstieg von Norilsk Nickel wieder eine lupenreine Bilanz.

Die Ertragsbewertungen der PGM-Produzenten, gemessen an den erwarteten Cashflows für 2005, bewegen sich über die Branche hinweg in einem relativ engen Band. Während Stillwater aufgrund des schwer zu kalkulierenden Einflusses des Großaktionärs Norilsk Nickel auf die zukünftige Geschäftsstrategie mit einem Abschlag zur Branche gehandelt wird, erzielt die überwiegend in Kanada produzierende North American

Relativ geringe Unterschiede hinsichtlich der Ertragsbewertungen der Platin-/Palladiumproduzenten
Kurs-Cashflow-Verhältnis für 2005 geschätzt Abb. 25

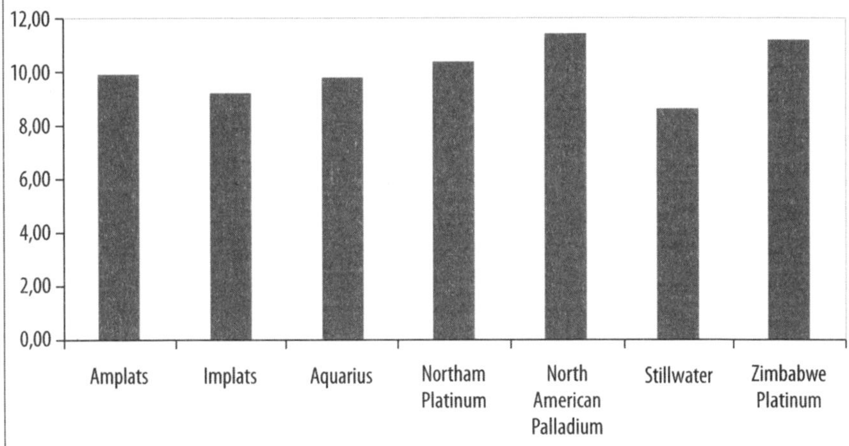

Quelle: Unternehmensberichte, Bloomberg; eigene Darstellung

Palladium aufgrund des sehr guten Länderrisikos einen gerechtfertigten Aufschlag gegenüber der Branche.

Konkrete PGM-Aktienempfehlungen

Das geringe Angebot an PGM-Produzenten macht die Auswahl der interessantesten Unternehmen nicht einfach. Obwohl North American Palladium mit dem Produktionsort Kanada einen deutlichen Standortvorteil gegenüber anderen Produzenten besitzt, ist das Minenleben der Reserven mit rund zehn Jahren überschaubar gering. Stillwater verfügt zwar über Reserven, die dem Unternehmen die weitere Produktion über die kommenden 40 Jahre sichern, allerdings ist die Geschäftsstrategie des Unternehmens unter dem Einfluss des Großaktionärs Norilsk Nickel schwer kalkulierbar. Zimbabwe Platinum besitzt ein überdurchschnittlich hohes Länderrisiko, sodass diese Aktien ein unausgewogenes Chance-Risiko-Verhältnis besitzen. Northam Platinum sind mit einem ausreichenden Minenleben der Reserven von 18 Jahren allerdings hinsichtlich der Ertragsbewertung teurer als die beiden marktdominierenden Konkurrenten Amplats und Implats. Aufgrund der jeweils hervorragenden Ressourcensituation sowohl von Amplats (WPK 856547) und Implats (WPK 865389) sowie mit moderaten Cashflow-Bewertungen erscheinen beide Marktführer interessant, wobei Implats mit einer für 2005 erwarteten Dividendenrendite von 3,5 Prozent mehr Rendite als Amplats mit 2,2 Prozent verspricht. Daneben kann eine geringe Position in Aquarius Platinum (WPK 925908) erworben werden, da das Unternehmen trotz seiner in Südafrika beheimateten Projekte in den kommenden Jahren als Wachstumswert bezeichnet werden kann. Alle drei als am interessantsten herausgestellten Unternehmen sollten aber nur in einem sehr geringen Depotanteil erworben werden. Spekulationen auf den Platin- und Palladiumpreis können allerdings auch gut über die im Kapitel »Zertifikate« dargestellten Zertifikate vorgenommen werden.

Industriemetalle

Die Firmen, die Industriemetalle produzieren, sind Grundlage und Ausgangsbasis nicht nur moderner Industriegesellschaften. Die industrielle Revolution war nur möglich dank der Unternehmen, die förderbare Erzkörper identifizierten und unter schwierigsten und teils menschenunwürdigen Umständen den Abbau vornahmen. Industriemetalle sind Bestandteil unseres tägliches Leben, was aber als selbstverständlich angesehen wird. Dem geht ein langer, kostenintensiver und riskanter Prozess voraus. Die Exploration, also die Suche und Identifizierung von in der Erde vorhandenen Erzkonzentrationen, die hoch genug sind, um sie wirtschaftlich zu fördern, ist mit extrem hohen Risiken verbunden und verschlingt Investitionen in Millionenhöhe. Die Gelder, die in die Exploration investiert werden, stammen überwiegend aus privaten Quellen, da Banken aufgrund des hohen Risikos dafür keine Kredite zur Verfügung stellen. Sofern ein Unternehmen aber ein wirtschaftlich sinnvolles Erzdeposit identifizieren kann, sind damit hohe Wertzuwächse verbunden, die die Investoren von Gesellschaften, die sich auf diese Tätigkeit spezialisiert haben, entschädigen. Vom Auffinden einer Erzlagerstätte bis zur Produktionsaufnahme vergehen dann in der Regel bis zu zehn Jahre. Aus den unterschiedlichen Metallen, die dann gefördert

dert werden, werden dann selbst noch im Zeitalter des Internets und der New Economy die Dinge hergestellt, ohne die ein modernes Leben nicht möglich wäre. Die Minenindustrie ist unverzichtbar und unentbehrlich, sie wird immer gebraucht werden, und mit jedem Tag werden die Erzvorkommen der Erde geringer. Zwar werden sie aus heutiger Sicht kaum jemals zur Neige gehen, es ist aber davon auszugehen, dass zukünftig die Erzgehalte der Lagerstätten immer geringer werden, allerdings sollte es durch Innovationen in der Fördertechnologie möglich sein, auch Lagerstätten mit niedrigerem Erzgehalt gewinnbringend auszubeuten.

Rohstoffunternehmen sind von der Preisentwicklung der Metalle abhängig. Diese wiederum werden durch Angebot und Nachfrage bestimmt. Da die Nachfrage das Angebot derzeit übertrifft, profitieren die Produzenten von festen Preisniveaus. Aufgrund der dadurch verursachten stei-genden Unternehmensgewinne konnten die Kurse der Rohstoffunternehmen bereits teilweise erheblich anziehen. Selbst Aluminiumproduzenten, die im Bereich der Industriemetalle die relativ schwächste Entwicklung vorweisen, konnten innerhalb von zwei Jahren rund 60 Prozent an Wert zulegen. Die Abbildung zeigt die Kursentwicklung der weltweit dominierenden Aluminiumproduzenten Alcoa, Alcan und Alumina als Vertreter dieses Sektors.

Deutlich besser als Aluminiumproduzenten entwickelten sich die Kurse der Nickelproduzenten. Innerhalb von nur zwei Jahren konnten Kurszuwächse von 170 Prozent (Inco) bis über 250 Prozent bei WMR Resources, die durch das Übernahmeangebot von Xstrata beflügelt wurden, erzielt werden. Der russische Nickel-Weltmarktführer Norilsk Nikkel konnte zwischenzeitlich seine Aktionäre mit einem verdreifachten Kurs erfreuen, bis der Skandal um den ebenfalls russischen Ölkonzern Yukos seinen Schatten auch auf die anderen Konzerne des Landes warf. Trotz einer insgesamt ebenfalls günstigen Bewertung blieb der kanadische Nickelproduzent INCO deutlich hinter der Kurs-Performance der Vergleichsgruppe zurück.

Ein deutlicher Gleichlauf
Kursentwicklung der weltweit führenden Aluminiumproduzenten Abb. 26

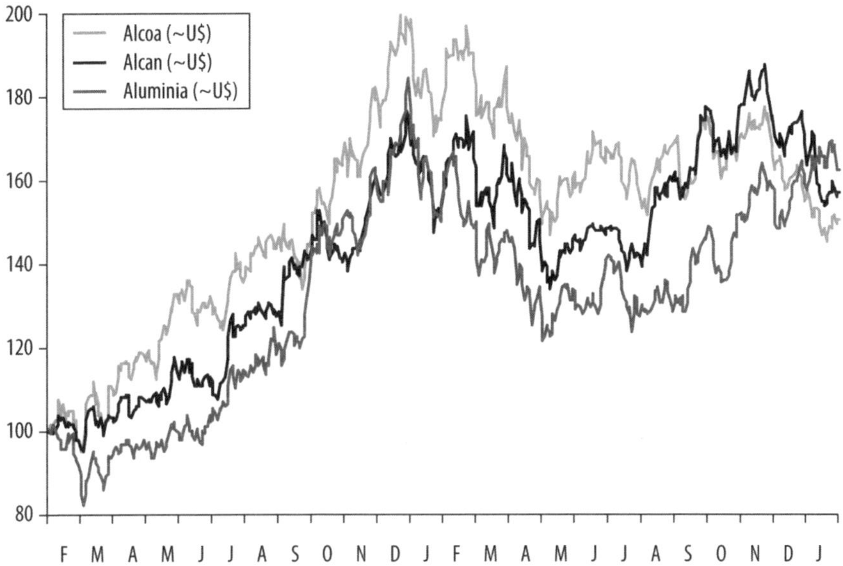

Quelle: Datastream, Macquarie Research Equities – Global Resources Weekly

Auch Unternehmen, die vorwiegend in der Gewinnung von Kupfer tätig sind, konnten in den vergangenen zwei Jahren deutliche Kursaufschläge erzielen. Der kanadische Kupferproduzent Noranda konnte allerdings trotz einer möglichen Übernahme seitens des chinesischen Metallproduzenten und Handelsunternehmens China Minmetals nicht in gleichem Maße wie andere Branchenunternehmen vom anziehenden Kupferpreisniveau profitieren. Der Kurs des ebenfalls kanadischen Rohstoffkonzerns Teck Cominco dagegen stieg im Betrachtungszeitraum sogar um über 300 Prozent an, was darin begründet liegt, dass das Unternehmen über einen hohen Ertragshebel bei Zink verfügt. Als nahezu letzter Vertreter der Basismetalle stieg Zink in den vergangenen Wochen aufgrund rapide sinkender Lagerbestände und steigender Nachfrage deutlich an. Die Anteilseigner von Phelps Dodge, USA, können ebenfalls auf eine

Inco mit erheblichem Nachholpotenzial, Teil I
Indexierte Kursentwicklung der führenden Nickelproduzenten von Februar 2003 bis Januar 2005 Abb. 27

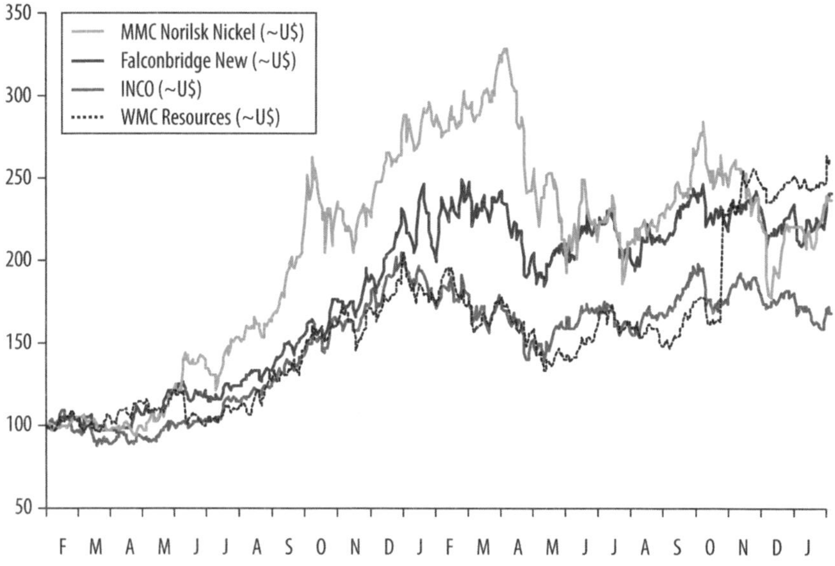

Quelle: Datastream, Macquarie Research Equities – Global Resources Weekly

ansehnliche Kursentwicklung zurückblicken. Bei Phelps Dodge ist vor allem die hohe Abhängigkeit des Gewinns zur Veränderung des Kupferpreises zu beachten. Der Kupfer- und Goldproduzent Freeport McMoRan (Umsatz rund zwei Drittel Kupfer, ein Drittel Gold) wies zuletzt zwar eine zufrieden stellende, aber dennoch unterdurchschnitliche Kursentwicklung auf.

Unter den diversifizierten Rohstoffkonzernen ragt das wachstumsstarke Schweizer Minenunternehmen Xstrata trotz einer breiten Rohstoffpalette mit einem Kurszuwachs von rund 250 Prozent in den vergangenen zwei Jahren heraus. Der relativ hohe Ertragshebel aufgrund der stark gestiegenen Kohlepreise unterstützten diese Entwicklung. Dennoch ist das Unternehmen noch immer günstig bewertet, wie Abbildung 29 zeigt.

Inco mit erheblichem Nachholpotenzial, Teil II

Indexierte Kursentwicklung der führenden Kupferproduzenten von Februar 2003 bis Januar 2005

Abb. 28

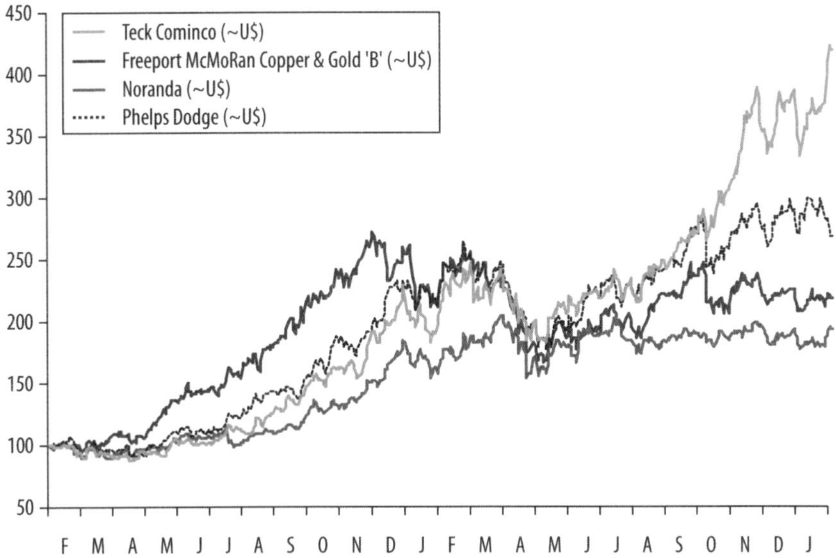

Quelle: Datastream, Macquarie Research Equities – Global Resources Weekly

Der weltweit größte Rohstoffkonzern, die britische BHP Billiton, konnte ebenfalls deutlich im Kurs anziehen, trotz eines allgemein relativ geringen Ertragshebels bei Rohstoffpreisänderungen. Die ebenfalls britischen Konzerne Rio Tinto und Anglo American wiesen einen ähnlichen Kursverlauf auf und liegen derzeit mit einem Kurszuwachs von rund 50 Prozent gleichauf.

Der Rohstoffsektor gleicht dem Goldsektor dahingehend, dass antizyklische Investoren gerade dann anlegen, wenn die Ertragsbewertungen sehr hoch sind und gleichzeitig die Gewinne ein zyklisches Tief erreicht haben. Sie steigen gewöhnlich aber auch dann wieder aus, wenn die Bewertungen deutlich gesunken sind und der Rohstoffmarkt ein zyklisches Hoch erreicht hat. Ob die Bewertungen der Rohstoffgesellschaften

Xstrata trotz überdurchschnittlicher Kursentwicklung noch immer günstig bewertet

Indexierte Kursentwicklung der führenden breit diversifizierten Rohstoffkonzerne von Februar 2003 bis Januar 2005 Abb. 29

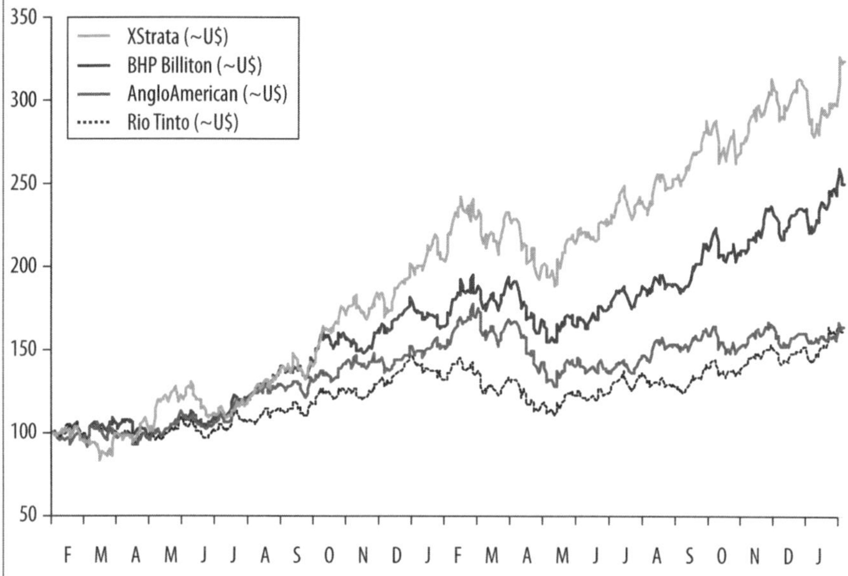

Quelle: Datastream, Macquarie Research Equities – Global Resources Weekly

als hoch oder niedrig einzuschätzen sind, kann am besten anhand der Bewertungskennzahlen im Verhältnis zur Gesamtmarktbewertung ablesen. Derzeit befinden sich die Bewertungen der Rohstoffgesellschaften allerdings noch immer auf einem relativ hohen Niveau, obwohl die realen Gewinne der Branche ein Allzeithoch erreichten. Diese ungewöhnliche Situation lässt sich am ehesten damit begründen, dass die Kurse der Rohstoffgesellschaften ein relativ hohes Maß an Optimismus wiederspiegeln. Sofern wir uns derzeit an einem zyklischen Hoch der Metallpreise befinden sollten, wären deutliche Kursrückgänge bald wahrscheinlich. Allerdings befindet sich die Weltwirtschaft dahingehend in einer neuen Situation, dass mit China und Indien deutlich über zwei Mrd. Menschen in die Weltwirtschaft hineindrängen, mit den gleichen Bedürfnissen noch Wohlstand und Luxus wie die Konsumenten der westlichen Volkswirtschaften. Die Rohstoffnachfrage kann daher auch auf lange Sicht ein dauerhaft hohes Niveau erreichen, was die Ertragssituation und damit die Bewertung der Rohstoffgesellschaften auf Dauer deutlich anheben dürfte. Die Rohstoffgesellschaften hätten damit insgesamt in den kommenden Jahren eine sehr positive Zukunft vor sich. Rohstoffgesellschaften bieten sich damit als notwendige Diversifikationsanlage an und sollten neben Edelmetallproduzenten in keinem Depot fehlen.

In der Vergangenheit erreichten die Kurse der Rohstoffproduzenten dann das Hoch, nachdem die Metallpreise ein Top erreicht hatten, wie Abbildung 30 verdeutlicht. Anders als bei den traditionellen Ak-tienmärkten ist bei Rohstoff-Aktien somit wenig Antizipationsfähigkeithinsichtlich der weiteren Gewinnentwicklung zu erkennen. Um die Kursentwicklung der Rohstoff-Aktien zu prognostizieren, ist die Analyse der Rohstoffmärkte selbst bzw. der Entwicklung der Metall-, Energie- oder Soft-Commodity-Preise unerlässlich. Die Abbildung macht aber auch deutlich, dass abgesehen von der stark volatilen Metallpreisentwicklung die Kurse der Produzenten dennoch über die Zeitachse hinweg tendenziell ansteigen und auch hinsichtlich der Inflation einen guten Schutz darstellen.

Im Gegensatz zu früheren Minenzyklen befinden sich derzeit sowohl die Erträge als auch die Bewertungen der Produzenten auf hohem Niveau

Relatives Kurs-Gewinn-Verhältnis sowie reale Gewinnentwicklung der Minenindustrie Abb. 30

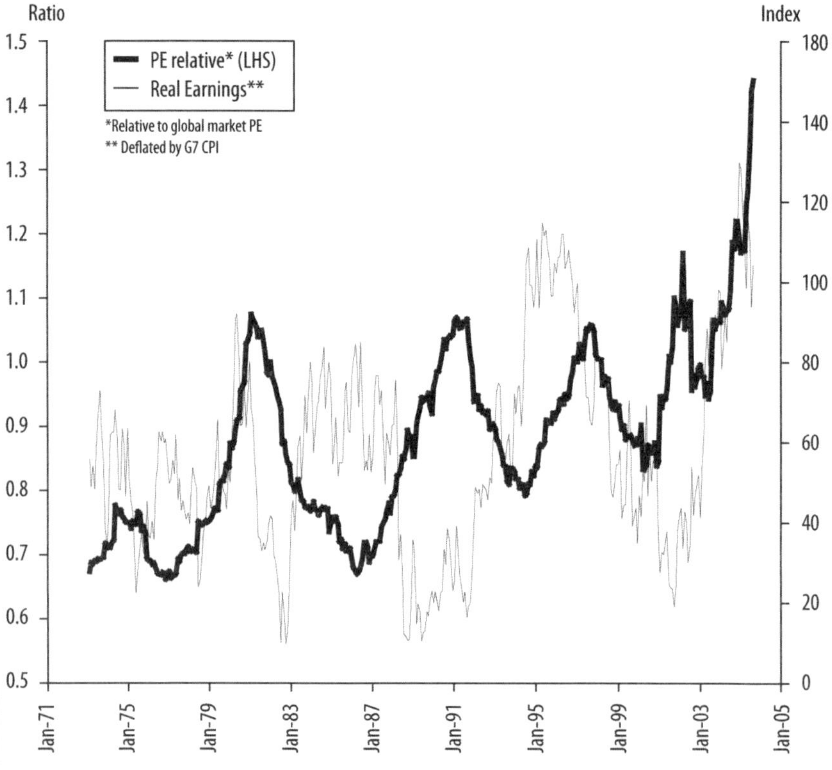

Quelle: ABN Amro Overnight Report

Rohstoffpreise laufen der Kursentwicklung der Minengesellschaften meist voraus

Rohstoffpreiszyklen und Kursentwicklung der Rohstoffproduzenten Abb. 31

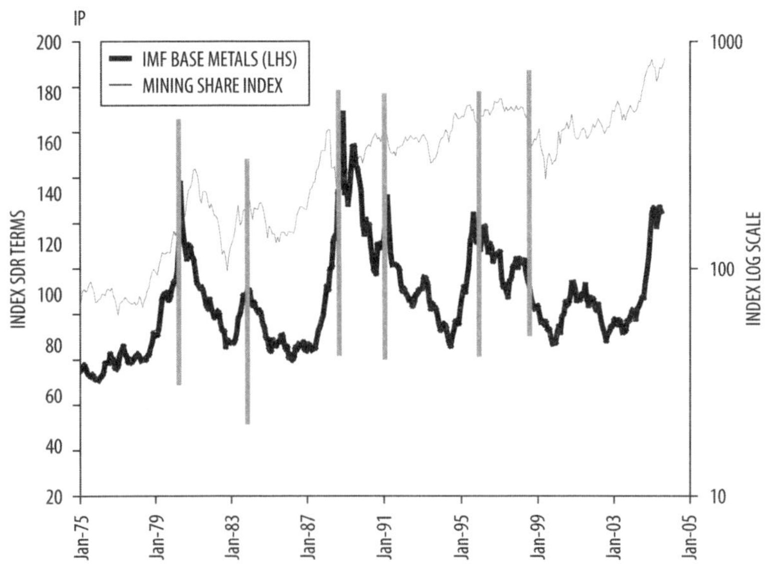

Quelle: ABN Amro Overnight Report

Der Kursverlauf der Basismetallpreise zeigt zumindest eine vorübergehende Konsolidierung. Auch wir gehen davon aus, dass es zu einer vorübergehenden Metallpreiskorrektur kommen dürfte, ausgehend von einer erfolgreichen Wirtschaftsdämpfungspolitik der chinesischen Regierung. Mittelfristig dagegen ist von einem weiteren und wahrscheinlich auch deutlichen Preisanstieg bei Rohstoffen auszugehen, nicht zuletzt wegen des weiter anhaltenden Dollar-Verfalls und des generell schwindenden Vertrauens der Menschen in die westlichen Papiergeldsysteme. Bevorstehende Korrekturen im Rohstoffsektor sollten deshalb zum Aufbau von Aktienpositionen bei Rohstoffgesellschaften genutzt werden. Gemessen am historischen Durchschnitt der Branche liegen die Kurs-Gewinn-Verhältnisse der Rohstoffgesellschaften derzeit zwischen 15 Prozent und 30 Prozent unter ihren jeweiligen Durchschnittswerten.

Die unten stehende Aufstellung zeigt die wichtigsten Bewertungskennzahlen einer breiten Auswahl international führender Rohstoffkonzerne. Neben der Gewinnbewertung (Kurs-Gewinn-Verhältnis für 2005 und 2006 erwartet) und des Kurs-Cashflow-Verhältnisses sind die relative Bewertung zum Net Present Value, die Verschuldungsquote (Nettoverschuldung im Verhältnis zum Eigenkapital) sowie die bereinigte Marktkapitalisierung im Verhältnis zur operativen Ertragskraft (EBITDA: Gewinn vor Zinsen, Steuern, Abschreibung und Amortisation) dargestellt.

Über die Branche hinweg erscheinen die Rohstoffgesellschaften derzeit gerade in Anbetracht der deutlichen Gewinnsteigerungen der vergangenen Monate günstig bewertet, bei gleichzeitig insgesamt akzeptablen Verschuldungsquoten. Je geringer die Verschuldungsquote, umso geringer das bilanzielle Risiko einer Gesellschaft. Die negativen Verschuldungsquoten bei Phelps Dodge, Teck Cominco oder Zinifex bedeuten, dass diese Gesellschaften sogar über mehr liquide Mittel als Finanzverbindlichkeiten verfügen und damit bilanziell sehr positiv zu werten sind. Die insgesamt günstigen Bewertungen (Kurs-Cashflow-Verhältnisse teilweise von 8 oder noch deutlich darunter) deuten, wie bereits festgestellt, auf die Nähe eines zyklischen oder zumindest zwischenzeitlichen Hochs der Rohstoffmärkte hin. In der in Tabelle 5 abgebildeten Sensitivitätsanalyse der wichtigsten Rohstoffkonzerne (ex Energie) sind die Auswirkungen von Rohstoffpreisänderungen auf die Gewinne der Produzenten abgebildet. Sie bestehen sowohl bei steigenden als auch bei sinkenden Preisen. Es bietet sich somit an, nach einer Korrektur diejenigen Unternehmen zu kaufen, die einen hohen Ertragshebel auf Metallpreisänderungen haben. Im Wesentlichen handelt es sich um CVRD (WPK 897998) bei Eisenerz, Xstrata (WPK 552834) bei Kohle, Inco (WPK 851411), Falconbridge (WPK 890895) und Norilsk Nickel (WPK 676683, werden leider nur als ADRs in Deutschland gehandelt) bei Nikkel, Alcan (WPK 850204) bei Aluminium, Phelps Dodge (WPK 854909) bei Kupfer und Teck Cominco (WPK 858265) bei Kohle und besonders Zink. Alle diese genannten branchenführenden Unternehmen

Bewertungsvergleich
Bewertungstableau führender Rohstoffkonzerne Tab. 4

	Kurs	KGV 2005e	KGV 2006e	KCF 2005e	KCF 2006e	NPV je Aktie	Prämie/ Discount zu NPV	Verschuldungsquote	EV/EBITDA 2005e	EV/EBITDA 2006e
Aluminium										
Alcoa	29,40 US$	14,9	13,5	7,7	7,1	25,2	17%	38,2%	8,4	7,7
Alcan	39,20 US$	12	13,3	5,8	6,1	41,13	-5%	76,3%	6,6	6,9
Chalco	4,35 HK$	6,3	8	3,4	3,8	5,08	-14%	22,9%	8,1	8,9
Alumina	5,95 A$	20	17,8	15,4	13,7	5,27	13%	9,7%	11,3	9,8
Nickel										
Falconbridge	33,3 C$	5,6	9,4	4,1	5,4	29,92	11%	31,7%	3,6	5,4
Inco	34,3 US$	7,3	9,8	4,1	5,2	34,09	1%	5,9%	3,8	4,8
Norilsk Nickel	56,6 US$	6,6	10,7	4,8	6,5	52,53	12%	1,9%	3,7	5,4
WMR	7,59 A$	14,5	26,2	6,4	10,4	4,95	53%	14,6%	6,8	9,4
weitere Basismetalle										
Freeport	37,10 US$	8,6	13,1	7,7	10,3	37,6	-1%	147,6%	3,7	5,1
Noranda	22,00 C$	6,9	10	3,3	4,2	21,5	2%	43,2%	3,7	4,8
Phelps Dodge	91,50 US$	6,5	11,1	4,3	5,8	95,43	-4%	-3,0%	4,1	6,1
Teck Cominco	41,80 C$	7,8	7	6	5,5	42,06	-1%	-7,5%	3,8	3,4
Zinifex	2,96 A$	6,2	5,5	2,7	2,5	2,14	38%	-2,5%	2,2	1,6
diversifizierte Konzerne										
Anglo American	12,80 GP	10,7	11,6	4,6	5,2	11,76	9%	30,2%	5,6	6,9
BHP Billiton	6,63 GP	10,8	11,2	8,3	8,5	5,13	29%	37,4%	6,9	6,9
CVRD	25,00 US$	6,5	5,4	4,9	3,9	29,83	-16%	39,8%	4,6	3,9
Rio Tinto	16,50 GP	11,4	11,1	8,9	8,4	13,95	18%	30,7%	9,3	8,1
Xstrata	10,00 GP	7,3	7,6	6	6,2	9,6	5%	22,1%	4,4	4,5

Quelle: Macquarie Bank, Bloomberg; eigene Darstellung

sind zur Diversifikation des Rohstoffportfolios geeignet und sollten beigemischt werden.

EPS-Sensitivität

Preisänderung einzelner Rohstoffe und die Auswirkungen auf den Gewinn je Aktie diverser Rohstoffproduzenten

Tab. 5

Company	Cu ± 1USc/lb	Al ± 1USc/lb	Zn ± 1USc/lb	Ni ± 10USc/lb	Au ± US☒1/o☒	Coal Thermal ± US☒1/t	Coal Coking ± US☒1/t	Iron ore ± US☒1/t	AUD/USD ± 1Ac	USD/ZAR ± 10c
Diversified										
BHP	0,24	0,32	-	0,16	-	0,32	0,40	0,96	0,56	0,28
RIO	0,93	1,02	-	-	0,07	2,55	-	5,82	1,97	0,26
CVRD	0,30	0,80	-	-	-	-	-	10,02	-	-
Anglo American	0,80	-	0,66	0,45	0,17	1,94	0,44	0,64	0,46	4,19
Xstrate	1,13	-	0,97	-	0,07	5,51	1,52	-	3,25	1,52
Nickel										
Inco	-	-	-	15,59	-	-	-	-	-	-
Falconbridge	3,91	-	1,41	9,37	-	-	-	-	-	-
Norlisk	3,01	-	-	15,35	0,40	-	-	-	-	-
WMR	0,52	-	-	1,73	-	-	-	-	2,25	-
Aluminium										
Alcoa	-	1,11	-	-	-	-	-	-	-	-
Alcan	-	4,86	-	-	-	-	-	-	-	-
Chaico	-	0,03	-	-	-	-	-	-	-	-
Alumina	-	0,97	-	-	-	-	-	-	0,98	-
Base Metals										
Freeport	5,46	-	-	-	0,92	-	-	-	-	-
Noranda	1,32	1,40	1,81	3,63	-	-	-	-	-	-
Phelps Dodge	20,79	-	-	-	0,09	-	-	-	-	-
Teck Cominco	1,97	-	8,03	-	0,11	-	4,38	-	-	-
Zinifex	-	-	3,00	-	-	-	-	-	1,80	-

Quelle: Macquarie Research Equities – Global Resources Weekly

Neben den meist breit diversifizierten Rohstoffkonzernen bieten sich weitere Gesellschaften aus der »zweiten Reihe« an. Auch hier gilt, dass erst nach einer Korrekturphase zugekauft werden sollte. Es handelt sich dabei auch um Unternehmen aus den sehr interessanten Bereichen Diamanten (Aber Diamond, Kimberley Diamond),Uran (Aflease Gold & Uranium, Cameco) und Kohle (Centennial Coal). Auch die südafrikanische Beteiligungsgesellschaft ASA Ltd., die als geschlossener Fonds konzipiert ist, bietet aufgrund der breiten Investition in sämtliche Edelmetalle schwerpunktmäßig südafrikanischer Produzenten eine interessante Anlagemöglichkeit. Die ungünstige steuerliche Behandlung der Verkaufserlöse durch den hohen Abzug der Zinsabschlagssteuer bei ASA macht das Investment allerdings problematisch.

Auch unter den rohstoffnahen Gesellschaften gibt es Unternehmen, die vom positiven Rohstofftrend profitieren. Es handelt sich dabei überwiegend um Unternehmen, die man als die »Schaufelverkäufer der Goldgräber« umschreiben könnte. Dazu zählen vor allem die Düngemittel-, Agrarchemie und Saatgutproduzenten, aber etwa auch die Landmaschinen- und Minenausrüstungsgesellschaften. Die Hersteller von Geflügel- und Fleischprodukten sollten künftig ebenfalls profitieren können. Da davon auszugehen ist, dass die »weichen« Rohstoffe wie etwa Getreide, Kaffee und Zucker vor deutlichen Preisaufschlägen stehen, sollten Hersteller von Soft-Commodity-Substituten wie Australian Agriculture mit Rindern oder Sadia (Brasilien) mit Geflügelprodukten oder sonstige Obst- und Nahrungsmittelhersteller ebenfalls profitieren können. Aufgrund des latenten US-Dollar-Risikos sollten US-amerikanische Unternehmen generell nur in geringen Depotanteilen gehalten werden, wobei eine konsequente Dollar-Absicherung ratsam ist. Als einziges Unternehmen sollte die norwegische Yara International aufgrund der günstigen Bewertung sowie des sehr guten Wachstumspotenzials im Depot übergewichtet werden.

Öl-/Gas-Aktien

Wir sind an anderer Stelle bereits auf die langfristigen Perspektiven des Öl- und damit auch des Gaspreises eingegangen. Zwar dürfte der Ölpreis kurz- bis mittelfristig zwischen 35 und 50 US-Dollar schwanken, auf lange Sicht sind Kurse von 100 US-Dollar und darüber aber keineswegs

Rohstoffproduzenten im Vergleich

Diverse Rohstoffempfehlungen mit Gewichtungsvorschlag Tab. 6

Rohstoffunternehmen	WPK	Kurs	MK in Mio.	KGV 05e	KCF 05e	Rohstoff	Land	Empfehlung
Aber Diamond	872110	25,87 €	1.492 €	17	11	Diamanten	Kanada	gleichgewichten
Aflease Gold & Uranium Res.	A0DQDT	0,49 €	166 €	-	-	Uran/Gold	Südafrika	übergewichten
Aneka Tambang	910452	0,15 €	287 €	7	5	Ni/FE/AU	Indonesien	untergewichten
ASA Ltd.	A0DLN4	28,34 €	-	-	-	Edelmetalle	Südafrika	untergewichten
Cameco	882017	32,44 €	5.595 €	38	24	Uran/Gold	Kanada	gleichgewichten
CBH Resources	896775	0,15 €	76 €	9	5	Zn/Pb/Ag	Australien	untergewichten
Centennial Coal	907723	2,29 €	450 €	11	5	Kohle	Australien	gleichgewichten
Independence Group	765651	0,73 €	76 €	5	5	Ni/Cu/Au/Ag	Australien	untergewichten
Kagara Zinc	765651	0,71 €	133 €	14	7	Zink	Australien	untergewichten
Kimberley Diamond	689383	0,55 €	139 €	47	25	Diamanten	Australien	gleichgewichten
Lionore	855702	4,06 €	876 €	7	5	Nickel/Gold	Kanada	gleichgewichten
Mincor	256332	0,45 €	87 €	8	4	Nickel	Australien	untergewichten
Perilya	876505	0,63 €	104 €	12	6	Zn/Pb/Ag	Australien	gleichgewichten
Sally Malay	911722	0,56 €	90 €	5	5	Ni/CuCo	Australien	gleichgewichten

Quelle: Unternehmensangaben, Bloomberg; eigene Darstellung

Rohstoffnahe Unternehmen im Vergleich

Diverse rohstoffnahe Empfehlungen mit Gewichtungsvorschlag Tab. 7

Rohstoffnahe Unternehmen	WPK	Kurs	MK in Mio.	KGV 05e	KCF 05e	Branche	Land	Empfehlung	Rendite
Archer-Daniels-Midland	854161	18,17 €	11.921 €	16	10	Nahrungsmittel	USA	übergewichten	1,3%
Australien Agriculture	763858	1,11 €	224 €	16	13	Rinder	Australien	untergewichten	3,9%
Bunge	762269	42,57 €	4.698 €	14	10	Nahrungsmittel	USA	übergewichten	0,8%
Caterpillar	850598	71,24 €	24.308 €	13	9	Minenausrüster	USA	untergewichten	1,7%
CNH	546689	13,19 €	1.752 €	17	11	Landmaschinen	NL	untergewichten	0,6%
Fresh del Monte	910307	23,16 €	1.334 €	13	8	Obst	USA	übergewichten	2,6%
Fyffes	875263	2,08 €	721 €	11	8	Obst	Irland	untergewichten	3,2%
Deere & Co.	850866	53,23 €	13.194 €	12	10	Landmaschinen	USA	untergewichten	1,7%
K+S	716200	41,12 €	1.748 €	15	7	Düngemittel	Deutschland	gleichgewichten	3,2%
KWS Saat	707400	629,00 €	415 €	14	9	Saatgut	Deutschland	gleichgewichten	1,9%
Precious Woods	895927	58,83 €	97 €	-	-	Holz	Schweiz	gleichgewichten	0%
Sadia	915941	1,57 €	669 €	7	6	Geflügel	Brasilien	gleichgewichten	3,8%
Syngenta	580854	81,92 €	9.221 €	16	9	Agrarchemie	Schweiz	untergewichten	2,1%
Yara International	A0BL7F	12,72 €	4.065 €	9	7	Düngemittel	Norwegen	übergewichten	3,1%

Quelle: Unternehmensangaben, Bloomberg; eigene Darstellung

auszuschließen. Es ist daher zu erwarten, dass auch der gesamte Ölsektor von dieser Entwicklung profitieren wird. Exemplarisch soll im Folgenden gezeigt werden, auf welche entscheidenden Kriterien bei der Auswahl der Ölunternehmen zu achten ist. Wie in allen anderen Rohstoffkategorien verzichten wir ganz bewusst auf die Betrachtung russischer Unternehmen, die gerade bei Öl und Gas eine wichtige Rolle spielen. Die politische und auch rechtliche Situation in Russland ist alles andere als gesichert anzusehen, was die Yukos-Affäre allzu deutlich vor Augen führte. Über Nacht können sich dort Dinge ereignen, die erhebliche Auswirkungen auf die Unternehmen haben, was jede vernünftige Analyse zunichte macht. Zudem versucht auch die russische Regierung, über Sondersteuern u.ä. zunehmend von der positiven Ertragssituation des gesamten Rohstoffsektors zu profitieren. Wir raten aus Risikogesichtspunkten daher, auf russische Aktien ganz zu verzichten und dafür die aussichtsreichen Unternehmen mit geringeren Länderrisiken zu bevorzugen. Auch außerhalb Russlands sind genügend interessante Unternehmen mit guten Perspektiven und akzeptabler Bewertung zu finden.

Wie bei anderen Unternehmen auch sollte der erste analytische Blick der Bilanz eines Ölproduzenten gelten. Unternehmen mit schlechten Bilanzen, was vor allem auch an der Höhe der Eigenkapitalquote abgelesen werden kann, sollten, wenn möglich, gemieden werden. Es werden in dieser Branche vor allem in Zeiten hoher Ölpreise wie zuletzt hohe Gewinne und Cashflows erwirtschaftet, was sich normalerweise direkt positiv auf die Eigenkapitalausstattung der Unternehmen auswirkt. Die Ölindustrie ist allerdings auch eine sehr kapitalintensive Branche, vor allem hinsichtlich der Erschließung neuer Ölfelder. Die in Abbildung 32 aufgelisteten Unternehmen, die wir als repräsentativ für den Ölsektor (exklusive russischer Aktien) ansehen, weisen Eigenkapitalquoten im Bereich von 40 Prozent bis 50 Prozent der Bilanzsumme auf. Während die norwegische Statoil am unteren Ende der Bandbreite mit 34 Prozent rangiert, sticht Royal Dutch mit 64 Prozent positiv heraus.

Der zweite Blick gilt der Ertragsbewertung, die wie üblich in die Zukunft gerichtet ist. Paramater für die Gewinnschätzung ist der erwartete

Eigenkapitalquoten überwiegend zufrieden stellend

Eigenkapitalquoten ausgesuchter internationaler Ölproduzenten im Vergleich

Abb. 32

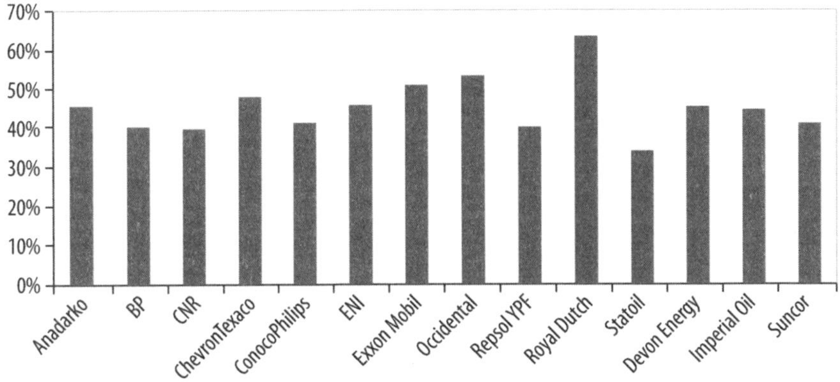

Quelle: Bloomberg, Unternehmensangaben; eigene Darstellung

Ölpreis als Durchschnittswert einer Betrachtungsperiode, in diesem Fall jeweils für ein Jahr. Noch bis vor kurzem konnten die Analysten es einfach nicht glauben, dass sich der Ölpreis mittlerweile bereits dauerhaft über der 35-US-Dollar-Marke bewegt, zeitweise sogar deutlich über 50 US-Dollar je Barrel bezahlt werden. Bei konstanten bis leicht steigenden Auffindungs- und Erschließungskosten, die zukünftig aufgrund der immer größer werdenden Knappheit des Erdöl tendenziell ansteigen werden, lässt sich somit relativ leicht die Gewinnentwicklung schätzen, vorausgesetzt man ist in der Lage, die Preisentwicklung des Ölpreises einigermaßen genau zu bestimmen. Nur zögerlich passten in der Vergangenheit und noch immer die Analysten ihre Ölpreisprognosen ab, was dann zu steigenden Kursen für Ölunternehmen führt. Noch immer werden von vielen Seiten die Gewinne der Ölunternehmen auf Basis eines Ölpreises von im Durchschnitt gut 35 US-Dollar bewertet, was als konservativ anzusehen ist. Über die Branche hinweg werden die Unternehmen derzeit mit einem Kurs-Gewinn-Verhältnis bewertet, das größtenteils zwischen 10 und 15 für 2005 erwartet wird. Höhere Bewertung weisen lediglich Imperial Oil und Suncor auf, die

Kurs-Gewinn-Verhältnis

Kurs-Gewinn-Verhältnis ausgesuchter internationaler Ölproduzenten geschätzt für 2005 Abb. 33

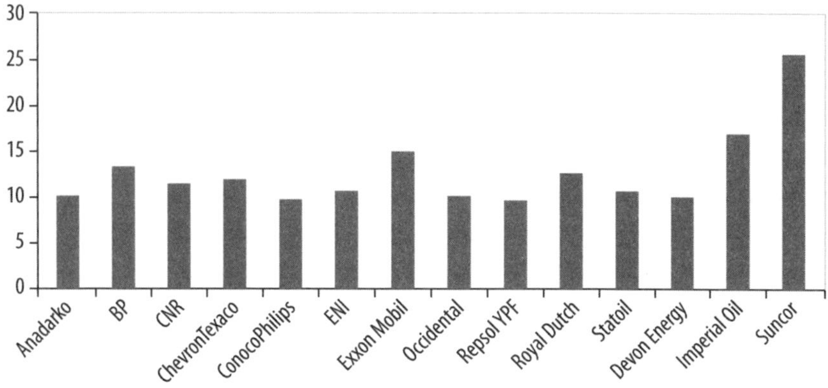

Quelle: Bloomberg, Unternehmensangaben, eigene Schätzungen; eigene Darstellung

entsprechend der Vergleichswerte dem Anschein nach demnach als teuer einzustufen wären. Wir werden aber an späterer Stelle erläutern, warum beide Unternehmen im Gegenteil nicht als teuer, sondern langfristig sogar als überaus interessant und aussichtsreich einzuschätzen sind.

Das Kurs-Gewinn-Verhältnis ebenso wie das Kurs-Cashflow-Verhältnis für sich betrachtet lassen noch keinen Schluss über die Beurteilung eines Investments zu. Zu viele andere wesentliche Faktoren spielen in der Ressourcenbranche eine entscheidende Bedeutung, wie etwa auch am Beispiel der Goldproduzenten deutlich gemacht wurde. Eine ähnliche Vorgehensweise bei der Beurteilung von Öl- und Gasunternehmen ist sicherlich nützlich. Abbildung 34 lässt allerdings schon erkennen, dass Unternehmen wie Anadarko Petroleum (WPK 871766), Canadian Natural Resources (CNR, WPK 865114), Repsol YPF (WPK 876845) oder Devon Energy (WPK 925345) deutlich günstiger als die Gesamtbranche bewertet werden. Neben Exxon Mobile erscheinen wieder die Unternehmen Imperial Oil (WPK 851368) und Suncor Energy (WPK 865161) überdurchschnittlich teuer und damit wenig attraktiv. Während nun die Betrachtung der Ertragskennzahlen bereits einen gewissen Aufschluss über die Bewertung einzelner Unternehmen geben konnte, sollen im Folgenden die Substanz in Form von Ölreserven und damit auch die Zukunftsfähigkeit über die Dauer des Minenlebens bzw. die Lebensdauer der Reserven untersucht werden.

An dieser Stelle sei darauf hingewiesen, dass es bei jeder Aktienanalyse darauf ankommt, ein Unternehmen im Bewertungskontext der Gesamtbranche zu betrachten. Es ist sicherlich nicht notwendig, 14 Unternehmen wie in diesem Beispiel bezüglich diverser Bewertungskennzahlen als Vergleichsmaßstab heranzuziehen. Sie können allerdings auch mehr Unternehmen, jedoch auch weniger heranziehen. Sie sollten allerdings nach Ihrer Analyse in der Lage sein festzustellen, wie ein bestimmtes Unternehmen hinsichtlich seiner Bewertungskennzahlen und Zukunftsperspektiven im Vergleich zu anderen Unternehmen einzustufen ist. Vergleichsunternehmen sollten dann eher eine gleiche Größe und Art der Tätigkeit aufweisen.

Die Substanz eines Ölunternehmens setzt sich wie etwa auch bei Goldproduzenten im Wesentlichen aus den Reserven und Ressourcen sowie dem Explorations- und Ressourcen-Akquisitionspotenzial zusammen. Da das Explorations- und Akquisitionspotenzial allerdings nur sehr schwer zu bewerten ist, konzentrieren wir uns vornehmlich auf die ausgewiesenen Reserven. Dabei ist es sinnvoll, den Wert der Reserven, kalkuliert auf Basis der Reserven, multipliziert mit dem aktuellen Ölpreis, ins Verhältnis zur bereinigten Marktkapitalisierung zu setzen. Die bereinigte Marktkapitalisierung entspricht dem Börsenwert (Anzahl ausstehender Aktien multipliziert mit dem Kurs der Aktien), abzüglich liquider Mittel plus den Finanzverbindlichkeiten. Der bereinigte Marktwert berücksichtigt demnach die Liquidität und die Finanzschulden, die ein potenzieller Käufer eines Unternehmens entweder in Form von Bargeld aus der Kasse entnehmen (Liquidität) oder als laufende Zinsen und Tilgungsraten zusätzlich zahlen müsste.

Divergenz beim Kurs-Cashflow-Verhältnis

Kurs-Cashflow-Verhältnis ausgesuchter internationaler Ölproduzenten geschätzt für 2005 Abb. 34

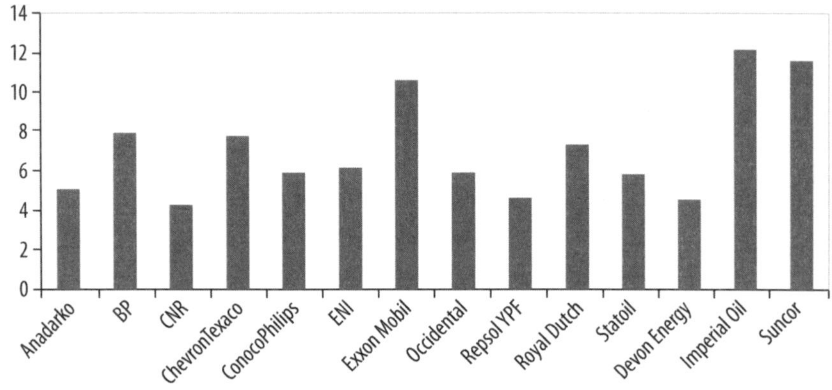

Quelle: Bloomberg, Unternehmensangaben, eigene Schätzungen; eigene Darstellung

Divergenz bei Reservenbewertung

Marktkapitalisierung im Verhältnis zum Wert der Reserven ausgesuchter internationaler Ölproduzenten Abb. 35

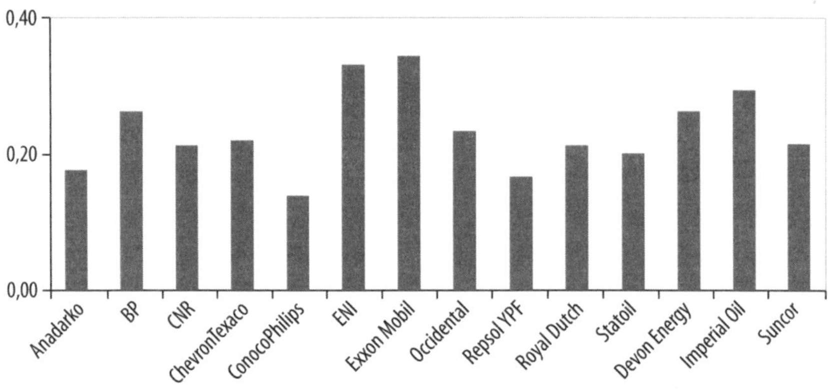

Quelle: Bloomberg, Unternehmensangaben; eigene Darstellung

Entsprechend dieser wichtigen Kenngröße liegt die bereinigte Marktbewertung der meisten dieser Ölwerte zwischen 20 Prozent und 30 Prozent des (Brutto-)Wertes der jeweiligen Ölreserven. ConocoPhilips erscheinen demnach mit lediglich 14 Prozent besonders günstig, ENI und Exxon Mobil dagegen mit 33 Prozent bzw. 34 Prozent überdurchschnittlich teuer. Die Lebensdauer der Reserven aller drei Unternehmen liegt mit 13,4, 12,5 und 14,3 Jahren im Bereich des Durchschnittswertes über die Branche hinweg, der bei knapp 14 Jahren liegt (vgl. Abbildung 37). Die Angaben der Unternehmen über die Höhe ihrer Reserven ist allerdings mit einer Portion Vorsicht zu genießen. Royal Dutch beispielsweise musste im Januar 2005 bereits zum fünften Mal seine Reserven nach unten korrigieren. Royal Dutch ist allerdings kein Einzelfall. Daneben mussten etwa auch die Ölkonzerne Forest Oil, Nexen, Husky Energy, Vintage Petroleum, Western Gas Resources sowie El Paso ihre Reserven nach unten korrigieren. Dabei ist zu befürchten, dass nicht nur die Konzerne selbst, sondern sogar die offiziellen Ölreserven der Opec-Staaten gefälscht bzw. geschönt sind (vgl. dazu: Money Vermögensverwalter, Nr.3, 24. Januar 2005, Jürgen Koch: Gefälschte Reserven). Steigende Nachfrage nach Öl und sinkende Reserven - eine insgesamt gefährliche Mischung für den Ölpreis, und gut für den gesamten Ölsektor.

Royal Dutch musste allerdings nicht nur seine Reserven revidieren, auch die in der Branche viel beachtete Reserve Replacement Rate (RRR) oder zu deutsch Reserven-Ersatz-Rate lag zuletzt bei lediglich rund 50 Prozent. Eine RRR von 50 Prozent bedeutet, dass in einem Betrachtungszeitraum die geförderte Menge Öl nur zur Hälfte mit neuen Reserven »aufgefüllt« werden konnte. Somit reduziert sich per saldo die Reservenbasis, und die Lebensdauer der Reserven verringert sich. Die Zukunftsfähigkeit eines Unternehmens mit einer über mehrere Jahre unter 100 Prozent liegenden RRR ist akut gefährdet. Wie Abbildung 39 allerdings zeigt, liegt die RRR der meisten Öl- und Gasförderer über 100 Prozent. Besonders hoch lag diese Kennzahl zuletzt bei Anadarko, CNR, ConocoPhilips und Occidental Petroleum.

Günstige Kanadier, Teil I

Bereinigte Marktkapitalisierung ausgesuchter internationaler Ölproduzenten unter Berücksichtigung der Ölsandressourcen einiger Produzenten

Abb. 36

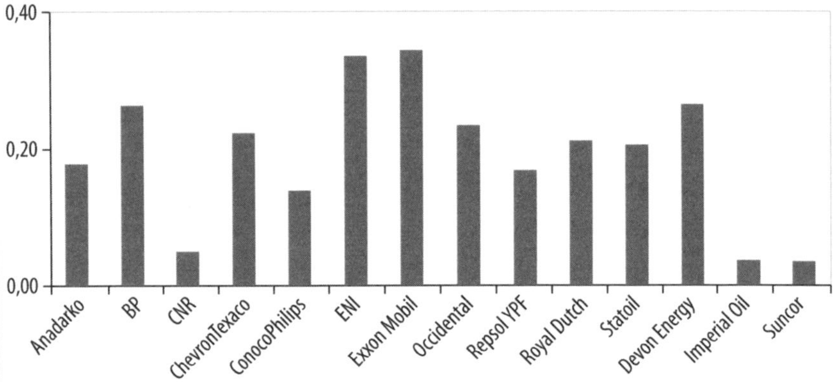

Quelle: Bloomberg, Unternehmensangaben; eigene Darstellung

Neben den herkömmlichen Ölvorkommen sind in den letzten Jahren immer mehr die Ölsandvorkommen in das Blickfeld der Ölproduzenten und zuletzt auch der Anleger gerückt. Die Ölsände von Alberta stellen die größten weltweit bekannten Ölreserven dar. Schätzungsweise 1,7 bis 2,5 Billionen BOE (Barrel of Oil Equivalents / Erdöl-Äquivalente) beinhalten diese Sande, die sich in einem Gemisch aus Sand, Wasser und Ton befinden. Davon werden rund 300 Mrd. Barrel als derzeit förderwürdig angesehen. Einige Unternehmen haben die Zukunftsträchtigkeit der Ölsände erkannt und sich rechtzeitig Anteile gesichert. Unternehmen mit hohen Ölsandressourcen sind vor allem CNR, Imperial Oil und Suncor. Die Ölsand-Ressourcen von CNR belaufen sich auf derzeitiger Technologiebasis auf 6 Mrd. Barrel förderfähiges Öl (von insgesamt schätzungsweise 18 Mrd. Barrel BOE eigenen Ressourcen!), die von Imperial Oil auf 13 Mrd. BOE und von Suncor auf 10 Mrd. BOE. Für diese Firmen stellen diese Art der Ölressourcen eine hervorragende Ausgangsbasis für eine langfristige Produktionstätigkeit dar. Zum Vergleich: Das Branchenschwergewicht Royal Dutch / Shell verfügt ebenfalls über Reserven in Höhe von 12,95 Mrd. BOE, wobei Royal Dutch aber ein Vielfaches an Marktbewertung aufweist.

In Abbildung 36 ist der Bewertungsvergleich so dargestellt, als ob die enormen Ölsandressourcen von CNR, Imperial Oil und Suncor Energy als Reserven ausgewiesen wären. Für diesen Fall würde die Bewertung dieser Unternehmen im Branchenvergleich erheblich sinken. Man muss allerdings bedenken, dass die Ölproduktion aus Ölsand deutlich teurer ist als die herkömmliche Produktion. Während Öl in der Regel zu Produktionskosten zwischen 10 und 15 US-Dollar gefördert werden kann, liegt dieser Kostensatz im Falle der Ölsände bei insgesamt 25 bis 30 US-Dollar. Hier wird auch der extrem hohe Gewinnhebel der Unternehmen mit nennenswerten Ölsandaktivitäten deutlich.

Lebensdauer selten über 15 Jahre

Lebensdauer der Reserven internationaler Ölproduzenten in Jahren Abb. 37

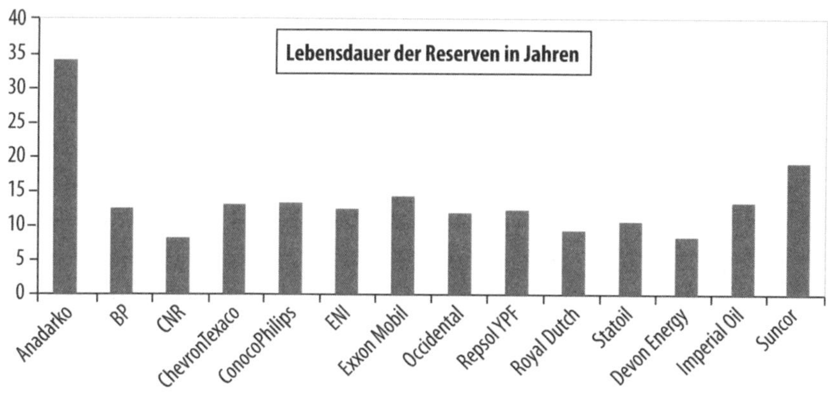

Quelle: Bloomberg, Unternehmensangaben; eigene Darstellung

Abgesehen vom Gewinnhebel ist letztendlich aber die Lebensdauer der Reserven letztendlich von entscheidender Bedeutung. Auf Basis herkömmlicher Ölreserven ragt Anadarko mit einer Lebensdauer der Reserven von 34 Jahren deutlich aus der Branche heraus. Unter Einbezug der Ölsandreserven ergibt sich ein klares Bild (Abbildung 38): Suncor,

Günstige Kanadier, Teil II

Lebensdauer der Reserven in Jahren internationaler Ölproduzenten unter Berücksichtigung der Ölsand-Ressourcen einiger Produzenten

Abb. 38

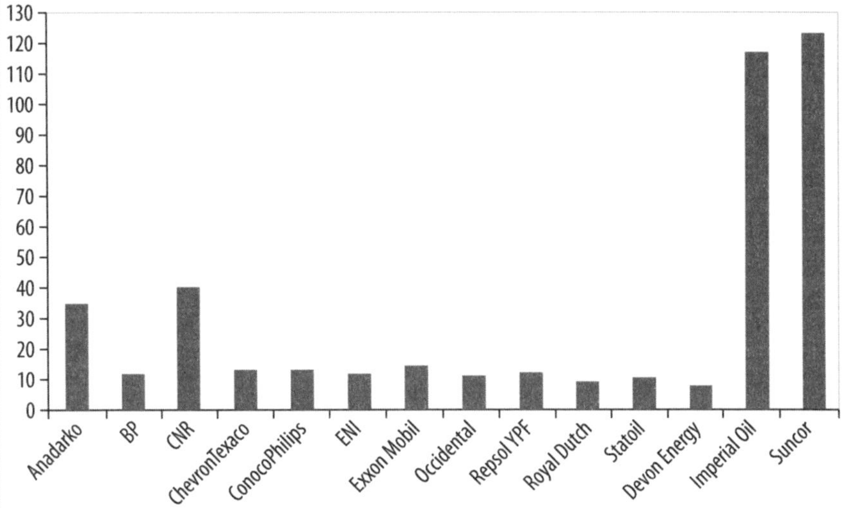

Quelle: Bloomberg, Unternehmensangaben; eigene Darstellung

Imperial Oil, CNR und Anadarko besitzen erhebliche Zukunftsperspektiven, vor allem unter dem Gesichtspunkt, dass allein aufgrund des bestehenden Angebot-Nachfrage-Verhältnisses der Ölpreis in den kommenden Jahren erheblich ansteigen sollte. Suncor und Imperial Oil besitzen sogar eine Lebensdauer der Ressourcen von jeweils über 100 Jahren, CNR ebenfalls noch knapp 41 Jahren, bei einer fortschreitenden technischen Entwicklung sogar noch deutlich länger.

Zusammenfassend lässt sich sagen, dass unter den Ölproduzenten einige Unternehmen mit ausgezeichneten Zukunftsperspektiven vorzufinden sind. Die besten langfristigen Kurschancen trauen wir Imperial Oil, Suncor, CNR, Anadarko zu. Zur Beimischung eignen sich zudem ConocoPhilips und Repsol YPF.

Über 100% notwendig, um langfristig überleben zu können
Reserven-Ersatz-Rate in Prozent einer Jahresproduktion Abb. 39

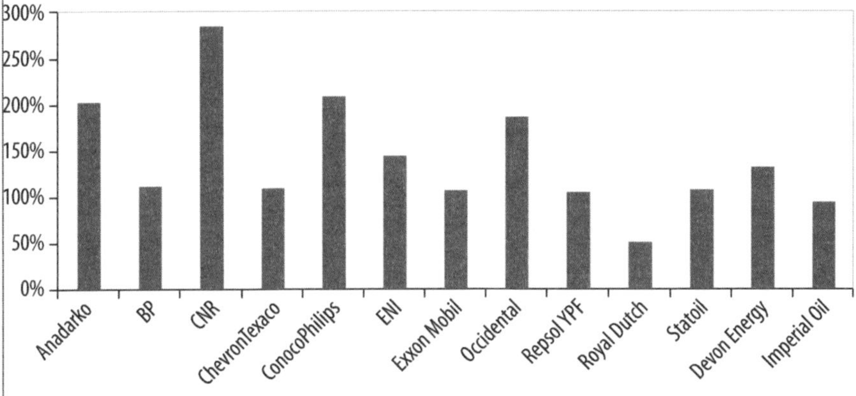

Quelle: Bloomberg, Unternehmensangaben; eigene Darstellung

Öl-Ausrüster

Ebenso interessant wie Ölproduzenten selbst erscheinen die Ausrüster derselben. Die Branche könnte sogar vor einem regelrechten Boom stehen. Seit den 70er-Jahren wurden keine großen neuen Erdöllagerstätten mehr entdeckt, gleichzeitig steigt der Verbrauch durch die rasante Industrialisierung vor allem Chinas und Indiens an. Die Lebensdauer der bekannten Reserven betragen im Durchschnitt der im vorigen Kapitel betrachteten Ölkonzerne lediglich knapp 14 Jahre, was bei jährlich steigenden Produktionszahlen zu einer vorzeitigen Erschöpfung der Reserven führen muss. Zwangsläufig werden in den kommenden Jahren verstärkte Aktivitäten hinsichtlich der Erdölexploration zu beobachten sein, ein Bereich, der zu einem gewissen Teil durch Ölservicegesellschaften durchgeführt wird. Die Budgets der Ölkonzerne für die Ölexploration sind milliardenschwer und steigen weiter an. Das Auffinden wie auch das Fördern neuer Ölvorkommen wird zunehmend schwieriger, weshalb die Konzerne auch immer Geld in dieses Segment investieren müssen, um die Produktion langfristig sicherzustellen. In den Jahren von 1994 bis 2003 haben sich die Ausgaben für Exploration und Produktion von 27 Mrd. US-Dollar auf 51 Mrd. US-Dollar fast verdoppelt.

Dieses Szenario scheint sich langfristig günstig auf die Ölservicegesellschaften auswirken zu können. Ölservicegesellschaften verfügen über das notwendige Know-how und die entsprechende Ausrüstung, um Land- und Tiefseebohrungen durchzuführen. Wie man in letzter Zeit oftmals gesehen hat (siehe zum Beispiel Royal Dutch mit einer Reserven-Ersatz-Rate von lediglich 50 Prozent der jährlichen Produktionsmenge!), können die Ölunternehmen ihre sinkenden Reserven nicht in ausreichendem Maße ersetzen. Somit haben diese Unternehmen zwei Möglichkeiten. Entweder sie kaufen neue Reserven hinzu (in Form von Übernahmen), oder sie investieren in die Erkundung neuer Reserven. Bisher wurde mehr Geld in das Downstream-Geschäft (Weiterverarbeitung) investiert als in die Exploration und die Produktion. Dies dürfte sich jedoch in den kommenden Jahren drastisch ändern. In Zeiten steigender Nachfrage ist insbesondere die ölpreissensitive Ausrüstungsbranche interessant, da sich in diesem Umfeld die Budgetausgaben der Ölkonzerne kontinuierlich erhöhen. Die Ölservice- und Ölausrüstungsbranche ist größter Nutznießer, weil sie ihre Profitabilität durch steigende Tagessätze für Ölbohrungen und längerfristige Kontrakte verbessern kann. Die Tagessätze für Tiefseebohrungen beispielsweise steigen zwar, liegen aber immer noch 60 Prozent unter dem 1981 verzeichneten Hochpunkt. Neue Kontrakte für Tiefwasserbohrinseln sind um 50 Prozent gegenüber 2004 gestiegen, und die Tagessätze dürften in ähnlichem Maße anziehen, weil nur eine begrenzte Anzahl an Anlagen verfügbar ist. Bereits jetzt steigen die Gewinnerwartungen der Gesellschaften für die kommenden Jahre deutlich an. Die für 2005 noch erwarteten Kurs-Gewinn-Verhältnisse erscheinen aus heutiger Sicht zwar noch hoch, dürften sich aber bald relativieren. Das Gros der interessanten Gesellschaften dieses Segmentes ist allerdings in den USA beheimatet, aufgrund dessen diese Positionen wegen des US-Dollar-Risikos abgesichert werden sollten. Absicherungen können problemlos etwa über entsprechende Währungs-Hebelzertifikate vorgenommen werden.

Dieser Sektor sollte über die eine oder andere der hier empfohlenen Gesellschaft im eigenen Depot auf jeden Fall abgebildet werden. Das Chance-Risiko-Verhältnis dieser Aktiengesellschaften erscheint aus heutiger

Sicht sehr positiv, und die Gesellschaften erscheinen damit aussichtsreich.

Ölserviceunternehmen im Vergleich
Diverse Ölservice-Aktien-Empfehlungen mit Gewichtungsvorschlag
Tab. 8

Ölserviceunternehmen	WPK	Kurs	MK in Mio.	KGV 05e	KCF 05e	Land	Empfehlung
Bakers Hughes	872933	36,07 €	12.101 €	25	16	USA	gleichgewichten
BJ Services	879472	36,85 €	5.987 €	20	14	USA	gleichgewichten
Diamond Offshore	897577	36,03 €	4.631 €	32	16	USA	gleichgewichten
Saipem	869060	9,88 €	4.357 €	20	9	Italien	gleichgewichten
Schlumberger	853390	56,39 €	33.198 €	28	14	USA	gleichgewichten
Smith International	859142	47,64 €	4.997 €	24	17	USA	gleichgewichten
Technip	891997	130,20 €	3.135 €	63	11	Frankreich	untergewichten
Transocean	886661	36,05 €	11.577 €	33	16	USA	übergewichten
Wheatherford International	691131	44,62 €	6.062 €	24	12	USA	übergewichten

Quelle: Unternehmensangaben, Bloomberg; eigene Darstellung

Explorationsindustrie

Die Explorationsindustrie wird innerhalb des Rohstoffsektor immer wichtiger und nimmt eine vitale Rolle ein. Ihr kommt im Wesentlichen die Aufgabe zu, neue Rohstofflagerstätten, sog. Deposits, zu identifizieren und zumindest so weit zu entwickeln, dass ein Erzvorkommen in solch einem Umfang und Art nachgewiesen werden kann, dass es dann durch das Know-how und das Kapital größerer Minengesellschaften zur Produktionsreife gebracht werden kann. Der Begriff Exploration steht im Bergbau für die Erkundung neuer bergbaulicher Abbaufelder.

Die Explorationsindustrie stellt den wichtigen, aber auch spekulativsten Bereich der gesamten Minenindustrie dar. Explorationsunternehmen sind so riskant, dass kaum eine – eigentlich gar keine – Bank die Aktivitäten der Gesellschaften finanziert. Die Unternehmen sind daher darauf angewiesen, sich über die Ausgabe neuer Aktien, also über Eigenkapital, zu finanzieren. In seltenen Fällen werden Wandelanleihen ausgegeben, die schließlich aber auch in Aktien gewandelt werden. Kapitalerhöhungen, meist in Form von Private Placements, erfolgen oft mit der Zugabe von Warrants. In der Regel werden ein halber oder ein ganzer Warrant je ausgegebener Aktie dazugegeben. Diese Warrants berechtigen den Aktionär, innerhalb eines festgelegten Zeitraums die Aktien des Unternehmen zu einem höheren als dem Private-Placement-Preis zu erwerben. Dadurch sichern sich die Unternehmen Liquiditätszuflüsse in der Zukunft, sofern der Kurs des Unternehmens über den Ausübungspreis des Warrants steigen sollte. Daraus resultiert dann allerdings auch eine Verwässerung der Aktionärsstruktur.

Werden keine Erzkörper in ausreichender Größe und Wirtschaftlichkeit gefunden, ist das Geld der Aktionäre meist auch verloren. Einem möglichen relativ raschen Totalverlust stehen aber auch extreme Chancen gegenüber. Manchem ist noch der herausragende Erfolg von Diamond Fields in Erinnerung. Die Gesellschaft fand mehr oder weniger zufällig in Labrador einen Nickelerzkörper, Voiceys Bay in Neufundland und Labrador, den das Unternehmen für 4,3 Mrd. CAD an Inco verkaufen konnte. Der Kurs der Aktie konnte sich nahezu verhundertfachen, er stieg von 2 CAD auf 180 CAD. Auf der anderen Seite wirkte sich der Betrugsskandal um das ehemalige kanadische Explorationsunternehmen Bre-X Minerals Ltd. in 1997 auf den gesamten Explorationssektor verheerend aus. Nachdem sich herausstellte, dass die von Bre-X gemeldeten ständig steigenden Goldvorräte – in der Spitze angeblich bis zu 200 Mio. Unzen Gold! – auf der Insel Borneo sich als gar nicht vorhanden erwiesen, brach der Kurs des Unternehmens ein. Dieses Ereignis zerstörte den Glauben der Investoren an den Explorationssektor insgesamt, die Unternehmen wurden daraufhin gemieden wie ranzige Butter.

Dennoch weist der Explorationssektor eine hohe Korrelation zur Kursentwicklung des gesamten Gold- und Silberminensektors auf. Wie Abbildung 40 zeigt, bewegt sich die Entwicklung des Explorations- oder Junior-Mining-Sektors ähnlich dem Verlauf des liquiden XAU-Index, des Philadelphia Gold, allerdings mit jeweils höheren Ausschlägen nach oben und nach unten. Erst mit der Trendwende des Goldpreises in 2001 wurden auch Explorationsunternehmen wiederentdeckt, eine deutliche Trendwende setzte ein, und die hohe Bedeutung des Sektors kam wieder in das Bewusstsein der Anleger zurück. Einer Studie des kanadischen Brokerhauses Canaccord zufolge (vgl. EMC Canaccord Report: Risk and Reward in Gold Exploration Stocks, Appendix B, 33) versechsfachte sich ein Investment in Explorationsgesellschaften von 1992 bis 1996 und entwickelte sich damit deutlich besser als eine Anlage in herkömmlichen Gold-Aktien.

Gold- und Silber-Large-Caps und Junior-Mining, Gesellschaften mit hohem Gleichlauf

Kleine wie große Goldminengesellschaften bewegen sich ähnlich, Juniors aber mit einer höheren Volatilität

Abb. 40

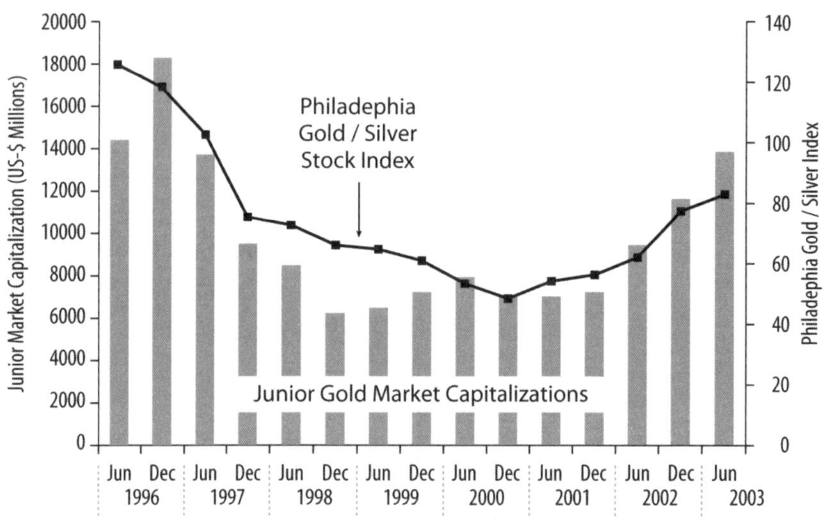

Quelle: MineSearch: World Exploration Budgets

Seit Bre-X haben die Börsenaufsichtsbehörden deutlich reagiert. Um einen ähnlichen Vorfall zukünftig zu vermeiden, wurden sowohl von den US-amerikanischen als auch von kanadischen Behörden neue und strengere Vorschriften für den Ausweis von Erzentdeckungen durchgesetzt. Ressourcenangaben von Explorations- oder Junior-Mining-Unternehmen sind daher nun mit einer deutlich höheren Glaubwürdigkeit versehen als vor dem Bekanntwerden des größten Betrugsfalls in der gesamten Historie der Minenindustrie.

In den vergangenen Jahren haben Konsolidierungszwänge die bedeutenden Unternehmen der Minenindustrie dazu gezwungen, immer abhängiger gegenüber kleinen Unternehmen, sog. Juniors, hinsichtlich der Exploration zu werden. Niedrige Rohstoffpreise veranlassten die Produzenten zu deutlichen Einsparungen, die auch vor den Explorationsbudgets nicht Halt machten. Nun steht der Explorationssektor als Hauptsäule bei der Identifikation neuer Erzlagerstätten wieder im Zentrum des Interesses, sowohl bei Minengesellschaften als auch bei den Investoren. Dies wird an den Hunderten von Mio. Dollars sichtbar, die der Junior-Sektor in den letzten Jahren an den Kapitalmärkten aufgenommen hat.

Seit der Goldpreis in 2001 seinen letzten Tiefpunkt markierte, fließt innerhalb der Explorationsindustrie wieder vermehrt Geld in das Auffinden neuer Deposits. In 2002 wurden weltweit lediglich 1,9 Mrd. US$ in die Exploration investiert, während 1997 dieser Betrag noch bei 5,2 Mrd. US$ lag (vgl. MineSearch: World Exploration Budgets, S. 2). Aber es ist wieder eine ansteigende Tendenz zu erkennen. Allein in 2004 wurden mit 3,8 Mrd. US$ sogar 58 Prozent mehr als im Vorjahr mit 2,4 Mrd. US$ investiert (vgl. ResourceWorld Magazine, Volume 3, Isue 5, 2005, S. 49). Branchenexperten gehen davon aus, dass im laufenden Jahr die Summe von 2004 noch einmal überboten werden wird. Dabei sollten vermehrt unterexplorierte Regionen wie die ehemalige Sowjet Union, China, Indien, andere Staaten Asiens sowie auch der Mittlere Osten Teile der Explorationsbudgets auf sich vereinen können.

Rund 50 Prozent der Explorationsausgaben oder knapp 1,8 Mrd. US$ werden für die Suche nach Gold aufgewendet. Dies entspricht einem Zuwachs von 68 Prozent gegenüber 2003. Dieser Wert liegt aber, um die Dimensionen deutlich zu machen, erheblich unter dem Rekordwert aus dem Jahr 1997, als ganze 3 Mrd. US$ von Goldsuchern in die Hand genommen wurden. Basismetalle folgen mit 27 Prozent (+60 Prozent gegenüber 2003) an zweiter Stelle. Immerhin 13 Prozent (+47 Prozent) flossen in die Identifikation der höchst selten vorkommenden Diamanten. Dagegen werden nur 4 Prozent oder 152 Mio. US$ für die Suche nach Platin-Gruppenmetallen investiert, wie aus Abbildung 41 hervorgeht.

Weltweite Explorationsausgaben in 2004

Weltweite Explorationsausgaben nach Regionen und nach Rohstoffen

Abb. 41

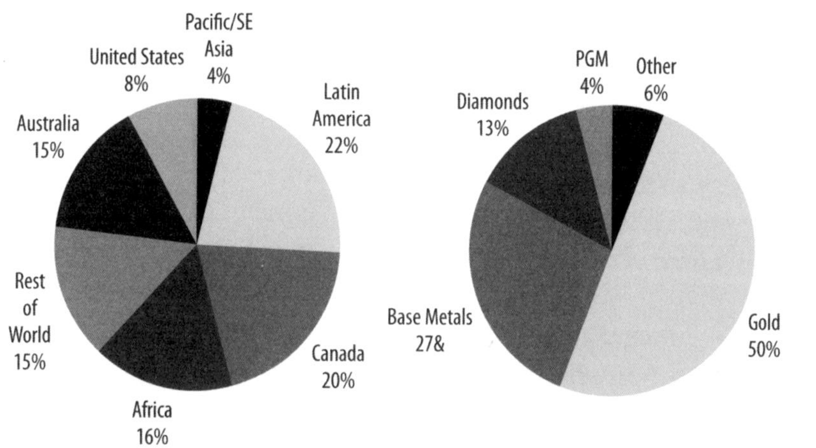

Quelle: ResourceWorld Magazine, Volume 3, Isue 5, 2005, S.49; A Special Report from Metals Exploration Group for the PDAC 2005 International Convention

Lateinamerika (besonders Peru und Mexiko) wird von den Minengesellschaften als die aussichtsreichste Region für neue Erzvorkommen angesehen. 22 Prozent des Gesamt-Explorationsbudgets, wenn auch mit abnehmender Tendenz, flossen im vergangenen Jahr in Bodenproben, Schwerkraft- und Magnetismusmessungen per Lufterfassung und Boh-

Total Exploration By Location

Explorationsausgaben nach Regionen, von 1997 bis 2004 Abb. 42

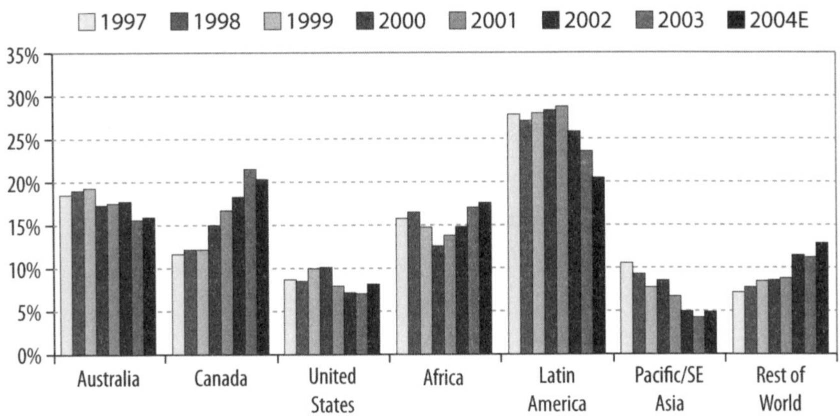

Quelle: Metals Exonomics Group

rungen in diesem Teil der Erde. Immerhin noch ein Fünftel der Explorationsausgaben wurde in Kanada ausgegeben, gefolgt von Afrika, das zunehmend als rohstoffreich angesehen und in weiten Teilen noch erheblich unterexploriert ist.

In Bezug auf den Entwicklungsstand der Explorationsprojekte werden überwiegend Deposits in der Frühphase gefördert. 48,7 Prozent der Explorationsbudgets flossen 2003 in sog. Grassroots- oder Early-Stage-Explorationsprojekte, wo es überwiegend um die Identifikation von Erzlagerstätten geht. 31,2 Prozent kam sog. Late Stage Projekten zugute, wo es bereits um die Vorbereitung der Produktionsaufnahme geht, während 20,1 Prozent in die Exploration bzw. die Erweiterung der Minenlebensdauer bestehender Produktionsstätten investiert wurden.

Abbildung 43 zeigt aber eines ganz klar: In der Explorations- bzw. Junior-Mining-Industrie besteht ein starker Zusammenhang zwischen der Höhe der Explorationsbudgets und dem Explorationserfolg. Nahm von Mai 1997 bis etwa September das Explorationsbudget des Gesamtsektors von 1.239 Mio. US$ auf knapp 300 Mio. US$ ab, sanken die Bekanntgaben von Ressourcenveränderungen, Explorationsvereinbarungen sowie vor allem signifikante Explorationsergebnisse. Es ist somit davon auszugehen, dass die in den letzten Jahren dem Sektor zugeflossenen Gelder sich in der Identifikation von Erzlagerstätten widerspiegeln werden, auch wenn es tendenziell immer schwieriger wird, neue und vor allem ergiebige Deposits aufzufinden.

Explorationsausgaben und Explorationsergebnisse
Explorationsergebnisse in Abhängigkeit von der Höhe der Explorationsbudgets

Abb. 43

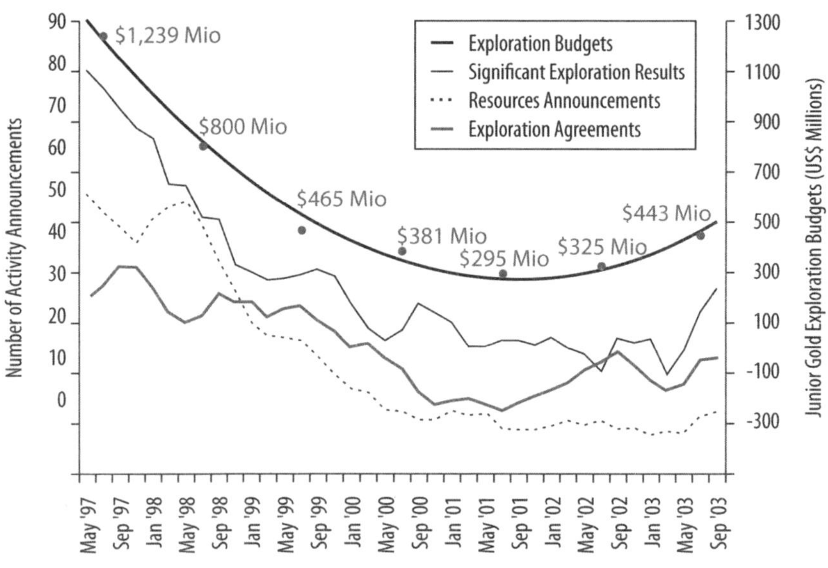

Quelle: MineSearch: World Exploration Budgets

Die Investition in den Explorationssektor ist eine notwendige Maßnahme. Zwar werden in den kommenden Jahren weitere Minen mit bedeutenden Jahresproduktionsraten in Betrieb genommen werden, aber Tatsache ist, dass Jahr für Jahr erhebliche Mengen an Rohstoffen abgebaut werden. Die Reserven der Unternehmen erschöpfen sich somit beständig. Prekär ist etwa auch die Situation bei Gold. Newmont Mining, der globale Marktführer im Goldsektor, produziert rund 7 Mio. Unzen Gold p.a., wenn man davon ausgeht, dass bis zu 15 Mio. Unzen Gold an Ressourcen notwendig sind, um daraus 7 Mio. Unzen Gold als Reserven zu gewinnen. Es ist nämlich zu beachten, dass nie 100 Prozent des Goldes als Reserven auch gefördert werden können. Der Produktionsverlust liegt meist bei rund 10 Prozent, was in der sog. Recovery Rate von dann 90 Prozent zum Ausdruck kommt.

Es ist davon auszugehen, dass in spätestens zehn Jahren die bestehenden Goldreserven aufgezehrt sein werden. Das entspricht ungefähr demselben Zeitraum, der notwendig ist, um eine Goldmine von der Entdekkung bis zur Produktionsreife zu bringen. Anhand dieser Zahlen ist die Dringlichkeit der Entdeckung neuer Gold-, aber auch Rohstoffvorkommen offensichtlich. Zudem ist ja schließlich dann noch gar nicht gewährleistet, dass die Explorationsanstrengungen überhaupt erfolgreich sind. Denn nur ein Bruchteil der Explorationsbemühungen enden auch wirklich in der Identifikation einer minenfähigen Erzlagerstätte.

Da rund 70 Prozent aller neuen Rohstoffidentifikationen auf den Explorationssektor entfallen, ist hier auch teilweise mit hohen Kurschancen zu rechnen. Allerdings gelingt dies nur sehr wenigen Firmen, die restlichen verbrennen mehr oder weniger schnell das vom Kapitalmarkt aufgenommene Kapital. Darum gilt es, mit großer Akribie den Sektor nach Unternehmen zu durchleuchten, die gewisse unablässige Erfolgskriterien erfüllen, die zu einem möglichen Unternehmenserfolg notwendig sind.

Risikoklassifizierung von Explorationsgesellschaften
Risikoeinteilung der Explorationsunternehmen anhand des Projektentwicklungsstadiums Abb. 44

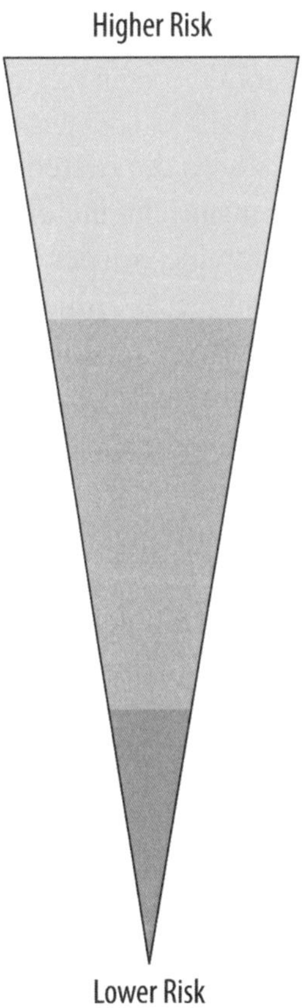

Stage	Techniques
Early Stage Exploration	Trenching Geophysis Geochemistry Geology
Resource Identification	Trenching Drilling Geophysis Discovery
Resource Definition	Global Resource Infill Drilling Step Out Drilling
Pre-Feasibility Study	Engineering Metallurgical Mineable Resource Cost Estimates
Feasibility Study	Optimization Capex Operating Costs Reserves
Development	Construction Financing Engineering Permitting
Production	Growth Operating Start-Up

Quelle: BMO Nesbitt

Wer sich mit der Analyse von Explorationsgesellschaften beschäftigt, sollte sich Abbildung 44 genau ansehen und versuchen, dem jeweiligen Unternehmen anhand des Entwicklungsstadiums das entsprechende Risiko zuordnen. Explorer ohne eigenen Ressourcenausweis besitzen naturgemäß das höchste Risiko und damit die größte Gefahr eines Totalverlustes. Dieses Risiko reduziert sich sukzessive mit der Projektentwicklung. Bedenken Sie aber bitte immer, dass auch produzierende Unternehmen gewissen Risiken unterliegen, allerdings ist die Gefahr eines Totalverlustes dann aber sehr begrenzt. Die Chancen eines Investments in einen Explorer oder ein Junior-Mining-Unternehmen – siehe dazu die Klassifizierung anhand von Abildung 44 – sollten bei einem Investment immer deutlich höher, etwa anhand der Indikationen auf die potenzielle Größe bei einer Entdeckung einer Erzlagerstätte, sein als das Risiko.

Typisch verhalten sich dazu die Kursverläufe der erfolgreichen Explorationsgesellschaften, die im Idealfall durch eine erfolgreiche Ressourcenidentifikation zum Junior-Mining-Unternehmen und dann schließlich zum Produzenten werden, sofern sie das oder die Projekte nicht zuvor schon an den meistbietenden Minenkonzern verkauft haben.

In der Phase bis zur Bestätigung einer bedeutenden Erzlagerstätte verzeichnen Explorationsunternehmen gewöhnlich sehr hohe Kursgewinne. Es bietet sich nach der Entdeckung eines Deposits, das in Produktion gebracht werden könnte, oftmals an, Gewinne mitzunehmen. Allerdings verzichtet man dann auf die Chance zu partizipieren, wenn das Unternehmen oder das Projekt zu einem zufrieden stellenden Preis verkauft werden kann. Die zwei bis drei Jahre währende Phase bis zur Produktionsreife des Projektes verläuft dann allerdings meist wenig spektakulär und ist in der Regel von Kursrückgängen gekennzeichnet. Sobald dann die Produktion erfolgreich umgesetzt werden kann, sind meist wieder deutlich anziehende Kurse zu verzeichnen.

Abbildungen 45 und 46 zeigen die einzelnen Phasen am Beispiel zweier erfolgreicher Rohstoffgesellschaften, die den Schritt von der Entdekkung qualitativ hochwertiger Rohstofflagerstätten bis zum Produzenten erfolgreich umsetzen konnten. Besonders spektakulär verlief dabei die Kursentwicklung der kanadischen Diamantenminengesellschaft Aber Diamond Corp., die von einem Kursniveau nahe Null auf über 50 CAD

Idealtypischer Kursverlauf eines erfolgreichen Explorationsunternehmens
Kursverlauf eines erfolgreichen Explorationsunternehmens bis hin zum Produzenten
Abb. 45

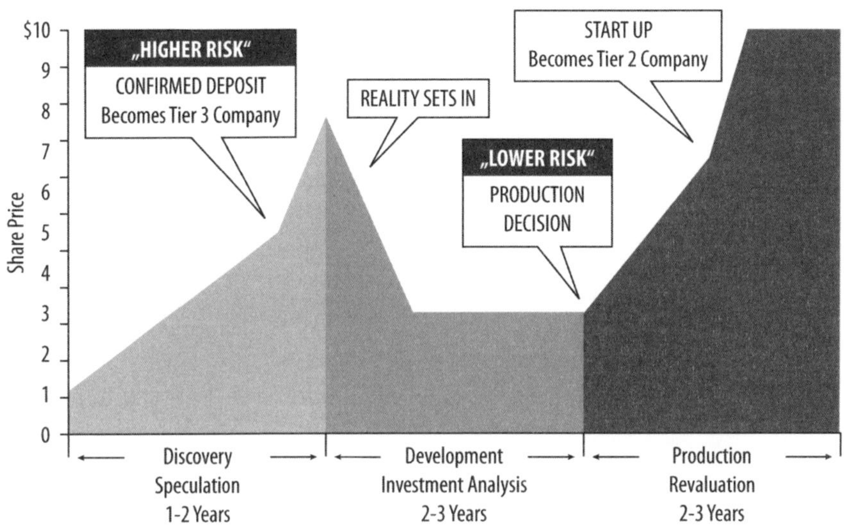

Quelle: NBO Nesbitt

Anfang 2005 anstiegen. Eine Erfolgsstory stellte auch das kanadische Goldminenunternehmen Goldcorp dar, das mit der Red Lake Mine in Ontario, Kanada, eine der weltweit ertragreichsten Goldminen entdeckt und in Produktion gebracht hat. Wie zu erkennen ist, wird man als Anleger von Explorations- und Junior-Mining-Gesellschaften vergeblich auf regelmäßige Dividendenzahlungen warten. Im Gegenteil hofft man einerseits auf den großen Rohstofffund, der dann entweder teuer verkauft werden kann, oder das Unternehmen entscheidet sich, entweder alleine oder zusammen mit einem finanzkräftigen Partner das Deposit in Produktion zu bringen, und profitiert dann von den zu erwartenden, regelmäßig dem Unternehmen zufließenden Cashflows.

Beispiele für die Kursverläufe ehemaliger Explorationsgesellschaften
Aber Diamond und Goldcorp – vom Explorer zum hochprofitablen Produzenten

Abb. 46

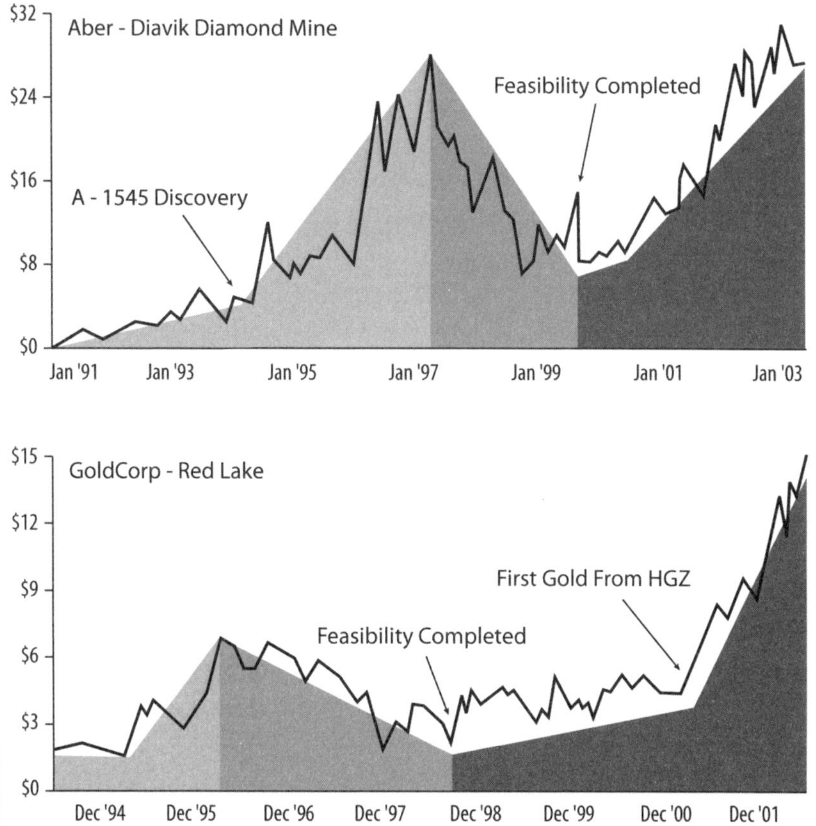

Quelle: NBO Nesbitt

Lassen Sie uns aber zuvor kurz auf die Vor- und Nachteile von Explorations- bzw. Junior-Mining-Gesellschaften eingehen. Wie bereits betont, gehen rund 70 Prozent aller Neuentdeckungen auf das Konto von Junior Mining Companies. Diese erhöhen ihre Gold- oder sonstigen Metallressourcen, während die Produzenten im Gegenteil die Ressourcenbasis durch die ständige Förderung aushöhlen. Das Management ist meist sehr flexibel und reagiert umgehend auf neue Herausforderungen, lange Hierarchiewege wie bei großen Minengesellschaften fehlen. Innovative Geologen gehen nicht die eingefahrenen Wege, sondern bemühen sich, unkonventionell neue Geologiemodelle zu entwickeln. Dadurch, dass für gewöhnlich das Management einen bedeutenden Anteil am Aktienkapital der Gesellschaften hält, ist der Drang, das Unternehmen zum Erfolg zu bringen, wovon auch die übrigen Aktionäre profitieren, sehr groß.

Allerdings steht das Management oft in der Investmentszene als Relikt des Bre-X-Skandals noch immer unter einer Art Generalverdacht, der nur durch eine einwandfreie Historie des Managements widerlegt werden kann. Investments in Explorer werden allgemein als sehr riskant angesehen, weswegen viele Anleger nur Bruchteile des Depotwertes, wenn überhaupt, in diesen Sektor investieren. Unternehmensmeldungen dieser Gesellschaften werden leider von der Öffentlichkeit wenig oder gar nicht verstanden, da der geologische Hintergrund, der zum Verständnis notwendig ist, schlichtweg nicht vorhanden ist. Die Liquidität der Gesellschaften ist oft gering, damit der Handel der Gesellschaften schwierig. Zudem ist es für viele Firmen in der Regel schwierig, die notwendigen finanziellen Mittel vom Kapitalmarkt aufzunehmen.

Das wichtigste Erfolgskriterium bei Explorationsgesellschaften ist das Management. Die Qualität der verantwortlichen Personen eines Explorationsunternehmen ist der maßgebliche Erfolgsfaktor schlechthin. Das Management sollte über langjährige Erfahrung in der Minenindustrie verfügen und nachweisliche Erfolge bei anderen Minengesellschaften vorweisen können. Zudem muss es durch sein weit verzweigtes Kontaktnetz in aussichtsreiche Gebiete in der Lage sein, viel versprechende Projekte zu akquirieren. Das geologische Know-how einer solchen Gesellschaft muss ebenfalls hoch sein. Die zuständigen Geologen einer Explorations- oder Junior-Mining-Gesellschaft sollten ebenfalls bereits viel Erfahrung bei größeren Gesellschaften gesammelt haben und womöglich die Identifikation bedeutender Lagerstätten verweisen können. Keinesfalls darf das Management in der Vergangenheit bereits durch

Skandale oder etwa falsche Ressourcenschätzungen oder Ähnliches aufgefallen sein.

Mit der Qualität des Management geht meist auch die Qualität der Projekte eines Unternehmens einher. Oft befinden sich aussichtsreiche Projekte in der Nähe bereits bestehender Minen oder in Regionen, die bislang unterexploriert waren. Es ist zu prüfen, auf welche Rohstoffe die Indikationen eines Projektes hinweisen, deren Preisentwicklung und Perspektiven sowie das Potenzial, dieses in Produktion bringen zu können. Damit sind etwa die Erzkonzentration im Gestein, die Tiefe der Lagerstätte sowie die Infrastruktur der Projektumgebung zu analysieren.

Ein erfolgreiches Explorationsunternehmen muss über ausreichend finanzielle Mittel verfügen, um Projekte zu akquirieren und diese dann durch geeignete Explorationsmaßnahmen zu erkunden und gegebenenfalls den Erzkörper zu identifizieren und zu quantifizieren. Daher muss schon das Management über einen ausgezeichneten Zugang und Nähe zum Kapitalmarkt besitzen. Zudem achten Sie bei der Analyse von Explorern / Junior Mining Companies darauf, dass die Aktienstruktur nicht bereits ausgeufert ist. Generell ist zu sagen: Je weniger Aktien und Warrants / Optionen eine Gesellschaft ausstehend hat, umso besser. Denn wenn das Unternehmen erfolgreich sein sollte, wird die Knappheit der Aktien den Kurs des Unternehmens zusätzlich beflügeln, wenn sich viele Anleger auf wenige Aktien stürzen. Wenn bereits in einem frühen Projektstadium die Aktien breit gestreut und viele Papiere ausgegeben sind, wie es leider oftmals bei australischen Gesellschaften der Fall ist, dann wird im Erfolgsfall der Kursanstieg bescheidener ausfallen.

Wenn die meisten, am besten sogar alle der genannten fünf für den Unternehmenserfolg wichtigen Zutaten bei einem Explorationsunternehmen zu finden sind, also erstklassiges Management, hochwertige Projekte, ausreichend finanzielle Mittel, gute Aktienstruktur und Kapitalmarktnähe, dann ist auch ein Unternehmenserfolg relativ wahrscheinlich. Das dem Sektor anhängende überdurchschnittlich hohe Risiko kann dadurch deutlich reduziert werden. Investieren Sie aber dennoch nie nur in ein einziges Unternehmen dieser Kategorie, sondern streuen Sie breit in ein Portfolio aussichtsreicher Explorer. Im Anschluss nennen wir Ihnen eine Reihe von Explorationsunternehmen, die unserer Ansicht nach ein überdurchschnittlich hohes Chance-Risiko-Verhältnis haben.

In Tabelle 9 finden Sie eine Auswahl erfolgversprechender Explorations- und Junior-Mining-Gesellschaften, die in den verschiedensten Rohstoffarten tätig sind. Auf den ersten Blick erscheint es zwar verwunderlich, dass mit lediglich einer Ausnahme sämtliche Unternehmen ihren Sitz in Kanada haben. Aber Kanada und hier besonders die am Pazifik gelegene Metropole Vancouver ist als das Zentrum der Explorationsindustrie zu bezeichnen. Dort ist beispielsweise das weltweit größte geologische Know-how per Capita vorzufinden, die Börse Vancouver ist spezialisiert auf diese Gesellschaften, ebenso wie die Brokerfirmen, die für die Geldversorgung der Unternehmen eine wichtige Rolle spielen.

Das Risiko ist in den meisten Fällen als hoch eingestuft, nur wenige Unternehmen können wir als mittelmäßig riskant ansehen. Pediment Exploration (leider nur in Kanada orderbar) sowie Wealth Minerals fallen durch ihre sehr geringe Marktkapitalisierung auf. Diese beträgt lediglich 3,0 Mio. Euro bzw. 6,0 Mio. Euro. Es handelt sich dabei um junge Unternehmen, die aber über ein sehr gutes Management und Kapitalmarktnähe verfügen und gerade dabei sind, das Projektportfolio mit viel versprechenden Explorationsgebieten zu füllen. Achten Sie aber darauf, dass Sie Ihren Explorationsanteil im Depot nicht über zehn Prozent ansteigen lassen, und streuen Sie diesen Anteil auf etwa rund zehn verschiedene aussichtsreiche Unternehmen. Dieser relativ geringe Depotanteil kann sich über die kommenden Jahre als das Salz in der Suppe der Anlagealternativen herausstellen!

Explorationsunternehmen im Vergleich

Kaufempfehlungen internationaler Explorationsunternehmen mit Gewichtungsvorschlag Tab. 9

Unternehmen	WPK	Kurs	MK[2] in Mio. €	Anzahl Aktien	Rohstoff	Herkunftsland	Risiko	Empfehlung
Avino Silver & Gold	862191	0,92 €	12,4	13,5 Mio.	Silber/Gold	Kanada	hoch	untergewichten
Canadian Zinc Corp.	899188	0,24 €	18,7	78 Mio.	Zink/Silber	Kanada	hoch	untergewichten
CGX Energy	930186	0,44 €	48,1	109,4 Mio.	Öl	USA	hoch	untergewichten
Crystallex	890729	2,60 €	556,4	214 Mio.	Gold	Kanada	mittel	übergewichten
Knight Resources	550974	0,13 €	9,8	75,4 Mio.	Nickel	Kanada	hoch	untergewichten
North American Gold	A0EAMB	0,48 €	10,7	22,3 Mio.	Fe/Co/Au/Ad	Kanada	hoch	untergewichten
NovaGold	905542	5,52 €	415,1	75,2 Mio.	Gold	Kanada	mittel	übergewichten
Palmarejo Gold[1]	CA69672A1093	1,85 CAD	102,6	87,3 Mio.	Silber/Gold	Kanada	mittel	übergewichten
Pediment Exploration[1]	CA70532U1030	0,40 CAD	3,0	11,9 Mio.	Gold	Kanada	hoch	untergewichten
Solid Resources	A0BLQQ	1,39 €	20,8	15 Mio.	Li/Ta/Au/Ag/Ni	Kanada	mittel	gleichgewichten
Tyhee Developement	905866	0,16 €	9,4	58,7 Mio.	Gold	Kanada	hoch	untergewichten
Wealth Minerals	A0CADP	0,37 €	6,0	16,2 Mio.	Gold/Silber	Kanada	hoch	untergewichten
YGC Resources	A0EAMC	0,32 €	15,6	48,9 Mio.	Gold/Silber	Kanada	mittel	übergewichten

Quelle: Unternehmensangaben, Bloomberg, eigene Darstellung

Schlussbetrachtung

Ein Paradigmenwechsel hat vor unser aller Augen bereits stattgefunden, obwohl er noch lange nicht von allen Marktteilnehmern auch erkannt wurde. Floss in den vergangenen Jahrzehnten noch der größte Teil der Anlagegelder in Aktien und aufgrund der zunehmenden öffentlichen wie privaten Verschuldung vor allem auch in Staats- und Unternehmensanleihen, zieht nun der Rohstoffsektor immer mehr Aufmerksamkeit auf sich. Die anscheinend bereits im Jahr 2000 geplatzte Aktienmarktblase konnte vom obersten Geldversorger dieses Planeten, Alan Greenspan, wieder ordentlich aufgepumpt werden. Gewaltige Summen im Anleihenmarkt, die zum ersten Mal in der Finanzgeschichte überhaupt das in Aktien investierte Kapital übersteigen, haben die Renditen international bislang auf sehr niedrigem Niveau gehalten. Niedrige Zinsen haben zudem dafür gesorgt, dass der Erwerb (fremd-)finanzierter Immobilien in zahlreichen Ländern wie etwa Spanien, den Niederlanden und vor allem den USA zum Volkssport geworden ist und dank noch immer steigender Immobilienpreise (mit Ausnahmen Japans und Deutschlands) anhält. Die großzügige Geldversorgung durch Greenspan und seine westlichen Kollegen wird allerdings nicht ohne gravierende Auswirkungen auf die Preisstabilität bleiben. Die Inflation wird sich beschleunigen, und Edelmetalle und Rohstoffe als natürlicher Schutz vor Inflation werden alleine deswegen schon im Wert zulegen, da Anleger verstärkt aus Finanzwerten in Sachwerte umschichten werden.

Aber jede Blase in der bisherigen Geschichte ist zu einem bestimmten Zeitpunkt einmal geplatzt. Oft bedarf es dazu lediglich eines geringen Anlasses, Gründe für das Platzen von Spekulationsblasen gibt es ja bekanntlich viele. Der bedeutendste Grund ist aber die Existenz der Blasen an sich und damit die oft langfristige Fehlallokation von Kapital. Nach jedem Platzen einer Spekulationsblase kommt es erfahrungsgemäß zu einem Favoritenwechsel, indem aus deutlich übergewichteten Anlageklassen ausströmendes Kapital in vernachlässigte Sektoren fließt. Nichts anderes als der Rohstoffsektor bietet sich derzeit quasi als Auffangbecken für die aus den Aktien-, Anleihen- und Immobilienmärkten fließenden Gelder an. Zudem ist der Rohstoffmarkt im Vergleich zur schieren Größe des Aktien- und Anleihenmarktes verhältnismäßig klein, und was passiert, wenn viel Geld in einen relativ engen Markt drängt, kann sich jeder Leser selbst ausmalen.

Während also die Aktien-, Anleihen- und Immobilienmärkte weltweit noch immer boomen (siehe dazu etwa auch den Dow Jones Industrial Average in der Nähe seines historischen Hochs), hat der Aufwärtstrend des Rohstoffsektors in einem frühen Stadium bereits begonnen. Rohstoffzyklen haben die Tendenz, sich über lange Zeiträume zu entwickeln. Wie Zyklen anderer Anlegklassen auch, werden langfristige Tendenzen durch Angebot und Nachfrage bestimmt. Nur ist es im Rohstoffsektor weniger leicht als bei anderen Sektoren, kurz- bis mittelfristig Ungleichgewichte, die durch unerwartet steigende Nachfrage ausgelöst werden, auszugleichen. Steigende Nachfrage kann mittelfristig durch Kapazitätsanpassung, langfristig aber nur durch die Inbetriebnahme neuer Minen gedeckt werden. In der Regel vergehen allerdings mindestens sieben bis zehn Jahre, bis eine neue Mine produktionsreif entwickelt ist. Ganz zu schweigen von der kapitalintensiven und extrem risikoreichen Exploration neuer Metallvorkommen. Denn selbst das in der Realität selten vorkommende Auffinden neuer Erzlagerstätten hat nur wenige neue Minen zur Folge, da lediglich ein Bruchteil der entdeckten Mineralvorkommen tatsächlich ökonomisch abgebaut werden kann.

Der Anstieg des Rohstoffsektors verlief bislang noch nicht spektakulär. Zwar eilt etwa der breite und vielbeachtete CRB-Index von Hoch zu Hoch, inflationsbereinigt hat diese Anlageklasse aber gerade erst ihre Trendwende vollzogen und bewegt sich noch immer auf einem historisch niedrigen Niveau. Von einer Spekulationsblase bei Rohstoffen kann somit erst recht nicht die Rede sein. Noch immer sind beispielsweise internationale Anlagefonds im Bereich Edelmetalle und Rohstoffe verglichen mit Phasen hoher Rohstoffpreise sehr gering in diesen Kategorien investiert. Auch wenn der Ressourcensektor von einer relativ hohen Volatilität geprägt ist, als Anleger sollte man sich von zweifelsohne immer wiederkehrenden Kurskorrekturen nicht dazu verleiten lassen, dem gesamten Sektor den Rücken zu kehren. Im Gegenteil: Kursrückgänge stellen exzellente Kaufgelegenheiten dar.

Trotz vieler Berichte über China als aufstrebende Industrienation wird das gesamte Potenzial Chinas als neue Weltmacht ökonomisch wie infolgedessen auch zwangsläufig militärisch weitgehend unterschätzt. Der Industrialisierungsprozess in China hat erst wenige Teilregionen und Wirtschaftszentren erfasst. Pro Kopf gerechnet ist der Verbrauch an Rohstoffen inklusive Erdöl und -gas in China sehr gering und wird sich in den kommenden Jahren und Jahrzehnten dem Niveau anderer Wirtschaftsstaaten weiter annähern. Auch Indien mit einem ähnlichen Bevölkerungspotenzial wie China wird vermehrt an den Rohstoffmärkten als Nachfrager auftreten und dadurch das Angebot verknappen. Allein mit der Industrialisierung dieser beiden bevölkerungsreichsten Länder dieser Welt entsteht eine völlig neue Rohstoffnachfrage, die über die reine Verlagerung der Nachfrage von West nach Ost hinausgeht. Es ist zudem zu erwarten, dass das Reich der Mitte seinen langfristig wachsenden Rohstoffbedarf auch angesichts der nicht Schritt haltenden Angebotsseite militärisch zu sichern versuchen wird, vergleichbar den Amerikanern im Falle des irakischen Öls. Zunehmende Spannungen zwischen den USA und China sind aus heutiger Sicht damit vorprogrammiert. Gerade dem Gold als der »echten« Krisenanlage wird damit langfristig Potenzial zukommen.

Bereits jetzt ist das Angebot-Nachfrage-Verhältnis bei den meisten Rohstoffen aus dem Gleichgewicht geraten. Bestehende Kapazitäten werden zwar weltweit hochgeschraubt, dies wird aber lediglich dazu führen, dass die bislang bereits bekannten Reserven und Ressourcen noch schneller ausgebeutet werden und ihre Lebensdauer sich verkürzt. Angesichts der langfristig weiter wachsenden Nachfrage ist davon auszugehen, dass sich zukünftig das Angebot an Rohstoffen noch weiter verknappen dürfte. Zwar fließt bereits vermehrt Kapital in den Explorationssektor, aber lediglich ein Bruchteil identifizierter Vorkommen kann tatsächlich nach mindestens sieben bis zehn Jahren dann auch in Produktion gebracht werden. Zudem wird es zukünftig nötig sein, dass neuartige Erzgewinnungstechniken die in der Tendenz immer geringer erzhaltigen Gesteine auch gewinnbringend abbauen helfen.

Der beginnende langfristige Aufwärtstrend bei Rohstoffen, der durchaus als Megatrend zu bezeichnen ist, bietet weitsichtigen Anlegern die Möglichkeit, das eigene Kapital vor Inflation zu schützen und zusätzlich durch überdurchschnittliche Wertsteigerungsraten zu profitieren. Die Möglichkeiten dafür sind vielfältig und sollten auf die eine oder andere Weise auch umgesetzt werden. Wichtig ist dabei zu beachten, dass Rohstoffe eine relativ hohe Volatilität aufweisen, die sich in erhöhtem Maße auf die einzelnen Produkte auswirken kann. Zudem ist es wichtig, dass der Anleger zwischen den einzelnen Rohstoffen diversifizieren bzw. entsprechend der jeweiligen kurz- bis mittelfristigen Trends verschiedener Rohstoffe Schwerpunkte setzen sollte. Denn unter den Rohstoffen wird es wie auch in der Vergangenheit einen beständigen Favoritenwechsel geben. Es bietet sich hierbei etwa an, einen erfahrenen Rohstoff-Börsendienst zu Rate zu ziehen, um sich über Trends und Neuigkeiten auf dem Rohstoffmarkt aktuell informieren zu können.

Empirisch nachweisbar ist die Depotbeimischung von Rohstoffen und rohstoffnahen Anlagen sinnvoll, da dies die Rendite bei geringerem Gesamtrisiko erhöht bzw. bei gegebener Rendite das Risiko senken kann. Die individuelle Depotzusammenstellung des Rohstoffportfolios sollte sich an der persönlichen Risikoneigung orientieren. Davon unabhängig bietet es sich allerdings an, etwa 30 Prozent bis 50 Prozent des Rohstoffdepots in physischer Form mit Schwerpunkt Gold (davon 50 Prozent bis 70 Prozent) zu halten, daneben Silber (etwa 20 Prozent bis 30 Prozent) und etwas Platin (10 Prozent bis maximal 20 Prozent). Im sich entwickelnden Rohstoff- und Edelmetallboom erscheint es zudem ratsam, sukzessive Gewinne etwa aus Minen-Aktien und Rohstoffzertifikaten in physische Edelmetallanlagen zu tauschen, um im Falle einer möglichen Bankenkrise eine möglichst große finanzielle Sicherheit zu bewahren.

Neben der physischen und wichtigsten Anlage bietet sich eine Reihe verschiedener Anlageformen an, über die man den Rohstoffsektor abbilden kann (vgl. dazu besonders die Ausführungen in Buch III). Es kommen dabei vor allem Futures, Indizes, Zertifikate, Fonds sowie Aktien in Betracht. Während der Erwerb von Futures mit hohen Chancen, aber auch hohen Risiken verbunden ist und in der Regel viel Erfahrung und Kapital voraussetzt, bieten sich die anderen Kategorien zur Investition in den Rohstoffsektor gewissermaßen für jedermann an.

Indizes, die gut über Zertifikate abgebildet werden, bieten eine breite Basis und damit ein verringertes Risiko, an den Rohstoffmärkten zu investieren. Wie dargelegt, ist unser Favorit in dieser Hinsicht der Rogers Commodity Index, der breit aufgestellt und über die einzelnen Rohstoffe hinweg vernünftig gewichtet ist. Ebenfalls aussichtsreich, aber aufgrund der hohen Energiegewichtung zu einseitig aufgestellt, erscheint der Goldman Sachs Commodity Index.

Noch mehr Spielraum als selbst Aktien bieten Zertifikate auf einzelne Rohstoffe, Rohstoffbaskets, Rohstoffproduzenten, Rohstoffaktienbaskets usw. Wir haben aufgrund unserer Analyse des Marktes und der angebotenen Zertifikate zahlreiche Wertpapiere als empfehlenswert herausgestellt. Eine deutlich geringere Anzahl an aussichtsreichen Produkten ist derzeit unter den angebotenen Edelmetall- und Rohstofffonds vorzufinden, obgleich die (wenigen) unserer Analyse nach hochwertigen Produkte dennoch interessante Kaufgelegenheiten darstellen.

Last but not least stellt der Aktienbereich im Rohstoffsegment für jeden Anleger einerseits eine große Herausforderung aufgrund der teilweise hohen Unternehmensrisiken dar. Andererseits bietet er erhebliche Chancen, sofern der Anleger hinsichtlich der fundamentalen Analyse der Unternehmen seine Hausaufgaben bezüglich der in dieser Aktienkategorie zu beachtenden Einflussparameter gemacht hat. Die Anleitung zur Rohstoff-Aktien-Analyse wurde ausführlich anhand zahlreicher Beispiele dargestellt. Viele aussichtsreiche Unternehmen, mit denen Anleger in den kommenden Jahren hohe Gewinne erwarten dürfen, wurden aus verschiedenen Rohstoffsegmenten herausgestellt. Die Empfehlungen dieses Buches erheben dabei nicht den Anspruch, trotz des hohen Umfanges erschöpfend zu sein. Dabei unterliegt der Rohstoffmarkt permanenten Schwankungen, die von den Anlegern besonders aus Trading-Gesichtspunkten beachtet werden sollten.

Abgesehen von den vielen verschiedenen Rohstoffarten kommt man immer wieder auf Edelmetalle und besonders Gold und Silber zurück. Das einzigartige Wesen des Goldes übt noch immer seine besondere Faszination aus. Dazu kommt die Tatsache, dass Gold schlicht und einfach Geld ist und nicht das durch Notenbanken beliebig vermehrbare buntbedruckte Papier. Langsam und beständig kehrt das Sicherheitsdenken aufgrund ausufernder Verschuldung und Inflationsgefahren zurück und damit auch die Nachfrage nach Gold. Aktien und Anleihen sind deutlich überbewertet. Spätestens wenn die Zinsen weltweit steigen werden und dadurch Anleihen zu sinken beginnen, werden Gold und auch die anderen Rohstoffe die ausströmenden erheblichen Geldmassen auffangen. Gold ist zwar kein Allheilmittel gegen Wirtschaftsturbulenzen, aber um es mit den Worten von J. Kent Willis von AGAPI Financial abzuschließen: »Trust Governments For Nothing. Trust God For Everything. Trust Gold Somewhere In Between!« Oder auf Deutsch: »Verlass dich keinesfalls auf Regierungen. Vertrau in allen Dingen ganz auf deinen Gott. Für alle Dinge dazwischen nützt das Gold!«

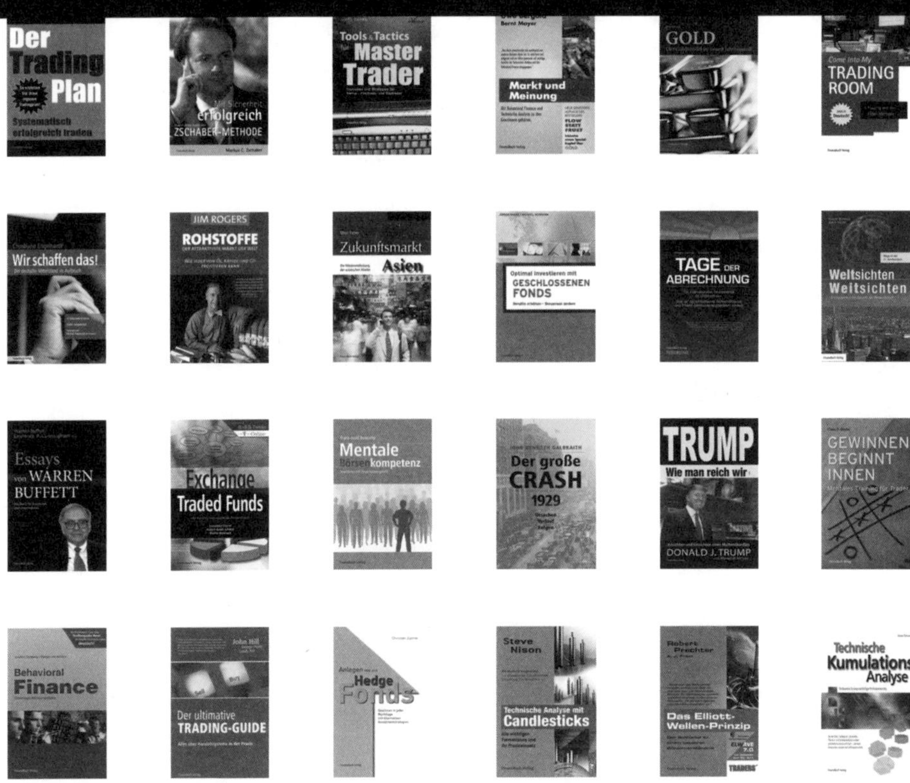

Jim Rogers

Rohstoffe
der attraktivste Markt der Welt

302 Seiten, Hardcover
Preis € 24,90 (D); € 25,60 (A); SFr 43,70
ISBN 3-89879-110-6

Alles, was Jim Rogers in seinem Leben anpackte, wurde zu einem durchschlagenden Erfolg. Bereits mit 37 Jahren beendete er offiziell sein Arbeitsleben, nachdem er mit seinem Quantum Fonds in nur zehn Jahren eine Rendite von mehr als 4000 Prozent eingefahren hatte. Sein Partner dabei war kein Geringerer als der legendäre George Soros. Jim Rogers hatte sich bewiesen, dass er gut war in seinem Geschäft, doch das genügte ihm nicht. Rogers fasst all seine Erfahrungen zusammen und zeigt dem Leser, worauf es bei Investments ankommt.

Christoph Eibl

Gold

199 Seiten, Hardcover

Preis € 29,90 (D); € 30,80 (A); SFr. 52,20

ISBN 3-89879-115-7

Der Goldpreis ist heutzutage in aller Munde, Presse und TV berichten immer häufiger über das gelbe Metall. Der »alte« Markt ist jung und folglich fehlt es an Informationen. Dieses Buch schafft Abhilfe. Mit aktuellen Hintergrundinformationen zu den Interbank- und Retailprodukten und deren Funktionsweise und Einsatzmöglichkeiten wird dem Leser eine Basis geschaffen, mit der er Kursbewegungen verstehen kann. Der Hauptteil des Buches befasst sich mit der Analyse der im Goldmarkt aktiven Länder – deren Bedeutung im Kontext des internationalen Handels – sowie mit der Geschichte des Goldes und seiner Rolle in der Zukunft. Und nicht zuletzt werden Marktzusammenhänge, Preise und Trades im Goldmarkt genau analysiert. Praxiswissen für jedes Investment: Mit Gold Geld verdienen!